坂本太郎
黒板昌夫 編

国史大系書目解題

上巻

吉川弘文館

序

『国史大系』は、明治三十年代に田口鼎軒博士の編集出版した国史文献の一大叢書であって、国史研究無二の宝典とせられたものである。昭和にはいり、黒板勝美博士が学界の進展に応じてその再編集を企て、既刊の史書四十一種のほかに新たに十七種を加え、『新訂増補国史大系』として昭和四年から出版に着手したが、戦時下事業は進まず、かつ博士の逝去にもあい、予定の書目を全部収載し、全六十六冊の出版を完了したのは、昭和三十九年のことであった。

このような大事業が、三十五年の歳月を経たとはいえ、ともかく完成したことは、一に編者黒板博士の識見と熱意とによるものであるが、博士を助けてその校訂に参画した人々や、採算を度外視して出版を担当した吉川弘文館の努力に負う所も大きい。さらに、この事業に終始かわる所のない支援を与えられた読者諸賢の好意も忘れることはできないのである。

そこで、この事業の完成を記念する意味で、収載書目の一々についての詳しい解題を編集出版し、これを江湖にひろめることを計画した。『国史大系』各書目の巻首には凡例を記して編集校訂の用意について述べる所はあるけれど、書物の性質、伝来などの書誌的記述は、大綱を挙げるだけで委曲に及んでいない。この際、各書の解題を作り、今日の学問的水準を示すことは、『国史大系』利用者に便利であるばかりではなく、広く学界でも須要事であろうと考えたのである。

それと共に、私どもはこの書をもって『国史大系』の編集に生涯の大部分を捧げた丸山二郎氏の頌寿記念の心をも寓したいと考えた。丸山氏は黒板博士の嘱望に応じて初めから『国史大系』の事業に加わり、博士を助けて一切の事務を取りしきった。博士の逝去後は名実ともに最高の責任者として戦後の困難な時局に処して、よく事業の再開に努め、ついに全巻を完成させた。氏の『国史大系』における功績は、博士のそれと共に永劫に語り伝えられるであろう。氏は昭和四十年千葉大学教授を定年退官したので、その退官を記念し、頌寿の心を表わすには、氏が心血をそそいだ『国史大系』の、書目解題を献呈することがもっともふさわしいであろうとも思ったのである。

以上は、本書を編集した私どもの微意であるが、斯界の専門家三十名の方々にこの意を述べて、執筆を依頼したところ、各位は公私繁多の中にもかかわらず、それを快諾せられた。これは私どもの感謝おく能わない所である。ただ、全五十八書目の解題は、一冊に収めるには浩瀚に過ぎるので、まず原稿を入手したものから、一冊に当たる分量だけを集め、上巻として出版することとした。本来ならば『国史大系』の巻の順に従って上下の巻を分つべきであるが、それのできなかったのは一に編集者の不手ぎわによるものであり、大方の寛恕を乞うほかはない。下巻はできる限り早い機会に出版し、上下二冊として完成を見る日の近からんことを念ずるのである。

各篇の体裁は、執筆者の意志を尊重し、編者として強いて統一を行なわなかった。対象とする書物の性質が区々であるから、解題もまた従って同一の形式で行なうことは難しいと考えたからである。

上巻に収めた書目は「日本書紀」以下二十七書目、下巻に収めるべきものは「日本後紀」以下三十一書目である。

最後に、丸山氏がいよいよ自愛加餐せられて、この私どものささやかな贈り物の完成を喜んで頂けることを心から祈念する。

また面倒な解題の執筆に協力せられた各位に重ねて深謝の意を表し、出版を引受けられた吉川弘文館の好意にも感謝する。

昭和四十六年一月

坂本太郎

黒板昌夫

目次

日本書紀

坂本太郎

一　序説

『日本書紀』は日本最古の歴史書の一つであり、古典の中の古典である。『古事記』とあわせて記紀と称せられる例であるが、『古事記』に比べると、似た所のある一面、相違した所も少なくない。神代の物語から説き起こして、国の成り立ちを述べ、歴代天皇の事績に及んでいることや、諸氏族の先祖の出自を神々や皇室に結びつけ、かれらが国家に尽くした勲功を述べていることなどは、重要な類似点である。けれども、歴代の事績について説く所がはるかに詳しく且つその期間が長きにわたっていること、外国との交渉について、時に微細にわたるまで多くの筆を費やしていること、用いた史料の種類の豊富なこと、国の正史としての体裁を保つのに骨折っていることなどは、『書紀』が『古事記』と著しくちがう点である。そして、この相違は一言にしていえば、歴史書として『書紀』が『古事記』よりも優位にあるということである。後年、六国史という称が行なわれるようになって、『書紀』が六国史の首位におかれたこと、世々を通じて朝野の尊重が篤かったことなども、まさに当然であると言わねばならない。

『日本書紀』は、このように歴史書として顕著な存在を誇るものであるが、その学問的研究はそれほど進んでいるとは言えない。『古事記』や『万葉集』の研究に比べると、かなりに立ちおくれているといってよい。それには、神典として自由な研究をはばむ傾向があったこと、国学者はこれを漢文であるために重視しなかったこと、歴史家は史料として使うだけで、書物そのものの研究をおろそかにしたことなどが、原因としてあげられる。以下、編修の事情、書名、史体、史料、文体、研究史、諸本等の項目にわけて、今日まで明らかにされている研究の成果について述べるが、中には学界の定説とまで言えず、一家の私言に止まるものもあることを諒とされたい。

二　編修の事情

『日本書紀』の編修の事情については、史料が乏しいため、いろいろの学説があって、定説がない。『古事記』には序文があって、みずから撰録の事情を語っているが、『書紀』には序文がない。したがって、われわれの営みは、その『古事記』の序文や『日本書紀』や『続日本紀』の記事から、『書紀』の編修に関係すると思われる事実を探し出すほかはないのである。

『書紀』の記事で、古来『書紀』編修の濫觴を示すものとして挙げられる記事は、天武天皇十年三月丙戌の条である。そこには天皇が大極殿に出御して、川島皇子・忍壁皇子・広瀬王・竹田王・桑田王・三野王・大錦下上毛野君三千・小錦中忌部連首・小錦下阿曇連稲敷・難波連大形・大山上中臣連大島・大山下平群臣子首に詔して帝紀及び上古諸事を記し定めさせた。大島と子首が親ら筆を執って録したとある。ここにいう帝紀及び上古諸事は、『古事記』序文に帝紀及び本辞（旧辞）とあるものと同じであろうと思われる。『古事記』の序文によると、帝紀と本辞は天武天皇の頃諸家が所有しているが、正実に違い、虚偽を加えているので、天皇はそれを検討して偽を削り実を定めて後世に残そうとし、舎人の稗田阿礼を召してその誦習を命じたとある。恐らく天武天皇十年に帝紀及び上古諸事を記し定めさせたのも、序文にいうように正実に違い虚偽を加えているものを、正しいものにかえそうとした試みであろう。するると、天武天皇は同じ目的のために、一方では大極殿に川島皇子以下十二人の皇族・貴族を集めて記定事業を行ない、他方ではひとりの舎人を召して誦習を命じたことになるが、二つの事業の関係はどう解釈したらよいであろうか。これには三通りの説が考えられる。

第一は、二つの記事は同じことを別の側面から述べたものであるという説である。平田篤胤が『古史徴開題記』に説いた所はそれである。けれども同一事にしては、両者の記述はあまりにもちがい過ぎる。一方は十二人の高位者を集めているのに、他方は舎人ひとりであり、一方は筆を執って録したというのに、他方は誦み習わしめるとあるだけである。同一事と解するのは無理であろう。

別事とすると、前後の関係が問題になる。十年の記事が先で、序文の記事は後であるというのは平田俊春氏の説である（『日本古典の成立の研究』）。氏によると、十年の記事は、『書紀』の編修とは関係がない。八色の姓の制定の材料を整えたものであり、やがて『古事記』撰録の基になったものであると。この説によると、『書紀』の編修に天武天皇は関係をもたないことになる。

十年の記事が後で、序文の記事が先であるとするのは私の説である。初め天武天皇は帝紀・本辞の削偽定実を稗田阿礼を助手としてみずから行なったが、ことが困難であったので、それを中止し、改めて皇族・貴族たち多勢で組織した委員会にそれを託した。委員会では、みんなで帝紀・本辞の諸異本を検討し、正しいと考えられる説を中臣大島と平群子首とに筆録させた。これが『書紀』の母胎となったと思うのである。

もちろん、天武天皇十年の頃に、のちの『書紀』のような史書の構想が立てられていたとは思われない。史体や文体がどうあるべきかということの研究は、こののち長い期間にわたって行なわれたに違いなく、和銅五年に撰録された『古事記』に対する反省も重要な契機になったであろうから、『書紀』編修の歴史における天武十年の意義を過大に評価することはできない。あくまでそれは帝紀・本辞の記定であり、『書紀』の重要な史料となったものの整理に止まるのである。

この整理がどこまでできたか、それを考える手がかりはない。ただまもなく天武天皇は崩じ、皇后があとをついで持統天皇となる。持統天皇は諸事天武天皇の遺業の継述を念としたから、この整理事業をも完成の域に進めたのではなかろうか。むしろそれから進んでより広く史料を蒐集しようと試みたことが、天皇の五年八月辛亥に大三輪ら十八氏に詔して祖先たちの墓記を上進させたという『書紀』の記事から察せられる。帝紀や本辞以外にも古代の伝承を豊かに伝えている氏々があったので、その種の伝承をも集めようとしたものであり、帝紀・本辞の整理だけには満足せず、より高次の史書の編修に思いが進んだからであろう。当局の修史意識の成長がうかがわれるのである。

元明天皇のときは、修史意識のいよいよ成長したときである。さきに稗田阿礼の誦習したままで埋もれていた帝紀・本辞を筆録させて『古事記』を上らせたのは、和銅五年（七一二）である。和銅七年（七一四）二月には紀朝臣清人と三宅臣藤麻呂の二人に詔して国史を撰ばせたということが『続日本紀』に見える。この記事をもって『日本書紀』編修の初めと解する人は和田英松博士（『本朝書籍目録考証』）らかなりあるが、私は天武天皇から続いた修史事業の中において、新たにこれらの人を編修員として追加任命したことであると考える。もっともこうした追加任命のあったのは、何らかの意味で修史事業の一つの転機であったろうから、『書紀』編修の歴史において重要な時であったことは争えまい。

このののち、編修事業は大いに進捗したと見え、その六年のちの養老四年(七二〇)五月癸酉、『書紀』は完成して奏上された。『続日本紀』の記事は、是より先、一品舎人親王が勅を奉じて日本紀を修したが、ここに至って功成って奏上した。紀三十巻系図一巻とある。舎人親王は天武天皇の第三皇子であるから、天武天皇の遺業といってよいこの事業の総裁になったことは、まことにふさわしい。その任命されたのは、これより先とあるだけで明らかでないが、元明天皇のときと見るのが穏当であろう。

総裁舎人親王の下で、実際に編修の実務に当たった人は、上述の紀清人・三宅藤麻呂の名が知られるほか、『古事記』の撰者であった太安万侶も加わっていたということが、『弘仁私記序』や、それをうけた若干の文献に見えている。『古事記』撰録の任に当たった人が、『書紀』の編修にもあずかったということはおもしろいが、『書紀』は全く『古事記』を無視しており、いささかも『古事記』に影響されたような所がないので、私はその事実を疑わしいと思う。もっとも太田善麿氏は『古事記』序文における用語と『書紀』の用語とを比較して、両者に関連のあることを指摘し、太安万侶が『書紀』のある部分の編修に参与したであろうという可能性を述べている(『古代日本文学思潮論』III)。今後の検討に待つことにしたい。

なお『続紀』の記事に「紀卅巻」とあるのは、現存の『書紀』の巻数に一致して問題はないが、「系図一巻」とあるのは、今日に伝わらず、どんなものであったか明らかでない。『弘仁私記序』には、「日本書紀三十巻幷帝王系図一巻」とあり、その下に「今見在二図書寮及民間一也」と注する。これによれば『続紀』にただ系図とあるのは天皇の系図のことになるが、もともと帝紀が天皇の系譜であるから、それを図表化したものを『紀』に加えたのは、ごく自然な考えであるといえよう。その実物は今は伝わらない。『釈日本紀』にある「帝皇系図」をこれに擬する説もあるが(『古史徴開題記』)、形式が横系図であることや、漢風諡号をはじめ後代の要素が多く加わっていることなどから見て、到底『書紀』に伴ったほどの古いものとは考えられない。今伝わる古系図は丹後籠神社の「海部氏系図」といい、園城寺の「円珍俗姓系図」といい、いずれも平安時代のものであるから、『書紀』の系図は、とびぬけて古い例として注目に値するものと言わねばならぬ。

以上のように、『書紀』の編修は天武天皇十年(六八一)の帝紀・本辞の記定に始まって、養老四年(七二〇)に完成した事業であって、三十九年を要したのである。三十九年はいかにも長いように思われるが、こののちの『続日本紀』の編修にも三十数年を要したから、とくに異例であるとは言えない。最初の勅撰正史を成功させるためには、体例の決定、史料の蒐集に多くの苦心を要したのであり、稿本も何度か書き改められたのであって、いつのまにか年月を費やしたのであろう。

三　書　名

『日本書紀』は一に日本紀ともいう。その命名の由来や両者の関係については、諸説があって決着していない。これまで広く行なわれている説は、伴信友が『比古婆衣』の「日本書紀考」に述べたものであって、その要旨は日本紀が本来の名であり、日本書紀は平安時代の弘仁頃に文人が私に書の字を加えたものだというのである。『続日本紀』の養老四年の記事に、日本紀とあることや、この後の国史が続日本紀とあることとから考えて、この説は穏当のように思われる。

けれど、奈良時代の文献でも、『公式令集解』の「古記」とか、『万葉集』の「左注」とかに日本書紀と記したものもあるので、日本紀本来説に疑いを抱く人もある。また弘仁頃になぜ日本紀の間に書の字をいれたのか、その理由についての信友の説明は必ずしも十分ではない。

中国の用例では、書の字は紀伝体の史書の名に用い、紀は編年体の史書の名に用いた。『漢書』『後漢書』は紀伝体であり、『漢紀』『後漢紀』は編年体である。そこで一つの書に書紀と題するのは、紀伝・編年を合わせた名であって、史書の命名の常道にはあてはまらない。折口信夫博士は曽てこれを解釈して、「日本書」という紀伝体の史書が構想され、その帝紀として「日本紀」が作られたのであって、「日本書」は実現しなかったのであるとした（「日本書と日本紀と」『折口信夫全集』一）。

書と紀との字義に即した興味深い解釈であるが、あくまでそれは想像であって、真偽はおぼつかない。小島憲之博士は、日本書紀も日本紀もともに古い名であって、前者は書物としての固有名詞、後者は国史一般を示す普通名詞であろうという（『上代日本文学と中国文学』上）。たしかに平安時代中期以降、日本紀は国史の総名として用いられ、紫式部を日本紀の局などという用例が生まれた。これに対し、『書紀』の古写本はおおむね「日本書紀巻、、」と記して、書紀の名を守っている。それは古名に従っているのであろうから、日本書紀が本来の書名であるとする考えも一概に捨てることはできない。

私も今の所、自信のある解釈をもたない。ただ言えることは、日本紀も日本書紀もともに奈良時代に行なわれた名であって、一方が本来のもので他方がそうでないと、言いきれないのではあるまいか。後世、日本紀は国史の総名の意味に拡大されたが、具体的な書名の意味に用いられる場合もまた決してなくならない。今日、われわれも時と場合に応じて、日本書紀、日本紀両様の名を全く同じ意味に用いているのである。

なお書名に日本を冠したことについて、本居宣長は、それは中国の『漢書』『晋書』などの例にならったものであって、中国と国がらのちがう日本には無用のものであり、かれにへつらった名であるといって非難した（『古事記伝』一の巻）。河村秀根もかれの見た古本には日本の二字はなかったといって、その著わした注釈書ではわざわざ日本の二字を削り、『書紀集解』と題した。けれども、たんに国内に示すだけでなく外国にも示すことを期待した書物であるとすれば、日本の二字を冠したことは当然であり、また必要である。国号としての日本は、大化改新の頃にはすでに行なわれ、大宝令にはりっぱに法定用語としてのせられているから、養老の国史に日本を冠したことは、時期的に見ても少しも異とするには足りないのである。

四　史　体

『日本書紀』の史体は編年体である。ただし天皇の御代によってはっきりとした区ぎりを立て、代の初めに天皇の世系・閲歴などについて簡単な記述を行なうのが例であるから、厳密にいえば天皇中心の編年体というべきであろう。その点では紀伝体の本紀の体裁に似ている。ただ紀伝体の本紀の場合は、皇帝の言動と国家の重大事件とに限られるが、『日本書紀』はそんな狭苦しいものではなく、神々の伝説、外国との交渉関係、諸氏族の先祖の事績などに及んでいる。これは史料が帝紀のほかに本辞や諸氏の伝承や地方の伝承、外国関係の記録等にわたっていたからである。正式の紀伝体として本紀・列伝・志・表を立てるほどの材料もなく才覚もなかったが、さりとて本紀だけに徹するのも惜しまれて、このような折衷的な史体を執ったものであろう。

編年体を立てるために必要なことは暦の知識である。もともと日本人は暦について知ることはなく、年月日を精密に定めることはしなかったのであろう。古代の伝承が正確な時点にかけて伝えられていなかったのは、そのためである。『古事記』は漠然とした年数とか代の替りとかを記す外には、精密な年月日の記載がないが、それはその史料になった帝紀や本辞がそういう記載を欠いていたからである。もっとも崇神天皇以下十五代の天皇については、崩御の年や月日に及んだ記載があるが、それは『古事記』本来のものではなく、後からつけ加えられたものである。『書紀』編修の場合にも、その原史料には年月日の記載はなかったと思う。
けれども国の正史を撰ぶ以上、年紀を書くことは絶対の要請である。そのために、五、六世紀の頃朝鮮を通して知った中国の暦の知識によって、まず年紀の骨組を立てるほかなかったのである。『日本書紀』には、欽明天皇十四年、十五年にかけて暦博士の渡来のことが見え、推古天皇十年には陽胡史玉陳が百済僧観勒について暦法を習ったことが見えている。推古天皇の頃には知識人の間で暦を作ることができるようになったのであろう。『書紀』の年紀の起点は、神武天皇の即位を、推古天皇九年辛酉（六〇一）から一蔀二十一元（一二六〇年）さかのぼった辛酉の年（紀元前六六〇、周恵王十七年）におくことから出発するが、この推算は推古天皇九年をへてあまり長くたっていない時において行なわれたと見ることが妥当であろう。そして今一つの柱は、神功皇后の時代を『魏志』の卑弥呼の時代と見て、魏の景初三年己未（二三九）倭女王遣使の年を神功皇后三十九年に比定することであった。これで古史年紀の大綱をきめ、あとに歴代を適宜な年時に配当したのであろう。こうして整然とした年紀ができ上り、編年体の形をととのえたが、一面ではそれが正しい歴史事実にそわないのも、やむを得ないことであったと言わねばならない。

日本で最初の正史を作るとして、参考にしたものが、中国の正史であったことは当然である。中でも『漢書』『後漢書』『三国志』の三書がもっとも利用されたようである。個々の文辞の出典もこれらに負う所が少なくないが、全体の体裁においても倣わなければならなかったのである。たとえば、巻首に天皇の名をあげて、その世系・略歴を記すしかたは、『漢書』や『後漢書』にきわめてよく似ている。いま『後漢書』巻三章帝紀と『書紀』巻四安寧天皇紀とのそれぞれの初めを比較してみよう。

『後漢書』章帝紀

粛宗孝章皇帝諱炟、顕宗第五子也、
母賈貴人、
永平三年立為二皇太子一、少寛容好二儒術一、
顕宗器二重之一、
十八年八月壬子、即二皇帝位一、年十九、
尊二皇后一曰二皇太后一、
壬戌、葬二孝明皇帝于顕節陵一、

『日本書紀』安寧紀

磯城津彦玉手看天皇、神渟名川耳天皇太子也、母曰二五十鈴依媛命一、
事代主神之少女也、
天皇以二神渟名川耳天皇廿五年一立為二皇太子一、年廿一、
卅三年夏五月、神渟名川耳天皇崩、其年秋七月癸亥朔乙丑、太子即二
天皇位一、
元年冬十月丙戌朔丙申、葬二神渟名川耳天皇於倭桃花鳥田丘上陵一、
尊二皇后一曰二皇太后一、

彼我の固有名詞や制度の差による違いはあるが、記載項目はほとんどそっくりかれを襲っている。とくに皇后に皇太后の称号を上るのは、日本の制度にはないことであると本居宣長が非難した所であるが、これはかれの書法をそのまま取りいれた勇み足である。史体のために史実が無視された場合といえよう。

史体が史実に優先した場合は、このほかにも指摘される。『紀』中、ときに記事の不足を補おうとするつもりか、あるいは中国の正史らしさをよそおおうとするつもりか、中国史書の文をほとんどそのまま記事に立てた場合がある。顕宗紀二年冬十月戊午朔癸亥「宴二群臣一、是時天下安平、民無二徭役一、歳比登稔、百姓殷富、稲斛銀銭一文、牛馬被レ野」とある文は、『後漢書』明帝紀永平十二年是歳の記事を若干文字を改めて移したものであり、欽明紀二十八年に「郡国大水飢、或人相食、転二傍郡穀一以相救」とある文は、『漢書』元帝紀初元元年九月条の文を移したものである。ともに、この時こういう事実が日本にあったとは考えられないのである。

このように、体裁で中国の正史に倣った所は多いが、中には明らかにそれを拒否したと思われる点もある。その一つは論賛である。中国の史書では帝紀の終りに論賛をおくことを例とする。『漢書』には各帝紀の終りに賛があり、『後漢書』には論と賛との二つがあり、『三国志』には評があり、いずれも一代の得失を批判する。ところが『書紀』は全くこれを載せない。これは意識して論賛を斥けたものと思う。その理由としては、まず論賛を書くほどの力が編者になかったということが考えられる。しかし、より根本的な理由としては、論賛の必要を認めなかったことによるのであろう。恐らく編者は事実を叙述するだけでよく、ことさらな批判は必要がないと考えたのであろう。

みずからの批判をさし控える態度は、史料を取扱うさいにも、一方的な取捨選択を施さず、あるがままに史料をして語らせるという態度に通ずる。編者は、一事について異なった説のある場合、異説をそのままに列挙して、読者の判断にまかせている。神代巻におけるおびただしい一書の羅列は、その顕著な例である。『古事記』は一つの正説を伝えることを目的としているから、この点において大きく相違する。

一書の引用は神代巻に限らない。人代の『紀』でも、「一云」「或云」と題して、諸所に本文と異なった説をのせる。また、今はかりにかように定めるが、こういう理由があるから、「後勘校者知レ之也」（継体二十五年紀）、「故今存注、其決焉」（斉明七年紀）などと、謙虚に後世の識者の判断にまかせようというゆかしい字句も加えている。なるべく編者のさかしらを避け、古来所伝の史料を残そうとするのであって、それはまさしく孔子のいう「述而不レ作」の精神を具現しているものと言えよう。

五　史料

『日本書紀』は『古事記』に比べると豊富な史料を用いている。いまその名を列挙し、おのおのに簡単な説明を加えよう。

帝紀　帝紀は旧辞とともに日本の歴史記録の最古のものであり、記紀の史料の根幹となったものである。太古以来口誦によって伝えられたものであるが、欽明朝の頃に筆録せられ、天武朝には諸家に蔵せられて異本が多くできるほど、文献として定着していたものである。その内容は、『古事記』序文に帝皇日継といいかえていることからもわかるように、歴代天皇の系譜を記したものである。天皇の名、父母、后妃、皇子女、宮都や山陵の所在などは必ず記されたものであり、天皇の年齢や在位年数、在位中の主要な事件などは、ときにより記されたり、記されなかったりしていたものであろう。欽明紀に、帝王本紀に異本が多くあって、皇子女の順序や名が異なるということを述べたくだりがあるが、その帝王本紀はすなわち帝紀であり、皇子女の記載に混乱があったのである。帝紀はこのように細部ではかなりの異同があるが、歴代天皇の名や順序などの大綱は一つであって、疑義のなかったことは記紀の歴代を比較してみてよくわかる。そういうことについては、伝承がしっかりしていたからであると思う。なお、帝紀の名は『法王帝説』にみえ、奈良時代にもその書が写されていたことは、天平二十年の「写章疏目録」(『大日本古文書』一二)、天平十八年の「穂積三立写疏手実」(『大日本古文書』二四)などで知られるが、それらが果して『書紀』の史料となった帝紀と同一なものであるかどうか、明らかでない。

旧辞　旧辞は本辞、先代旧辞とも言われる。初めは口誦で伝えられ、欽明朝の頃に筆録せられたであろうこと、帝紀と同じである。その内容は、神々の物語、天皇や英雄の物語、歌を中心とした物語、地名や事物の起原説話などであろう。これらの物語の特徴は、人びとの名や土地の名などについては、割合に古い伝承が正しく伝えられたであろうが、時の観念はまことに不確かなものだったらしいことである。「ヤクモタツ　イヅモタケルガ　ハケルタチツヅラサハマキ　サミナシニ　アハレ」という歌謡をふくんだ出雲建平定の物語が、『書紀』では崇神天皇六十年に出雲振根と弟の飯入根の争いとして載せられているのに、『古事記』では倭建命の事績として景行天皇の巻に載せられていることや、官船枯野の物語は、『書紀』では応神天皇のときのこととしているのに、『古事記』では仁徳天皇のときのこととしているようなものである。

諸氏に伝えた物語の記録　旧辞の中には、諸氏の出自や功業について述べている所があるが、それ以外に、諸氏にはそれぞれ独自の伝承があって、先祖の功績を伝えていたようである。持統天皇五年に、その祖たちの墓記の上進を命ぜられた氏は、大三輪・雀部・石上・藤原・石川・巨勢・膳部・春日・上毛野・大伴・紀伊・平群・羽田・阿倍・佐伯・采女・穂積・阿曇の十八氏で、いずれも古来の名族である。旧辞ではなお足りない所を、これら諸氏から直接氏の伝承を上申させて補おうとしたのであろう。はたして『書紀』を見ると、大三輪・上毛野・膳部・紀伊・大伴・石上の六氏については、旧辞にはなくて、明らかにその氏の伝承に出たと思われる記事を、何ヵ所も見出すことができる。このほか秦氏とか船氏とかの帰化人系の氏の記録も参照せられた跡がある。このような諸氏に伝えた物語の記録を豊富にとりいれていることが、『書紀』の歴史性をいちじるしく増すことにあずかって力があったのである。

地方に伝えた物語の記録　旧辞にも地方の説話と思われるものを含んでいるが、それ以外にも地方に伝えられた説話はたくさんあったと思われる。地名の起原を歴史に結びつけて語り伝えることは、古代人がとくに好んでしたことであったらしい。山川名号の所由と古老相伝の旧聞異事とは、和銅の『風土記』撰述の詔に、載録の対象として示されていることであるが、これは地方に伝えた歴史物語の多かったことと、それを採集しようとした政府の熱意を示すものである。現存の古『風土記』と『書紀』とを比較してみると、必ずしも『風土記』がそのままに『書紀』の材料となったという明証は得られないようであるが、何らかのルートによって、地方に語り伝えられた物語が『書紀』の中に載録せられていることはまちがいないと思う。

政府の公の記録　以上の諸史料は主として古い時代に関するものであるが、記録の法が広く行なわれ、政府で公の記録が作られるような時代になってからは、その記録が史料として用いられたことは当然である。ただそうした記録は推古朝以後くらいでないと、作られなかったようである。それも初めの間は日次の記録が残っていず、ある事件に関して後でまとめたと思われる記録を使ったようである。憲法十七条の本文とか、冠位についての類聚的な記録とか、外交使節の接待に関する記録とか、大化改新の記録とかいったものがそれである。第一次的な日次の記録が残らなかったのは、いろいろの事情で散佚したためであろうが、とくに大きかったのは壬申の乱による官書の罹災であったらしい。したがって、天武・持統の両朝の日次の記録はあったので、両朝の紀は他の巻とはちがって確実な歴史記録の体をなしていること、後の『続日本紀』などと同様である。

個人の手記や覚書　個人の手記として書名を明記して引用されているものに、「伊吉連博徳書」「難波吉士男人書」「高麗沙門道顕日本世記」などがある。書名を明記しないが、それを引用したことが、他の史料によって知られるものに、壬申の乱に関する「安斗宿禰智徳日記」「調連淡海日記」などがある。「博徳書」といい、「安斗智徳日記」といい、当初の日録そのものではなく、あとから整理編修したものらしいが、材料は当時のメモの類によっているであろうから、貴重な史料とすることができる。

寺院の縁起　元興寺縁起が敏達・崇峻・推古紀などに使われている。また吉野比蘇寺の縁起が欽明紀に、南淵坂田寺の縁起が用明紀に、四天王寺の縁起が崇峻紀に用いられているようである。

百済の記録　百済の記録としては、『百済記』『百済新撰』『百済本記』の三種がある。『百済記』は神功・応神・雄略の三紀に、『百済新撰』は雄略・武烈の両紀に、『百済本記』は継体・欽明の両紀に引用されている。本文の説明敷衍として分注で書名を明記して引用するのが普通であるが、また本文そのものがこれらの記録で書かれている場合も多い。とくに継体紀と欽明紀は、一巻の大部分が『百済本記』にもとづく文で占められているといってよい。

この三書の性質については諸説があるが、『百済記』は日本のことを貴国といい、天皇・天朝というような語も使う。『百済本記』も天皇の号を使い、天皇に最大の敬意を払った書き方をしている。また日本という国号も使う。そこで、これらは単純な百済の記録ではなく、思う所があって、日本の朝廷に差出した記録にちがいない。具体的には、過去に百済がいかに日本に協力し、恭順であったかを述べて、現在の百済人の立場を有利にしようとしたものであろう。そこで、私は百済滅亡後日本に帰化した百済人が朝廷に差出したものではないかと、ひそかに考えるのである。

そういう意図で書かれてはいるが、もとになった史料は本国から携えて来たのであろう。『百済記』には伝説的な記事が多いが、『百済本記』は月日の末まで日子と干支の両様で記すほど事実性に富んでいる。『書紀』の編者が『百済本記』に信頼をおいたことは、継体天皇崩御の年を『百済本記』の文によって決したという一事からも推しはかられる。

三書は対象とした時代が、古い所から新しい所へと適当にずれているが、それは三書の書かれた時期の順序でもあろうと考える。初めに書かれたものが『百済記』であり、次に新しく撰んだという意味で『百済新撰』が書かれたのであろう。最後にこれこそ百済の記録の本記であるという誇りをもって、『百済本記』が提出されたのであろう。三書は初めから構想せられたものとは思われないが、結果からみると、自然にそれらをもって日本と百済の重要な関係史をつくしたことになるのである。

六　文　体

史体の条で述べたように、『日本書紀』は中国の正史の文に倣ったものであるから、原則として純粋な漢文体である。ただ材料とした帝紀・旧辞の国語風の文章は、いかにそれを漢文化しても十分にはできず、国語風の表現をそのまま漢文の中にとどめた場合がある。また漢文化しても、固有の訓み方がすて難く、訓注をもってそれを注記した場合も多い。まして『紀』中随所におさめた歌謡は漢訳できるものではないから、漢字を音仮名として全文をのせていることはもちろんである。そこで、原則としては漢文といえるが、国文的なところもないとはいえない。

その漢文にも正史風の質実な叙事の文もあれば、文選風の四六駢儷の文もある。また六朝の俗語文と言われるものや、漢訳仏典に由来するといわれるものもある。巻々によって文体がちがうとともに、一つの巻の中にも対象によってちがう文体がまじる。『書紀』の全体を一つの尺度をもって計るわけにはゆかぬのである。

『書紀』の編者は、その漢文を作るにあたって、当時の作文の常道によって、先行の漢籍に字句の典拠を求めた。それは二字三字の短句から数十字に及ぶ一連の文章に至るまで、各種の場合がある。江戸時代河村秀根は、『書紀』の漢文的な性格に着目して、各字句の出典と思われるものを克明に調べあげた。最近小島憲之博士は、それを推し進めて、『書紀』の出典についての精緻な研究を一書にまとめた(『上代日本文学と中国文学』上)。その成果を要約すると、出典となった史書としては、『漢書』『後漢書』『三国志』『梁書』『隋書』があげられる。史書のほかには、『文選』と『金光明最勝王経』が用いられた。そして、それ以外は主として『芸文類聚』によって間接に諸書の文をとったというのである。『書紀』の編者が座右にそれほど多くの書物を備えたとは思われぬから、この『芸文類聚』の指摘はまことに適切であった。

『書紀』の文体が巻々によってちがうことに着目して、特定の語法や用字についての異同を整理し、いくつかの巻のグループを定め、編者の相違にまで思いをいたす研究が、近頃急速に進捗した。たとえば歌謡における仮字の種類、也・矣・焉・於・于などの助字の使い方、即位定都についての例文の書き方、分注の分布状態や性格などをとり上げて整理すると、各種の徴候がほぼ一致して、次の十の区分が立てられるというのである。

1　巻一・二　神代　　　　2　巻三　神武
3　巻四～十三　綏靖～安康　　　　4　巻十四～十六　雄略～武烈
5　巻十七～十九　継体～欽明　　　　6　巻廿・廿一　敏達～崇峻
7　巻廿二・廿三　推古・舒明　　　　8　巻廿四～廿七　皇極～天智
9　巻廿八・廿九　天武　　　　10　巻三十　持統

以上のうち、2（神武）と9（天武）、2・3（神武～安康）と7（推古・舒明）、4・5（雄略～欽明）と8（皇極～天智）は、それぞれ同じ傾向をもつグループであることも明らかにされている。これについては今後なお研究しなければならぬが、巻々の文体に偏向のあることは明白であり、『書紀』の成立、編者の問題を考えるさいの重要な材料となる。（太田善麿『古代日本文学思潮論』Ⅲ、山田英雄「日本書紀の文体論について」『史学雑誌』六三ノ六）。

七　研　究　史

『日本書紀』は、奈良時代から平安時代初めにかけ、七回も朝廷で講義せられた。その年次は養老五（七二一）、弘仁三（八一二）、承和十（八四三）、元慶二（八七八）、延喜四（九〇四）、承平六（九三六）、康保二（九六五）である。養老五年は、撰修のあくる年であるから、別として、他の六例について考えると、大体三十年を一間隔として講書が行なわれた計算になる。この講書には、大臣をはじめ官人の多くが参加する例であったから、官人たちは少なくとも一生に一回は『書紀』の講席に列したことになる。これらの講書のさいのメモまたは筆記が、『釈日本紀』に引用せられて逸文として残っているが、訓み方や解釈に相当骨おっていたことがわかる。『書紀』は漢文であるけれど、国語風に訓むことがこの頃からのしきたりであったからである。講義の終了したときは竟宴を開いて、参加者が『書紀』中の神名や人名に題を採って和歌を詠むならわしであった。これを『日本紀竟宴和歌』といい、延喜・天慶（承平）両度のものが残っている。この歌を見ると、『紀』中の人物からひとびとがどのような感銘をうけたか、どういう事実に関心を抱いたかを知ることができる。

平安時代の終から鎌倉時代の初めにかけては、歌学の書に『書紀』を引用し、古事古語の典拠を求める風が盛んとなった。藤原範兼の『和歌童蒙抄』、同清輔の『奥儀抄』、顕昭の『袖中抄』などに、その例が多い。古典としての『書紀』の価値が高く認められていたためである。この歌学における尊重が進んで、『書紀』そのものの歌の研究となり、建永二年（一二〇七）顕昭によって『日本紀歌注』が撰せられた。つづいて正安の頃（一三〇〇頃）卜部兼方により、『書紀』全篇についての最初のまとまった注釈書として、『釈日本紀』が撰ばれた。宮廷講書のさいの『私記』や、『風土記』などの古書の逸文を多く集めたもので、平安時代の訓詁学的、考証学的書紀研究の集大成であった。

一方、神道説の興起により、鎌倉時代の末頃から、『日本書紀』は神道の経典としての位置を与えられた。『書紀』の神代巻を儒仏の学で解釈し、そこに日本の道の根元を求めようとする立場で書かれた注釈書が現われた。忌部正通の『神代口訣』、了誉聖冏の『日本書紀私抄』、一条兼良の『日本書紀纂疏』、吉田兼倶の『日本書紀神代抄』などはそれである。

神道説の経典となっている間、『書紀』の訓詁学的研究に進歩はなかったが、江戸時代の中頃から一般の学問研究の勢いにのって、『書紀』にも新しい研究が加えられる機運となった。その最初に現われたものは谷川士清の『日本書紀通証』(宝暦元年〈一七五一〉成稿)である。これまで神代巻の注釈のみが行なわれたのに対し、これは『書紀』の全篇にわたる注釈書で、字句の解釈や史的事項の考証に苦心を払ったものである。ただ著者は垂加神道を奉じた人であるため、垂加神道の束縛を脱しきれない憾みがあった。これについで異色ある注釈書『書紀集解』を著わしたのは、尾張の人河村秀根である。かれは『書紀』の文は古文辞を脩したものという見地に立ち、本文について徹底的な研究を試みた。その結果、分注の多くを私記の攙入といって削ったような武断の失敗もあるが、一々の語句の出典を漢籍に求めたことは大きな功績であった。

契沖から荷田春満・賀茂真淵・本居宣長とつづいた国学者の主流でも、『日本書紀』は問題とされた。契沖に『書紀』の歌謡を注釈した『厚顔鈔』、春満に『日本書紀神代巻箚記』、真淵に『日本紀訓考』、宣長に『神代紀髻華山蔭《うずのやまかげ》』などの注釈書がある。しかし真淵や宣長は『書紀』の唐ごころを嫌い、『古事記』の古意古語を重んじたから、『書紀』は『古事記』に劣るという国学者の『書紀』観を樹立した。平田篤胤は、これに対して『書紀』の優越性をみとめ、『書紀』をおろそかにすべきでないことを強調し、『書紀』成立論等について精緻な研究を試みた(『古史徴開題記』)。篤胤の門人鈴木重胤は『書紀』の研究に心血を濺ぎ、神代巻の注釈書として浩瀚な『日本書紀伝』を著わした。その書は天孫降臨までで中絶し、完成を見なかったが、なお四十一巻に及ぶ大部なものであった。

明治十二年から十三年にかけて脱稿したものに、敷田年治の『日本紀標註』がある。その注釈の態度は穏健であるが、標注であるため簡略に過ぎる嫌いがある。その点では飯田武郷の『日本書紀通釈』は詳密である。その書は嘉永五年に稿を起こし、明治三十二年に脱稿したという長年月を費やしたもので七十巻に及ぶ。創意は少ないが、よく先行の諸注釈を集成しており、いまなお『書紀』の注釈書として高い価値を占める。

一方、西洋の史学研究法の輸入によって、『書紀』に対する批判的研究もようやく現われた。まず紀年問題が諸家によって論ぜられ、『書紀』の紀年の造作が明らかにせられた。それと共に『書紀』の記事の誤謬や錯簡も多く指摘せられた。欽明十三年の仏教伝来の記事は、唐の義浄が長安三年（七〇三）に訳した金光明最勝王経の文によっていることから、この部分の執筆時の上限がおさえられた。もっとも目ざましかったのは、大正から昭和にかけて発表された津田左右吉博士の一連の記紀の本文批判的研究である。『書紀』は皇室が日本の国を支配することの正当性を示すため宮廷の人々により述作せられたものであるという画期的な学説であった。

戦後しばらくは津田博士の学説の祖述または敷衍が学界の支配的な位置を占めていたが、最近になって、それをのりこえ、もっと基礎的な研究が『書紀』の各面について行なわれるようになった。たとえば用字・文体の研究、出典の研究、成立過程の研究、原史料の性格の究明などである。それらの具体的な研究書の名については、この章末の参考文献名に譲ることにする。

八　諸本

『書紀』には写本・刊本がきわめて多い。とくに慶長以前の古写本の種類の多いことが特徴的であるが、これはこの書が古来正史として尊重せられてきたことによるのである。ただ諸写本の系統の研究は十分に進んでいない。ここには重要な写本・刊本の名を挙げるに止める。

㈠　佐佐木本・四天王寺本（神代上断簡）　田中本（応神紀一巻）　現存最古の写本で、平安初期の書写と推定せられる。古訓・古点はないが、一書の文を小書双行にすることが本来の形であることが、この本によって証明せられる。

㈡　岩崎本（推古・皇極紀、二巻）　宇多・醍醐の朝の頃の書写という。平安時代の古訓・古点を存する。

㈢　前田本（仁徳・雄略・継体・敏達紀、四巻）　藤原教通・能信・頼宗の書写と伝えられる。平安時代の写本であることはまちがいない。

㈣　図書寮本（神代下・応神・履中・反正・允恭・安康・雄略・清寧・顕宗・仁賢・武烈・継体・用明・崇峻・推古・舒明・皇極紀、七帖）　もとの巻子本を冊子に改装したもの。各巻筆者がちがい、院政時代から鎌倉時代にかけてのものである。神代下の奥書に興国七年北畠親房が顕能に授けた由の奥書があるので、興国本ともいう。

㈤　北野本（巻第二と十四を除く二十八帖）　卜部兼永所持の本で、各巻書写の時がちがう。古いものは院政時代・鎌倉時代の書写、新しいものには兼永自身の補写もある。

㈥　嘉禎本（神代下、一巻）　嘉禎二年（一二三六）の書写で、京都下鴨神社禰宜鴨脚《いちょう》家に伝来したもの。

㈦　弘安本（神代上下、二巻）　弘安九年（一二八六）卜部兼方が裏書を加えた由の奥書がある。卜部家本の祖本。

㈧　乾元本（神代上下、二巻）　乾元二年（一三〇三）累家の秘本をもって、卜部兼夏が書写したという奥書をもつ。前記兼方本を写したものである。

㈨　水戸本（神代上下、四帖）　嘉暦三年（一三二八）曇春が建長寺で写したもの。のちに水戸彰考館の有に帰したもの。

㈩　熱田本（巻第一より十五まで、十五巻）　応安五年（一三七二）卜部兼煕加点の奥書がある。熱田神宮の所蔵本。

㈩ 三島本（神代上下・神武紀、三巻）　応永三十五年（一四二八）書写の奥書がある。伊豆三島神社の所蔵本。

このほかにも、写本はなお多いが、割愛して次に刊本をあげる。

㈠ 慶長勅版本（神代上下、一冊）　後陽成天皇の勅旨によって慶長四年（一五九九）活字印行された。清原国賢校訂の本による。

㈡ 慶長活字本（全三十巻十五冊）　慶長十五年（一六一〇）活字印行。巻一・二は勅版本により、巻三以下は卜部家本にもとづき三条西実隆の校訂した本による。

㈢ 寛文版本（全三十巻十五冊）　寛永年間に、慶長活字本に点をつけ整版として出版したものがあるが、寛文九年（一六六九）さらに訓点・反点・句点をつけ印行したもので、もっとも流布し、のちの諸版本の源となった。

明治以後の活版本には、岸本宗道・大宮宗司校訂の本（明治二十五年刊）、黒板勝美校訂の国史大系本（第一次明治三十年刊、第二次大正四年刊、第三次昭和二十六年・同二十七年刊）、佐伯有義校訂の六国史本（昭和三年刊）がある。書下し文には岩波文庫本・国文六国史本・大日本文庫本・朝日古典全書本・岩波古典文学大系本などがある。

参考文献

卜部兼方『釈日本紀』（『新訂増補国史大系』所収）
谷川士清『日本書紀通証』
河村秀根『書紀集解』
飯田武郷『日本書紀通釈』

本居宣長『古事記伝』昭和六・七年 同人館
平田篤胤『古史徴開題記』昭和一三年 至文堂
坂本太郎『大化改新の研究』昭和一三年 岩波書店
松岡静雄『記紀論究』昭和一三年 至文堂
津田左右吉『日本古典の研究』上・下 昭和二三年 岩波書店
神田喜一郎『日本書紀古訓攷証』昭和二四年 養徳社
大野晋『上代仮名遣の研究―日本書紀の仮名を中心として―』昭和二八年 岩波書店
丸山二郎『日本書紀の研究』昭和三〇年 吉川弘文館
岩橋小弥太『上代史籍の研究』昭和三一年 吉川弘文館
西田長男『日本古典の史的研究』昭和三一年 理想社
平田俊春『日本古典の成立の研究』昭和三四年 日本書院
梅沢伊勢三『記紀批判』昭和三七年 創文社
太田善麿『古代日本文学思潮論Ⅲ―日本書紀の考察―』昭和三七年 桜楓社
三品彰英『日本書紀朝鮮関係記事考証』上 昭和三七年 吉川弘文館
小島憲之『上代日本文学と中国文学』上 昭和三七年 塙書房
坂本太郎『日本古代史の基礎的研究』上 昭和三九年 東京大学出版会
三品彰英編『日本書紀研究』一・二・三・四 昭和三九年より 塙書房
中村啓信編『日本書紀総索引』一・二・三・四 昭和三九年より 角川書店

続日本紀

井上薫

一　撰修の動因と編集の過程

(一)　撰修を促した動因

『続日本紀』に先行した『日本書紀』は養老四年撰進で、持統十一年までを記しており、文武・元明朝まで記述が可能であったのに、収録していないのは、虎尾俊哉氏の指摘(1)のように、文武朝以降の歴史が将来の然るべきとき撰修されることを期待したからである。『続紀』撰修を促した動因として、①前述の『紀』撰者の期待のほかに、すでに坂本太郎氏(2)は、②『紀』のあと国史撰修を継続しようとする努力と、③制度に格遵する精神とをあげ、③の例に、職員令にいう中務卿の「監修国史」、被官の図書頭・陰陽頭の「修撰国史」「有レ異密封奏聞」、また雑令にいう「若有二徴祥災異一、陰陽寮奏、訖者、季別封送二中務省一、入二国史一」の規定(3)を引かれた。ここで問題となるのは②と③の比重の軽重と、②の具体例如何ということである。

図書頭の「修撰国史」について義解に「捃二摭国事一、修二緝国史一」というが、漠然とした注釈である。起居注の作成をさすかとの説(4)があり、中務省の職掌から考えれば、うなずかれ、図書頭は起居注の類も作ったであろう。陰陽頭から奏上された災異も、図書頭によって国史に入れられ、これは政治の鑑戒に資するためであるとともに、災異をもって政治を批判することを許さないたてまえのものであった。このように中務卿・図書頭の国史の「監修」「修撰」は、重要な意味をもったが、しかし将来に本格的な修史がなされる場合にそなえて、平素から史料の一部を集めておくもので、これだけで『続紀』などの国史ができあがったのでなく、正式に国史を撰修するには詔勅で撰者を任命し、史局が開かれる（後述）。

②の例として、(i)A延暦十三年八月癸丑の藤原継縄上表（『類聚国史』）と、B同十六年二月己巳の菅野真道上表（『日本後紀』）によれば、『続紀』は淳仁・光仁・桓武朝における修史によって完成し、撰者は「先典」「前史」「前紀」（いずれも『紀』をさす）につぐ国史を作れという詔勅にしたがって努力した、(ii)淳仁朝に成った国史（後述のP）が『続紀』成立の第一段階をなし、三十巻で、『紀』の巻数と同じなのは、先蹤をついだものである(5)、(iii)『続紀』を完成した真道・秋篠安人・中科巨都雄らの叙位の宣命で、『紀』を「前日本紀」とよび、あとをついだ『続日本紀』と対置しており（『日本後紀』延暦十六年二月己巳）、『続紀』撰修史局が「撰日本紀所」とよばれていた（同書、同二月癸酉）、ことなどを指摘しておこう(6)。

(二) 編集の過程(7)

A・Bの上表では、とくに左の部分が撰修の着手や進行過程を示して重要である。

A (a) 降レ自二文武天皇一、訖二于聖武皇帝一、記注不レ味、余烈存焉、

(b) 但起レ自二宝字一、至二于宝亀一、……闕二茂実於洛誦一、

(c) 是以故中納言従三位兼行兵部卿石川朝臣名足、主計頭従五位下上毛野公大川等、奉レ詔編緝、合成二廿巻一、無二綱紀一、

(d) 臣等（継縄・真道・安人）……勒成二一十四巻一……蔵二于秘府一、

B (w) 夫自二宝字二年一至二延暦十年一、卅四年廿巻、前年勒成奏上、

(x) 但却起二文武天皇元年歳次丁酉一、尽二宝字元年丁酉一、……事亦疎漏、

(y) 前朝詔二故中納言従三位石川朝臣名足……等一、分レ帙修撰、……无二刊正一……宝字元年之紀、全亡不レ存、

(z) 臣等（真道・安人・巨都雄）……所二刊削一廿巻、并レ前九十五年卌巻……謹以奉進、帰二之策府一

右によれば、『続紀』完成までつぎのP・Q・Rについて数度の撰修・改定がなされた。

P（文武～孝謙紀、文武元年正月～宝字二年七月）
Q（淳仁～光仁紀、宝字二年八月～宝亀八年十二月）
R（光仁～桓武紀、宝亀九年正月～延暦十年十二月）

(1) 淳仁朝における撰修着手＝P（文武～孝謙、五代六十二年）の撰修

『紀』のあとをうけP三十巻の草案が作られ(x)、これが淳仁朝における『続紀』撰修着手であることは柳宏吉氏によっていわれたが、(8) 虎尾俊哉氏は発議者を藤原仲麻呂とされる。(9) (a)の内容期間が(b)にすぐ連続し、(a)に聖武を皇帝と記す筆法は(a)の内容が譲位をこえて勝宝八歳までであることを示すばかりでなく、聖武在世期間は孝謙朝の大部分を

おおうので、(a)に孝謙朝までをふくませており、(a)の内容期間は(x)＝Pと同じとなる。ところで孝謙朝までふくむPの改定が光仁朝に命ぜられているから、P撰修は淳仁・称徳朝のことになるが、淳仁朝の実力者の藤原仲麻呂が撰修発議者としてふさわしい。理由は、(i)唐文化に傾倒した仲麻呂は中国の修史を範とし、撰修の熱意をもったに相違ない、(ii)祖父の不比等の顕彰に熱心な彼は（養老律令を施行し、淡海公の号を贈る）、祖父ゆかりの『紀』[10]につぐ第二の修史を望み、あるいは祖父の行実を正史に伝えたいと欲したであろう、(iii)修史の継続されるべき範を示しておけば、第三の国史に自己の行実が伝えられると思いをはせた、ことなどを虎尾氏はあげられた。

ただ(i)で中国の修史を範としたが、中国の修史思想の影響はみられないと述べられたけれど、私は影響を考慮したい。中国では、新王朝が前王朝の歴史を撰する権限は自己にあるとの意識をもった。仲麻呂は政治的覇権を握ったのみならず、藤原氏の地位を皇室とほぼ同じまで高め、また唐の『氏族志』『姓氏録』にならって『氏族志』を編集させた[11]ほど傾倒したことを参照すれば、中国流の修史意識の影響から無関係とはいいきれない。これよりさき天武天皇が帝紀や上古諸事を記定させたことにも、天智系をたおした天武であれば、中国流の修史意識がはたらいたと考えてみたい。

仲麻呂の修史着手は、地位の確立した宝字二年八月（太保）か同四年正月（太師）以後で、地位が傾斜する契機となった光明皇太后の崩御の宝字四年六月か、あるいは淳仁（仲麻呂によって擁立）が孝謙から大権を奪われる宝字六年六月以前であろう。

しかし仲麻呂の勢力衰退によって修史は未完に終り[12]、Pは「語多二米塩一、事亦疎漏」といわれる(x)。いっぽうPが(a)に「記注不レ昧、余烈存焉」と記され、ととのっていたかのようにみえるが、これは、Aの継縄らの任務がPよりもQの改定にあったため、右のように記したまでであろう。なおPは文武元年より宝字二年七月までの六十二年間を内容としたが、それを(x)に宝字元年まで六十一年と記すのは、淳仁朝が宝字二年八月から始まるので、Qの内容を宝字二年以後と述べた手前から、Pを宝字元年までと記さざるをえなかったのである。

(2)　光仁朝における撰修再開

修史再開の事情として、光仁朝が仲麻呂・道鏡の政治に対し批判的立場をとった関係で過去を反省する思想が高まったことや、皇統が天武系から天智系に移った関係で、中国流の修史意識がはたらいたことなどが考えられる。

(イ)　P（文武〜孝謙紀、五代六十二年）の修正　光仁朝（「前朝」）に石川名足・淡海三船・当麻永嗣らに詔してPを修正させ、『紀』につづけさせた(y)。詔発布の時期や、名足ら三人がともに業を始めた時期として、そろって在京した期間を重視するならば、①宝亀二年七月（三船が大宰少弐から刑部大輔に転）から六年七月（名足が大宰大弐となる）までの間か、②同八年十月（名足が造東大寺司長官となる）から九年二月（永嗣が出雲守となる）までの間であるが、②が適当と考えられ、理由はQ撰修下命（次項(ロ)）と関連するからであり、後述する。

名足らのP修正の結果は(y)に「因㆓循旧案㆒、竟无㆓刊正㆒」といわれ、このとき宝字元年紀は「全亡」し、残る二十九巻を奏上した。宝字元年紀の亡佚事情として、熊谷幸次郎氏は、道祖王廃太子事件が記されていたのを改撰するため削ったとし(13)、例として桓武・嵯峨天皇が早良親王にとって香しくない記事を『続紀』から除いたことをあげられた。桓武と嵯峨は完成後の『続紀』から削ったもので、光仁朝の場合は未完結の国史から除いた点に相違があるけれど、為政者に不都合な記事は改修されるという熊谷説は首肯できる。ただ宝字元年紀には右のほか問題となる事件が多く（橘諸兄の死、大炊王立太子、仲麻呂の紫微内相就任と養老律令施行、橘奈良麻呂の変など）、仲麻呂中心の立場で記されていたこれらも改める必要があったかも知れない。宝字元年紀を削り、二十九巻に減じたとあるから、宝字元年以降、二年七月までを削減したことになる。宝字元年紀が紛失したかのように「全亡」と記し、しかも亡佚事情に口をつぐんでいるけれども、じっさいは削除したのであり、それをかどのたたないように表現したのである。

(イ)の名足らは二十九巻を修正しなかったか、修正したか。「无二刊正一」を文字どおりにとれば前者となり、Bの真道らが自己の作業を強調するあまりに名足らの仕事を右のようにいったにすぎないとすれば、後者となる。いずれであったかは、柳氏がいわれるように(14)史料批判を待たなければならない。

(ロ) Q（淳仁〜光仁紀、三代二十年）の撰修　名足はまた上毛野大川とともにQ（宝字二年八月〜宝亀八年十二月紀）撰修の詔をうけ、二十巻に編集した(c)。Qが宝亀八年紀までであることは、のち桓武朝に二十巻が十四巻に改定され、現行『続紀』巻二十一から三十四までにあたるのによって知られる。

Qの撰修下命はQの内容年代からみて宝亀九年以後である。また遣唐録事大川は宝亀八年六月渡航し、帰国入京時期は明らかでないが、九年十二月丁亥と戊戌に唐使（遣唐使とともに来日）の入朝を迎える準備をおこなっているので、大川の帰京はそのころで、Q撰修下命は九年末か十年初め以後であろう。

まえに保留したP修正下命時期を考えよう。名足が(2)の(イ)・(ロ)にみえるから(イ)P修正は(ロ)Q撰修と一連のもので、P修正下命は前述の①よりも②（宝亀八年十月から九年二月まで）と考えられ、これならばQ撰修下命時期に接近し、一連性がある。

P二十九巻とQ二十巻の奏上期は明らかでなく、同時かどうかも問題である。（i）「前朝」の語(y)を重視すると、光仁朝の末までとなるが、（ii）桓武朝にもち越されなかったとはいえず、この場合は撰者の死没以前となり、死没は、三船が延暦四年七月、名足が七年六月であるけれど、永嗣（『続紀』延暦三年十月散位従五位上とあるのが最後）と大川（延暦九年八月官符に故従五位下）が不明である。おそらく「前朝」の語を重視するのが適当であろう。[15] Q二十巻の体裁は「類二無綱紀一」といわれ(c)、桓武朝に改定される。

(3) 桓武朝における完成

桓武は、光仁の側室で身分の卑しい高野新笠を母にもちながら、天位についたことを昊天上帝の睠命によると信じ、交野に上帝を祭って謝すとともに、上帝に配享するに光仁天皇（天宗高紹天皇）の霊位をもってした。新都を長岡に開き、律令政治を刷新したのも桓武で、このような桓武には、天智系への交替を革命と意識することが光仁よりも強かったようすがみられ、[16] 修史意欲が高まったのは不思議でない。

(イ) Q（淳仁〜光仁紀、三代二十年）の修正　A上表に継縄・真道・安人が名をつらね、B上表には真道・安人・巨都雄がみえ、真道と安人が共通して記されるから、桓武朝の修史の(イ)および後述の(ロ)・(ハ)は一連関係にある。かつ完成まで足かけ「七年」かかったというから(z)、桓武朝の修史下命は延暦十年と考えられる。ただ(ロ)のRの内容が延暦十年までであるので、修史下命を延暦十年以後と考えなければならないけれど、「七年」の語を無視することはできないから、延暦十年下命とすべきであろう。

継縄・真道・安人らは勅をうけてQ二十巻（宝字二年八月〜宝亀八年十二月紀）を修正し、十四巻に改め、『続紀』巻二十一より三十四までが成り、延暦十三年八月癸丑に奏上した(d)。

(ロ) R（光仁〜桓武紀、二代十四年）の撰修　真道・安人・巨都雄らのB上表に、宝字二年から延暦十年までの二十巻を「前年勒成奏上」とみえるから、Q十四巻につづくR六巻（宝亀九年〜延暦十年紀、巻三十五〜四十）は延暦十三年八月癸丑から十五年十二月末までに奏上されたことになる。

R撰修の勅をうけた者として、①『日本後紀』（延暦十六年二月己巳条）を文字どおりうけとれば、真道・安人・巨都雄らであり、②B上表は継縄の死より八ヵ月のちであるので、継縄の名はBに記されなかっただけで、撰修勅をうけた人のなかに実際は継縄もいたという、二つの考えかたができる。しかし文字どおり解するのがすなおであるから、①が可能性に富む。とはいえ、勅発布を延暦十五年七月継縄の死より十二月までの間とすると、仕事の分量からみて約六ヵ月間に撰修するのは困難であり、したがって、継縄の死よりまえに撰修勅が出され、継縄の老齢や病気などの関係で真道らが勅をうけたと考えられる。

Rの奏上者に関し、①真道・安人・巨都雄らと、②これ以外に継縄もふくむ場合とが想定される。①の理由は、QプラスRの奏上がBにみえるからであり、②の理由として、(w)の書き出しが「夫」という語に始まり「自二宝字二年一至二延暦十年一」といい、よそよそしく記していることや、B上表者はPの修正・奏上を強調するが、R奏上に関しそうでないからである。Rの撰修勅をうけた者としてまえに①真道・安人・巨都雄の場合が可能性に富むと考えたのであるから、奏上者についてもそれに照応させて①の場合をとるのがよかろう。

(ハ)　P（文武～孝謙紀、五代六十年）の修正と補充　　真道・安人・巨都雄らはP二十九巻を修正するとともに、宝字元年紀以降（宝字二年七月紀まで）を再撰し、これらを二十巻に収め、延暦十六年二月己巳に奏上した。修正と補充の勅発布時として、継縄の死（延暦十五年七月）を境として、①それ以前と②それ以後とが考えられ、巻数の分量からみて①が適当であろう。(y)に「捜二故実於司存一……並従二略諸一」という語は、宝字元年紀以降の再撰だけの説明でなく、P二十九巻修正にもかかる説明であり、それは(y)に二つの作業（修正と再撰）を「凡所二刊削一廿巻」と一括していることとから考えられる。

Ｐの修正・補充された二十巻は、まえに奏上されたＱ十四巻・Ｒ六巻とあわせると四十巻となり、記述内容は九十五年で、ここに『続紀』は完成された。

二　撰者と撰修方針

(一)　書　名

伊勢貞丈は、朝廷に関することで呉音を用いる場合が多いから、この書名をゾクニホンギと読むべきだとし、もし「続」の字のつく和書を漢音でショクと読むならば、日本もジッポンと読むべきだという。したがって本居宣長以来の読みかたであるショクニホンギは漢音でも呉音でもなく、習慣的なものであり、道理で割り切れるものではない。

『続日本紀』の名称が定められた時期について、伴信友は延暦十六年とし(17)、それまではただ国史と称していたといい、柳宏吉氏は、『続日本紀』の名が現われるのは延暦十六年二月より二年半以前にさかのぼらないといわれるが(18)、書名は奏上のとき定められたと考えられる（後述）。

『日本書紀』は元来『日本紀』といったから、これにつぐ国史の『続日本紀』の名は自然であるが、『続日本紀』が先で、『日本後紀』がそれについだ事情に関し坂本太郎氏の説があり(19)、晋の『続漢書』と『漢後書』の書名の関係が参考になったかも知れないと述べられた。

㈡　撰　者

⑴　淳仁朝

藤原仲麻呂　A・Bの上表にP三十巻の編纂者として仲麻呂をあげないのは、乱逆者で終った彼であるから、故意にあげなかったのである。彼は「禀性聡敏、粗渉㆓書記㆒」といわれ、父のすすめで博士の門下に学び、好学の人としてふさわしく大学少允になった。みずから『大織冠伝』を撰したことや、官号改易のうち寮司関係では国史編集に関係深い図書寮と陰陽寮（前述）だけが改称されていること[20]などは彼の修史意欲と関係があるといえよう。

石川年足　仲麻呂のもとで修史の実務をおこなった。[21] 彼は仲麻呂の影であるかのように仲麻呂に密接する官職（大納言・春宮大夫兼紫微大弼・兵部卿・御史大夫）を歴任した。藤原武智麻呂は天平二年八月に従兄弟の石川石足追善のために『弥勒成仏経』十巻を書写し（『寧楽遺文』下、六一二頁）、九年武智麻呂が薨じると、翌年その一周忌にそなえるため年足が弥勒菩薩像と『弥勒菩薩上生兜率天経』を造写したのは（『寧楽遺文』下、六一五頁）、父石足に対する武智麻呂の厚意にむくいたもので、[22] 年足と仲麻呂の深い関係は武智麻呂と石足の関係からきている。年足は「率性廉勤、習㆓於治体㆒」「公務之閑、唯書是悦」といわれ、官号改易に参画し、『別式』二十巻を作った。これらの経歴や活動をみれば、仲麻呂のもとで国史撰修をおこなった者と考えることはうなずかれよう。

⑵　光仁朝

石川名足　修史の発議・実務者である。当時、名足よりも上位の公卿が多くいたにかかわらず、とくに彼（宝亀九年二月従四位下で右大弁となり、十一年二月参議となる）が選ばれたのは、「耳目所㆑渉、多記㆓於心㆒、加以利口、剖断無㆑滞」

といわれ、撰者の素質をそなえた彼であるから、父年足の残したP草案をそのまま放置するはずはなく、父の『別式』におとらぬ業績を修史であげる野心をいだいたであろう。[23]

淡海三船　「性識聡敏、渉二覧群書一、尤好二筆札一」と伝えられ、石上宅嗣とともに文人の首で、大学頭兼文章博士となった。漢風諡号は彼が定めた。[24]『唐大和上東征伝』の撰は「探二閲三蔵一、披二検九経一」といわれる彼にして可能であり、『懐風藻』の撰者にも擬せられる。

当麻永嗣　宝亀九年二月出雲守となり、天応元年五月刑部大輔に任ずるまで離京したため、修史に参画した期間は少ない。官歴以外は知りえないので、[25]撰者に選ばれた事情はなお考える必要がある。

上毛野大川　宝字元年閏八月より十月まで式部位子少初位下として『中阿含経』を勘し（『寧楽遺文』下、六二六～八頁）、宝亀八年遣唐録事として渡航した。これらの文化的活動は国史撰修者として必要な条件を形成するのに役立ったと思われる。[26]

(3)　桓武朝

藤原継縄　延暦十年二月従二位で右大臣となり、十三年十月正二位にのぼった。撰修者のなかで仲麻呂につぐ高官であるが、「政迹不レ聞、雖レ無二才識一、得レ免二世譏一也」と伝えられ、延暦十年（撰修下命）に六十五歳、十三年（Q奏上）に六十八歳で、十五年七月乙巳薨じたとき七十歳の高齢であるから、桓武朝の修史では、彼は高官のゆえに名をつらね、実務は真道らがおこなったと考えられる。

『続紀』の巻頭署名では、巻一から二十までが従四位下行民部大輔の真道となっているが、継縄は巻二十一から三十五まで右大臣従二位、巻三十六から四十まで正二位右大臣となっている。問題となるのは巻三十五と、巻三十六から四十までの継縄の官位である。署名が奏上時のものならば、巻三十五だけが延暦十三年八月十三日（Q奏上）から同十月廿七日（正二位となる）までに奏進され、巻三十六以下は十五年七月十六日の死までに奏進されたことになる。このように巻三十五の一巻だけ奏上されるというのは、よほどの事情がないかぎりおかしい。一巻だけ特別扱いされた宝字元年紀（実は元年正月〜二年七月紀）の例があるけれど、それは一巻だけ再撰されたのであり、事情の説明がつくだけでなく、奏上のときは先行二十九巻と合せ三十巻としてたてまつられたのである。こうみてくると、『続紀』の巻頭署名は後世の書入れであるという疑いが濃いのであるまいか。(27)

菅野真道　津連の出身で、津氏と葛井・船の三氏は六世紀ごろ百済から帰化した王辰爾の子孫であるから、文筆の素養をそなえたことはいうまでもない。延暦四年十一月外従五位下から入内して従五位下を授けられたのは東宮学士に任ずるためであり、このとき継縄は皇太子傅に任ぜられ、二人の出会いとしても注意される。九年七月菅野朝臣の姓を賜わったのは桓武の信頼が深まったからである。この間、七年六月東宮学士で図書助を兼ね、八年三月図書頭に昇任し、十年正月までその任にあり、図書頭は「修撰国史」をつかさどる(28)（正式には別に史局が開かれることは前述）。彼と坂上田村麻呂は桓武親政で両翼的存在の地位をつづけた。以上のような官歴・地位・学問は『続紀』完成者となるのにふさわしいといえよう。

秋篠安人(29)　もと土師氏と称した。天応元年、遠江介土師古人らが菅原宿禰と改姓し、翌延暦元年に小内記安人らが秋篠に改姓したのは、桓武即位によって外戚が優遇されたのである（桓武の母高野新笠は和史乙継と土師真妹の間に生れた）。新笠の母の家土師氏が大枝朝臣を賜わったのは、新笠の崩じた翌延暦九年十二月で、このように賜姓がおくれたのは、古人・安人の家が宿禰姓であったのにくらべて、大枝の土師氏は連姓で、一段低かったからで、それだけに秋篠宿禰への改姓は優遇であったわけである。延暦八年九月、勅により大納言継縄と大外記安人とが征東将軍の敗状を勘問したのは、二人の出会いとして注目してよい。なお秋篠寺は土師氏を背景とし、宝亀十一年善珠の開基で創建され、光仁や山部王（のち桓武）と関係が深い。

中科巨都雄　もと津連といい、延暦十年正月小外記で中科宿禰と改姓した。真道と同族であったことは、『続紀』撰者に加えられた事情と関係があろう。延暦十六年二月『続紀』奏上日の宣命で外従五位下から入内したが、これは、同日従四位下の真道と従五位上の安人が位二階を進められたのに肩をならべるもので、巨都雄もそれにふさわしい役割をつとめた。(30)

下級官人　延暦十六年二月『続紀』奏上より数日のちの癸酉の日に、太政官史生従七位下安都笠主・式部史生賀茂立長が位二階を、中務史生大初位下勝継成・民部史生大初位下別公清成・式部書生無位雀部豊公らは位一階を進められ、これらは撰日本紀所に供奉した労による（『日本後紀』）。進階に差があるのは供奉期間の長短や力量の多少によるのであろうが、豊公以外の四人はいずれも史生であり、令制の職掌から推せば、修史で書記をつとめたと考えられる。なお『日本後紀』が、『続紀』奏上後の癸酉条に史局を「撰日本紀所」と記しているのは、『続日本紀』の書名が定まったのが奏上のまぎわであったことを示すものであると思われる。

㈢　撰修方針

(1)　『紀』との比較

『続紀』撰修方針を『紀』のそれとくらべると、編年体をとる点は共通するが、つぎの相違がみられる。(31)

(イ)『紀』では、①同巻に二人以上の天皇の代が記される場合（巻四・七・十二・十三・十五・十八・二十一）と、②天武の代が二巻（巻二十八・二十九）にわたる場合とを除けば、③他の巻ごとに一天皇の時代が記される。しかし②は特例で、①も記事量の少ない当然の結果であり、『紀』では③が本来のたてまえである。これに対し、『続紀』では天皇一代が三巻またはそれ以上にまたがる場合があり、かつ聖武・孝謙・称徳・桓武の即位は巻の中途にあり（巻九・十七・二十五・三十六）、その境に明白な標示がない。つぎに『紀』は歴代の最初に后妃・皇子・皇女を列記するが、『続紀』にそれはない。

(ロ)『紀』は異説をあげるが（「一日」「一書曰」）、『続紀』にそれはなく、『紀』に物語の記載が多いけれど、『続紀』にはみられない。

(ハ)『紀』は編年体に終始したが、『続紀』は編年体をとりながら、人物死去（または斬・贈位・葬）の日の条に伝記をのせ、これは大きな特色である[32]（親王三、后妃五、諸臣四十三、僧六）。諸臣の場合はだいたい四位以上の人物に伝記を掲げ（四位以上で伝記をのせなかった場合や、正五位下でのせた場合など若干の例外がある）、五位以下の場合には単に「卒」と記す（若干の例外はある）。『日本後紀』以後の国史における伝記収録の基準をみると、『後紀』『続後紀』も四位以上の人の伝記をのせ、『文徳実録』『三代実録』では五位以上に拡大している。『続紀』以後の五国史が伝記を収めたことについて坂本太郎氏は、編年体が紀伝体の長所をとりいれて史体を成長させたものであると論じられ[33]、横田健一氏は、豊富に伝記を収めるようになったことが、官府（とくに式部省）や各家に家伝・本系の類を保存していたことに関係をもつと指摘された[34]。

(2) 材料の取扱い

本居宣長が指摘したように、『紀』ではとくに詔勅が漢籍の文をかりて修飾されている場合が古い巻に多いが（「書紀の詔詞どもは、さらに古ルめかしきことはなくて、ひたぶるに漢の意言なるをや」『古事記伝』）、『続紀』では詔勅官符などをほぼ原文に近い形で抜萃しており、(35) 宣命の場合は原文で収録し、漢文体の詔勅と区別していて、これらは、根本史料によって記事を書く方針をとっていることを示している。

材料の出所と撰修の手法が知られる一例として巻十七の天平二十一年二月丁巳条（陸奥からの貢金）がある。この条の「天平廿一年二月」の七字について朝日新聞社本の頭注に「七字紀略になく、傍書の攙入なること明なれど、金本（金沢本）以下諸本に存するを以て姑く之に従ふ」というが、七字はこの年の冒頭記事でないから、国史大系本の頭注に衍とするのが正しい。水野柳太郎氏はさらに考察を深め、『続紀』のこの条が東大寺から出された材料によったもので、編者がこの材料を二月丙辰廿一日の条のつぎに挿入し、「天平廿一年二月」の七字を削りとるのを忘れた、と述べられた。(36)

なお水野氏は、勝宝元年十一月（①辛卯朔、②乙卯廿五、③丙辰廿六、④丁巳廿七、⑤戊午廿八、⑥己未廿九、⑦庚申卅、⑧己酉十九、⑨甲寅廿四）十二月（⑩丁亥廿七、⑪戊寅十八、⑫丁亥廿七）条のなかの四条⑧⑨⑪⑫が、宇佐八幡神の上京に関する記録によって書かれたもので、これをもって記事を増補するさい、月の終りに挿入したまま放置し、相当の日の条に入れなかったため、日付に錯簡が生じたことを明らかにされた。巻十七の以上の記載はPに属すから、右の不手ぎわは、①淳仁朝のP撰修のさい生じたままか、あるいは②光仁朝のP修正、③桓武朝のP修正・補充のときおこったことになる。

(3) 巻別の特色

編集過程に関する考察で述べたように、『続紀』はP（巻一〜二十）・Q（巻二十一〜三十四）・R（巻三十五〜四十）の三グループに分けられるが、またP（前半）とQ・R（後半）の二つに分けることもできる。前半（六十二年紀）と後半（三十四年紀）では記事の繁簡の差がいちじるしく、小寺富美子・福原紀子氏は、国史大系本を用い、同日の条に二項目以上をふくむ場合や、「是月云々」の場合も一項目としてかぞえ、記事のある日数（項目）を月別・年別に集計された[37]。年ごとの記事行数（分量）の最高は巻二十宝字元年の二百五十五行であるが、この巻は再撰という特殊事情のものであるから、しばらくおけば、つぎは巻二十五宝字八年の二百三十八行である。これに対し最低は巻五和銅三年の二十行である。巻十九までの行数百以上は、巻十天平元年百十五行、巻十二天平九年百六行だけである。巻二十一以後で、行数百をこえる年には二十六例があり、このうち二百をこえる年としては二例がある。右の調査によると、前半P（巻二十をしばらくのぞく）の記事乏少が顕著で、後半Q・Rは豊富である。

これに照応するものに伝記収録数をあげうる。伝記総数は五十七であるが、前半二十巻には六をかぞえるにすぎない（諸臣一、僧五）[補注]。このような前半Pの記事乏少について、淳仁朝編集時の三十巻が光仁・桓武朝の修正で二十巻にされ、削られたことと関係があるといわれるが、もともと後半にくらべて記事が少なかったことも考慮すべきであろう。時代がさかのぼるほど史料は残りにくいし、撰者の数が少なく、技術も熟さないときは当然に記事が少なくなる。

Pの巻二十は光仁朝に削除され、桓武朝に再撰されたが（前述）、再撰がQに影響した例として淳仁即位前紀の日付がある。その勝宝九歳三月廿九日の「辛丑」と四月四日の「乙巳」は、巻二十宝字元年紀によってそれぞれ「丁丑」と「辛巳」に訂正しなければならない。この誤りの生じた事情に関し、宮本救氏は、勝宝九歳の三月・四月の干支を宝字二年の三月・四月のそれによって記してしまったらしいといわれる[38]。

(4) 撰者が用いた暦

奈良時代の暦を復原した『三正綜覧』に誤りのあることは古くからいわれ、最近では山田英雄・友田吉之助・飯田瑞穂氏らも指摘されており、[39] これらは『続紀』撰者が依拠した暦の誤りを『正倉院文書』の日付や月の大小などによって考察したものである。ただ『正倉院文書』の史料的制約のため、山田氏らの方法では奈良時代全体にわたることができない。そこで栗原治夫氏は、山田氏が第二次の材料という『続紀』にもとづけば、撰者が用いた暦を復原することができるとし（じっさいおこなわれた暦と誤差を生じることはある）、『続紀』前半では儀鳳暦（麟徳暦、宝字七年八月戊子条）、後半では大衍暦であったと考察された。[40] すなわち、文武二年から神亀五年までは日本の暦、あるいは『続紀』が用いた暦は、麟徳暦法によって計算し、算出した数値をそのまま進朔などをしないで用いたのである。天平元年以降は、日唐両国の暦が異なるので、くらべる意味がない。天平元年から宝字七年までは麟徳暦法により、進朔せずに作った暦と、『続紀』や『正倉院文書』から知られる暦を比較すべきである。宝字八年以降は、大衍暦にしたがった暦と、『続紀』や『正倉院文書』の暦日を対照しなければならないといわれる。

三 伝来と利用

(一) 伝来・写本・注釈

(1) 伝来過程での記事削除

延暦四年九月丙辰条（藤原種継暗殺計画と早良親王の関与）がそれで、早良皇太子の霊の祟りを恐れた桓武天皇は、霊をなぐさめるため、皇太子にとって香しくない右の条を削ったが、種継の子の仲成・薬子はこれをもとどおり国史にのせ、嵯峨天皇はふたたび削除した。[41]『続紀』から削られた右の記事が『日本紀略』に収められているのは、削らないままの『続紀』（桓武朝に奏上）か、仲成らが記事を復活した『続紀』か、そのいずれかを引用したからである。

(2) 写本

尾張徳川黎明会所蔵金沢文庫本（巻子本）が最も古く、巻十一より四十にいたる各巻の首尾に「金沢文庫」の黒印を押し、巻一より十までの各巻の首に「金沢本写」の四字を記しており、ついで慶長年間書写の内閣本・吉田本その他がある。写本の所在や内容の特色などの詳細については、国史大系本（旧輯・新訂増補）の凡例、朝日新聞社本の解説・凡例、および『国書総目録』四（岩波書店）にゆずる。

『続紀』のテキストとして、校訂が厳密で、利用されることの多いのは、黒板勝美編の新訂増補国史大系本で、宮内庁書陵部所蔵の谷森健男氏旧蔵本（諸写本の原本である三条西実隆書写本を忠実に伝えるものらしい）を底本とし、諸本をもって校合している[42]（昭和十一年初版、四十一年増版、吉川弘文館）。佐伯有義氏校訂標注の『増補六国史』（巻三・四が『続日本紀』）は明暦三年立野春節校訂の版本を底本に選び、諸本をもって校訂し、頭注をつけ、本文の活字が大きいので読みやすい（昭和五年初版、十五年再版、朝日新聞社）。

(3) 注釈

河村秀根『続紀集解』、村尾元融『続日本紀考証』、佐伯有義『続日本紀』（前掲）などがある。このうち『続紀集解』は、秀根の没後、その草稿に子の益根が手を加え（文化三年六月二十三日着手、八年五月六日いちおう終る）、文化十四年四月晦日に完成したものである[43]（二十冊、名古屋市立図書館所蔵）。ほかに薄井𥿻仲『続日本紀微考』[44]をあげておこう。索引には、佐伯有義『増補六国史』（巻十二、索引）、田中卓・福原紀子・小寺富美子『続日本紀語句索引稿』（謄写刷、日本上古史研究会、昭和三十三年）、熊谷幸次郎『続日本紀索引』（地名部・人名部・件名部、早稲田書房、昭和三十三〜五年）、六国史索引編集部『続日本紀索引』（吉川弘文館、昭和四十二年）などがあり、竹内理三・山田英雄・平野邦雄『日本古代人名辞典』（五まで刊、吉川弘文館、昭和三十三〜四十一年）があわせ利用される。

㈡ 研究と利用

⑴ 記事吟味

『続紀』の記載に不備が多いことは、本書を研究・校訂・利用してきた人たちによって指摘されており、たとえば和田英松氏は「重複せるもの、錯誤したるところあるは、一つは伝本の善からざるにもよれど、蓋し屢編修者かはり、且旧案を刪定したるが故にて、中には、年月編次の切張りを誤りたるによれるもあるべし」といわれた[45]。不備として右のほかに脱漏・誤謬・矛盾・不手ぎわなどがあり、不備発生の事情として、撰者間の連絡・統一の不十分などもあったであろう。不備の各例を一、二あげてみよう。

㈠ 脱漏

① 養老五年七月庚午条　『類聚国史』（巻百七十三）災異部に記す同日条の「大宰府城門災」が脱しており（和田英松『本朝書籍目録考証』五三頁）、大系本は補っている。

② 勝宝六年九月丁未条　この日の勅にみえる「天平七年格」は『続紀』や『類聚三代格』にみえない。『続日本

紀考証』や、大系本・朝日本の頭注に七年を八年の誤りとするのはあたらない（水野柳太郎「続紀記事脱漏の一例」『続日本紀研究』一の五）。

(ロ) 誤謬

① 和銅五年十二月己酉条　「東西二京」の京について朝日本はそのままがよいとし、大系本は市に改める。藤原京にはすでに和銅元年史生がおかれ、京職内の官職設置なら左右の二字を冠すのがふつうである。令に市司の史生は規定されないが、必要を生じて和銅五年に新設されたもので、市が正しい（足立康「平城京東西両市の設置年代」『歴史地理』六七の六）。

② 霊亀二年五月辛卯条　「元興寺」を大安寺と訂正すべきである。原史料に「大寺」（大安寺を意味する）とあったのを、編者が元興寺と誤断した[46]（福山敏男「大安寺及び元興寺の平城京への移建の年代」『史蹟名勝天然記念物』一一の三）。

③ 天平十六年十月辛卯条　道慈伝の「大宝元年随使入唐」は二年の誤りである。『続紀』の人物伝中の年代などで、この種の誤りは多い（井上薫「続紀記事の脱漏・誤謬・錯乱」『続日本紀研究』一の二）。

(ハ) 錯乱

① 神亀元年三月庚申条　配処の遠近を定めた当記事のまえにすでに庚申朔があり、同月内に二回の同干支は不審である。伴信友は「六月の庚寅の条に在べきが、庚寅を庚申と誤りて三月の条に錯ひて入たるなり」といい（「続日本紀の中なる古き錯乱の文」『比古婆衣』巻四）、支持する説もあるが（平泉澄「解題」大日本文庫本『続日本紀』上）、大系本の頭注に「今暫仍旧」と記すごとく、疑問とするほかない。

② 勝宝元年十二月丁亥条　宣命の文の順序は「天皇が御命に坐せ、豊前国宇佐郡に坐す、広幡の八幡の大神に申し賜ふと申さく、去にし辰年、河内国……」とするのが正しい（本居宣長『歴朝詔詞解』）。

③ 神護景雲三年十月乙未朔条　この詔について、宣長は天平神護元年八月（和気王事件）の詔が誤って入ったとし（『歴朝詔詞解』）、境野黄洋氏は宝字元年七月（橘奈良麻呂の謀叛）のものとするが（『日本仏教史講話』）、宣長説が正しい（横田健一「道鏡伝考」『関西大学文学論集』一の二）。

㈡ 矛　盾

① 霊亀元年五月壬寅条と養老二年正月庚子条　阿倍広庭の官位が矛盾し、前者の従四位上は従五位上が正しい。

② 天平十二年十月壬午条と十四年五月丙辰条　鈴鹿王の官位が矛盾し、前者の正二位は正三位とすべきである。

③ 錯誤や矛盾のうち日付に関する干支について、宮本救氏は、大系本・朝日本の校訂者が指摘した箇所、および宮本氏自身が調べた箇所をあわせて八十二例を表示し、（i）記載月内の干支で配列順に問題のあるもの、（ii）記載月内に当該干支の存しないもの、（iii）他の文献の日付と異なるものに分け、その矛盾は、(a)記載干支が正しく、配列が誤りか、(b)配列は正しく、記載干支が誤りかが問題となり、（i）は(a)の、（ii）は(b)の立場から訂正できる可能性が多いけれど、判定には検討を要し、錯誤・矛盾が生じたのは撰修過程においてか、伝写過程の際かを考えねばならず、前者の過程で生じた錯誤などを追求することにより撰修作業の内容が推察できると述べられた（「続日本紀雑記」『新訂増補国史大系月報』五三）。

㈭ 重　複

① 天平十一年四月壬午と十三年七月辛亥条　巨勢奈氏麻呂の春宮大夫は、両年の間隔が短いし他人の叙任記事

がないのでどちらか誤りといわれる。しかし両度とも兼官で、十三年条の継続をそのように記すほかなかった。

② 勝宝六年九月丙申と宝字元年六月壬辰条　紀飯麻呂の右京大夫は、京官に任期があるならば再任だろうが、恐らく後者の条は誤りであろう。山田英雄氏はこの種の官職補任の重複を右とあわせて二十一例あげられた(「続紀の重複記事」『続日本紀研究』一の五)。

(ヘ) 不的確

宝亀五年三月癸卯四日条の冒頭の「是日」は「先是」と記すべきである。新羅使来朝、紀広純派遣、新羅使放還を四日とするが、新羅使来朝が三日以前であることは、三日に調伏修法が令されているので知られる。

以上(イ)脱漏から(ヘ)不的確までの例は一部をあげたにすぎない。またこの種の不備を指摘した論著も一部を示しただけである。(47) 右に引用した論著以外のもので『続紀』の不備を指摘したものとして、村尾元融『続日本紀考証』、河村秀根『続紀集解』、黒板勝美編『続日本紀』佐伯有義『続日本紀』頭注、竹島寛『王朝時代皇室史の研究』、岸俊男『藤原仲麻呂』などがあり、論考では、宮本救(「続日本紀錯乱の文にみえる『壬戌歳戸籍』について」『続日本紀研究』六の一)、野村忠夫(「仲麻呂政権の一考察」『岐阜大学学芸学部研究報告』人文科学六)、下川逸雄(「戊申年について」『日本古代史論集』下)などがあり、ほかにも論著・論考はなお存するが、すべてをここで網羅することはできない。

(2) 記事整理

『続紀』は八世紀の歴史の研究、とくに律令政治の研究に不可欠である点に価値があり、各条の記事を律令格式や『正倉院文書』『万葉集』、宮址出土木簡などと組み合わせ、比較対照しながら利用されねばならない。この種の観点から『続紀』記事を中心に史料を整理したものに、亀田隆之(「令集解法令索引」『白山史学』一)、直木孝次郎(「続日本紀の多産記事」『続日本紀研究』一の六)、岸俊男(「令集解所収諸法令編年索引」同一の一〇)、高橋水枝(「奈良時代郡司一覧」同一の一一)、井上薫(「続紀記事の編年的整理および備要」同四の三・四・九、五の三・八)、竹内チヅ子(「八世紀における諸衛府の官人表」同六の五)、秋山侃(「奈良時代における『勲位』の実態について」同八の一)、中平亘洋(「古代国司表」同一三二・三・四)、井上薫(「続日本紀の任官記事」『新訂増補国史大系月報』五三)などがある。

最後に『続紀』の読みかたが問題となる例(48)をあげておこう。①天平元年十一月癸巳条の太政官奏の読みかたについて直木孝次郎氏(「続日本紀天平元年十一月賜田記事の訓み方」『続日本紀研究』三の三)と熊谷幸次郎氏(「天平元年十一月賜田記事のよみ方についての質疑」同三の五)の間に意見が分かれ、②宝字元年四月辛巳条の勅の語を「其戸籍記、无㆓姓及族字㆒、於㆑理不㆑穏」と読むか、「其戸籍記㆓无姓及族字㆒……」と読むべきか、またその解釈をめぐり直木孝次郎氏(「日本古代における族について」「再び日本古代の『族』について」『日本古代国家の構造』)と井上光貞氏(「『族』の性質とその起源」『日本古代国家の研究』)と論議がかわされ、平野邦雄氏(「大化前代の社会構造」『岩波講座日本歴史』古代2)や岸俊男氏(『藤原仲麻呂』)らも意見を出された。

『続紀』の解題として論ずべき問題はほかにもあり、引用すべき論著もなお多いが、与えられた紙面もつきたので、それらの不備について寛恕を請い、いちおう擱筆する。

註

(1)(4)(9)(21)(23)　虎尾俊哉「六国史」(『日本歴史』一九四)

(2)(19)(31)(33)　坂本太郎「六国史について」(『本邦史学史論叢』上)

(3)　『三代実録』天安二年八月廿九日条には、この規定によってこの日の条が記された経過がみえる。

（5）（12）（20）　岸俊男『藤原仲麻呂』

（6）　養老五年における『日本書紀』講書のおこなわれたことがみとめられるならば、この講書も『書紀』のあとをつぐ努力をよびおこす一つの因子となったと考えられる。養老五年の『書紀』講書は康保二年外記勘申の「日本紀講例」などにみえ（『釈日本紀』）この講書について、太田晶二郎氏は「疑惑も提起されてゐるが（中略）その完全に否定されぬ間は、なほあるがまゝに即いて一応の考察を加へ置くべきを思ふ」といい、「認めるとしても、さすがに撰進直後といふ特殊の位置に在る」とされる（「上代に於ける日本書紀講究」『本邦史学史論叢』上）。

（7）　撰修過程や撰者などを考察したものとして、伴信友「続日本紀撰進次第考」（『比古婆衣』巻六）をはじめ、宝積明治「続日本紀の撰進に就いて」（『国学院雑誌』三五の八・一一、昭和四年）、佐伯有義「解題」（『続日本紀』上、朝日新聞社、昭和五年）、和田英松『本朝書籍目録考証』（明治書院、昭和十一年）、熊谷幸次郎「続日本紀撰進次第」（『史観』一一、昭和十二年）、平泉澄「解題」（『続日本紀』上、大日本文庫刊行会、昭和十三年）、坂本太郎前掲註2論文（昭和十四年）、柳宏吉「続日本紀の最初の稿本について」（『日本歴史』六二、昭和二十八年）、同「続日本紀撰修の最終段階」（同六四、昭和二十八年）、同「名足・三船・永嗣による国史修撰の成果について」（『続日本紀研究』一の四、昭和二十九年）、同「続日本紀の成立」（同一〇の一～五、昭和三十八年）、井上薫「続日本紀おぼえ書き」（同一の一、昭和二十九年）、直木孝次郎「続日本紀」（『日本歴史大辞典』一〇、昭和三十三年）などがある。

（8）　柳宏吉「続日本紀と新撰姓氏録との文献的関係」（『日本歴史』五七）、同「六国史各巻巻頭における奉勅撰者名について」（『続日本紀研究』四の一〇）、同「続日本紀の成立」一（前掲註7）

（10）　虎尾氏は、不比等が右大臣として最高の地位を占め、養老律令を撰したところから推して、『書紀』撰修に参与しなかったとは考えにくいといわれるが、なお徴証が必要である。

（11）　仲麻呂の『氏族志』撰修目的をめぐり関晃氏「新撰姓氏録の撰修目的について」（『史学雑誌』六〇の三）の説に対し、佐伯有清『新撰姓氏録の研究』（研究篇）が反対しているが、岸俊男氏はこれらを批判し、関説に賛同できないとする（『藤原仲麻呂』）。

（13）　熊谷幸次郎、前掲註7論文。

(14) 柳宏吉「名足・三船・永嗣による国史修撰成果について」(前掲註7)

(15) P二十九巻奏上時期に関し、佐伯有義「解題」(前掲註7)の延暦二年十月以前説や、熊谷幸次郎「続日本紀撰進次第考」(前掲註7)の宝亀六年ころ説などがある。佐伯説は、(X)に永嗣が刑部大輔従五位上と記されるけれど、延暦二年十月条に散位とみえるからであるとする。しかし散位は延暦三年十月乙未条である。また佐伯説の論法からすれば、名足と三船はそれぞれ(X)の中納言従三位と刑部卿従四位下のとき奏上したことになる。しかし、官歴を検すると、名足は延暦三年十二月己巳に従三位、翌四年十一月丁巳に中納言、三船は宝亀十一年二月庚戌に従四位下、延暦三年四月壬寅に刑部卿となっており、延暦三年十月(佐伯氏の重視する延暦二年十月を訂正)に名足はまだ中納言従三位になっていないから、延暦三年十月までに奏上されたことにならない。

熊谷説は、名足ら三人がともに在京した期間に奏上もしたと考えるわけであるが、その在京期間として、①宝亀二年七月～六年七月までをとるけれど、私は②宝亀八年十月～九年二月の場合をとる方がよいと思う。

(16) 滝川政次郎「革命思想と長岡遷都」(『京制並に都城制の研究』)

(17) 伴信友「続日本紀撰進次第考」(前掲註7)

(18) 柳宏吉「淳仁朝氏族志の書名について」(『続日本紀研究』二の七)

(22) 須田春子「石川年足願経に関する試論」(史学会第六十七回大会発表)

(24) 坂本太郎「列聖漢風諡号の撰進について」(『日本古代史の基礎的研究』下)

(25) 永嗣は『続紀』宝亀四年正月癸未条に叙従五位上とあるが、同年二月廿五日太政官符に従五位下とみえ(『寧楽遺文』下、三三六頁)、不審である。

(26) 『紀』編纂の参加者に上毛野君三千がいる(天武十年三月丙戌条)。大川との系譜的関係は明らかでないが、三千のように国史編纂に関与した者がすでに上毛野氏から出ていることに注意したい。

(27) 柳宏吉「六国史各巻巻頭における奉勅撰者名について」(前掲註8)は、署名が『続紀』の奏進時以前(それをくだるとしても、撰修事情がわかっている近い時代)に記されたとされるけれど、問題があるように思う。

(28) 虎尾氏は、真道の図書寮在任時代に修史を発議したかといわれるが(前掲註1論文)、図書頭の「修撰国史」は平素に史料を集めて記しておく仕事であって、正式に国史を撰修するさい別に史局が開かれる（前述）。『続紀』撰修の発議と実施期を考えるのに、撰修者の官歴のうち太政官の外記や大弁に任じたことを重視する説があるけれど、これもきめ手とならない。

（29）村尾次郎『桓武天皇』

（30）以上、藤原仲麻呂から中科巨都雄にいたるまで、これらの人物が『続紀』の撰者に選ばれたのはどのような事情によるかを述べたが、『続紀』だけでなく、六国史全般の撰者について、坂本太郎氏が「政府の事業である国史の編集に専門の史官がいなかったのが六国史そのものの一つの特色に数えられる」と述べられたことは、撰者の性格に関して重要な指摘である（「六国史について」前掲註2）

（32）熊谷幸次郎「奈良時代の伝記について」（『歴史地理』七一の六）は、皇王四、后妃五、諸臣四十五、僧七人（計六十一人）に関する伝記があるとするが、高野天皇、（諸臣）袁晋卿・栄井蓑麻呂、（僧）隆観についての記載は伝記といえないと思う。なお、祖先顕彰に熱心であった藤原仲麻呂が撰修したP三十巻（のち桓武朝に二十巻に改定）にあたる部分に不比等や武智麻呂ら四子の伝記が収録されていないことに関し、ここで記しておくと、①仲麻呂の撰修のとき収録されていたのを、桓武朝に削ったか、②最初から収録されていなかったか、二つの場合が考えられるが、②がよいと思う。巻二十までに収録されている記は諸臣一、僧五であるにすぎず、これは、後半巻二十一以後に皇王四、后妃五、諸臣四十四、僧二の伝記を収めているのとくらべてきわめて対照的であり、もしPから不比等・武智麻呂らの伝記だけを削ったのであるならば、それ以外の諸臣の伝記は残されていてもよいはずであるからである。Pでは道君首名の伝記が唯一のものであるのは、農民によって神として祭られた良吏であったので、顕彰の意図で特記されたと考えられよう。

（34）横田健一「藤原鎌足伝研究序説」（『文学論集』創立七十周年記念特輯）

（35）『続紀』引用の格と、その根本になった格との比較をおこなったものに高橋崇「続日本紀に於ける『格』」（『続日本紀研究』二の四）がある。

（36）水野柳太郎「続日本紀編纂の材料について」（『ヒストリア』二八）

（37）小寺富美子・福原紀子「続日本紀記事項目数の調査」（『続日本紀研究』一の八）

（38）宮本救「続日本紀雑記」（『新訂増補国史大系月報』五三）

(39) 山田英雄「写経所関係文書の日付について」(『続日本紀研究』四の六)、友田吉之助「奈良時代における四分暦の存在について」(『日本歴史』一六〇)、飯田瑞穂「古文書による暦の復原と続日本紀」(同二〇二)

(40) 栗原治夫「続日本紀と暦」(『新訂増補国史大系月報』五三)

(41) 早良皇太子一件記事に関し、川上多助氏が「もと続日本紀に載せてあったが、平城天皇のときこれを削除し、嵯峨天皇のとき旧に復した」といわれるのは(『綜合日本史大系平安朝』上)、誤りである。なお、早良皇太子一件記事の削除された時期について、和田英松氏は、桓武は延暦十一年のころから皇太子の祟りを恐れ、同十九年七月崇道天皇と追尊しているから、そのころ記事を削除したもので、『続紀』奏覧以後、わずかに三、四年を経ただけで、削除に関係したのは菅野真道か、といわれる(前掲書、註7)

(42) 熊谷幸次郎氏は国史大系本『続日本紀』の底本と原本(谷森本)との間の文字の異同十五ヵ所を指摘し、金沢文庫本・東山文庫本にみえる語も参考に掲げられた(「新訂増補国史大系続日本紀の文字の異同について」『続日本紀研究』五の一一)

(43) 村上明子氏は『続紀集解』稿本の外容・体裁・記述様式・注解様式・引用古典などを調べ、村尾元融の『続日本紀考証』と比較して秀根の研究法の特色にふれ、益根の協力にも論及された(「続紀集解について」『続日本紀研究』四の四)

(44) 草稿本四冊、東大史料編纂所所蔵。『続紀』四十巻のうち巻二十七以下欠。繇仲(明治五年六月七日没)については菟田俊彦「『続日本紀微考』の著者薄井繇仲について」(『続日本紀研究』一の七)がある。

(45) 和田英松、前掲書(註7)

(46) 霊亀二年五月辛卯条について、竹島寛氏は、元興寺の移建は計画にとどまったもので、養老二年九月甲寅条の「遷二法興寺於新京一」は移建または新造であるとされるが(「元興寺考」『王朝時代皇室史の研究』)、右の霊亀二年条に関しては福山説に従っておく。

(47) たとえば、ほかに『続紀』に明記がないことから論議が生じた例をあげると、宝字元年七月紀に橘奈良麻呂の処刑に関し、何ら記すところがなく、子の清友が宝字二年に生まれているので、奈良麻呂は光明皇太后の慈悲で助命されたのであるまいかと考えるむきもあったけれど、これは奈良麻呂処刑が明記されなかっただけであって、宝字元年に処刑されても清友の宝字二年出生はおこりうると考えるべきである(岸俊男『藤原仲麻呂』)。

（48）　宝字五年八月甲子条の叙位の読みかたは、国史大系本に「授二御楯正四位上、其室従四位下、藤原恵美朝臣児従正四位下一」とするけれど、朝日新聞社本が従四位下を児従にかけるのに従う方がよいと、野村氏は指摘された。

（補注）　中村浩氏は、長文の道昭伝の収録には菅野真道の同族意識が強くはたらいたと述べ（「僧道昭に関する諸問題」『大和文化研究』一四の八）、林陸朗氏は、五伝記の収録は延暦期の特殊な関心によることを指摘された（「続日本紀掲載の伝記について」『日本史籍論集』上巻所収）。

日本三代実録

井上薫

一 書名

『日本三代実録』の書名は、清和・陽成・光孝三天皇の時代を記述するところから名づけられ、実録とよぶことは『文徳天皇実録』から始まり、それ以前の四国史にみえないもので、六国史のなかで実録の名称が用いられたことは、いちおう注目される変化である。中国における実録は、皇帝の一代ごとに起居注によって撰修され、正史編纂の材料とされ、その例として『梁皇帝実録』をはじめ、唐では『高祖実録』『太宗実録』など歴代のものがある。日本の国史撰修の場合に中国の実録編纂の実例が影響を与え、『続日本後紀』『文徳実録』のように天皇一代ごとの国史が作られたのは、中国からうけた影響である。しかし撰者が全面的に中国の実録を模倣しようとしたものでないことは、『続日本後紀』の題名からも知られ、また『文徳実録』と『三代実録』の名は、『続日本後紀』につぐ適当な名称がなかったためであり、実録を撰修しようと努めた結果と解するわけにいかない。別の面からいえば、『続日本後紀』と『文徳実録』との間に体例上の顕著な相違はなく、単に名称だけのちがいである。(1)

『三代実録』という略称は、『日本文徳天皇実録』が単に『文徳実録』とよばれるのと同じわけであり、その略称はすでに『本朝世紀』の天慶四年八月九日条に「自二殿上一有レ勅、召二三代実録一部五十巻五ヶ帙一、加二目録一巻一、各有二錦端帙一」と記される。なお実録という名称には、中国において皇帝の一代記を実録と名づけたことが影響しており、それは『文徳実録』のときからみられた。

ところで、『三代実録』は別に「外記番記」ともよばれたことが『惟賢比丘筆記』（建武二年著）に「外記番記自二天安二年一至二仁和三年一醍醐御宇左大臣時平等撰」と記されるので知られる。というのは、『惟賢比丘筆記』のこの箇所は、すぐそのまえに『日本書紀』から『文徳実録』にいたる五国史の書名が掲げられその下に収録年代範囲と撰者が註され、「外記番記」の下の註は『三代実録』のそれにあたるからである。[2]「外記番記」ともよばれたのは、大外記の大蔵善行が『三代実録』撰修に終始重要な役割を果たし、外記局の資料を用いたことに関係がある。外記の位階は高くないが（大外記は正七位上、少外記は従七位上）、職掌は職員令に「掌下勘二詔奏一及読二申公文一勘二署文案一検中出稽失上」と規定され、太政官の記録をつかさどり、有識者でなければ任にたえないので、人選はきびしく、したがってこれまでの国史撰修にも参議とともに加えられた。

なお『本朝世紀』の続編と考えられる『新抄』が「外記日記」とも称され、これは大外記中原師重の撰で、[3]『本朝世紀』と同じく主として外記の日記によって編纂されており、『三代実録』の資料と別称との関係を知る参考となる。

『三代実録』は、『文徳実録』のあとをうけ、清和天皇の即位から筆をおこし、陽成・光孝天皇の治政期間までを記し、序文に「起二於天安二年八月乙卯一、訖二于仁和三年八月丁卯一、首尾卅年、都為二五十巻一」とみえ、清和朝（天安二年八月～貞観十八年十一月）十九年間を二十九巻に、陽成朝（貞観十八年十一月～元慶八年二月）八年間を十五巻に、光孝朝（元慶八年二月〜仁和三年八月）三年間を六巻に記述し、以前の五国史と同じく編年体をとる。

二　撰修過程

『三代実録』の撰修は寛平年間に始められた。序文に、

伏惟太上天皇（中略）以為、始ㇾ自二貞観一爰及二仁和一、三代風猷、未ㇾ著二篇牘一、若欠文之靡ㇾ補、恐盛典之長虧、詔二大納言正三位兼行左近衛大将皇太子傅陸奥出羽按察使臣源朝臣能有、中納言兼右近衛大将従三位行春宮大夫臣藤原朝臣時平、参議勘解由長官従四位下兼守左大弁行春宮亮臣菅原朝臣道真、従五位下行大外記兼播磨権大掾臣大蔵朝臣善行、備中掾従六位上臣三統宿禰理平等一、因二循旧貫一勒就撰修、

とみえ、撰者五名が知られるが、撰修詔が出された時期は明らかでない。もっとも『日本紀略』の寛平四年五月一日条に「勅二大納言源能有、参議藤原時平、大外記大蔵善行等一云云、始造二国史一」とあるのが『三代実録』の撰修勅とされるけれど、撰者の官職を『三代実録』序文にみえるそれに対照するとくいちがい、『紀略』にいう日には問題がある。

そこで、序文に記される官職に撰者が任じられた時期をみることにする。源能有は寛平三年三月に大納言となり、五年正月按察使、同年二月左近衛大将、四月に皇太子傅を兼任している。藤原時平は寛平五年二月に中納言に任じ、右大将を兼ね、同四月に春宮大夫を兼任した。菅原道真は五年二月に参議にのぼり、左大弁を兼ね、三月に勘解由長官兼任、四月に春宮亮兼任、翌六年八月に遣唐大使となった。

これらの任官年時を按配すると、序文によるかぎり、撰修勅(詔)は寛平五年四月より以前に出されたと考えられない。いっぽう、勅発出の下限については、撰修の長の能有が寛平九年六月に薨じており、さらに道真の遣唐大使のことが序文にみえないから、勅は寛平六年八月までに出されたと考えられる。

序文の官職から知られる勅の上限と下限の時期が『紀略』と相違することについて想起されるのは、『紀略』にいう寛平四年五月ころ『類聚国史』が撰修されていることである。『類聚国史』の撰修は、寛平年中に宇多天皇から道真に命じられ(『北野天神御伝』)、さらにそれは寛平五年をふくめてそれ以前のことらしい(『菅家文草』)。ところで『菅家御伝記』には寛平四年五月十日『類聚国史』の奏上が記される。しかし『三代実録』(延喜元年奏上)を引用する『類聚国史』は、寛平四年に完成していたはずがない。それにもかかわらず、『御伝記』に寛平四年五月『国史』の完成を記すのを荒唐無稽といえない。坂本太郎氏は、寛平四年五月十日『類聚国史』の奏上記事(『御伝記』)について、寛平四年五月一日『三代実録』撰修詔の発出(『紀略』)と混同した伝説かといわれる(4)。

しかし寛平四年に『三代実録』撰修勅が出されたとすると、序文とくいちがう(前述)。そこで、寛平四年五月一日(または十日)を『類聚国史』撰修詔勅の日と考えてみてはどうであろうか。この考えは、『菅家文草』に『類聚国史』撰修下命が寛平五年以前とあるのと矛盾しないし、『御伝記』にいう年月日だけを生かすことができ、また『三代実録』撰修を発議した人物(後述)も無理なく考えることができる。『類聚国史』と『三代実録』が内容と撰者(道真)の面で密接な関係をもつところから、『紀略』は誤って寛平四年五月一日条に『三代実録』撰修下命の記事を掲げたのであろう。

つぎに、『三代実録』撰修をうながした事情を発議者との関連において考えよう。職員令に中務卿は「監修国史」、図書頭は「修撰国史」を職掌の一つとすることが規定されるが、中国で常置の史書編纂官があったのと異なり、日本では必要に応じて撰国史所をおき、修史をおこなうのが六国史撰修の特色にかぞえられる。したがって修史を発議する場合、それを必然ならしめる事情がなければならない。

『三代実録』の序文に「臣時平等、竊惟、帝王稽レ古、咸置二史官一、述二言事一而徴二廃興一、甄二善悪一以備二懲勧一」とみえるように、史書は国家の過去の反省記録として、また支配者の具体的な教訓として撰修され、ほかに文化の誇示を意味し、これらは六国史に共通するが、ただ『続日本紀』以下の五国史の撰修では、前史につづいて断絶なく史書を継述する思想が新たに加わり、さらに平安時代には紀伝道がおもんじられた関係から、史学の価値が高まり、詳細な史書が作られた。(5)

坂本太郎氏は、『日本後紀』以下の四国史の撰修に藤原氏北家の嫡承者が深い関係をもち、国史編纂に藤原氏はあずかるべきものであるとの考えが成立していたことを指摘された。(6)虎尾俊哉氏はこの関係をさらに掘りさげ、『日本後紀』『続後紀』『文徳実録』の撰修が、北家の嫡承者がそれぞれ名実ともに政界の第一人者となった第一年目に発議されたと考え、『三代実録』の場合、嫡承者の時平は若く、政界における藤原氏の地位は基経時代にくらべ相対的に低下しており、むしろ宇多天皇の信任の厚い道真が発議者であるまいかといわれる。(7)理由は、道真の父是善が『文徳実録』撰修にあずかったことや、道真が父にかわって『文徳実録』の序文を書いたことがあるからという。また時平としては、過去三代の北家の氏長者による修史総裁の慣例が道真によって破られ、面目を失したが、のち時平も撰者の一人となり、道真左遷後はみずからの名で撰上し、ようやく父祖の伝統をたもった、と述べられた。

しかし『三代実録』の発議者は時平と考えてよいのであるまいか。まず『日本後紀』の撰修の時点からみていこう。

この撰修開始は弘仁十年であるが、奏上までの二十二年間に一貫して撰者であった藤原緒嗣を発議者とするのが坂本氏であるが(8)、虎尾氏は藤原冬嗣であるとする(9)。虎尾氏によると、弘仁九年十二月に右大臣藤原園人が薨じ、冬嗣は大納言ながら台閣の首班に立ち、名実ともに第一人となって迎えた最初の正月に施政の第一歩をかざる事業を始めた、という。いま虎尾説に従っておこう。

『続後紀』の場合、斉衡二年撰修開始の前年、左大臣源常が薨じ、右大臣藤原良房が最高位者となった。かつて『日本後紀』の撰者をつとめた彼は、父冬嗣にならい『続後紀』撰修を思い立ったのであろう。本書において、はじめて天皇の一代記となったことが注目される。その時点で歴史を撰修しようとすれば、仁明朝だけをあつかうことにかぎられたが、この一代記は中国の実録の体例にならったのであろう。しかし良房がこのとき一代記の撰修にかかったのは、史書編纂に強い熱意をこめたからで、みずからの執政を史書撰修でかざった。

『文徳実録』撰修詔は序文に貞観十三年とするが、十五年が正しい。十四年に太政大臣良房が薨じ、このことから虎尾氏は、撰修の発議について、良房の猶子基経が摂政太政大臣としてはじめて迎えた年の正月にあたるからといわれる(10)。もっともこのとき基経は摂政右大臣であって、太政大臣になるのは元慶四年であり、また彼の上座には左大臣源融がいた。だからといって基経が史書撰修を発議しなかったのでなく、すでに『後紀』と『続後紀』とにおいて北家嫡承者が撰修を発議するとの考えが当時にあったのであるまいか。藤原氏の最高位者で政界の重要地位を占めたとき、基経は右のような考えのもとに史書撰修を発議した。

『三代実録』についてみよう。寛平三年基経が薨じ、翌四年『類聚国史』の編纂が命じられた。時平はこの年参議で、上座に左大臣・右大臣・大納言各一人と、中納言二人とがおり、翌五年、時平が中納言に進むとその筆頭となり、年齢が若いけれども（二十三歳）、重要なポストを占めることになった。序文から判断したように、この寛平五年ころ『三代実録』の撰修が発議された。発議について、北家の嫡承者によってなされるというルールがしかれていると、若冠二十三歳の青年政治家時平は、若輩なるがゆえに修史の大事業を執行することでリーダーシップをとろうとしたのであるまいか。『類聚国史』と『三代実録』とでは撰修の意図がちがうとはいえ、まえの寛平四年に道真によって『類聚国史』撰修がはじめられていたことは、藤原氏にとってかなりの打撃であったろう。道真の『類聚国史』に対抗する目的で、『三代実録』撰修が時平によって発議された。しかし時平は若年のため、源能有を総裁にあてたのであろう。

『三代実録』の発議者を道真とする虎尾説(11)に疑問となるのは、史書撰修が北家嫡承者によって発議されるというルールが存する段階で、はたして時平は道真の後塵を拝して参加するだろうか、ということである。また『類聚国史』の撰者である道真を、しかも撰修がはじまったばかりであるのに、同時に『三代実録』の撰者の中心にすることができるであろうか。むしろ時平の発議による『三代実録』撰修に道真を加え、彼の撰修で進行中の『類聚国史』に『三代実録』の文をも加えさせたのではあるまいか。

さて『三代実録』撰修は寛平五年四月から翌六年八月までの間にはじまったが、その経過をみると、寛平九年六月八日に長の右大臣源能有が薨じた。ついで宇多天皇は同年七月三日譲位した。序文に「爾乃時属二揖譲一、朝廷務殷、在二此際会一、暫停二刊緝一」とあるように、撰修事業は一時中止された。しかし即位した醍醐天皇はやがて「思下欲遵二前旨之草創一促中即日之財成上」とのことから、時平・道真・善行・理平の四者に勅を発し、事業の復活を命じた。この時期についても序文は明らかでないが、勅発出時の官職をみると、時平は左大臣左近衛大将、道真は右大臣右近衛大将で、ともに正三位と記されるから、少なくとも昌泰二年二月の任官より以降のことであり、下限は、時平と道真が並んで従二位となった昌泰四年正月七日以前となる。

撰修がふたたび軌道にのって進められたが、仕上げの段階に入ったころ、政界において並んでいた時平と道真との関係が険悪となり、昌泰四年正月両者が従二位に叙せられてから十八日目の二十五日、突然、道真は大宰権帥に左遷され、撰者として仕上げ終了まであずかることができなかった。また理平も大外記から越前介に遷任した。序文に「賜レ爵遷レ官、不レ遂二其業一」と記される。これからわずか六ヵ月後の延喜元年八月二日撰修が成り、左大臣時平と勘解由長官善行とは連名で『三代実録』を奏上した。道真はこの年二月一日大宰府にくだり、延喜三年二月二十五日そこで薨じたが、大宰府赴任以前に『類聚国史』を編集し、『類聚国史』には『三代実録』が引用されているから、彼の赴任までに『三代実録』は完成していたはずである。したがって時平が道真を九州に追ったのち『三代実録』を奏進したのは撰進の功を善行とともに独占しようとしたからである。

寛平五、六年ころ始められたこの修史事業は、撰修を命じた宇多天皇の死のため中断され、撰者の能有の死や道真・理平の遷任などで故障がおきたが、ほぼ十年ほどで完成をみることになった。

三　撰　者

源能有は文徳天皇の皇子で、仁寿三年に源姓を賜わり、貞観四年正月七日に無位より従四位上、翌五年四月次侍従、八年正月加賀守、十一年二月大蔵卿、十四年八月に参議・左近衛督、その後、右大将・春宮大夫・民部卿などの要職を歴任するが、『三代実録』撰修開始の寛平五年四月から六年八月ころ大納言正三位で右近衛大将・皇太子傅・陸奥出羽按察使などを兼ねている。当時、彼の上座に左右大臣の源融・藤原良世がいるけれど、いずれも七十歳をこえ、実質的に能有が第一人者であった。能有は撰修の長として推進したが、寛平九年六月八日薨じ、のち時平が長として仕事をうけついだ。(12)

藤原時平は太政大臣基経の子で、仁和二年正月二日光孝天皇が手ずから加冠の儀をおこない、当日正五位下に叙せられたのが初見で、まもなく次侍従・右近衛権中将となる。(13)蔵人頭を経て寛平三年参議にのぼったとき二十一歳の青年であった。のち左右衛門督・検非違使別当・春宮大夫・左右大将などを経て大臣への道を進む。『三代実録』撰修の開始ころには、大納言能有につぐ中納言の上座にあり、能有の死後、政界の第一人者として撰修総裁の業をうけつぐ。もっとも藤原氏の仕事としての修史事業を発議・主宰したであろうが、寛平九年能有の死により、時平は名実ともに第一人者として、撰修の総裁となった。のち『延喜格式』の撰修にも総裁としてあずかったが、延喜九年三十五歳で薨じた。

菅原道真は若くして学才を発揮し、貞観四年に十八歳で文章生となり、九年正月文章得業生、翌月正六位下をさずけられて下野権少掾に任じた。のち対策に合格し、正六位上となったのが貞観十二年で、翌十三年玄蕃助・少内記となり、詔勅起草にあずかった。十六年、文人出身官吏として異例の二十九歳で従五位下となり、翌十七年兵部少輔・民部少輔を歴任し、その後も式部少輔など律令官人としてもっとも繁忙な役所式部省で能力を発揮した。仁和二年讃岐守に任ぜられて都をはなれたが、(14)寛平二年任期が終り、帰京した。宇多天皇の寵愛をうけ、翌三年蔵人頭・式部少輔・左中弁などを兼任し、寛平五年参議に任じ、式部大輔も兼ね、破格の出世をとげる。それから左大弁・勘解由長官・春宮亮を経て、六年八月遣唐大使に任じたが、翌月遣唐使廃止の奏をたてまつる。翌七年中納言従三位にのぼり、八年民部卿、九年権大納言・右大将・中宮大夫を兼ね、昌泰二年右大臣にのぼりつめた。昌泰四年正月七日従二位に叙せられた。

宇多天皇の寵によって昇竜の彼も、しかし勢力をとりもどす藤原氏の反目をうけ、昌泰四年正月二十五日大宰権帥におとされ、二年後には大宰府で薨じた。幾多の貴族官人に代って詔勅・上表文・序文や願文を作り、(15)『類聚国史』を編纂した。中国史書への造詣も深い。(16)『三代実録』の奏上が延喜元年(昌泰四)八月二日であるが、じっさいは道真の左遷以前にできており、したがって『三代実録』の記事をいれた『類聚国史』も左遷前にできていたことも、『類聚国史』での『三代実録』記事の分類引用がほかの五国史記事の分類引用と手ぎわが同じで、しっかりしているのによって疑いない。(17)なお彼の『類聚国史』編纂でえた経験や識見は『三代実録』撰修に生かされたと考えられる。

大蔵善行は勅によって貞観十七年十月から翌十八年七月まで蔵人所に侍し、御書を校定するとともに、帝の左右年少の者と、禁中の好事者に『顔氏家訓』を教授していたが、講を終ったので、七月十四日竟宴を賜わり、大学文章生らは詩を賦した。元慶七年正月、正六位上少外記の彼は存問渤海使となり、翌二月領客使を兼ね、仁和元年十月三日条には大外記とみえる。『三代実録』が撰修されると、大外記の筆頭にある彼は外記局の日記を駆使し、終始実質的に撰修にあずかり(18)(この間、治部少輔を兼任)、延喜元年八月二日奏進のさい、序文に署したのは時平と彼の二人である。翌九月彼の七十の賀が時平のはからいで城南水石亭でおこなわれ、(19)時平は「門生藤時平」の名で詩を詠じ、師の善行を敬している。撰修を終えた善行は得意であったろうし、善行を起用したのは時平であろう。

三統理平も善行の弟子である。『三代実録』撰修の最初から関与した。寛平八年正月少内記より少外記に転じ、昌泰元年正月に大外記となって善行をたすけている。同四年正月従五位に達したが、翌二月十九日越前介に任じられた(道真の左遷と同月であるが、道真の門弟かどうか明らかでない)。このため八月『三代実録』奏上に名を連ねることができなかった。しかしのち『延喜式』撰進には時平・善行らとともにあずかっている。

能有は太政官の長として、時平は撰修の総裁として、道真・善行・理平らは事実上の撰修者として仕事を進めたであろうが、道真以下三人は学者として一流であるけれども、修史の専門家でない。もちろんこの五者だけで撰修されたのでない。『続紀』撰修に太政官、中務・式部・民部省の史生や書生らが参加したように[20]、『三代実録』の場合も右の五者以外に多くの協力者が参加したに相違ない。

史書撰修にはそのときの文化人で堪能な学者が動員されるが、『三代実録』撰修の当時、道真とならび称される者に三善清行や紀長谷雄らがみられるけれど、少なくとも文献によるかぎり、撰修に参加しなかったらしく、それは何故か。清行は道真とかならずしも親しくなく[21]、これが不参加の一因と考えられる。長谷雄にはそのような原因は考えられず、道真は長谷雄を詩友とし、『菅家文草』に紀秀才としてしばしば長谷雄の名を記しており、また遣唐使任命で道真は大使、長谷雄は副使として並んだだけでなく、両者は遣唐使派遣停止を奏上しており、このように関係が深ければ長谷雄は道真とともに『三代実録』撰修に参加してもよさそうである。

いっぽう清行と長谷雄に共通する事情として、両者が関係をもった阿衡事件がある。橘広相が不用意に使った阿衡の語について、清行と長谷雄は基経側の立場から非難しており、それを宇多天皇はなやんだ。阿衡事件は『三代実録』の収録範囲外のことであるが、清行らは宇多天皇の心情にそぐわない人物とされたことや、阿衡事件のような問題に関与した人物を参加させるのは史書撰修にさしつかえると考えられたことなどがあったためであるまいか。阿衡事件に関与し、かつ『三代実録』の撰者となったのは、宇多天皇の寵をうけた道真だけであり、しかも事件そのものがおきたとき、彼は讃岐国司として任地におり、彼は基経をなだめるために入京し、藤原氏の前途を憂える忠告書を寄せている。[22]事件における道真の立場はいわば客観的なものであり、史書撰修参加に不都合の条件とならなかったと考えられよう。

四 特色

(一) 記述

(1) 六国史のなかで最も分量が多く、詳細であることが、記述の特色の第一にあげられる。三朝四十年間を五十巻に収め、しかも一巻あたりの収録年月は平均八ヵ月で、他の五国史に比較すると、『書紀』は特殊であるから別として、たとえば『続紀』では平均約二年四ヵ月である。『続紀』以降では新しい史書ほど一巻の収録年月は短縮されているが、それでも『文徳実録』の約十ヵ月を『三代実録』の八ヵ月とくらべると、後者の記述の詳細が知られる。

記述詳細の例を示すと、

(イ) 以前の五国史では干支だけ記すが、本史は干支と日次を記す（例「貞観元年正月七日甲子」）。

(ロ) 朔日に記事がなくとも、月朔の干支を記す（例「貞観元年九月癸丑朔、三日乙卯、停二御燈潔斎一、以レ有二大嘗会事一也」）。

この記述法は『書紀』にすでにみえるが、その後の史書には不完全で、最後の『三代実録』でふたたび完全なものとなる。

(ハ) 恒例・臨時の行事の初見のさい、その内容や様子の説明（凡例）を記す（例、貞観元年四月八日癸巳「内殿灌仏如レ常、凡毎年四月八日、天子於二内殿一灌仏（中略）他皆倣レ之」、貞観二年以降四月八日条には「内殿灌仏如レ常」とだけある）。この種の凡例は『文徳実録』に萌芽がみえるが、『三代実録』ほどに詳細でない[23]。

(ニ) 『三代実録』のなかに当然記事としてとりいれられるべきものであるのに、撰修時に記録が見あたらないため記さなかったものに関し説明がある（例、貞観元年四月条末尾「是月二十日以前、有下読二奏諸国銓擬郡司擬文一之儀上、例也、而史漏而不レ書、故今闕焉」）。このことから、某記事に関し史書に記載がないからといって、その行事がなかったわけでないことが知られる[24]。

以上は特色のいちじるしいものであるが、すでに前史にその萌芽がみられ、しかもそれは唐の起居注や実録のなかに範例があり[25]、『三代実録』は六国史のうちでも中国史書編纂の影響をとくに強くうけている。

『三代実録』の記述が豊富であることには二つの意味があり、(a)従来さほど注意されなかったり、記録する必要性をみとめなかったことがらを記していること、(b)これまで記録する必要性をみとめていたが、要点だけ記していたのを詳記するようになったことである。(a)について年中行事関係の記述が坂本太郎氏[26]によって注意されている。すなわち年中行事の記事は時代が下るにしたがい詳細となり、とくに『三代実録』に顕著である。例として白馬節会は『続後紀』に四回、『文徳実録』に七回だが、『三代実録』は一年も欠かさず記す。『文徳実録』は十年間の記述だから、比率では『三代実録』と大差がないようであるが、他の行事（灌仏・賀茂祭・鎮魂祭など）の場合を比較すると、やはり『三代実録』がいかに意を用いているかが知られ、とくに春日祭・平野祭・大原野祭などは毎年記されるけれど、『文徳実録』などにほとんどみえない。この差異は祭りの起源と関係があるのでなく、撰修態度の相違からくる。しかもこれらの祭りは藤原氏と関係が深く、くどいまでに記すのは、実録として当然であっても、ことに藤原氏と因縁の深い春日祭などを欠かさず記すのは、後世に藤原氏の勢威と権力を誇示するためである。藤原氏の政治的配慮によるこの種の記事の増加は、また他の種の年中行事の記載を増加させている。

(ホ) 上表文・願文・薨卒伝などは以前の史書にも記されるが、『三代実録』ではとくにくわしい。上表文の場合、前史は「文多不レ載」といい省略したが、『三代実録』では繁雑なほどにのせている[27]。上表文には道真の作が多く、彼は自分の手に成る上表文を省略せずに収録し、また他人の作った上表文も同じく全文を収めるようにしたのであるまいか。願文の場合も同様で、たとえば東大寺毘盧舎那仏の供養咒願文は(貞観三年三月十四日条)、道真の父是善の作で、きわめて長文である。薨卒伝は『文徳実録』に最も整備された形となり、数もふえるが、『三代実録』にもこの傾向は継承される[28]。なお、『文徳実録』とくらべて『三代実録』の薨卒伝が形態的に不十分と考えられるふしがあるかも知れないが、後述のように、現存の『三代実録』は完本でなく、書写の途中で省略されたらしい部分があり、したがって成立当初の『三代実録』の薨卒伝が不十分であると判断するのはむつかしい。

(2) 記載法が整備され、正確性を増したことが記述の特色の第二である。

(イ) 位階の記述で、『文徳実録』には正・従・上・下などの箇所に誤りが多いのにくらべ、『三代実録』ではきわめて少ない。『文徳実録』の誤りは伝写過程で生じたものかも知れないが、誤りの少ない点で『三代実録』はまさっている。

(ロ) 官位の不相当を示す行・守の文字で、『文徳実録』の場合、大部分が誤っているが、『三代実録』は逆に大部分

が正しい。(29)

(ハ) 授位における五位以上の官人の序列では、各人に本位がさずけられた先後を厳密にまもっている。(30) この種の記載序列は『日本後紀』以下にもみえるが、『三代実録』では正確さがまさっている。なお六位以下の叙位序列については、前史は不明確であるのに、『三代実録』では氏姓の尊卑、蔭位の有無・高下などを基準とする。

(ニ) 史料に対する厳密さは、官位記載の仕方だけでなく、たとえば「列二官社一」「預二官社一」という類の記事の場合、『続紀』や『日本後紀』に種々の記載法があるけれど、これらのあとの史書では記載が整然としてくる。(31)

(3) 政治・法制に関する記事の多いことは、記述の特色の第三である。坂本太郎氏は、『続紀』と『三代実録』が『類聚三代格』の格を最も多く引用し、『日本後紀』がそれにつぎ、『続後紀』ではさらに減じ、『文徳実録』では最低数を示すことを指摘し、『三代実録』が『続紀』の水準に復帰したことは、政治・法制関係記事を収めて、国史本来の姿にもどそうとした努力のあらわれである、といわれる。(32) 史書撰修は、過去の反省と将来への展望に資すものであるとの観点に立てば、とくに律令制国家の変質過程で政治・法制に関心がむけられるのは当然であり、すなわち史書撰修には時代の苦悩が反映する。同じことが薨卒伝についてもいえる。すでに『文徳実録』に薨卒伝が豊富となることについて、史体の発展によって編年体に紀伝体が加わったことが注意されるとともに、解体しつつある律令国家が、史書に紀伝体をとることによって、期待される人間像を表出したものと論じられている。(33) すなわち、薨卒伝は、律令体制の解体期における諸現実に対応し、古代国家の再編につとめ、実績をあげた、と認められる人々のものであり、それらの人の伝記をのせることは当代と将来に対する範としての意味をもつ。『文徳実録』はこの種の人々の伝記を儒教的徳治主義によってまとめているが、必ずしも複雑きわまる現実への対応者としてのきびしい政治観や社会認識の目をそなえたものとしてとらえていない。その点は『三代実録』でも同じであるが、その欠をおぎなうものとして、政治・法制に関する記載の多いことが注意される。

(二) 編纂材料

『三代実録』が「外記番記」ともよばれたのは、外記の当番日記を基礎材料としたからであり、これは、大外記をながくつとめた大蔵善行が撰修に重要な役割を果たしたことと関係があり、『本朝書籍目録』に『三代実録』が「大蔵善行撰、或本院左大臣撰」として、善行が撰者の筆頭にあげられているほどである。外記の職掌は職員令に規定され(既述)、また『三代実録』の仁和二年七月三日条に「勅、参議已上、就二庁座一聴レ政者、外記須三毎日記録、毎月一日十六日両度、進二蔵人所一」とみえるように、太政官の記録をつかさどるのが主要な任務で、善行はそこで記録された「外記日記」を利用し、『三代実録』の撰修にあずかった。

『新儀式』巻五の「修国史事」の条に「修二国史一、隔二三四代一修レ之、先定二其人一第一大臣者一人、執行参議一人、大外記幷儒士之中、択下堪二筆削一者一人上令二制作一之、諸司官人堪レ事者四五人令レ候二其所一修畢奏進之、後頒二下所司一」と記されるように、大外記が修史に参加することになっており、『三代実録』のあとをうけた『本朝世紀』や続編の『新抄』でも外記が修史におもく用いられ、この傾向は六国史のうちで『三代実録』から顕著になる。

さきにみたように、『三代実録』に格の引用が多いのは、そのことに最も関係の深い外記の日記を材料に史書が撰修されたからであり、本史に多くみえる外記庁(外記候庁)や太政官曹司庁(太政官候庁)も外記の仕事の場である。これらのことが、ともすると減少しかけていた政治・法制に関する記事を増加させている。

官人の薨卒伝や僧侶の示寂伝記については坂本太郎氏の研究がある。(34) 職員令の式部卿の職掌に「功臣家伝田」とみえるのは「功臣家伝」とするのが正しく、功臣の家から伝記を進め、式部省はそれにもとづいて史書撰修の資料をととのえたらしい。僧侶の伝記としてたとえば(a)貞観六年正月十四日入滅した円仁の伝記が『実録』にあり、『続群書類従』にも『慈覚大師伝』として収められるものがある。両者は詳密の差があるけれど伝記の構成や文字の使用などが似ており、同じものを下敷きに作られたと思われる。『慈覚大師伝』の完成は『三代実録』の奏上後であるから、『実録』が『大師伝』をみたわけでなく、また『実録』をみることが可能であった『大師伝』も、その編纂過程によると、古記に考え、門徒をたずねて作成しており、『実録』を資料にしたとはみえない。このように別々に作られた両者は何にもとづいたのであろうか。同様の例に(b)貞観二年二月二十五日示寂の真済の伝記がある。真済伝は『三代実録』とは別に『紀家集』巻十四にも収められ、これは紀長谷雄の手になる。両者をくらべると、『家集』に若干の文字の脱漏があるほか、文章をかえない程度に文字が相違するだけであり、構成や内容はまったく同じで、『実録』が長谷雄の作の伝記を素材としたことは疑いない。

これらを考えるのに参考となるものが(c)延喜二年十月二日三善清行が編纂した『円珍(智証大師)伝』であり、奥書に「以前家伝綱所牒、清二書一本一、奉二国史所一已訖、仍記」とみえ、三綱が連署している。当時、『三代実録』の撰修は終っており、『実録』完了後も国史所が存在していることは、『実録』撰修中にも国史所がおかれていて、寺家などから僧侶の伝記が提出され、『実録』撰修に用いられた事情を物語る。したがって(a)円仁の場合、その入滅後ただちに伝記が作られ、一本を国史所に提出し、それが『実録』の資料となり、いっぽう原本が寺家にのこされて『慈覚大師伝』の資料となったのであろう。(b)『真済伝』の場合は、長谷雄作の伝記の一本が国史所に提出され、実録に用

いられたと考えられる。(補注1)

しかし国史所は常置でなく、史書撰修のさい臨時に設けられたから、国史所のおかれていないとき、資料は、官人の場合は式部省に、僧侶の場合は治部省などに送られ、国史撰修のさいそれらが国史所に集められたと思われる。

(三) 撰修態度

『三代実録』の内容が詳細・正確で、体裁も整然としてすぐれているのは、以前の五国史の長所を多くとって撰修されたことや、中国史書に対する知識の豊富なことなどが然らしめているが、とくに『三代実録』の特質をみちびいたものとして、『類聚国史』との関連をみておこう。

『類聚国史』は『三代実録』と平行して撰修され、また『類聚国史』は六国史の記事を巻次にしたがって神祇・帝王以下の項目別に分類編集し、政治や儀式などの実務に資する目的で作られている。六国史の記事を分類編集したことと、『三代実録』の撰修と平行して作られたことは矛盾するようであるが、実はかならずしも矛盾しない。たしかに『類聚国史』は『三代実録』を引用しており、また『類聚国史』の一巻が『三代実録』の文だけでみたされている場合もある。このような事情のため、『類聚国史』は『三代実録』の撰修後に編集されたと考えられがちである。古くは伴信友もこのように考えたが(『比古婆衣』)、しかし、じっさいは、坂本太郎氏(35)や喜田新六氏(36)らが説くように、撰修進行中の『三代実録』のなかから、必要な箇所を『類聚国史』のために引用していたと考えるのが妥当である。

ところで、道真が『書紀』以下の四国史の記載を分類して『類聚国史』の撰修に着手してみると、以前の史書の内容・体裁などに不統一や不十分なことが多いのに気づき、史書のあるべき姿について考えさせられたことであろう。

彼は『類聚国史』の編修で気づいたことや、かくあるべしと考えたことなどを、『三代実録』の撰修に反映させたと考えられる。加えて、中国史書に関する知識の深い彼は、その知識を『三代実録』の撰修に生かしたことであろう。中国の起居注や実録の体例が『三代実録』にみられるのは、右に記した事情にもとづくのである。『三代実録』が、『続紀』以下の五国史とそれぞれ類似したところがあり、しかもそれぞれの史書にくらべて視野を拡大しているのは、『三代実録』撰修が『類聚国史』の編集と平行しておこなわれ、両方の修史事業に道真が参加したことが大いに関係しており、このことから推測すると、『三代実録』撰修では、道真が体裁の整備や資料の選択に役割を果たし、さきにみた大蔵善行の役割は資料の蒐集や整理などにあたったのではあるまいか。

五　史料としての価値と限界

六国史のなかで『三代実録』の内容が詳細で、体裁が整備されていることは既述のとおりで、九世紀中葉に関する史料として本書は欠くことのできないものである。平行史料には『類聚国史』『日本紀略』『扶桑略記』『類聚三代格』や『平安遺文』収録史料など数多くあるけれど、本書ほど詳密なものはない。

また律令国家の解体・変質が進行している折に撰修された本書には、その時代の苦悩があらわれている。というのは、いかに史書を記述し、いかなる材料をとりあげるかは、撰者の個性と関係することながら、時代の要請もまた反映していると考えられるからである。たとえば官人の薨卒伝には、律令国家の解体期においてあるべき姿をもつ人物がとりあげられ、伝記に記されたような姿としてとらえられているわけである。したがって、『三代実録』の分析をとおして、そこに記されている時代や、撰集された時代を考えることができるし、またこのような分析法も活用されるべきであろう。

ただ、今日われわれが手にすることのできる『三代実録』は完本でなく、五十巻のうち、一巻全部が欠けているところはないけれど、平行の史書や史料と比較すると、巻によってはかなりの脱漏がみられる場合がある。大系本や朝日本には、『三代実録』に元来あったと考えられる記載で、写本に欠けている文を『類聚国史』『日本紀略』『扶桑略記』などからおぎなっており、大系本では、おぎなった部分を□でかこみ、ほぼ原本に近い形に復原することに努めている。たとえば巻十五の貞観十年紀をみると、補訂は五十ヵ所をこえ、そのほかの巻で補訂が少ない場合でも十数ヵ所という例がある。もっともこれらのなかには、撰者が省略した場合と、後人が伝写を省略した場合とがある。貞観十三年正月八日乙卯条に「授二尚侍正三位源朝臣全姫従二位、女御従四位下藤原朝臣高子従三位一男一人、女十一人」と記され、この叙位の氏名の省略は、原撰のときのものでなく、書写の途中でおこなわれた省略と考えられるが、今日、当代の平行史書を駆使しても補訂できない。ほかに任官記事や伝記においても「云云」というような形式で省略されたところも、書写の省略に属する。また撰者の犯した錯誤として明らかな場合もあり、それらの点についても大系本や朝日本が校訂を加えることに努めている。(補注2)

六　研究と利用

『三代実録』の写本については、朝日本・大系本の解説にまかせる。研究書・註釈書には、河村秀根『三代実録集解』、野宮定功『三代実録脱漏』『三代実録備亡』『三代実録分類』『三代実録類語』などがある。索引には朝日本『六国史索引』、六国史索引編集部『三代実録索引』がある。

註

(1)(6)(8)(24)(27) 坂本太郎「六国史について」(史学会編『本邦史学史論叢』上)
(2) 佐伯有義『三代実録』(朝日新聞社発行)解題
(3) 岩波書店刊『国書総目録』(「外記日記」の項)
(4)(17)(35) 坂本太郎「類聚国史について」(『日本古代史の基礎的研究』上、文献篇)
(5) 坂本太郎『日本の修史と史学』(日本歴史新書)
(7)(9)(10)(11) 虎尾俊哉「六国史——継続撰修の発議——」(『日本歴史』一九四)
(12) 『三代実録』の撰者の源能有以下三統理平にいたるまで和田英松『本朝書籍目録考証』、坂本太郎「六国史とその撰者」(『日本古代史の基礎的研究』上)など参照。
(13) 弥永貞三「仁和二年の内宴」(坂本博士還暦記念会編『日本古代史論集』下)
(14) 道真が讃岐守に転任した事情については坂本太郎『菅原道真』(人物叢書、六六〜八頁)参照。なお讃岐守転任直前における仁和二年正月藤原時平の元服の意義に関しては弥永貞三「仁和二年の内宴」(註13)参照。なお弥永氏には、まえに讃岐守時代の道真を論じた「菅原道真の前半生」(『日本人物史大系』一)という旧稿があり、右の新稿は旧稿の続篇であり、かつ補正である。
(15) 坂本太郎『菅原道真』(前掲)三〇〜三一、三六、三八、四二〜五、五六、六一〜三、七七頁など。
(16) 坂本太郎『菅原道真』(前掲)一三五頁
(18) 大蔵善行については山本信吉「三代実録、延喜格式の編纂と大蔵善行」(『歴史教育』一四の六)がとくに詳密である。
(19) 『大日本史料』第一篇の二、延喜元年九月是月条

(20) たとえば『日本後紀』延暦十六年二月十七日条
(21) 坂本太郎『菅原道真』(前掲)一〇七頁
(22) 阿衡事件のさいの道真の態度と行動については坂本太郎『菅原道真』(前掲)七八〜八五頁参照。
(23) 以上(イ)〜(ハ)については坂本太郎「六国史について」(註1)、今西春秋「六国史の体例」(石浜先生古稀記念『東洋学論叢』)参照。
(25) 今西春秋「六国史の体例」(前掲)
(26)(32) 坂本太郎「史料としての六国史」(『日本古代史の基礎的研究』上)
(28) 坂本太郎「六国史と伝記」(『日本古代史の基礎的研究』上)、佐藤宗諄「平安初期の官人と律令政治の変質」(『史林』四八の二)
(29) 喜田新六「位階制の変質について」(『歴史地理』八五の二〜四)
(30) 黛弘道「律令官人の序列——公式令朝参行立条の成立——」(坂本博士還暦記念会編『日本古代史論集』下)
(31) 西山徳「六国史の撰修態度について」(『歴史教育』四の六)
(33) 佐藤宗諄「平安初期の官人と律令政治の変質」(註28)
(34) 坂本太郎「六国史と伝記」(註28)
(36) 喜田新六「類聚国史の編纂について」(『本邦史学史論叢』上)、同「類聚国史」(『日本歴史』一九四)

(補注1) 坂本太郎氏は、『三代実録』における嵯峨源氏(定・弘・信)の伝記にみられる筆法の共通点を指摘し、それが『文徳実録』の源常の伝記にもみられることに注意し、四伝が学者によって一定の書式にしたがって記され(「有功之家、進其家伝」)、国史撰者がほぼそのまま国史に登載したことを明らかにされた(「三代実録と功臣家伝」『日本歴史』二六四)。

(補注2) 飯田瑞穂氏は、三条西公条が、後世の省略・欠脱によって不完全となった『三代実録』の記事を補うため、現伝本よりもより完全な『類聚国史』を参照して写した紙片十二枚(尊経閣文庫蔵)を紹介・考証されており、その紙片は『三代実録』の逸文をふくんでいて貴重である(「尊経閣文庫蔵『類聚国史』抄出紙片について」高橋隆三先生喜寿記念『古記録の研究』所収)。

古事記

川副武胤

一 伝来の諸本について

『古事記』の原本は伝存せず、今日伝わるのは計数十種にのぼる写本と版本及び諸書に引かれた引用文であるが、このうち写本と版本の主要なもの二十八種が、新訂増補国史大系本の編修に際し校勘に用いられている。その底本となった真福寺本は、真福寺の僧賢瑜が応安四年から同五年（一三七一～二）にかけて書写したもので、現存する『古事記』諸本のうち最古のものであるだけでなく、最善本であるとされている。真福寺本及び校勘に用いられた諸本については、国史大系本の凡例に述べられているので省略するが、この中には姫本（姫路射楯兵主神社所蔵本）のように焼失したものや、令本（鈴鹿連胤本＝中臣連重本）のように現在所在不明となっているものもある。このほか、その後発見紹介されたものとして、陽明文庫本・鈴鹿登本・道果本・卜部兼従本（後二者は天理図書館所蔵）その他があるが、これらについては、沢潟・浜田両氏の「古事記諸本概説」（『帝国学士院紀事』昭和二十一年）、古賀精一氏の「古事記諸本の研究」（『古事記大成』研究史篇）、近藤喜博氏の「古事記諸本管見」（『古事記年報』四、昭和三十二年）等を参看されたい。

また版本については次田潤氏の「古事記の版本」(『古事記大成』研究史篇)が便利である。

二　研究の歴史

『古事記』の成立の事情はのちに述べるが、その撰録後の普及の模様や研究の歴史をみると、中世以前においては、『日本書紀』や『万葉集』のような他の古典に比べて寥々たる有様である。すでに『万葉集』には『古事記』が引用されているし、平安時代に著述された『琴歌譜』や、『日本紀私記』その他の諸書にもみえている。また『旧事本紀』は『古事記』より後に仮託されて著わされたものであるから、その内容によって『古事記』がよまれていることがわかる。しかし真福寺本奥書によって知られる同本の書写の歴史をみても、またその後の書写にかかる道果本・伊勢本等の写本類をみても、わずかに堂上華族、神祇関係の家に伝来し、尾張・伊勢の間に普及したものであって、平安時代以後中世を通じて、ほとんど世に埋れていたといっても過言でない。

しかし近世に入ると、『万葉集』『日本書紀』よりもおくれるが、寛永二十一年(一六四三)にいたって『古事記』の版本が刊行された。これが流布本となったが、貞享四年には度会延佳の『鼇頭古事記』が刊行されている。ついで契沖や荷田春満らの国学者によって、主として歌学の方面から『古事記』が研究の対象となったが、賀茂真淵にいたって『日本書紀』よりも『古事記』を優位におく思想があらわれ、次の本居宣長の『古事記伝』への素地がつくられた。

宣長の『古事記伝』は明和元年(一七六四)に起稿し、寛政十年(一七九八)に脱稿した三十五年間の結晶であって、近世『古事記』研究の最高峰をなしている。

宣長の文献学は、神のことは仰いで信ずべきであって、人間の知恵で測るべきではないとする神秘主義的不可知論を一方の極に据えながら、他方で純粋・厳格な批判的作業を為しとげようとしたものであって、その間にまま撞着があるが『古事記』の訓読はこれによって一応の完成をみたといってよい。また今日なおその説は、歴史学・国語学その他に寄与するところ大きく、その内容・文体は豊富かつ新鮮である。その後『古事記』の研究は冨士谷御杖・橘守部・平田篤胤らの国学者の手によって進められたが、次第に古道・俗神道への回帰、観念的独断論に堕していった趣がある。

近代に入ると、ようやく『古事記』は国学の呪縛から解かれるが、それは明治二十年代の那珂通世の「日本上古年代考」および久米邦武の「神道は祭天の古俗」等をまたねばならなかった。しかし後者は神話の解釈や認識論としては新井白石の euhemerism の延長にすぎなかったにも拘らず、神道家の攻撃と官憲の圧力によって著者の失脚をまねき、その後の『古事記』の歴史的研究と神話の批判的研究の辿った暗い運命の予告となった。

明治三十年代に入って、神話学が導入され、これによって新しい解釈の道がひらかれた。高山樗牛・姉崎嘲風の比較神話学的業績がこれである。しかしこれらは外国の神話との外面的機械的な比較にとどまり、『古事記』の成立や、日本神話の特殊性・個性についての内在的な研究は高木敏雄らの四十年代から大正期をまたねばならなかった。

津田左右吉の『神代史の新しい研究』が刊行されたのは大正二年のことである。この中で津田は神代史は歴史的事実でも、いわゆる神話でもなく、ほとんど作為的なものであると述べ、その中心思想は皇室の由来を説くための政治的なもので、宮廷において継体・欽明朝ごろにその骨子ができたとした。こののち津田は『古事記および日本書紀の新研究』(大正八年)、『神代史の研究』(大正十三年)を発表してその考を深化させている。

津田の説は『古事記』の政治的性格を剔抉する余りにその本来の神話性・文学性をしりぞけてしまった感があるが、

和辻哲郎の『日本古代文化』（大正九年）や土居光知の『文学序説』（昭和二年）、倉野憲司の『古事記の新研究』（昭和三年）はこの芸術性・叙事文学性を究明開拓したものである。

一方言語学（国語学）の方面で、橋本進吉の「国語仮名遣史上の一発見――石塚竜麿の仮名遣奥山路について――」が大正六年に発表されたが、のち昭和六年に「上代の文献に存する特殊の仮名遣と当時の語法」となって完成し、これまで知られなかった古代の特殊仮名遣が明らかにされた。これは『古事記』の文献批判にも寄与する所の大きい研究である。

昭和に入ると偽書説もあらわれたが、文献学は次第に成果を加えた。この期の学者は山田孝雄・武田祐吉・倉野憲司・安藤正次らをはじめ多数に上っている。またこの期には用字法などを通してみた仏典・漢籍との関係などに進展をみせ、また民俗学的成果の導入といった分野がひらかれてきた。折口信夫の『古代研究』、肥後和男の『日本神話研究』『古代伝承研究』などがそれである。

松本信広の『日本神話の研究』（昭和六年）『日本の神話』（昭和三十一年）は民族学・神話学の方法をとり入れたもので、南方系要素の解明に業績をあげたが、三品彰英の「建国神話論考」「日鮮神話伝説の研究」は北方系要素を解明した。さらに松村武雄ははやく「神話学論考」を発表し、爾来一貫して神話学の領域をほりさげていったが、『日本神話の研究』（昭和二十九年〜三十年）はその集大成であって、この大著によって『古事記』神話が、その話根からみれば神話的思考の所産であることが明らかとなった。

戦後『古事記』の研究で進んだものに、高木市之助らによって開拓されていた文学形象の領域や、最近とみに発達して来た古代の社会史や天武朝の政治史との関連において、その時代性や成立の経緯をとらえようとする作業がある。

また古事記歌謡の研究は『古事記』の研究史上もっとも古く、かつ現在まで連続している領域であるが、これについては割愛する。なお研究史については鴻巣隼雄氏「近世の古事記研究」、大久保正氏「近代の古事記研究」（いずれも『古事記大成』研究史篇）による所が大きい。

三　題　名

『古事記』の名義は古の事を記した書の意味であるが、これを「フルコトブミ」とよむという説がある。本居宣長は「さて日本紀をば夜麻登夫美と訓を、此記の題号は訓あることも聞えず、本より撰者の心にも、ただ字音に読とにや有けむ、されど彼夜麻登夫美の例に倣はば、布琉許登夫美とぞ訓まし」といっている。しかしこのほかにとくに根拠がないので「コジキ」と音読するのがよかろう。

『古事記』の内容は一般によく知られているので、その梗概を述べることは省略したい。

四　序　文

——帝紀と旧辞について——

『古事記』は和銅四年（七一一）九月十八日に元明天皇の命をうけた太安万侶が、かつて天武朝に詔命によって討覈・撰録され、時の舎人稗田阿礼の誦習していた帝紀・旧辞（勅語の旧辞）をあらためて撰録し、翌年正月二十八日に献上したものであるという。これは太安万侶の撰した『古事記』の序文に述べられていることであるが、この文は漢文学の上で「表」とよぶ形式のものを序に転用したものであって、その内容は、第一段に『古事記』本文の記載に即して国家の成立を説き、天武天皇の事蹟に及ぼして壬申の乱の鴻業をたたえ、第二段に帝紀・旧辞の討覈の詔と稗田阿礼の誦習のことを述べ、第三段に今帝元明天皇の盛徳とふたたび旧辞撰録の命を、最後に安万侶の筆録の方針を記したものである。この序文の文章は唐の長孫無忌の「進五経正義表」や、同じく「進律䟽議表」その他の漢文学と関係のふかい四六駢儷文であって、奈良朝初期を代表する名文として知られている。

けれどもこの文体の文章は文中いたるところ対句を用い、または文の平板を避けるための代語を用いて体をなすのを特徴とするので、この序の場合も、そのために文の意味が必ずしも論理的に通じないところが生じている。『古事記』序文の解釈、ひいては『古事記』成立に関する意見が混乱し、容易に決しないのはそのためである。いま『古事記』の成立に関する序文の記述を引用してみたい。

於レ是天皇詔之、朕聞、諸家之所レ賷帝紀及本辞、既違二正実一、多加二虚偽一、当二今之時一、不レ改二其失一、未レ経二幾年一、其旨欲レ滅、斯乃邦家之経緯、王化之鴻基焉、故惟撰二録帝紀一、討二覈旧辞一、削レ偽定レ実、欲レ流二後葉一、時有二舎人一、姓稗田、名阿礼、年是廿八、為レ人聡明、度レ目誦レ口、払レ耳勒レ心、即勅二語阿礼一、令レ誦二習帝皇日継、及先代旧辞一、然運移世異、未レ行二其事一矣、（中略）於レ焉惜二旧辞之誤忤一、正二先紀之謬錯一、以二和銅四年九月十八日一、詔二臣安万侶一、撰二録稗田阿礼所レ誦之勅語旧辞一以献上者、

この中で問題になるのは、帝紀と本辞・旧辞、帝皇日継と先代旧辞がそれぞれ別箇に独立したものか、それとも帝紀と帝皇日継、本辞と旧辞（先代旧辞）がそれぞれ同一のものを指すのかということ、最後の勅語の旧辞とは旧辞のみ

をいうのか、帝紀をも含むのかということ、さらに誦習の語義、「未レ行ニ其事一」の其事の意味などである。

これまでの研究の結果、稗田阿礼の誦習とは一旦文字にあらわされたものの口誦読習であるとすることにほぼ異論はない。しかし帝紀・旧辞等の問題及び其事の意味は未解決である。今日、これらの名でよばれる書はのこっていないが、『日本書紀』欽明天皇二年条の注に「帝王本紀」の名がみえ、同じく天武天皇十年三月十七日条に、川嶋皇子らに「帝紀」及び「上古諸事」を記定せしめた、とあって、上記一類の書名との類縁を思わせるほか、『上宮聖徳法王帝説』所引の「帝記」、『正倉院文書』などにも書名として「帝紀日本書」「帝紀」「日本帝記一巻」などとみえている。またシナの正史にも帝王世記、帝王本紀等の名があるが、これらによって察するに帝紀という名は帝王の事蹟を記した書の意味であろう。また先代旧辞、上古諸事等も字義通りに解すれば、抽象的にはわからない言葉ではない。しかし、これらが具体的にどのような内容のものであったかということになると判然としないのである。

これについて一般には、『古事記』の内容を対象として分析し、帝紀は歴代天皇名、即位のこと、后妃・皇子・皇女(系譜)、統治年数、山陵および事件を記したもの、先代旧辞は神話・伝説の類と解されている。しかしこの説では帝紀のふくむ天皇の事蹟と、旧辞の主体である伝説との関係はどうかという点になると曖昧である。一方『古事記』上巻の神世の物語の部分は先代旧辞(乃至上古諸事)で、中・下巻歴代天皇の巻の部分は帝紀とする説もある。この説の方が合理的であると思われるが、決め手となる根拠はない。

このように序文の記述の中にみえる帝紀・旧辞等の内容が不明なだけではない。一体『古事記』の撰者(著者)は誰か。天武天皇の詔は天皇自らこれを撰せんとする宣言であり、『古事記』は天皇自身の著作であるのか。あるいは実際の撰者は他にあるのか。稗田阿礼は何者であり、その果した役割は何か。太安万侶が元明帝の詔によって、約四か月間に行なった作業は何か。さらに根本的には、序文の記述はそのまま信じられるものか否か。これらについて序文だけを克明に検討しても、さきにのべた、序文の文体などに妨げられて、必ずしも実り多い作業とはならないのである。従って『古事記』の諸問題の解明のためには、序文を一応はなれて直接本文について、それ自身に語らせることが必要となる。そこで以下にそのことを述べてみたい。

なお序文の解釈によって、阿礼の誦習までに、即ち安万侶以前に撰定が終っており、安万侶はその筆録に関する文体及び文字上の撰をなしたとみるにせよ、阿礼の読み明らめていた資料から安万侶が初めて撰定し且つ採録したとみるにせよ、乃至はまた他の見解をとるにせよ、いずれにしてもその文章の意味と順序とを最早のちに改められなかった『古事記』いわば〝原古事記〟がつねに存在する筈である。以下『古事記』あるいは『記』というときはそれを指すことにする。

五　本文の主題と構成

I

『古事記』の記載は、先ず歴代天皇の巻（中・下巻）について次のように分類することができる。

A　天皇の名、坐某宮（在位年数）治天下也（例、懿徳巻「大倭日子鉏友命坐二軽之境岡宮一治二天下一也」）。以下「天皇前項」とよぶ。

B　后妃・皇子・皇女（例、同巻承右「此天皇娶二師木県主之祖賦登麻和河比売命亦名飯日比売命一、生御子御真津日子訶恵志泥命、

次多芸志比古命二柱」）。以下「后妃・皇子女項」とよぶ。

C　皇位を継承すべきことの表記（例、同巻承右「故御真津日子訶恵志泥命者治二天下一也」）。以下「立太子項」とよぶ。

D　D_1天皇以外の皇族子孫およびD_2諸氏の始祖としての表記（例、D_2同巻承右「次当芸志比古命血沼之別、多遅麻之竹別、葦井之稲置之祖」、懿徳巻にはD_1項はない）。以下、「D_1皇族子孫及D_2始祖項」とよぶ。

A′　天皇の年齢・山陵（例、同巻末「天皇御年肆拾伍歳、御陵在二畝火山之真名子谷上一也」）。以下「天皇後項」とよぶ。

以上を歴代巻毎に記載の順序（一、二……）によって表示すれば第一表のようになる。

第1表

記事の順序／歴代順			一	二	三	四	五
1	神	武	A	B	D	C	A′
2	綏	靖	A	B		—	A′
3	安	寧	A	B	C	D	A′
4	懿	徳	A	B	C	D	A′
5	孝	昭	A	B	C	D	A′
6	孝	安	A	B	C		A′
7	孝	霊	A	B	C	D	A′
8	孝	元	A	B	C	D	A′
9	開	化	A	B	C	D	A′
10	崇	神	A	B	C	D	A′
11	垂	仁	A	B	C	D	A′
12	景	行	A	B	(C)(C)(C)	D C D	A′
13	成	務	A	B			A′
14	仲	哀	A	B	(C)		A′
15	応	神	A	B	C	D	A′
16	仁	徳	A	B	C C C	D	A′
17	履	中	A	B			A′
18	反	正	A	B			A′
19	允	恭	A	B	C C	D	(C)A′
20	安	康	A	B		—	D A′
21	雄	略	A	B	(C)	—	A′
22	清	寧	A	B	(C)—(C)	—	
23	顕	宗	A	B	(C)	—	A′
24	仁	賢	A	B	C		
25	武	烈	A	B	C	—	A′
26	継	体	A	B	C C C		A′
27	安	閑	A	B		—	A′
28	宣	化	A	B		D	
29	欽	明	A	B	C C C C		
30	敏	達	A	B	(C)	D	A′
31	用	明	A	B			A′
32	崇	峻	A			—	A′
33	推	古	A			—	A′

右のうち、A・A′天皇前・後項は歴代巻の終末部になると在位年数を掲げて天皇の年齢を記さない巻や、そのいずれをも欠き、又山陵の記載もないものなどがあるが、記されるのが原則であったと考えてよい。B后妃・皇子女項も同様である。「此天皇無二御子一也」などもこの項の表記である。C立太子項は16（以下歴代順に番号だけを掲げて天皇の諡号を略する場合がある。上は仁徳巻のこと）、19・26・29巻のように、その天皇に、のちに即位した皇子が一人でない場合、それらが列挙されているし、又21巻Ⓒの「故為二白髪太子之御名代一定二白髪部一」云々とある中の太子の称号は、14巻Ⓒの、応神天皇のことについて「此太子之御名所三以負二大鞆和気命一（中略）是以知下坐二腹中一定上国也」とある記事などと共にC項の代用である。また22巻Ⓒ項は「故天皇崩後無下可レ治二天下一之王上也、於レ是問二日継所レ知之王一也（中略）飯豊王坐二（某）宮一也」とあるが、これは同巻意冨祁・袁祁皇子の物語の終末部のⒸ「曰（中略）故吾雖レ兄猶汝命（中略）故不レ得レ辞而袁祁命先治二天下一」と、また引きつづく23巻の終りⒸ「故天皇崩即意冨祁命知二天津日継一」と呼応してC項にあたる。注意すべきはこれらが物語の中にあることである。従って清寧・顕宗・仁賢三天皇はC項をもつわけである。D皇族子孫及氏族始祖項の記載のあるのは歴代三十三巻中十六巻であるが、D項のない巻の中には男子がないか乃至太子一人の天皇があるのでその巻を除く（横線の分）。また20巻市辺王は履中天皇の皇子であるか

第2表

	D_1 子孫	D_2 始祖
1		○
2	――	――
3	イ	○
4		○
5		○
6		
7		○
8	ロ　ハ	○
9	ニ　ホ	○
10		○
11		○
12	ヘ　ト	○
13		
14		
15	チ	○
16		
17	リ	
18	――	――
19		
20	――	――
21	――	――
22	――	――
23	――	――
24		
25	――	――
26		
27	――	――
28		○
29		
30	ヌ	
31		
32	――	――
33	――	――

ら、その「系譜」を17巻に移し、さてD_1皇族子孫項とD_2氏族始祖項とを分割して表示すれば第二表のようになる。

すなわち、皇子（太子をのぞく）があって始祖表記（及び氏族名注）のない巻は6巻以下十一巻であるが、これらの巻はその天皇の皇子に氏祖伝承がなかったか、何か理由があって意識的に採らなかった等のことが考えられるが、『記』所載の出自や由来を語る氏族が『書紀』のそれに比べて遥かに全国的・網羅的でかつ皇室に対して統合的であり、そこにはたしかに一つの強力かつ統一的な理念が働いているが、氏祖注に記す氏族は登場氏族の大部分に当り、従って始祖表記D_2項を記すことは、『古事記』の重要な意図の一つであったと考えてよい。次にD_1項の中、イ師木津日子命の子孫の一部、チ根鳥王等の子孫の一部、ホ日子坐王の子孫の一部と、ロ大毘古命の子孫、ハ比古布都押之信の子孫、ヘ大碓命の子孫の各全部はそれらが始祖となった所の氏族の注記のために記されたものと推定できる。またリ市辺王の子孫すなわち意冨祁王・袁祁王の記載については、C項の場合にみたように22巻及び23巻の物語の終りにおける両王〃立太子〃の記載がC立太子項をあくまで記そうとする『記』の意図のあらわれであったとすれば、のちに即位する二人の王子の系譜上の出自を記すことは当然である。ヌ忍坂日子人太子の子孫とホ日子坐王の子孫が掲げられたのはその系譜中に坐岡本宮治天下天皇（舒明天皇）及び沙本毘売・比婆須比売命・息長帯比売命という重要な后をふくむからである。ト倭建命の子孫には帯中津日子命（仲哀天皇）があるし、またトの中の若建王の子孫には香坂・忍熊王がある。またイの中の和知都美命、ニ大筒木垂根王、ト息長田別王の子孫には、それぞれ天皇の后妃となった女子をふくんでいる。チの根鳥王・若野毛二俣王・堅石王の子孫については不明であるが、以上述べたところで皇子の子孫の系譜が『記』の構造上必要なものであったらしいことを推定できる。

このABCDA′項を「記事」とし、広義には「系譜」を包含して記事といい、狭義には「系譜」を分離して「記事」とすることができる。

この「系譜」と「記事」とを除く他は「物語」と物語の形をなさない「記録」風の記載である。四者は無機的併列的に存在するのではなく、有機的・重層的に存在する。

神世巻については説明を省略するが、「系譜」および「物語」があり、「記事」もあるが複雑な構造をもつ。某神がある氏族の祖神であることの表記もあり、また日向三代巻にはほぼ歴代巻の「記事」に照応するものがある。

II

天皇と皇族の「系譜」について一見して注意をひくのは男子の人名に付せられた「命」と「王」という称号の使いわけである。まず歴代順にみると8巻まですべて「命」、9巻以後「王」があらわれ、漸次巻数を増すほど「王」の「命」に対する比率が大となっている。また神武天皇から敏達天皇まで、例の意富祁王・袁祁王をのぞき天皇となる人が皇子にあるときは、それらはすべて「命」、他は上宮之厩戸豊聡耳命を例外として、16巻以後「命」はない。9巻から15巻までは、太子をのぞく皇子についてその生母の如何に拘らず「系譜」中先出するものを兄、後出するものを弟とみなせば、兄弟中末子に近づくほど「王」が増加する。勿論「王」の方が「命」より先出する例はあるが、9巻から15巻までの「王」二十七人のうち五人にすぎないから、この使いわけは「系譜」の示す意図であるとみて差支えない。

次に「物語」だけに限定して「命」と「王」の使いわけをみると、その「物語」の中で、身分が「王」から「命」に変る例があるし、「物語」と「系譜」や「系譜」相互間などに称号がちがっている場合がある。これらの中には偶然的な事情としか思えないものもあるが、この中に、その人の身分の変化によって身分称号（命・王）を使いわけたとみられるものがある。また神の子たる意富多多泥古命と、建内宿禰命および丸邇臣関係の二、三の例外をのぞき、9巻以後臣下の氏族で「命」の称号を有するものはない。ついでにいうと、「物語」中の「宮」「仮宮」「家」の用語、「御陵」の記事や、これに準ずる「葬」等の使用にも厳密に身分関係があらわれている。

次に神世巻には「神」と「命」という称号があるが、これは次のように使いわけられている。

一　天照大御神の直系の子孫および其の后は、天菩比が「物語」の中で「神」となるのを除きすべて「命」。そして邇邇芸命がこの国土に降臨してから後（以下日向三代という）の「神」は猿田毘古大神と大山津見神・塩椎神・綿津見神・佐比持神にすぎない。さて日向三代巻には「天神御子」という語がみえる。精しくはこれは日向三代巻直前から神武巻の天皇即位迄存在するが、これはこの両巻にみえる、天孫の称号の特例であって、上記諸神は丁度それに対応する国神・海神群なのである。しかも大山津見神の女、綿津見神の女が、日向三代の中の前二代の后であることはこれによって、『記』が天から降った「天神御子」と、地の代表者「国神」「海神」とを系譜上で結合することにより、天と地、神と人とを媒介しようとしたことを告げるものであって、日向三代の『記』の構成上における地位も、これによって明らかとなる。「国神」が『記』に登場するのは実はもう一か所須佐之男の出雲降りの段の国神大山津見神の子足名椎・手名椎があり、これは須佐之男命がこの場合は日向三代と同資格に扱われたことを示す。なお、神武巻に、天皇が「天神御子」であるのに対して、天皇の「嫡后」伊須気余理比売は大物主神の「神御子」であるという物語があるが、その意味も上述のことから類推することができる。

二　「神」と「命」の称号の混淆のない神の中で、その「系譜」の部分でなく「物語」の部分において「命」の称号を有するものは、必ずある氏族の祖神または某氏が「以伊都久」神であり、「神」の称呼を有するのは氏族の祖たる表記がない。例外は上・中・綿津見三神である。これは氏族の祖神の称号は「命」、然らざる神には「神」の称号を付したことを意図として語る。例えば天菩比は天照大御神の直系の子孫として「系譜」中で「命」であるのにここ即ち「物語」中では「神」である。天宇受売だけが猨田毘古神との問答の条で「神」とあるのは、氏族の祖神としては例外であるが、これは「神」を克服するために宇受売を特に「神」にまで称号、延いては身分を昇格することによって、その権威を高めたものである。

三　天照大御神の子孫以外の「系譜」上の神の称呼はすべて「神」とある。氏族の祖神は「命」、例外は伊邪那岐の三貴子中の月読命・須佐之男命および大国主神の子孫中の高比売命。奥津比売命は「亦名」を大戸比売神といったとあるから「神」の例とみる。また高比売命は「物語」中で天若日子と婚しているから、神世巻の后達がすべて「命」若しくは「比売」とあり、「神」がない所からみて、この場合もその例に従ったとみてよい。月読・須佐之男は天照大御神の子孫と同じく天照大御神の卑属であるからである。

四　神世巻の神々の体統は、

天之御中主神 ┬ 高御産巣日神→……伊邪那岐命→……天照大御神→＝天照大御神
　　　　　　 └ 神産巣日神←……伊邪那美命←……須佐之男命←……大国主神

の図式であらわされるが、第一に丁度この体統の上下関係に応じてその神が尊属と相対する時は三人称として「命」、逆に卑属と相対する時は「神」を使用する。一見複雑な岐美二神の場合も身分関係の表示を必要とする時は右の構造に従って使いわけられている。しかし神世巻では二人称的に「神」を使用する例がないので、天宇受売は天照大御神に対して「汝命」とよびかける。第二に、天照大御神と大国主神は一般に「神」であるのに、岐美二神と須佐之男は一般に「命」であるが、須佐之男のそれは天照大御神の卑属であり、国神の女と婚した以上に、根源的には彼が地上に降った点にみいだされる。岐美二神も「天神」の「詔」によって「淤能碁呂嶋」に「天降坐」して「見」立八尋殿こ」てたからである。天照大御神と大国主神が右両者のそれぞれ卑属でありながら「神」であるのは、さきに掲げた神世両系の神統の双方の事実上の最高神だからである。このことは歴代巻をみれば一層あきらかになるが、その構造上の重要性から岐美二神および須佐之男との関係の矛盾を犯して敢えて「神」としたのである。第三に、この国土が「命」なら幽界は「神」でなければならない。これが伊邪那美が幽界で黄泉津大神となり、須佐之男が大神となる理由である。

さて以上の四つの場合の中、一・四、即ち皇統神の「神」「命」の使いわけの規準は、身分の上が「神」で下が「命」である。では、二・三、即ち皇統以外の神々のうち、氏族の祖神は何故「命」となるのか。これは『古事記』の身分体系からみて、天皇の部下である諸氏のいつく神が、天皇より上位である事は『記』の潔しとしないであろう事は、容易に察せられる所であって、神々の中でとくにそれを「命」とした理由もそれによって説明できる。

右に述べた所で神世巻の「神」と「命」の使いわけは明らかになる。神世の物語は原則として「神々」の物語である。何故なら神世の物語から身分関係を捨象（天上と国土も亦身分関係と類比をなす）すればことごとく神である。その点では黄泉比良坂の石や、伊邪那岐の御頸珠および稲羽の素菟も例外でない。例外は伊邪那岐が黄泉比良坂で八雷神を「待撃」った「桃子」を意冨加牟豆美命としていることであるが、これは「青人草」との関係において、黄泉比良坂の此方、即ちこの国土のものとして語られているからである。

以上を要約すれば、神世巻の「神」「命」は身分関係の上下に応じ、またその使いわけを「物語」の順序に及ぼして高天原は「神」、日向三代は「命」と、歴史的構成にも用いること、および日向三代巻は歴代巻に接続することを知るわけであるが、歴代巻の「命」「王」が右の「神」「命」の場合と対応することは明らかであろう。歴代巻中人名に付する称号は8巻まですべて「命」で「王」はなく、17巻以後天皇・太子および皇族女子少数をのぞき「命」はない。17巻以後天皇・太子が「命」であるのは、天皇および太子は全巻を通して「命」を使用することを示すものであって、これは9巻～16巻（過渡時代）についても同じである（女子の人名に付する「神」「命」「郎女」「王」「比売」についても使いわけの法則が存するが、これについては省略する。また「物語」における「大后」「后」「嬢子」「美人」「媛女」等についても同様である）。

そこで『古事記』の身分体系が明らかになる。即ち上から天照大御神（およびその観念上の分身）、神、天神御子としての天皇および国神・海神、太子、皇族、臣下（氏族）となる。そして、歴史的に全巻の初めの部分すなわち『記』の構想する過去を「神々」の世とし、次に「命」の世、最後に「王」の世とし、この間に段階が小区分される。

Ⅲ

神世の物語は、天照大御神とその観念上の分身と、それに統合し、従属する神々の物語であり、天神御子を中心とする日向三代には、高天原の神々は出現せず、代って登場するのは国神・海神である。そして歴代巻は勿論命と王の物語である。にもかかわらず、ここになお幾柱かの神々が登場するのは何故であろうか。

歴代巻の神々のあらわれ方を四つのカテゴリーにわけることができる。一、現身でしかも物語の中の現在に現れる神である。1神武巻　倭平定段の熊野山の「荒神」、12景行巻　倭建命東征の荒ぶる神々、21雄略巻　一言主大神。二、現在、夢の中若しくは神懸りに示現する神で、1神武巻　熊野高倉下の夢の天照大神・高木神及び建御雷神等、10崇神巻　意富多多泥古拝祭の大物主大神、11垂仁巻　本牟智和気御子の物語の出雲大神、14仲哀巻　皇后「帰神」に示現する天照大神と墨江三神と、角鹿における太子の夢の伊奢沙和気大神。三、物語中現身ではあるが、昔の事として語り、またその語る所から推して昔の事でなければならぬ神。1神武巻　伊須気余理比売の出自を語る大物主神、15応神巻　天日矛物語中の諸神。四、神自身は何ら能動的に示現せず、ただ一の例に附随して社を定め幣帛を奉る神、10崇神巻　天神地祇以下、14仲哀巻　天神地祇以下の諸神である。

さて、四の神々は物語に示現するということはできない。三の神々の物語は『記』の全物語の序列中にその位置を与えられてはいるが、例えば天日矛物語の神々（伊豆志袁登売神等）の話のように、確かに神話として、昔のこととして挿入されているのであって、それらは歴代巻に物語られても歴代即ち人の世の事として語られているわけではない。故に三・四のケースは当面の問題からのぞかれる。二の神々は伊奢沙和気大神を除けば他は神世の物語の神々であって、それらがすべて現身でなく夢あるいは神懸りに示現することには意味がある。一の神々は神世巻には見えない。すると此の神世巻の神が夢などに示現するのは、明らかに神世において現身に働く事と対置されているのである。

さて、此の神世の神にして歴代巻に示現するのは、天照大神とその観念上の分身たる高木神を中心とする一群（建御雷神・布都之御魂および墨江三神は従属的に現れる）と大国主神である。これはさきに神世巻の神々の二系統として示した高天原系と出雲系との、共に中心である。天照大神は何故諸神を伴って二つの物語に示現するのであろうか。

そこで考えると、この二つの物語はよく知られた戦争譚である。一体『記』の戦争譚をその中に使用されている「言向」「和」「平」の語をメルクマールとして析出すると、単なる天皇と皇位に対する反逆・謀反の物語はこれを除外することができる。一方謀反譚をもふくめて戦闘の物語には「斬」「殺」「死」の語がふくまれている。

そこで戦争譚をみると、⑴神武巻　倭平定譚、⑵孝霊巻　大吉備津日子らの吉備国を「言向和」す話、⑶崇神巻　高志・旦波・東方十二道「平和」の話、⑷景行巻　倭建命東西の鎮定である。ところがさきにあげた新羅服属譚には「言向」「和」「平」の語はみえない。のみならず「殺」「斬」「死」等の語もみえず、従って天照大神は戦争譚にあらわれたとするわけにはいかない。また⑷の倭建命の物語の中で命が天皇の命によって東国に出発する際、伊勢大御神宮に参拝したと記されていることも問題を複雑にする。

一方大国主神の方は一つは崇神巻「疫病多起人民死為レ尽」る時に、他は垂仁巻、本牟智和気御子が「真言」とわずして「天皇患賜」う時に示現した。第一の場合は内政の危機の場合である。従って天照大神が戦争譚に示現するならば、丁度これとシムメトリーをなす、〝戦争〟に対する〝政治〟の物語に大国主神が示現することはふさわしい。しかし天照大神が戦争にのみ示現したのでない以上、この仮定は控えねばならない。が、大国主神も第二の場合は御子の真言とわざる疾に祟っていたというのであるから、政治にだけ現れたわけではない。そこで、仲哀巻の天照大神示現の物語を検討すると、この方も亦、「凡此国者坐二汝命御腹一之御子所レ知国者也」とあって、この部分はやはり狭義の政治や戦争でなくて、皇位の継承に関している。即ち天照大神と大国主神とは共に「御子」の事に関して示現する。その点において両者は相称である。そして天照大神は、皇位継承に対する絶対的な干渉、否その主宰者として示現する。大国主神も自らが必要とすれば天皇最愛の皇子に祟ることができたのであって、二つの干渉の軽重は神世の神々の体統の上の両神の軽重と等しいということができよう。こうして神世巻と同じく歴代巻においても両神の示現のしかたに相称性があるとすれば、やはり「人民死為〻尽」る時に示現した大国主神の崇神巻の物語が、何処かで神武巻天照大神の示現の仕方と相称性を有するものと推測してよい筈である。そして神武巻の方はやはり戦争譚であるから、こちらはやはり政治に関係したものと仮定して政治に関する物語を析出すると、「物語」とみて問題ないのは崇神巻の上述の話の外に仁徳巻の、天皇が民の課役を免じた話があるだけである。これに対し、「記録」風なものは相当数ある。これについて注意すべきは、第一、これらの中、経済的意義のあるもの、即ち池溝の開掘や屯倉の設定が度々記されるのを除けば、国家組織の起源が「記録」全般に亙って一つずつ、しかも網羅的に挙げられていることである。例えば、古代国家の中央及地方官制である(1)大臣、(2)蔵官、(3)史官、(4)舎人、(5)膳夫、(6)伴造＝貢納部の主要なもの、および(7)国造・県主などの起源がほぼ一つずつ語られ、また世襲国家の主要な社会組織である氏族制度に関する(8)氏姓検定と(9)帰化氏族に関するその来朝のことが、新羅人・百済人・秦人・漢人・呉人について一回ずつあげられている（高句麗・任那のことは意識的に載せなかったものであって、それには理由がある）。またこの起源は文化的なものにも及び(1)刀劔、(2)馬、などの主として軍事的なものから(3)儒及び文字、(4)医、(5)工即ち鍛工・服工・醸工、(6)属国の調等のことが語られている。一体、網羅的であることと一つずつあらわれることとは通常背反し、それが一致するのは意識的に一つずつ、すべてを挙げる場合だけであって、これらの記載は丁度それに該当するものと思う。また上の文化的なものの例において、その数字が壱仟口、壱匹、十巻、一巻、(3)・(4)・(5)の工人各一人ずつであることなどや、(6)の八十一艘も事物の起源を語るにふさわしい。次に経済的なものは、池の開掘が10・11・12・15・16巻に計十個に及ぶ。他に三宅（淡道・倭・茨田）・田部・堀江・津・堤・水門などの設置が一乃至数個ある。が、これらの記録で注意したいのは崇神巻の「天下太平」ぎて「初」めて租税を課した物語の直後にはじまって、仁徳巻の課役を免じた物語の直前に終っていることである。しかもこの二つの物語は、租税に関する、従って経済的意義を有する、物語らしい「物語」の唯二つのものであるので、経済的意義の「記録」が、その二つの「物語」の中間に、しかも双方租税に関する同一範疇の、最も経済的意義の大きい物語の中間にのみ存在することは意味がある。こうして国家組織の起源と、経済に関する記載との両類とも、それぞれ一定の方針によって貫かれているということができる。ほかに名代・子代、天皇の名の由来、賜姓名の「記録」があるが、これらは「名」を重んじた古代人の省性によって理解すべきである。

そこで大国主神の示現する崇神巻の物語をみると、第一にそれは、上の政治的・経済的意義の記載の発端におかれ、第二に、前にも述べたように、この物語は政治上の危機に関している。これを神武巻の天照大神の物語と比較すると、ここには天皇「儵忽為二遠延一及御軍皆遠延而伏」と記され、大神自ら「我之御子等不平坐良志」と語るのであるから、天皇と親征軍の危機であるのはいうまでもない。大国主神示現の上の物語は、この〃危機〃において天照大神のあらわれた物語と共通である。もう一つ興味あることは、倭建命の物語において伊勢大御神宮に参拝した倭建も亦、前途に危険を予感したことである。これらのことから神武巻・崇神巻の両物語に共通性のあることは明らかであるが、他方倭建命の東征譚には天照大神は現れていないので、これを倭平定譚と同一範疇の物語とするためには、天照大神がこの物語の中で能動的に働いていることを証明しなければならない。

この戦争と危機とをモチーフとする二つの物語において、決定的に相違するのは、両者の主人公の運命である。一方は目的を達して白檮原宮の即位によって終るのに対して、何故倭建命は長途の遠征ののちに孤独な死が待っているのであろうか。

『古事記』は倭建命の伊服岐能山の神との戦の前に、命の美夜受比売との再会、饗宴と官能交歓の一夜のあったことを述べる。重要なのはその次の条である。「（故爾御合而）以二其御刀之草那芸劒一、置二其美夜受比売之許一、而取二伊服岐能山之神一幸行、於レ是詔二茲山神者徒手直取一」。この行為の意味を述べる前に、天照大神示現のもう一つの場合新羅服属譚を検討しておく必要がある。

さきにこの物語には「言向」や戦闘の叙述のないことから、これを他の戦争譚と同類とすることを控えたが、これらの記載を列ねて気付くことは、そこに現れる地名の順序の地理的整合である。このことを念頭において『記』をみると、4巻の和知都美命が淡道の御井宮に坐したという「記録」もふくめて、淡道・吉備・丹波・高志・東方十二道・筑紫・出雲・東方十二道・新羅・百済となり、東方十二道が重複する以外は、ほぼこの順序が同心円の波紋のように拡がっている。しかもこれらは内政に関する経済的意義も政治組織の起源も語らない。それは純粋に大和朝廷の勢力の外延的な拡大（発展）を物語っている点で共通である。この網羅性と一回性と整合性とは丁度国家組織の起源の場合と同様であるので、これらの記載は戦争としてでなく、大和朝廷の、天皇統治の外延的発展の物語として規定できる。こうすることによって、倭平定譚と倭建命の征討譚および新羅服属譚とが同一範疇のものとして理解できる。

またこの規定は、さらに次の二つの事実によって支えられる。一つは垂仁巻の本牟智和気御子の物語の中に「鵠」を追い尋ねる話であって、其の地域が木国より針間・稲羽・旦波・多遅麻から「追二廻東方一」近淡海・三野・尾張・科野および高志をあげていることである。この鵠が翔び廻った話が、その経路・範囲に関して事実でないばかりか、その設定が凡そ作者の自由であったろうことは容易に察せられるが、では何故とくにそういう範囲にしたかを考えると、あたかもこの巻は前巻（崇神）に高志・丹波・東方十二道の言向、後巻（景行）に筑紫・出雲・東方十二道をあげた、その景行巻以前、即ち天皇統治の版図がまだ西は出雲・筑紫に及ばず、吉備・丹波まで、東は三野・尾張・高志までであった、丁度そのことを示そうとしたものである。東方十二道も漠然とした概念として用い、反って11垂仁巻の鵠を追う物語によって10巻の東方十二道の範囲をきめ、12巻のそれと区別したものであろう。他は邇芸速日命と天日矛の物語の、この類の物語に対する関係であって、詳細は省略するが、要するにこの両者は、それが「天津瑞」「玉津宝」を献じて、新たに天皇の統治下に入った地方の神の子の編入として創作され、その類の物語の初めと終りに配されているのである。

さて、新羅服属譚にはたしかに戦闘の叙述や「言向」「和」「平」等の語は用いられていないが、「整㆑軍雙㆑船」て海を渡ったとあり、しかもその船の「波瀾」は新羅国に「押騰」ったために、新羅国主が「畏惶」んで無退に仕奉ることを誓ったとあって、戦闘を交えなかったばかりで、実質的には侵入であり威圧強制である。また新羅国主の門の前に「衝立」てたのは刀や矛でなくて「御杖」である。この場合の「杖」たるや、甚だ異様であるが、これは要するに戦闘に関係ある叙述を注意深く避けたことを意味する。また押騰ったのが「軍」でなくて「波瀾」であるのも同様の配慮によるものである。『記』が敢えてこのような不自然を犯したことには勿論意味があるが、もう一つ注意すべきは、さきにあげた「御子」のことのほかに、やはり天照大神が、それに先行する主題として新羅問題にあらわれていることである。即ち「吾今帰㆓賜其国㆒」とあって、ここでも大神は主宰者なのである。こうして新羅服属譚における大神の示現は、天皇統治の外延的発展に関する点においてはじめて倭平定譚と意味を等しくすることになるが、倭建東征譚は同じく天皇統治の外延的発展として想定されながら、命は単に大御神宮に参拝するだけであって仲間はずれである。しかし上の新羅服属譚に奇異な「杖」の語があって「劒」や「刀」の語が避けられていることに留意して他の二つの物語をみると、そこには刀や劒であるだけでなく、実に布都之御魂と草那芸劒という神劒があらわれているのであって、その点では新羅服属譚が仲間はずれである。勿論この神劒の場合は、倭平定及び東征が戦闘を含み、新羅服属にそれがないからである。そして天照大神が二つは直接夢にあらわれ、他の一つが単に神宮参拝であるのは、二つの物語が共に倭建東征譚より事件の意義も大きく、またこの範疇の物語の終始をなしているからである。しかし『記』の物語に戦闘を含むものは多く、従って劒や刀が登場するものも多いのに、何故とくにこの神武天皇と倭建命にだけ神の劒があらわれるのか。また後者において何故、西征の際には草那芸劒が行を共にせず、東征の時はじめて携えられるのか。さきに歴代巻において現在現身であらわれる神は倭平定段の熊野村の荒神と倭建東征の荒ぶる神々および雄略巻の一言主大神だけであることを指摘した。一言主神は雄略天皇と闘ってはいない。そこに語られるのは天皇との親睦である。然るに倭平定譚と倭建東征のそれは荒神であって、天皇と倭建に闘いをいどむべく待機していた。それは神武倭平定譚の「到二熊野村一之時大熊髪出入即失」せ天皇「倏忽為二遠延一及御軍皆遠延而伏」したとある、その熊が荒神であったように、倭建東征においては、足柄の坂神は「白鹿」に、伊服岐能山の神は「白猪」に「化」って現身以て彼に挑むのである。歴代巻で荒神が獣の姿に化るのはこれらの例だけである。倭建命の神宮参拝はこの前途の危険のためであり、倭比売命から草那芸劒を賜うことはこの危険に対処するためのものである。そしてこのことは倭平定譚において天皇の軍の危機に「横刀」が天上より降されたのと丁度同じ場合なのである。

倭建命が美夜受比売の許において、伊服岐能山の神との闘いに出発したという草那芸劒がどんな性質のものかは右によって明らかであるが、さらに怒る神としての天照大神がある。即ち神世の物語においては須佐之男の度重なる乱行にも大神の態度は寛大を極めていた。しかるに仲哀巻においては、天皇はその大神の言を疑ったばかりで「爾其神大忿詔、凡兹天下者、汝非㆓応㆑知国㆒云々と詔り給うたと思うと、天皇は「未幾久而（中略）既崩」ていたのである。ここには怒る神ヤーヴェにも等しい大神の性格がある。その勧告は絶対であり、その罰は峻厳であるといわねばならない。しかもこの時瞬時にして死んだのは実に大神の「御子」である「天皇」なのである。反対に大神の命に随順する時は神功皇后の軍は戦も交えずして新羅を降して凱旋する。これと似た場合は倭平定譚であって、神武天皇の軍は「為㆓日神之御子㆒向㆑日而」戦ったのみで敗戦し、五瀬命は崩じ、進路を変えただけで、神の横刀が授けられ、それを得てのちは連戦連勝する。歴代巻における大神とはかくの如きものである。草那芸劔を不要と揚言した倭建を大神が忿らぬ筈はない。果して『記』は命の敗因が「大刀」にあることを「一つ松大刀佩けましを」と「をとめの床之辺に……置きし劔の大刀」の二歌によって暗示しているのである。

天皇統治の外延的発展の物語が、その重要な三つの場合にそれぞれの形態において共に天照大神の示現をみたものであることは以上述べたところで明らかになったと思う。そしてまた大神は消極的には皇位に関する重大な決定を主宰した。一方大国主神も亦天皇に準ずる御子の物語に示現し（たたり）、これは天照大神と対置できるものであった。とすれば、もう一つの大国主神の場合（崇神巻）が内国の政治に関する、従って、天皇統治の内包的発展の物語中の、最初にして最も重大な場合に示現したと規定してよい。内国の政治に関する「物語」及び「記録」を上のように規定するならば、政治社会組織の起源を語るものは内包的な発展のうち、構造的なものとして、また経済に関するものを内在的なものとして規定できよう。崇神巻上記の物語は租税の起源に関する、従って経済的意義の物語であった。従ってこの場合の大国主神は内包的なもののうち内在的発展の物語に示現したことになる。では政治（国家）組織即ち構造的発展の方はどうか。出雲大神の示現する垂仁巻本牟智和気御子は何故に天皇に準じて「御子」といい、「仮宮」

に坐すのであろうか。これはその構造的発展の記載のある最初の巻である垂仁巻にあって、品遅部・鳥取部・鳥甘部・大湯坐・若湯坐設定の意義を重からしめるために、その縁起として「神」の示現を語り、その神にひかれて皇子を天皇に準じたものと考えられる。従って皇位に関する天照大神の示現(干渉)が実は新羅譚に随伴したように、この場合も品遅部以下の設定を主にして考えるべきであろう。

IV

『古事記』には右の物語のほかに皇族間の争を語るものが目立って多い。(1)神武巻　当芸志美美命、(2)崇神巻　建波邇安王、(3)垂仁巻　沙本毘古王、(4)景行巻　大碓命、(5)仲哀巻　香坂・忍熊王、(6)応神巻　大山守命、(7)仁徳巻　速総別王、(8)履中巻　墨江中王、(9)允恭巻　軽太子、(10)安康巻　目弱王、(11)同巻　黒日子・白日子王、(12)同巻　市辺王の物語。うち、(1)(2)(3)(4)(5)(6)(7)(8)の諸例はいずれも皇位を覬覦し、また不敬によって皇族の滅んだ話である。即ち天皇および皇位に関する話であり、その上どの場合も天皇の側が勝利を得、皇族の方が誅せられている。例外は(10)目弱王の復讐譚であるが、その後に続く(11)黒日子・白日子王が大長谷王に殺された話は、その目弱王に関する物語の一環であって、大長谷王の大義名分論と、それに対する道理感と勇気とを欠如せる二王が滅された話であり、最後にその目弱王も亦滅される。従ってこれらの話の大部分(1)〜(8)・(10)・(11)はそのように規定することができる。そこで今度はその主題に副う物語を『記』に求めると、(13)仁徳巻　山部大楯連の誅、(14)履中巻　隼人曾婆訶理の誅、(15)雄略巻　志幾之大県主の不敬、(16)清寧巻　志毘臣の不敬と誅、(17)顕宗巻　猪甘老人の誅がある。このうち(15)志幾之大県主は謝罪によって許されている。

右にみた所を基礎に(9)木梨軽太子・穴穂御子と(12)大長谷王と市辺王の話を考える。先ず軽皇子は皇位に即くべき人であったが、不幸な事件によって穴穂皇子と戦うはめになった。この戦で注意すべきは大前小前宿禰と穴穂皇子の態度であって、穴穂皇子は軽太子の逃入った宿禰の家を囲んだが、宿禰の「於₂伊呂兄王₁無ㇾ及ㇾ兵、若及ㇾ兵者、必人咲」との言に従い宿禰に逮捕を托して兵を解いている。即ち軽太子と兵を交えることなく、いわんや太子である皇子を弑することはさらになかったのである。軽太子はあくまで正当な太子であった。それは『記』がこの物語中軽皇子の名五例すべて、逮捕後も含めて「太子」の称号をはずさないので瞭らかである。しかもこの物語は軽太子が伊呂妹軽大郎女に「姧」けたことと、官民が太子に背いたことを事実として語る外、この恋愛を非難している所はどこにもなく、むしろ肯定しているらしい所さえみられる。だから皇位継承の結果からいえば穴穂皇子が允恭天皇を継いだ人であるにも拘らず（故に允恭巻「記事」B項は「木梨軽王」「穴穂命」）、天皇崩後の軽皇子との係争において、とくに「軽太子」「穴穂王子」として、「記事」とは逆の意義をもつ称号の使いわけをしたのである。また太子に代って即位した穴穂王子を歴代巻中唯一の例外としてA項の冒頭を「命」乃至「天皇」の称号を避けてとくに穴穂「御子」としているのは、「御子」の他の例が一般に身分関係から相対的乃至中立的である所から考えて、当然即位すべくして不幸に失脚した軽太子に対する遠慮と考えられる。次に大長谷皇子が即位前の物語で「命」でなく、「王」「王子」であるのは、大長谷王が安康天皇弑逆に始まる不祥事に関して黒日子・白日子両王と目弱王を殺し、それによって皇位継承に近づくが、市辺王が事件に関係なく、皇位継承の資格において彼と同格であったからである。二人は淡海の久多綿之蚊屋野で狩をし、その野で「各異作₂仮宮₁而宿」ったという。「仮宮」は「宮」に準じ「仮宮」に坐す人は天皇に準ずる。この場合空位時代であり、二人の皇子は「王」の称号によってよばれつつ、一つの野に二つの「仮宮」を作って別々に宿る。事件が起らぬのが不思議であろう。気短な大長谷王はちょっとした誤解から市辺王を殺す。かくてはじめて彼の即位となるのであって、ここまで彼は「太子」ではなかったのである。が、これだけでははじめの不祥は彼によって解消したが、後の彼自身の起した不祥はぬぐわれていない。果して市辺王の子意冨祁王・袁祁王が結局後に即位し「父王之仇」に「御陵」を辱しめて報いようとする。が、それは形ばかりで済まされ、総ては収まる。ところで何故こんなことが語られねばならないのだろうか。これは『記』が読者に語るに皇位の神聖をもってしようとしていることを示すものである。

さきに歴代巻に登場する神のうち、雄略巻に現身にして現在現れる一言主大神と、仲哀巻夢中に示現する伊奢沙和気大神の物語を保留した。雄略巻には一言主大神示現のほか、いまあげた志幾之大県主の不敬、若日下部王つまどい、赤猪子の物語、阿岐豆野の蝱、袁杼比売が天皇の「幸行」をみて逃げた話、三重婇の過失による不敬、このほかは嬢子の儛、豊楽の頌歌、天皇が猟で猪を畏んで榛上に登った話、および呉人の渡来、御名代・舎人設置などの「記録」である。この大部分は天皇の専政的性格と寛容の物語である。かつて皇族の不敬を悉く誅した『記』の物語が、ここでは臣下のそれを謝罪によってすべて許しているのであって、これは専政君主の一面の権威を語ることになる。だから、儛や豊楽や蝱や、それらに伴う頌歌の集中も専政君主にふさわしい物語として自然である。一言主大神はかくの如き物語の只中に出現するのであって、それは『古事記』の語ろうとする天皇支配の発展、天皇神聖の伝統が、全物語の終末部に近い此処にいたって、上代の部分において神の擁護の下にのみ権威を輝かし得た「天皇」が、いまや現人神として自ら絶対的権威をもつことができるようになったという認証を、神の、現身の神の外貌の全き相似、言葉および態度によって与えようと意図した物語なのである。何故なら神は恒に天皇のレゾン=デートルであったからである。

が、この認証は突然与えられたものではない。高天原の神が漸く最後の示現を了え、荒ぶる神はもはや絶えて若干の間をおいたころ、天皇統治の版図が最大限に拡がった神功皇后の新羅服属の直後、「太子」の「夢」に伊奢沙和気大神が、「以二吾名一欲レ易二御子之御名一」と告げるのであって、夙くもここで「夢」の中の神が「太子」と対等に語るのである。なお、これらの神は高天原の神ではない。神世の神は人より上位身分である。

以上は天皇及び皇位の神聖に関する物語であるが、この範疇には皇位の互譲・辞退譚、皇位に関する上位身分間の係争に関し、下位者の処すべき態度の模範を語るものも入る。さきに述べた天皇統治の発展に関する物語と、これとを合すれば容易に旧帝国憲法第一条・第三条との類比を見出すであろう。「記事」も亦第一条とのアナロジーにおかれている。就中「系譜」は憲法にいわゆる万世一系を無言のうちに語っているのである。

V

神世巻には上に述べた歴代巻の主題、つまり天皇の国土統治に対応するものとして、神々および嶋々を生む話や、その統治の詔、および天孫降臨の物語がある。が、神世巻を特徴づけるのは、天御中主神において統合一元化されていて同じく高天原に生れた神でありながら、伊邪那美や須佐之男を幽界ならびに出雲の神として分離し、さらに大国主神を天照大御神に対する他の極とした『記』の構成（プロット）のもたらす対立をモチーフとする物語である。それは(1)岐美二神の黄泉国における不和と比良坂の戦、(2)須佐之男の狼藉と追放、(3)対出雲交渉の物語である。そしてこの〃対立〃は、(4)高天原から最初に地上に降った須佐之男の大蛇との戦、(5)根堅洲国にある須佐之男大神と葦原中国を治むべき大国主神との間の不和乃至大国主神の受ける試練、(6)天孫降臨の際の天孫と国神猿田毘古神との間の緊張、

(7)日向三代における天神御子と国神・海神及びその女（天神御子の后）との間の齟齬の物語を理解するモメントとなろう。天と地、幽界と明界、天神御子と国神・海神との間には対立があるべきであり、対立からは緊張・齟齬・不和・戦が生れるからである。そしてこう考えてはじめて、出雲との交渉が長期かつ困難であった事情を理解することができる（大国主神の長期の試練は丁度その反面となる）。次に日向三代の物語は、要するに国神・海神の女が天神御子と結婚する経緯であって、山の幸、海の幸から海神の宮にいたる迄の物語は海神の女を導出すためのものである。

もう一つ神世巻の構成で指摘しておきたいのは、高天原（天上）と葦原中国（地上）との間に空中（鳥の飛ぶ世界）を、葦原中国と黄泉国（幽界）との間に地中（虫のすむ世界）を、陸上と海中（底）との間に海辺の世界（魚介のすむなぎさの世界）を設け、それぞれ阿遅志貴高日子根神（と天若日子）、大穴牟遅神（と須佐之男大神）、天宇受売神（と猿田毘古神）を配してその主宰神とする構想のあることである。黄泉から地上への、高天原と葦原中国との交渉過程や、天孫降臨後の猿田毘古神と天宇受売神の、一見エピソード風の、虫類や鳥類や魚介類の登場する物語の存在は、この構想からのみ説明することができる。ついでに歴代巻地上の物語に登場する鳥獣にしても、さきに荒神の化身の物語にみたように、神の化身として、あるいはそれぞれの役割に応じて神格・霊格をもって登場したり、またはしかるべき存在理由があって登場するのであって、漫然と、あるいは偶然に物語られているわけではないのである。

さらに、国生み・国作り・国譲りの物語と、歴代巻崇神・垂仁両巻の大物主神・出雲大神示現の物語との間には厳密な対応がある。国生み・国作り・国譲り等の神話は、実は歴代巻を貫く重要な設定を抜きにしては考えられないのである。しかしこれに関する説明は省略せざるを得ない。

VI

『記』には恋愛・狩猟・饗宴その他の物語や歌謡が多数存在する。これらは『記』全巻に亙って存在する中にも、特に大国主神の物語、仲哀巻に若干と、応神・仁徳・雄略巻に多くが集中しているが、それらは、一方では上に述べた個々の政治的意義の物語に参加すると共に、他方では『記』全体の構成《プロット》に参加し、政治的主題の展開に対し、牧歌・相聞・頌歌等の意義において、とくにその挿入部《エピソード》・団円《カタストロフイー》部を塡めているのであって、大国主神の物語以下の集中もそのことから理解すべきである。

VII

右に述べた所で明らかなように、『古事記』は「系譜」「記事」「記録」「物語」の各ジャンルを通じて一つの理念がみごとに浸透しており、用語もまたそれに従って厳密に使いわけられている。さらに物語についてもそのプロットの展開にはある構想に基づく必然性があり、登場する虫や鳥にまである役割があたえられている。我々はこの背後に一つの意図の存在（即ち作者）を想定してもよいであろう。このことは注についてもいえる。

『古事記』の注は崩年干支注記をのぞけば、訓みに関する注（訓注）、後裔氏族名の注（氏祖注）、皇子数の注（后妃別分注と皇子総数注）、記述と系譜に関する注（記注と系注）にわかれる。訓注は「沫那芸神那芸二字以㆑音下效㆑此」のような割注で、序文に「辞理叵㆑見、以㆑注明」とあることによってもわかるように、安万侶が、阿礼の誦習した『古事記』に注記したものと知られる。また「地名」とか「此者人名」とかいう極く簡単な注記（「記注」乃至「系注」のうち）にも安万侶が付したものがあるものと思われる。しかし、それらを除く皇子数の注、氏祖注のすべてと記注・系注の大部分のものが、さきに述べた「系譜」「記事」「記録」「物語」と同じ主題、同じ構想によって説明できるか、あるいは、そのプロットを知る者即ち原古事記の作者でなければわからない種類の内容のものであったり、乃至は形式面、たとえば本文に「□者」とあって注に文がつづく氏祖注（例、「次五十日帯日子王者春日山君、高志池君、春日部君之祖」）のような例、あるいは文章の畳句法や古拙性が本文の文体と酷似していて、高度に洗練された序文の作者のものとはみられないもの（例、「此時其三柱大神之御名顕也」）のような破格な文、「此刀名云二佐土布都神一、亦名云二甕布都神一、亦名布都御魂、此刀者坐二石上神宮一也」の「此刀……此刀者坐□也」や「亦名□亦名□」のような畳句法をもつ文）は安万侶の注記とはみられない。

勿論『古事記』の拠った資料乃至伝承にも、傾向としてはいま我々の見る『古事記』のフィクションに近いものがあったかもしれない。しかし、これまでみてきた通り、『古事記』の構成と理念の統一性・整合性は到底傾向というようなものではない。それは遙かに強力であって、あたかも序文の天武天皇の詔にいわゆる「削レ偽定レ実」の名に背かず「流二後葉一」えるにふさわしい純粋型・理想型を打出しているのである。この、いわば最後に、完成した構成と、原資料・伝承のそれとを分離することは、『古事記』の成立の研究にとって、次の主要な課題となるわけであるが、現段階では、そこまで進んでいない。

六　成立と作者について

さてこの理念と構成、あるいは主題と構想（即ち原古事記）の、撰述・著作された時期や環境について、次のようなことが考えられる。

第一に序文との関係である。『記』本文の構成と理念は、半ばよく序文に投影している。即ち序文は、その前半に『記』本文の要約を掲げているが、そのあげた事項は、造化三神の出現、岐美二神・日神・須佐之男の事蹟、中国平定の議と大国主神の国土避譲、天孫降臨、神武倭平定、崇神敬神、仁徳仁政、成務国県制定、允恭氏姓検定であって、神世巻の構成および歴代巻の天皇統治の発展はよく写されているといわねばならない。しかし『記』本文があれ程多くを費した天皇乃至皇位神聖の伝統に関しては一言もふれていない。また序文の文章は長孫無忌の「進五経正義表」、同じく「進律疏議表」その他漢文学と関係が深いが、これらによれば序文はその事件の採録の仕方において著しく歴史的乃至歴史家的であるし、その文章は漢風であって、『記』本文の理念的文芸的でありかつ国風であることと対照をなしている。また『記』本文が厳密に使いわけた神・天皇・命・宮等の法則を宛ら知らぬかのように「故天御中主神以下日子波限建鵜草葺不合尊以前為二上巻一神倭伊波礼毘古天皇以下品陀御世以前為二中巻一大雀皇帝以下小治田大宮以前為二下巻一」云々と、文章の平板を避けて諸種の代語を使用しているが、この中の「尊」「皇帝」「小治田大宮」は『記』本文の用語の撰定者のそれとみては不自然であり（『記』本文中に師木嶋大宮の例があるが、これは天武天皇の直系の祖として欽明天皇の皇宮であるからである。小治田宮は「大」字を冠しない）、これは序文の太朝臣と本文祖注の意冨臣との相違と共に、序文の作者と『記』の用語と構造（原古事記）の撰定者とが異ることを示すものではあるまいか。序文の作者が原古事記の作者でなかったということは、安万侶が原古事記の作者でなかったということである。このことは序文自身が「撰二録稗田阿礼所レ誦之勅語旧辞一以献上」といい、「子細採摭」といい、また序文後段が撰録の用字上の用意だけに関し、語（意味内容）や構成に言及していない事からも裏書きされよう。一方『古事記』には偽書説もあるが、右の理念の設定者が『古事記』本文の作者である以上、『古事記』が安万侶以後に成立したと仮定しても、その書は理念の設定者の手になるものとしなければならない。序文をその偽書の作者以外の人が新たに加えたとも考えられないから本文と序文とが諸種の点で相違する以上、矛盾を生ずることになる。この点からみて原古事記は序文、従って安万侶以後に成立したものではない。上の二つの理由から原古事記は安万侶以前に成立したと考えて誤りないであろう（このほか上代特殊仮名遣の面から『記』成立の下限が奈良中期迄下らぬことについて定説がある）。

さて天武十三年のいわゆる八姓制定は律令政治の一環として理解さるべきものである。即ちこの時期に皇親制が制定され、また従来姓の最上位にあった臣・連の中から皇室との関係が深い（と認定された）ものだけ（皇別及び天神天孫裔）を新設の真人・朝臣・宿禰に昇せ、皇室を最上位とする新秩序の建設に資したところにこの制度の目的があるのである。これは上来解明した『古事記』の皇親制の内容と皇室を中心とする社会秩序の体系と丁度一致し、また『記』の記載がほとんど皇室に関することだけであって、諸氏の興亡、対外関係、文化的諸事件等他の古代史上重要な事件に関しないこと、『書紀』の比でないことの意味と符合するのであって、このことは『古事記』著述の時期が八姓制定の直前にあるらしいことを示す有力な徴証となるものである。

第二に作者であるが、序文は周知のように天武天皇の詔と阿礼の誦習のことをあげている。阿礼の誦習が暗誦であるか読習であるかの問題はともかく、原古事記、即ち理念・構成いいかえれば構造と用語の設定者は誰であろうか。序文の作者が原古事記の作者でなかったことは、かえって序文の作者即ち安万侶が最終の『古事記』の完成に参加していることを語るものである。このことは従って序文の記載が一応信ずるに足る事をも告げるものである。そうすれば『古事記』の成立に天武天皇が何らかの形で参加していることを認めてよい。序文には天武天皇の詔として「故惟撰二録帝紀一、討二覈旧辞一、削レ偽定レ実、欲レ流二後葉一」とあるが、しかし撰録したとはないし、また詔というものの性質上必ずしも天皇自らせんとする意志の表明であると考える必要はない。事にあたる人は別にあるのが常識であろう。またこの序文の引用する詔はその後の部分が省略されているかもしれない。

さて『古事記』が皇族のことを主として語る中にあって、臣下の諸氏族中、ひとり丸邇臣だけが『記』に登場すること格段に多いという事実が存する。詳細については省略するが、他の諸氏族の家記から採ったとみることの可能性のある記載は、二、三の氏族について僅か一例にすぎないのに、丸邇臣の五例はいずれも語るところ、その人の功績またはそれに類し、しかも説話風の物語であるだけでなく、さきに述べた命から王への過渡時代に属する巻々の中で、臣下でありながら「命」の称号を有する崇神巻の日子国夫玖命や、仲哀巻の建振熊命の例もあって、この一族（『記』の成立時代には、孝昭巻氏祖注の春日一族）に関する記載は他に比べて極めて特異である（この点では登場動物中の「和邇」も同様である）。

このことは『古事記』が春日臣ら一族の家記を用いる所があったか、あるいは、この方が決定的に有力であるが、春日臣ら一族に属する某の手によって撰せられたことを思わせることになるのである。しかも注目すべきは、この一族には柿本人麿や、壬申の乱の功臣丸邇部君手のような、著名な歌人や、文筆のたつ人がある。しかも歌を通じてみた人麿の世界観は、『古事記』のそれと全く一致する。これによって人麿や君手のような舎人が、稗田阿礼と共に撰録の重要な担い手とする考にも発展するが、とにかくこの一族と『古事記』著述との関係には無視できないものがあるのである。

他の活字本

幸田成友校訂岩波文庫『古事記』　初版昭和二年・改正版昭和一二年　岩波書店
倉野憲司編『古事記大成』本文編　昭和三二年　平凡社
倉野憲司校注『日本古典文学大系』　昭和三三年　岩波書店
倉野憲司編『校本古事記』　昭和四〇年　続群書類従完成会
丸山二郎『標注訓読古事記』　昭和四〇年　吉川弘文館

参考文献

本居宣長『古事記伝』　昭和五年増訂四版　吉川弘文館
高木敏雄『日本神話伝説の研究』　大正一四年　岡書院
徳田浄『原始国文学考』　昭和五年　目黒書店
倉野憲司『日本神話』　昭和一三年　河出書房
肥後和男『日本神話研究・古代伝承研究』　昭和一三年　河出書房
安藤正次「古事記の文体論的考察」（『本邦史学史論叢』所収）　昭和一四年　冨山房
三品彰英『日鮮神話伝説の研究』　昭和一八年　柳原書店
倉野憲司『古事記論攷』　昭和一九年　立命館出版部
武田祐吉『古事記研究一帝紀考』　昭和一九年　青磁社
松本信広『日本神話の研究』　昭和二一年　鎌倉書房

津田左右吉　『日本上代史の研究』　昭和二三年　岩波書店
西郷信綱　『日本古代文学』　昭和二三年　中央公論社
津田左右吉　『日本古典の研究』上・下　昭和二三・二五年　岩波書店
土居光知　『再訂文学序説』　昭和二四年　岩波書店
青木紀元　「敬語に表はれた上代文献の政治的性格」　昭和二六年　『芸林』一ノ二
原田敏丸　「氏族の系譜より見たる記紀の性格」　昭和二六年　『芸林』二ノ二
諸氏　『古事記年報』　昭和二七年以降　古事記学会
川崎庸之　『記紀万葉の世界』　昭和二七年　御茶の水書房
鴻巣隼雄　「古事記上巻に見える一聯の特殊語法」　昭和二七年　『古事記年報』一
諸氏　『古事記大成』　昭和三一年　平凡社
西田長男　『日本古典の史的研究』　昭和三一年　理想社
松村武雄　『日本神話の研究』　昭和三三年　培風館
梅沢伊勢三　『記紀批判』　昭和三七年　創文社
小島憲之　『上代日本文学と中国文学』上　昭和三七年　塙書房
直木孝次郎　『日本古代の氏族と天皇』　昭和三九年　塙書房
川副武胤　『古事記』　昭和四一年　至文堂
同　『古事記の研究』　昭和四二年　至文堂

先代旧事本紀

阿部武彦

『先代旧事本紀』は序文によると推古天皇二十八年春に聖徳太子・蘇我馬子らが勅を奉じて編纂したことになっている。この考え方は『先代旧事本紀』という書名が見えはじめる平安時代以後長く信ぜられてきた。しかし近世になってから次第に疑われはじめ、今日ではその偽書たること明らかで、それを疑う人はない。この書物が史上に見えはじめてから今日まで、この書物がそれぞれの時代にどのような影響をあたえたか、どのような取扱いをうけたか、そうした研究史については、近年発表された鎌田純一氏の『先代旧事本紀の研究』に詳しく見えている。この小論に於ては、従来の研究成果をたどりつつ、『旧事本紀』の史料価値の問題について若干の考察を加えてみたい。

一

序文及び目録によると、『先代旧事本紀』は神皇系図一巻、先代旧事本紀十巻となっているが、現在の本には神皇系図一巻はない。先代旧事本紀十巻の内容は、第一巻神代本紀・陰陽本紀、第二巻神祇本紀、第三巻天神本紀、第四巻地祇本紀、第五巻天孫本紀、第六巻皇孫本紀、第七巻天皇本紀、第八巻神皇本紀、第九巻帝皇本紀、第十巻国造本紀となっている。第一巻神代本紀から第六巻皇孫本紀までは、『日本書紀』にくらべてみると神代巻にあたる部分であるが、そのうち第五巻の天孫本紀は饒速日命とその子孫のこと、即ち尾張連と物部連との系譜が記してあって史料的に価値あるものと考えられている。第七巻天皇本紀から第九巻帝皇本紀までは神武天皇己未年から推古天皇二十九年聖徳太子の薨逝に至るまでのことを記している。その記載形式は天皇の名をあげ、父母を明らかにし、即位・都城・皇后皇妃・皇太子・崩御・葬陵・皇子皇女を記したもので、『日本書紀』の神武天皇紀より推古天皇紀までの文章に大半をおうている。第十巻は国造本紀で他の本紀とは全く別の形式のものである。これは全国の国造名を列挙しその本系を示している。そして一巻から九巻までが、『日本書紀』『古事記』『古語拾遺』等の文を寄せ集めて作りあげたものであるのに対し、これは『日本書紀』や『古事記』以外から材料をとり、異形式にまとめあげてある。なお国造本紀には簡単な序文めいたものがあり、独立した形をなしている。本来別の書物であったものを臣・連・伴造・国造本紀を録したというから、これをこの書の中に加え入れたものであろうと云われる。そしてここでは国造本紀の材料が何からとられたかということが、史料価値をめぐって重大な問題となる。

さてこの書物は最初に述べた如く、序文に推古天皇二十八年春に聖徳太子・蘇我馬子らが勅を奉じて撰定したと書いてあるため、これが長く信ぜられてきた。もっともこの序文は、『古事記』『続日本紀』『弘仁格式』『令義解』などの序と比較すると、往時の序文の文法にかなっていないといわれ、問題のあるところである。しかし、承平の『日本紀私記』に「今案、上宮太子所撰先代旧事本紀十巻、是可㆑謂㆓史書之始㆒」とあって、それが現在見られる『先代旧事本紀』とほぼ同じものであったことはまず疑ないところである。従って『先代旧事本紀』はその書名がみえる最初より、聖徳太子の所撰とせられ、それ以後長い間尊重された。しかし近世になると漸く素直には受入れられなくなり始めた。徳川光圀は『常山文集』旧事本紀の跋に、多田義俊は『旧事紀偽撰考』を、伊勢貞丈は『旧事本紀剥偽』を著わして、この書の偽書であることを宣言した。本居宣長も『古事記伝』の中に「旧事紀といふ書の論」という一条を載せて、此の書は神代の事は『古事記』と『日本書紀』とをもとのままに並べ挙げ、まま『古語拾遺』から取ったところもある。同じ事に記紀の文を並べたから、木に竹を接いだようである。神武天皇以降は『書紀』のみを取って、これを省略したものである。唯三巻の中の饒速日命の天より降り坐す時の事と、五巻の尾張連・物部連の世次と、十巻の国造本紀とは、他の書に見えていないから、然るべき古書から取ったものであろうと述べ、ほぼ現在の通説に近い所見を述べている。

かくの如く『旧事本紀』編纂の時期がその序文にみられるような推古朝に編纂されたものでないとすると、それはいったい何時頃作られたものであろうか。この点について平田篤胤は大同三年に出来た『古語拾遺』を引き、弘仁四年の多人長の『弘仁私記』に引かれているから、この間六年間に出来たとし(『古史徴開題記』巻一)、飯田武郷は『旧事本紀』の中に弘仁十四年の事が見えること、及び『延喜私記』に引かれているから、弘仁～延喜の間に編纂されたと考えた(『日本書紀通釈』巻一)。また坂本太郎博士は弘仁十四年の加賀分置の記事の見えること、及び承平六年の『私記』に引かれていることより、弘仁十四年以後承平六年以前とされた(『大化改新の研究』)。山本信哉博士は弘仁十四年以後、『令集解』に引用されているところから元慶七年以前凡そ五十余年の間に偽作したものであろうとされ(『本邦史学史論叢』所収「古語拾遺の史的価値とその後世に及ぼせる影響」)、岩橋小弥太博士もほぼ同じ意見の如くである(『上代史籍の研究』一)。最近の『旧事本紀』の研究者鎌田純一氏はその年代を、『古語拾遺』を引用するところからその成立した大同二年以後、藤原春海が古書として疑わず論じているところから少なくとも彼の知り得ている延喜頃より少し前、九世紀末には現在の形に整えられていたとみる（『先代旧事本紀の研究』研究の部）。

以上の諸説を参考として『旧事本紀』の述作された時期を考えるに、その上限は国造本紀、加我国造の条に「嵯峨朝御世、弘仁十四年、割二越前国一分為二加賀国一」とあるところからみて、この年に置くことが妥当であろう。下限については、平田篤胤が『弘仁私記』に引かれているというのが誤りであることは問題がない。それでは『先代旧事本紀』の書名の見える最初は何かということであるが、山本信哉博士・岩橋小弥太博士等は『令集解』に『先代旧事本紀』の文章が引かれているとするのである。即ち『令集解』巻二神祇官の鎮魂の註に、「問、称布利之由、答古事、穴云、饒速日命、降自天時、天神授瑞宝十種、息津鏡一、部津鏡一、八握劔一、生玉一、足玉一、死反玉一、道反玉一、蛇比礼一、蜂比礼一、品之物比礼一、教導若有痛処者、合玆十宝、一二三四五六七八九十云而布瑠部、由良々々止布瑠部、如此為之者、死人反生矣」とある。この文章のうち、饒速日命以下の文章が『旧事本紀』巻三天神本紀の一節と大体同文であること、又「答古事、穴云」を「古事記云」と読み、『古事記』を『旧事紀』と考えたのである。しかし「古事記云」は「古事、穴云」が正しいようであり、それにもましてこの註全体が金沢文庫本に欠けていることとが問題である。従って『令集解』のこの註によって『旧事記』編纂の下限を元慶七年とすることには躊躇するのである。そうすると『先代旧事本紀』の書名の初見は『釈日本紀』に引く『公望私記』、乃至『承平六年私記』の零本と推定されている『新訂増補 国史大系』第八巻に収められた『日本書紀私記』の所謂丁本に於てであるとしてよいであろう。そしてこの両者から『旧事本紀』は延喜講書の頃に一部の学界に流布し、使用されていたと考えてよいように思う。

次にそれでは編纂者及び編纂目的についてはどのように考えられているか。序文に見える聖徳太子・蘇我馬子らが勅を奉じて撰修したということが信じられないことは既に述べた如くである。しかしそれでは誰が編纂したかというに今日のところ明らかでない。江戸時代多田義俊は卜部の家書で朝廷の記録ではない。亀卜のことは表立ててはないが、その便になるように書いたことが多いから、卜部氏人が偽撰したものであろうと考えた。その後平田篤胤は「旧事紀は物部氏の人の纂たるには非るか。其は天孫本紀は更なり。余の篇々にも左右に物部氏を宜しき状に書る所の多く見えたればなり」(『古史徴開題記』)と述べ、この篤胤の見解が今日までの定説の基礎となっている。更に御巫清直はこの篤胤の説を決定的なものとし、その編纂者として『日本後紀』その他の書を引用して弘仁より天長の頃に活躍した明法道の鴻儒にして大判事に任じ、格式及び『令義解』の撰者に加わった正五位上行大判事臣興原敏久を挙げ、恐らくは此儒士の撰なるべしと論じている(『先代旧事本紀析疑』)。また近く井上実氏は『旧事本紀』に矛盾重複のあるところから、本書は未定稿であったのではないかと論じ、石上宅嗣が天応元年五十三才で薨じたことから考えて、彼の晩年の手になる未完の遺著ではなかったかと論じている(「旧事本紀の成立」『武庫川学院女子大学紀要』第一輯)。『先代旧事本紀』を読むとき、その編纂者が物部氏一族の誰かであることは誤りないであろう。しかしそれを今日誰ときめることは甚だ困難である。なお鎌田純一氏は九世紀の後半物部氏は衰えているから、中央で編纂されたとは見えず、おそらく中央に関係のない物部氏、都から離れた石上神宮を奉斎していた誰かではなかろうかと述べている。石上神宮を奉斎していた誰かではなかろうかという所見は、天孫本紀に見える物部氏系譜が石上神宮奉斎者の系譜であることからかなり考えてよい説であろう。

『旧事本紀』が物部氏の何人かによって編纂せられたとして、その編纂目的はどこにあったのであろうか。御巫清直は『新撰姓氏録』に物部連同祖の尾張連を神別天孫に入れているのに物部連は神別天神の部に入れられたことを慊慨し、また『書紀』の註に誤謬不満があって、それを訂正せんがために録したとしている(『先代旧事本紀析疑』)。しかし今日では『姓氏録』に対捍する意図があったか否か必ずしも明らかでなく、斎部氏の『古語拾遺』、高橋氏の『高橋氏文』の如く古伝を誇示して一家の頽勢を興さんとする風潮の盛んであった平安時代の初め、物部氏に於ても祖宗の顕彰のため、遠くは『書紀』『古事記』近くは『古語拾遺』『姓氏録』に慊らず一家の所伝を古事に託して述べたものと考えられている(坂本太郎『大化改新の研究』、その他諸氏説参照)。なお編纂目的に関連して一言しておかなくてはならないことは聖徳太子信仰との関係である。それは『先代旧事本紀』が『書紀』等を材料としながら、推古天皇の御世は三十六年まであるのに、太子の薨去せられた二十九年で打切っており、これは太子と無関係ではあり得ないというのである(岩橋小弥太『上代史籍の研究』)。平安時代の初め、『上宮記』『大倭本紀』『初天地本紀』『国記』等が偽撰されたことを考慮に入れるならば、神代本紀以下十本紀の立てかた等にも太子との密接な関係が窺われるであろう。

『旧事本紀』の記事の性質はいうまでもなく、『書紀』『古事記』『古語拾遺』を殆どそのまままたは多少の増損をして引用したところが大部分を占めている。この点が、『旧事本紀』が史料的に甚だ低く評価されている大きな原因である。しかし『旧事本紀』の中には現在は散佚して見られない書物を引用したものと思われるところがある。例えば推古天皇紀十六年及び二十二年の遣隋使派遣の記事のうち、使者について『書紀』と異なるところがあり、それは恐らく『釈日本紀』や『善隣国宝記』に引かれた『海外記』又は『海外国記』という類の書物によったのではないかと考えられている(坂本太郎『大化改新の研究』)。このように『旧事本紀』は『日本書紀』『古事記』『古語拾遺』によって文章を作っているが、中に独自の文があり、それは今は残存せず知られなくなった文献を史料としたのではないかと考えられる。そうすると問題は『旧事本紀』に見える独自の文が、どんな性質の文献によったかということである。

この点に関して最も大きな問題となるのは旧くからいわれているように巻五天孫本紀と巻十国造本紀である。この両巻の記事は『日本書紀』等に見えず、『旧事本紀』編纂の時編纂者によって作られたものでないとすると、その資料はどのような性質のものであり、どの程度の価値があるかということが問題となる。この問題については見る人によって様々であって一定していない。まず天孫本紀の物部氏系図について考えたいと思う。

二

天孫本紀の中の物部氏の系譜は始祖の饒速日命より、十七世孫物部連公麻呂に至る詳細な系譜である。そこに記された夥しい人名は記紀に名を残さない多くの人が見え、全く拠るべきものがなくて『旧事本紀』の編者がこのような系譜を作るとは考えられないから、何か基づくところがあったであろうと考えられる。そして十七世孫物部連公麻呂について、天武天皇の御代天下の万姓を八色に改定した日に連公を改めて物部朝臣の姓を賜わり、ついで石上朝臣の姓を賜わったことを記して筆を絶っていることは、持統天皇五年八月纂（墓）記を上進した十八氏のなかに、石上氏が含まれていることと相まってこの系譜を持統天皇の御代の纂記であろうという説もなされ、その史料的価値は高く評価されてきた。

持統天皇五年八月に上進せしめられた纂記については纂記の意味が明らかでなく、墓記とあるのが正しいと考えられてきているが、坂本太郎博士は『旧事本紀』の物部氏系譜の中に記された主なる人について、その事績を説明するのに用いた文は『書紀』と殆ど同文であることを指摘し、而も『書紀』がもとで、系譜はそれに倣ったものであることを明らかにし、『旧事本紀』の編者は『書紀』や『古事記』の文を取集めて『旧事本紀』を編したように、天孫本紀には物部氏の系譜を一つの資料とはしたものの、別に『書紀』をも参照し、『書紀』によって全体に一通りの修正潤色を試みたのであろうと論ぜられた（「纂記と日本書紀」『史学雑誌』五六ノ七）。この見解は天孫本紀の物部氏系譜を、従来のように持統天皇の御代の纂記そのままであるとか、そうでないにしても物部氏独自の古いものであると考えてきたそれまでの考えに大きな影響をあたえたものとしてよい。

坂本博士の論考によって、『旧事本紀』の物部氏系譜の伝記の部分に『書紀』が参考にされ、少なくとも伝記の部分は『書紀』が編纂された後のものであることが明らかになった。その点をおし進めてみると、その伝記の中には『古語拾遺』が用いられていることが知られる。即ち宇摩志麻治命の条の中の「高皇産霊尊児天富命率二諸斎部一撃二天璽鏡劔一奉二安正殿一矣、天児屋命児天種子命、奏二神代古事天神寿詞一也、宇摩志麻治命率二内物部一乃竪二矛楯一厳増二威儀一、道臣命帥二来目部一帯レ仗掌二其開闔一衛二護宮門一矣、並使下二四方之国一以観中天位之貴上」とある文章は『古語拾遺』を参照していること明らかである。従ってこの説明文は平安期になって『古語拾遺』が出来てから作られたものと考えてよい。

『古語拾遺』と同文のところはこれ以外には見当らないので、たまたまここのみあとで付加えられたと考えてもよいように思われるかも知れない。しかし物部氏系譜の主要人物の説明文を読むと、それは単に『書紀』や『古語拾遺』に影響されているのみでなく、『旧事本紀』の天皇本紀以下の本文と密接な関係があるようである。このことは系譜の説明文はそう早く書かれていたものでないことを推測させる。系譜の説明文と天皇本紀以下の本文と密接な関係のあることは上にあげた宇摩志麻治命の説明文を天皇本紀の文と比較しても分るが、今一つ三世孫の条についてみてみよう。

三世孫大禰命湯支命子也此命、片塩浮穴宮御宇天皇御世、為二侍臣一奉レ斎二大神一、弟出雲醜大臣命此命軽地曲峡宮御宇天皇御世、元為下申二食国政一大夫上次為二大臣一奉レ斎二大神一、其大臣之号始起二此時一也、(中略)弟出石心大臣命、掖上池心宮御宇天皇御世、為二大臣一奉レ斎二大神一(下略)

とある。いま天皇本紀の中の右の部分に相当するところを見ると、

安寧天皇四年夏四月、以二出雲色命一為下申二食国政一大夫上也、復以二大禰命一為二侍臣一並宇麻志麻治命之孫也、

懿徳天皇二年三月、申二食国政一大夫出雲色命為二大臣一也、

孝昭天皇元年秋七月(中略)宇摩志麻治命後出石心命為二大臣一也、

となっている。この両者を合せてみると、大禰命・出雲醜命・出石心命三人の仕えた天皇の世代及び官職はよくあっている。而も出雲醜命の場合系譜には元申食国政大夫、次為大臣とあるところを天皇紀では安寧紀には申食国政大夫、懿徳紀には大臣となると記している。此の両者の関係だけからではどちらがもとになったか勿論即断は出来ない。そしてこのような比較を各世代毎にみてゆくと、十世孫の世代ころ(大体応神朝ころ)までは大体合っているが、それ以後合わないところが見られるようになる。特にその著しい点は天皇紀に於ては反正・清寧・仁賢・安閑・宣化各天皇のところには物部氏出身の大連乃至侍臣の記事がないのに比較して、系譜では必ず各天皇一代毎に一人の大連その他の名称をもった侍臣を記している。それは甚だ整備されている。従って先例の三世孫の場合でも、天皇紀の方では出雲色命と大禰命二人が安寧紀に、懿徳紀に出雲色命が、孝昭紀に出石心命が記されているのに対し、系譜の方は大禰命が安寧朝に、出雲醜命が懿徳朝に、出石心命が孝昭朝に仕えたように記している。このように各天皇毎に必ず一人

の物部氏の出身者が朝廷の大官についたように記す点は系譜の方がずっと整っているということが出来る。

以上述べたところを簡単にまとめてみると、『旧事本紀』の物部氏系譜は、『書紀』を参照していることは勿論、『古語拾遺』をも見ており、またおそらく『旧事本紀』の各天皇紀をも参考にして作られているのではないかということである。若しそうだとすると、物部氏に固有の系譜があったとしても、『旧事本紀』に載せられた系譜の説明記事は『書紀』や『古語拾遺』や場合によっては、巻数の順序としては後の各天皇紀をも参照して作られたのではないかと考えられる。

『旧事本紀』の物部氏系譜がかなり整理されたものであることは既に述べたところであるが、系譜に記された人々を注意することによってもそれは確かめられる。系譜は饒速日命から第十七世孫物部連公麻呂（天武・持統朝の人）までを記し、十四世の孫の如きは十七人に及ぶ多数の人名をあげている。しかしこの系譜は各世代のすべての子孫を記しているのではない。そこにはある原則のようなものがある。まず女子についてみると、女子は六人だけ記してある。そのうち五人は皇后・皇妃・夫人である。一人は蘇我馬子の妻で神宮に奉斎したと記されている。この六人を除いて他は一切書かれていない。第二には男子の記述も一定の原則によって記されている。即ち若干の例外を除いて、その基準は「奉斎神宮」（六世以前は奉斎大神）と説明文に書かれたものの男子のみを記している（例外としては「奉斎神宮」〈奉斎大神〉と記されながらその子の記載なきもの三例〈三世・四世・五世に一人ずつ〉と十六世孫物部耳連公は十五世孫大人連公の子であるが、大人連公には「奉斎神宮」の記事がない）。その意味でこの系譜は奉斎神宮者を基準に整理された系譜である。

それでは奉斎神宮者は具体的にどのように継承されているであろうか。そこでみられることは奉斎神宮者が、長男から長男への直系相承でないことは勿論、かなりその家は固定しているが一家と限らず動いている。その状態は古代族長の継承に広く見られる姿を写しているようである。その意味からすると、この系譜に古い面影が残っているということは出来るであろう。その状態を簡単な表にしてみるならば左表の如くである。

この表は十六世孫までの世代数を左に記し右にその各世代の奉斎神宮者の数とその父の数を記したものである。この表ではその継承関係を記さないのでその点不備であるが、兄弟継承とその家が必ずしも一定していなかった姿を見ることが出来る。なおこの系譜がどの程度信用出来るかということについて考えてみるに、長い世代にわたる系譜を一概に論ずることは困難であるが、常識的に云って古い世代のところほど信憑性が薄いということは出来よう。それでは近いところはどの程度信頼出来るかということになるが、そこにも疑問の点のあることを指摘しておこう。例えば十七世孫物部麻呂の系譜をたどると次の如くである。

目——荒山——尾輿——御狩——目——馬古——麻呂

ところで『続紀』養老元年三月癸卯条に「左大臣正二位石上朝臣麻呂薨、（中略）大臣泊瀬朝倉朝廷大連物部目之後、難波朝衛部大華上宇麻乃之子也」とある。『続紀』の父宇麻乃は系譜では馬古とあり、これをそれほど問わないとすれば、物部目の後という大筋は誤っていないと云ってよかろう。物部目は『日本書紀』にも雄略即位前紀に大連となったと記されているが、『旧事本紀』では天皇紀（神皇本紀）には雄略朝大連となったことを記すが、系図には清寧朝大連となり神宮に奉斎すと見え、雄略朝はその兄布都久留が大連となった様に記している。その説明文を先に述べた如く信を置き難いと考えて雄略朝から天武朝まで約二百年その世代数七世代は不自然でない。もっとも系図

世代の数	奉斎神宮者	父親の数
I	1	1
II	1	1
III	3	1
IV	2	2
V	2	1
VI	2	1
VII	2	1
VIII	2	2
IX	2	2
X	3	2
XI	4	2
XII	2	2
XIII	3	2
XIV	5	2
XV	3	3
XVI	2	2

説明文が目の子荒山を宣化朝大連としているいることは年代的にあきすぎているし、御狩の子目を欽明朝大連としていることは父を敏達朝とすることと矛盾している。また系譜に用明朝の物部守屋の子として天武朝の物部雄君をあげていることも年代的に如何かと思われる。

以上述べたところを概括するならば次の如くである。即ち天孫本紀の物部氏系図はこれをすべて平安時代になって作り出したとは考えられず、それ以前に何か史料は残っていたであろう。そして系図はそうした史料を、奉斎神宮者の立場から整理したものであり、系図の中の各個人に付せられた説明文はかなり遅くつけられたものではなかろうかということである。

三

『先代旧事本紀』のうち、史料的価値の高いものと考えられてきた天孫本紀について私は以上の如く考える。それでは次に国造本紀はどのように考えられるであろうか。大化前代の古代政治史を考察する時、国造の研究は重要な問題である。しかし記紀に見える国造の記事は甚だ少ない。したがって現在に至るまで、多くの研究者は、国造本紀を国造研究の重要な史料として用いるのが通例である。

ところで現存の国造本紀がそのまま古書によったものでなく後世の人の手が入っていることは万人の認めるところである。加我国造の条に於ける弘仁十四年越前国を割いて加賀国となすとある記事、武蔵を東海道に配している如きはその編纂の新しいことを示すものであるし、その整理が甚だ粗雑であることも人の知るところである。このように国造本紀は後人の加筆変改があるとして、整理をうけた材料は何から出ているのであろうか。それについて現在おおむね二つの考え方が行われている。一つは比較的古い材料があったとする見方であり、もう一つは文武天皇大宝二年四月の条の「夏四月庚戌、詔定二諸国国造之氏一、其名具二国造記一」とある記事と関連させて考える見方である。前者の立場に立つ研究者として例えば鎌田純一氏は次の如く述べる。「現国造本紀には国司関係記事、また延暦弘仁の年号、更に仁徳帝の諡号があるなど後世的な記事のあることからして勿論大宝の国造記以降に現国造本紀のような形になったものとせざるを得ないが、全体が偽作とはなし得ず、何等かの古資料によったものとすると、大宝の国造記、又聖徳太子撰の国造本紀も撰録されたとすると利用したのではないか」(『先代旧事本紀の研究』)と述べ、更にその原資料は推古乃至それを少しく遡る頃成立したと考えているようである。これに対して後者の立場に立つ人として例えば和田英松氏は「この書(大宝二年の国造記)は今伝はらぬが、蓋し旧事紀の中なる国造本紀は、これによつて撰録したものであらう」(「奈良朝以前に撰ばれたる史書」『岩波講座日本歴史』)と述べている。和田英松氏のように、国造本紀を大宝二年の国造記によって撰録したと考えないまでもそれに類した古記の残簡によって撰録されたと考える人は他にも多いようである。

以上述べた如く国造本紀は何のよるべき資料もなくて平安時代に作られたものとは考えられていない。ただその資料が何時頃のものかということについては論者によって明確でない。そのため古代政治を考える研究者はその取扱いに極めて慎重にならざるを得ないのである。筆者もその原資料の年代を明確にいうことは困難である。ここには以下に若干の問題点をとらえ、後考をまつことにしたい。

国造本紀には最初に簡単な序文があり、ついで大倭国造・葛城国造以下の国造が載せられている。多くは「××朝御世、以㆓何某㆒初為㆓国造㆒」というように設置された年代と始祖が記されている。その設置された時期、始祖の出自は必ずしも史実とは考えられぬが、その国名についてはある程度の史料性があると考えられている。国造本紀の国造記事とそれ以外の古代文献との比較については鎌田純一氏の詳細な調査があるのでそれに譲りたいと思うが（『先代旧事本紀の研究』）、記紀に比較して非常に多くの国造をあげている。序文によるとその数は百四十四とあるが、実際には人によって数え方が異るが百二十数国に及んでいる。

いまその国造についてみるに、地方により各国造の数がかなり異っていることを知り得る。律令国一国造のところ三十か国、二国造のところ十六、三国造五、四国造四、五国造一、六国造二、十国造一となっていて、約半数は一国造となっている。一国一国造の特色をもつ地方は河内・山城・伊賀・伊勢・尾張等の畿内及びその近接地域、丹波・丹後・因幡・伯耆・出雲・石見・意岐の山陰地域、上野・飛騨・信濃地方、日向・大隅・薩摩地方である。これに対して一国に多くの国造を有する地方乃至郡の数に対して国造数の多い地方は、上総・常陸・陸奥地方及び越前・加賀・能登・越後地方である。国造本紀に見えるこのような特色は次の二つのことを思い出させる。即ち一つは天武朝頃から一国一国造になったということである。国造本紀の原資料が何時頃のものかということは明らかにしかたいが、国造本紀によると半数は律令国一国造になっていることは、天武朝頃の一国一国造制が余り大きな変化でなかったことを思わせる。そしてこのことは又国造本紀の原資料の年代をも推測させるように思われる。次に第二の点は大化二年正月の改新詔郡司の条に「其郡司並取㆘国造性識清廉堪㆓時務㆒者㆖為㆓大領少領㆒強幹聡敏工㆓書筭㆒者為㆓主政主帳㆒」とあることである。この改新の詔をめぐってはそれが当時の詔そのままであったか否か問題のあるところであるが、一国に数多くの国造を有する上総・常陸・陸奥地方に関しては郡司を国造からとることが無理なく行われたように思われる。

大化二年の郡司を国造からとるとする規定と、天武朝の一国一国造制との間には、国造制にとって非常に大きな変化があったように考えられるのであるが、国造本紀に示されたような各地域の国造の存在状態を考慮に入れると、そこにこの問題を考える手がかりがあるのではないかと思われる。国造本紀のもとの資料が何時頃のものであるかということはついに不明であるが、この史料を通して、大化より奈良朝に至る国造問題を考える一資料となり得るものと考えるのである。

刊本

寛永板『旧事本紀』　五冊

『鼇頭旧事紀』　五冊

中山繁樹『校正再校鼇頭旧事紀』

『国史大系』第七巻所収『先代旧事本紀』

『新訂増補国史大系』第七巻所収『先代旧事本紀』

鎌田純一『先代旧事本紀の研究』校本の部

参考文献

多田義俊『旧事紀偽撰考』

伊勢貞丈　『旧事本紀剝偽』
近藤隆明　『旧事紀疑問』
橘　守部　『旧事紀直日』
御巫清直　『先代旧事本紀析疑』
伴　信友　『国造本紀考』
栗田　寛　『国造本紀標註』
同　『尾張氏纂記』
和田英松　「『旧事本紀』十巻」（『本朝書籍目録考証』所収）　昭和一一年　明治書院
坂本太郎　『大化改新の研究』　昭和一三年　至文堂
河野国雄　「旧事紀の成立」　昭和一八年　『史林』二八ノ四
井上　実　「旧事本紀の成立」　昭和二九年　『武庫川学院女子大学紀要』一
岩橋小弥太　「天皇記国記と先代旧事本紀」（『上代史籍の研究』一所収）　昭和三〇年　吉川弘文館
鎌田純一　『先代旧事本紀の研究』　昭和三七年　吉川弘文館

本朝世紀

橋本義彦

一 書名

本書の書名が初めて文献に現われるのは、九条兼実の日記『玉葉』の治承三年（一一七九）十月十一日及び十四日条で、ともに「本朝世記」（圏点は筆者の付けたもの。以下同じ）と見えている（鎌倉初期写の宮内庁書陵部蔵九条本による）。これは本書の撰者藤原通憲の没後わずか二十年程のちの記事である。その後『花園院宸記』の元亨三年（一三二三）十月十一日条に、花園上皇が後伏見上皇より「本朝世紀一合」を借覧したことが見え、更に同記正中元年記の奥に掲げる同年所学の書目にも、「本朝世記」の書名を見ることが出来る（宮内庁書陵部蔵自筆本による）。また藤原通憲の蔵書目録かといわれる『通憲入道書目録』にも「本朝世紀」或は「世紀」として本書の書目を載せており（宮内庁書陵部蔵伏見宮本による。鎌倉末頃の写）、更に室町時代応永年間に伏見宮貞成親王が作成した『即成院預置文書目録』（図書寮叢刊『看聞日記紙背文書』所収）や、江戸末期の『伏見宮蔵書目録』（宮内庁書陵部蔵伏見宮本）には、いずれも「本朝世記」と表記されているが、一方本書の流布する端緒をひらかれた霊元法皇の宸筆にかかる『伏見殿文庫記録目録』（高松宮家蔵）

には、「本朝世紀」と記されている。斯様に本書の書名は、古来「本朝世紀」或は「本朝世記」と表記されてきたが、上記の事例に徴して明らかな如く、紀・記両字の相違には深い意味は考えられず、またいずれを是と断ずることも出来ない。しかし本書の諸伝本の祖本たる伏見宮本『本朝世紀』（宮内庁書陵部蔵）の巻末や原表紙にまま「本朝世紀」と題し、江戸時代の諸写本のうち、特に世に広く用いられた伴信友校本や旧第一高等学校本などが「本朝世紀」と表題しているところから、本書の書名はおのずから「本朝世紀」に定まったとみられる。

なお本書の江戸時代の写本のうちには、「史官記」或は「外記日記」と外題するものがあり、一般にはこれらを本書の別名の如くみなしているようである。そしてこれらの表題は、本書の内容が主として外記の日記に拠ることに基づくものといわれ、更には本書の本文が外記日記の記文そのままであるという前提に立っているらしい。しかしのちに述べるように、かかる見解には疑問があるから、うえの理由によって本書を「史官記」とか「外記日記」とか名付けるのは適切でないと思う。また霊元法皇の賜書（後述）に最も近いとみられる京都御所東山御文庫本や旧第一高等学校本などには、扉後紙見返しに「史官記」と注した巻冊を含んでいるが、これもまた、本書の一名を「史官記」とみなす根拠となっているらしい。この注記はもともと上記の伏見宮本についていた包紙の上書に由来するものと思われ、現存の伏見宮本二十二巻にも、もとは「本朝世紀」或は「史官記」と上書した包紙があったという（『図書寮典籍解題』歴史篇「本朝世紀」の項）。更に先に触れた『伏見宮蔵書目録』にも、「本朝世記」の書目とは別に「史官記」の書目をもあげ、しかもその下に、実は「本朝世記」であるから、その部に入れるべしと注している。これによると、目録に於ても、包紙に於ても、「本朝世紀（記）」と「史官記」とは別箇の書名として取扱われていたのであり、包紙の「史官記」なる上書は、「本朝世紀」の別名としてではなく、一時「史官記」に比定した際の名残りに過ぎないと言うべきであろう。一体伏見宮家旧蔵の記録類についていた包紙の上書には、往々誤りないし不適切なものが見出されるのであるが、「史官記」なる上書もその一例に過ぎず、「史官記」或は「外記日記」の表題がこれに由来したとすれば、それはもはや本書の別名とするに値しないであろう。

二　成立と伝来

先ず最初に触れた『玉葉』治承三年十月十一日及び十四日条の内容の検討から始めてみよう。その記事は次の如くである。

十一日、乙未、晴、未剋大外記師尚来、依二両息之慶一歟、余仰下本朝世記可二借進一之由上、申下可二持参一之旨上、件文信西法師作レ之、寛平一代国史云々、而給二師元朝臣一令レ書二写之一、伝在二師尚之許一、他人一切不レ持云々、仍所二尋召一也、

十四日、戊戌、晴、大外記師尚持二参本朝世記上帙十巻一、信西法師抄也、

これによると、九条兼実がこの時大外記中原師尚から借りた「本朝世記」は、信西法師すなわち藤原通憲の撰修した宇多天皇一代の国史で、通憲が師尚の父師元に書写させたため、同家に伝わったものであるという。師元は父祖のあとを承けて大外記となる一方、明経道を修めて家学をついだ儒者で、藤原頼長を取りまく学者グループの一人でもあったから、頼長とかなり深い関係をもった通憲とも、当然交渉があったものと思われる。

ところが、これより先『宇槐記抄』の仁平元年（一一五一）五月三十日条には、通憲が藤原頼長に語ったところとして、次のような話を伝えている。

信西法師良久交レ語、法師語曰、奉二法皇密詔一、自二去年冬一制二作国史一、自二宇陁御代一至二堀川院一、以続二三代実録一、

ここにいう「国史」は、のちの『本朝世紀』を指すものとみられるので、同書は通憲が鳥羽法皇の内命をうけて久安六年冬から撰修に着手し、当初は『三代実録』のあとをついで、宇多朝から堀河朝に至る十五代の通史を編纂する計画であったことになる。しかし現存する同書の諸伝本が、近衛朝の末年たる仁平三年まで収めており、また通憲の男俊憲が権左中弁在職中（保元三年十一月二十六日より同四年四月六日まで）に著わした『貫首秘抄』の識語に、「家君携二数千巻之日記一、録二十八代之国史一」とあるのによると、実際の編纂規模は更に拡張して、当初予定の十五代に、鳥羽・崇徳・近衛三代を加えた「十八代之国史」となったのであろう。そうすると、九条兼実の借覧した「寛平一代国史」と、この「十八代之国史」とは如何なる関係にあるかが次の問題となるが、その前に久安六年冬鳥羽法皇が国史の編纂を下命した背景について少し考えてみよう。

奈良時代に始った官府編纂の国史が、延喜元年（九〇一）に撰上した『日本三代実録』をもって終っていることは周知のところであるが、もともと朝廷は『日本書紀』から『三代実録』に至る所謂六国史をもって官撰国史の編修を廃絶するつもりはなかったのである。そののち朱雀天皇の承平六年（九三六）から冷泉天皇の安和二年まで三十余年に亘って撰国史所がおかれ、活動していた事実はそれを裏書するし、その成果の一つとして、『新国史』とよばれる国史が編纂されたことも知られている。この書については、宇多・醍醐二代の歴史とも、それに朱雀朝を加えた三代の歴史ともいわれ、完成撰上したとも、未完成のもので正式の書名も未定であったともいわれているが、『三代実録』のあとをうけついで編修された官撰の国史である点は疑を持たれていない。しかし国史官撰の努力は、この『新国史』の編纂を最後として消滅し、代って各種の私撰の史書が現われた。そうして藤原頼長の日記『台記』や『御遊抄』に見

える『国史後抄』もその一つであるが、この史書と『本朝世紀』との間には浅からぬ因縁があるように思われる。

この『国史後抄』は、『本朝書籍目録』や『通憲入道書目録』に載せる『国後抄』と同一のものと考えられているが、『本朝書籍目録』にはこれを「自二仁和一至二堀川院一、敦基抄」と説明し、また同目録の一本には巻数を十六巻としている。すなわち『国史後抄』も、六国史のあとを承けて、宇多天皇から堀河天皇に至る十五代の国史を撰したものので、撰者は文章博士藤原敦基であるという。敦基は『本朝文粋』や『明衡往来』などの編著者として有名な明衡の男で、嘉承元年（一一〇六）七月、六十一歳で死去した当代の鴻儒であり、『中右記』同年七月十六日の条には、その頃同じく卒した源義家と併せてその死を悼み、「天下属文之人莫レ非二弟子一、文武之道共以陵遅歟」と記している。ところでこの『国史後抄』について、『台記』久安二年五月二十一日条に次の如き興味ある記事が見られる。

相二具国史後抄一参レ院、使二顕遠奏一レ之、先日可二御覧一之由被レ仰、仍持参、又僧綱補任一巻持二参之一、良源僧正不レ逢二一条院御時一事、見二此補任一、昨於二山上一、法皇被レ仰下逢二一条院御時一之由上、座主同レ之、余申二不レ逢之由一、仰云、国史後抄尤神妙、僧正逢二一条院一事、昨日被レ仰二僻事一也、

この日頼長が鳥羽法皇の命によって『国史後抄』を持参し、法皇の御覧に供したところ、法皇は大へん満足されたというのである。更に上掲の記事は、法皇が好んで古記をよみ、旧事を談じたことを物語っているが、同じ『台記』の久安三年六月十八日条にも、「今夜法皇談話及二我朝古事一」と見えており、この久安二、三年頃特に「我朝古事」に対する法皇の関心が高まっているように見うけられる。そうすると、久安六年法皇が、『国史後抄』と同じく、宇多朝より堀河朝に至る十五代の国史の撰述を藤原通憲に命じたことは、法皇が久安二年以降『国史後抄』を閲読した事実、或はその前後の法皇の国史に対する関心の高まりと無関係ではないように思われる。憶測すれば、元来古記・旧事に

好尚の深かった法皇が、『国史後抄』を読んで益々国史に関心を深め、内容の比較的簡略な『国史後抄』にあきたらなくなって、名実共に『三代実録』のあとを継ぎ得る本格的な国史の編纂を思い立ったのではなかろうか。若しこの推測が当っていれば、久安六年冬という時点に国史編纂を下命した理由も、その当初予定の編纂規模が堀河朝を下限としたことも、容易に納得できるように思われる。

さて上掲の『玉葉』の記事にかえると、九条兼実の借覧した「本朝世記」は、宇多天皇一代の国史であり、上帙だけで十巻あったという。一条兼良の『桃花蘂葉』にも「本朝世記卅巻、信西法師作、寛平一代国史也、」とあり、また『本朝書籍目録』には、「本朝世紀　二十巻藤原通憲撰」と載せている。いま二十巻と三十巻のいずれが正しいか、にわかには決し難いが、一応宇多朝一代の国史を内容とする二十ないし三十巻の『本朝世紀』が、平安末より室町時代に至るまで存したということになるであろう。一方『通憲入道書目録』にも「本朝世紀」の書目を載せているが、そのうちには宇多朝の年次を確認することが出来ない。尤もこの目録の現存諸本には欠脱があり、書目や年次の表記にも明確を欠く点があるため、同目録に収載する『本朝世紀』の巻数の算定が、伴信友始め和田英松・岩橋小弥太両博士など、論者によって一致しないが、いま明らかに「本朝世紀」或は「世紀」と注したもののみを数えれば、承平十三巻・天慶十五巻・天養五巻・久安三巻と、年次を記さない三十七巻の計七十三巻にのぼる。そのほか「国史十」と注した第五十七櫃に納める康治五巻・久安十二巻・仁平六巻も、『本朝世紀』とみなしてよいとすれば、合計九十六巻を数えることになる。また上述の如く、撰者通憲の男俊憲は、撰者の生存中にすでに「十八代之国史」が撰せられたことを書きとどめている。従って『玉葉』などに見える「寛平一代国史」とこの「十八代之国史」との関係は、やはり通説の如く、通憲が稿を終えて完成したのは宇多朝一代のみで、他の十七代の国史は未定稿のまま残されたと解するのが穏当であろう。そうして定稿の部分は、室町時代まではその存在を知られていたが、その後は伝わらず、かえって未定稿の部分が、鎌倉末頃に転写されて伏見宮家に伝えられ、江戸時代に入って、幕府の蒐書事業を契機に世に現われ、多くの転写本を生んで広く流布するに至ったのである。

『有徳院殿御実紀』の享保七年（一七二二）正月十四日条をひらくと、「けふ逸書をもとめ給ふ令を下さる」と書き出して、『新国史』『本朝世紀』以下律令格式や風土記等を所持するものは、およそ万石の輩より下農夫・商戸に至るまで、それを進献すべきことを天下に令したと述べている。そして霊元法皇がこれに応じて、本書の新写一本を幕府に賜わった経緯が、近藤正斎の『右文故事』巻十六に次の如く記されている（内閣文庫本による）。

本朝世紀　四拾六冊目録添

右之書籍御尋之儀、法皇内ゝ被レ為二聞召一候ニ付御考被レ遊、本朝世記は前方新写被二仰付一、御文庫に有レ之候、元来伏見殿伝来之由被レ為二聞召一、御所望被レ成、書写被二仰付置一候、伏見殿書物者、古き本ニ而文字みえ兼候所有レ之、又冊之内ニ外題抔も無レ之候故、世記にて候哉難二見分一候を、猶於二御前一御吟味有レ之、全部いたし候、右世記関東江被レ進度思召候との御事にて、諸家江被二仰付一、御写させ被レ遊出来候由、右之趣所司代松平伊賀守より関東江申来、享保七寅年五月被レ進レ之候、

すなわち霊元法皇は、さきに伏見宮家に伝来した『本朝世紀』を取り寄せ、御前に於て吟味を加えたうえ書写させておいたが、享保七年幕府の蒐書令を聞くに及び、更にこれを廷臣に分写させ、この年五月に賜わったのである。而して上記の文につづけて、同書には賜書の年次と筆者を列挙しているが、それには誤脱があり、正確な内容は京都御所東山御文庫に蔵する『本朝世紀新写及年考目録』によって知り得る。同目録は、その包紙に「本朝世紀四十六冊目録　享

保七四廿七新写遣二関東一時之認」と上書している如く、霊元法皇の賜書の目録である。それによれば、賜書は本文四十六冊（『右文故事』の記述では本文四十五冊となる）で、その内訳は、承平五年・天慶元年各一冊、同二年二冊、同四年一冊、同五年二冊、同八年・寛和二年・正暦元年・同四年・同五年・長徳元年各一冊、長保元年二冊、同四年・同五年・治暦四年・寛治元年・康和元年・同五年各一冊（『右文故事』の記述は康和五年一冊を落す。そのため筆者名も以下一人宛ずれている）、康治元年・同二年各二冊、天養元年・久安元年各一冊、同二年三冊、同三年二冊、同四年一冊、同五年三冊、同六年一冊、仁平元年二冊、同二年四冊、同三年三冊であり、これを東園基長以下三十一名の廷臣が一乃至二冊宛書写している。これを後掲の東京大学教養学部所蔵旧第一高等学校本・京都御所東山御文庫本・宮内庁書陵部所蔵藤波本等の本文四十七冊と対照すると、それらが天慶五年記を三冊（賜書は二冊）としている点に差異があるのみで、この賜書が現存流布本の源となったことは疑ない。なお『右文故事』には、法皇の賜書が、享保十年七月に至って江戸城の「御庫」に納められたことも見えているが、星野恒博士の記す処によると（『史学雑誌』一の四「本朝世紀考」）、明治六年皇城炎上の際烏有に帰したという。

かくして霊元法皇の叡慮による新写や賜書によりその存在を知られた本書は、江戸中期以降廷臣や学者などの間で盛んに書写され、現在多くの伝本を世に残しているが、かつて法皇が借覧書写せしめた伏見宮家伝来の古写本の一部二十二巻は、いま宮内庁書陵部に架蔵されている。この古写本の伏見宮家に於ける伝存状況を検すると、まず江戸末期の作成と思われる伏見宮本『伏見宮蔵書目録』（宮内庁書陵部所蔵）には、ほぼ現存二十二巻分に相当する巻数と年次を載せている。ところが先にも触れた霊元法皇宸筆の『伏見殿文庫記録目録』では、『本朝世紀』とみなされるものが四十二巻あり、しかも同目録の表紙の「遂二書写一分可レ加二朱点一也」という注記によって、それらが書写されたこと、またその四十二巻の年次が現存流布本のそれにほぼ符合すること、そのうちの十九巻の年次は現在の伏見宮本に収められていないことなどが知られる。すなわち霊元法皇が借覧されてのち、江戸末に至る間に、少くとも十九巻の古写本が伏見宮家から散佚してしまったのである。しかし室町時代には、上記の四十二巻をさらにうわまわる分量の『本朝世紀』が、伏見宮家に蔵されていた徴証がある。これも先に触れた『即成院預置文書目録』に見える記載がそれである。この目録の奥には、応永二十四年（一四一七）八月、伏見宮貞成親王が伏見大光明寺の塔頭即成院に於て、目録と現物を照合した由を記しているが、それに、

一々(合、以下同)　本朝世記上　一々　本朝世記下　一々　本朝世記第二自二正暦一至二嘉承一

の記載が見える。この三合に納める巻数や年次が詳らかに出来ないのは残念であるが、現存諸本には嘉承年間の記事を全く欠いているので、少くとも上記の「自二正暦一至二嘉承一」と注する一合には、江戸中期までに佚してしまったものがかなり納められていたと思われる。そして後伏見天皇や花園天皇の宸筆の文書・記録類が、現在も多数伏見宮旧蔵本のなかに存することを考えれば、元亨三年（一三二三）花園上皇が後伏見上皇より借覧した「本朝世紀一合」も、室町時代以降伏見宮家に襲蔵された『本朝世紀』の一部かと推測されるが、更にそれ以前の伝来の状況は明らかでない。

三　構成と内容

既に述べた如く、本書は『三代実録』のあとをつぐことを編纂の眼目の一つとしているから、その構成も六国史に倣って、歴代毎の編年体をとったものと考えられる。しかし一応成稿を遂げたとみられる「寛平一代国史」はいま伝わ

らず、未定稿とみられる現存流布本の記文によって、本書の構成・内容を考える以外に方法はない。ただ伴信友が「本朝世紀考」（『比古婆衣』巻八所収）に於て、『玉葉』の所謂「寛平一代国史」について述べている見解には疑点があるので、先ずそれを検討しておこう。信友は、第一に『玉葉』に見える「本朝世紀」には「信西法師所㆓抄出㆒也」と説明を加えているから、「国史の体裁に全く成文修撰の功を遂たる書とは聞えず」とし、第二には、『通憲入道書目録』に、

一合第五十八櫃 新国史　一結七ヶ巻、世紀上帙、一結十一ヶ巻、同二帙、一結九ヶ巻、仁和・寛平、一結四ヶ巻、寛平・延喜、
一合第五十九櫃 新国史　一結八巻、自延長元年至同八年、一結十巻、自延喜十一年至廿二年、但十四年・廿一年両年欠、

とあるのをすべて『本朝世紀』についての記載とみて、「これ宇多天皇・醍醐天皇の二代は、新国史を本書として世紀を撰べる草本の目録なる事著し」と説いている。しかし第一の点は、上掲の記文で明らかな如く、現在最も信頼し得る『玉葉』の古写本である九条本には、「信西法師抄也」とあり、その前日の記事に「信西法師作之」とあるのとほぼ同じ意味であろう。従って「所抄出也」という字句を根拠として主張されている信友の説は、当を得ないものとなるであろう。第二の点については、岩橋小弥太博士が既に指摘している如く（同博士著『上代史籍の研究』所収「国史と其の後」）、この両櫃のうち、『本朝世紀』は第五十八櫃の一結七巻と一結十一巻の計十八巻のみで、他の三十一巻は『新国史』であるとみるのが穏当であろう。信友の解釈の根拠になった「新国史」という注記は、両櫃に本来収納すべき書目を示したもので、同目録にはほかにも「一合第五十一櫃 国史四、」「一合第五十七櫃 国史十、」など同類の表記を見出すことができる。この「国史」は恐らく六国史を意味するであろうが、「国史十」と注する第五十七櫃に康治・久安・仁平の『本朝世紀』が納められているように、第五十八櫃にも、いつしか『新国史』のほかに『本朝世紀』十八巻が納

められたものとみるべきであろう。それ故上記の目録の記載によって、宇多・醍醐二代は『新国史』をもとにした草本であると主張するのは、やや穿ちすぎた解釈であろう。本書の宇多朝の部分は、いまは『御産部類記』に収める醍醐天皇の誕生・立太子に関する記文などにわずかにその面影をとどめるに過ぎないが、恐らく一応の成稿を遂げて、未定稿の部分とは別に世に伝えられたものと思う。

さて現在われわれが手にし得る本書の流布伝本は、承平五年（九三五）より仁平三年（一一五三）に至る間、多くの欠年を除いて、三十数年間に亙る記文を収めている。それらの諸本のうち、最も多くの年次を収載しているものは、言う迄もなく新訂増補国史大系本（以下大系本と略称する）であるから、以下主として大系本によって考察を進めてみたい。

しかし大系本を始め諸本には、もともと『本朝世紀』でないもの、或は同書と断ずるには疑問のあるものが一、二含まれているので、先ずそれらを弁別して考察の対象から除いておかねばならない。大系本の第八・九・十四・十八の四巻がそれである。便宜上先ず巻第十八から調べてみると、これは大系本の頭注にも「恐小右記残欠乎」とある如く、長和二年四月から六月に至る『小右記』（『野府記』）の記文であることは、その内容からも明らかである。大系本は伏見宮本をもってこの巻を収めたと注しているが、それは同本がまだ伏見宮家に襲蔵されていた時、その包紙に「本朝世記ヵ」と注されていたためであろう。この巻の書写形式等が、他の伏見宮本『本朝世紀』と異なり、同じ伏見宮本の『野府記』と一致することからすれば、恐らく『野府記』の一巻が誤って『本朝世紀』にまぎれ込んだものであろう（『図書寮典籍解題』歴史篇「小右記」の項）。旧第一高等学校本以下の諸本は、多くこの年次を収めていない。次に大系本巻第十四の長徳元年七月より十二月に至る記文も、上記の巻第十八に酷似したケースである。この巻第十四が藤原行成の『権記』であることは既に先人の指摘したところで、内閣文庫所蔵の修史館本（十七冊本）の第五冊に収める長徳元年記の首には、「権記ト全ク同ジ、権記ノ竄入ナルベシ」と朱書している。大系本では、伏見宮本にこの年次のものがないため、旧第一高等学校本の第十四冊を底本として収めたと注している。ところが現在宮内庁書陵部に蔵する伏見宮本『行成卿記』二十二巻のうちに、この年次のものが一軸存し、これを旧第一高等学校本の第十四冊の記文と対照すると、見消や欠字の箇処など全く一致する。従ってこの巻第十四も、巻第十八の場合と同様、或る時期に『行成卿記』の一巻が同じ伏見宮本の『本朝世紀』に混入して書写され、ついに大系本にまで収められるに至ったのであろう。なお上掲の東山御文庫蔵の賜書目録によれば、霊元法皇の賜書にもこの長徳元年記が含まれており、諸写本も多くこの年次を収めている。

以上の如く、大系本巻第十四及び第十八の記文が、本書から除かるべきことは疑ないが、巻第八（康保四年五月～十二月）及び第九（安和元年正月～五月）の記文も、これを本書の一部と断ずるには疑問がある。大系本ではこれを柳原本『本朝世紀』（宮内庁書陵部蔵）をもって収載している。その柳原本は「史官記」と外題する二十二冊本であるが、そのうちの柳原紀光の自筆書写にかかる一冊が上記の記文を収めている。その巻末には、

右以二或人所持古巻一書写了、史官記歟、頗以可二秘蔵一、

安永第九正廿三　　従二位藤原紀光㊞

の奥書があるが、ここにいう「古巻」に当るとみられるのが、田中忠三郎氏旧蔵の『本朝世紀』一巻（複製本による。鎌倉時代の写というが、裏文書に見える人名中、「主殿頭量実」を主殿頭小槻匡遠の男とすれば、南北朝時代以降の写となる）である。紀光はこれを「史官記歟」と推定して、「史官記」と外題する柳原本『本朝世紀』に追加したのであるが、もともと上記の田中氏蔵本には、「日本記（マヽ）略」という外題と、「康保四年ノ記也」という端裏書しかない。外題にいう如

く『日本紀略』でもないが、また『史官記』ないし『本朝世紀』であるという徴証も見当らない。しかも康保四年と安和元(康保五)年の記文を全くつづけて連記している本文の体裁も(大系本はこれを収載する際、二巻に分けた)、『本朝世紀』の他の部分に比べて甚だ異様であり、またすでに土田直鎮氏によって、この記文の人名表記法が外記日記と異ることも指摘されている(『日本歴史』七二号、「平安中期に於ける記録の人名表記法」)。従って紀光の推定によって、これを本書の一部と認定することは、甚だ危険といわねばならない。もっとも、先に掲げた『右文故事』の記述によれば、現存流布本の祖本である伏見宮本が、江戸中期伏見宮家に襲蔵されていたときは、書名の明らかでないものが多く、そのため霊元法皇が新写させた際に吟味を加えた結果が、流布諸本の構成の基本となっているらしいから、上記のほかに『本朝世紀』と誤認されて混入したものが皆無であるとは保証し難いが、少くとも大系本巻第八・九・十四・十八の記文は、本書より除くのが妥当であろう。

ところで伴信友は江戸中期以降世に現われた本書の諸写本の内容を検討し、同書の編纂のおもな材料は外記日記であり、その欠けたところは諸家の日記などによって補ったと説いたが、その後この見解はほぼ定説化している。殊に諸家の私日記をもって外記日記の欠を補ったという点は、岩橋博士によって更に強調されているが(上掲論文)、その見解は先に除外した『権記』や『小右記』の記文をも本書の一部とみたうえでの議論であるから、当然考え直さなければならぬし、その他の本書に採録されている私日記についても、改めて検討を加える必要がある。

いまそれらの私日記を内容や記名の注記によって拾うと、『江記』『中原師遠記』『清原重憲記』『大内記長光記』『成通卿記』『経宗卿記』『伊通卿記』『助正記』『以隆記』などが指摘できるが、これらは本文との関係から次の三つに分類される。先ず第一類は『江記』『長光記』『成通卿記』『経宗卿記』『伊通卿記』であり、すべて本文の記述のあとに続けて引載され、本文を補足するもので、みな記名を注している。例えば寛治元年十二月二十四日条をみると、「天皇御読書始也」に始まる本文のあとに、「江記云」としてその儀式の詳細を載せているのであるが、決して『江記』の記文が本文にとって代るものではなく、『長光記』以下についてもほぼ同様のことが言い得る。久安三年二月二十日条に引載されている「蔵人記」も、一応この類に入れてよいであろう。第二類は『助正記』『以隆記』で、第一類と同じく本文の記述を補足するものではあるが、ただ少し趣を異にする面がある。即ち仁平二年七月七日条をみると、「今日擬階奏也」という本文に対し、「助正記云、五日公能卿行レ之云々」と傍書し、また同年十一月十一日条の園韓神祭を宮内省で行なった記事のうち、「弁不参」とあるのに対し、「以隆記云、左少弁範家参入」と分注を加えている如く、本文の記述に対する異説を注したものである。承徳三（康和元）年四月四日条の女御苡子流産の記事にも、「或記、三日夜半云々」と異説を注しており、他にも二、三同様の注記がみえるが、これらもこの類に入るものであろう。以上の第一・二類の記録は、性質上後人の加筆の疑いもなくはないが、それは別としても、あくまでも本書の本文の記述を補足し、説明するにとどまるものであることに留意する必要がある。

それに対して、第三類の『大外記師遠記』と『少外記重憲記』とは、直接本文の土台となった私日記である。先ず本書の康和五年記の正月八日・六月十九日・十月四日の各条にみえる「予」は、『中右記』などによって中原師遠であることが判明するし、同年のそのほかの「予」も同じく師遠であろう。ただこの「予」という表現にひかれて、この康和五年記を『師遠記』そのままの転載であるかのように説いている従来の見解は、改められねばならない。それは伏見宮本『御産部類記』（宮内庁書陵部蔵）に収める『外師記』（『大外記師遠記』の略）と対照すれば、容易に明らかとなることであるから、以下にその一、二の例を示してみよう。

『本朝世紀』康和五年正月

十六日、丙申、今夜子剋女御有㆓御産事㆒、皇子、五条北高倉西、右（左）少弁頭顕隆朝臣宅也、（マヽ）一天之歓何事如㆑之哉、

十九日、己亥、今日皇子御降誕時剋子時也、

翼宿中之由、依㆓院宣㆒注申畢、

『外師記』康和五年正月

十六日、丙申、今夜子剋女御藤原苡子有㆓御産事㆒、男宮、此間蓬壺射山通㆑使如㆑雲、叡感之処、取㆑喩無㆑物云々、御産所左少弁顕隆朝臣五条北高倉西宅、去年渡㆓御此所㆒、

十九日、己亥、師遠参㆓女御殿㆒、未剋許依㆑召従㆓彼殿㆒参㆑院、伊与守国明朝臣、奉㆓叡旨㆒云、去十六日皇子降誕時剋可㆑申者、師遠彼時祗㆓候女御殿㆒、翼宿中者可㆑申㆓子剋㆒歟、以㆓此旨㆒被㆑申了、即給㆓紙筆㆒可㆓注申㆒者、即子剋由緒立令㆓注申㆒了、

これは鳥羽天皇の誕生に関する記事で、一見甚だ文面が異るようにも見えるが、更によく対照すると、『本朝世紀』の文章は『外師記』の記文を節略したものであることが知られる。殊に十九日条の如きは、上段の文では省略のあまり文意も通じにくく、「注申」した主格まで落ちているが、『外師記』によって師遠が皇子降誕の時剋を注申した経緯が明らかになると共に、『外師記』の記文に拠らなければ文を成し得ないことも知られる。『御産部類記』所収の『外師記』は、『大外記師遠記』より御産関係の記事をほぼ原文のまま採録したものと思われるから、本書の康和五年記は『師遠記』を土台として編述され、その文章には編者の手がかなり加えられていると考えねばならぬであろう。

また和田英松博士は『本朝書籍目録考証』の「本朝世紀」の項で、本書の「康和五年、康治三年の記の如きは、少外記重憲記と同じ」であると説いている。しかし康和五年記が『師遠記』に拠ったものであることは上述の通りであり、康治三年記も『重憲記』に同じであるという表現は誤解を招き易い。本書の天養元（康治三）年記を『清原重憲

記』(伏見宮本)の同年の記文に比べてみると、後者の方が遙かに記事詳細で、とても同じものとはいえない。しかし本書康治三年正月十日条の「上卿給二八幡宮解状一、竈殿御釜鳴事、仍勘二申先例一」の記事は、『重憲記』によって重憲が解状を給わり、先例を勘申したことが知られるし、その他二、三の徴証によって、この天養元年記が『重憲記』を素材として編纂されたことは認めてよいであろう。更に本書の久安元年記も、『重憲記』と対照することによって、それを編纂の材料としたものと考えられているが(『図書寮典籍解題』歴史篇「少外記重憲記」の項)、ただ天養元年記・久安元年記とも、『重憲記』の原文そのままではないことに注意せねばならぬ。斯様に第三類の記録は本書の本文を作成する直接の素材となったため、その記名も表面に出なかったのであるが、それ故にまた上記三巻以外にも、同様のケースがひそんでいる可能性もある。しかしそれはとも角、現在指摘し得るこの種の記録が、ともに大外記或は少外記の私日記であることは注目に値する事実であろう。

以上を要約すれば、本書に採録されている私日記は、外記の私日記を除いて、他はすべて本文の記述を補足するものであり、本文の直接の土台となった第一次的な史料に対し、第二次的な史料というべきであろう。そしてその第一次的な史料が、主として外記の公日記であろうとする従来の通説は、大筋に於て誤りないものと思われる。本書をひもとくと、全般に亙って原史料たる外記日記の面影をとどめる字句が見出されるのもそれを裏書きする。その二、三の例をあげると、先ず外記政の休日を示す「休」や、外記局を指して「局」「本局」或は「此局」と記す表現などが眼につく。また天慶元年十一月九日条(皇姉勤子内親王の薨奏及び錫紵に関する記事)に、「但禁省之事、髄所レ不レ知也、仍具不レ注」と見え、同五年六月二十一日条(朝廷が祇園感神院に東遊と走馬を奉納した記事)に、「但件事自二殿上一所レ被レ行也、仍不レ能二細記一」とあり、寛和二年三月二十六日条にも、「此日有二皇太子初御対面之事一、春秋七歳者、但禁闈事難㆑知㆓子細㆒、仍粗記㆑之」と記しているが、これらはみな「禁省」「殿上」「禁闈」のことに筆の及び得ない外記日記の記述を反映したものと考えられる（『書陵部紀要』一七号、橋本義彦「外記日記と殿上日記」）。更に外記日記の人名表記が、大臣は官、三位以上は官・氏・名・「卿」、四位は官・氏・名・姓（かばね）、五位以下は官・氏・名をほぼ原則とし、『本朝世紀』の本文も概ねこれに合致しているという土田直鎮氏の指摘（前掲論文）も、上述の見解を裏書きするものとみてよいであろう。ただ康和五年記の場合の如く、外記日記の原文と対照して、両者の関係を的確につきとめることが出来ないのは残念であるが、『師遠記』などに対する撰者の史料の取扱い方からみれば、原史料としての外記日記にも当然撰者の手が加えられていると考えねばならず、既に岩橋博士が強調したように、本書の本文をそのまま外記日記の原文とみなすことは慎まねばならぬであろう。

本書の構成・内容については、更に検討すべき多くの問題を残しているとは思うが、いま敢えて推測を加えれば、鳥羽法皇の内命をうけた撰者は、編纂の基本的な資料を官府の記録に求め、そのうちでも政府の中枢たる太政官の公日記、すなわち外記日記（例えば記述が天皇の身辺に限られ勝ちな殿上日記などではなく）を土台として本文を構成し、その欠けたところは、外記日記と記述の形式・内容が近似している外記官人の私日記をもって代用するという方針を立てたのではなかろうか。いやしくも六国史のあとを継いで、准官撰ともいうべき国史を編纂しようとする以上、その基本的な資料を何に求めるかも決めず、漠然と諸家の記録類に拠るという程度の方針では、かかる大事業を独力で成就することは不可能であろう。そして上記の方針をもってしてもなお資料に不足を生じた場合、他の廷臣の記録などを直接の資料に用いたことも、或はあったかも知れぬが、少くとも現在伝存している部分には、上記の第一次的史料として一般廷臣の私日記を用いた確実な例を指摘することは出来ないのである。

四　諸本

現存のおもな諸伝本は、伏見宮旧蔵本と、その江戸中期以降に於ける転写本にほぼ限られ、特に異本と称すべきほどのものもないので、以下本書の主要な書写本及び刊本を例示的に挙げ、簡単に説明を加えておく。なお本節末尾に収めた諸本対照表を参照されたい。

(1)　宮内庁書陵部所蔵伏見宮本　二十二巻。縦約三十一糎の巻子本。現在はみな古代紫の絹表紙をつけ、白紙題簽に「本朝世紀　承平五年五月六月　一」の如く外題しているが、これらはすべて書陵部に於ける最近の修補にかかる。このうちの数巻には、「本朝世紀」の外題を載せる厚手斐紙の原表紙を存し、また巻末に「本朝世紀第　康和元年」の如く題するものも若干ある。本文用紙は斐紙で、天地に墨界を施し、界高は約二十六・四糎。巻により筆者を異にするものもあるが、すべて鎌倉末期の書写にかかるとされている。

この伏見宮本が現在の流布本の祖本であることは既に屢々述べたが、その二十二巻の内訳は、承平五年・天慶二年(四月~閏七月)・正暦元年・長保元年・同四年・同五年・長元九年・治暦四年・寛治元年・康和元年・同五年・久安元年の各一巻及び久安二年三巻・同三年二巻・同四年一巻・同五年三巻・同六年一巻である。これを他の流布本と比較すると、現在の伏見宮本は、所収年次に於て、半ば近くの十四、五年分を欠いている。ところが上述の如く、霊元法皇宸筆の『伏見殿文庫記録目録』には、一応『本朝世紀』と目されるものが四十二巻載せられ、そのうち二十三巻の年次が、上記二十二巻中の二十巻(承平五年・天慶二年分各一巻を除く)の年次に相当するが、他の十九巻は現存二十二巻に収められていない年次である。その内訳は、天慶元年・同二年（八月〜十二月）・同四年・同五年・同八年・寛和二年・正暦四年・同五年の各一巻、康治元年・同二年の各二巻、天養元年一巻、仁平元年・同二年・同三年の各二巻、計十九巻で、これを現存二十二巻と併せると、その所収年次は流布本のそれとほぼ一致する（長徳元年『権記』と長元九年記（補註1）について両者の間に出入あるのみ）。すなわち本書の流布諸本は、伏見宮本の現存二十二巻に相当する部分のみならず、すべて伏見宮家に襲蔵された古写本を原として伝写されたものであることが判明するが、残念ながらこの十九巻の存否はいまのところ明らかでない。なおもとは伏見宮本の一部であったとみられるものに、故佐佐木信綱博士所蔵本一巻（上賀茂社司岡本清茂旧蔵、先年天理図書館の所蔵に帰す）があり、その内容は天慶五年四月二十七日条の末尾から二十八・二十九両日に亘る賀茂社行幸の記事で、全二十五行の断簡である。しかし江戸中期以降の伝写本には、既にこの記文を欠いているから、それ以前に伏見宮本より佚脱したものと推測される。伏見宮本二十二巻は『新訂増補国史大系』の編纂に際し底本として用いられ、故佐佐木博士旧蔵本も相当箇処に収載されている。

⑵　東京大学教養学部図書館所蔵旧第一高等学校本　四十八冊。うち目録一冊。渋引表紙に黄紙の題簽を押し、目録には「本朝世紀目録　全」、本文四十七冊には「本朝世紀　一（—四十七）」と外題す。目録の形式は、「本朝世紀」と首題し、「承平五年　五月六月　一」の如く、本文各冊の所収年月を毎頁四行に列記す。本文は各冊の扉に「承平五年自五月至六月　本朝世紀」の如く題し、更に扉後紙見返しに「史官記」と注した冊もある。各冊「第一高等中学校図書」の朱印を捺す。一頁十行。江戸中期の書写とされる。

当本は、上掲の伏見宮本二十二巻のうち、長元九年記一巻を除いた二十一巻と、『伏見殿文庫記録目録』によって知られる十九巻、及び現在伏見宮本『行成卿記』に収められている長徳元年記一巻を加えた四十一巻の内容を四十七冊に収載している。而して当本と書写形式・内容ともに全く一致する写本が、京都御所東山御文庫と宮内庁書陵部に各一本架蔵されている。後者は藤波家旧蔵本四十八冊で、目録の形式、扉後紙見返しの「史官記」の注記に至るまですべて当本と等しく、書写年代も同じく江戸中期と推測される。前者は目録を除く四十七冊で、表紙の外題は桜町天皇の宸筆にかかり、各冊奥に「皇統文庫」の朱方印を捺す。以上三本をさきにも触れた東山御文庫所蔵の霊元法皇賜書目録と比べると、天慶五年記を三冊にしている点が異る。この天慶五年記を当本でみると、日次がかなり錯乱しているうえ、霊元法皇の賜書そのものが現存しないので、賜書目録の二冊と当本の三冊の内容が一致するか否かを確かめることができない。しかし他の四十四冊は、巻冊の立て方も所収月日も全く賜書目録に一致し、諸伝本中、当本以下の三本が霊元法皇の賜書に最も近い関係にあることは疑いない。なお新訂増補国史大系本は、前掲伏見宮本に欠けた部分を概ね当本によって補っている。

(3) 宮内庁書陵部所蔵伴信友手校本　　十六冊。縹色表紙に「本朝世紀　一(一―十六)」と題する題簽を押す。各冊巻首及び巻末に「引馬文庫」の朱印各一顆を捺す。即ち老中水野忠邦の旧蔵にかかる。所収の年次は上掲旧第一高等学校本などと等しく、また当然ながら、伴信友の「本朝世紀考」に挙げた年次に一致する。全巻朱筆をもって返点を附し、校訂を注する。第一冊に収める天慶元年紀の奥に、

文政十乙亥年十月朔以二一本一朱校私点了　　伴信友

と朱書し、第十六冊の巻末に次の識語を載す。

本朝世紀承平以来之部、蓋藤原通憲朝臣之稿本也、其説在二于別記一、残欠僅存二数冊一、余所二探得一凡三本、皆脱誤錯乱、然誤二於彼一者正二於此一、誤二於此一者正二於彼一、得失互在矣、是以参互校二訂之一、新写二一本一、但無レ証者不レ敢二私改一、以二

其異ニ註ニ字傍一、備ニ参考一、此書元未レ書ニ巻次一、故今窃拠ニ年紀一、集綴作ニ十六帖一、不日又得ニ一本一、酒批ニ校之一、向後随レ獲而補訂、他日頗為ニ善本一歟、

文政十一年正月三日　伴信友

この写本は伴信友の自筆校訂本として世に重んぜられ、広く転写されたが、就中無窮会図書館所蔵十冊本は、信友手校本を原として諸本と対校し、常世長胤本・落合直澄本をもって長和二年及び長元九年の記を加えた八冊と井上頼圀博士旧蔵本二冊より成り、井上本を除く八冊は旧輯の国史大系本の底本となった。因みに井上本二冊は「本朝世記」と外題するが、内容は『日本紀略』『扶桑略記』等を抄出したものであり、記事に重複などもあって、全く本書と体裁を異にする。その第二冊の奥には次の奥書がある。

右本朝世記二冊者、真阿上人以ニ他借本一謄写了、

弘化三年丙午夏　岡安賢

(4)　宮内庁書陵部所蔵柳原本　二十二冊。第五・十八・二十二の三冊以外は渋引表紙で、第六冊に「永祚二年日記外記記歟史官記是也」と表題する外は、いずれも「史官記」と外題す。本文の書写は柳原紀光の自筆の外、まま雇筆もまじえるが、表紙外題はすべて紀光の自筆にかかる。第五冊は先に触れた康保四・五年の記で、奉書を反古した表紙に「史官記」と外題し、「極秘」と注する。巻末の安永九年の奥書は先に引載した通りである。外題・本文・奥書すべて紀光の自筆書写にかかる。第十八・二十二両冊は、文久四年紀光の曽孫光愛が追補したもので、黄染斐紙の表紙に「史官記」と外題している。旧第一高等学校本以下の諸本と異る点は、紀光の増補した康保四・五年の記を収めることで、国史大系本・新訂増補国史大系本は共に、この紀光の写本を原にこの年紀を収載したが、これが本書の記文と認め

難いことは既述の如くである。

以上の諸本の外、内閣文庫所蔵の修史館本十七冊・和学講談所本二十冊、東京大学図書館所蔵の南葵文庫本十七冊、(補註2)無窮会図書館所蔵の平沼文庫本二十九冊など多くの伝写本が存するが、いずれも江戸中期以降の書写にかかり、特に上掲の諸本と大きな差異は見当らない。ただこのうち、和学講談所本・南葵文庫本及び平沼文庫本は「外記日記」と外題し、就中南葵文庫本は『続日本後紀』の校訂で著名な山崎知雄の校訂本である。

また前田尊経閣所蔵の一本及び内閣文庫所蔵の林家本各一冊は、本書の康和元年・同五年記より薨卒関係の記事数条を抄出したものに、『唐書』東夷列伝を附載しており、前者は室町期の書写といわれ、後者も江戸初期の写本とみられる。内容上は特に注目すべき点もないが、江戸中期以降に流布した諸本とは、伝写の系統を異にしたものと思われる。

本書の刊本としては、上記の前田尊経閣本及び林家本と同一内容の抄略本が、『群書類従』帝王部に収められたのを最初とする。ついで明治年間『国史大系』が公刊されるに当り、前記の無窮会図書館本八冊（十冊本のうち）を底本とし、柳原本をもって補って第八巻に収載された。これを旧第一高等学校本等の所収年次と比較すると、それより康保四年・同五(安和元)年と長和二年・長元九年の四箇年多い。康保四・五年は柳原本で補ったもので、その奥に柳原紀光の奥書も載せている。長和二年及び長元九年は無窮会図書館本に収める年次であるが、同本はこれを常世長胤本及び落合直澄本によって補ったという。また巻末には先に引いた文政十一年の伴信友の識語を載せ、更に信友の「本朝世紀考」に本書の逸文として収める仁和五年記以下の記文を附載している。但し『御産部類記』所収の仁和・寛平の記以外は、外記日記とは言い得ても、本書の逸文と断ずる根拠は乏しいようである。ついで『新訂増補国史大系』の刊行に当っては、上掲の伏見宮本及び旧第一高等学校本を底本とし、これに佐佐木信綱博士旧蔵本をもって天慶五年四月記の末尾を補い、柳原本より康保四・五年の記を採録し、無窮会図書館本及び内閣文庫本等をもって校合し、四十七巻に編して第九巻に収めた。その所収の年次に於ては、旧輯の国史大系本と異る処がない。

（附表）本朝世紀諸本対照表

国史大系本巻次	国史大系本巻別所収年次	伏見宮本	旧第一高等学校本・藤波本	東山御文庫蔵一本（二十七冊本）	東山御文庫蔵一本（二十冊本）	柳原本	引馬文庫本（伴信友手校本）	霊元法皇賜書目録	伏見殿文庫記録目録
一	承平五年五月—六月	1	1	1		1	1	1	
二	天慶元年七月—十二月		2	2				2	1
三	天慶二年四月—閏七月	2	3	3				3	
四	天慶二年八月—十二月		4	4				4	2
五	天慶四年七月—十二月		5	5		2	2	5	3
六	天慶五年二月—六月		6・7・8	6・7・8		3	3	6・7	4
七	天慶八年七月—十二月		9	9				8	5
八	康保四年五月—十二月					4			
九	安和元年正月—五月								
一〇	寛和二年正月—六月		10	10		5	4	9	6
一一	正暦元年七月—十二月	3	11	11		6		10	7

<table>
<tr><th>国史大系本巻次</th><th>国史大系本巻別所収年次</th><th>伏見宮本</th><th>旧第一高等学校本・藤波本</th><th>東山御文庫蔵一本（二十七冊本）</th><th>東山御文庫蔵一本（二十冊本）</th><th>柳原本</th><th>引馬文庫本（伴信友手校本）</th><th>霊元法皇賜書目録</th><th>伏見殿文庫記録目録</th></tr>
<tr><td>一二</td><td>正暦四年七月—十二月</td><td></td><td>12</td><td>12</td><td></td><td rowspan="2">7</td><td rowspan="4">5</td><td>11</td><td>8</td></tr>
<tr><td>一三</td><td>正暦五年正月—六月</td><td></td><td>13</td><td>13</td><td></td><td>12</td><td>9</td></tr>
<tr><td>一四</td><td>長徳元年七月—十二月</td><td>（伏見宮本権記に収む）</td><td>14</td><td>14</td><td></td><td rowspan="2">8</td><td>13</td><td></td></tr>
<tr><td>一五</td><td>長保元年二月—六月</td><td>4</td><td>15・16</td><td>15・16</td><td></td><td>14・15</td><td>10・11</td></tr>
<tr><td>一六</td><td>長保四年七月—十二月</td><td>5</td><td>17</td><td>17</td><td></td><td rowspan="2">9</td><td rowspan="2">6</td><td>16</td><td>12</td></tr>
<tr><td>一七</td><td>長保五年正月—六月</td><td>6</td><td>18</td><td>18</td><td></td><td>17</td><td>13</td></tr>
<tr><td>一八</td><td>長和二年四月—六月</td><td>（伏見宮本小右記に収む）</td><td></td><td></td><td></td><td></td><td></td><td></td><td></td></tr>
<tr><td>一九</td><td>長元九年正月—七月</td><td>7</td><td></td><td></td><td></td><td></td><td></td><td></td><td>14</td></tr>
<tr><td>二〇</td><td>治暦四年正月—十二月</td><td>8</td><td>19</td><td>19</td><td></td><td rowspan="2">10</td><td rowspan="2">6</td><td>18</td><td>15</td></tr>
<tr><td>二一</td><td>寛治元年七月—十二月</td><td>9</td><td>20</td><td>20</td><td></td><td>19</td><td>16</td></tr>
<tr><td>二二</td><td>康和元年正月—十二月</td><td>10</td><td>21</td><td>21</td><td></td><td rowspan="2">11</td><td rowspan="2">7</td><td>20</td><td>17</td></tr>
<tr><td>二三</td><td>康和五年正月—十二月</td><td>11</td><td>22</td><td>22</td><td></td><td>21</td><td>18</td></tr>
<tr><td>二四</td><td>康治元年正月—六月</td><td></td><td>23</td><td>23</td><td></td><td rowspan="2">12</td><td rowspan="2">8</td><td>22</td><td>19</td></tr>
<tr><td>二五</td><td>康治元年七月—十二月</td><td></td><td>24</td><td>24</td><td></td><td>23</td><td>20</td></tr>
</table>

二六	康治二年正月―六月		25	25		13	9	24	21
二七	康治二年七月―十二月		26	26				25	22
二八	天養元年正月―十二月		27	27		14		26	23
二九	久安元年正月―十二月	12	28		1		10	27	24・25
三〇	久安二年正月―六月	13・14	29・30		2・3	15		28・29	26・27・28
三一	久安二年七月―十二月	15	31		4			30	29
三二	久安三年正月―六月	16	32		5	16	11	31	30
三三	久安三年七月―十二月	17	33		6			32	31
三四	久安四年正月―閏六月	18	34		7	17	12	33	32
三五	久安五年正月―六月	19	35		8	18	13	34	33
三六	久安五年七月―九月	20	36		9			35	34
三七	久安五年十月―十二月	21	37		10			36	35
三八	久安六年七月―十二月	22	38		11	19	14	37	36
三九	仁平元年正月―六月		39		12	20		38	37
四〇	仁平元年七月―十二月		40		13			39	38
四一	仁平二年正月―二月		41		14			40	39

国史大系本巻次	国史大系本巻別所収年次	伏見宮本	旧第一高等学校本・藤波本	東山御文庫蔵一本（二十七冊本）	東山御文庫蔵一本（二十冊本）	柳原本	引馬文庫本（伴信友手校本）	霊元法皇賜書目録	伏見殿文庫記録目録
四二	仁平二年三月―四月		42		15	21	15	41	
四三	仁平二年五月―八月		43		16			42	40
四四	仁平二年九月―十二月		44		17			43	
四五	仁平三年正月―三月		45		18	22	16	44	41
四六	仁平三年四月―六月		46		19			45	
四七	仁平三年七月―閏十二月		47		20			46	42

Ⅰ　本表は、新訂増補国史大系本の巻別年次を基準として、諸本の所収年次を表示した。算用数字は各本の巻次を示した。

Ⅱ　京都御所東山御文庫蔵本は、もと一部四十七冊のものが、いま二分して襲蔵されているので、その現状に従った。

Ⅲ　参考として、霊元法皇賜書目録と伏見殿文庫記録目録の収載年次を附記した。但し後者の表記には不明瞭な点もあるが、試みに年次を追って巻次を附した。

五　撰者

本書の撰者藤原通憲は、天養元年（一一四四）七月三十九歳をもって出家し、初め円空といったが、間もなく信西と改めた。少納言入道信西の称ある所以である。通憲の生年は、出家時の年齢から逆算すると、堀河朝の末嘉承元年（一一〇六）となる。その生家は南家藤原氏の末流に属し、通憲の高祖父に当る実範のときから累代儒業を継いで文章博士を世襲する家柄で、祖父季綱は『本朝続文粋』の撰者に擬せられている碩儒であり、父実兼も「頗有二才智一、一見一聞之事不二忘却一、仍才芸超二年歯一」と称された才幹の持ち主であったが、天永三年四月二十八歳の若さで頓死した（『中右記』同月三日条）。この実兼もやはり文章道より出身して、父祖の業をつぐ筈の処、若死のためその地位はわずかに六位の蔵人に止まったが、『中右記』の評言によると、通憲の有名な博覧強記と多芸多才は、父譲りの素質にもとづくものとみられる。しかしわずか七歳の幼弱の身で父を失った通憲は、その後出でて高階経敏の養子となり、高階重仲の女を娶ることとなった。高階氏と通憲の生家とは、以前から二、三の姻戚関係があり、殊に通憲の曾祖母は高階業敏の女であった。通憲が業敏の孫経敏の養子となったのも、かかる関係によるものかも知れない。その時期はいま明らかに出来ないが、重仲の女の生んだ長子俊憲の生年は、保安三年（一一二二）とみられるから（俊憲が仁安二年四月十日四十六歳で没したことは『山槐記』に見える）、これ以前であることは確かであろう。

かくて通憲は、院政開始後急速にその権勢を伸していた高階氏に身を寄せ、高階氏を称して宮廷に出仕したが、その官位の初見は、中宮藤原璋子（鳥羽天皇皇后）の宮司六位少進であろう（『永昌記』天治元年四月二十三日条）。ついで中宮璋子が后位を去って待賢門院と称するに伴い、同院蔵人となり（『記録部類』院号宣下部所収天治元年『師遠記』）、更に内蔵人に転じて左近衛将監に補された（『中右記部類』巻二十七所収天治二年九月十三日条）。その後大治二年五月に至って、漸く正六位上から従五位下に昇ったが、そのため一臈の蔵人の地位を去って散位となり、鳥羽院の北面に候することとなった（『中右記』大治二年正月十九日・長承二年二月九日条）。その後は専ら鳥羽上皇に近仕し、院昇殿を許されるともに、判官代に任ぜられ、康治二年正月には正五位下に叙せられた(『本朝世紀』)。また『台記』の保延五年五月十七日条には「日向守通憲」の名が見えるが、同記康治二年八月四日条には「日向前司通憲」と記されている。ところが恰度この頃将来の官途に見切りをつけた通憲は、鳥羽法皇に出家を願出たが、かれの才を惜しんだ法皇はこれを抑えて、程なく少納言に任じた。即ち康治三(天養元)年二月一日、通憲は少納言新任の慶を申すため内大臣藤原頼長を訪れており(『台記』)、同月七日には始めて政に従事している(『本朝世紀』)。しかし同年四、五月頃やや重い病を得たためか、七月二十二日に至ってついに出家を遂げたことは前述の通りである。なお『本朝世紀』同日条には、少納言拝任後高階の姓を改めて、本姓藤原に復したと記しているが、同年三月二十三日の外記局所充の充文には、まだ「高階朝臣」と明記されているから(『清原重憲記』)、改姓の時期はこれ以後の二、三箇月の間であったことになる。

かくして出家後の通憲は、官位の拘束を脱して却って法皇の側近に常侍するようになり、愈々その信任を高めていった。かれはおもにその学才をもって法皇の顧問にあずかったのであるが、例えば仁平三年十二月、故平忠盛のあとをうけて、重要な院領の一つ肥前国神埼荘の知行を命ぜられたこと(『台記』)をみても、その院中に於ける勢威の程を知り得る。また法皇の崩御に当っては、その喪事は通憲の「検知」のもとに行われ、入棺役八人の「恩使」のうちにも、法皇近習の廷臣にまじってその名をつらねている(『兵範記』保元元年七月二日条)。これらの所役は、法皇が生前から定めておいたものであるから、法皇の通憲に対する信任の厚さを雄弁に物語っていると言い得よう。こうした関係があったからこそ、みずからも「儒臣に非ず」と認めていた通憲が、本書の如き準官撰ともいえる史書の撰進を命ぜられたのである。

鳥羽法皇の崩御後、通憲は保元の乱を乗り切って後白河天皇の親政を実現し、大内裏造営や荘園整理などの新事業を精力的に遂行して花々しい活躍をみせたが、却ってそれが災し、遂に平治元年（一一五九）十二月凶変に遭って五十四年の生涯を終えたことは周知の通りである。著書には、本書のほか『法曹類林』『日本紀注』などがある。また『通憲入道書目録』が通憲の蔵書目録であるとの推定が正しければ、かれが莫大な和漢の典籍・記録・法令集等を蔵していたことが知られる。

（補註1） 長元九年記は、形式・内容からみて、これを『本朝世紀』とするのには疑問がある。霊元法皇宸筆の『伏見殿文庫記録目録』にはその年次を掲記しているが（但し書名は注していない）、同法皇の賜書目録や東山御文庫本以下の流布本に収められていないのは、法皇が伏見宮本を検討した際、世紀に非ずとして除外したものとも考えられる。伏見宮本の現存二十二巻にこの年次が含まれているのは、後述の無窮会図書館所蔵十冊本にこれを収め、新旧国史大系本がそれを採り入れたのにひかれたためであろうか。いま早急にこれを世紀に非ずと断ずるのは憚られるが、更に検討を要する記文である。

（補註2） 東京大学図書館所蔵の南葵文庫本『本朝世紀』第五冊に収める正暦五年記の奥には、次の如き奥書を載せている。

（藍書）「山中氏校本奥書云、

貞応九(元カ)年六月十日丁亥暑熱之夕終二書写之功一、同十二日朝校畢、両度校畢、

嘉元四年四月五日以二水谷大蔵大輔清有之本一書写校合畢、」

（朱書）「此一巻嘉永五年壬子九月五日以二和学所一本一遂二校合一、且加二訓点一了、件本片紙八行、ゝ十八字、（花押）」

（藍書）「同月七日以下山中義臣嘗就二一本一所レ校之本上、再加二比校一、以レ藍書入了、件本一与二塙氏一本一同矣、」

以上は山崎知雄が、和学所一本及び山中義臣校本をもって校合した際に加えたものであるが、このうち山中義臣校本に収めているという貞応元年（九年は誤か。元年ならば干支とも合う）及び嘉元四年の本奥書を如何に判断するかは、本書の伝来を考える上に大きな影響をもつであろう。しかしこの資料だけでは、これを『本朝世紀』の一本の奥書と断定するには不安であるし、殊に嘉元四年の奥書が、蓬左文庫所蔵の金沢文庫本『侍中群要』第十巻に収める金沢貞顕の奥書と、一字の違いもなく一致する

のは気にかかる。とも角、上掲の奥書については後考に俟つほかないが、敢えてここに記して大方の御教示を仰ぐ次第である。

参考文献

伴　信友　「本朝世紀考」（『比古婆衣』巻八所収）　明治二三年　『史学雑誌』一ノ四
星野　恒　「本朝世紀考」　昭和一一年　明治書院
和田英松　『本朝書籍目録考証』所載「本朝世紀」の項　昭和二五年
宮内庁書陵部　『図書寮典籍解題』歴史篇所載「本朝世紀」の項
岩橋小弥太　「国史と其の後」（『上代史籍の研究』所収）　昭和三一年　吉川弘文館

（補記）

脱稿後、宮内庁書陵部の飯倉晴武氏の御教示により、同部所蔵伏見宮本中に『本朝世紀』の佚文の存することを知ったので紹介する。

同記文は、「叙位人数書立首尾欠　年紀不知　書出ニ教良少内記藤孝佐ト見一枚」とうわ書きする包紙と共に伝えられた断簡一紙であるが、内容は久安四年正月五日条の叙位の儀に関するもので、現在の伏見宮本巻十八の本文第一紙に接続する（新訂増補国史大系本では、五九五頁八行目の末尾に接続する）。左にその全文を掲げて読者諸賢の便に供する。（『　』のなかが新発見の記文である）

（久安四年正月）五日、甲子、叙位議也、（中略）重通卿・忠雅卿留㆓仗座㆒行㆓清書幷位記請印事㆒、少納言源俊長・中務少輔□（藤カ）

『教良・少内記藤孝佐・権少外記中原長俊等参仕、

正三位藤顕業弁労　左大弁

従四位下源師能 弁労 権右中弁　　源信時 皇太后宮御給
菅原在長 元式部権少輔　　藤顕成 治國 越中守
正五位下藤能忠 少納言　　源俊長 少納言
藤實重 策労
従五位上藤俊基 従下一　　橘清則 右馬助
藤朝方 高陽院御給 淡路守　　藤清成 簡一 右兵衛権佐 若狭守
藤俊経 策労 治部権少輔
従五位下源雅行 蔵人 使　　藤遠信 式部一
三善為行 外記二　　藤俊憲 策 蔵人四
菅乃□季遠 史二　　高階政家 民部二
安倍泰弘　　源國長
藤實宗　　藤惟俊 使 左衛門尉
橘頼重 同 左衛門尉　　藤為國 所司 大膳亮
藤季親 修理進　　大江貞房 左馬允
中原頼重 少監物　　中原季長 少監物
源頼元 玄蕃允　　大中臣義倫 陰陽允
藤憲泰 氏　　源雅宗
橘周愷　　藤定輔
藤通能』
外従五位下依羅良経 大炊允　　礒部貞康 大炊允
久安四年正月五日

〔追補〕（第二刷）

本解題執筆当時は、本書国史大系本巻八・巻九の底本とされた柳原本『史官記』の親本に当る田中忠三郎氏旧蔵『本朝世紀』（鎌倉時代中期の古写として国宝に指定。現在は重要文化財）を拝見出来なかったが、先年国立歴史民俗博物館において閲覧の機会を与えられたので、その調査結果を『日本歴史』六〇八号（平成十一年一月）誌上に「田中本『本朝世紀』は本朝世紀か」と題して報告した。

その要旨は、(1)同本は八人の詩懐紙八枚を継いで料紙とした巻子本一巻であるが、そのうちの一人、「主殿頭量実」は官務壬生国遠の男で、貞治五年（一三六六）五月七日に死去した量実であり（『後愚昧記』）、その詩に題する「閏九月十三日夜言志詩」に徴すると、オモテの本文記事が書写されたのは、貞和二年（一三四六）閏九月ないし貞治四年閏九月以降であり、鎌倉中期の書写ではあり得ないこと、(2)同本の忠実な安永九年（一七八〇）の写本が京都大学所蔵の『勧修寺家旧蔵記録』に収められているが、これを上記の柳原本『史官記』と対比すると、柳原本は柳原紀光（一七四六―一八〇〇）によって種々手が加えられていること、(3)以上の結果および本文の内容を検討すると、国史大系本の底本とされた柳原本の記文を『本朝世紀』の本文とすることは不適切で、田中本一巻は、敢えて憶測すれば、もと壬生官務家の官文庫に伝存した官中記録ではないかと思われる。

（平成十三年七月）

続史愚抄

武部敏夫

一 編修の由来

『続史愚抄』は権大納言柳原紀光の編修するところで、正元元年（一二五九）亀山天皇の践祚に筆を起こし、安永八年（一七七九）後桃園天皇の崩御葬送に至るまで、皇代にして三十三代、年数にして五百二十一年にわたる実録体の通史であって、いま紀光自筆の稿本及び転写本若干が伝存し、また『続国史大系』並びに『新訂増補国史大系』に収めて刊行されている。本書の編修の由来については、この両刊本に掲げられた紀光の序文に次のように記されている。

夫本朝之史也、旧事紀至二三代実録一、是有レ勅所二撰述一也、爾後有二新国史之撰一、一号二続三代実録一、而今不レ伝也、其他不レ聞レ有二勅撰之挙一、只有二家乗野史一在耳矣、豈得レ無二妄誕一乎、予慨二嘆于此一久矣、慨嘆之久、蓋有二賁縁一焉、先考寛延宝暦中、為二武家伝奏一、以レ故、毎年奉レ勅、東赴二幕府一、庚辰九月、帰京道中罹疾、竟薨二于家一、得レ年五十、遺二言不肖紀光一曰、本朝之紀、三代実録以後、有二新国史之撰一、而泯滅不レ存、豈非二一大闕事一耶、顧予家、長保中為二紀伝之職一、而応仁中辞二是職一、雖レ然死灰不二復燃一乎、故用意歴年、独奈、官事鞅掌、未レ遑二纂録成編一、俾ㇾ汝遂二予素志一、謹以勿ㇾ違、中有二遺誡和歌二首一、不肖紀光時年十五、謹奉二遺嘱一、留二意于此一、官務余暇、不ㇾ論二朝野一、遍探二秘策珍書一三十年所、考定纂録、遂得二成編一、題曰二続史愚抄一、編成日、懐ㇾ旧泫然、感極而書、

寛政三年庚戌七月

この一文は新訂増補国史大系本の凡例によると、本書の稿本とは別に柳原家に伝来したものと説明されており、更に続国史大系本に収められた紀光の子孫柳原義光の識語によると、紀光が子孫のために本書纂修の由来を記し留めたものであって、続国史大系本の出版に当たり巻頭に掲げて序に代えたのであるといわれる。従って元来両刊本の底本である紀光自筆の稿本に直接題されたものではないが、明らかに紀光の自筆を以て「自序」と題しているので、本書の序として草せられたものであることに相違はなく、その起草の年次と干支（寛政三年は辛亥）が一年ずれていることに不審はあるにしても、もとより本書編纂の由来を示すものである。

上掲の序文の示すところによると、紀光の本書編修の業は先考すなわち父光綱（一七一一〜六〇）の遺志を継承したものである。光綱は寛延・宝暦年間十二年余にわたって武家伝奏の職にあった人物であるが、この要職にあった光綱をして国史の修撰を思いたたせたのは、この序文に「顧予家、長保中為二紀伝之職一、而応仁中辞二是職一、雖ㇾ然死灰不二復燃一乎」と記されているように、一つにはその家の伝統に由来するものであったと思われる。柳原家は日野・広橋・烏丸などの諸家とともに藤原氏日野流に属する堂上家で、その家格を名家といい、弁官・蔵人を経歴して公卿に列し、大納言に至るのを例とする家柄であるが、柳原家を含めて日野流一門の家風の特色とするところは、弁官・蔵人を経歴するとともに、元来紀伝道を以て出身し、その官職を世襲することにあった。試みに柳原家の家伝に徴すると、

参議有国の子資業が長保年間文章得業生に挙げられ、長和六年文章博士に任ぜられたのを始めとし、その後室町時代初期の柳原量光に至るまで十七代の間殆ど各代紀伝道を以て出身しており、また『尊卑分脈』の記載によると、この間数代を除いて、多くは文章博士に任ぜられていることが知られる。しかしこの間次第に紀伝の家たる色彩を稀薄にし、量光が文明三年に文章博士に任ぜられたのを最後として、同家に於てはまたその補任を見ないのである。従って室町時代以降同家の紀伝道世襲の伝統は断絶したのであるが、『三代実録』以後の国史の欠を慨歎する光綱としては、この紀伝の家たる伝統を回想することにより、やがて国史の修撰を以てひそかに自家の任としたものと考えられる。そしてこのような一家の伝統は紀光に於てもまた強く意識せられるところであった。たとえば明和四年六月、紀光が初名光房を紀光と改めた際にその名字選定の理由を挙げて、「当家以二紀伝儒業一繁、家門之光花偏是先祖余光也、モト之訓自然相当、可レ謂二神妙一」（『愚紳』明和四年五月廿四日条）と述べているのもその一証とすることが出来よう。思うに紀光が多年拮据修史のことに当たったのは、もとより直接には父の遺嘱によることであるが、更にその根底には光綱・紀光の父子二代に共通した自家の伝統に対する自覚が強く作用していたものというべく、紀光はこの自覚を通じて、ますます国史の編修を自己の任とするに至ったものであろう。

次に本書の修撰の意図も『三代実録』以後勅撰国史の存しないことを歎き、その欠を補おうとするものであることは、この序文によって明らかであり、また後述するように宇多天皇以降後一条天皇に及ぶ数代の紀の草稿本の作成せられていることもこれを裏付けるものである。而してこのような意図に徴すれば、本書の書名を「続史愚抄」と題したことも六国史をつぐ意を寓したものと解せられるのであり、更に紀光みずから本書を以て「国史代」（『当家系伝並愚勘』）と称していることは、この意図と本書に対する自負の念とを最も端的に表明したものというべきであろう。ではこのような意図によれば、本書は正に『三代実録』の後を受けて宇多天皇の治世から起筆されて然るべきであるが、実際は亀山天皇の代から始められているのは、いかに理解すべきであろうか。この点については、その間の事情を示す史料も未だ見出し得ず、推測によらざるを得ないのであるが、まず宇多天皇以下数代の草稿本の起草されたことが知られているので、紀光がその素志の如く『三代実録』に続く皇代の編修に着手したことは明らかであり、その反面『当家系伝並愚勘』（寛政五年七月紀光編、岩瀬文庫所蔵）の中で、『続史愚抄』の名を掲げて「亀山院到二後桃園院一国史代」云々とみずから記載していること、或は紀光自筆の外題に亀山天皇紀を第一冊と記した稿本の存していることなどによると、本書は亀山天皇より後桃園天皇に至って完結するものであって、紀光自身は決してこれを未完結の書と考えていなかったこともまた明白である。従ってこれらの事実を前提として推測を加えれば、編修方針の変更が行なわれたことを認めざるを得ないのであり、宇多天皇以下数代については編修に着手したものの、恐らくはその成功を期待し得なかったため、編修の対象とすべき時代を縮少するに至ったものであろう。而して亀山天皇紀から起筆したのは蓋し『百錬抄』の後を受けることにしたためであって、その理由を推測すれば、宇多天皇以後亀山天皇以前の年代については、勅撰国史に代わる編年体の通史として『日本紀略』『扶桑略記』『本朝世紀』『百錬抄』などのすぐれた史書が存するのに対し、『百錬抄』の後に接続する亀山天皇以後の年代にわたるものとしては、『帝王編年記』『一代要記』『皇年代略記』などの所謂皇代記・年代記類のほかには殆ど見るべきもののないことも、その理由の一つとして挙げてよかろうかと思うのである。すなわちこれらの皇年代記類の内容は一般に簡略であって、「国史代」とすべき史書の編修を素志とする紀光にとっては不十分の感は免れないところであり、従って然るべき既成の史書の存しない亀山天皇以降の通史の編修を少なくとも必要としたのではないかと推考してみる次第である。

二　成立と諸稿本

本書の成立については、上掲の序文によると寛政三年頃には序文を草する程度にまで一応の稿本がまとめられたものと察せられ、また紀光みずから『当家系伝並愚勘』の中で、「続史愚抄亀山院到二後桃園院一国史代四十八巻紀光安永六年到二寛政五年四月一編集、但中清書也、又加二一校一可レ令二清書一者也」と記載していることによると、安永六年（一七七七）に稿を起こし、寛政五年（一七九三）に至り中清書本の成稿を見たことが知られる。しかしこれらの記事とは別に、国史大系本及び伝存諸稿本に存する奥書・外題などによって成稿経過の大体を知ることが出来るので、記述の都合上まず伝存諸稿本について解説し、併せて本書の成立について述べることとする。本書の諸稿本の中、国史大系本の底本として用いられた紀光自筆の清書本（八十一冊）は柳原家に於て戦災のため既に失われ、伝存稿本として現在一般に知られている主要なものは、宮内庁書陵部並びに岩瀬文庫（西尾市立図書館）所蔵の左記稿本で、その中、書陵部所蔵の八十一冊本のほかは、すべて柳原家の旧蔵にかかるものである。

㈠　岩瀬文庫所蔵　二十八冊本　自亀山天皇 至東山天皇
㈡　同　二十九冊本　自亀山天皇 至正親町天皇
㈢　書陵部所蔵　十九冊本　自後陽成天皇 至後桃園天皇
㈣　同　十冊本　自亀山天皇 至後醍醐天皇（前紀）（有欠）
㈤　同　八十一冊本　自亀山天皇 至後桃園天皇

㈥　岩瀬文庫所蔵四十六巻本　自亀山天皇 至後花園天皇

㈦　同　　二十六冊本　自亀山天皇 至後醍醐天皇(後紀)

㈧　書陵部所蔵残欠稿本　後奈良天皇

㈨　同　　草稿本　朱雀天皇 三条天皇

以下順次簡単に説明を加えておく。

㈠　岩瀬文庫所蔵二十八冊本　『岩瀬文庫図書目録』（昭和十一年刊）に紀光の自筆原稿本と記載しているものである。亀山天皇より東山天皇に至る二十八代の紀を二十七冊に収め、ほかに伏見・後二条・花園・後醍醐の四天皇紀の残欠を集めた一冊を取り合わせている。美濃判、袋綴。第一冊亀山天皇紀より第二十五冊後西天皇紀に至る二十五冊は藍色表紙 或は 渋引表紙に「亀山院　権大納言紀光編集」、「草 後宇多院　従二位紀光編集」（後宇多天皇紀〜後西天皇紀各冊同様、但し崇光天皇紀には「草」の肩書を欠く）の如く紀光自筆の外題があり、第二十六冊霊元天皇紀・第二十七冊東山天皇紀は白表紙に「霊元院」「東山院」と紀光自筆の外題を載せ、またこれら各冊を通じて一より二十七に至る冊数及び所収年次（第一冊には記載なし）が紀光の自筆を以て記載されている。巻首の記事及び本文の記載の形式は、見返しに主上・上皇名を列挙し、次に内題を略して直ちに天皇名を掲げ、まず御父母名並びに御誕生以下践祚までの御略歴を表記した後に本文を起こし、年・月・日毎に改行してこれを記載するものである。本文は概ね一代一冊にまとめられており、比較的簡略ではあるが、朱書・墨書による追補・訂正の跡が著しく、紙面に余白のない場合には別紙を継いで記事の補足が行なわれている。しかし国史大系本及び後述の中清書本に見られる皇居・仙洞の所在についての記事や年次・月朔の干支、月の大小に関する記載は存せず、また依拠史料名の註記も霊元・東山両天皇紀に僅かに略号を以て朱書しているのみで、他の皇代には記載されていない。次に当本の作成年次については、これを徴すべき書写或は成稿に関する奥書はないが、上記の外題によって略々これを知ることが出来る。すなわち亀山天皇紀一冊はその外題に「権大納言紀光編集」とあることにより、紀光の権大納言在官期間の安永四年閏十二月より同七年六月に至る間に成ったことが知られ、後宇多天皇紀から後西天皇紀に至る二十四冊は同じく外題に「従二位紀光編集」と記しているので安永七年六月権大納言を辞して散位となった後、同十年正月正二位に叙せられるまでの間に成ったものということが出来よう。また霊元・東山両天皇紀については作成年次の徴すべきものがないが、多分他の冊に引き続いて作成されたものと考えられる。以上の成立年次は現存諸稿本によって徴しうる年次の最も早いものであるが、更に亀山天皇紀の作成年次が『当家系伝並愚勘』に記載された安永六年という本書の起稿年次と略々一致すること、当本の外題に「草」と註したものの多いことを併せ考えると、当本は一応まとまった稿本としては最も早い時期に成った草稿本と推定することが出来る。なお当本に収められていない中御門天皇以降の皇代に関しては、未作成のままに終ったものか、或は成稿の後乃至は未完のまま中清書本の原稿として整理・利用されたものか、いまこれを明らかにし得ない。次に伏見天皇紀その他の残欠を集めた一冊は無表紙、仮綴。所々一、二行乃至数行にわたって切除した跡の存する残欠で、その記事中、正応四年紀に「寛政七年十月廿三日清書藁書写了」、乾元二年紀に「寛政八年正月十四日清書草書写了」、延慶元年紀に「寛政八年二月五日清書草書写之」との紀光自筆の奥書が見られる。この日附は国史大系本の奥書の日次と数日の差異があるだけなので、この残欠記事は大系本の底本である八十一冊本の作成の際に書写せられ、ついで改稿して不要となった部分が残存したものであろうと察せられる。

(二) 岩瀬文庫所蔵二十九冊本　(三) 書陵部所蔵十九冊本　前者は『岩瀬文庫図書目録』に紀光の自筆中清書本と記

載しているもので、亀山天皇より正親町天皇に至る二十一代を収め、その中亀山・後宇多・伏見・後小松・後花園・後土御門・後柏原・後奈良・正親町天皇の九代を夫々上下二冊に、崇光・後村上天皇紀を一冊とする。後者も紀光自筆の中清書本で、後陽成天皇より後桃園天皇に至る十二代を収め、後陽成・霊元・東山・桜町・桃園天皇紀を各二分冊、中御門天皇紀を三分冊とし、他の六代を各一冊に収める。この両稿本は各冊の奥書に「中清書」とあることを始めとし、体裁・書写形式が合致するところが多く、しかも所収の皇代及び外題に記した冊次も接続するので、元来一本をなすものであったと考えられる。すなわち両者ともに美濃判、袋綴。前者には渋引表紙に「続史愚抄　一（―廿九）」、後者にも同様の表紙に「続史愚抄　三十（―四十八）」と紀光自筆の外題があり、またそれぞれ表紙中央に紀光の筆を以て「亀山院上（後桃園院）」の如く所収皇代が記されている。各冊の巻首に「続史愚抄　正二位藤原朝臣紀光編集」と内題を記し、その下に「藤原紀光」の朱印を押す。次に天皇名を掲げて在位年数・巻次を註した後、所収年次の目録を載せ、次に主上・上皇名と皇居・仙洞の所在を列記し、その後に再び天皇名を掲げて御諱及び在位年数を註し、次に御父母名及び御誕生後践祚までの御略歴を表記した後、本文を起こし、年毎に改丁、月・日毎に改行してその記事を掲げるものである（分冊の場合には年次目録は冊毎の所収年次を掲げ、中・下巻には御諱・在位年数の註記及び践祚前の御略歴の記載を省く）。記事の内容は国史大系本に比して記載事項が稍少なく、各日の干支の記載も存しないが、年次・毎月朔の干支、月の大小の追記を始めとして、朱書・墨抹などの補訂の跡が随所に見られ、依拠史料名も各条の首部に朱筆を以て追記されている。なお当本の書写に関する紀光自筆の奥書が各冊にあり、たとえば第一冊亀山天皇紀（上巻）には「寛政三年四月廿八日中清書出来　正二位藤（花押）」、第四十八冊後桃園天皇紀には「寛政三年七月廿九日中清書出来　正二位藤原（花押）」と中清書年次が記され、夫々「紀光」の朱印が存する。これらの奥書によってその成稿経過を見ると、最も早いものは後二条天皇紀一冊で、天明八年八月十日に書写されており、ついで花園天皇紀より崇光天皇紀に至る六冊が同年中に、後光厳天皇紀より後土御門天皇紀（上巻）に至る八冊及び後桜町天皇紀一冊が寛政二年中に、亀山・後宇多天皇紀各二冊、後土御門天皇紀（下巻）・後桃園天皇紀各一冊が寛政三年中に、伏見・後伏見・後柏原・後奈良・桜町・桃園天皇の六代の紀十一冊及び中御門天皇紀（上巻）一冊が寛政四年中に、正親町・後陽成・後水尾・明正・後光明・霊元・東山天皇及び中御門天皇（中・下巻）の八代の紀十三冊が寛政五年正月より三月までの間にそれぞれ書写され、ついで同年四月四日後西天皇紀一冊の書写を以てその功が終っている。いまこの両稿本を合わせるとその冊数は四十八冊となり、また最終の書写年月が寛政五年四月であることが知られるが、この冊数及び書写年次は前に引用した『当家系伝並愚勘』記載の巻数・年次と合致するので、同書にいう中清書の四十八巻本とは、すなわちこの両稿本に相当するものと推定せられる。尤も同書に「安永六年到寛政五年四月編集」とある安永六年という年次は、この両稿本の書写年次中最も早い天明八年より十一年も以前のことなので、中清書本の起稿年次とすべきではなく、むしろ上述の初稿本起稿の年次とすることが妥当であろう。

㈣　書陵部所蔵十冊本　　亀山・後宇多（上巻、文永十一年～弘安四年）・後伏見・後二条・花園天皇及び後醍醐天皇（前紀）の六代の紀を収める。美濃判、袋綴。打曇文様の表紙を用い、後補の題簽に「続史愚抄亀山天皇上」の如く記す。当本を国史大系本と比較すると、まず巻次の編成を異にし、皇居・仙洞の所在に関する記事を欠き、本文の記述にも若干の相違が見られるほか収載事項数も稍少なく、依拠史料名も註記されていない。なおその書写は紀光の筆によるものではないが、本文中稀に紀光の筆蹟による補訂・書入れが認められる。また当本の作成年次については、書写に関する奥書その他が存しないので明らかにし難いが、上掲の中清書本では追記して補われている年次・月朔の干支及び月の大小の記載が当本では最初から存するほか、その内題は国史大系本の底本である清書本と同じく「散位正二位藤原朝臣紀光編集」とあって中清書本の内題と若干相違しており、また全般的に記事の整備も行なわれていることなどに徴すれば、少なくとも中清書本の成稿後に作成されたものと考えられよう。因に当本は『図書寮典籍解題』（歴史篇）では初稿本として紹介されている。

㈤　書陵部所蔵八十一冊本　『続国史大系』『新訂増補国史大系』両刊本の底本に用いられた紀光自筆の清書本（八十一冊）を影写したものである。亀山天皇より後桃園天皇に至る三十三代の紀を八十一冊に編次し、後伏見・光厳・後醍醐（後紀）・後西天皇を各一冊、崇光・後村上天皇を一冊とするほかは、一代が二冊から四冊にまとめられている。大判、袋綴。各冊藍色表紙に「続史愚抄亀山院上」の如く題簽を加える。また巻首に「宮内省御系譜課」の朱印があり、すなわち明治初期宮内省御系譜課に於て書写した一本で、朱墨の書入れ・墨抹その他朱印に至るまで細かく写されているが、上述のように原本は既に焼失したので、この影写本が最もよくその面影を伝えるものである。いま当本によって原本の体裁・内容を窺うと、まず巻首部分の記載事項は上掲の中清書本と同様であって、ただ中清書本に於ては内題を劈頭に掲げるのに対して、当本ではこれを主上・上皇名と皇居・仙洞の所在に関する記事の次に移していることと、内題の字句を改めて「続史愚抄　散位正二位藤原朝臣紀光編集」と記し、中清書本に比して散位の二字を加えて体裁を整えていることなどが相違する点である。次に本文については収載事項・記述ともに中清書本に比して詳密であり、更に依拠史料名が各日の記事の末部に朱書を以て分註されている。また各冊に清書比校に関する紀光の奥書が加えられているが、これによって成稿経過を見ると、まず寛政七年八月十三日に第一冊亀山天皇紀（上巻）を書写し、以下皇代の順に書写を続けて後伏見天皇紀に至る十一冊を同年中に、後二条天皇紀から後小松天皇紀（上巻）までの十八冊を寛政八年中に、後小松天皇紀（中之上巻）から桃園天皇紀（上巻）までの四十五冊を寛政九年中に、桃園天皇紀（中巻）から後桃園天皇紀（下巻）に至る七冊を寛政十年正月・二月の間にそれぞれ書写していることが知られ、その最終巻後桃園天皇紀（下巻）の奥書には「寛政十年二月十一日清書案書終、幸甚々々、　暁寂（印）」と書写の功を終えた喜びが記されている。なお同じく奥書によると、紀光はこの清書本を一応脱稿した後、同年二月から七月にかけて全巻にわたって検討・修訂を試み、殊に後醍醐（後紀）・光厳両天皇紀の如きは全面的に改訂を加えたことが知られるのである。因に書陵部にはここに掲記した影写本と同種のもので、後醍醐（前紀・後紀）・光厳・後土御門（中之上巻）の三天皇紀を収めた六冊も所蔵せられている。

なお『続国史大系』『新訂増補国史大系』の両刊本について一言すると、ともに全編を三冊に分ち、便宜巻首部分の記事の体裁を改め整え、本文記事に校訂を加えたものであり、殊に新訂本は紀光自筆本を直接底本として用いたものといわれ、精細な校訂により続国史大系本の誤記・脱漏などを修訂するところも多く、同本に比して善本たることはいうまでもない。また両刊本とも紀光の序文を掲げ、続国史大系本ではこのほかに柳原義光の識語を添えていることは上述したとおりであるが、更に史実の検索の便をはかるため、続国史大系本には「続史愚抄目録」（第一）を、新訂本には同目録（第一）・（第二）の両部を夫々附録として収めている。前者は「公事部已下雑々」と題し、本書所載の朝儀公事（天皇元服由奉幣以下四十六項）の事項別編年目録であり、後者は「凶事部」と題し、同じく凶事関係事項（天皇崩御以下二十項）の同種の目録であって、その奥書によると、紀光が寛政六年八月家人をして編集せしめたものである。

㈥　岩瀬文庫所蔵四十六巻本　　『岩瀬文庫図書目録』に紀光の自筆浄写本とあるもので、亀山天皇より後花園天皇（康正元年十二月迄）に至る十七代の紀を四十六巻に編す。縦二十八・二糎の無軸の巻子本で、白表紙或は反古文書の裏を用いた表紙に「続史愚抄亀山院紀上　一」の如く紀光自筆の外題を記す。その記事の体裁は各巻の巻首に「亀山院　自正元元年至文永十一年在位前後十六年」の如く天皇名と在位年数を記し、次に年次目録を掲げた後、「続史愚抄　散位正二位藤原朝臣紀光纂」との内題があり、次に再び天皇名を記して御父母名及び御誕生以下践祚に至る御略歴を表記した後、年・月・日毎に改行して本文を記載するものである（中巻以下には巻首の在位年数の註記及び御父母以下御略歴の記事を略す）。なお年次・月朔・日次の干支や月の大小を記すことは国史大系本と同様であるが、主上・上皇名と皇居・仙洞の所在に関する記事及び依拠史料名は記載されていない。次に当本の作成年次については、各巻末に加えられた紀光自筆の奥書によると、寛政十一年二月に第一巻亀山天皇紀（上巻）を書写し、以下皇代の順に書写を続け、同年十二月に至り、最終の第四十六巻後花園天皇紀（下之上巻）の書写を終えたことが知られる。その奥書を二、三挙げると、第一巻には「寛政十一年仲春於岡崎荘清書草成（花押）」、第三十巻後光厳天皇紀（下巻）には「寛政十一年七月三日凌炎暑而書清書稿於岡崎野荘（花押）」とあり、また第四十六巻には「寛政十一年十二月十六日書清書稿於岡崎幽居（花押）」と見えている。紀光の死去は寛政十二年正月四日のことなので、当本は実に『続史愚抄』の最終稿本と認むべきものである。次に当本の記事を国史大系本と比較すると、収載事項については殆ど差異は認められないが、文章を多少飾り改めているほか、大系本の記事を訂正・補筆した箇所もなしとしない。その例を二、三挙げると、

⑴　大系本では文永元年十月十八日以下四日間の記事を略しているが、当本によるとこれは寂勝講の執行に関する記事であることが知られ、その記事は「十八日己未寂勝講第二日」、「廿五日丙寅寂勝講竟」の如く記載されている。

⑵　大系本では文永五年十月三日条に一院（後嵯峨天皇）の太上天皇尊号御辞退に関する記事を掲げていながら、紀

光みずから「按此事不二今日一歟、重可二考訂一」と加注し、大系本校勘者も「三日庚辰、原墨抹傍書二五日一、拠二分注文一似レ可レ従、今暫仍レ旧」と疑念を存しているが、当本ではこの記事を五日条に移し、その文中に「或作二三日一謬矣」と断定している。

(3) 大系本では文永八年十一月二十八日、二十九日の両日条に夫々熾盛然法結願の記事を掲げているが、当本では二十八日条の記事に「或作二廿九日一」と加注し、二十九日条の記事を削除している。

(4) 大系本の弘安九年四月八日条の灌仏の記事中、「富小路殿三所」以下の部分は、底本では「新院灌仏」云々の左に傍書された記事を、校訂によって本文に移したものである。しかし元来底本に於ても本文と傍書の関係が明確ではなく、文意も十分に通じがたいのであるが、当本ではこの「新院灌仏」以下の記述を改訂し、その前文「奉行蔵人皇后宮大進頼藤」に続けて、「富小路殿灌仏、本院東二条院春宮等三所、万里小路殿灌仏、新院新陽明門院今一所大宮院歟、公卿同二禁裏一、奉行院司勘解由次官仲親」と記載して文意を明確にしている。

(5) 大系本同日条別項に掲げた新院（亀山天皇）の石清水社行幸の記事は「新院幸二石清水宮一」と記載するのみであるが、当本ではこれに続けて「即還二御于三条殿一、是為二寵妾下野局宿廬一由歟、即御逗留、至二十日一還宮」との記事の増補が見られる。

以上は亀山・後宇多両天皇紀の中より若干の例を拾ったにすぎないのであるが、これらの事例によっても当本が大系本の底本（八十一冊の清書本）を増補改訂したものであることが知られよう。しかも当本には更に所々に書入れや訂正が加えられており、本書の完成に注がれた紀光の倦むことなき精進が偲ばれるのである。

(七) 岩瀬文庫所蔵二十六冊本　『岩瀬文庫図書目録』に清書本とあるもので、同目録には所収皇代を「亀山院至光厳院」と記載しているが、これは誤りで、亀山天皇から後醍醐天皇紀(後紀)までを収める。縹色の菱形文様を染めた白地表紙に「亀山院上」の如く所収皇代を記す。内容は前掲の四十六巻本を清書したもので、前掲本に加えられた書入れ・訂正箇所はすべて書き改められている。ただし内題に冊数を補っていること、前掲本では亀山天皇紀より後醍醐天皇紀(後紀)までを二十一巻とするのに対して、二十六冊に編成していることは相違する点である。なお当本の筆蹟は紀光のものではなく、書写に関する奥書もないので、書写年次を明らかにし得ないが、恐らくは紀光没後の書写にかかるものと考えられる。

(八) 書陵部所蔵残欠稿本　半紙判、袋綴。後奈良天皇紀の残欠一冊で、現在は旧表紙のほかに新表紙を加えているが、旧表紙は天文二十年紀の草稿の反古を裏返して用い、紀光自筆を以て「後奈良院下」と外題があり、その右肩に「自天文十一年至弘治三年」と所収年次を朱書し、表紙の右側に「引書」として『皇年代記』『二水記』など十一種の史料名を記す。本文もまた紀光の自筆に成り、天文十一年正月・二月・三月・閏三月の記事を収める。紙数僅か三枚に過ぎず、その記事は簡単で、中には一応件名を記す程度にとどまって未だ委細の記述に及んでいないと見られるものもあるなど、全般的に未整備の感が強いので、恐らくは編修の初期に草せられた草稿の一部と考えられるものである。

(九) 書陵部所蔵草稿本　半紙判、袋綴。朱雀・三条両天皇紀各一冊で、紀光が同家の家士土橋忠種をして書写せしめた草稿本の一部である。すなわち丸山二郎氏が国史大系本の校訂出版に当たって調査されたところによると(「続史愚抄に就いて」『歴史地理』五六の一)、同氏の調査当時、柳原家には当本と同種の稿本で、宇多天皇より後一条天皇に至る十代の間、朱雀・三条両天皇紀を除く八代の紀が伝存したことが知られるが、当本はその欠巻に該当するものである。両冊ともに書状・懐紙・詠草などの反古を本文料紙として用い、宿紙の表紙に「続史御抄　二（八）」、「朱雀院（三条院）」と書名及び所収皇代を記す。この表紙並びに外題は紀光の曾孫柳原光愛が加えたものであるが、このほかにも同じく光愛によって、巻首に天皇名、年次目録、主上・上皇名と皇居・仙洞の所在、践祚前の御略歴などの記事が別紙を継いで補われており、なお朱雀天皇紀の奥に「此一冊一覧之便加支干了　明治七　八　廿三（花押）」との光愛の識語が存する。蓋しこれらの後補・加筆は光愛が祖業を継ぎ、この稿本の体裁を清書本（八十一冊本）に倣って整備・補足しようと試みたものであり、外題に「続史御抄」とあるのは、もとより祖先を敬ってのことである。その本文は主として『日本紀略』の記事を抄出して用い、ほかに『扶桑略記』『百錬抄』『一代要記』『西宮記』『北山抄』『貞信公記』『小右記』などを依拠としてこれを補っており、その他光愛による追補の記事も若干存する。この宇多天皇紀以下の草稿本の成立年次については、本文の紙背文書の中に寛延三年・明和四年・同五年・安永二年・同八年などの年次に関する記載が見られるので、一応安永八年以後に草せられたものであろうと推察せられる。而してこの宇多天皇紀以下の草稿本の存在は紀光の本書編修の素志が『三代実録』を継承するにあったことを証するものである。

以上を要約すれば、本書の稿本は安永六年から寛政十一年十二月に至るまで凡そ二十三年の間、数次にわたって作成・補訂が行なわれたのである。而してこの間に作成せられた稿本には大別して初稿・中清書・清書の三段階の編修過程を示すものがあり、そのほかに『三代実録』の後に接続する皇代の草稿本も草案ながら起稿されている。いま作成年次を徴し得る主要稿本によって本書成立の迹を顧みると、まず安永六、七年の頃より数年にわたって初稿本（岩瀬文庫所蔵二十八冊本）と認められる稿本の作成が行なわれており、その全巻の成否は不明であるが、安永十年までには既に大半の年代が脱稿したことが知られる。ついでこれを増訂して中清書本（岩瀬文庫所蔵二十九冊本・書陵部所蔵十九冊本）が作成せられ、寛政五年四月に至って全四十八冊が脱稿したのである。この中清書本の作成に着手した時期は明らかでないが、同本の奥書年次の最も早いものは天明八年八月である。本書の記事の体裁・内容もこの中清書本の成稿に至って略々定まったかと考えられるのであるが、同本の成稿についでこれを増訂した清書本の作成を始め、寛政七年八月に第一冊亀山天皇紀（上巻）を書写し、同十年二月に至り全八十一冊に及ぶ書写を終えており、その後なお記事の修訂を行ない、同年七月これを了したのである。この清書本がすなわち国史大系本の底本であって、全巻完備した稿本としては最終のものである。この稿本の脱稿後紀光は更に記事の補訂を図って新稿本（岩瀬文庫所蔵四十六巻本）の作成に着手し、寛政十一年二月その第一巻亀山天皇紀（上巻）を書写し、同年十二月第四十六巻後花園天皇紀（下之上巻）の書写を終えたが、この新稿本は翌年正月紀光が死去したため、同巻の書写を最後として遂に完成を見るに至らなかったのである。なお以上の経過の中で、安永十年より天明八年に至る間については、稿本の作成状況の徴すべきものがないが、この期間に初稿本の続修につづいて中清書本の作成が始められ、或は宇多天皇紀以下の草稿本の作成も並行して行なわれたものと推測することも出来よう。また上記三段階の稿本の作成に当たっては、これに関連する草案の作成や部分的改稿も行なわれたであろうことは、伝存の一、二の稿本（岩瀬文庫所蔵二十八冊本・書陵部所蔵残欠稿本など）によって、これを知ることが出来る。

三　体裁と内容

本書の史体は編年体をとり、皇代毎に在位の間の事蹟をとりまとめ、これを年月日の順に編述したものである。このような編修の形式は六国史はいうまでもなく、それ以後の『日本紀略』『本朝世紀』『扶桑略記』『百錬抄』などの通史を一貫する史体であって、「国史代」たるべき本書が当然踏襲したものであろうが、なお本書にはこれらの史書に見られぬ特色も二、三存する。その一は年月日の書法であって、年次及び日次に干支を加え、毎月朔に干支を註することは、既に『三代実録』『日本紀略』に見られるところであるが、本書ではこれに加えて月の大小をも明記し、以て年月日の記載を不備なからしめている。その二は各皇代の巻首に当代の天皇・上皇の名を挙げ、皇居・仙洞の所在を表記している点であって、このような記事を一括表記することは上掲の書には見られなかったことである。その三は御父母名及び立親王・立太子・元服・著袴などの践祚前の主要履歴を同じく巻首に表記している点である。これらの記事も上掲の書では本文として記載される例であるが、以上のように一定の事項を本文とは別に表示する記述の体裁は皇代記・年代記の類に多く見られる形式であり、恐らくこの先例を参酌・折衷して新たに考案したものであろう。その四は各日毎にその日の記事の依拠史料を註載していることである。記事の典拠を本文中に註記することは、『扶桑略記』の如き例もなくはないが、これを全面的に提示することは、六国史以下古代・中世に編修された史書にはおよそ見られなかった形式である。しかるに江戸時代初期以来この伝統的な形式に変化を生じ、たとえば『本朝通鑑』では巻頭に五百二十余部の書目を分類列挙して概括的ながら依拠史料名を示しており、『大日本史』は行文の間にその記事の典拠を一部註記するに至っている。而して本書に於ては上述の如く全記事について日毎に依拠史料名をまとめて各日の記事の脚部に分註掲載していることは、前記二著に見られた傾向を更に発展せしめたものということが出来るのであり、そこに記事の考拠に対する紀光の強い関心を見るべきものがある。尤も最終稿本の四十六巻本ではこの史料名の記載が省略されていることは、既に八十一冊本にこれを註載しているので、再度書写する手数を省いたことによるものかと思われるが、他面紀光がこの掲記を不可欠のこととは必ずしも考えなかったことを察せしめるものがある。またその書目を記載するに当たっては同一書の書名が必ずしも統一されておらず、或は禁記（『禁中御日次記』）・砂（『砂巌』）・秘抄・或記などの如く柳原家家蔵の記録と対照しなければその本名や内容を知り難い略称も多く用いられていることは、この史料名の記載を以て一般的利用に備えたものというよりは、むしろ紀光一己の徴証の便に備えたものであろうかと想像せしめないでもない。しかし紀光の記事の徴証を重んずる意図については疑いのないことであり、また依拠史料名を一々記載していることは、以上のような不十分な点はあるにしても、内容の詳密さと相俟って史実・史料の検索上多大の便宜を研究者に与えるものがあり、本書の史書としての価値を高からしめている。岩橋小弥太博士はこの点について、今日中世史の研究に従事する者は大抵『史料綜覧』を利用するが、それが世に出るまでは殆どの人が本書の恩恵に浴したのであると述べられているが（「中世の史籍」『日本歴史』一九四号）、このことはひとり往時の中世史の研究に限るものではなく、現在に於ても『史料綜覧』の未刊行の近世史、就中近世公家社会の研究にとっても同様に言い得ることである。

次に本書の内容について述べると、まずその所収皇代及び年数は、上述の如く亀山天皇から後桃園天皇に至る三十三代五百二十一年に及ぶが、ここに三十三代というのは所謂南北朝時代について北朝の皇統を以て御歴代とする立場をとり、その関係皇代を後醍醐—光厳—後醍醐（復位）—光明—崇光—後村上—後光厳—後円融—後小松天皇と次第することによるものである。紀光がこのような皇位継承の次第をとることは、これまでに『本朝通鑑』が「非レ可三妄決二正偏一」として事実上南北朝並立の立場をとり、『大日本史』が南朝正統説をとるのに対して、当時の朝廷を中心とした一般的な考え方、すなわち北朝の皇統を以て御歴代とする立場に従ったものである。しかし紀光はこの立場をとりながらも、多くの皇室系譜・皇年代記類の記載や『続神皇正統記』の所説が殆ど南朝の皇代を認めていないのに対して、後村上天皇に関しては一面では偽位・偽主と註しながら、正平六年十月より同七年八月までの間について同天皇紀を立て、これを崇光天皇の次に次第していることは、大いに相違する点である。恐らく紀光に於ては、当時の伝統的・一般的な考え方に従って北朝の皇統を御歴代として次第することに何等の疑義ももたなかったものであろうが、この立場を基調としてもなお南北朝争乱の史実に即して考えた時、後村上天皇による正平一統の期間は、短期間とはいえ、これを北朝の皇代の下に掲記し得なかったものであろう。次に記載事項に関しては、編修凡例とも称すべきものが伝えられず、また所収の年数も極めて長年月にわたるので、これをもれなく挙げることは困難であるが、その大体を整理して概示すれば次の通りである。すなわち㈠天皇・上皇及び三后などの動静　㈡朝廷の恒例及び臨時の儀式・公事の類　㈢摂関・大臣の任罷、将軍宣下及び天台座主・東寺長者の任替の如き補任関係事項　㈣皇子女・親王・大臣・将軍・高僧などの薨逝関係記事　㈤諸社寺の祭典・勅会に関する事項　㈥変異・災害などに関する事項　㈦戦乱・事件に関する事項などが主要なものとして挙げられる。而してこれらの記事の主要部分をなすものは朝廷を中心とした公家社会の史実であり、就中朝儀・公事についての記述が大半を占めている。本書と同時代を扱ったものには、武家側の史書としては『吾妻鏡』『後鑑』『徳川実紀』などそれぞれの政権を中心としたものがあるが、朝廷を中心としたものは殆ど見られず、従って本書は鎌倉時代中期以降の朝廷を中心として叙述された通史として殆ど唯一のものであり、国史の研究に資するところが甚だ多いことはいうまでもない。『国史大系』に収められた所以もまた正にここにあるものと察せられるのである。

以上は本書の体裁・内容の概略であるが、更に本書の記事について述べると、たとえば六国史に於て詔勅の文を掲げ、叙位任免の人名を列記しているような長文にわたる詳細な叙述は見られず、殆どが『日本紀略』などに見られる綱文風の簡略な記事である。このことが本書を以て皇代記の類と見做す説の起きる所以とも想像されるのであるが、簡略とはいえ皇代記類に比して詳しい叙述であることはいうまでもないことであり、また記載事項に於てもたとえば恒例行事の主要なものはこれを毎年掲載しているのであるが、このことは多くの皇代記類がいわば異例的行事・事変の類を主として記載し、恒例のことを記載していないことと著しく相違する点である。その他本書の全編を通じて見られる叙述の特色ともいうべきものを二、三附記すると、まず恒例・臨時の朝儀・公事について、延引・停止或は新儀・異例にわたる場合は概ねそのことを記し、時には先例・沿革などをも註載していることが挙げられる。これらの先例・沿革などに関する記事は、十分な考証を経たもののみとも思われないが、なお朝儀の沿革を研究する上に於て一応の参考となるものである。次に綱文風の簡略な記述ながら、朝儀・公事に関する記事では、大概内弁・上卿・奉行・執筆などの主要諸役の人名を挙げていることも記事の特色とすべきであろう。たとえば叙位のことを記すに当たって「叙位、執筆内大臣兼忠奉行蔵人頭左中将為兼朝臣」(正応二年正月五日条)と、叙人については全く触れず、ただ叙位の儀の行なわれた事実と参役の人名のみを記す如くである。このような記述の例は既成の史書の中にも存しなくはないが、本書では全編を通ずる定式となっており、更に「大歌所再興(中略)奉行益房朝臣元蔵人頭左中将隆義朝臣奉行也、而不ㇾ内ㇾ覧外任奏ㇾ而奏聞、為ㇾ失錯ㇾ因称ㇾ病退出云」(宝暦三年十一月十七日条)の記事に見られるように、諸役交替の事由や新旧の人名をも記載するに至っている。以上のように儀式・公事の沿革や参仕諸役について特に記載していることは、蓋し編者の職掌上の関心によるものであろうと察せられる。なお人名の記載に関連して注目せられるのは、柳原家の家例とすべきことはつとめて掲記していることである。たとえば「亀山殿御逆修、公卿堀川藤中納言親頼已下二人参仕、右少弁俊光為ㇾ散花人数ㇾ」(正応三年二月十三日条）、「和歌御会始、題梅度レ年香（中略）日野新大納言資行卿詠進一」（万治三年正月十九日条）の記事の如く柳原家祖先の関連事蹟を附記しており、或はまた年賀勅使の関東下向の記事の如きも、原則として柳原家の人々の下向した場合にかぎってこれを記載しているのである。このように柳原家の関係事蹟を例外的に特記していることは、本書の私著としての一側面を示すものといえよう。次に本書はまた史料の誤りと思われるもの、或は疑いのあるもの、異説として考慮を払うべきもののある場合には、本文記事の下にそのことを注記して、これに関する考按の次第を明らかにしている。このことはもとより本書にかぎられたことではないにしても、また本書の記事として看過すべからざるものである。その事例を若干挙げると、たとえば史料の異同について、「作二二十日一謬矣」「或作二二十日一」の如くその結論のみを註するもののほか、「大略作二正中二年一、今以二常楽記一訂レ之」（嘉暦元年十月三十日、惟康親王薨去条）とその訂正の依拠を挙げ、或は「又作二七月三十日薨一、押二長暦一七月小無二三十日一、不審」（文永十一年八月一日、宗尊親王薨去条）「園太暦及洞院部類等作二五月廿三日一、按以二五月一為レ善歟、大祀御神事中出家不審」（文応元年十一月三日、西園寺実氏落飾条）と註する如く異説に対する考按を附註しており、また当否を容易に決し難いものについては、両説を挙げて「重可二思惟一」と註し、今後の研究にまつべきことを明らかにしている。このような事例は時日に関するもののみならず、人名・事件についても同様に存するところであるが、このように本文と依拠史料に関する考按を註載していることは、正確な史実を求め、記事の考拠を重んずる紀光の態度を示すものであり、依拠史料名の掲記と並んで、本書の内容に対する信頼を高からしめるとともに、後の研究者にとって参考ともなるところが多いのである。しかし本書は浩澣な書であり、しかも史料の利用条件の十分でない当時のことであってみれば、その記事を仔細に検討すれば必ずしも誤りがないとは言い得ず、またその考証に全く疑問がないわけでもない。いま心づくままに一、二の例を挙げると、文保三年正月二十九日（乙酉）条に掲記した後宇多院御所の尊勝陀羅尼供養の記事は、紀光が採訪した東寺所蔵の『後宇多院宸記』（文保三年正月・四月、残欠一巻）を依拠史料とするものであるが、その転写本である東山御文庫本及び紀光書写の柳原本の同記を見ると、本条の依拠記事は四月の記事の直前にあり、しかも正月一日の記事よりこの記事に至る間が欠損している上、三月二十九日の干支も乙酉に相当することが知られるので、本記事の月日を正月二十九日とすべきか、或は三月二十九日とすべきか、この記録のみを以てしては定め難いのである。しかも『華頂要略』にはこの儀を三月二十九日のことと明記しているので、これを本書記事の如く正月二十九日のこととするには、更に考証を必要とするのである。また慶長十二年三月二日条に『安家記』を引いて「巳刻皇子降誕、母中臣胤子歟播磨守胤長女」との記事を掲げているが、『御湯殿上日記』『言経卿記』及び土御門家記録の『日時勘文留』には、同日女御分娩、皇女誕生のことが記録されているので、本条の記事は妥当なものかどうか、なお検討を要するものと思われる。その他本文記事と依拠史料を照合するとき、単純な日次の掲げ違いも間々認められるのである。

なお本書の内容に関連して、その編修史料について附言しておきたい。すなわちこれを分類すれば、記録類（公家・武家・社寺）・古文書・故実書・法制書・補任系図類・詩歌集・史書などに大別され、またその部数については、各日の記事の末に掲記した書名のままにこれを概算すれば凡そ二千部にも及ぶかと思われるが、それらの書目は呼称が統一されておらず、同書異名のものもあると思われるので、いまにわかに正確な点数を挙げ得ない。ただし前掲の丸山二郎氏の論文によると、柳原光愛作成の『続史御抄引書目録草』には五百七十部以上の書目が載せられ、また柳原家家蔵の『続史愚抄引書日記目録』には三百八十六部の日記名が挙げられているとのことであるから、これを以て一応の見当をつけることが出来よう。紀光は自家の蔵書について、時には「希有秘記多有レ之」（『愚紳』明和六年十一月廿九日条）

と自讃しているものの、同家は万治四年・宝永五年の再度にわたって火災に遭い、相伝の記録文書類の大半を焼失しているので（『閑窓自語』）、紀光の相続の当初には上記の如き多数の史料が家蔵されていたとは思われず、修史の業を進めるには、まず編修史料として諸家所蔵の記録文書類の採訪に努力しなければならなかったのである。これらの史料の採訪経過或は苦心については、是沢恭三博士の詳しい研究（「柳原紀光の諸家記録採究に就て」『国史学』四五号）があり、これによると、滋野井・広橋・勧修寺・万里小路・山科・吉田・日野・烏丸・千種・甘露寺・岩倉・正親町・一条・近衛・徳大寺・葉室・飛鳥井・坊城・三条西・西園寺・中御門・伏見宮・東寺・永久寺などの諸家・寺院が史料の採訪先として挙げられており、その他家士をして江戸方面の蒐書をも行なわせている。史料利用の条件に恵まれない当時に於て、紀光が一私人の力を以てこれら多数の諸家所蔵史料を借覧するには多大の苦心を要したのであり、またその書写に当たっては、時間的制約も強かったため、子息均光を始め家族・家士はもとより縁者をも動員してこれに従わせ、或は大部の史料については必ずしも全巻そのままを転写せず、専ら編修史料として必要と思われる範囲を抄出して謄写の速成を図るなど、極めて精力的に蒐集を行なっているのである。因にこのような史料蒐集の状況については、紀光の蒐集・書写した記録の奥書によって大体を察し得るのであるが、ここでは記録抄写の事例を書陵部に伝存する『山科教言卿記』（応永十二年より同十七年まで）の自筆原本と紀光自筆の転写本について検討し、参考としたい。まず同記の現存原本は十二巻十二冊を数えるのに対して、紀光の転写本は三冊の抜書として書写されており、更にこの抄出の状況を応永十二年五月の記事について照合すると、同月十四日（十三日以前欠）から三十日に至る間、原本に於ては連日記事を掲げ、その件数は合計七十一件に及ぶのに対して、転写本では僅か十四・十六・二十二・二十六日の四日間について合計五件の記事を収めるに過ぎず、教言の私的行動、山科家の家政などに関するものは、大概これを省略している。しかもこのようにして抄出した記事についても更に不必要な字句の省略を行なっているのである。たとえば五月十四日の記事の首部を挙げて、この両本の記事を比較すると次の通りである（傍点を施した字句は、転写本に於て省略したものである）。

為レ礼欲レ参二鹿苑院一之処、便路之間先罷二向士仏法印一合顔之処、南ニ煙上、鷹司烏丸辺歟之由申之間忩帰了、即一条ニテ予宿所ト見付亡興ヲ忩ゝ帰了、早焼、所詮烏丸頬 東南 向左兵衛督下部小屋ヨリ火出云々、教冬卿モ笛□之間無人、不可説ゝゝゝ、北山殿ヨリ教興朝臣被レ召之間即馳参上、被レ召二御前一、事之次第一々有二御尋一、其儀言上仕、不便ゝゝ、老父母無二殊事一歟有二御尋一、委細委細申入了、明日可レ参之由被二仰下一、忝畏入ゝゝ自二諸方一人々訪来迷惑者也、先烏丸西頬ニ重能宿所へ予以下女中倉部並教豊徳菊丸等暫立入者也、入レ夜教遠三品亭へ立渡也

而して本書では、この史料によって「入道前中納言 教言 右兵衛督 教冬 等鷹司烏丸第火」と記載しているが、本条と原本及び転写本の記事を比較すると、紀光が本書編修に必要な範囲を中心として、原史料の抄出・転写を行なっていることが認められるのである。なお紀光はこのように史料の蒐集に努めるとともに、諸家より借覧・謄写した記録や伝来の家記その他を以て部類記・類聚を数多く作成している。これらは一定の事項の沿革・変遷を知る上に有用なものであり、史書の編修に於ては重要な史料源をなすとともに、史料の整理の便宜をも与えるものであって、その作成の多数に上ることも、一つには本書編修上の必要に促されたものと察せられよう。その他『宮中諸儀歳月便考』『諸記名目類聚』『当家所持日記便覧』の如き便覧の類も作成されているが、これまた修史の便宜のため作成されたものであろう。

四　編者

本書の編者柳原紀光は権大納言柳原光綱の子で、延享三年（一七四六）十一月十四日に誕生、寛延元年三歳で叙爵し、初名を光房と称した。やがて宝暦十年（一七六〇）武家伝奏を勤仕していた父光綱が十代将軍徳川家治の将軍宣下の勅使として関東に下向したその帰途、同年九月二十三日参州吉田に於て急死したので、十五歳の年少を以てその家を相続したのである。いま紀光の官歴を見ると、宝暦八年（十三歳）右少弁に、同十一年（十六歳）蔵人に任ぜられ、爾後累進して明和五年九月（二十三歳）には右中弁より左中弁に転ずるとともに蔵人頭に補せられ、また従四位下に叙せられた。翌六年八月左大弁となり、同八年十二月（二十六歳）参議に列せられ、ついで翌安永元年には従三位・権中納言に、同四年（三十歳）正三位・権大納言と累進し、翌六年には従二位に叙せられている。紀光の日記によると、五位蔵人より四位に叙せられると同時に蔵人頭に補せられることは、柳原家として稀有な例であり、二十六歳以前に参議に任ぜられるのも同家では僅か二例に過ぎず、また二十七歳で権中納言となったのは同家の初例であり、参議・中納言と連年昇進することも同家では二、三例にとどまることであった。更に権大納言となった時には、第九の中納言より上臈七人を超越し、一族の上首である権中納言広橋伊光・前権中納言日野資枝の両名をさしおいて抜擢を受けており、その年齢の三十歳というのも同家では例のない若さであった。権大納言任官の日の日記に「誠不レ知二手舞足踏一者也（中略）不肖末孫弱年蒙二重任一、祖先冥加恐懼外無レ他」（『愚紳』安永四年閏十二月二日条）と見えているが、家例にない若さで、その家の極官に任ぜられた紀光の感喜・得意の情も察せられよう。なおこの後安永七年正月（三十三歳）には宮中で襪を着用することを許されたが、これは一般には老年でなくては許されぬ特典であって、壮年ながら公事精励の故を以て特に許されたものであった。官職に関することではないが、これまたその経歴の順調さを示すものであろう。

このように紀光の官途は頗る順調であったが、これは一つには彼のすぐれた才能と公事精励の結果であり、その間関白近衛内前の推輓によるところも与って力があったものと思われる。その日記の示すところによれば、紀光は博覧強記で、研究心が旺盛であり、屢々「才学之為」と称して故実その他の研究に努め、また公事の参仕を始めとして事ある度に先例を引勘して一家の見識を養い、公事の執行、進退作法の指針とすることを例としており、また近衛内前の眷顧を受けること深く、その子弟の教導をも委嘱されているが、紀光もまたその意を迎えるために努めていることが知られるのである。しかしこのように順調な境遇も襪の着用を許された安永七年正月までで終り、同年六月たまたま紀光の不注意により生じた一事件を転機として、その境遇は一変するに至ったのである。その事件というのは、同年四月死去した妹の周琮尼の服喪中にあった紀光が、五月二日より四日までの間、日来の宿願と亡妹の供養のため柳原家の執奏寺院である近江国長命寺へひそかに参詣したことが発覚したものであった。このため六月二十三日に至り、暇を申請せず他国に出行・逗留したことは「高官之有間敷儀、不心得」であるとして勅勘を蒙り、権大納言を辞し、遠慮謹慎を命ぜられたのであった。この事件は全く紀光の過失によるものであり、これが幕府側に知られたことが処罰を招いた要因であったと思われる。しかし紀光自身もその日記に「今度及二此沙汰一事、頗有二譏者之所為一、而又時也命也」（安永七年六月廿三日条）と述べ、また「余年来准后（近衛内前）事々被二執申一、其上朝恩不レ少、旁有二偏執者一」（安永七年閏七月十六日条）と記していることを参酌すると、彼に対する嫉視・反感が事件の穏便な処置を妨げたものと察せられよう。これより先明和九年正月、紀光は小番勤仕の際に番衆所に於て頭中将東園基辰を嘲哢したことを譴責されて一時近習として側近に祇候することを止められたことがあった。この際近衛内前より事件の内容を質された紀光は「彼朝臣（基辰）毎事不覚悟之間発二嘩語一、是等於二番衆所一毎事有レ之事也、御不審子細却而不審」（明和九年正月九日条）であると反問して反省するところもなかったが、この紀光の行状について、一族の長老広橋兼胤が「常々之行跡、正月三日之狼藉不埒之至」（『兼胤記』）と評していることによると、紀光には恐らくその才能を誇って驕慢とも見られる風があり、一族の間にも既にこれに反感を覚えるものもあったことが知られる。この時の処分は一時近習を止められたに過ぎないが、今回の事件は廷臣の制規に公然と触れる上、元来一部廷臣の反感もあったとすれば到底これを弥縫することは出来ず、遂にその処分を見るに至ったものであろう。

この処分の後、紀光は同年閏七月十六日に至り遠慮謹慎を免ぜられ、内々番所参勤を命ぜられたにもかかわらず、所労と称して出仕を差控え、同九年十月（二十五歳）に至り、近衛内前の勧めによって漸く出仕することとなった。しかしこの出仕が必ずしも本懐とするところでなかったことは、翌十年正月の日記に「余有二隠逸之志一、両三年籠居、漸去冬依二人々催促一出仕、而非二本懐一」（安永十年正月廿六日条）と記載していることによって推察せられるのである。紀光がこのように述懐するには、一つにはこの事件の前年より起稿した本書初稿本の編修も恐らくはこの頃には略々完成しており、この機会に愈々修史の業に専念したいという心情も多分に動いたことによるものと察せられる。しかしながら他面、この後六月十日の日記に「今暁夢二仙洞（後桜町上皇）一、勅語曰、余近日可レ被レ還二任権大納言一云々、現応可レ待」との夢の記事を書きとめていることによれば、隠逸の志ありとはいうものの、官途回復の望みもまた棄てがたかったことが知られるのである。思うに、すぐれた資質と、はなやかな経歴をもった紀光としては、散位のまま勤仕することは不本意なことであり、むしろ引退して修史に専念することを望む反面、不慮の事件によって余儀なく去らなければならなかった官途だけに、権大納言に還任して再び朝政に参与することを欲するのも、蓋し人情の自然というべきであろう。しかしこの夢の現応は遂に得られず、境遇の変転は紀光をして、その才識を修史のことに傾注せしめることとなったのである。かくて紀光は散位の朝臣として小番に参仕しつつ、専ら本書の編修に励んだものと考えられ、上述の如く天明八年から中清書本の清書も始められたのであるが、この後再び不幸に見舞われることになった。すなわち寛政四年十一月（四十七歳）、丁度中清書本の清書が三分の一程度を終ったころ、「身柄不相応」の儀あり（『正親町公明公武御用雑記』寛政四年十一月廿六日条）として小番出仕を止められ、ついで同八年八月二十五日（五十一歳）には永蟄居を命ぜられることとなったのである。この事件は家譜には「永蟄居（中略）依二貨殖一也」とあり、また紀光の日記によると当時世間に流行した百両金・幽蘭などの高価な植物を買い求めて弄翫したこと及び謹慎中に鬢を剃ったことが不謹慎であるとして処罰されたものであるという。この事件によって、官途再任の望みは全く断たれ、紀光は処分の翌日皇居東側の中筋の本邸より岡崎の別荘に移って蟄居し、爾後その死去に至るまで同所に於て失意の日々を送ったのである。この年の詠草に「寛政八のとし神無月、ときにあはて岡崎の別荘に打ひそみける比、先妣の忌辰をむかへ」云々と詞書して、

みはかくてしつみはつらし後の世に　残こさむ書の名をはととめて

と詠んだ一首が伝えられている。時に中清書本四十八冊は既に寛政五年に脱稿し、更にこれを増訂した清書本（八十一冊本）を清書中であったが、『続史愚抄』一篇をこの世のかたみとして、逆境に沈淪のまま生涯を終らざるを得ないことを悲しんだのである。しかもこの後紀光に対する処分は更に強められ、翌九年閏七月には内勅により急に落飾を命ぜられることになり、紀光はその翌月十日薙髪してみずから法名を暁寂と称した。このような悲運の中に於ても、紀光

はひたすら稿本の清書に励み、翌十年二月に至り八十一冊本の清書の功を終えており、この後更に筆をあらためて最終稿本(四十六巻本)の作成に着手したのであるが、その清書をなかばにして、翌十二年正月四日病によりその生涯を終えたのである。享年五十有五。死去の前一日病気危篤となるに及んで、一族の三室戸能光が勅使として岡崎の幽居に来臨し、勅免の旨を伝達した。その病は脚気であったといわれる。因に紀光の撰著には『続史愚抄』のほかに随筆『閑窓自語』、日記『愚紳』、自詠の詠歌草その他があり、また修史その他のため採訪書写した夥しい記録文書或はその編集になる部類記の類が現在書陵部・岩瀬文庫その他に伝存し、紀光の不朽の名を伝えるとともに、研究者を益している。

参考文献

丸山二郎「続史愚抄に就いて」昭和五年『歴史地理』五六ノ一
岩橋小弥太「岩瀬文庫所蔵の続史愚抄稿本」昭和六年『歴史地理』五七ノ二
是沢恭三「柳原紀光の諸家記録探究に就て」昭和一七年『国史学』四五
同「続史愚抄」昭和三九年『日本歴史』一九四
福田秀一「続史愚抄雑感」昭和四一年『新訂増補国史大系月報』四一
村田正志「続史愚抄に於ける南北朝観」昭和四一年『新訂増補国史大系月報』四九
片山勝「続史愚抄所引の或記と師夏記」同 同
是沢恭三「柳原紀光の部類記作成」昭和四一年『新訂増補国史大系月報』六〇
井上宗雄「砂巌について」同 同
宮内庁書陵部編『図書寮典籍解題』(歴史篇)昭和二五年

今昔物語集

山田英雄

一　成立年代

十二世紀の前半。本集には序も跋もないためにその著者、その内容によって推測されている。しかし著者等について未だ明白な証拠がないために定説とすべきものはない。古くは著者を源隆国としてその生前の成立としたのであるが、現在本集には隆国没後の話の存在が指摘されて、その成立は信じられなくなった。しかしその後、本集の大部分は隆国の作とし、その没後に補足が行われたとする説があらわれた。一方否定説より出発して内容の最下限を追求する研究が多くあらわれた。片寄正義の保安元年（一一二〇）以後、今野達の『江談抄』成立以後、中野猛の後三年役話の完成以前、橘建二の永久四年（一一一六）から保安三年（一一二二）の間の話が最も新しく保安から天治の間、という説がある。何れにしても十二世紀前半であることには差別はない。ただ隆国原撰、後人附加説をとるときには二次にわたる成立年代があることになる。

二　著　者

古くは『宇治拾遺物語』の所謂序文の中にみえる『宇治大納言物語』を『今昔物語集』として、その撰者とされている源隆国を『今昔物語集』の撰者としていた。しかしこの説は単にその様な推定をしただけであって、果して他の文献記録によって証明されるかという吟味は何らなされていなかったのである。従って一度本集の中に隆国以後の話があることも指摘されるに及んで忽ち崩壊し去ったのである。

次に隆国説否定の上にたって新たな撰者追求が行われた結果片寄正義による鳥羽僧正覚猷・僧正忠尋・源俊頼、今野達による大寺の僧侶、国東文麿の白河院の企画によるその近臣と僧侶等が提唱されている。これらは何れも直接の証拠はなく、本集に収められている話の性格による分析の結果であって、個人名を出しても単なる状況証拠にすぎない。又集団を指定しても合作か単独作かの問題もあり、分析の方法に結論が左右され、特定の個人にまで辿りつくには程遠い感がある。以上の説と併行して以前の素朴な隆国説の反省として、隆国原撰、後人増補説が長野甞一・永井義憲によって強調され始めている。この両説は互に論駁しつつ提唱されて来たのであるが、論争の基になる証拠はそれぞれ自己に有利な解釈を施して、相手の論拠をつく時には一般的な論で反駁するという方法が多くとられているために、平行線をたどるのみで、説の合致点を見出し難い現状である。隆国説の論拠は数多いが、その一は『宇治拾遺物語』の所謂序文にみえる『宇治大納言物語』は源隆国の作という説である。この『宇治大納言物語』は十五（四）帖であるというのに本集が三十一巻実質二十八巻であるのはふさわしくない。又『宇治大納言物語』の逸文は厳密には本集と一致せず、従って『宇治大納言物語』と本集とが同一書である確かな証拠がない。又隆国原撰、後人増補説も、隆国没後の話が巻の最後にあるとはかぎらず、本集の編輯がかなり整正であることを考えると、もし増補説を成立させるならば増補改編したものとせねばならない。しかし鈴鹿本は本集が原著者の未定稿であると推測すべき多くの理由がある。増補改編したならば、空格、本文の中絶、話間の空白等は消滅すべきであるにも拘らず、存在することは後人の手の加わらないままであることを示していて、増補改編説は成立しない。隆国が多くの逸話を有していたことは後の説話に多くみえ、説話編輯者として恰好な立場にあり、しかも隆国の話が本集に入っていないことは隆国説を助けるが、本集の著者が隆国でなければならない理由とはならない。その他の理由にしても直接本集と隆国とをむすびつける明白な史料は現在存在しないのであるから、他に求むべきであろう。

三　諸本

本集は元来三十一巻あった筈であるが、現在は二十八巻のみで、巻八・十八・二十一は欠けていて、その逸文も発見されていない。現在最古の写本は鈴鹿三七氏所蔵の鈴鹿本であるが、存巻僅かに九巻で、巻二・五・七・九・十・十二・十七・二十七・二十九を残すのみである。この写本は鎌倉中期を下らない写本であって、現在これに匹敵する写本はない。他の写本はすべて江戸期の筆写にかかる。ただ大東急記念文庫・関根俊雄氏・酒井宇吉氏に巻三十一の部分の同筆の断簡があり、鎌倉期の写本である。鈴鹿本よりややおくれるかと思われ、或は将来同種のものが発見されるかもしれない。鈴鹿本とこれら断簡との関係は重複する巻でないため明瞭ではない。これらを古本とすると、この系統に属するものは東大国語研究室所蔵紅梅文庫旧蔵本・東北大所蔵新宮城旧蔵本・実践女子大所蔵黒川春村旧蔵本・同緑園文庫旧蔵本・国学院大所蔵水野忠欸旧蔵本・山田忠雄所蔵本・野村八良所蔵本等である。これらの諸本は鈴鹿本にみえる巻二の第二十五話の中途より巻末の第四十話までの十六話半を欠いている。この欠文は流布本にも継承されている。従ってこの古本はこれらのない本の写本で、鈴鹿本から直接写されたものではない。しかし古本は流布本に共通の誤脱のないこと、鈴鹿本と同じく宣命体であることによって区別される。しかし二十八巻完本である古本はない。鈴鹿本とこれら諸古本を合せても古本のえられない巻は十一・二十三〜二十六・二十八・三十・三十一（一部分は古本がある）の八巻に達する。古本といってもこれらの写本は古本と流布本との取り合せ本である点も注目される。又何れも江戸期の写本である。

流布本としては東大国語研究室蔵田村右京大夫旧蔵本・内閣文庫蔵三本・静嘉堂文庫蔵本等があり、その他多くの写本も殆ど流布本である。流布本の外面的特色は宣命体でないことであるが、多くの脱文・衍文・誤字を共通に有していることによって古本と区別される。古本・流布本を通じて、鈴鹿本の欠格、破損箇所、紙質のためにとばした箇所は一様に空白の箇所として継承されている点において、古本・流布本の祖本は鈴鹿本であることを証明している。即ち鈴鹿本系統に属する写本群であるから、鈴鹿本より更によい本文をうる作業は不可能である。鈴鹿本の欠けていて、古本のある巻の本文復元はある程度可能であるが、古本もない巻は至難である。従って今後は古本のない巻と、鈴鹿本系以外の古本の発見が期待されるわけである。

四　構成

本集三十一巻の構成は天竺・震旦・本朝の三部分よりなるが、

天竺　巻一・二・三・四(付仏後)・五(付仏前)

震旦　巻六(付仏法)・七(付仏法)・九(付孝養)・十(付国史)

本朝　巻十一・十二・十三・十四・十五・十六・十七・十九・二十(以上付仏法)・二十二・二十三・二十四(付世俗)・二十五(付世俗)・二十六(付宿報)・二十七(付霊鬼)・二十八(付世俗)・二十九(付悪事)・三十(付雑事)・三十一(付雑事)

となっている。欠巻は巻八・十八・二十一であるから、自らその内容の推測ができる。各巻にはそれぞれ目録があるが、目録にあって本文のない話が若干ある。巻一の第二十・二十四話、巻七の三十三より四十話(これらは目録にもない)、巻十一の十九・二十・三十三・三十四・三十七話、巻十六の四十話、巻十九の十五・十六・三十四話、巻二十の八・十四話、巻二十三の一より十二話(目録にもない)、巻二十四の十一・十七話、巻二十五の八・十四話、巻二十六の六話、巻二十九の十六話である。又話の完結していないものは巻四の二十三話、巻五の十三話、巻七の四十三話、巻十一の三・十六・十八話、巻十六の三十九話、巻十七の五十話、巻十九の三十三話、巻二十二の八話、巻二十七の十四話、巻二十八の三十六話、巻三十の六・七話、巻三十一の二・四話である。これらは現存の写本において共通にみられる所であって、写本によって話があったり、話の完結しているという例外をみない。次に現行の刊本においてはみられないが、写本によってのみみられることであるが、各話間に不必要ともみらるべき空白部分がかなり存在することである。写本によって空白部分は必ずしも一致しているわけではないが、諸本の祖本である鈴鹿本についてのみ各話の空白部をみると次の如くである。

巻二――二・五・十一・十二・十八・三十七話

巻五――十三話

巻七――三十二・四十三話

巻九・十・十二・十七――なし

巻二十七――十四・二十一話

巻二十九――十六話

これらについて、先にあげた話の未完の部分等との関係をみると、巻二は第三話以後は話数がない。巻五の十三話は未完である。巻七の三十二話は完成しているけれども、三十三より四十話までは欠脱している。四十三話は末尾が欠文となっており、又金剛般若経に関してはこの一話のみである。巻二十七の十四話は未完のものであり、二十一話は完成しているが、二十一より二十八話までは話数を記していない。巻二十九の十六話は本文が欠けているものである。鈴鹿本の空白部分はその話が未完成、全く欠脱している、話数がそこから欠けているという条件の場合にみられるものである。従ってこれら話間の空白の部分は本来埋めらるべきものであるが、未完成のためにそのままになったことを証拠だてるものである。

次に本文中一字乃至二字が空格の部分は特に地名・人名に多くみえる。鈴鹿本においてこれら空格の部分は諸写本すべて空格で例外はない。これが生じた理由をすべての個所にわたって立証することは困難であるが、例えば巻十四の第三十一話の冒頭に、「河内ノ国、□ノ郡、□ノ郷ニ一人ノ女人有リ」とある。この出典は『日本霊異記』の中巻の十九話で、その冒頭は単に「利苅優婆塞者河内国人也」とあるのみで郡・郷にはふれていない。即ち元来河内国の人であることだけが明らかであったが、本集に転載するに当って、郡・郷までを入れることを予定したが、その名が明らかでないため、後に入れることにしてとりあえず空格にしておいたものと考えられる。この推測に従えば本文としては未完成であることを示すものである。空格は以上の外本文中の普通の語にもみられる。これらはさきにのべた固有名詞の部分とは異って、最初に書き下すに当って不明であることはありえない。鈴鹿本の破損した部分、読みえなかった部分等が空格として残るのであるから、本来あったものではない。

次に本集の組織に関して巻序論という特別の論がある。本集三十一巻のうち、巻八・十八・二十一の三巻が欠巻であること、又写本の中には巻の順序が乱れていることによって、現行の巻の順序を変更しようという論である。欠巻を否定するために既存の巻によって埋めようとするが、古本系統の写本には巻序の乱れはなく、流布本の末流に乱れのあることは近世のさかしらにすぎない。又全体の組織が国東説の如くであるとすれば、巻序論の入る余地はなくなるのである。

次に各巻の中の話の順序のために附した番号は刊本においては整理されて、すべて入っているが、写本においてはかなり相違があり、一定していない。今鈴鹿本についてみると、巻二は第三より第四十一即ち末まで番号はない。巻五の第十八は第八とあるが、その前後は十七と十九であるから、明らかに鈴鹿本の誤である。巻十はかなり乱れていて、第四はなく、第五を第四とし、第六より第八はなく、第九を第七、第十を第八、第十一を第九、第十二を第十、第十三を第十一、第十四を第十二とする。第二十九・第三十はなく、第三十五を三十五とする。この混乱は目次にもみられ、第四と第八を脱したため、二話を減じ、第二十九と第三十は震旦国王愚斬玉造手語と漢武帝蘇武遣胡塞語であるが、目次には国王服乳成瞋擬敎医師語と国王前阿竭陀薬来語とある。この二話は巻四の天竺の部にあり、しかも後者は震旦国王云々とあって、明らかに震旦の部に入るべきものである。しかも巻十の二十九と三十の話の筋は天竺種であるから、編集の際の手違いから生じたものと考えられる。巻二十七の第二十一より第二十八までをそれぞれ二十二より二十九とする。目録も同様である。第二十と第二十一との間に特に区別すべき理由もなく、或は単なる誤であろうか。巻二十九の第三十九と第四十には数字がない。目録には題もない。この二話は何れも蛇性の淫で、最後に附加したためと考えられる。この点もやはり完成していないことを示すものである。即ち原稿本、未定稿本ともいうべきものである。

又各巻には相当数の説話があるが、その数をみるに巻二十二が八、巻二十三・二十五・三十が十四、巻二十六が二十四、これ以外は最低三十二、最高五十七である。勿論各巻同数である事は必要でもなく、実際に集めるに際して数が揃わないことは当然である。しかし今あげた話の少ない巻はすべて本朝であり、特に巻二十二の八話というのは他に比較して少なきにすぎる。一の説話集を構成する時、一巻に包含される話の数を揃えることは一話の量の平均していることを前提とする。もし一話の量が多ければ話数を減少しなければ全体の釣合いがとれにくい筈である。又その話の種類によって採録の困難な場合も予想される。しかし巻二十二の現存の姿は大織冠より時平までの話で、いわば『大鏡』の巻二に該当する部分である。しかも巻二十二の分量は他の巻の八話に比して著しく長いわけでもなく、又時平以後道長までの話題がない訳ではない。従って本集の編纂者は第九話以降を書きつづける意志があったならば、書くことは可能であった。第八話で終了していることは、それを挫折させる事情のあったことを推測せしめるものである。
以上種々の事情を考えると本集は未完成のまま伝えられたものと考えられるのである。

本集の構成については国東文麿の指摘した二話一類様式（三話一類を若干含む）と『三宝感応要略録』の配列方式の影響が重要な点である。二話一類様式とは連続する二話において何らかの例えば地点が同一であるという様な共通の

			天竺	震旦	本朝
史歴			仏教創始 巻一1〜8	仏教渡来 巻六1〜10	仏教渡来、造寺縁起 巻十一1〜巻十二10
讃賞	三宝霊験	仏	釈迦 巻一9〜38	仏像 巻六11〜30	仏像 巻十二11〜24
		法	因縁法 巻二	諸経 巻六31〜巻七48	諸経 巻十二25〜巻十三・十四 往生 巻十五
		僧	仏在世中ノ菩薩 巻三 仏後の諸僧 巻四	（諸菩薩、諸僧?）（巻八）	観音 巻十六 地蔵、諸菩薩、諸天 巻十七 ? 巻十八
教訓	善因善果	過去因現在果	巻五	—	出家機縁 巻十九1〜18
		現在因現在果	巻五	孝養話 巻九1〜14	孝養、報恩 巻十九23〜40 慈悲、感応 巻十九41〜46
	悪因悪果	過去因現在果	—	動物果 巻九15〜19	天狗 巻二十1〜14
		現在因現在果	巻五	殺生因 巻九20〜26 冥府受苦 巻九27〜46	冥府受苦 巻二十15〜19 現報 巻二十20〜40 僧ノ悪因悪果 巻十九19〜22

震旦		本朝				
		実用的		文化的	社会的	巻
震旦創始としての国王話	巻十1〜7	皇室話?		皇威?		廿一(?)
其の他の雑話	巻十8〜40	賞讃	威力	権威	中央的	廿二
				剛力	地方的	廿三
			芸能	芸道	中央的	廿四
				武道	地方的	廿五
		教訓	怪異	宿報	地方的	廿六
				霊鬼	中央的	廿七
			巷説	笑話	中央的	廿八
				悪行	地方的	廿九
			伝説	歌話	中央的	卅
				奇話	地方的	卅一

契機によって連続面を有し、更に次の二話との間にはより薄いが連続面を有する方式をいう。いわば連歌的連続方式によって同一巻内の各話が連絡しているのである。従って各話緊密な連絡を有するのであるから、隆国著者説において隆国以後の説話を後人の補足とすることは軽々に認めることはできなくなるのである。本集全体の構成は各巻冒頭の分類によると天竺・震旦・本朝の三大部分に分ち、天竺は仏法・仏後・仏前に、震旦は仏法・孝養・国史に、本朝は仏法・世俗・宿報・霊鬼・悪行・雑事とあるこれを更に話の種類によって細別する分類を試みた論もあるが、果して本集の編纂者の意図であるかどうかは明らかではない。国東説によると、『三宝感応要略録』は上中下三巻に分れ、巻上は仏宝聚で、諸仏像を主とする感応(霊験)話、巻中は法宝聚で、諸経の感応話、巻下は僧宝聚で、諸菩薩の感応話である。この方式が本集にも採用されたのであろうとして、仏法に関しては表の如き分類を試みている。

本集の構成に関しては坂井衡平・片寄正義の試案があるが、国東説がはるかに整正したものである。特に巻十・二十一以降を除いた巻については最も優れたものである。しかし世俗の部については実用的・社会的・文化的と分けてその整頓した分類を以前の巻と類比しようという意図が強すぎ、その分類が震旦と必ずしも一致しない点からみて、本来の分類意図であったと断定することには聊かのためらいを感ぜざるをえない。むしろ巻二十一の欠巻、巻二十二の未完、巻二十三の一より十二までの欠という点からみると、世俗篇の分類の未完成を思わせるものがある。世俗篇は先行の分類の明確な文献がないだけに、その分類には大いに苦心したと考えられ、各巻内の話は一応何らかの共通点が統一されているけれども、各巻毎の分類は必ずしもまとまっていない点からみても未完成であろう。

五 内容

本集の冒頭の天竺の部分はその名の如く印度を舞台とする。しかし日本人の印度に関する知識は仏典を介してのものであるので、当然仏陀の生涯及びその後の仏教の発展に限られる。仏陀以前は仏の本生譚としてのみ表われるという限られた視界によるものである。従って説話及び人物はすべて仏典に出典を求めうるのである。それだけに耳遠い感のあることは免れないために、大部な本集を簡約する時には先ず省略されたのが常であった。

巻一は仏の降誕より最初の説法即ち仏法の創始と仏の力によって外道が屈服し、仏を尊信することによって善報をえ、巻二は前生の因縁話で、多く仏が説く形をとり、巻三は仏の高弟の話と、仏及び高弟らの教化の話、最後に仏の入滅で、この巻までが仏在世中としている。巻四は仏入滅後、仏典の結集、法華経、阿弥陀、弥勒・薬師等諸菩薩の讃歎の話である。巻五は仏前とあって、本生譚、仏教教訓であるが、セイロンの建国伝説・動物伝説が著しい。この天竺の部分の出典として『過去現在因果経』『法苑珠林』『涅槃経』『賢愚経』『経律異相』『四分律』『三宝感応要略録』『大唐西域記』等がある。ただこれらの出典は大部分重複するし、系統的に採用したとも思えない点もあり、編纂者が果してこれらだけによったたか、或は現在既に亡滅した類聚ものも考えられるので、出典追求の問題が解決したわけではない。

震旦の部はかなり出典と目されるものと密接な関係が判明しているために、飜訳文学であると称せられている。巻六の冒頭は『法苑珠林』等による中国への仏教伝来史で、十一話以後は『三宝感応要略録』に主として基づき、造像・礼仏・写経・持経等霊験譚である。この巻以後明白な出典という外に明らかに出典にみえる説話の順序が多く二話ずつそのまま本集にみえるのである。巻七は十四話まで『要略録』により以後は『弘賛法華伝』『冥報記』に依拠し、大般若経・仁王経・法華経の霊験を記している。巻九は『孝子伝』と『冥報記』に基づくもので、孝子譚、前生の業因による受苦、動物殺生の応報譚、悪業による冥府受苦の話である。巻十は付国史とあって、直接仏法とは関係がなく、世俗に属する。秦始皇より唐の玄宗までの国王についての話に始まり、孔子・荘子の賢者、李広等の武勇、季札の信、蘇武の遺塞、長安の粥を施す嫗等を概ね二、三話ずつ共通の題で統一しつつ、次の話への連絡をもちつつ配列している。この巻十の内容は他巻と比較してかなり雑然としており、同じ世俗でも本朝の部と比べて、その話数がはるかに少なく、本朝の部の話題のまとまり、その順序とは必ずしも一致しない。これは現在まとまった出典が発見されず、巻九までの如く、直訳的なものかどうかも明らかでないためもあるが、編纂者は有力な話源を有していなかったかと思われる。

巻十一以降は本朝の部である。巻十一の前半は震旦の部の前半と同じく仏法伝来史であるが、聖徳太子に始まり、行基・道照・玄昉より智証大師に至る高僧伝の観を呈し、天竺の部の釈迦一代記と対応するものである。後半は東大寺の建立に始まり、竜蓋寺に終る二十六か寺の縁起である。その出典としては『日本往生極楽記』『三宝絵詞』が指摘されているが、大半は不明のものが多い。巻十二は造塔霊験譚、維摩会を始めとする大法会の縁起、仏像に関する霊験、法華経の霊験譚であって、その出典は『霊異記』『三宝絵詞』『法華験記』で、不明のものは少ない。原典にある話の順序をそのまま踏襲することはなく、話題による統一を試みている。巻十三は悉く法華経による霊験・往生譚で、その源泉は『法華験記』であるが、多少不明のものもある。巻十四は前半は法華経の霊験譚、以後金剛般若経・仁王経等の霊験譚であり、『法華験記』『霊異記』に基づくが、末尾七話は不明である。法華経に関する話は巻十三にもあり、巻十三と十四との区別は余り重要ではない。

巻十五はすべて往生譚で、『往生極楽記』『法華験記』に基づく。その往生の因については統一はないが、主題の人物の身分によって配列している。巻十六はすべて観音の霊験譚で、『霊異記』『法華験記』が略過半の出典である。出典未詳のものは今後発見される可能性もあるが、中には口承のものもあろう。巻十七は地蔵・虚空蔵・弥勒・文珠・普賢・毘沙門・吉祥天・妙見・執金剛・仁王の霊験譚である。大部分は地蔵に関するもので、実叡の『地蔵菩薩霊験記』によったと推定される。その外に『霊異記』『法華験記』があげられる。巻十九は出家機縁譚、師弟・父子間の信頼、道心の功徳、仏恩、報恩譚、三宝の加護譚等であるが、出典として『霊異記』が二か所において指摘されているに過ぎない。以前と比較して大きな差異は先行の明白な文献が殆どないのに反して、本集以後の説話に類話が多い点である。この事は後にもふれるが、本巻以降の説話は文献から文献へと書き継がれて行くこともあるが、貴族社会・

庶民社会において口承されたものが多いことを暗示するものである。巻二十は天狗・動物譚、蘇生譚、借銭未済・財物愛惜の応報譚、慳貪・我慢による現報譚、慈悲による感応譚で、蘇生譚以後、出典として『霊異記』があげられる。巻二十二は鎌足・不比等・房前・内麿・冬嗣・基経・高藤・時平の八人の経歴逸話を列挙し、あたかも藤氏列伝の感がある。この巻から仏法とは直接関係なく、純然たる世俗の部に入り、従来の仏教説話集との距離がひらいてくる。この巻の最終話は他の話に常套的にみられる「トナム語リ伝ヘタルトヤ」の結尾の語もなく、未完と考えられる。この事は藤原氏の歴代の実力者の列伝としては更に記すべき人物の欠けていること、前にのべた如く僅か八話という最小話数であることから、この巻自体は未完成というべきであろう。特に出典とみなすべきものはなく、諸書、特に『大鏡』にみえる話である。巻二十三は第十三の平致頼より始まり、その子の致経、橘則光、季通父子、尾張の強力女、実因、寛朝、相撲人成村、恒世、宗平、光遠の妹、兼時、敦行の競馬の話である。単純な強力の話は僅かで、多くは慎重な行動を伴う武勇・強力の話である。出典としては二話が『霊異記』によるのみで、他は不明で、やはり口承・世間話として通用していたものであろう。巻二十四は芸能に関するもので、芸・技術・医・呪術・音楽・詩・和歌に関する諸話を集める。和歌に関してはさすがに古今以下の歌集を出典とするが、すべて明らかという訳ではない。詩については『江談抄』がある。他の術道については『霊異記』『善家異説』が各一話に指摘されているのみであるが、他の文献に類話乃至その要旨の記されている事があり、やはりこれらの話は一般に流布していたと考えられる。巻二十五は平将門・藤原純友の乱、源充と平良文、平維茂の郎等、平維茂・源頼光・藤原保昌・源頼親・源頼信・同頼義・同義家(本文欠)の武勇の話である。将門の乱については現在『将門記』があるが、直接の出典ではなく、『扶桑略記』に引用してある『将門合戦章』『将門誅害日記』に基づくかと思われるが確かではない。貞任征伐は略『陸奥話記』に基づくと考えられる。他の話は何れも出典未詳である。巻二十六は宿報とあり、末尾にも多く宿報、前世の果報等の語がみえ、何れも奇遇、異常な体験を記している。即ち鷲にさらわれた子、洪水によって深い谷の木にとりのこされる男児、継母の奸計より一子を救出、猿神、致富、芋粥、賊の恩返し、死の予言、前世の仇、人違いの殺生、一族の争い等である。巻二十七は霊鬼とある如く、物の気・鬼・霊・狐・野猪・山神の怪異譚で、その出典としては『江談抄』『三代実録』が各一話指摘されているだけで、他は不明である。巻二十八は世俗とあることは、巻二十四と巻二十五と同じである。同一世俗篇ならば連続すべきであるが、宿報・霊鬼篇を間においていることは構成上多少問題にすべき点である。この巻は教訓的な末尾が少なく、笑話・滑稽譚で占められていて、近衛舎人ら武人の物詣における失敗、富力・衆の力に恃んで失敗する話、失態を軽妙な地口で救われる話、不釣合いな馬鹿正直さ、非力が強力に勝つ話、酔茸、鼻長き僧、人のあだ名、穀断聖人等の詐術、奇行、藤原清廉らの極端な動物嫌い、名人の失敗、倒るる所に土をつかむ受領、手品、臆病者の話がある。この巻には何れも明白な出典はないが、おそらく同時代の話題であろう。巻二十九は悪行とある如く、盗人譚が主であるが、後半は動物に関するものを集めている。何れも明らかな出典はなく、特に動物譚には語り伝えた人を記している点世間の噂話の性格を示している。盗賊の事は以前の巻にもみえるが、その扱い方が全く異なっている点は本集の性格を考える上で注目すべきである。巻三十は巻三十一と共に雑事となっているが、本巻における一貫した主題は男女関係で、その中には巻二十四の和歌を主とするものと共通点を有する。それと符節を合する如く、本巻の大半は『平中物語』『大和物語』『俊秘抄』に類話をみる。しかし例えば巻二十四の五十一話は赤染の歌に感じて大江匡衡が禰宜の娘の許から赤染の許に帰ったのであり、本巻の十一・十二も本妻の許に帰る話であって、話の運び、結末は同一であって、同一巻に並べて差支えのないものである。巻二十四は和歌を読むこと自体に重点がおかれたのに対して、本巻は和歌をよむ様な心のもち方自体を問題にしている所に分類意識が異なり、巻二十八以来共通する所である。巻三十一は雑事とある如く特定の題材を中心とすべきものはない。各話間には以前の話と同じく連鎖的配列はみられるが、多少の断絶があり、話も放生会、供養会、物持ちと貧人、没落した女性、夫妻間の疑惑、異境、性急な行いによって功を破る話、末寺争、占、死者に対する思い遣り、あさましい食物、竹取物語、皇女の婚姻の破綻、定恵、鯉と鰐、大柞と並び、雑然とし、以前の巻とは趣を異にする。類話は多少みえるが、多くは伝聞の由を記している。

六　特　色

『今昔物語集』は説話数が一千を上廻り、我が国において現在までの最大の説話集である。勿論編纂者は現在の意味の説話集を目的としていたかは甚だ疑問の存する所であって、本集の性格を把握する際に十分に注意せねばならない。本集は突如として成立したものではなく、内容の項においてふれた如くかなりの先行文献をふまえている。従って編纂者はそれらに種々の点において啓発される所があったに違いない。しかしながら出典を注意した箇所においてのべた様に仏法の部分においては多く出典が明らかであるのに対して世俗篇は極端に少なくなる。この事は口承のものの多い事を示すものである。出典が一応明確であっても殆どその末尾は「トナム語リ伝ヘタルトヤ」とあって、文献よりとったことを拒否し、口承であることを主張している。それらの中で最も著しいのは巻十六の第十七の備中国賀陽良藤為狐夫得観音助語である。この末尾は「此ノ事ハ三善ノ清行ノ宰相ノ其ノ時ニ備中ノ守ニテ有ケルガ、語リ伝ヘタルヲ聞次テ語リ伝ヘタルトヤ」とある。この話は明らかに清行の『善家秘記』に基づくもので、これ以外には考えられない。しかるにこの記に基づくとはいわず、語り伝えたとしている。これに対して巻十四の第四話の末尾に「此ノ事ハ慥ニ記シタルヲ見テ此語リ伝ヘタルトヤ」とあって、記録に基づくことを記しているが、現在その出典は明らかではない。『霊異記』を出典とする様な話は類話があるとも考えられないのであるから、「語リ伝ヘタルトヤ」は余り重要な意味がなく、形式的のものとも考えられる。しかし常にこの様な末尾を記すことは口承の世界から記録の世界への橋渡しの役割を自覚しているものといえよう。鯉と鰐の話等はこの意識がなければ到底採録しえないものである。即ち本集より以前に成立し、或は出典となった説話集は『霊異記』『法華験記』『三宝絵詞』『地蔵菩薩霊験記』等であるが、すべて仏法に因縁を有し、天竺・震旦の部においては『法苑珠林』『三宝感応要略録』『冥報記』等もすべて霊験・因果応報をといている。ただ震旦の部においては必ずしもそうではないが、全体の量からみると少ない。本集が従来の説話集が殆ど仏法に関連していたのに対して、広範囲な題材を集めたことは、一には震旦における大規模な類書の知識が何程か与っているのではないかと思われる。勿論『法苑珠林』の如きは直接参考になったのであるが、その範囲を天竺・震旦・本朝に及ぼし、しかも仏法と関係のない分野にまで手をひろげたことは現在の所見では本集を始めとする。この点においては本集の編纂者の識見の高さを示すものと考えられる。しかし単にその数量・範囲の広大さのみを誇っただけでは本集のしめる地位は示されない。仏教説話においては勿論仏の功徳・因果応報をくりかえしくりかえし説き及んでいるが、一旦世俗篇に入ると全くその気配さえもなくなってしまうのである。ここに編纂者が仏法に拘束されない世界を見出したのであり、又十二世紀という時期が政治社会の混乱によって単なる仏法のみによっては救われない時期であったからこそ、個人幸福にはその心術が大きな要素を占めることを発見したことを明らかに示すものである。この発見は後に『十訓抄』の如く、人間の倫理の基準として説話を配列する様になる源となったのである。

本集は所謂三国にわたる説話を集めているため、たとえ因果応報譚であっても、説話そのものをみると、実に多種多様の説話を集めている。殊に仏教説話もかなりあるため、印度を媒介として世界的な規模の説話の種類を見本的に陳列してある。この意味で本集が高く評価される場合があるけれども、既に明らかにした如く、多くの説話はそれぞれ既知の説話に基づくものであるから、これらを記録したことは本集編纂者の功績とすることはできない。この点に関しては多種多様の説話を一堂に会せしめたという意義はあろうが、それ以上のものではない。説話文学の面においては集めた事自身にも大きな意義を認めることができるが、それ以上に原典の誤読による曲解、原典の粗悪のための文義不通のための欠陥は問題外としても、又殆ど直訳に近い箇所には直接意義は認め難いに違いないが、原典を基にして修飾を加えている所が多く見出される。即ち説話の伝承の際の変化が問題となる。本集の説話がすべて長い系譜の上にたつとも考え難いが、戦後の研究によって明らかな如く、説話は文献から文献へとのみ伝承されて行くものではない。口承から文献へ、文献から口承へ、更に文献へと幾変遷を経て行くものである。又一度文献化されたが為に、その後の時期の説話すべてその文献によるものとは断定し難く、文献と併行して口承の伝承も生命を持ちつづけるものである。従って本集以後の説話集例えば『古本説話集』『宇治拾遺物語』等にかなりの数の共通説話があるけれども、すべて本集を源泉とするとはいい難く、同一説話を文献・口承両面から、或はどちらか一方を源とすることもありうる訳である。従って以後の説話の一大源泉であると即断することはできない。この事は共通説話の比較、又説話集にあらざる日記等に断片的にみえる説話等との比較によって明らかな所である。本集成立の意義は広範囲に説話を採録し、編纂した時期における、説話の解釈の面を明らかにしている点にあろう。

次に本集の特色としてその採録した説話に包含される社会層が従来の文化の荷担者であった貴族・僧侶のみならず、武士・農民にまで及んでいる点がしばしば指摘されている。本集にみえる社会層が事実その通りであることは正しいが、この様な採録法が本集を以て始めとすることは誤であって、本集の出典となった『霊異記』を始めとして、『法華験記』においては名もしられない人物が出てくるのである。勿論以前の説話集は往生・霊験譚に限られるのであるから、これらをはなれた人物はみえない。その限りにおいては本集は特色があるともいえるが、社会的身分のわくを打ち破ったわけではないのである。最初にも述べた如く仏法にとらわれない人間像をえがいた所に特色があるのである。これらの点から本集を観察して行くと、多くの論文の題材にとられている如く、歴史学上の史料としての意義が浮び上ってくる。説話集自体を史料として取り扱うことは精神史・思想史においては当然であるが、史料として扱う際にはかなり操作を必要とし、無条件に本集をこの時期の正確な史料とするにはその性格が複雑である。即ち先ず明確に出典があげられ、その行文が略同一と判断されるものは史料としてはその出典を先に取り上げるべきであって、本集の説話は史学上の史料としては意義が少ない。次に説話の物語る時期が余り遡るもの、たとえば延喜頃以前のものは伝聞の変化を考えると信用しにくい。明瞭に本文の中に近き頃であるとか、只今の某の父であるとか、或は「ト云人有キ」のキの如く、自分の実際見聞したことを表わすと考えられる動詞を使用して紹介している時は、原則として同時代であるから、その真実性はかなり高いものと考えられる。勿論これらの話は検非違使の日記の如く、証拠しらべをして書いているとは限らないのであるから、すべて真実とはいえないが、その時代の人でなければ知らないが、その時期においては普通の事であることについては誤がある筈はない。この点を注視して本集を考えると、かなり重要な材料を含んでいるのである。合戦話を除いては、材料が地方にある話をよくみると、地方の状況はかなり漠然としているのに対して、京都の町の中はかなり克明に記されている。又市中の人物、下級官人等の生活習慣がかなりよく具体的にみえている。この様な事は公卿日記をよく注意してよんでもなかなかみられない点である。即ち史料として稀少価値である。武士の合戦譚もその点でとり上げられている。巻二十五の将門の乱以下の話はよく引き合いに出されるが、史料としては『将門記』『陸奥話記』が第一に取り上げられて、本集は直接史料としては使用されない。しかし平維茂罸藤原諸任語第五等には地方の武士の邸宅、戦いの有り様が如実にえがかれている点など、他の文献に求めることはできない。これら合戦譚は軍記物語的に、まるで記録者がいた如き書き振りであり、どこまで史実であるか確かめ難い点もあるために、慎重な研究者からは敬遠されていたものである。

刊本

井沢長秀	『今朝物語』和朝部前後編	享保五〜一五年
水野忠央	『丹鶴叢書』庚戌帙、辛亥帙(国書刊行会本もあり)	嘉永三・四年
田口卯吉	『国史大系』一六	明治三四年
近藤瓶城	『改定史籍集覧』九・二三	明治三四年
池辺義象	『校註国文叢書』一六・一七	大正四年
鈴鹿三七	『異本今昔物語抄』	大正九年
山岸徳平	『校註日本文学大系』八・九	昭和元・二年

黒板勝美　『新訂増補国史大系』一六・一七　昭和七年
正宗敦夫　『日本古典全集』四期　昭和七・八年
島津久基　『大日本文庫』　昭和一〇年
遠山槇吉・東条健　『古典研究』特輯　昭和一三・五年
丸山二郎　『岩波文庫』　昭和二七年
佐藤謙三　『角川文庫』　昭和二九年
貴重古典籍刊行会　『今昔物語集断簡』　昭和三一年
山田孝雄・忠雄・英雄・俊雄　『日本古典文学大系』二二・二六　昭和三八年
永積安明・池上洵一　『東洋文庫』　昭和四三年
国東文麿　『今昔物語集』　昭和四五年

参考文献（○印は本文を含む）

小山田与清　「今昔物語訓」（『国文註釈全書』所収）　明治四三年　国学院大学出版部
岡本保孝　「今昔物語出典攷」（『国文註釈全書』所収）　明治四三年　国学院大学出版部
○芳賀矢一　『攷証今昔物語集』　大正一〇年　冨山房
坂井衡平　『今昔物語集の新研究』　大正一二年　誠文堂書店
片寄正義　『今昔物語集の研究』上　昭和一八年　三省堂
同　『今昔物語集論』　昭和一九年　三省堂
南方熊楠　『今昔物語の研究』（『南方熊楠全集』三所収）　昭和二七年　乾元社

○長野嘗一　『今昔物語』　昭和三一年　朝日新聞社

国東文麿　『今昔物語集成立考』　昭和三七年　早稲田大学出版部

日本文学研究資料刊行会　「今昔物語集」(『日本文学研究双書』)　昭和四五年　有精堂

文献目録

川口久雄　「今昔物語集関係研究文献目録ノート」　昭和三〇年　『文学』二三ノ四

田口和夫・中野猛　「説話文学研究文献総覧」　昭和三三年　『国文学解釈と教材の研究』三ノ一一

西尾光一　「今昔物語研究史—目録・その評価と解説—」　昭和三四年　『国文学解釈と鑑賞』二四ノ七

河内山清彦　「説話文学研究文献目録」　昭和三七年　『国語と国文学』三九ノ一一

志村有弘　「説話文学研究文献目録」　昭和四〇年　『国文学解釈と鑑賞』三〇ノ二

宇治拾遺物語

山田英雄

一 成立年代

現存の『宇治拾遺物語』の話数、その順序は殆ど同一であって、原初からこのままの状態であったと推測される。しかしながら写本には内題の下に「抄出之次第不同也」とある。この意味をある書籍から話の順序を不同に書き抜いたという意味であるとすると、現在の配列は原本とは関係がなく、これを以て構成を論ずることは無意味となり、又抜粋とする原本の量・性格は不明とせねばならない。成立年代の論もその根拠が甚だ曖昧となる。しかし現在の写本・刊本にはその原本を暗示する様なものは発見されていないので、この点の追求は将来の問題となろう。従って現在の形によって、記事の内容の最もおそい箇所を追求して成立年代を決定する方法以外にはないであろう。佐藤誠実以来この方法によって次の三条によって諸説が提出された。即ち、

(一) 百三（本話の一連番号、以下同じ）の東大寺華厳会事の平家炎上

(二) 百十六の堀川院明暹に笛ふかせ給事の「件笛幸清当今進上建保三年也」の註記

㈢　百五十九の水無瀬殿むささび事の「後鳥羽院」という諡号

㈠については後藤丹治氏によって『建久巡礼記』によるものとされてからは成立年代の直接の史料としての資格を失ったが、この条が『建久巡礼記』を出典とすれば、『巡礼記』の成立、建久二年（一一九一）を溯ることはできない。ただしこの両者の関係は一応『巡礼記』の話の順をおっているのであるから、その関係を首肯すべきであるが、その話の要素は主として『東大寺要録』にある。本物語の出典をみると孤立したものは『建久巡礼記』のみである点において更に考慮すべきであろう。この時期前後には数多くの説話集が作られた筈であり、又流動的な口承の要素も考えられる。特に『古本説話集』出現による説話集評価の変化の教訓を考えれば孤立した出典は慎重ならざるをえないのである。猶この条に東大寺の鯖の木が平家の災上で焼けたことを記すのであるが、俊乗房重源の『南無阿弥陀仏作善集』によると建久六年に栄西が鯖木の跡に宋の天台山より持ち帰った菩提樹をうえ、重源が供養したのである。本書がこの事についてふれていないのは建久六年以前であるか、或はこの事実に気がつかず、『巡礼記』等を引用したに止まるかである。他の点からみると建久六年以前とは考えられないから、後者をとるべきである。

㈡については『古事談』を出典とするのであるから、『古事談』成立の上限建暦二年（一二一二）がこの話の成立の上限即ちこの年以後とせねばならない。当今は即ち順徳天皇であるから、天皇の在位中と考えねばならない。即ちその譲位、承久三年（一二二一）四月二十日以前である。即ちこの条は建暦二年より承久三年の間でなければならない。しかしこの註記は書陵部本・桃園本・万治二年整版本にみえ、古本系でもないものもある。従って後人の附加とすれば成立年代とは関係がなくなる。本物語全体の書きぶりからみると、この様な漢文の註記は本来ありえない体裁である点から考えると後人の註記とする方が正しい。しかし後人の註記とするも、承久三年以前の書入れであることは動かない。この年より以降の人であるならばこの様な書入れをすることはありえないからである。

㈢は後鳥羽院の謚号の贈られた年代即ち仁治三年（一二四二）以後の成立とするのである。

以上の外種々の解釈によって様々な成立年代が提出されて、未だ確説はない。以上の三条件をただ上限・下限とすることはそれぞれの条件の性質を考えると無意味であって、例えばこの建暦二年より建保三年までの説は他の説を排除するものであるからである。又巻一の丹波国篠村平茸生事の条に「故仲胤僧都」としるしている。故と称するのはその人の没後間もない時においてみられるものである。即ちその人の死没が書く人の見聞の中にあり、しかもその死没が強い印象を与えていて、しかも読む人にとってもその死没が身近であると感ぜられる時である。従ってこの書きぶりは或は本書の成立を規定することになるかもしれないが、巻十四の仲胤僧都連歌事では「故」を称していない。一書の中で一方において故を称し、一方では称しないという不統一は編纂の過程が長期にわたる場合、次第に故をつける必要もなくなる事も考えられるが、むしろその原となる他の文献が一は故といい、一は故を称しなかったという区別によるものであろう。本物語にこの様な点の散見するのは著者の注意が行きとどかず、種々の原文をならべた時の不統一を消滅させることに失敗したために生じたものである。従って本物語の成立年代の追求に際しては個々の説話の成立年代の追求はあくまでもその話のみの成立年代であって、全般を律する資格はない。ただこれらをつみかさねて来た時、最もおそいものが成立年代に近い事になる。この様に考えると、㈢を根拠とする仁治三年（一二四二）以後とせねばならない。巻十一の白川法皇北面受領のくだりのまねの事は『十訓抄』七と殆ど同文であって、『十訓抄』は明らかに本物語以後に成立したものと考えられる。すると本物語は『十訓抄』の成立した建長四年（一二五二）以前に成立したものでなくてはならぬ。従って本物語は仁治三年より建長四年の間に成立したものであろう。

二　著　者

『宇治拾遺物語』の著者は現在明らかではない。現在の諸本には多く「序」と称せられるものがあるが、著者自身のものとは認められてはいない。しかしその内容は長く信ぜられていたし、又多くの問題を含んでいる。それによると、『宇治大納言物語』というものがあるが、この大納言は源隆国で、年老いてから平等院一切経蔵の南の山際の南泉房にこもり、往来のものから昔物語をさせて記したものである。その内容は天竺・大唐・日本の様々の事、貴き・おかしき・おそろしき・哀なる・きたなき事、空物語、利口な事で、十四帖あった。その正本は隆国の玄孫の侍従の俊貞の許にある。後に人々の書き入れたものもあって、物語が多くなった。さて今の世に『宇治拾遺物語』という物語が出て来た。その意味は『大納言物語』にもれたのをひろい集め、又その後の事を書き集めたためといい、又侍従を拾遺というためといい、明らかではないとしている。この文においても『宇治拾遺物語』の著者を不明としている。『本朝書籍目録』には「宇治拾遺物語　二十巻　源隆国作」とある。室町時代の日記類には『宇治大納言物語』と『宇治拾遺物語』とを同一書と考えているものが多い。この混乱から源隆国作説が生じたわけであるが、現存の『宇治拾遺物語』は源隆国より後の作であることはその内容からみて明らかである。特に現在においては『宇治大納言物語』と『宇治拾遺物語』とは全く別の物語であることが証明されているため、源隆国説は消滅している。しかしその代りとなるべき特定の人物は未だ提出されてはいない。

三　諸　本

本物語の説話は百九十七話であって、諸本によって異同はない。ただ併話が若干あるので、それを分離するか、一話とするかによって、多少の異同はあるが、本文の内容の一話分の脱落等はない。写本によっては『小世継』を一巻として混入しているものもあるが、本物語とは直接関係がない。元来上下二巻二冊であったが、三巻三冊、五巻五冊、八巻八冊、十五巻十五冊等がある。しかし巻・冊数の多いのは単に巻・冊数が多くなったにすぎず、本質的な差異は認められない。

本文の内容によると、古本系統と流布本系統、小世継本系統に分れる。

古　本　陽明文庫本・竜門文庫本・書陵部本・桃園文庫本・京大本・名大本・小林忠雄氏本等

流布本　無刊記古活字本・万治二年整版本・内閣文庫本等

小世継混入本　蓬左文庫本・九大本等

古本としての特色は序文に四か所の欠脱があり、流布本にない次の文を有する。

序　たうとき事もあり、「おかしき事もあり、おそろしき事もあり、」

第三話　大かう「じの程なり、人にまじるに及ばねば、薪をとりて世をすぐるほどに」山へ行ぬ、

第二十六話　やがてをひすてけることぞ、「晴明にはなく〳〵悦て、おほくの事どもしてもあかずとぞ」よろこびける、

第八十四話　いみじううつくしき衣の「色々なるをなんきたりける、若かりける物のにはかに死にたるにや、」

第九十九話　以長ふるさぶらひ「に候けり、とぞ仰事ありける、むかしはかきはづして榻」をば、

第百三十九話　其時人々「此ことあるべしとかねてさとりて、えんにんせられけると思あはせけり、じゆかいおこなはれましかば、そこばくの人々」みな打殺されなましと、

第百四十八話　雪のいみじくふる日、「この」侍、「きよめすとて、物のつきたるやうにふるうをみて、守」(『古本説話集』も同じ)

第百五十八話　「そこは物すむ所にてなんありける、」大なる池の

第百七十六話　「ちうと立ちめぐりて、尻をふたとけたりければ、けらるゝまゝに」男かきけちて

流布本は以上の文を有していない。又誤脱が多い。『小世継』混入本は以上の九か所の脱文を有している点は流布本の系統に属する。この系統の本は『小世継』を一巻混入している点が他と異なる。この混同は『小世継』を『宇治大納言物語』と称したことによるものである。猶古本系統の本は巻数の如何に拘らず、第百三話東大寺華厳会事を巻末に、第百四話猟師仏を射事を次の巻の巻頭におく。これが最初二巻であった証拠であるが、『小世継』混入本はこの点では二巻本即ち古本の痕跡をのこしているのである。

四　内　容

『宇治拾遺物語』百九十七話の諸本の順序は同一であって、写本による異同は認められない。巻数の異なっている

場合においてもどこできるかによって異なるだけで全体の順序は何ら変化はない。従って現在の順序が最初からのものと考えられる。次に他の説話集に多くみられる様な分類がない。この点は『古本説話集』も同一である。その内容にも特に明瞭な分類は施されていない様である。多少その間にまとまった箇所がないわけではない。即ちまとまって先行文献より採録していることとである。例えば第二十七より第三十二、第四十より第四十三、第五十三より第五十八、第六十三より第六十九、第八十五より第八十九、第百四十六より第百五十一等であり、又共通の話題のものがつづいているものは第二十・第二十一、第四十四と第四十五、第五十二と第五十三、第百八・百九・百十等である。又冒頭の句は「今は昔」「昔」「是も今は昔」「是も昔」の四種があるが、後二者は先の話に関係の深いものが多い点が注目される。従って編纂する際には全く無秩序にならべたのではなくある程度のまとまりのある話の集団をならべたと考えられるが、他の説話集に比して分類意識は極めて低いといわねばならない。所謂雑纂形式と評するのが相応するであろう。

本話は先行文献として『今昔物語集』『古本説話集』『古事談』『江談抄』『富家語』『続本朝往生伝』『小世継』『打聞集』等をあげることができる。これらとは文献上の関係があるとされている。しかしこれらの文献とはかなり親疎の差があり、又現在文献上先行のものが発見されないことは必ずしも口承であるとはいえず、特に『古本説話集』の発見によって、本集の地位はかなり異なったものとなったのであり、平安末期の説話集の流行を考えると、将来新しい説話集が発見されないでもない。本話は『今昔物語集』とかなり同文的な伝承関係にあることが称せられて来ているが、しかし『古事談』『古本説話集』等との距離を比較するとかなりの差異がある。『今昔物語集』との同話と目されるものは本話百九十七話中八十二話にも上り、約半数に近い。従って『今昔物語集』が本話の出典と考えられていたこともあるが、『古本説話集』が発見・公刊されて以来直接『今昔物語集』と本話とを結びつけることは少なくなった。しかし直接同一文の引用という関係はないが、その同話の多さは注目すべきものがあって、両者の関係を無視することはできない。しかも本話にある『今昔物語集』の話をみると、かなりまとまっている。即ち『今昔物語集』巻十七の第二十四・第二十五が、本話の四十四と四十五に、『今昔物語集』巻二十四の第十六が本話百二十六・百二十七に入っていることは、その関係の間接でないことを暗示するものである。即ち文体は直接的ではないが、説話集としては密接な関係にあるといわざるをえない。

次に『古本説話集』との関係をみると、川口氏の計算によると共通説話が二十三話ある。『今昔物語集』との関係説話数よりは少ないが、そのうち二十話は殆ど同一文章といって差支えないものである。即ち本話は『古本説話集』を直接みて引用していると考えられる。

以上の三書の 各話の 書き出しをみると、『今昔物語集』は「今ハ昔」、『古本説話集』は「いまはむかし」、本話は「今は昔」「是も今は昔」「昔」等となっていて、しかもその後この様な書き出しをそろえている説話集はみえない。この点においては三者同じ範疇に属するものである。仏教説話と世俗説話をかね有する点も同一の集団に属するものと考えられる。しかし同一線上に時序によって相ならぶものではなく、本話は前二者の影響をうけているのである。

次に同一の話の多いのは『古事談』であって、しかも本話の中においてかたまった所においてあって、明らかに意識的な採録法を示している。『古事談』の文章は多く漢文であるが、本話はそれを書き下した形になっていて、殆ど附加し、又減じた所がなく、明らかに『古事談』を出典とするものであって、本話より『古事談』が引用したものではない。

一応出典の不明、類話の不明なもののみを先ず記すと、篠村の平茸、鬼のこぶとり、陀羅尼を額にとめる法師、玉くき検知、不犯の金打、かいもちに空寝、桜見て泣く児、舁におどさる小藤太、大童の鮭盗み、百鬼夜行、清徳聖、金峯山の薄打、晴明式神を封ず、盗人大太郎、女房の放屁、山ぶし舟祈返し、鳥羽僧正と国俊のたはぶれ、葬送の時本所に帰ること、雀の宿、狐の二話、石橋下の蛇、篤昌忠恒、四宮河原地蔵、伏見修理大夫、以長の物忌、清仲のこと、仮名暦、実子に非ざる子、御室戸、一乗寺僧正、氷魚の盗み食い、仲胤の説法、滝口の弓芸、以長の前駆、武正の忠勤、くうすけ、郎等の供養、博打舁入、海賊の発心、盗人保輔、鼻蔵人、空入水の僧、吉野の鬼、仏性を観じて富める、虎を射る、召人にあう事、陽成院のばけ物、水無瀬殿のむささび、一条桟敷の鬼、夢買人、魚養、雑仕の六、仲胤の連歌、府生海賊を射返す等で五十六話にのぼるが、すべてが口承とはいえないが、こぶとりや雀の宿等は口承であることは確かであろう。民話や童話に類するものが採録されていることは所謂序にしるされている説話成立の過程を示すものであろう。これらの話で注目すべきは軽い笑いをさそう滑稽譚がかなりあることである。『古今著聞集』にいう興言利口に属するものである。この中にはその時々の笑話の類は所謂世間話に属するもので、書承説話に転化し易いものである。これらは多く地名・人名を有している。これに対してこぶとりの話等は本来民話であるため固有名詞はないのが原則である。この様な話は以前の説話集においては殆ど採録の対象とはならなかったものであり、この後においても、その数は少ない。本話の採録の基準がどこにあるかは今なお明らかではないが、ともかく民話の類にまで採録の手をのばしたことは一つの大きな特色とみなすべきであろう。勿論編者自身は、説話の配列をみると他の説話と何ら区別していない点からみると、はっきりと意識していたのではあるまい。従ってこの様な説話の採録を意識した所に特色がある訳ではなく、この様な民話は古くからあったに違いなく、以前の説話の編纂者も承知していた筈であるが、それを説話集に採録するに至らなかったものである。本話の編者がそこに気付いて採録した所に意義があるのである。

次に本話の説話には既にのべた如く、全く先行の文献の説話と同一文章のものがかなりみられる。これらをそれぞれとり上げても何らの意味もない。単なる孫引である。これらは諸説話集の前後関係を追求するにはよい材料ではあるけれども、本話の意義を高揚する材料ではない。これらについてただとる所があるとするならば多くの説話の中からそれらを採用した点にある。従っていかなる説話をとるかという撰択の巧否が問題になる訳であって、文学的にどういうことは余り強調することはできない。先行文献の中で『古本説話集』は殆ど同文であるから比較することも無意味であるが、同話として文章の異なるものがある。例えば百八話越前敦賀女観音助給事は『古本説話集』の五十四話に当るが、文章は大分異なり、単なる潤色によったものではなく、別の出典があると考えられる。書出し、話の運び方は『今昔物語集』巻十六の第七話と同一である。『今昔物語集』の文章との全般的な比較によると、先ず書出し部分に大きな差がある。即ち『今昔物語集』は登場する人物についてできるかぎり詳細に、国、郡、その人物の状況等を叙述するのを常とする。この叙述法は『今昔物語集』全篇に通ずる綿密な表現法であるが、本話においては話の筋は全く同一でありながら、こまかな記述を適宜省略しながら、簡潔に文をはこんで行く方法をとっていて、どちらがすぐれているということはともかく、『今昔物語集』に対して一つの表現法としての地位を有するものである。この様な点を考えると『今昔物語集』を直接出典としているといってもよいのである。

本話の著者がいかなる人物かは明らかではないが、本話に採録されたところでは時期的にはかなり後のものも入っている。しかし、時は既に鎌倉時代に入り、或は承久の乱を見聞しているのではないかと考えられる。少なくとも鎌倉武士の姿はみているわけである。しかるにその様な姿は全くみられない。武勇譚も殆どない。保元・平治の乱にひきつづいて、源平の大乱がおこり、欲すると欲せざるとに拘らず、この時代の変革期の騒乱にまきこまれ、その生活は否応なく変化したのであって、特に平安貴族にとってはその理想とする世界は遙か幻想の彼方へと去ってとどめるすべもなかったのであり、又その強勢・栄華を誇った権力が眼前に崩壊し、人心は震憾せざるをえなかった。武士にとっては飛躍すべき好機ではあったが、その内実は激烈な勢力の争いに明け暮れていたのであった。この様なはげしい時代の息吹きを全身に感じとった時に壮大な叙事詩の生れ出る可能性もあり、現実に誕生し、人々の大きな共感をよびおこしたのであった。しかるに本集においては何らこの様なはげしい時代の感覚を示す話は皆無であって、その世界感覚はむしろ末期の貴族の世界に似つかわしいものであった。従ってこの著者は故意にこの様な世界を拒否しているかの如くであり、むしろ小市民的世界に安住している。しかし単に自己の固い殻にとじこもって、老の繰言をかきならべているということではなく、又世間の空気をかたくなに天の邪鬼的に否定することによって、自己の領域を守りえたと錯覚しているものでもない。この様な外部の刺激をさけんとする反動的な自己保身の本能的行為はおそらくその力に圧倒された当座の反応であろう。時期がすぎればその立場を反省し、自己の力の無力さに対するあきらめの感じに充たされ、おもむろにその状況に生きなければならぬことを自覚し、更に現実の人間の行動に対する眼力を養いえたという皮肉な結果となる。本話における笑話等にみられる所はこの余裕に基づく人間理解の多様性・深さによる所が多いものと考えられるものである。鎌倉時代の説話集に多く共通している懐古趣味はこの心情によるものである。しかしながら『十訓抄』等にみられる積極的な個人倫理の強調は本話においては極めて低調でむしろ断片的にしかみられない。即ち以前の説話集においては多分に仏法の機縁による人間の行動の規制が中心課題となっていたのであるが、漸次人間そのものの力、善悪何れにしても人間の才智・能力の礼賛が表われてくる。これが表面に出てくるのは鎌倉期以降であって、仏法と交替して儒教倫理が徳目として掲げられるようになる。本話はこの両者の何れもが低調であることは、その中間の地位にあることを物語っているのである。本話の表現形式がそれを示し、各話の後に著者の批評・教訓を記すことが極めて少ない。分類意識が浅く、どこから読んでも大きな差はない。これは著者の個人的性格にもよるであろうが、本話全体の性格を規定しているところである。

次に歴史学の史料としてみた場合、既に先行文献にその所在の指摘してある話は、その表現がいかに文学的にすぐれている所があるにしても、史料としての新鮮さはない。これら出典のある話はその変化特に実質的な内容が変化している所に意味がある。又出典の発見されていないものは将来発見されるかもしれないが史料として使用しうる。これらの中には現実の記録にみえる人物の行動をしる材料である場合は勿論であるが、その外に例えば「仮名暦あつらへたる事」或は「空入水したる僧事」等は暦の普及の状態、又念仏往生の狂態をしるよい材料である。著者自身はこれらの場合における人間の弱さを指摘したのではあるが、その時代の具体的な一切断面を示すものといえるのである。

刊　本

大宮宗司	『日本文学全書』七	明治二三年
西島政之	『国史大系』一七	明治三四年
松下大三郎	『国文大観』物語部第四	明治三六年
池辺義象	『校註国文叢書』一一	大正三年

藤井乙男　『有朋堂文庫』第二期六七　大正一一年

山崎　麓　『校註日本文学大系』一〇　大正一五年

正宗敦夫　『日本古典全集』二四　昭和二年

黒板勝美　『新訂増補国史大系』一八　昭和七年

中島悦次　『改造文庫』　昭和一五年

野村八良　『朝日古典全書』　昭和二四・二五年

渡辺綱也　『岩波文庫』　昭和二七年

渡辺綱也・西尾光一　『日本古典文学大系』二七　昭和三五年

参考文献

小島之茂　「宇治拾遺物語私註」(『国文註釈全書』所収)　明治四三年　国学院大学出版部

中島悦次　『参考宇治拾遺物語新釈』　昭和三年　大同館書店

矢野玄道　「宇治拾遺物語私記」(『未刊国文古註釈大系』所収)　昭和九年　帝国教育出版部

佐藤誠実　「宇治拾遺物語考」　明治三四年　『史学雑誌』一二ノ二

後藤丹治　「建久御巡礼記を論じて宇治拾遺の著作年代に及ぶ」　昭和六年　『文学』四

小川寿一　「宇治拾遺物語書誌学的研究」㈠・㈡　昭和七年　『歴史と国文学』六ノ四

春日政治　「宇治拾遺物語の一本より」　昭和九年　『文学研究』九

中島悦次　「宇治拾遺物語の序に沿うて」　昭和九年　『文学』二ノ五

矢吹重政　「宇治拾遺物語に於ける説話配列の方式」　昭和一五年　『国学』

小林忠雄　「宇治拾遺物語の校合書入本二種」　昭和一七年　『国学院雑誌』四八ノ九
後藤丹治　「建久御巡礼記の成立と宇治拾遺物語」（『中世国文学研究』所収）　昭和一八年　磯部甲陽堂
佐藤亮雄　「宇治拾遺物語覚書」　昭和二五年　『宗教文化』二
益田勝美　「宇治拾遺物語と古事談との関係」　昭和二五年　『日本文学史研究』五
岩下容子　「宇治拾遺物語の書承説話」　昭和三〇年　『国　文』四
小内一明　「内閣文庫本宇治拾遺物語について」　昭和三二年　『文学論藻』六
渡辺綱也　「宇治拾遺物語」　昭和三三年　『国文学』三ノ一一
国東文麿　「宇治拾遺物語と先行説話集」　昭和三三年　『国文学研究』一七
永積安明　「宇治拾遺物語の世界」　昭和三九年　『文学』三二ノ一
石井次彦　「宇治拾遺物語の形態について」　昭和四〇年　『国文学』三〇ノ二
『今昔物語集』の項の文献目録参照

古事談

山田英雄

一　著者と成立年代

『本朝書籍目録』に六巻、顕兼卿抄とみえ、本書が源顕兼の著書であることについては格別の異論はみえない。『遠碧軒記』に顕輔とあるのは明らかに誤である。内容においても顕兼作を否定すべき箇所はみえず、むしろ顕兼の著として相応すべき点がある。本書第三僧行の中に、「大納言法印良宴、建暦二年九月、於雲居寺房入滅春秋八十六也」とみえ、『続古事談』の成立はその序文により建保七年であるから、建暦二年（一二一二）以後建保七年（一二一九）の間に成立したとみなくてはならない。しかして顕兼は建暦元年三月に出家し、建保三年二月、五十六歳で薨じている。即ち建暦二年九月より建保三年二月の間の成立と考えられる。

源顕兼は村上源氏で、従三位宗雅の男で、母は石清水別当光清の女である。その官歴を『公卿補任』によって記すと、仁安三年十二月十三日従五位下に叙せられたが、これは皇嘉門院保延三年の御給で、承安元年正月十八日に加賀権守になり、寿永元年三月八日に従五位上となり、兼綱を顕兼と改めた。元暦元年三月二十七日左兵衛佐となり、文治四年正月六日、佐の労で正五位下となり、同二十四日更に従四位下となった。建久三年正月五日殷富門院御給によって正四位下となり、建仁元年九月五日斎宮寮頭となり、同三年五月四日寮頭を男行兼に譲った。同年十月二十四日父宗雅の譲をうけて刑部卿となり、元久元年服解、同年十月二十六日解任、承元元年正月十三日には丹波権守をかね、同三年正月二十日従三位に叙せられ、同年十二月九日に刑部卿を辞任し、建暦元年二月三日年五十二の時出家し、建保三年二月に年五十六で薨じた。三位までは昇ったが、その経歴は必ずしもはなばなしいものではなかった。『明月記』によると建保元年四月十三日未時許入道三品(前刑部)即ち源顕兼が定家の家に来り、話しこんでいる。旧遊の好み、互に涙を拭い、顕兼は誰の事か明らかでないが女子事の後百余日修行して帰京し、明暁摂津国に下り、十七日供養堂、その後百か日高野山に入る由をのべた。その後暫く消息はみえないが、同年十月十五日の火災にはその西隣の業忠朝臣跡門が焼けたが、顕兼の邸は助かり、十一月二十四日には顕兼の妻土佐内侍が逝去した。十二月十一日夜、亜相亭において定家は顕兼と会合している。『尊卑分脈』によるとその室として藤原範隆の女と、高階泰経の女がみえる。土佐内侍はどちらかは明らかでない。顕兼は建保元年四月定家にあった時を境に前後各百か日は仏事に従っていたのである。即ち正月より七月半ば頃までは『古事談』の執筆に従うことはできなかった筈である。又建保三年は二月に薨じていて、病気の状態は明らかでないけれどもおそらく正月から二月へかけては執筆は無理であろう。すると『古事談』執筆完成の時期は建暦二年九月より同年十二月までと、建保元年の後半八月以降から同二年の末までの間と考えねばならない。

二 諸本

益田勝美氏の分類によると第一類（略本）は、

第一の称徳天皇、宇多法皇と源融、隆国奉仕主上御装束事、後三条天皇御即位罪人改心事、後三条天皇於二間御念誦間事、後三条天皇改升給事、

第二の忠実奏朔日御精進事于鳥羽院事の末尾の「周之礼祭神之法」云々より「高家者業平之末葉也」云々の条、実資女不堪事、実資教通愛遊女香炉事、清少納言出開事、長季頼通若気事、俊房賞翫忠実事、忠実勘発兼長事、頼宗依定頼談経練磨事、顕通忠教互嘲事、清水寺師僧恋慕進命婦事、惟成清貧之事、惟成妻廻善巧輔夫事、

第三の道命読経道祖神聴聞事、成尊為仁海真弟子事、

第四の頼義兼武同腹事、

が欠脱している。この欠脱部分は主として好色譚であるから、おそらく後人の道徳的潔癖さから削除したものと考えられる。これに属する写本は書陵部蔵谷森旧蔵本三冊、内閣文庫蔵林家浅草文庫旧蔵本六冊、東大図書館蔵青洲文庫旧蔵本五冊、神宮文庫蔵豊宮崎文庫旧蔵本六冊、同林崎文庫旧蔵本二冊等である。

第二類（広本）　第一類の欠脱のない本。

〔第一種〕　第一類の欠文の中第二の「周之礼」云々より「高家者」云々の十一条が、「忠実奏朔日御精進」云々の条と、「業平見小野小町髑髏事」の間にあり、又第六の「有国為伴善男後身」の条がないか、次条の傍註となっている。

これに属するものは東大図書館蔵南葵文庫旧蔵本一冊・二冊・六冊、国会図書館蔵榊原芳野旧蔵本一冊、書陵部蔵谷森旧蔵本二冊、内閣文庫蔵本二冊・三冊、神宮文庫蔵本五冊、同豊宮崎文庫旧蔵本三冊、岩瀬文庫蔵本三冊等である。

〔第二種（錯簡本）〕　第一種の条に指摘した十一条が、第一種本の如く第二にはなく、第一の最後におかれている本である。これに属するものは書陵部蔵本六冊、神宮文庫蔵林崎文庫旧蔵本四冊、国会図書館蔵聴雨庵松窓・榊原芳野旧蔵本三冊、内閣文庫蔵神谷旧蔵本二冊等である。

　第一種本と第二種本との差は十一か条が第一にあるか第二にあるかであるが、この十一か条は忠実・頼長・忠通・基房・兼実・業平に関するものであり、第一の王道后宮の部分に入るべき性質ではない。第一は歴代の天皇を年代順にならべているのであるから、この様な事項を入れる理由は全くない。第二においては第一種本によると藤原氏の歴代として年代順に連絡して無理がなく、又高階氏の項はその次が業平の話であるから、最も適した場所と考えることができる。従って第一種本が元来の姿であり、第二種本はその錯簡本であることは明らかである。有国伴善男後身の話は第六亭宅諸道の中の東三条第の二話の中間にあり、しかも後の話は有国が奉行した話であり、亭宅と関係のないこの有国の話はその位置として適していないので、元来なかったものと思われる。従って第一種本が始めあって、その錯簡が生じて第二種本となったものである。第一類本と第二類本との関係は一応、第一類本が削除本であるとしたのではあるが、好色譚だけであるならば、或は後人の削除と考えられるが、その外の削除の話をみると、例えば第二の末尾は惟成清貧之事と惟成妻廻善巧輔夫事である。しかるにこれらの話より二話おいて前に惟成依旧妻怨為乞食事の話がある。この話の冒頭は「惟成弁清貧之時、妻室廻二善巧一不レ令レ見レ耻云々」とあって、末尾の二話はこの冒頭の短句の説明の形となっている。従って形式をととのえるならば、末尾の二話を先の話の前におき、清貧云々の句は抹消すべきである。この点を考えると、削除とのみ考えることはできず、むしろ後の附加とも考えることができる。

三　内　容

第一巻は王道后宮とあって称徳天皇より時代を追って下り、後白河天皇の世の平治の乱に及んでいるが、最後に白河院御自讃事を以て終っている。この最後の一条は時代の順序を乱すものであるから、或は錯簡であろうか。各話はかなり短いものが大部分であって、他の説話集に比較すると説話とはいえないようなものも入っている。第一巻に王道后宮をおくことは当然のことであるが、冒頭には百川伝に類似する称徳天皇の珍事を記しており、その後においても陽成天皇の邪気、光孝天皇の町人の物の借用、後三条天皇の犬嫌い、白河天皇の雨を獄舎に入れること等かなり忌憚のない話を記し、単なる礼賛の語ばかりではない。王道という語とは相反するものであり、著者の感覚は以前の説話集とはかなり異なったものである。その外では浦島子伝、道長が一条天皇の反古を破ったこと、怪女丹後国に漂着すること、夏の雪、源隆国の奇行、延久の宣旨升、永長の大田楽等が注目される。王道とはいいながら、天皇自身に関するものばかりではなく、その在位中におこったことをも記す点では第二以降の分類とは多少異なった内容をもつといわねばならない。次に后宮と名づけられてはいるけれどもこれに関するものは極めて少なく、上東門院御産位が指摘しうる。しかもこの話は有国の頓智が話の中心となって、上東門院自身は主題ではない。従ってこの話は第二の臣節にあってもよいものである。即ち王道后宮という内題に含まれる九十九話は必ずしも適切であるとはいえないのである。同様の事は第二にもいえるのである。第二は臣節として忠平の話から惟成の妻に至るまで九十六話である。最初忠平より兼実まで、藤原の嫡流を略時代を追って記しているが、その後においてもこれら摂関の話は散見する。その後は多少人物によって話をまとめている点がみられる。即ち業平・俊賢・行成・経信・実資・伴善男・伊周・女院・清少納言・宇治殿・忠実・実方・定頼・惟成等については連続している。時間的にはならんではいないし、話題の面でも必ずしも連絡があるとも考えられない。これらの説話は直接内題の臣節の意義とは何ら関係する所のないものが多く、教訓的意図は看取できない。

第三は僧行とあって、百八話を収めている。金鐘行者・辛国行者の話から東国修行の僧に至るが、最初から忠快僧都の項までは略時代順に並んでいるが、寛忠修孔雀経からは又別に集めたものと考えられる。金鐘行者と辛国行者の験徳競べ、行基の山崎橋造り、玄賓僧都の話、守敏と空海の祈雨、相応和尚と染殿后・清和天皇との話、浄蔵、良源、源信、安養尼、清範、道命と和泉式部、平燈、性信、心誉、源覚、深覚、永観、仁海、覚猷、澄憲等の主として法力についての話で、その後には諸上人の逸話、往生人、遁世人、堕落僧等を記している。

第四巻は勇士とあって、二十九話を収めていて、本書の中で最も少ない。多田満仲、平将門、藤原忠文、平維衡、源頼信、同頼光、源斉頼、藤原保昌、源頼義の往生、源義家の武勇の誉と堕地獄、源義親、藤十郎、満兼、季春、基衡に代って罪に伏すること、平治合戦の挿話、法住寺合戦の安藤八馬允、由井七郎の臨終、熊野覚朝の最後を記し、略年代順である。

第五は神社仏寺とあって、百三十四話をあつめている。伊勢・石清水・賀茂・住吉・日吉・北野・園韓神・中山・白山・室生・天王寺・東大寺・長谷寺・西大寺・比叡山・高野山・厳島・園城寺・関寺・清水寺・鞍馬寺・嵯峨釈迦像・平等院・円宗寺・法勝寺・蓮台寺・胤間寺・耳納堂、西行の松山津・白峯詣の話で、それぞれ社寺の縁起・霊験等を記すが、最後の西行の話だけは社寺に関係がない。

第六は亭宅諸道とあって七十五話をおさめている。亭宅としては南殿・東三条殿・高陽院・石田殿・花山院・春宮町の造営話を記し、その間に東三条院を作った有国は伴善男の後身説、超子が庚申の夜死亡した事を記している。諸道としては最初に管絃をあげ、平等院の水竜笛、朝成の吹笛、助元の吹笛を大蛇が聞くこと、明暹が般若丸を吹くこと、放鷹楽を明暹が是秀に伝え、元正が吉備津宮に秘曲を吹く、永秀と正近のこと、永真万歳楽を吹くこと、時光が武吉に笙を授けること、博雅三位の箏譜の奥書、孝博が箏琵琶を御室の児に教えること、箏伝授系図、村上天皇と玄上、廉承武貞敏のこと、師長の配所における述懐、京極殿御堂の供養式、舞人助忠殺され、堀河天皇の歎息、同天皇の神楽、鴨臨時の神楽、石清水の臨時の神楽、忠実の青海波を光行に授けること、雅実の胡飲酒を舞うことを記し、又文道では小野篁と白楽天・在衡・伊陟・以言・文時・時棟・保胤・維時・敦基・敦周・康貞・敦光・俊憲・信西をあげ、和歌においては六条宮と公任の人丸・貫之についての優劣論、相者については醍醐天皇・保明親王・時平・道真・忠平の人相、珍材、伴別当の人を相すること、洞昭が俊賢・院源・頼通を相すること、匡房・顕房・正家・時望の人を相すること、伊通・季通兄弟の相せられることを記し、医家については紀国守についての一話のみである。陰陽道についいては晴明が道長の危難を現わし、又花山天皇の前生をしることと明道図のことをしるし、占卜には亀甲の御占をしるしている。馬術には武則・公助父子のこと、実資の競馬見物、兼時の馬の見立て、賀茂祭の時の武正と兼行の行動、武正の回顧談をしるし、相撲には伊成・弘光の力競べ、工匠には定朝の弟子覚助、囲碁には基勢法師、醍醐天皇の懸物の和歌をしるしている。

四　特色

本書はその文体が漢文、片仮名交り文等があり統一されていない点からも窺われる如く、諸書の抄出というべき箇所が多い。直接書名を記しているのをあげると、『続日本紀』『浦島子伝』『李部王重明記』『敦光朝臣抄物』『左府日記』『日本紀式』『一条摂政記』『純友追討記』『長谷寺縁起』『為憲記』『師時記』等がみえる。

『古事談』の出典源として『江談抄』『中外抄』『富家語』『小右記』があげられ、『古事談』を出典とするものには『宇治拾遺物語』『発心集』『十訓抄』等があげられている。説話の継承関係は書承と口承に分けられるが、口承の場合にはその説話圏の一致によって直接の継承を推測することができるが、説話自体の流動性を考えると極めて困難な問題である。書承については全く同文の場合、同一趣旨の話の場合、又場所、人物、話の筋、時期等の要素の組み合せによってかなりの変容の可能性が考えられる。従って厳密に同文である以外はそのまま継承関係を考えることの困難なことは、『古本説話集』の出現以前と以後との評価の差によってしりえた教訓であった。ある説話集が、その編者自身の言葉・文章で表現された場合には個々の説話自体の比較のみによっては決定されないことが多いのである。『古事談』はこれらの点においては他と異なる特色を有している。即ち出典源となった先行の文献を略忠実に写しとっていることである。一字一句を厳密に調査すると現存の本においては必ずしもすべてにわたって同一の文章であるとはいえない点があるが、もとづく写本の誤り等を考慮に入れると、先ず同一といって差し支えないものが多い。但し『古事談』のすべての話の出典が明らかになっている訳ではないのであるから、将来或は別の条件をいれなければならなくなるかもしれないが、現在は略この結論でよいであろう。この様な説話集はこの時期においてはみられないものである。即ち源顕兼は部類記を作ると同じ態度である。又これに類するものとしては僧侶の仏書の抄出が考えられる。従って顕兼の発明とすべきではないであろう。しかし説話に関しては時期の早い方法と思われる。この方法は以前の説話集においては筆者自身の文体にせねば気がおちつかなかったり、或はそれぞれの説話に何とか評語をつけ加えねばならぬ衝動にかられていたことと比較すると大きな差があり、又この方法は江戸時代の学者・好事家が好んで行なった抄出の法に遠くつながっている。即ち諸話に対してかなり余裕のある態度をとりえたのである。従って著者がいかなる考え方をしていたかは直接示す箇所はないのであるから、その分類法、説話のとり上げ方から推測する以外にない。この書の中には著者とかなり関係の深いと思われる項目のとり上げ方が認められ、その話の源を暗示する箇所がある。先ず第一の王道后宮にみえる歴代の天皇の項をみると称徳・淳和・清和までは順をおわず、空白があるが、清和以降、二条までは連続しているが、只一つだけぬけているのが村上天皇である。もっとも天徳四年の内裏焼亡はこの天皇の時であるから、歴代つづいて記事があるとはいえるが、天皇の名を出さない。延喜・天暦と並び称せられる時期であるにも拘らず、明白に記さないことは意識的と考えねばならない。村上天皇は著者源顕兼の先祖であることが考えられる。

　第二臣節のうち藤原氏のうち基房・兼実の項の次に「高家者業平之末葉也」として高階成忠までをしるしている。この話は次の業平密通の話であって、そこに業平の子師尚までは話の筋に関係がある。しかし師尚が高階茂範の子となり、高階岸緒から成忠までの名は直接関係がない。高階氏を特別の話がないのにも拘らずその系譜を記しているのは、著者顕兼の室が高階泰経の女のためであろう。又本話中最もおそい話として、その成立の上限をきめる史料となる話は巻第三の大納言法印良宴である。この良宴が藤原忠頼の子の良宴であるとするならば、その叔父に真勝があり、真勝の母は八幡別当法印光清の女である。著者顕兼の母もまた光清の女で、『石清水祠官系図』にもみえている。即ち顕兼とは従兄弟の関係にある。又巻五神社仏寺の中で石清水が最も話数が多いことも母の関係から当然と考えられ、又八幡故検校僧都成清はやはり光清の子で顕兼とは伯父、甥にあたり、その話もかなり長く、詳細であって、成清は正治元年八月二十七日の没であるから、顕兼としては身近な人物の話である。従ってこの話は先行文献に出たというより、直接顕兼の記述に近いものであろう。猶この話の中に鳥羽法皇の近臣、侍僧達の巡物語が記され、鳥羽法皇を中心とする諸人の物語を交替で行う環境を記しているのである。顕兼自身は法皇の崩後の生れであるから、その雰囲気は知らないのであるが、その話は伝え聞いたであろう。

『古事談』という書名は『今昔物語集』『富家語（談）』等と共通の意識にたち、過去にあった事を記すという意図を明らかに表明している。しかし「今は昔」等の書き出しを全くもたない点においては『今昔物語集』『古本説話集』『宇治拾遺物語』の線に一点を占めるものではない。又その話も顕兼にとって全く過去の話ばかりではなく、生存中しかも本書の完成する僅か二、三年前のものをも含んでいるのである。これらをも古事とするならば、すべては古事となるわけであって、現在の意味の古事とはかなり意味が異なることになる。本書の成立は著者顕兼の死亡の早くとも三年前、おそければその年と考えられ、しかも出家している境涯を考えると、すべての事は吾と関係のない過去の雲の中に浮んでいるにすぎないと観じたのかもしれない。この様な説話集を編纂することは政治の激しい動きの中であらゆる注意をくばって緊張した生活をすごさねばならぬ身分では到底望むべくもない。従って説話集の著者の多くは僧侶・入道者・散位という世捨人かそれに近いものたらざるをえないのは当然であった。顕兼自身は三位にまで昇進しえた点は他の説話集の著者よりも高い地位にあって、珍しい例といわねばならぬが、その政治的立場は必ずしもすぐれたものではなかった。最後の官は刑部卿であるがこれは父の譲りをうけたにすぎず、その舅の高階泰経は後白河法皇の側近であったが、義仲の時に退けられ、又頼朝の時に退けられている。従って顕兼は諦観の境地に進まざるをえなかったのであった。その教養の形成過程は明らかでないが、三位まで昇進しえた貴族としての地位から、又定家が建保元年四月十三日にあった時に「発心之時還無縁歟」と評した如く、その入道には格別深い信心があったわけではなかった。仏門に帰依したとはいえ、往時の往生伝の作者の如く一途に思いつめた所もなかったのである。そのため本話は聖教類の抄出の如く、又部類記の作成の如く、何らの感慨を附加するところもなく、淡々として記述しえたのであろう。

この点に『古事談』の特色が存する訳であるが、しかしこれは単に顕兼の個人的性格にのみ帰せらるべきものではなく、説話集の編纂の歴史の上からもある程度必然的な理由もあるのである。即ちこれまでの説話集は仏法の霊験譚・往生伝の如く、仏教に即しての説話の集積法がある一方、宮廷貴族内部の歌物語・逸話等をあつめる方法があり、これが拡大されて貴族以外の武士・庶民にまで次第に及ぶようになって来たのである。この二つの道が交錯し始め、最初のうちは例えば『今昔物語集』にみられる如く、ある程度二者は不協和の状態にあった。しかし『古事談』になるとその不協和が次第に消滅して、二者を合したのが新たな道を歩み出すという方法をとっているのである。勿論『古事談』が最初のものであるという保証はないけれども、早い時期の一典型であることを失わない。この二者の結びつきによって二者の特色が干渉しあって別の道に歩み出す時、以前の仏法への帰依という平安貴族的色彩から、鎌倉期の特色として道徳的色彩が強く出る傾向が生れた。その最たるものは『十訓抄』であるが、本書はその立場の源にはならず、むしろ『宇治拾遺物語』の方向の源ともいえるのである。又この傾向は昔時の栄光を憧憬し、しかも前途の暗い貴族達の精神的傾斜でもあったのである。話そのものを楽しむ空気もこの中から生れてくる。この様な話を生み出すことは個人の力量も勿論ではあるが、更に有力なのは話を交換してその量を増す力のある集団の成立である。先にも指摘した如く鳥羽法皇を中心とする侍臣・僧侶の集団は暑さの折等に巡物語をして、互に珍話・奇話を話しあって、暑さを忘れるという、いってみればヨーロッパの宮廷における多くの説話集を生み出したと同一の条件の集団が成立していたのである。顕兼自身はいかなる集団に属したかは明らかでないが、少なくとも間接にはそれらの話を耳にする機会は多かったに違いない。さればこそ、身近な話、東国の修行者の話を記すことができた訳であり、多くの説話集を手にし、諸書より話を抄出する興味も湧いたものであろう。

次に『古事談』の文体は漢文の所もあれば、仮名交りの文もあるという不統一のものである。以前の往生伝等は漢文であるが、一方には仮名のみのものもある中で、何故この様な文体を採用したのであろうか。慈鎮流にいえばこの様な文体は一般の人を読者としては考えていないことになる。実際に本書以後の説話集で漢文のみのものはなくなり、漢字と平仮名・片仮名を使用するものが大半である。従って本書は説話集の文体としては最後のものに属するというべきであって、この点本書は極めて高踏的といえるのである。しかしながら、この点によって本書の普及価値は低められたのではなく、この書の成立後間もなく『続古事談』がつくられ、又『宇治拾遺物語』『発心集』『十訓抄』の出典となっていることは既に指摘されている所である。おそらく著者顕兼も予想しなかった結果であろう。

本書の分類は内容の条に示した如く、王道后宮・臣節・僧行・勇士・神社仏寺・亭宅諸道と分れている。本書に先行する諸説話集と比較すると最も著しい差異は分類が一応なされていることである。『今昔物語集』においては三国に大別し、更に仏法・世俗・宿報・悪事等の細別がなされている。この分類はかなり大まかなものであり、その分類名に必ずしも相応しないものもある。説話間の関係をみると、かなり密接な関係のものを並べている点は明らかに強い分類意識を感じとることができる。しかし明確に命名するまでには至っていない。これに対して本書はすべて一貫した分類を施している。この分類が何に基づくものかは明らかでないが、『江談抄』『中外抄』等の雑纂形式とは明瞭な対照を示している。この分類は王道后宮・臣節・僧行・勇士までは人についての分類であり、神社仏寺・亭宅は建物の性質によるものであり、諸道は別の基準であって、亭宅諸道とは元来むすびつく必然性はないが、話の数から便宜的にまとめたものにすぎないであろう。この分類の特色は以前の霊験譚、『今昔物語集』等の分類が人間の行為・心情等に重点をおいているのに対して、身分・階層による区別をしている点である。ここに説話集分類の発展をみることができる。又この書には妖怪の話、仏法の功徳の話が少ない。因縁譚は本書より後にも作られているのであるが、その系列の説話集とは異なる性質を有するのである。勿論僧行の巻の中にこれに類する話があり、先にのべた如く説話集の二類型の交錯という点で一の特色があるが、妖怪の話はこの当時噂されていたことが『明月記』等にもみえる。話の種としては興味あると思われるにも拘らず記していないことはその様な世界からはなれていたのであろう。

刊本

水野忠央　『丹鶴叢書』癸丑帙（国書刊行会本もあり）　嘉永六年
近藤瓶城　『史籍集覧』　明治一四年
同　『改定史籍集覧』一〇　明治三四年
西島政之　『国史大系』一五　明治三四年

黒川真道 『国史叢書』一一 大正三年
黒板勝美 『新訂増補国史大系』一八 昭和七年

参考文献

岡本保孝 「古事談攷証」(『未刊国文古註釈大系』所収) 昭和九年 帝国教育出版部
矢野玄道 「古事談私記」(『未刊国文古註釈大系』所収) 昭和九年 帝国教育出版部
野村八良 「古事談に就いて」 昭和一三年 『歴史公論』七ノ一二
小林忠雄 「古事談略本考」 昭和一六年 『国学院雑誌』四七ノ二
岡田稔 「古事談の鑑賞」 昭和一六年 『解釈と鑑賞』六ノ二
菊沢季生 「古事談・続古事談・今物語の代名詞」 昭和一六年 『国語研究』
益田勝美 「古事談と宇治拾遺物語の関係」 昭和二五年 『日本文学史研究』五
安藤菊二 「古事談出典小考」 昭和二七年 『日本文学研究』
簗瀬一雄 「古事談と発心集」 昭和三三年 『文学語学』八
今西実 「古事談抜書私考」 昭和三八年 『山辺道』九
今西実 「古事談抜書私見」 昭和三九年 『山辺道』一〇
益田勝美 「古事談」 昭和四〇年 『国文学』三〇ノ一
『今昔物語集』の項の文献目録参照

十訓抄

山田英雄

一　成立年代

序文に「建長四とせの冬、神無月の半の比、をのづから暇のあき、心閑なる折節にあたりつゝ、草の庵を東山の麓にしめて、蓮の台を西土の雲に望む翁、念仏のひまに是をしるし終ることしかりとなむはべる」とあって、建長四年（一二五二）の十月中旬に作製されたのである。これについては異説はない。

二　著者

『本朝書籍目録』には「十訓抄三巻」とあるのみでその著者をしるしてはいない。序によると草の庵を東山の麓にしめて西土を望む翁が念仏の暇に記したとあって実名を記さない。そこで諸説が提出された。

一　橘成季説　『古今著聞集』と『十訓抄』とに共通のものがあるため、同一人の作即ち『著聞集』は明らかに成季であるから、本書も成季であるというにすぎない。従って特に根拠のある説ではない。『古今著聞集』の序にみえる橘成季と、『十訓抄』の序にみえる念仏の翁とではかなり異なった人物と考えられるので、この説は積極的に成立しない。

二　菅原為長説　徹書記の『清巌茶話』を初見とする。江戸時代にはかなり信用されたことがあるが、既に伊勢貞丈が『安斎随筆』において指摘した如く、為長は本書の完成した建長四年より六年前の寛元四年に既に八十九歳で薨じているのであるから、この説の成立しないことは明らかである。

三　六波羅二﨟左衛門入道説　この説は妙覚寺本の奥書に、

或人云六波羅二﨟左衛門入道作云々（長時時茂等奉公、）

とあるのによる。この説は屋代弘賢以来の説であるが、以前の一・二説の不合理からこの説が重要視され始めた。この人物はこの奥書によると北条長時・時茂の時に六波羅に仕えた人物で、又入道とあるから仏門に入っている。この条件は序文の東山に草庵を構えた念仏の翁と合致するため有力視されている。しかしながらその実名は暗中模索の状態であった。これについて永井義憲氏は湯浅宗業であるという説を出した。この説の根拠を簡単にのべると、『十訓抄』よりみられるその著者の条件は、

1　建長四年（一二五二）には京に居住しなお仕官はしていたが老境に入っていた。

2　一族の長老としてこの時世をいかに生き抜くべきか、少年の為の教戒の資としようと此の書を著作した。

3　亡び去った平家一門に親しみを持つ雰囲気が作者の身辺にはあった。

4　仏教に深く帰依していて、時茂が六波羅北方の任にあった康元元年（一二五六）以後文永七年（一二七〇）以前

に出家して二﨟左衛門入道といわれた。

5　文筆の才あり詩歌の道に深い造詣があった。

である。湯浅宗業は弘長四年（一二六四）七十歳に及んで、六波羅の時茂より出家を許され、湯浅一族の重鎮であった。湯浅氏は平家の家人であり、彼の従兄は栂尾の明恵上人であり、その関係も密接であって、仏教の篤信者であった。湯浅系図には宗業は二郎左衛門入道とみえている。この奥書は妙覚寺本の奥書と称せられるものであるが、妙覚寺本の所在は明らかではなく、この本奥書を有する写本があるのみである。しかもこの本奥書は永積氏の分類によると、第二類の片仮名本にあって、第一類にはない。第一類より第二類への変化が何時おこったかは明らかではない。従ってこの奥書が何時かかれたかを決定することはできないが、江戸時代以前であることは明らかであろう。この奥書は普通の意味の奥書ではなく、何人かが覚書の意味で附したものである。即ち本書の成立した後、第二類の写本に著者名を書き加えたものである。従ってこの著者名は極めて偶然に残存したものである。さて湯浅宗業説は以前の説を明確に前進させたもので殆ど定説に近い地位をうるに至っている。著者の推測にこの様に明確な説の提出されたことは甚だ少ない例である。ただこの説について、奥書には六波羅二﨟左衛門入道とあり、宗業は系図に二郎左衛門入道とある。二﨟と二郎とは同一とみなすべきで問題はないが、この六波羅という意味は六波羅に仕えたという意味にとられている。しかしそれならば六波羅に仕えた人は多いのであるから、適切な解釈とはいえないであろう。この六波羅は苗字の如き扱い方である。永井説では六波羅を湯浅氏が使用していたという証明がないので、宗業説に賛成するに一抹の不安を感ずる。普通六波羅といえば、平清盛をさすか、鎌倉幕府の京都守護、六波羅探題である。奥書の記す所では「長時時茂等奉公」とあるから、長時等をさすものでないことは明らかである。現在の知見で六波羅を名乗るものは北条時輔と甲斐の小笠原氏で、後者にはこの時期には六波羅二郎というものがある。しかし左衛門入道には適合しない。鎌倉武士の中に二郎左衛門と名乗るものは数多いのであるから、六波羅と名乗るものも追求する必要があろう。

三　諸本

永積安明氏の分類によれば、

第一類　三巻有欠本、第七、第十後半を欠く。南葵文庫蔵本・東大国文学研究室本・内閣文庫(一)(二)本・岩崎文庫本・無窮会文庫本・前田家本・三手文庫本・名古屋図書館本・広島浅野図書館本等、写本として最も流布している。

第二類　片仮名三巻本、上巻欠、中下二巻のみ、大島雅太郎氏本。

第三類　補欠諸本

(1)　書陵部本　第一類本をもととし、その欠脱を第二類本で補い、その補欠部分のみをまとめて一巻とした四冊本である。

(2)　橋本進吉氏本　この別巻補欠部を片仮名に書き改めたもの。(1)(2)には妙覚寺本の奥書がある。

(3)　彰考館(一)本　補欠部分を別巻とせず、第七を中巻に第十後半部を下巻の終に附載し、三巻を平仮名本の形に改めたもの。

(4)　彰考館㈡本　(3)に朱書されている片仮名本系統の校合をそのまま取り入れて第一類と第二類を校合した姿の六巻本。

第四類　流布版本・元禄六年版本・享保六年版本・文化二年版本で、第二類を祖本とする。

第一類本と第二類本とを区別する最大の特色は題名である。

第一　可レ定二心操振舞一事（可レ施二人恵一事……第二類）

第三　不レ可レ侮二人倫一事（不レ侮二人倫一事）

第四　可レ誡二人上多言等一事（可レ誡二人上一事）

第六　可レ存二忠信廉直旨一事（可レ存二忠直一事）

第九　可レ停二怨望一事（可レ停二懇望一事）

第十　可レ庶二幾才能芸業一事（可レ庶二幾才芸一事）

上段は第一類本で、括弧の中は第二類本である。第一の心操の語は本文中にもみえ、又『明月記』等に散見する語で、当時の通用語である。人恵は第一の最初の部分にはあてはまるが、全体には不適当な語であり、第三の「不レ侮二人倫一」では教訓の意味を薄くし、第四の多言を除いては意味が不明瞭となり、第六の廉直は本文に廉直の項があって、これを除くことは題名として不適当であり、第九の本文は怨望を記していて、懇望では意味が不通となる。第十の才芸はおそらく才能芸業の省略した形であろうが、本文には能・芸能・才能の語がみえている。この題名は第一類本のものが原のものであり、第二類は一知半解の修正によるものであろう。又永正九年に成った『体源抄』は本書をかなり多く引用している。その本は第一類に属すべきものと考えられ、しかも第七、第十の後半をも引用している。従って

『体源抄』は本書の第一類の古写本の面目をとどめるものと考えられ、特に第七及び第十の後半は『体源抄』による校合をすべきであろう。又少なくとも永正までは第一類の完全な写本が存在していたのである。

四　内容と構成

『十訓抄』は最初に序があり、本文をその名の如く十の教訓に従って分類する。即ち、

〔上巻〕第一　可レ定二心操振舞一事
　　　　第二　可レ離二憍慢一事
　　　　第三　不レ可レ侮二人倫一事
　　　　第四　可レ誡二人上多言等一事
〔中巻〕第五　可レ撰二朋友一事
　　　　第六　可レ存二忠信廉直旨一事
　　　　第七　可レ専二思慮一事
〔下巻〕第八　可レ堪二忍諸事一事
　　　　第九　可レ停二怨望一事
　　　　第十　可レ庶二幾才能芸業一事

と分れるが、この十分類の冒頭に、それぞれの教訓の概括が「或人曰」として記され、多く小序と称せられている。

第十の最後に跋ともいうべき短文が附載してある。序文の趣旨によると、少年のために、昔今の物語を材料に、賢愚の例をえらび出し、十段の篇に分って、三巻の書とし、十訓抄と名づけた。和字を先として見易くし、ひろく群書をさぐり求めず、聞くものにとって耳近い様にした。つまりは空しいことではなく、事実のみをあつめたのである。自分の学問の力、才能の貧しさを嘲ける人もあろうが、志のやむにやまれぬ所からであり、又この様な狂言・綺語は仏の教に背く様であるが、かえって讃仏乗の縁でもあり、しかも憍りを嫌い、直しきをすすめるのは自ら法門の心に協うだろうとのべ、又跋文では聊か調子が変って「なきは数そふ世の有様、おもひつゞけられて、いつか身の上にとのみ心ぼそし」或は「旧友かくれて残すくなし」「我世も人の世もたゞあだなるかりの宿なれば、かゝる筆のすさみまで、いつかむかしの跡といはれんと、哀にあぢきなく覚てなむ」と大分心細い述懐を記している。

序文にある如く、諸書からの抜き書きという点は既に指摘されている。即ち『扶桑略記』『江談抄』『古事談』『宇治拾遺物語』『袋草紙』『天満宮御縁起』『大和物語』『愚管抄』等である。震旦の例がかなりあるが、まとまった話は別として、人名がでてくる程度の話は特に出典を求める程のものではない。これらは出典といっても常識的に使用しているのであるから、例えば『史記』にその話があるといっても果して著者が『史記』そのものから引用したか、孫引であるかの分別は不可能である。

第一は先ず人君の慈悲として仁徳天皇・醍醐天皇を例にしているが、何れも一行程度で特に出典を確定すべき価値はない。以後の本文においても、一の徳目の下に簡単な例を列挙して議論し、その後に本格的な長い例話をあげるという記述の仕方である。それぞれの徳目の下の例話を細分する時にはこの様な集団毎に例話を求むべきである。例話の数が人によって異なるのはこの様な分類を考えず、適宜項目をたてることに起因する。

第一は人君の慈悲の例として天智天皇の朝倉木丸殿をあげ、これに関連ありとして蓮妙の話をあげ、次に人に情を施すべし、仇をば恩をもて報ずべし、禽虫も報恩の例多しとして、唐土の例として漢武の昆明池の鯉、隋侯の蛇等を列挙し、我朝の例として山蔭中納言と亀、余五大夫と蜂、西塔の法師と古鳶、優婆崛多と天魔、始皇と松をあげ、次に心操振舞の優なるべしとして、皇后定子の和歌、白川院の女房、清少納言の香炉峰の雪、匡衡の占、匡房の賢、平重盛の例等をあげ、次に振舞の重々しいのばかりでなく時に応ずべきであるといい、又用意ぶかく、出仕のときなど心おくれなきをよしとすとして、平貞文の恋、源義家の囲碁、道長・博雅・顕雅・惟規の臨終の風流等を例とし、又詩歌には禁忌の詞を除き、さし過ぎた振舞は不可として、大江時棟・藤原知章・成通・俊頼・女房美作等の例をあげている。

第二は最も短く、狐丘の三怨、荘子・小野小町等を例にしているにすぎない。これは先行の説話集が人間の悪徳を積極的な項目として分類し、蒐集しなかったために例話を求め難かったためと考えられる。

第三は小式部の大江山の歌、匡房の和歌、文時の旧宅の女、田舎の兵士、乞食尼の詠歌、三形沙弥、大原聖、俊成の女、季親の歌、伊成と弘光の相撲、保昌と致頼、漢高祖、村上天皇の政道を老吏に問うこと、大江時棟、性空上人、源信と性空の問答等を例としている。

第四は多言を誡める例話として、行基の遺言、長実のそねみ、佐実の高言、惟家の放言、文範の放言、鳥羽院の女房の虚言、雅縁の誹謗、蒼海波、二条院の琵琶、朝綱の及第、兼盛の歌、顕季の非難、国基の難事、侍の歌、友則の歌、広相の怨、長能の歌、公任の失言、三緘の誡をあげている。

第五は朋友をえらぶべしとあるが、冒頭は宇多法皇と源融、村上天皇と延光、後三条院と実政をあげ、君臣であるが朋友にひとしとしている。純粋の朋友は恵心と慶祚、智光と頼光、忠親と成頼、伯牙と鍾子期、元稹と白楽天をあげ、次に普通の友ではないが、夫婦の場合、妻をえらぶ時は上﨟は品を、次ざまは心をえらぶべしとして、梁伯鸞と妻孟光を例にあげ、更に女も男をよくえらび、心をみよと教え、浅香山の歌、寛和の斎宮と滝口、前斎宮と道雅三位、武蔵守の女と平中、宿瘤と斉閔王、司馬相如と卓文君をあげ、又夫婦の間は悪事をいさめ、よき事を互にすすめることを教え、陶荅子妻、清和帝崩後の東宮御息所、醍醐帝崩後の穏子皇太后、安康天皇と大草香皇子妃、その他尚侍薬子・女房兵衛佐・褒似・妲己を例としている。

第六は忠信廉直の旨を存すべき事とあり、最初に忠信の例として、孫叔敖、介子推、馮昭儀、平群木菟、藤原百川、但馬守、弘演、紀貫之、良峯宗貞、橘良利、行成、義懐・惟成、顕基、頼長、相如、道実をあげ、次に讒奏により罪を蒙ることの例として武内宿禰、源信、頼義の郎等、道真等をあげている。次に忠孝は一であるから、孝子をのぶべきであるが、『孝子伝』『蒙求』によって知られているので我朝の事常に人の口にある外一両条申すべしとして、養老の孝子、白川院の時の孝行の僧、公助を例にあげる。この公助の話は『今昔物語集』(十九)『古事談』(六)にも出ている話であるが、著者は余りしられていないと考えたものであろう。次に夫婦の中は君臣の道にたとえ、「女は能男に志をいたすべし」として貞女の例として、馬元正の妻尹氏、望夫石、佐夜姫をあげ、又仏神によく信をいたし奉るべし、不信の者は災殃にあたるたぐい多しとして、延長八年の落雷、時平一族の早世・不幸、難波三郎の震死、小野皇太后宮の落雷、土佐種間寺の怪、敏行の不浄写経、烏竜、遺竜の写経、在衡の恪勤をのべている。次に廉直についてのべ、その例として季札、塞翁が馬、趙柔、楊震、釈尊と毒蛇、俊明清衡の贈物を返却、実資新邸の火災、蔵人の頓死、絵仏師良秀、安養尼の小袖、金峯山の巫女、日吉の託宣をあげている。

第七は思慮を専らにすべき条である。この思慮とは、将来を考えて、着実に行動することを意味し、その例として、松葉仙人、伊吹の千手陀羅持者、白河法皇の雪見と小野皇太后宮、六条前斎院の鞠の座の雪、王辰爾、篁の落書読み方、孔子興言、村上天皇の歌、公任の辞表、深覚の法蔵修理、林懐の魚、仁海の小鳥、実資・黒主の好色、皇嘉門の院号、花園左大臣の北方をあげ、人にはかられた例として、諏訪風祝の歌、家綱・行綱の猿楽、都良香の対策、基俊の下句、匡衡・斉名の合作句、以言・文時の秀句、道長の危難、隆禅と強盗、児屋寺の鐘、禅師の君の烏滸、大丸の笛、和氏の璧、張子房・田単、徽宗等をあげて、次いで主・従者の心得として清盛の例をあげている。次に賢人のもとにも不覚なるものもありとして、顕頼の侍、経盛の侍、宇治殿の笛葉二、輔親の侍、行遠の従者、従者の心得、牛飼童部をあげている。

第八は諸事を堪忍すべき例として行成の落冠、三条内大臣の雅量、高陽院の悲しみ、西行の娘の死をあげ、又女の物ねたみ同じくつつしむべしとして、皇后安子、隆家、斎宮女御、亭子院の御息所、大和国の本妻、高安の女、朱買臣の妻、呂尚父の妻を例にあげている。

第九は怨望を停むべきこととある。心にあわぬ事があっても心ながく忍び、血気にはやって振舞わぬ方がよいというのであるから、聊か第八と共通点がある。この例としては成就院僧正、顕季と義光、朝成の生霊、顕光の悪霊、誠信の怨死、実綱の歌、顕基寛算の雷、清和帝の前身、朝綱の願文等をあげている。次に心のはやりのままに出家することなどを戒め、その例として橘正通の異国行、鴨長明の出家、伊通の辞官等をあげている。

第十は才能・芸業を庶幾すべき事である。小序においては芸・能・芸能・才芸の語を使用しているが、何れも同一の意味と考えられ、その具体的な内容はその例話からみると、詩歌・管絃等を意味すると思われる。それぞれの道の家に生れたものは勿論、そうでないものも芸能の道をはげむべしとする。ただし世の中の変化をみると昔より次第におとろえて行き、父祖に及び難いが、形の如くなりともその業をつがないことは口惜しいものだとし、著者の考え方を示している。先ず伊陟の一知半解、輔昭の序句、公任の和歌の舟、経信の三舟の才、経信の秀句をあげ、次に詩歌の鬼神をうごかした例として、都良香の竹生嶋、羅城門前の詠、疫神文時の家をさけること、匡房安楽寺曲水宴の自序、菅長貞安楽寺の秀句、能因祈雨の歌、これに関連して白川関の歌、ふし柴の加賀を附記し、女房石清水参籠の詠歌、和泉式部貴布祢詠歌、小式部詠歌、赤染衛門の詠歌、小大進の詠歌、成通の今様、次に管絃の鬼神を動かした例として先ず五節舞の由来をしるし、次に廉承武の村上天皇と高明に秘曲を授けること、博雅三位葉二の笛をうること、吉備津宮元正の秘曲を所望、吉備津宮の震動、師長の朗詠、守通の神楽、晴遠の蘇生、助元の笛をあげ、最後に鬼神の所感ではないが、命を助けることによってとして和邇部用光のひちりきをしるしている。次に文章即ち漢詩文に附たる面目の例として雅材・斉信・為時・隆綱・康貞の例話をあげ、又和歌については頼政・覚讃・顕昭・信光・家長・惟方・定家・惟規・白楽天・桜島忠信の話をしるしている。和歌はこの外花鳥の使、貧しきもの世をわたるはしともなり、その徳旁多かるべしとして、桂御子宮螢の歌、業平と二条后、河内重如の歌、和泉式部と田かりの童、小野篁の娘を望む詞、顕輔の懸想の歌、宗家の妻の歌、公継の枕に入れた歌、良暹の物乞の歌、定基と鏡売女の歌、無縁法師の物乞歌をあげている。次に「あやしのしづのめ、あそび、くゞつまでも、郢曲にすぐれ、和歌をこのむ輩、よき人にもてなされ、撰集をもけがす、其のためしあまた聞ゆる中に」として、丹波守玉淵の女の白女、檜垣嫗、神崎遊女宮木、青墓のくゞつ名曳、江口の遊女妙、舎人の壬生忠岑、非人の山田法師の歌は勅撰集に入っているとのべ、又歌を作って往生した例として神崎君・菅三位・壬生家隆・宝日上人をあげている。次に武人は文をかね、歌をこのむをいみじとして、清原慈藤の詠詩、頼朝の和歌をしるしている。次に文武に優劣なく、文事あれば必ず武そなわるとして、唐太宗の勅問、賈大夫の逸事、頼政のぬえ退治とその歌をあげる。次に僧徒の能については、我朝においても多いが、抜き出す訳にはいかないとして、次に管絃、神感の例、粗上にかけりと雖も、打あることに付て申べしとある。即ちここで一応本文は終了した訳であって、これより後は補遺篇に入ることになる。従ってその内容は一部前の分類に入るべきものも含んでいるのである。全体の分類からみると、ここから俄かに乱れることになり、この書の成立過程を考える時の重要な材料になる。永積氏の分類の第一類本はこの十の後半が欠けているが、その欠けているのが補遺の部分であるならば、或は第一類本が第一次成稿本という事になるであろうが、欠けているのは和歌の徳の中の小野篁の女を求める詞からである。従って第一類本の欠けているのは本来なかったとはいえないのである。しかし第十の中での分類が乱れていることは、最初に十の分類にそれぞれの例話を配分し終って後に附け加えたものである。この補遺の部分が、それぞれの前の項に配分されている写本はないのであるから、既に一書として完成した後に加わったものとみるべきであろう。

補遺の部は管絃の徳を示すものとして、三条朝成の吹笛、白河天皇野行幸放鷹楽、大井川行幸詩序、女房尾張、五節命婦の庵室の遊、野宮の御遊、衛霊公濮水の聞を写すこと、唐玄宗月に入りて楽曲をうること、唐玄宗の吹笛、孟嘗君琴を聞き落涙することをあげ、又何事もこのむとならば底をきわめたいものとして行成・伊房の能書、成通の鞠の例をあげ、この反対の例として藤原資通と玄上、鳥羽院十楽講をあげ、能はいかにも有べしとして、仁海大僧正の顕基の琵琶評、中院僧正と和歌をあげている。又結論めいたものとして、理想像をえがき、「史書全経をも学びしり、詞花翰棠をもたしなみ、旧記にくらからず、古き跡を恥ずして、君道にもかなひ、身徳ともせん事、実の至要也、但又次ざまの人はさせる才芸にたらずとも、心おきてのさが〳〵しき、世にある道にとりて第一の能也」としるして、藤原師綱、基衡の賂を却けて、季春を斬ること、源義光の郎等季方の放言をあげ、反対の例として秦昭王の后、山林房覚遊の話をあげている。又奉公に忠なる余り、苛酷にすぎ、罪業の因となる例として朝成の石清水への祈願、経成の左獄炎上の時獄囚を出さなかったことをあげ、反ってくだれるものに情のある例として、仏師某の機転をあげている。又賞あるべからん事、あながちにとどめられてもせんなかるべしとして、藤原忠文が将門の乱に賞にもれた時、師輔の詞に感じて券契を献じたことをあげている。大江公資が大外記を所望した時、実頼が遮ったこと、有国泰山府君を祭り、父輔道を蘇生せしめたことをのべて、「彼修因感果の無レ限政事の中にも、かやうの事に付て、猶冥慮各別也。況人間をや。しかれば賞をばすゝめ、刑をばなだめて、慈悲をさきとせん事、定めて上は天意に達し、下は人望にかなはん物をや」と結んでいる。

『十訓抄』はその名の如く教訓書であるが、話そのものをみれば説話集ともいえる。その名の由来については藤岡継平氏の十善道業経の十綱より起って脱化したのではないかという推測がある。十訓は十善の如く禁止の形式をとらず、又十善は個人的な道徳・戒律に中心があるのに対して社会的乃至対人関係が主である点において大きな差があることが注目されるのである。又朋友・忠信・廉直等の仏教界ではみられない徳目があり、又以前の説話集においてはよくみられた霊験譚が徳目の中に入らず、むしろ以前の霊験によって期待し得たことが、才能・芸能の奨励等によって期待しうるとなす点においてこの時の特色に共通するものである。又この十訓によって形成される人間像は武士ではありえず、前代の貴族である。従って数少ない武人の話もその武勇あるが故に讃嘆の対象とはならず、文を兼ねて始めて全き人としての資格を有するものであったのである。勿論序文にものべている如く著者自身は西土の雲を望み、念仏する翁であるから、仏法への帰依の深いことは当然で、第六可レ存二忠信廉直旨一事の条に「禳災のはかりごと信力には過ぐべからず」云々とあり、その例として霊験譚を並べている。又第十に「僧徒の勤には」云々とあり、「聖人権者の名をあらはすふるまひ、其の証多かれども、面々の霊験行徳さのみ註しがたし、なか〳〵少々を抜出すに及ばず」とある。この外にも評者によって仏法が全篇に伏在していると説かれる如く、仏法礼讃の言がみえる。しかしながら全体としてみた時、必ずしもすべてに行きわたり、統一思想としての地位をしめているとはいえない。諸聖人・権者の霊験・行徳が数多いことを承知していながら、それを表面に出さなかったことに大きな意味があろうかと考えられるのである。序文にのべる如く少年のため、耳近い例を出す必要という理由もあるが、仏法そのものにすべてを委ねることに聊か不安を感じ、実際的な処世法をのべたものであろう。

本書は藤岡継平氏の論文以来、大半の説話の出典は判明していて、出典不明のものは数える程の僅かである。従って本書編纂の目的が少年の教訓書という意味から古来の有名な話を網羅したことは明らかである。その点この書に特別な説話を求めることは筋違いというべきであるが、中には平清盛の慈悲の話の如きは、現在他に類話がなく、清盛論の一の重要な材料になっている。しかしこの書の説話文学史上の地位は表現その他の細密の点は除いて考えると、かなり高く、多くの影響を及ぼしている。現存『悦目抄』『体源抄』は本書の抄出の部分がかなり存し、江戸時代、又明治以降に説話の例としてかなり多く引用されて来ているのである。丁度『古事談』が鎌倉時代の説話集に大きな影響を与えたのと同様である。この事実は本書の編纂にあたっての説話の撰択法がよろしきをえたことと、教訓別に配列されていて、ある教訓の例話として引用する時に直ちに適切な例話を得ることができるという便宜によるものであろう。

刊本

萩野由之　『日本文学全書』一二　明治二五年

西島政之　『国史大系』一五　明治三四年

池辺義象　『校註国文叢書』一八　大正四年

黒板勝美　『新訂増補国史大系』一八　昭和七年

永積安明　『岩波文庫』　昭和一七年

参考文献

本居豊穎　「十訓抄一節」　明治三八年　『国学院雑誌』一一ノ四

石橋尚賢　『十訓抄詳解』（附録、藤岡継平「十訓抄考」）　昭和二年　明治書院

木枝増一　「十訓抄講義」　昭和五年　『国文学講座』

時下米太郎　「十訓抄に現れたる新時代の提唱」　昭和七年　『国語と国文学』七ノ一〇

大内義郎　「十訓抄に表れたる芸術・教養」　昭和八年　『国漢研究』

岡本保孝　「十訓抄典故考」（『未刊国文古註釈大系』所収）　昭和九年　帝国教育出版部

矢野玄道　「十訓抄私記」（『未刊国文古註釈大系』所収）　昭和九年　帝国教育出版部

回陽博道　「十訓抄の著者に就いて」　昭和一〇年　『国語国文』

小田泰正　「十訓抄の出現」　昭和一三年　『史潮』八ノ三

「十訓抄解釈問答一」　昭和一三年　『国語解釈』

岡田稔『十訓抄新講』 昭和一四年 大同館書店
菊沢季生「十訓抄に現れた代名詞」 昭和一六年 『国語研究』
小林忠雄「岩波文庫本『十訓抄』望蜀語」 昭和一九年 『歴史と国文学』三〇ノ四
同「十訓抄の古版本について」 昭和二五年 『日本文学研究』
永井義憲「十訓抄の作者」(『日本仏教文学研究』所収) 昭和二七年 豊島書房
小田泰正「鎌倉後期の社会と十訓抄」 昭和三〇年 『歴史教育』二ノ七
永井義憲「十訓抄」 昭和三三年 『国文学』三ノ一一
乾克己「宴曲と中世説話文学」 昭和三五年 『和洋女大文学部紀要』五
高橋貢「十訓抄の組織について」 昭和三七年 『古典遺産』
乾克己「宴曲抄『朋友』と十訓抄巻五『可撰朋友事』再説」 昭和三七年 『国学院雑誌』六三ノ五
中野猛「十訓抄」 昭和四〇年 『国文学』三〇ノ二
『今昔物語集』の項の文献目録参照

古今著聞集

山田英雄

一　著者と成立年代

『古今著聞集』は漢文の序に散木士橘南袁、跋には朝請大夫橘成季とあり、『本朝書籍目録』にも「著聞集　廿巻　橘成季」とあって、異説はない。又建長六年（一二五四）十月中旬に完成し、十六日に竟宴を開き、十七日に跋をかいたと記している。又三十篇二十巻であることも序にあり、現存の写本・刊本もすべて同一である。

橘成季については黒川春村の『碩鼠漫筆』が『明月記』の寛喜二年四月二十四日の賀茂祭の記事を引用して以来常にその記事があげられている。その記事によると殿下近習侍五人の一人として「右衛門尉成季近習無双、故光季養子、基成清成等一腹弟也、」とみえ、橘とはないが、橘系図に光季がみえ、清則の子に清成がみえることによって、現在の橘系図を補足しうるものであると考えられている。この成季はその後同書寛喜三年八月十四日の吉田の競馬に姿をみせている。この記事も随身侍とある。『大日本史料』第五編の三引用の石清水八幡宮所蔵の「類聚国史紙背文書」によると、嘉禎二年十二月十六日の除目に修理権亮橘成季とみえている。本集の中では巻六管絃歌舞の時元評時廉蘇合序事の条の末尾によると宝治三年六月仙洞御講に成季は大鼓をつとめ、又巻五和歌の瞻西上人図絵和歌曼陀羅事の条に、成季は建長元年九月外宮遷宮に参向したことをしるしている。

二　諸　本

永積安明氏の分類によると、

〔甲　門〕大井河行幸和歌序を附載する諸本。

第一類　巻廿魚蟲禽獣篇の都鳥の「にごりなき」の歌の次に「前参（三）河守卜部兼直上」、橘成季の自跋署名、「唐土北叟馬事」以下の五説話のあるもの。

第一種　巻八好色篇なよ竹物語、巻十四大井河行幸和歌序に「抄入之」、巻十九松樹称貞木事に「抄加之」、巻六宇治左府御記引用の肩に「裏書」とある諸本。池田本(九条家旧蔵)十冊・神田本（永積氏蔵）五冊・書陵部（一）本十冊・近衛文庫本十冊・彰考館（一）本二冊・学習院本六冊。

第二種　第一種の如く巻頭等巻数・篇数・内容を必ずしも記さず、「抄入之」等の註記等を記さないことがある。彰考館（二）本十冊・前田本十冊・岩崎文庫本十冊・刈谷図書館本三冊。

第三種　第二種より本文が乱れ、誤脱が多い。静嘉堂本五冊・内閣文庫本十冊・神宮文庫本十冊。

第二類　巻廿の「にごりなき」の歌を「卜部兼直」の後に記し、次に「唐土北叟馬事」以下の五説話を記し、最後に跋文をおいて、成季の署名はない。第一巻頭目録の始めに「総目録」と記し、巻二末の「竹園御本」云々の奥書はない。

第四種　書陵部（二）本十冊・米沢図書館本十冊・京大図書館本五冊・国会図書館本五冊。

第五種　整版本。巻四徳大寺実定風月才勝於人事、巻十六七条院権大夫事、ひらあしだ名僧事の各条を欠く。

元禄三年刊本・明和七年再版本。

別本　第二種と第五種本との混合した本。松井簡治氏本六冊。

〔乙　門〕大井河行幸和歌序を欠く本。

第六種　自跋の署名が「朝請大夫橘成季」とあるもの。三手文庫本二十冊・藤崎一史氏本十冊・谷森本十冊・書陵部（三）本四冊。

第七種　自跋の署名「朝散大夫橘成季」とあるもの。鈴鹿本五冊・岩崎文庫（一）本二十冊・書陵部（三）本四冊。

現存の写本は暦応二年書写本を基とし、甲門が直系、乙門は傍系で、第一類第一種が最も原本に近く、第五種が最も遠い。成立の項でふれる如く、現存写本は附加説話がかなり多く入っているのであるから、第一種は原本とはかなりはなれているとみるべきである。

三　構　成

漢文の序によると、宇県亜相巧語の遺類、江家都督清談の余波なり、即ち『宇治大納言物語』『江談抄』を継承するものであるとのべている。琵琶は賢師より伝えられ、図画は好む所で伶客を伴い、雅音を楽しみ、画工にえがかせたとのべ、平仮名の後序によると、詩歌管絃の道のすぐれた物語をあつめて、絵にかきとどめようと、昔の話から卑賤のものに至るまでひろく考え記す余り、他の物語にも及び集める中にその量も多くなった。昔からのよい事、わるい事をしるしておかないと、消滅してしまうだろう。そのため家々の記録、所々の勝絶、みちゆきぶりのかたらい、ひなのてぶりをたずね、伝聞のものも多いとしている。即ちこの二つの序文によると、最初は詩歌管絃についての話を集め、その絵を入れて丁度『三宝絵詞』の如き形の書を作ろうとしたことは明らかであるが、この仕事をしている中に次第に範囲が拡がってしまったものと考えられる。又漢家経史の中を窺わずとあるのは本書編纂の一つの方針である。又狂簡たりと雖も又実録をかね、とか、街談巷説の諺あるを知るとか、積極的に噂話等を採録する方針である。跋において「すみやかに三十巻狂簡の綺語をもて、ひるがへして四八相値遇の勝因とせん。麁言柔輭語之文、仏種従縁起之教をこの取信といへる事なり」とのべているが、本文の内容からみて必ずしも適切とはいえないのであって、この点からみると、従来の説話集の多くが仏法を機縁としている点と異なり、跋において俄かにとってつけたようにこの様な語を付記している。又この集は他見をゆるさないとのべながら、人によって許否あるべしとしているのも、この時期よく他見を許さない習慣をとり入れながら、しかしそれには自信がなく、許容事項をのべなければならなかった。従ってこれもやはり形式尊重の表われであるとみなければならない。

その目録を記すと、

巻一　神祇（第一）　巻二　釈教（第二）　巻三　政道忠臣（第三）
巻三　公事（第四）　巻四　文学（第五）　巻五　和歌（第六）
巻六　管絃歌舞（第七）　巻七　能書（第八）　巻七　術道（第九）

巻八　孝行恩愛（第十）　巻八　好色（第十一）　巻九　武勇（第十二）
巻九　弓矢（第十三）　巻十　馬芸（第十四）　巻十　相撲強力（第十五）
巻十一　画図（第十六）　巻十一　蹴鞠（第十七）　巻十二　博奕（第十八）
巻十二　偸盗（第十九）　巻十三　祝言（第二十）　巻十三　哀傷（第廿一）
巻十四　遊覧（第廿二）　巻十五　宿執（第廿三）　巻十五　闘諍（第廿四）
巻十六　興言利口（第廿五）　巻十七　恠異（第廿六）　巻十七　変化（第廿七）
巻十八　飲食（第廿八）　巻十九　草木（第廿九）　巻二十　魚蟲禽獣（第三十）

この分類は以前の説話集の分類と比較すると最も整備されたものである。この分類が何に基づくか、或は独自のものかは未だ明らかではないが、唐宋の類書はかなり輸入されていたと考えられる。その中で『太平広記』の分類が神仏に始まり、草木・禽獣で終っている点が類似している。本朝のものでは、神祇・釈教とある点から勅撰集の分類に似ていると指摘されたこともあるが、その他はあまり似ているとはいえない。『和名類聚抄』の書も一部が類似しているのみである。

三十篇二十巻として篇数と巻数が一致しないが、先の目録で明らかな如く、巻三・巻七・巻八・巻九・巻十・巻十一・巻十二・巻十三・巻十五・巻十七にはそれぞれ二篇ずつをおさめている。巻毎の話数と篇毎の話数を比較すると必ずしも平均しているとはいえない。例えば巻七能書第八は九話、同巻術道第九は七話で、巻七は合計十六話にすぎない。これに対して巻五は和歌第六で九十一話である。巻五の中間三十八話を『十訓抄』よりの増補としても、五十三話になり、巻七の第八・第九よりはるかに多い。従って巻七を第八・第九に分けず、能書術道として一巻一篇にして差支えない筈である。この様な分割は他にもみられる。この分類はおそらく、二十巻にまとめるためになされたものと考えねばならない。

本文の成立に関して重要な問題は『十訓抄』との関係である。『十訓抄』は建長四年の成立で、『著聞集』は二年後の同六年であるため問題が微妙になる。本集には『十訓抄』の本文と略同文と認められるものが六十四話に上る。全体の話数は数え方によって異なるが七百話をこしている。即ち約一割が『十訓抄』と略同文である。その分布をみると、巻四の末尾八話、巻五の中間三十八話、巻七の第七話・第八話、巻八の末尾四話、巻十の末尾一話、巻十二の末尾一話、巻十三の末尾二話、巻十六の末尾四話(第七十を除く)、巻十九の末尾二話、巻二十の末尾五話、である。即ち巻五を除く外は末尾にあるという特色をもっている。しかもこれらは他の話の順序と比較すると、各巻・各篇共に時代順に配列してあるに拘らずこれらは時代順が乱れていること、巻五の和歌の部分はこの『十訓抄』と同文の部分を除くと前後時代の順があうこと、又先にのべた漢家のものは除くというにも拘らず、これらの中に漢土の事があること、又これら同文の話の中にはしからざるものと同一話があって重複していると認められる。又巻二十の末尾五話は静嘉堂蔵本・谷森本等においては跋の後にあり、しかも漢土の話であって、何れも本集本来のものとは認められないものである。又巻八の『十訓抄』増補部分の直前に静嘉堂本・谷森本等には「是以後抄入之」とあって明らかに後の増補であることを示している。次に『十訓抄』にない話ではあるが、今のべた『十訓抄』による増補の部分に附随している部分がある。巻五和歌の六条顕季人丸影供、巻七能書の末尾、弘法大師の五筆、巻十六の興言利口の高倉茂通と栄性法師は後の附加であり、又巻八好色の奈与竹物語は後嵯峨天皇とあり、当然天皇崩御の文永九年以後であり、又巻二十の都鳥の条には建長六年十二月二十日とあって、本集完成以後である。以上の推論によると、これらは何れも『十訓抄』と略同文であり、しかも末尾にあるか、それに近い。又その箇所にあることは時代順の配列を乱すことになる。又漢土の話を含むという条件である。この条件を更に適用すると、巻八好色の増補部分の奈与竹物語の次、即ち本篇の末尾の忍男鳴扇事は当然増補とみられ、又巻十四の末尾の紀貫之大井河行幸和歌序事はその前が承元五年の話で、時代がつづかない。又巻一の末尾の伊予守信隆の話は仁安三年（一一六八）四月二十一日とあるが、この話の前は二条雅経の話である。雅経は承久三年（一二二一）に薨じており、その時代の順は逆である。更にその前は小槻淳方の話であるが、淳方は建長四年に死亡しており、雅経よりも後の人である。従ってこの話も増補と考えられる。又巻二の末尾の書写上人はその前の話の湛空（建長五年没）より以前の人である。巻十二の末尾は先述の如く『十訓抄』によるものであるが、その前の話、山もりの縁浄法師の話は花山院の時とするが、その前の話は澄恵僧都（嘉応元年没）で、やはり時代の順が逆である。巻十八飲食の末尾の三条中納言大食の話は『今昔物語集』二十八の二十三、『宇治拾遺物語』九十四にもみえ、この中納言は朝成（天延二年没）である。この話より以前に家隆等の話がある。やはり順序が逆となっている。なお巻五和歌の『十訓抄』による増補部分が中間にあることは、先述の末尾にあることと矛盾する訳であるが、この和歌篇は九十一話であって、第二十六話から第六十四話までが増補の部分であるから、前半二十五話、後半二十七話となり、略平均した話数となるので、もと二巻にわかれて書写されていた時、前半の巻に附加されたという推測が正しいであろう。

四　内　容

各篇の冒頭には『十訓抄』の各項の冒頭にある様なそれぞれの主眼とすることとの解説がのべられてあるが、例えば神祇第一においては「天地いまだわかれず渾沌雞の子のごとし」云々とある如く、特に強い主張をのべているのではない。その文体も漢字・平仮名交りのものもあれば、漢文のものもあって統一はなく、又簡単なものが多く、著者の主張を示すものは少ない。『十訓抄』による増補附加を除く内容は次のごとくである。

巻一神祇には内侍所・稲荷神・新羅明神・住吉明神・天満天神・日吉社・山王・伊勢荒祭宮・上総一宮・広田社・大学寮廟・春日社・周防嶋明神・賀茂社・熊野社・厳嶋社・八幡社・太神宮・若王子の神徳等についてのべ、巻二釈教は聖徳太子、当麻寺、昆陽寺、嵯峨天皇の宸筆心経、伝教大師の作善、智証大師の園城寺創立、聖宝の東南院創立、金峯山神変、寛空の法験、寛忠の霊験、貞崇と火雷天神との問答、浄蔵前身をしること、空也念仏、千観和讃をつくる、定昭の霊験、性信の霊験、永観の往生極楽、行尊の霊験、良忍の融通念仏、少将聖の常行三昧、頼長の定信入道を拝すること、清澄寺尊恵の往生、西行の大峯入り、蓮華王院の水、清盛の千僧法華転読、澄憲の祈雨、解脱房と法文、頼朝と善光寺如来、源空の念仏往生、公胤源空を導師とす、明慧上人の霊験、春日神明慧の渡唐を留む、明慧の入滅、親厳大峯を通る、聖覚法印のこと、長谷観音准后に宝珠を賜う、大中臣長家の写大般若経、使庁結縁経、生智の渡唐、湛空の涅槃会を記している。

巻三政道忠信は寛平御遺誡、道真遊覧をいさむること、村上天皇と政道、なへ装束、後朱雀院過差を止むること、公卿同車、隆方実政に越えらるること、後三条天皇の宣命と資仲、為輔口伝の人は屏風のようなるべきこと、匡房道非道の二船、寛治の内裏焼亡、実能雅定をこえること、光方の辞状、福原遷都をのべている。

巻三公事第四には能通の舞人を辞すること、殿上日給の起請、行成斉信の失錯を扇にしるす、隆国と臨時祭、藤原経仲樹上の児を勘問、関白家臨時客の引出物、豊明節会、院拝礼、頼長の怠状、保元三年内宴再興、後白河院と松煙墨、節会内弁の食事、頼実と除目三祝、道家と除目、後鳥羽天皇の内弁の作法、同天皇白馬節会習礼、順徳天皇の賭弓をしるしている。

巻四文学第五には百済博士と大津皇子、朝綱白楽天を夢みる、朝綱・文時文集第一の詩をえらぶ、安楽寺作文序、直幹の秀句、渤海人と維時の詩、都良香と弁財天の夢告、為憲の土嚢、永範の秀句、元稹の秀句、疫病神文時の家を避く、保胤の匡衡・斉名評、匡房の高麗返牒の秀句、匡房の夢想によって安楽寺祭をはじむ、尚歯会、侍読在良の初参、頼長の周易学問、宋客の頼長への書籍贈与、頼長の学問料試、蔵人所直講試、敦周秀句、実定の風月の才、高倉天皇の秀句、同天皇中殿作文、定長北野作文、素俊秀句をしるしている。

巻五和歌六には玄賓僧都の位記、弘徽殿女御の歌合、花山院秀歌、同院橘の歌、東三条院撫子合、帯刀陣十番歌合、泰憲の白紙逐電、斎院の柳枝、行尊の詠歌、基俊と小童の問答、唐人連歌、斎宮和歌問答、鳥羽法皇賜歌、西行・寂念崇徳上皇配流による和歌道衰退を悲しむ、西行兵衛局への歌、御方違行幸の御遊、女房雪月連歌、承香殿梅連歌、いろは連歌、敦頼・実国応酬和歌、瞻西の和歌曼陀羅、道因法師の住吉歌合、同法師の広田歌合、和歌の尚歯会、人丸影像、賀茂神主重保の尚歯会、隆信の贈歌、実国の贈歌、実国家歌合、実国の贈歌、経盛の贈歌、御裳濯歌合、解脱上人詠歌、頼朝歌をもって判書となすこと、頼朝・時政の連歌、草売連歌、定家御製に加点、鬼神家隆の歌を詠ず、定家・家隆同古歌を撰す、孝道琵琶につけて歌を献ず、知家の和歌、西音法師の秀歌、家隆七十七歌、後嵯峨天皇の御製、実氏五代帝王の筆跡を献ず、住吉社の落歌、中間法師常在の詠歌、真観仙洞御会を辞すをしるしている。

巻六管絃歌舞第七には廉承武の霊、雅明親王の万歳楽、日比不奏舞、桜花宴、三月尽御宴、踏歌後御宴、帰徳曲、内宴の弾琴、藤花宴、内宴管絃、庚申御遊、実資納蘇利を舞う、俊家の唱歌、博雅三位の生時天上音楽、雙調の君、殿上其駒、管絃の用心、平等院一切経会、貞親奏楽、資通豊等寺に管絃、遠理の祈雨、明尊ひちりきに感涙、宗俊叡感を蒙る、牧馬と玄象の優劣、宗俊のこと、義光秘曲を時秋に授く、博定の太鼓、延章の太鼓、光季賀殿地久を奏す、雅定胡飲酒童舞、鳥羽殿行幸御遊、堀河天皇の吹笛、非管絃者口惜、楽敵、源頼能の横笛、吒祇尼天、福天神、成通の今様、天永三年三月御賀後宴、宗輔陵王乱序神感、胡飲酒、桑老曲伝授、元政秘曲を近方に伝授、多方胡の飲酒舞、時秋笙吹音取、頼長院御所御遊、宇治一切経会、時元の時廉評、万秋楽の吹様、宗能の万秋楽序、白河院弾箏、鳥羽院八幡御幸吹笛、仁和寺一切経会、崇徳院と清海波、天王寺御幸管絃、院舎利講御遊、隆季抜頭面形を返すことをしるしている。

巻七能書第八には嵯峨天皇と弘法大師の手跡争い、大内門額、道風醍醐寺額、忠通の小筆、清水寺額、楽音寺額をしるしている。

巻七術道第九には晴明瓜の毒を占う、吉平地震を予知、兼実自相、貞説医書に通ず、播磨相人、在継の占をしるしている。

巻八孝行恩愛第十には赤染衛門・挙周の恩愛、雅実懐中沓、三大臣伺候、重通の精進、頼長師恩尊重、頼長父愛を蒙る、高倉天皇建春門院に朝覲、法深房秘事を尾張内侍に授くをしるしている。

巻八好色第十一は道隆と馬内侍、伊周のこと、道命と和泉式部、敦兼と北の方、経頼の聟取、孝定朗詠、小侍従の懺悔、仁和寺の童千手参川、宮ばらと上達部、忠季と督典侍、大宮権亮、公継の句、宮内卿の歌、大原の尼、好色女の死後をしるす。

巻九武勇第十二には天子武士一人をたのむこと、頼光鬼同丸を誅すること、衣川の連歌、義家兵法を匡房に学ぶ、義家宗任を従者とす、義家碁盤の角をきること、渡辺番所縁の赦免を辞す、貞綱強盗に逢い逃れること、宇都宮頼業の水練をしるしている。

巻九弓箭第十三には内裏小弓負態、野宮小弓会、滝口賭弓、季武従者、渡辺睦弓矢の妙、同遠矢、賀次新太郎の弓渡辺翔の的弓、平助綱の等閑の射をしるしている。

巻十馬芸第十四には右近馬場尾張兼時の初負、二条大路の競馬、名馬雲分、鳥羽院高野御幸還路の競馬、日吉御幸内競馬、敦近不興を蒙る、公景敦景の勝負、国方悪馬にのる、貞弘の庭乗、敦近の名誉、都筑経家悪馬を御す、老敦頼悪馬にのる、秦久清賀茂冥加、国文高遠に勝つ、忠信馬上手、秦頼峯の蘇生をしるしている。

巻十相撲強力第十五には中六条院の童相撲、宗平時弘の相撲、勝岡重茂の相撲、久光常世に近付かず、滝口所衆相撲、おこまの権守馬の足を損す、佐伯氏長と高島大井子、頼長随身公春の強力、伊実と腹くじり、畠山重忠と長居、近江の大力金女をしるしている。

巻十一画図第十六には賢聖障子、清涼殿等の障子、御室の金岡の画、性空上人の画像、巨勢弘高の地獄変屛風、公忠の屛風、大上手と小上手、為成宇治殿扉絵、閑院障子の鶏、良親の屛風絵、麗景殿女御絵合、玄象撥面絵、鳥羽僧正の供米不法の絵、鳥羽僧正と絵法師、年中行事絵の押紙、絵難房、伊予入道不動明王絵、頼朝と御宝蔵絵、信実筆後鳥羽院御幸絵、順徳院琵琶絵、絵つつの貝おおい、信実の似絵、賢慶弟子法師絵によって勝訴、一条室町御所障子絵をしるしている。

巻十一蹴鞠第十七には白河斎院御鞠、忠実白川辺鞠会、成通の鞠、家平と二重鞠、安元御賀、家平の上鞠、七条殿の鞠、後鳥羽院鞠の長者、高陽殿の鞠、仁寿殿の鞠をしるす。

巻十二博奕第十八には惟喬親王雙六の質、延喜の囲碁、基勢法師と銀笙、碁手銭、久安元年朝餉所の囲碁、七半、古博奕天竺冠者、時房第の双六、法深房・刑部房をしるす。

巻十二偸盗第十九には琵琶元興寺、博雅三位家の盗人改心、用光の曲に海賊感涙、澄憲奈良坂の盗を教化、朱雀門上の女盗人、女盗人大納言殿、腰居の釜盗人、正上座と海賊、強盗張本交野八郎、盗人の詠歌、憶病法師、偸盗の飜心、強盗の棟梁大殿小殿、慶算市原野の盗人の歌、澄恵童時の詠歌、澄恵蕎麦盗人の歌、山守縁浄法師蕨盗人の歌をしるす。

巻十三祝言第二十は延長内裏御賀、皇大后穏子五十御賀、白河法皇五十御賀試楽、鳥羽法皇五十御賀法会、日吉禰宜成茂七十賀をしるしている。

巻十三哀傷第二十一には醍醐天皇山陵、空也上人孤児を慰む詠歌、兼家葬送の夜道長自若のこと、具平親王おおがお車、敦光の秀句、重隆冥官、成佐鬼道に落つ、鳥羽院葬送の夜西行帰参、二条院葬送の時実国の詠歌、実国高倉院女房へ贈歌、良経兄良通を夢みて詠詩、実房の独吟、西行釈迦入滅日往生を願う、良経の曲水宴後の急死、宗行菊河遊女家柱に題す、後高倉院七々忌に聖覚法印讃嘆結句、家隆の和歌往生、四条天皇葬送、明義門院・陰明門院崩御に隆祐の詠歌をしるしている。

巻十四遊覧第二十二には寛治六年殿上逍遙、白河院雪見御幸、同院雪見、白河・鳥羽両院白川花見、道家の雪見をしるしている。

巻十五宿執第廿三は狛助信・尾張種武競馬に共に死す、下野助友競馬に勝ち死す、頼通の執心、没後も読経する広清・円久・円善、済範万秋楽をきき遷化、舞の秘事の伝不、長慶の琵琶執心、実能の宿執、孝博管絃執心、宗輔笛執心、忠実の宿執弾琴、守光重病を昌して釈奠に馳参、実国音曲執心、西行出家後昇進を執す、上杉僧都死後無手鬼となる、孝道啄木曲執心、法深坊父子芸道執心、全舜法橋臨終に万秋楽序をきく、大神景基陵王荒序を吹く、定嗣出家後宿執によって詠詩をしるしている。

巻十五闘諍第廿四には滝口源備・宮道惟則の争、仁平元年賀茂行幸狼藉、馬允殺害遁世、千葉胤綱三浦義村を罵る、秦兼友久清を訴うることをしるしている。

巻十六興言利口第廿五には経信の敦末評、忠実の勘当侍、有盛装束を着けず下車、範貞頼長を見知らざること、家成武正に黒馬を与う、馬上の居眠り、武正領山崎、負競馬の酒肴、行通昇任時の返歌、あがり馬六の葦毛、実綱家の試胆、秦兼国松殿官人となる、兼任年来従者を打擲、師長孝道を勘発、寛快箕を軒にかけて供米不法を正すこと、力者の交替等、粟田口忠良と基通の贈答和歌、俊成女房の連歌、北院御室と物狂老女、中臣近武の装束、下太友正人喰犬を打ちころすこと、下野武守の女の嫁入り、詠歌による赦免、蒔絵師の大仮名の返事、侍長則定の小松まぎ、たつみの権守の問注、下野武景の異名、泰覚の返歌、増円と侍馬允の連歌、うとめ増円、行縢を知らざる定茂、中大冠者の行縢、定茂冬の夏袍、新調車、下野種武の大仮名の散状、高足駄の高言、滝口の下人ねぼけて中将実忠を召す、七条院権大夫・孝道の和歌贈答、七条院女房備後越前の興言、へひりの判官代、聖覚の力者法師築地づきを呪る、度会神主盛広と三河女、竹生嶋老僧の水練、みそか法師のしと、蔵人妻の素服、背高女と背低男、中間法師・山伏・鋳物師今津の宿、さもあみた仏、或僧不犯尼に仕えて思をとぐ、不犯尼の臨終、説経以前に泣く尼、曾禰領主の好色、無沙汰の智了房、雅隆の正月餅鏡、雅隆五七日導師の説法、嵯峨釈迦堂通夜の僧の朗詠、孝道の越前房評、墓留守男弓矢上手を誇らんとしての失敗、信安過ぎたる強盗用心、いえたかとかりゅう、家隆ひえどりの歌、尾張内侍と功徳遊の朗詠、一期不運の青侍、上達部左府入道に逢いて逃ぐ、左衛門烏帽子を着けずして永親を訪問、女房の歌と奉行、醍醐大僧正弟子の消息、寛元御禊に馬允三度の名乗、日吉行幸の供侍の装束、閑院焼失の翌日大納言二品局へ参る某、維摩会延年の黒禰宜、善忍の下人の興言をしるしている。

巻十七恠異第廿六には延長八年の流星、出雲くろ嶋の怪、嶋根・楯縫両郡境の氷塔、後朱雀院四季屏風上の怪人、崇徳院白河僧正増智の夢、治承二年の流星、同四年の大辻風、清長の冠の怪をしるしている。

巻十七変化第廿七には仁和三年武徳殿東松原の変化、延長七年宮中鬼足跡、同八年右近陣変化、同年下野長用鬼神にあう、承平元年弘徽殿の鬼、天慶八年群馬の音、鬼の足跡、二七日の秘法によって玄象を顕す、五宮御室の水餓鬼、法勝寺塔上鬼の詠歌、南殿の変化、承安元年鬼伊豆奥嶋につく、春瞬坊鬼により飛行、仲兼東寺辺に変化にあう、庄田頼慶八条殿の変化狸を縛る、水無瀬山中古池の変化、唯蓮坊法力により変化を退治、女官高倉の子あこ法師の失踪、泰通の狐狩、斎藤助康丹波古狸を退治、白川亭の古狸、猫の怪異、樅木上の法師、伊勢百姓法師京の天狗にたぶらかさるる話をのべている。

巻十八飲食第廿八には道隆の大酒、寛弘三年一条院の酒宴、万寿二年正月の大饗、道命そまむぎの詠歌、禅林寺僧正瓜の詠歌、長谷前大僧正と俊恵の粽の贈答歌、忠実箏の師匠宗輔を饗すること、顕輔証尊の連歌、顕輔第の宴の連歌、敦光奈良法師と飛鳥味噌の連歌、忠通果物を皇嘉門院に献ず、在良の愛酒、保延三年十番競馬饗宴、白河仙洞幸に家成鯉を調理、鳥羽院の笛と雅定の舞、仲胤籠居の詠歌、観知信長平箏贈答歌、俊頼田上の詠歌、頼業経宗家にて毎度飲酒、家定作泉の宴、暁行・寂蓮瓜の詠歌、実教梶井宮の盃酌と柚切、新蔵人源邦時の分配、法眼長真むぎなわの歌、泰覚瓜・飯・餅・柿の詠歌、家隆・定高の雪食、家隆蓮実を食す、実賢の焼餅、鞍馬別当祐性の詠歌、聖信房弟子等くぐたちの連歌、相国入道山わらびの歌をしるしている。

巻十九草木第廿九には延喜十三年の新菊花合、忠平と棗、天暦七年残菊花合、南殿桜、清涼殿の前栽、天禄三年野宮の和歌会、頼通・公任花の論、桜の移植、永承六年菖蒲根合、経信莚田の観月、江帥水辺の菖蒲、嘉保二年鳥羽殿前栽合、長治二年内裏花合、嘉応二年京中諸花等開、西行かつみをふく歌、定家南殿の桜を折る、順徳院定家・為家に菊花を詠ぜしむること、同院内裏花合、泰覚菖蒲の歌、楓紅葉を忠継即答、友木枯れ残木も枯る、後深草天皇梅花御製、花見不参の詠歌、金光院移植桜の歌をしるしている。

巻二十魚虫禽獣第卅には広継の竜馬、桓武天皇の好鷹、延喜野行幸犬石突をくわえ来る、狐の大仏礼拝、負競馬の死、ひちの検校豊平と鷹、道長神物の牛を恐る、紀躬高の前身の猿、化狐と同宿、蟹の報恩、寛治五年殿上小鳥合、嵯峨野虫狩、宗季の唐鷹、宰相中将の乳母の猫、しろね猫、毛生亀、康忠犬となりて院中に祇候、承安二年鵯合、同年祇園会牛狼藉、蛤を放ちてその出離を妨ぐ、三室池の竜、蛇の淫針により防ぐこと、蛇釘付けらるること六十余年、白虫の仇討、猿の鳥飼、猿の写経助成、蛇の仇、生捕の猿の殉死、追われし猿、鹿を指して免れんとす、牛阿弥陀経を呻く、一の上外記に牛を賜う、定高放生会に馬を借る歌、家隆父子鶉の歌、通光家隆に鶉をおくる歌、定高家隆にいかるがをおくる歌、丹波の大蛇、伊予黒嶋の鼠、業光、信光螺、蛤をはなつこと、寛喜三年蝦合戦、飼犬縁日忌日に精進のこと、平行政の犬十五日に断食、伊勢別保の人魚、鴛鴦を射て出家、唐の片輪の鴨、白馬雨に逢い葦毛となる、猿の舞、母子愛に感じて猿を射るを止むること、くまだか虵を喰殺す、智願上人の妻死後馬となりて奉仕すること、或僧妻嫉妬して蛇となり、夫の物に喰付くことをしるしている。

刊本

近藤瓶城	『史籍集覧』	明治一四年
萩野由之	『日本文学全書』二一	明治二四年
近藤瓶城	『改定史籍集覧』九	明治三三年
西島政之	『国史大系』一五	明治三四年
松下大三郎	『国文大観』六	明治三六年
池辺義象	『校註国文叢書』一七	大正四年
塚本哲三	『有朋堂文庫』第二期六七	大正一一年
山崎麓	『校註日本文学大系』一〇	大正一五年
正宗敦夫	『日本古典全集』二九・三〇	昭和五年
黒板勝美	『新訂増補国史大系』一九	昭和五年
丸山二郎	『岩波文庫』	昭和一五年
永積安明・島田勇雄	『日本古典文学大系』八四	昭和四一年

参考文献

大森志郎「古今著聞集考」　昭和五年　『日本古典全集』附録

小林忠雄「古今著聞集と真言伝」　昭和一五年　『歴史と国文学』二二ノ二

永積安明『中世文学論』　昭和二八年　日本評論社

中島悦次「古今著聞集の増補と十訓抄」　昭和三三年　『国学院雑誌』五九ノ一〇・一一

梅津彰人「古今著聞集」　昭和三三年　『国文学』三ノ一一

『今昔物語集』の項の文献目録参照

愚管抄

多賀宗集

一 書名

愚管はすなわち愚昧なる管見の意で、当時の文献に少なからず散見する日常通用の語である。そして本書成立後まもなく書かれた著者の書状にもそれはこの名でよばれて居り、従って著者はそれ以外の名をつけたこともなく、またその内容をとって命名されたあともみえない。後世の文献に徴しても別名は見当らない。

二 巻数・組織

現行諸本は概ね七巻に分れているが、近来の研究は、それが本来六巻であったこと、巻頭におかれている「皇代年代記」が、もと一巻であったのが江戸時代に、神武天皇から一条天皇まで、及び一条天皇から順徳天皇までの二部に分たれたことを明らかにした。すなわち本来の形と思われる六巻本では第一巻が皇代年代記、第二巻より第五巻までが本文、第六巻が附録という形であったことになる。なおこの外に、「皇代年代記」順徳天皇の建保六年の条下に「別記」の語がみえ、それに「不能外見」と記していることから、この六巻以外に秘記ともいうべき続篇のあったことが想定されている。それが今日伝存するか否かは明らかでないが、『門葉記』に「愚管抄云」として伝えられている、叡山無動寺の勧学講の記事を内容とする千二百字ばかりの一文は、はやく元禄ごろに注目され彰考館本『愚管抄』にも加えられているが、それは恐らく右の「別記」の一部かと推測されている。（塩見薫氏「内閣文庫の愚管抄写本」『歴史地理』八九ノ一、和田英松氏『本朝書籍目録考証』、萩野懐之氏「愚管抄の著者及脱文」『国学院雑誌』明治四十一年二月、中島悦次氏『愚管抄評訳』）

いま、流布の七巻本によってみれば、第一・二巻は皇代年代記で、簡略な「漢家年代記」を冒頭においてあるに次いで、神武天皇以下の歴代について在位年数、后妃、皇居、大臣以下の執政或は僧綱その他を列記している。順徳天皇の条までは追記であるが以後後堀河天皇までは、即位ごとに書き加えている。第三・四・五・六巻は右年代記に「別帖」と記している所の、本書の本文である。そのうち第三巻は神武天皇より一条天皇まで、第四巻は一条天皇より後白河天皇まで、第五巻は後白河天皇より後鳥羽天皇、第六巻は後鳥羽天皇より順徳天皇に到っている。第七巻附録は本文に叙べた史実を基として展開した通論である。

三　作　者

本書の著者が慈円僧正慈鎮であることは今日学界の確認した定説である。

著者について在来の伝承も慈円説であった。『本朝書籍目録』にもその旨が明記され、一条兼良の『小夜のねさめ』「万のことは道理といふ二の文字にもこもりて侍るとぞ慈鎮和尚と申人のかきをかれ侍るいと有難き事也」とのべているのもその意味である。ただ本書の中では著者は覆面しており、例えば「山ノ座主慈円僧正ト云人アリケルハ九条殿ノヲト、也ウケラレヌ事ナレド、マメヤカノ歌ヨミニテアリケレバ」云々というごとく慈円の名はつねに第三者として扱われている。しかし叙述内容全体から推して慈円とされてきており、右の語の如きも「ふと取落し」たもので、却って正体を物語る語とされたのであった（伴信友『比古婆衣』所収「読愚管抄」）。

しかし、かかる単なる推定を超えて、慈円説を実証して、この説に決定的な断定を下したのは三浦周行氏（『史林』大正十年一月号所収論文、同氏『日本史の研究』第一輯にも収む）であった。氏は叡山の霊山寺阿妙上人より『愚管抄』の返却を求める趣の、慈円自身の書状（吉水蔵蔵）を紹介しつつ本書の著者の慈円なることを明確にせられた。作者についての問題はここに終止符が打たれたのである。

四　成立・年代

一般に著書に於て、その成立事情と成立年代との問題が深くからみ合っていることは当然であるが、本書に於てはとくにその感が深い。ことに本書成立の時期が承久の乱の前後のいずれに属するかは単なる時期の問題に止まるものでなく、その思想や著作の趣旨などの本質的問題に触れてくるのであり、学説はこの点を中心として甲論乙駁がくりかえされている。

まず年代について考えるに、「年代記」の末尾に「皇代年代ノ外ニ神武ヨリ去々年ニ至ルマデ、世ノ移リ行道理ノ一通リヲ書ケリ」とあるのは、本書の組織と著作の趣旨・内容とを簡潔に示したものとして目を惹く。とくに注目されるのは「去々年ニ至ルマデ」の世のことを書いた、という点である。それは本書を書きあげた時期と、本文にかかれた記事内容の時代範囲とを推定すべき重要な手がかりを与えているからである。また年代記（順徳天皇条）に「承久二年十月ノ比記之了」とあり、右の語とよく照応している。

右の「去々年」には、本によっては「承久二年」と註しているものがあるが、これを有しないものもあり、いずれにしても直ちには拠り得ない。ところで、ここに「去々年ニ至ルマデ」の世のことを書いた、というのは、本書の叙述内容が「去々年」を下限とするの意である。このことは本文検討の結果と符合するのであり、即ち記事内容、登場人物の官位等よりみて承久元年現在に於て筆を断っている（村岡典嗣氏「愚管抄の著作年代編制及び写本」『史潮』昭和十四年十二月、同氏「末法思想の展開と愚管抄の思想」『日本思想史上の諸問題』所収、塩見薫氏「愚管抄の研究」『史学雑誌』昭和二十九年十月）。従っていわゆる「去々年」は承久元年をさし、右の部分の執筆年代は承久三年、ということになる。赤松俊秀氏もまた、別に、内容から論じて、大体同じ頃に執筆年代を擬し、「承久二年に再び得た霊告に刺激せられて『愚管抄』が著述されたとの推定」に達せられた（ここにいう「霊告」のことは、本書と深い関係があるが、今は割愛する。同氏「愚管抄について」『ビブリア』昭和二十五年三月、『鎌倉仏教の研究』所収）。以上の承久三年成立説は即ち承久乱前成立説である。なおこれを裏書する証拠として赤松・塩見両氏は、承久三年五月、乱勃発の直後、乱の帰趨がすでに明らかになっていた八月一日付の慈円の譲状の一節をあげる。即ち「新宮奉祝之後、令レ蒙ニ冥告一事、所ニ記置一之書等有ニ数巻一、雖レ披ニ見之一如レ存無ニ弁之人一歟、同於ニ仏前一可レ焼レ之也」とある「数巻」のうちに本書も含まれていたと推定しているのである。

以上によって、本書の成立年代は承久三年ごろ、乱の直前までと考えられる。

この乱前成立説は、右の通り本書にみえる執筆関係年代をそのまま受取って、これを一つの手がかりとしている。しかし、学者は之を仮托として却け、別に年代を推定しようとする。その早いものは津田左右吉氏説であり（「愚管抄の著作年代についての疑」『思想』大正十三年九月、『日本の文芸』に収む）、近くは友田吉之助氏もこの点を継承している（「愚管抄の著作年代について」『史学雑誌』昭和二十八年十月）。両氏は互に別の根拠から貞応元年著作説、即ち乱後成立説をとっている。津田氏は右の「去々年」を、傍註の有無に拘わらず承久二年と解すべきものとし、その後二年、貞応元年を成立年代に擬し、同時に、内容よりみても、本書は乱後でなければあり得ない筆致を含む、とされた。友田氏はこの乱後でなければあり得ない筆致という津田説と、村岡氏のそれへの反論とを、共に主観的で、きめ手になり得ないとし、別に「客観的証拠」を求める。本書が「承久二年十月ノ比」書いた、といいながら、その以前の箇所に「承久三年四月」という記事のあること、また年代記の書きつぎなどの年号に関する記述をあげ、それらを通じて「承久二年は仮托であることは明らかである」「著作の年を承久二年と仮装したのであるけれどもおぼえずとりはずして」いる、としている。

しかし翻って考えるに、本書が年代を仮托せねばならぬことの必要・根拠は何であろうか。仮托論の側からは、その必要性が何等積極的に示されていない。本来、本書が、年代を仮托する必要があったかは容易に納得しがたい問題である。我々は依然として、承久元年までの史実を内容とし、これを承久二～三年のころに書きつづけ書き上げた、とする乱前成立説をとりたい。そのことは、以上に於てのみならず、当時の慈円の思想、乃至は彼をめぐる諸情勢からとくに、以下の如くに之を推知したいのである。

叙述の内容が承久元年を下限とする点に於て諸家の意見はほぼ一致している。また、そこに大きな意味があったとすることも多く触れられている。村岡氏も「作者は記述の終点を承久元年におくことを特に心をもって記述したのではないか」と注意されたが、塩見氏はさらにこれを具体的に説明して、承久元年は藤原頼経が関東の主として下向した年であり「愚管抄の著作そのものの目的が——頼経将軍の実現を道理から説明することにあったのである。いわば承久元年は慈円と愚管抄にとって特殊な年であったのであるからそこに『記述の終点をおくことに特に心をもって記述した』のは当然であり、事実そのとおりになっているのである」従って「摂籙の臣九条家所生の頼経が将軍となることの道理が愚管抄の道理であった」としている（塩見氏上掲論文、及び「愚管抄のカナ（仮名）について」『史林』昭和三十五年二月号）。赤松氏も同様に「今コノ二歳ノ人々ノヲトナシク成テ、世ヲバウシナイモハテ、ヲコシモタテンズル也」（附録）の語を引いていかに開運の好機をここにかけていたか、を指摘している。

承久元年には慈円六十五歳である。殆ど一生ともいうべきこの長い間にたくわえられてきた思い出と体験と思想とを動力して生れたのが『愚管抄』であったが、この鬱積充満した動力に最後的衝撃を加えて一時に奔出せしめたのが正にこの承久元年という時点であった。大正・昭和にわたる新しい研究はこの点を明らかにしてきたのであり、かくてこの線に沿って慈円と『愚管抄』とにとっての、承久元年という年のもつ重要さと力とをさらに具体的に知ることは、本書の理解を一層深める所以に外ならないのである。

五　思想的立場

本書を支えている思想として、いわゆる「末法」と「道理」との二つを中心に考えてみよう。

(一) 末法思想

末法思想が本書の一基調をなしていることは、たとえば世が「ヲトロフル」ものと云い、また「末代ノヲモムキ」といい、「王位ノ正法ノ末代ニ次第ニウセテ」或は「末代ザマノ王法」「世ノ末ニナリテ」「世ノスヘハミナ君モ昔ニサセ給ハズ」等の語に明らかである。いま、これを少しく具体的に考察してみたい。

所謂正・像・末三時の仏法の史観には、周知の通り、仏滅年代及び三時それぞれの期間の長さに数説がある。中について、本書がいずれの説に立つかは直接には明らかでないが、「年代記」の神武天皇御即位の辛酉について、周恵王十七年辛酉を宛るべきを特記し、それが仏滅後二百九十年に当るとしている。さらに本文に到って後三条院による院政の計画を非難しつつ、之を「末ノ世ノ大ナルカハリメ」であるとしている。これは、当時の多くの文献の示す永承七年入末法説を本書もまた採っていると推定せしめる。それは恰も後三条天皇即位の十七年前に当っているのである。

末法思想はこれまでにわが国に於てすでに長い歴史をもっており、その間、その意味内容も拡張されていった。第一にそれは、本来、仏法そのもののみに関わる史観であり、そして、特に、慈円を生んだ叡山に於て夙に注目されたのみならず、また大きな意味をもっていた。末法時代の法滅の状を強調した『末法燈明記』が最澄の著であるか否かは問題であるにしても(慈円のころには最澄の著と信ぜられていた)、最澄の「正像稍過末法太有レ近、一乗機正是其時」(『守護国界章』)の語は、彼の、この思想への関心を示している。また『往生要集』には「夫往生極楽之教行濁世末代之目足也」とあり、即ち源信にとってこの思想はその浄土信仰の動力でさえあった。第二にこの思想はついで、仏教の世界をこえて世間的に拡張適用される。「近日強盗不レ憚二貴処一、可レ謂二末代一」（『小右記』長徳三年四月二十五日）というごときは、卑近の日常生活の面にこの思想が浸潤していたことを示している。藤原兼実が源義経・行家の誅を聞き、義経を評して「但於二頼朝一起二謀叛之心一已是大逆罪也、因レ茲天与二此災一歟、凡五濁悪世闘諍堅固之世」（『玉葉』文治元年十一月七日）といっているのも、仏説の末法思想を通して世間的なことをみることの、むしろ普通であったことを証している（村岡典嗣氏「末法思想の展開と愚管抄の史観」『日本思想史上の諸問題』所収）。

本書がかかる末法思想の中で生れ育ったことは疑ない。と共にこの永承七年入末法説をとっているについては、具体的に一つのめどが存し、それが本書の史観と緊密に関係しているという点が新に注目される。即ちまず「寛平マデハ上古正法ノスヘトヲボユ」といい、之を受けて「サテ世ノスエノ大ナルカハリメハ後三条院世ノスエニヒトヘニ臣下ノママニテ摂籙臣世ヲトリテ、内ハ幽玄ノサカイニテヲハシマサム事、末代ニ人ノ心ハヲダシカラズ、脱屣ノ後、太上天皇トテ政ヲセヌナラヒハアシキ事ナリ」と後三条院の院政計画において末法をよみとろうとしている。そしてこの院政を緒としてやがて保元の乱に突入するのであるが、この乱こそ末法のはじまりであり、その本格的な姿であった。

「日本国ノ乱逆ト云コトハヲコリテ後、ムサノ世ニナリニケル也ケリ、コノ次第ヲコレハセンニ思テ書置侍ルナリ」というのは、「コノ平ノ京ニナリテノ後」将門の乱以下「関東、鎮西」の乱はあっても「マサシク王臣都ノ内ニテカヽル乱ハ鳥羽院ノ御時迄ハナシ、カタジケナクアハレナル事也、コノ事ノ起リハ後三条院ノ宇治殿ヲ心得ズ思召ケルヨリ根ハサシソメタル也」といい、仏法衰退の史観はここでは同時に王法衰退の史観であり、やがて摂籙家失権の史観でもあった。そこに公家貴族の一員としての彼の立場が強く印せられている。それは、たとえば、寿永二年十一月十七日、源義仲の兵乱をまのあたり見た兼実の「京中之征伐古来不聞」（『玉葉』）としたのと正に軌を一にした感慨であり感情であった。武者の世になった次第を叙する、そこに本書の中心があるといっている右の言葉は最も簡明に本書の性格を物語っている。言いかえればそれは、末法である現代の歴史叙述というに外ならないのである。

(二) 道理の思想

本書が末法思想を基調としていることは右に一瞥したが、次に、本書の末法思想が、これに止まらず、他の重要な一面をもつこと、これによって更に一歩を進めてこの単純な退歩史観を転じて独自の史観を創り出している点に注目しなければならぬ。そういう意味に於て、次に所謂「道理」の思想を検討してみよう。

「道理」の思想が本書の特色であることはすでに多く説かれてきている。試みにこの語の使用度数をみるに、従来

部立	年代記		本文				附録
巻別	一	二	三	四	五	六	七
内容	神武—一条	一条—後堀河	神武—一条	一条—後白河	後白河—後鳥羽	後鳥羽—順徳	
頁	一—二四	二五—六二	六三—九八	九九—一三四	一三五—一七〇	一七一—二〇四	二〇五—二三五
頁数	34	28	36	36	36	34	31
「道理」数	1	5	41	6	4	6	75

（註）合計百三十八となり、従来の調査よりも一つだけ少ない。見落しがあるかもしれない。

の調査は百三十九と報告している（前掲村岡氏論文参照）。これを、その使用箇所の巻別分布状況についてみると凡そ前頁の表の通りである（巻数及び頁数は新訂増補国史大系本による）。

前頁の表をみるに第一・二巻は年代記であるからしばらく別とし、本文ならびに附録について見ると、「道理」の語は第三巻及び第七巻（附録）に集中しているに対し第四・五・六巻にはむしろ寥々の感がある。之を本文内容に照してみると、一般に議論批判に渉る部分には「道理」の数が多く、事実の直叙に力をいれている部分には少ない。第三巻に多いのは上代の史実は末の世の道理を予示しているとする見方「世ノスエヲ又コトノハジメニヲシヘケルニヤ」「一切ノ事ハカクハジメニメデタクアラハシヲカルルナルベシ」という考えに起因するものが多い。これを実例について見れば「仲哀ノ御時、国王御子ナクバ孫子ヲモチイルベシト云道理イデキヌ」「成務ノサキ景行ノ御時ハジメテ武内ノ大臣ヲオカル、コレ又臣下出クベキ道リ也」というの類である。然るに、第四・五・六巻はこれに対照的で、併せて百六頁の間に合計十六にすぎない。さらにその中で、一条天皇から崇徳天皇まで（巻三及び四の半ば）が三十四頁、以後が七十八頁であり、即ち保元の乱以後、大体慈円在世中の歴史であるが、この部分ではとくに「道理」の減少が見られる。これに対して、これらの史実を綜合鳥瞰し、その史実のもつ意味を完結する役目をもつ附録三十一頁のうちに七十五という大量の「道理」をみるのである。

以上は試みに「道理」の数をかぞえ、その分布状況を一瞥したのであるが、いまここに「道理」をとりあげるのは、勿論その使用の頻度によってのみではない。むしろ、それは、以上の事実を背景としつつも、次の如き「道理」の語の用法に於て著者がこれに重大な意味を托していることを推知するからである。即ちまず本文の冒頭に、「トシニソヘ日ニソヘテハ物ノ道理ヲノミオモヒツヾケテ」と起筆し、つづいて「ムカシヨリウツリマカル道理」に興を覚えたとのべている。そして之に対し本文の叙述を終えた後に、その全体を回顧して、「アナヲヲノ申べキ事ノヲオサヤ、タヾチリバカリカキツケ侍ヌ、コレヲコノ人々ヲトナシクヲハシマサンヲリ御覧セヨカシ（中略）タヾ一スヂノ道理ト云事ノ侍ヲ書置侍リタル也」ととじめている。また「皇代年代記」には「此皇代年代ノ外ニ神武ヨリ去々年ニ至ルマデ世ノ移リ行道理ノ一通リヲ書ケリ」といい、「一切ノ法ハタヾ道理ト云二字ガモツ也」「コノ次第ノコトハリヲコレハ詮ニ思テ書置侍ルナリ」というも同じ意であろう。或は道理、コトハリの語を直接用いないでも「次第ニヲトロヘテ今ハ王法仏法ナキゴトクニナリユクヤウヲサラニコマカニ申べキ也」といい、「王臣武士ノナリユクヤウ」をのべるというにも同じ趣はよみとられる。「心ヲ付ル端トナリテ道理ヲワキマフル道ト成ヌべキ事ヲノミ書テ侍ル也」の語は、右の趣旨を最も端的に総括するものであろう。

道理とは何か。それは極めて複雑な内容をもつと思われるが、次の様ないくつかの方面から考えてみたい。

第一に、それは善悪邪正その他一切の対立をこえて且つ一切を含む基本的原理である。従ってそれは固定したものとしてではなく、つねに流動する姿に於てのみとらえられる。「ウツリマカル道理」「何事モサダメナキ道理」であり、従って「世ノ中ノ道理ノ次第ニツクリカヘラレテ」と、たえず変化するものであり、同時に「ヒガゴトノ道理ナルヲシリワカツ」という如く、僻事をも含んでこれと相即さえしているのである。

第二に、この流動する道理は、歴史の大勢の上よりみて、次第に喪われてゆく。第七巻附録に於て、日本の歴史を道理の変遷よりみて七段階に分つ時代区分法は最もよくこれを示している。そこではまず冥・顕の二つの道理を区別する。前者は出世間の、後者は世間の道理である。はじめ神武天皇から成務天皇までの十三代はこの一つが未分化のうちにあり、「神武ヨリ成務マデ十三代ハ、王法俗諦バカリニテイサ、カノヤウモナク」そして「冥顕和合シテ道理ヲ道理ニテトヲス」時代、即ち道理のままの時代である。が、この二つが次第に分裂し、まず冥の道理が見失われ、ついで道理全体が失われる。道理についての人々の意見が分裂して帰一せず、果は「無理ヲ道理トアシクハカラフ」こととなり、さらに下っては「道理トイフモノハナキ」現代まで「日本国ノ世ノハジメヨリ次第ニ王臣ノ器量果報ヲトロヘユクニシタガイテカヽル道理ヲツクリカヘ〳〵シテ世ノ中ハスグル也、劫初劫末ノ道理ニ仏法王法上古中古王臣万民ノ器量ヲカクヒシトツクリアハスル也」といっているのは道理に即して末法思想を解釈したものであり、本書の独創的解釈とされてよいであろう。即ち末法思想が一方的に世が下るものとなるに対し、道理は下降とともに上昇の方向をもつのであった。道理を「ツクリカヘ〳〵」というのはそういう意味をもつ。もとより道理の喪われるのは「法爾ノヤウナレバ力ヲヨバネドモ」、而も一方「仏法ニミナ対治ノ法ヲトク」のであり、「劫初劫末ノ時運ハチカラヲヨバズ、中間ノ不運不意ノサイナンハ侍ラジ物ヲ、サレバヨクヲコナハル、世ハミナ妖ハ徳ニカタズトテノミコソ侍レ」と、法爾の力に対してなお、人の器量、徳などの力の働く余地が残されている。「トカク思トモカナフマジケレバカナハデカクヲチクダル也、カクハアレド内外典ニ滅罪生善トイフ道理、遮悪持善トイフ道理、諸悪莫作諸善奉行トイフ仏説ノキラ〳〵トシテ諸仏菩薩ノ利生方便トイフモノノ一定マタアルナリ」、かくて「ソノ道理ト法爾ノ時運トノモトヨリヒシトツクリ合セラレテ流レ下リモエノボル」のであり、従って「今ハ道理トイフモノハナキニヤ」とされる現代にも、長い目で歴史的にみれば道理はなお存する。「神武ヨリケフマデノ事ガラヲミクダシテ思ヒツヾクルニコノ道理ハサスガニノコリテ侍ル」のであり、むしろ「昔ヨリナリユク世ヲミルニスタレハテ、又ヲコルベキ時ニアイアタリタリ」とされて、結局、道理は末世には喪われるが、しかも、人の道理の認識と随順との努力とによってこれを回復する余地がのこされている。「物ノ道理、吾国ノナリユクヤウハカクテコソヒシトハ落居センズルコトニテ侍レ、法門ノ十如是ノ中ニモ如是本末究竟等ト申コト也、カナラズ昔今ハカヘリアイテ、ヤウハ昔イマナレバカハルヤウナレドモ、同スヂニカヘリテモタフル事ニテ侍也」古今は畢竟同一轍とされる。「道理」の流動は単なる末法説と異り、いわば円環的構造をもっているといい得よう。

次に、道理は流動・循環の、縦の運動とともに、また横の並列・矛盾・対立の姿をもとる。道理の間に軽重が存するからである。例えば我国は支那と異り、革命は行われず、臣下が天皇を倒すことはなく、又許されぬ国柄である。にも拘わらず、史上時にその道理が破られた。蘇我馬子の崇峻天皇弑逆はその一例である。馬子が何の咎にもあわなかったのは何故か、これを「フカク案ズルニ」それは仏法で王法を守るという「道理ノ重サ」が絶対であり、排仏者たる天皇や守屋を倒すことが王法の為に必要であったのであり、従って、それは王法の敵を倒したことに外ならぬ。「仏法王法マモラルベキ道理ノ重サ」の然らしめた所であった。しかもこの事は一つの例外的非常的事象であり、天皇不可侵の伝統はそれによって毫も動かなかったのである。かくて「物ノ道理ノ重キ軽キヲヨク〳〵知テ」軽きをすてて重きにつくことが道理に従うことなのである。

かくて、この道理は、時処に応じて千変万化するので、常にこれに対応し、道理がいずこにあるかをよく洞察してこれに随従することが大切なのである。本書の祈りは畢竟ここに集中する。「ヲリ〳〵ノ道理ニ思ヒカナヘテ」「末代ノ道理ニ叶フ」ことによって「利生ノウツハモノ」となる、即ち仏神の加護利益を蒙る資格をとるのである。道理の道理たるを「知リワカツ」とともにこの「道理ニヲレ」ることが眼目なのである。

慈円のかつて住した京都青蓮院の吉水蔵は、慈円関係史料を多く現蔵しているが、中に「本尊縁起」と題する全文五百字ほどの一篇の抄物を存する。起草者の名も紀年もないが、内容より見て、疑もなく慈円の承久元年の起草に係るものである。その趣旨は仏眼、大日、釈迦以下の十二尊の像を鋳造し、之を某所に安置し供養して以て天下泰平を祈るにあるとしている。それは恰もこの承久元年ごろの慈円の信仰・思想の核心を写すものとして注目に値する。まず冒頭に「夫仏眼以二瑜祇経大成就品一可レ本、書二此経一者金剛智三蔵所訳也」として同経所説の仏眼曼荼羅を説き、而してこれを要約して「以二此経□両部肝心一則蘇悉地妙成就也、凡秘教肝要之万陀羅、一切摂在之大輪壇□広論以二虚空一為二所依一□観心己心為二道場一、己心者法界也、法界之己心也（ママ）」といっている。即ち仏眼曼荼羅は胎金両部及び蘇悉地経の肝心を摂したものであり、それは、大にしては虚空を所依とし小にしては己心を所依とする。己心は即ち法界、法界は即ち己心である、それが一切である、としている。そして最後にこれを結んで「小僧出家受戒之後、容二身於仏道一懸二心於教法一今□□及二七旬一、心身不レ堪二行法一□□□之利生如レ此可レ足二于一座□□□法歟、当世末代之宮□□□恵、就中小僧□□□（太カ）上天皇自二十一歳御元服之時一今令二四十宝算一給也、卅季奉レ護二持玉躰一今上陛下（順徳）催二践祚之聖運一給之時非レ不レ奉《サルニ》レ結二深宿《ヤ》縁《ツ》一東宮御□兼日覚二知之一臨二御産剋限一祈二精之一母后中宮職外戚左大臣已下小僧之親族春宮大夫公経又左大臣（道家）舅也、東将若公彼左相国胤子也、（頼経）各所萠レ之宿運不レ傾而保二百年一長久正治《メタマヘ》二七道一者王法不レ可二失墜一仏法亦可二興隆一人民百姓可二安堵《ス》一群臣百僚可二安穏《ナル》一此凡夫之本懐者彼諸尊之本誓也、故奉レ対二此本尊一供養恭敬尊重讃嘆、利生之懇念広大也雖《ト》レ過二小僧之涯分一末代理乱難《ハ》レ知レ之争無《カラム》二中興之発願一深聞《ククニ》二内典外典之教誡一唯限《レリ》二道理之二字《ニ》一」。右のうち王法興隆の問題については別に考えなければならぬがここではすべての内外典の教が「道理」の二字に集約されるという点に注目したい。そしてさらに右につづけてこの道理こそが彼の一生の本懐であることを強調している。曰く「重顧二今生来□□本懐《ヲ》一偏復二道理之□□□三世十方之三宝心一垂二慈悲一矣」。

以上が承久元年、六十五歳の信仰である点よりみてもそこに彼の一生の信仰が集約代表されているとみてよい。

右によって謂う所の「道理」の内容と由来とが仏眼信仰にあることを知りえたのであるが、実をいえば、仏眼信仰は早くより慈円の思想の中心をなしていたのであった。その詳細については、他に譲らねばならぬが（拙稿「法橋観性について」『歴史地理』昭和三十六年五月）、とくにこの法を師観性より伝授されたのは文治六年、慈円三十六歳の時に溯る。而して、慈円は、その後、山の座主として熾盛光法、七仏薬師法以下の秘法大法の祈禱に専念しているが、就中、最も力を注いだのは仏眼法であり、たえずこれを研究し、はじめて如法仏眼法を修したのは慈円であった。当時、この如法仏眼法は異様の感を与えて人の目をそばだてたものであり、当時の記録は「或僧云如法仏眼法、如法両字是何事哉、無二先例一云々、以二如説一有二此号一者何法無二此号一云々座主（慈円）御房始レ講給云々可レ尋」（『三長記』建久六年七月八日）といっている。仏眼法に対する慈円の深い関心は明らかである。またその後、建仁三年（四十九歳）の「夢之記」は、皇位のしるしたる神劔神璽についての夢想を示しているが、ここでも瑜祇経所説の仏眼曼荼羅によってこの夢を解釈して、仏眼仏母は諸仏の母として一字金輪仏頂を化作する、この金輪は人界の王であり宝劔である、としているが、このことも仏眼信仰が当時その信仰の王座を占めていたことを物語るとともにこの「夢之記」が、この神劔の海没を解釈して、そこに末世の悲しむべき姿を見、進んで「海に没するの後は其徳を人将（武士）に任するか」といい、また「聖人在レ世者定開二悟由来一」としていることは殆どそのまま『愚管抄』に引きつがれていることが注目される。前者は『愚管抄』にそのまま見える解釈であり、後者の「智フカキヒトハコノコトハリノアサヤカナルヲヒシト心ヘツレハ」云々の語と全く同じ意味をもっているのである。『愚管抄』の思想が次第に具体化しつつある跡をよくうかがい得るのである（赤松俊秀氏『鎌倉仏教の研究』所収論文参照）。

以上の素描によっても、仏眼が彼の信仰の中心として一貫していること、それが、承久元年の本尊縁起の仏眼曼荼羅による世界観に到達したこと、そしてそれが道理の二字に凝結したことは凡そ明らかになった。一言にしていえば、それは右の信仰内容を道理の二字に托したのであり、この語は恐らく通俗の日常用語であった。従来、この道理の語を、特殊の立場と結びつけ、たとえば唯識の「四種道理」に擬せんとする考えもある様であるが（前掲村岡氏論文、筑土鈴寛氏『慈円』等）管見史料に関する限り、それは肯定することは出来ない。慈円が、

わきていつることははおなしつつゐつゝふかさあささをしる人そなき（『拾玉集』）

とよんでいることは、ここに参考されよう。独自の思想体験を言葉に盛って、人に伝えようとしている慈円の苦心は察するに余ありというべきである。

以上、「道理」の思想が仏教に、即ち天台宗に、さらに具体的には台密思想に依拠していることを知った。台密の体系において慈円がいかなる立場に在ったかの詳細も、いまは他の機会にゆずる外はないが（拙稿「慈円と密教思想」『日本歴史』昭和三十六年十二月）、慈円が台密の本格的な祖師ともいうべき慈覚大師以来の密教思想の歴史的発展の上に立ち、その最後の要約と開顕との意味に於て「道理」の思想を打出していることはここに一言せねばならない。即ち円仁の金剛頂経・蘇悉地経疏、安然の瑜祇経疏の秘奥を継承発揮するものとして、毗盧遮那別行経に台密思想の至極を見出しこの別行経の疏を製しここに「真言秘々中深秘」が存する、としているのをみれば、慈円の思想が、台密思想の全体系の吸収と咀嚼との努力の上に打出されてきていることを如実に理解することが出来る（拙稿「慈円著『毘盧遮那別行経私記』について」『日本学士院紀要』一九ノ一、昭和三十六年三月号）。

本書の「道理」の思想が仏教を本拠とすることを明らかにした後に、しかしながら、一言附加しておかねばならないのは、それが、実は、仏教思想以外の要素をも含んでいることである。津田左右吉氏はこの点を「道理の観念は

（中略）二つの点に於いて支那人の歴史観と密接の関係がある。その第一は期運の観念であり、第二はすべての現実の事象を道理の現はれとしてそれを肯定することに伴って成功者のしごと丶其の地位とを是認することである」と指摘している（「愚管抄及び神皇正統記に於ける支那の史学思想」『本邦史学史論叢』上）。第一の「期連」は歴史を時期に分ち、そのくりかえしに世運の循環をみるもの、第二は歴史を教誡の具とし道徳的評価を加えようとするより生じた、支那的史観の一面であるとされる。そしてこれらは「支那思想と仏教思想とのまぜあはされたもの」と解せられている。とともに氏は、支那思想は本書に於ては「支那人の史観はたまたま其のうちに織りこまれたに過ぎないものと見られよう」という程度だとしておられる。

㈢ 仏法王法

「道理」の思想が『愚管抄』の基本をなしていることは、一応上にみた所であるが、本書著作の目的が、抽象的に道理を説くに満足するものではなく、この道理が、王法護持の上にいかに顕現しているかを明らかにするところにこそ存したのである。

王法はいかにして護持されたのであろうか、その脈絡を本書のうちに辿ってみると、先ず神武から成務天皇まで「正法トミエ」た時代の後をうけて欽明天皇の時に仏法が渡来する。と、聖徳太子が出られて仏法を尊崇せられ「コノ国ハ仏法ニマモラレテ今マデタモテリ」という端がここに開かれ、「仏法ナクテハ仏法ワタリヌルウヘニハ王法ハエアルマジキゾト云コトハリ」を生じた。仏法王法の相依は、しかし、やがて藤原氏の勃興とともに藤原氏の執政を通じてのみ具体的に実現することとなる。「王法仏法ハタガイニマモリテ、臣下ノ魚水合躰ノ礼タガフ事」なかったのであり、そしてこの「魚水合躰ノ礼」は「太神宮八幡大菩薩ノ御ヲシヘノヤウハ御ウシロミノ臣下トスコシモ心ヲオカズヲハシマセトテ魚水合躰ノ礼ト云コトヲ定メラレタル也」、或は「太神宮カシマノ御一諾ハスヘマデタガフベキコトニアラズ」という如く、突然生じたのではなく、藤原氏は王法の柱石たるべく夙く祖神によってえらばれ定められているのであった。即ちそれは「天照大神アマノコヤネノ春日大明神ニ同侍殿内能為防護ト御一諾」があったという神代の約束なのである。「皇代年代記」も本文も神代を略して人皇から書きはじめている著者が、ここだけは神代の約束をとりあげている点がとくに注目されるのであるが、それはともかく、皇家と藤氏との、神の定めにもとづくこの関係は、また同時に仏法による王法護持と融和統合されてくる。「藤氏ノ三功」の一に藤原鎌足の入鹿征伐をあげているのもその一端を示すと思われるが、さらにはっきりと、この関係を示すものは、菅原道真失脚事件の解釈である。それは「ウタガイナキ観音ノ化現」たる道真がわざと時平の讒口にかかって却けられて「末代ザマノ王法ヲマチカクマモラムト」したものに外ならなかったとする。「就中春日大明神日本第一守護ノ神明也、王法仏法牛角不レ可レ被レ滅」(『玉葉』)という兄兼実の語と殆ど符節を合するものであった。仏法はここで神意であり、祖神の意図と全く重ね合せられているのである。

かくて藤原氏による朝廷輔弼、やがて摂籙政治は神意に基づき仏法に契合する所の、王法の生命であった。これを妨げ、これに背離するものは排斥されねばならぬ。それこそ本書の背骨をなし準則をなすものであった。本書が、以て末世の姿とするものはすべてこれに反するものに外ならぬ。前述の如く、後三条院に胚胎する院政、その結果とされた保元の乱、そして武家の制覇はその最たるものであった。かくて、本書の政治問題は、結局、院政と武家政治との二つに絞られ、すべては要するにこの二つをめぐって展開しているといってよいのである。

まず本書の院政排斥はとくに院近臣の攻撃排斥に集中する。「スエザマニハ王臣中アシキヤウニノミ近臣愚者モテナシ〳〵ツツ世ハカタブキウスルナリ」「近臣ハ摂籙臣ヲ讒言スルヲ君ノ御心ニカナウコト、シリテ世ヲウシナハル、コトハ申テモ〳〵イフバカリナキヒカ事ニテ侍也」。朝廷と藤原氏、即ち摂籙家との仲をさく院の近臣は政治の蠹害であった。しかしいうまでもなく、武家の圧力に比すればそれはものの数ではない。武士の出現によって摂籙家は実権を喪ったのであり「大乱ノイデキテ、ヒシト武士ノ世ニナリニシ也、ソノ後、摂籙ノ臣ト云者ノ、世中ニトリテ三四番ニクダリタル威勢ニテキラモナクナリニシ也」。かくて武家の支持によってのみその位に備わるに到った。しかも摂籙家は近衛・松殿・九条の三家に分裂し、その間の烈しい軋轢がその狭い世界に展開する。

慈円の出家はこの武家の圧力下に跼蹐しつつ近衛・松殿両家と競争の渦中におかれた兄兼実の意向に出たものであった。彼は主として自己の政治的進出のために慈円を仏門に入れてその後援に備えた。慈円はよくこれに答えるともに、また、慈円の、寺院内における地位の向上は兼実の庇護支持のもとに実現した（『玉葉』。村田正志氏「青蓮院吉水蔵における慈円史料」『歴史地理』昭和二十八年六月）。

近衛基実は平清盛との結びつきによって摂籙の地位に在った。が松殿基房は反対に「平家ニウシナハレ」た。平氏没落とともに源義仲の後楯で一時「世ヲオコナハルベキ」地位についたが、基礎薄弱で短命のこの義仲の武力にたよったことは却ってその失権を早める結果となった。「松殿ナント程ノ人モカクテ木曾カ世ニテ世ヲナカクシランズト思シケルニヤト返々口惜キ也」、そしてこの義仲にたよらなかったことが九条兼実に幸した。兼実は両兄に圧せられて雌伏十五年に及んだが、その節を守った甲斐あって「源将軍ニトリ出サレ」九条家による摂籙政治が実現した。当時この三兄弟の摂籙争いがいかに感情的な烈しい渦をなしていたかは、摂籙就任をめぐっての基房、兼実の意見の対立

（『玉葉』寿永二年九月六日条）にもよく窺われる。

右三家のうち、松殿は早く勢力を失い、勝ち残った近衛・九条家の間の摂籙争いが、爾後の公家政治の本流をなすに到った。この魚水合躰の政治が、しかしながら、次第に衰えつつあったこと、それを扶翼するものは今や武家であったことを、恰もこの頃生じた、寿永役における宝劔紛失の事実がよく象徴した。即ちこの王法の重宝が喪われたことは「ヒトヘニ色ニアラハレテ武士ハ君ノ御マモリトナリタル世ニナレバ、ソレニカヘテウセタルニヤト覚ユル也、ソノ故ハ太刀ト云フ劔ハコレ兵器ノ本也」と解釈されたのであった。然らばこの近衛・九条両家のうちで遂に勝ち残るべき摂籙家はいずれでなければならぬのであろうか。

関東の支援のもとにはじめて近衛家に代って政権をとった九条兼実は、その座にあること十年、建久七年に近衛家を背景とする源通親の策謀により俄に失脚したが、この、策士通親の反武家的策動は近衛・九条両家の対武家の立場を明確にした。その後、近衛基通の執政の後、建仁二年、七年ぶりで九条家は春にめぐりあった。兼実の子良経の摂政就任に、九条家の喜びは一しおであった（『愚管抄』『玉葉』）。然るにその後建永元年まで五年間摂政の地位にあった良経は同年三月「ユメノヤウニテ頓死」し、摂政の地位はまた近衛基通の子家実にうつった。当時良経の弟良輔は二十三歳で正二位権大納言、良経の嫡子道家はなお弱冠十四歳であった。かくて承久三年まで十六年にわたる近衛家実の摂関時代が続く。のみならず、良経薨去の翌承元元年には兼実が六十歳を以て世を去り、九条家は一層の寂寥を加えたのであった。

近衛・九条両勢力の均衡を方針とせられた後鳥羽院政のもと、兼実・良経なき後、良輔は内大臣に（承元二年）、やがて右大臣に（承元二年）、そしてまた左大臣と（建暦元年）、四年間にめざましい累進ぶりを示している。また承元三年には院の御意によって良経女立子を皇太子（順徳）妃とし、翌四年十一月順徳天皇の践祚となった。この決定を知ったとき道家の喜びは絶頂に達し、「悦涙数行、不レ知二手舞足踏一」（『玉蘂』承元四年十一月二十三日条）の有様であった。

出家以来凡そ五十五年、九条家の勢威を背景に、二回の天台座主、天王寺別当、平等院検校をはじめ大寺名刹の顕職を歴任し、洛東吉水に祈禱所大成就院を営んで上皇の眷顧を得、官大僧正に到り、叡山の大立物として隠然僧界に独歩しつつあった慈円は、一方、ここでは九条家の長老の地位におかれたのであり、この承元・建保の交（五十三〜六十四歳）には甥良輔に、また甥良経の子道家に望を嘱し、他方、立子の入内を通じて九条家の明るい将来を祈るに専念することとなった。然るに、不幸はなおも九条家に執拗に追い縋った。良輔もまた建保六年、三十五歳で夭折した。かねて深く良輔の人物を愛しその才学に傾倒していた慈円は、良輔と一心同体と評せられた程であり（『玉蘂』承元五年三月十日条）「左大臣良輔ハ漢才古今ニ比類ナシトマデ人ヲモイタリキ、卅五ニテ早世、カヤウノ人ドモノ若ジニシテ世ノ中カヽルベシトハシラレヌ、アナ悲シ〳〵」と慟哭の声を放っている。

建保以後（慈円五十九歳）の慈円の政治的関心はおのずから道家と立子とに集中してゆく。この九条家の遺蘖は慈円の手に托せられた最後の珠玉であり、建暦二年、内大臣の闕を襲うて道家が任ぜられたにも、慈円の奔走努力が大いに与って力あった（『玉蘂』建暦元年九月四日、同二十五日、同二年二月七日、同六月四日・五日以下）。以て九条家護持の念に燃えていた様を想うべく、慈円にとって、それは九条家の行手に投ぜられた一道の光明であった。

また立子が東宮御息所として入ったことに、慈円がいかに深い意味をよみとったかは、これを以て「春日大明神モ八幡大菩薩モカク皇子誕生シテ世モヲサマリ又祖父ノ社稷ノミチ心ニイレタルサマハ、一定仏神モアハレニテラサセ給ヒケント人ミナ思ヒタル方ノスヱトホル事モアルベケレバニヤ、承元三年三月十日、十八ニテ東宮ノ御息所ニマイラレニケリ」として日本の将来をこれに賭けているにも知られる。かくて建保五年、中宮立子懐妊によって四天王寺に詣でて述懐歌三首を聖徳太子の宝前に捧げた。

難波かたふかき江に行夕浪を　かけてそたのむ春のうら風

世の中はいかになるをの松ならむ　いたつらならぬ春にあははや

なにはかたむそちの浪にうかふ船は　かちをは君にまかすとをしれ（『拾玉集』）

そしてその祈りが皇子誕生に専注されたことはいうまでもない。祈禱の甲斐あって建保六年十月十日懐成親王（即ち仲恭天皇）の降誕あり、やがて立坊のはこびとなった時、慈円は「清和ノ御時ヨリ一歳ノ立坊、定マレル事也、カカルメテタキ事、世ノスヱニ有カタキ事カナ、猶世ハシハラクアランスルニヤナト上中下ノ人々思タリ」と喜悦の情にひたりつつ、後冷泉院以後は摂籙家の女の入内はあっても「御産ト云コト絶タリ」というあとをうけて、この場合が特殊な、歴史的な意味をになっていることを強調している。なおこのよろこびをも天王寺なる聖徳太子の宝前に捧げた。

建保六年十月十日王子降誕御産平安

同十一日進聖霊院和歌

君が猶あまくたりける世の中を　難波のうらのしほにみる哉

きみからうくるなにはほりえのわたし舟　たのむまことのするをしそ思ふ

また

風のをとも身にしむからに千代までも　松はうれしき秋のみや人
とにかくに思ふもかなし山たかみ　君か行みちのすゑはくもらし（『拾玉集』）
懐成親王は誕生の翌月、建保六年十一月二十六日、皇太子に冊立せられ、同時に道家は皇太子傅に任ぜられた（『公卿補任』）。立坊の祈りはやがて即位の祈りとなる。立坊の翌年承久元年正月、慈円はまた天王寺に赴いて、いよいよ開けそめた明るい将来と新たな期待とをことほぎつつ太子に祈願した。
すへらきの千とせをまつの春の色に　あゐよりもこくそむ心かな
みかさ山さして朝日のてらすかな　末くもるなよ春の宮人
と東宮の将来を祈り、また中宮立子を祝って、次のように詠んだ。
春の野に秋の宮人うちむれて　ことしねのひの松そうれしき
そして次の一首は藤原氏、即ち九条家の栄光を祈禱したものであろう。
北の藤さかふる枝の春なれは　にほひをまつにかけてみる哉（『拾玉集』）
懐成親王立太子の建保六年の翌承久元年は、かくして、極めて明るい将来を約束しつつ慈円を迎える。慈円の望を嘱した道家は建保六年十二月皇太子傅たるとともに、昇進して左大臣となってここに初の春を迎え、且つ九条家に絶えて久しい外戚政治の望を前途に開いたのである。この正月一日の道家の日記は、この明るいよろこびに包まれている。
位左大臣正二位兼行皇太子傅生年廿八也、千秋万歳、幸甚々々
同じくこの正月の慈円の一首、
むめの花色をも香をもしる人の　ことしの春は春の宮人（『拾玉集』）

および、同じ時に天王寺にささげた百首歌の跋の「今又春宮御誕生、即立坊等一切事如レ指レ掌」の語など、いずれもこの、九条家の事情好転の喜悦の情を吐露している。

喜びに喜びを重ねた慈円の承久元年に最後の睛を点じたのが、その六か月後の、道家の子で立子の甥、三寅（頼経）の、将来の将軍としての、関東下向であった。

将軍実朝なき後の幕府の、頼朝の遠縁を辿っての道家の子の関東下向の奏請となった。このことには、後鳥羽上皇は不満でいられたが、慈円にとっては、これこそ公武の緊張関係を融和するのみならず、日本の歴史の正道であり、祖神の教えの実現の扉を開くべき鍵であった（『愚管抄』）。慈円は今やそこにすべてを賭け、長年の期待と理想とはここに達成されると意気込んだのである。

承久元年は慈円にとって、かくの如き意味深い年であった。長い退潮の後に九条家の勢力は今や上げ潮に乗り洋々たる将来が開かれようとしている。この年十月、八幡宮法楽によんだ二十首のうちに、

うれしくもむかしの道にかへるらし　秋の宮人春の宮ひと（『拾玉集』）

の一首の存するは、皇后東一条院（立子）と皇太子（懐成親王）とに、わが日本の運命をかけていた慈円の考え方を端的に表明したものであった。

承久元年は、一方に於て、後鳥羽院を中心とする武家討伐計画もすでに表面化の兆のあらわれようとする時に当っている。この企に正面から反対対立していた慈円は、諷諫の誠を院の前に披瀝したが遂に容れられなかったのであるが（『拾玉集』）、恰もこの承久元年ごろは、院との間のこの疎隔が表面化した時であった。護持僧として三十年にわたって院の為にささげてきた祈禱は爾後殆ど跡を絶ち、代って、上に見た通り、道家と立子と懐成親王とに専らその誠

をささげはじめている。

公武衝突の夢魔に襲われて暗い翳のさすことを危懼しつつも、九条家を包む明るさにすべてを托そうとしている、慈円の複雑な気持は、同じ時の次の一首にもよくよみとられる。

いのるかなはこやの山の秋の霧　はれぬる後に又くもるなよ（『拾玉集』）

この明るさと暗さとはそのままその影を『愚管抄』に投じている。本書が明暗両面をもつことは何人の目にも明らかであろう。

九条家のこの得意についての慈円の歓喜と希望との裏には、しかしながら、近衛家への批判、否、露骨な非難攻撃が密着していることは、本書に本質的な特色として、最後に触れておかねばならない。本書に於ては、九条家の人々のみが摂籙たるの器量をもつのであり「兄々（近衛家・松殿）ノ子息ハ人カタニテマヨフバカリニヤ」とされ「大方摂籙臣始マリテ後、是程ニ不中用ナル器量ノ人ハイマタナシ」とさえされている。ことに頼経の関東下向に反対したについては近衛家非難に殆ど余力を残さぬまでに烈しい筆を揮って憚らないのである。曰く、「今左大臣ノ子ヲ武士ノ大将軍ニ一定八幡大菩薩ノナサセ給ヒヌ、人ノスル事ニアラズ、一定神々ノシイダサセ給ヒヌルヨトミユル、不可思議ノ事ノイデキ侍リヌル也、コレヲ近衛殿ナド云サタノホカノ者ハ、ワカ家ニカヽルコトナシ、ハチカヽル、カトイハル、ヲ誠ニナドヲモフ人モアルトカヤ、ヲカシキ事トハタヾコレラ也、ワガ身ウルハシク家ヲツギタル人ニテコソ、サヤウノ事ハヲロカナガラモイフベケレ、平将軍が乱世ニ成サダマル謀反ノ詮ニ二位ノ中将（近衛基通）ヨリツヤ〳〵物モシラヌ人ノ、ワカ〳〵ヲロカ〳〵トシタルニ摂籙ノ臣ノ名バカリサヅケラレテ怨霊ニワザトマモラレテ、ワガ家ウシナワレンレウニ久クイキタルゾトエ思ヒシラヌホドノ身ニシテ家ノハヂナリナドイハバヤ、大菩薩ノ御心ニカナフベキ、不足言ト云ハコレ也」とある。

以上を通覧すれば、本書が、朝家と摂籙との魚水合躰を祖神の素意とし、即ちわが国の政治の理想としていること、それが、院政に破綻を示し更に武家政治の為に後退したが、しかも武家の支持の上に九条家に於てそれが回復して、結局、昔の姿に再帰しようとしていること、そしてこの古えの復帰がまさに承久元年に実現し始めていること、これが即ち本書撰述の趣意であった、というに外ならない。本書が、承久元年の記事を以て筆を擱いていることは決して偶然ではなく、却って、まさに承久元年でなければならなかったことが知られる。とともに、この年が即ち、前掲「本尊縁起」成立の年でもあったことが想起される。「本尊縁起」が「道理」の信仰の完成の姿を示していることは、右と符節を合するものがあり、即ち、この時点における本書の成立を信仰の面から暗示するものとすることが出来よう。

六　何人の為に書いたか

著者は「愚痴无智ノ人ニモ物ノ道理」を教えようとして、「物知レル事ナキ人」の為に「仮名ニテカキ」つけた、といっている。が、これは具体的にいかに解すべきであろうか。

松本新八郎氏は、本書が、頼経の政治に期待するという点よりみて「頼経の扈従の公卿たちに心得として読ませるために書きはじめた」とし（松本新八郎氏「歴史物語と史論」岩波講座『日本文学史』中世）、塩見氏は懐成親王（仲恭）立太子と頼経の将軍への道が決定したときに書かれた事情を背景として「イマ左大臣ノ子ヲ武士ノ大将軍」にするような道理「今コノ二歳ノ人々ノヲトナシク成テ、世ヲバウシナイモハテ、ヲコシモタテンズル也」という如き言葉を通じて「将軍頼経と皇太子懐成親王にこそ読まれることを期待してのことではなかったろうか」としている。

右の二説は大体同じ考えに帰するとしてよいであろう。そしてそれはそれとして首肯さるべきものをもっと考えられるが、一方、次の如き語は果してこの立場から正当に斉合的に解釈し得るであろうか。

一向ニ天道ニ任セマイラセテ无道ニ事ヲオコナハヾ冥罰ヲマタルベキ也、末代ザマノ君ノヒトヘニ御心ニマカセテ世ヲヲコナハセ給テ事イデキナバ百王マデヲダニマチツケズシテ世ノ乱レンズル也

の語は、将来への期待の語としては急迫にすぎる。それは承久の企を目前に、後鳥羽上皇への諷諫としてはじめて切実のひびきを伝える。当時、慈円が上皇と「絶縁した立場」にあったことは塩見氏の言われた通りである（同氏「愚管抄のカナについて」『史林』昭和三十五年三月）。が、同時に慈円の上皇への親愛の心緒の変化していなかったことも事実である（拙著『慈円』）。慈円が、この時点（承久二・三年頃）に於て、上皇の為の祈りを本書にこめたとしても決して異とするに足りない。それは中村一良氏の云う如く「書き記し写すこと自体のはたらきを信じる」（中村一良氏「愚管抄雑考」『お茶の水女子大学紀要』昭和三十一年三月）祈りの書であるとすることには十分に理由がある。のみならず、慈円自身が「祈り」について次の如き信仰をもっていたという事実は、本書の、祈りの書たるの性格を裏書するかの如くである。

度ニ脱衆生世間ニ所求《ヲ》□者《ノ》成道《ヲモ》祈《ランニ》殊其躰《ヲ》此中観置也、其人不レ知《トモ》一人如レ此修行法《スレハ》令《ヲ》観《レハ》自然冥薫《シテ》其人得ニ其功用一也

（慈円著『秘々』）

祈禱は自然に冥薫してその人は功用を得る、当人の知ると否とを問わない、という信念に、修法・祈禱に生涯を籠めた慈円の面目があった、ということは本書撰述の態度を考うる上にも忘れられない。これは、前記の松本・塩見氏の見解と並立し乃至は相補うものとすべきであろうか。結局、吾々はいま本書が何人を対象としたかを的確に断ずる

ことは出来ない。ただ、本書が実際的経綸策、時務策を説いているか否かは一つの論点とされたが（津田氏・村岡氏）、以上の様な点から見れば、それは一つの時務策であったと観る方が、より自然であると思われる。

七　仮名で書いたこと

本書の記述における第一の特色は日常的・国語的な和語を多く用いたこと、それこそが「和語ノ本体」であって、諸々の事情状景、「時ノ景気」を示すに適当であるという主張に立つことである。仮名でかいたのも、そういう立場の一面であった。歌人である著者の体験がそこによみとれる。それは歴史的にみても当然であり必然であったともいえるが、しかし、こういう明確な自覚と主張にたっていたことは文学や歴史叙述の歴史の上で一つの劃期をなすものともなし得よう。

ところで、この「仮名」であるが、それは、平仮名であったか片仮名であったか。今日ほど明確截然としていないまでも当時はすでにこの二つの仮名乃至仮名文がはっきり区別されていたことは現存諸文献が証明している。慈円自筆のものにも勿論両方が存する。願文の送り仮名は多く片仮名、和歌は平仮名という如くである。

本書の諸本中に平仮名本・片仮名本共に存していて、今日の形から直ちに原本がいずれの文字であったかを断ずることが出来ない。諸本の字形の比較研究は、今日のところまだ極めて不十分であるが、今の段階においては、今日の片仮名の誤字が平仮名に、反対に平仮名の誤りが片仮名の字形に由来する、と推定されるものが考えられている（塩見氏前掲論文）。それは、この方面の今後の開拓を期待せしめるものがある。とともに、はじめは、現在の諸本よりも遙かに多く仮名が用いられていたかを思わせる節がある。「偏ニ仮名ニ書ツクル」の「偏ニ」はこのことと或は関連があるか、と塩見氏は注意している。

八　流　布

承久乱前執筆と考えられる本書に、乱後も著者が引きつづき関心をもっていたことは、「皇代年代記」に自らかきついでいることにも観られる。阿妙上人に貸与し返還を求めたこと(前述)もまたそれを示している。慈円が本書を筐底に秘めようとしたのではなく、むしろ進んで之を世に示そうとした迹もうかがわれるとすれば、それが当時いかに迎えられたかは本書にとって興味ある問題でなければならぬ。この点について、しかしながら、先の阿妙への書状以外に積極的にこれを示すものに接しない。よって、内容上、本書と関係あるかと思われるもの一、二を挙げておきたい。

(1)　西園寺公経　「慈鎮和尚被遣西園寺大相国状」(『門葉記』所収)は承久二年のものと思われるが、慈円はこの状に於て公経に、叡山の三昧院修復を依頼している。その中に「大神宮鹿島御約諾ハ道理一局ニ書進了」とのべている。この語は本書を、慈円の信任篤き公経に示したかを思わしむるものがある。さらに同じ状に「さて院ニ可令申給事の中ニ」云々とあるのは本書の思想内容を、公経をして後鳥羽院に上申せしめんとしたものなるかを思わしめる。而してここに上申を依嘱しているその内容は本書の内容と全く同じである(前述の通り、承久元年を境として院と慈円との間は、その政治的立場より、断絶していた。即ち慈円は院の為の祈禱を中止し、院への接触の道はふさがっていた。この点から考えて、この書状は当時院の近辺にあった公経によって自分の意を院に通じようとしたと考えられる。もし然りとすれば、先にのべた如く、本書を以て院への諷諫の書とすることは、現実的意味を持ち来るであろう)。

(2)　藤原道家　「寛元四年七月十六日、仏子阿闍梨行恵」の署名のある道家（行恵は道家の法名）の春日社願文(『九条文書』)に道家が、慈円より思想上に於て指導をうけたこと、そして慈円が夢想の中に歌を感得したことを、次の如くにのべている。

是につきて僧正(慈円)会尺して云、はじめの夢は天照大神あまのこやねのみことに約諾し給ひし心也、防護の文、ゆみやのことばにかなへり、後の夢は前の夢を符合せしむる也、人代の始大織冠入鹿を誅して藤原の大功として天智天皇をたて奉りき、これすなはち武をもて君をたすくる也、今保元よりこのかた一天下武士の手にいりて武威にあらされば世を治むべからざるゆへに藤門よりいてて将軍の仁にさたまるへしといひて種々の道理をたてられき

道家のこの語が、本書を介しているか否かはいずれとも断じがたい。

(3)　「青蓮院門流事」　叡山南渓蔵所蔵の一書であるが、内容は青蓮院初祖行玄より第十二代慈深までの門主歴代の略歴を列記したものであるが、奥書によれば正和元年の写本であり、慈円を去るさほど遠くないものと考えられる。この行玄の条に「□両師手相伝聖教青蓮蔵南谷勝豪法印　□名譲《ク》㆓進《ヘ》青蓮院㆒事也（行玄僧正）事見《タリ》㆓愚管抄《ニ》㆒此□代聖教也」とみえている。『愚管抄』の名の、ものに見えるものとして、前述阿妙上人宛慈円書状についで早いものとして注目される。但しここに「愚管抄に見えたり」といっている記事そのものは今日の『愚管抄』には見当らぬ様である。

栄花物語

山中裕

一 研究史

『栄花物語』の研究は、既に鎌倉時代に梅沢本（旧三条西本）をはじめとして多くの写本が作られていること、兼好が金沢文庫に於て『栄花物語』の筆写を行なっていること、同じく金沢文庫に傍註の在るその頃の写本がのこっていることなどによって、[1]鎌倉中期にこの書の書写および研究が行なわれていたであろうことが察せられる。更に室町時代の初期以前には、いわゆる異本系[2]と称すべき数種の写本が出来ており、文明年間には、三条西実隆によって書写・校合をはじめとして積極的な研究が行なわれていることが『実隆公記』によって知られる。近世に入っては古活字本をはじめとして、有名な明暦刊本の板行により、それらをもとにする多くの写本が生まれ、『栄花物語』の普及したことを知り得る。と同時に、此の頃より、『栄花物語』に関する註釈を中心とした研究書も作られ、安藤為章の『栄花物語考』は、その代表的なものである（江戸時代の此等の研究書の類は、現在『栄花物語古註大成』におさめられている[3]）。そして国学者などによって一段とその研究は進められ、『栄花物語』の歴史物語なる理由、仮名による歴史事実を書いた歴史書であるという概念が、一応、この当時に出来上ったように思われる。

さて明治になってからは、『史籍集覧』に『校本栄花物語』が入るなどしたが、特に研究の方は、明治四十年、和田英松氏によって『栄華物語詳解』（明治書院）が刊行されることによって一段と進んだ。これは古活字本・明暦刊本を底本とした本文のほか、解題、系図、人名や語句の索引まであり、ここに『栄花物語』の研究は画期的な飛躍を遂げたといいえよう。この書の特質は、『栄花物語』の歴史・文学両面の立場を明らかにしたものであって、大へんすぐれた研究であると同時に、それ以前の研究の状態および諸本の紹介の点に於ても当を得たものである。これより先、藤岡作太郎氏は『国文学全史平安朝篇』（明治三十八年、大倉書店）に『栄花物語』について、かなり詳しくふれられている。そして大正から昭和に入ると、与謝野晶子氏による日本古典全集本の『栄花物語』（昭和二年）が刊行、特に解説に彼女独特の意見があり、注目に値するものである。つづいて芳賀矢一氏の『歴史物語』（昭和三年、冨山房）が刊行された。これは大正七年以来の東京帝国大学に於ける講義を集約したもので、これ以前は『栄花物語』は文学史上いわゆる雑史の中に入っていたが、ここに氏によって歴史物語の意義と本質が説かれた重要性を認めねばならない。歴史物語についての論は、こうしてはじまり、次に沼沢竜雄氏「歴史物語の研究」（『日本文学講座』第三巻、昭和九年、改造社）などが生まれた。この頃より松村博司氏による『栄花物語』の諸本の研究を中心に、本質・内容・成立事情等についての綿密着実な研究が進められ、その結果は『栄花物語の研究』（昭和三十一年、刀江書院）に集大成された。本書の著しい特徴は、その諸本研究にして、ここに諸本の系統が明らかにされたことは、大なる功績である。つづいて松村氏は『続栄花物語の研究』（昭和三十五年、刀江書院）、また『栄花物語の研究 第三』（昭和四十三年、桜楓社）などを出され、現在『栄花物語全註釈 一』（昭和四十四年、角川書店、全七巻）を刊行中である。

また、これと前後して、西岡虎之助氏の「物語風史学の展開」（『本邦史学史論叢』昭和十年、冨山房、また『日本文学における生活史の研究』にも収録、昭和二十九年、東大出版会）、赤木志津子氏の『紫式部とその時代』（昭和十九年、積善社）は、それぞれ歴史家の立場から歴史物語に於ける『栄花物語』の位置、およびその本質を明らかにしたもので、それぞれ忘れてはならない。そして戦後には、歴史家のこの方面に関する研究も多くなり、松本新八郎氏の「歴史物語と史論」（岩波講座『日本文学史』昭和三十四年）や、岩橋小弥太氏の『上代史籍の研究』（昭和三十三年、吉川弘文館）にも『栄花物語』が少なからず語られている。更にここで重視しなければならぬのは史学史の立場からの研究である。古くは清原貞雄氏の『日本史学史』（昭和十九年、中文館書店）、戦後では坂本太郎氏の『日本の修史と史学』（昭和三十三年、至文堂）と川崎庸之氏の「日本史学史」（『日本歴史講座』八、昭和三十二年、東大出版会）を挙げたい。此等は史学史上における『栄花物語』の位置から、その本質にふれたもので、歴史家は重視せねばならぬものである。筆者も『歴史物語成立序説』（昭和三十七年、東大出版会）と題した『栄花物語』に関する研究があり、次に松村氏と共著で『日本古典文学大系』の『栄花物語』上・下二冊（昭和三十九・四十年、岩波書店）を刊行した。これより先、松村氏は『日本古典全書』の『栄花物語』（昭和三十四年、朝日新聞社、五冊）を刊行しているが、以上両書の底本は、『新訂増補国史大系』と同じく梅沢本（旧三条西本）である（明治十六年発行の旧国史大系本は、古活字本を底本としている）。なお梅沢本は既に昭和六年に三条西公正氏の校訂によって岩波文庫（三条西公正氏の解題は特徴がある）に収録され、これが最も早い刊行である（なお梅沢本は、巻二十までは大型本十帖で「栄花物語」の題名があり、巻二十一以下巻四十までが小型本で七帖に収められ「世継」と名づけられている）。なお、異本系統本の富岡本を底本とした『栄花物語異本』（昭和二十七年、古典文庫、五冊）が吉田幸一氏と松村氏の共著で出されており、異本系統本の唯一の出版物として貴重である。

また、それらの研究と前後して、国文学方面からの研究は佐藤謙三氏「栄花物語考」（『国学論叢』昭和十七年、神田書房、『平安時代文学の研究』に収録、昭和三十五年）、岡一男氏「歴史物語」（『日本文学講座』昭和二十六年、河出書房、同氏『古典の再評価』に収録、昭和四十三年、有精堂）、石川徹氏「歴史物語の発展とその史的地位」（『解釈と鑑賞』昭和二十五年五月号）など『栄花物語』を代表として、歴史物語の本質にふれる論が多くあらわれた。また岩野祐吉氏『栄華物語詳解補注』（昭和二十八年〜三十年）も、その中の人物に関する緻密な考証で注目すべきものである。そのほか真鍋凞子氏の「栄花物語作者についての試論」（東京女子大『日本文学』一二号）、杉崎重遠氏の「栄花物語人物考」（『国文学研究』昭和三十三年）などを挙げ得るとともに、最近、河北騰氏の『栄花物語研究』（昭和四十三年、桜楓社）が刊行されたことは喜ばしい。氏はその後、『歴史文学の創造性』（『文学・語学』昭和四十四年）、『栄花物語岩蔭の巻の一考察』（同年『独協大学教養諸学研究』四）など、すぐれた業績を次々と挙げている。なお、井上知恵氏の「栄花物語赤染作者説を疑う」（お茶の水女子大『国文』昭和四十三年〜四十五年）、近藤潤一氏「道長の栄光と『大鏡』『栄花物語』」（『国文学』昭和四十四年、学燈社）、加納重文氏「栄花物語初花巻をめぐって」（『文学・語学』昭和四十四年）、高橋伸幸氏『栄花物語の方法』（『国語国文』昭和四十五年、三九巻一号）などその他、多くの論が次々と発表され、『栄花物語』の研究も、いよいよ盛んとなるの感を深くする。

以上『栄花物語』の研究は、本文の校訂をはじめとして作者・成立年代・内容・本質等において最近大へん進んできているが、部分的には、発展すべき余地も、なお、のこされているとおもう。従って今回は、特にその面を中心に論をすすめると同時に歴史物語の本質にもふれてみよう。なお、諸本については、松村氏の御研究が最も価値が高い。その他の面については松村氏の『栄花物語の研究』、河北氏の『栄花物語研究』とともに、拙著『歴史物語成立序説』

も、それらについて論を進めたものである。

二 書名

次にこの書の書名についてみる。

『栄花物語』の書名については、先ずつぼみ花の巻に、

東宮のむまれたまへりしを、殿のおまへの御はつむまごにて、栄花のはつ花ときこえたるに、この御ことをばつぼみ花《はな》とぞ聞えさすべかめる。

とあり、うたがひの巻には、

たゞこのとのの御前《まへ》の御栄花のみこそ、ひらけそめにし後《のち》、千年《ちとせ》の春霞《はるがすみ》、秋《あき》の霧《きり》にも立《た》ちかくされず、風もうごきなくして枝《えだ》をならさねば、かほりまさり、世《よ》にありがたくめでたきこと、優曇花のごとく水におひたるはなは、あをきはちすよにすぐれて香《か》にほひたるはなはならびなきがごとし。

とあって、以上、二つの例から、栄花という語の本文に見えること、また、根合の巻には、

栄花のかみのまきには殿の御子おはしまさずと申したるに、

とあることから、栄花という書名が、もともと附けられていた本書の名称とみてよかろう。

また、『讃岐典侍日記』『明月記』をはじめとして、梅沢本小本の表に世継、富岡乙本の外題にも世継物語と書かれていることなどからして、一名、世継物語とよばれていたことも確実である。(4)

さて、栄花物語・世継物語のいずれが、もともとからの書名であったかというと、先に挙げた根合の巻に栄花上の巻とあることによって栄花物語を先とみるべきであろうと思われる。しかし、後の文献に現われるところによれば、かなり古くから世継および世継物語とみえることも見逃し得ない事実である。すなわち、世継とみえるものは、先程の『讃岐典侍日記』『明月記』をはじめ、『原中最秘抄』『袖中抄』『十訓抄』『河海抄』『拾芥抄』その他である。後の文献に於て栄花とみえるものの始めは、『日本紀私抄』（金沢文庫旧蔵、東京大学付属図書館現蔵、劔阿書写）であるが、これには「栄火」(5)とある（これはおそらく栄花の誤字とみるべきであろう）。その他『栄花物語』梅沢本（旧三条西本）の大本の表紙外題・内題等に栄花物語と表記され、『百練抄』『河海抄』『花鳥余情』『源語秘訣』『年中行事抄』等にも栄花物語とみえる。従って、もともとの書名は単に栄花だけであったかもしれない。だが、元来のよび名が栄花および、栄花物語であったにしても、世継物語という名もかなり古くからこの書のよび名であったことが以上挙げた例によって知られる。世継とは、御世々々のことを継々に語る、即ち、歴史の意味で『大鏡』とともにこの書が早くから仮名書きの史書であったこととして認識されていたことを示しているといえよう。

結局、『栄花物語』正篇三十巻のはじめの書名は、「栄花」であったものが、のち、『栄花物語』とよばれるようにもなり、一方、「世継」および「世継物語」というような仮名書き史書の総称を用いてよばれることも平安末期から行なわれていたことを以上の例によって知り得るのである。

三　成　立

『栄花物語』は四十巻からなっており、その内、巻三十鶴の林までを正篇、後の十巻を続篇とする。この分け方は、『源氏物語』が正篇と宇治十帖とに分けられているのと同じで、その分け方によったものであろう（『栄花物語』の成立に関し『源氏物語』の影響が大きかったことについては後述する）。従って巻数も、梅沢本（旧三条西本）をはじめとして諸本いずれも四十巻とするが、異本系統本（富岡本）のみは三十巻である。諸本の巻三十と三十一の間で一線を劃していることは、その書きぶりからしても明らかなところであって、巻三十鶴の林の巻のおわりに、

出家せさせ給ひしところの御事、おはりの御時までをかきつゞけきこえさするほどに、いまの東宮、みかどのむまれさせ給ひしより、

とあり、巻末の近くに、

次〻のありさまどもまた〳〵あるべし。みきゝ給覧ひともかきつけたまへかし。

とあることによっても、この巻で藤原道長の死に至り、著者或は編者（後述する）は一応終りとするつもりであったことが知られる。つづいて巻三十一殿上の花見の巻のはじめに、

入道殿うせさせ給にしかども、関白殿、内大臣殿、女院、中宮、あまたの殿原おはしませば、いとめでたし。

とあり、これは巻三十一より新しく改めて執筆した書きぶりを示すものである。そして三十と三十一との間に約三年、年期が欠けていることからしても巻三十迄が一つのまとまった物語であったとみると同時に、後の十巻は書きついだものとする。従って三十と三十一とは、多少、年期を経て書かれたとも考えることが出来、後述するが、正篇三十巻と後の十巻は作者を別にするとみるのが妥当であろう。

正篇の所収年代は、村上天皇より（宇多天皇から簡単に記してはいるが）、後一条天皇の万寿五年二月にいたっており、

従って正篇の成立年代は万寿五年以後であることはいうまでもない。和田英松氏は、巻一月の宴に、

この国《くに》のみかど六十余代にならせ給にけれど、この次第かきつくすべきにあらず。こちよりての事をぞしるすべき。

とあることは、後一条天皇が六十八代にあたること、また、巻十五うたがひの巻の浄妙寺供養についての箇所に、

寛仁三年十月十九日より、法花経百部が中に、我御てづからかきて一部よませ給へり。（中略）とのゝ御前《まへ》、仏の御前《まへ》にて三昧《まい》の火《ひ》を打《う》たせ給ふ。（中略）この火一度《ひとたび》に出《い》でゝこの廿余《よ》年《ねん》今《いま》に消えず。

とあることなどから、正篇三十巻は、後一条天皇の長元二年から同六年までの間に書かれたとされた（なお底本の寛仁三年とあるのは、寛弘二年の誤であることが明らかである。即ち、浄妙寺供養は、寛弘二年十月十九日であることから、和田氏は寛仁三年を寛弘二年と改められた。このことについては、松村氏の『続栄花物語の研究』に詳しい）。また、続篇は後一条天皇の長元三年から堀河天皇の寛治六年二月の記事で終っていること、寛治以後の人物および官位等のまぎれるものもないことから、その後、ほどなく成立したものであろうといわれている。

四　作者および編者

作者については正編三十巻と続篇十巻とを一人の作者（あるいは編者）とする説(6)と正続別人とみる説があるが、私は後者を採り、後の十巻は続篇として別の作者によって書き継がれたとみる説に同意したい(7)。

三十巻の著者については赤染衛門とする説が、古くから行なわれている。この説のはじめは称名寺第二代長老明忍房劔阿の書写といわれている古文書の紙背に書いた『日本紀私抄』に「栄火 大隅守時持女、赤染右衛門作 」とあるもので、これが最

も古い。その後、室町時代を経て江戸時代になると、この説がかなり普遍化され、明暦二年刊の栄花物語整板本絵入九巻抄出本などに赤染衛門の述作と明記され、近松門左衛門の浄瑠璃にも「赤染衛門栄花物語」などとみえている。これらにより鎌倉時代より江戸時代までの間に『栄花物語』の作者は赤染衛門であるということが固定化したことは明らかであるが、その理由については明らかでない（いつの間にか『栄花物語』の作者は赤染衛門であるということが定説化してしまったのである）。これに対する反対説としては、江戸時代に安藤為章の『栄花物語考』にみられ、また、芳賀矢一氏の『歴史物語』など二、三みられるが現在では一応、赤染衛門説が支持されている。和田氏は、

赤染は年齢学識ともに高く、其頃までも、なほ努力ありしなれば、女房たちの日記をかりあつめて此書を編纂せしものといはんに何のさはりかあらん。

と言われている。また、松村博司氏も、

正篇は一筆で一人の統轄者によってまとめられたものである。

と言われており、その統轄者を赤染衛門としている。この大きな歴史物語を執筆するにあたって赤染衛門がただ一人で書くということは、少々困難のようにも思われ、赤染衛門を当てるならば、やはり松村氏の言われるように統轄者・編纂者であるとみるのが穏当であろう。(8)

赤染衛門は歌人平兼盛の女、その母が彼女をみごもっている間に兼盛と離別し、赤染時用の妻となったため、赤染姓をもってよばれた（『中古歌仙三十六人伝』『袋草子』）。赤染衛門は長じて大江匡衡の妻となり（そのため匡衡えもんともよぶ）、挙周・江侍従を生み、その後藤原道長の妻源倫子に仕えていた。夫匡衡は大江氏であり、大江氏は、代々六国史につづいて進められていた新国史の編纂に力を注いでいた。すなわち朝綱は天暦八年撰国史所別当に任ぜられ、

朝綱の死後は匡衡の祖父の維時が別当となっている。しかし国史編纂事業も冷泉天皇以後はすっかり跡を絶ってしまった。すなわち、冷泉天皇の時までは撰国史所と称する役所が置かれて国史の編纂が続けられ、現存はしないが、宇多・醍醐・朱雀の三代にわたる新国史が作られていたことが、『拾芥抄』『本朝書籍目録』等によって、明らかになるところである。そこで匡衡は、維時の孫にあたるが、匡衡自身は文章博士となり父祖の偉業を懐かしんでいた。そのため、手許には匡衡の編纂事業・修史事業のための多くの史料が集まっていたであろうし、国史を編纂しようとする意欲も強かったと思われる。従って、赤染衛門を『栄花物語』の作者または統轄者・編纂者とするならば大江匡衡の妻であったことの意義も考えてみる必要があろう。坂本太郎氏は、赤染衛門説の根拠の裏付けとして新国史と大江匡衡の関係を述べ、「赤染衛門は匡衡の妻として、夫の志を察し、新国史のあとをつぐ歴史を新しい物語の形式で叙述することも思いたったのではなかろうか」とされ[9]、大江氏の立場に立っての名誉回復、自己主張のいみをもったものとして、これを考えられた。赤染衛門が、『栄花物語』の執筆または編纂にあたって、匡衡が祖父達とともにのこした国史編纂事業のための多くの史料を利用したことは当然考えられよう。秋山謙蔵氏は「栄華物語の環境」(『歴史と環境』所収、昭和十五年、創元社)に於て『栄花物語』を『三代実録』に次ぐ七番目の国史とし、国史編修の為の修史局の如きものが藤原氏の家政の内部におかれたとし、ここには数人或は十数人の編修者が材料の蒐集と撰択を行ない、最後の仕上げが赤染衛門であったかもしれぬと言われている。この説は、大へんするどい見解ではあるが、残念ながら裏付けの根拠がとぼしい。だが、単なる物語の執筆者として赤染衛門を考えるならばいざ知らず、『栄花物語』の編纂の形を右のように考えた場合、彼女をただちにその統轄者・編修者とすることにはいささかのためらいを感ずる。やはり、『栄花物語』正篇の作者、または編者は、なお今後に問題がのこる[10]。しかし、また、巻一月の宴に「こちよりての事をぞ記《しる》すべき」とあり、これに重きをおけば、作者自身の近辺の歴史を書こうとすることが、一つの目的であったという風にも考えられ、ひいては道長の周辺の歴史に重きをおいて近代史を書くことが第一の目的であったとすることも出来よう。この点から見れば赤染衛門が作者として適当であろう。『栄花物語』には、その名の「歴史物語」というにふさわしく、物語のかたちで編年的な歴史を書こうとする意図と道長の人間像を『源氏物語』の光源氏の如く文学風にえがき出そうとする意図とがからみ合って出来ているとみるべきである。しかし、この一見物語的ないわゆる道長物語にみられる部分にこそ、この当時の道長という一人の個人を通して本当の意味の人間味の深い当時の歴史が語られているのである。と同時にはじめの数巻の編年風な書き方をした国史の編纂のかたちにならって書いているような部分も、それが、単に歴史を仮名物語のかたちで書こうとしたというだけではなくて、藤原氏の歴史の中に躍動する人物とその人間性を歴史の流れの中に泳がせ、道長の発展と栄華へむかう経路を道長の祖先、およびその周囲の人々との葛藤と動きの中に生きた人間の像をとらえてえがき、物語としての効果も充分に表わしている。

続篇の作者については、出羽弁（十巻のうちの七巻）と逸名女房とに分けられる。しかし、近世の学者、土肥経平（『春湊浪話』）がこの説を唱えてから後、与謝野晶子氏（『日本古典全集』解説）が積極的に採上げて以来、一応、定説の如くなっているが、私は出羽弁を定説とすべき根拠はあまり見当らない様に思う。はじめの七巻について弁は有力な作者ともいい得るが、弁自身が筆を下したというよりも、弁の提供した史料を基として弁と親しい一女性の筆になったものとみることも出来よう。この辺の問題に関して松村博司氏が「栄花物語続篇の和歌に関する諸問題」（『学士院紀要』第二十巻二・三号）に詳しく説かれており、それによると、弁はいずれにしても続篇の編述と密接な関係にあったであろうという程度にとどめておくとあるが、最も妥当な説であろう。従って岩野祐吉氏の『栄華物語詳解補注』

に出羽弁反対説もあり、また、先述の岡一男氏、その他の人々による続篇の作者も正篇と同じく赤染衛門であろうという説も出ているが、野村一三氏が用語とその表現法の相違から、正篇と続篇の作者の相違を認めたのは[11]、この十巻が赤染衛門でない一つの根拠となろう。しかし氏が続篇十巻の作者を周防内侍と認めたこと、また、岩野祐吉氏が十巻の内の終りの三巻（三十八巻〜四十巻まで）を、すなわち、従来、逸名女房としていた部分を周防内侍と認めようとするのは、もう一歩の裏付けが必要である。また加藤静子氏の「栄花物語続篇成立に関する一試論」（『言語と文芸』昭和四十五年九月号）は、試論とはいえ、今後の発展の問題を提供した注目すべき論文といえよう。

五　諸本

『栄花物語』の原本は勿論存在しない。古写本の数もあまり多くはないが、そのうち、梅沢本（旧三条西本）が最古のものとされている。いま、諸伝本を系統によって分けると、ほぼ三類に大別出来る。①古本系統　②流布本系統　③異本系統であり、以下、それぞれの代表本を挙げて説明しよう。

①の古本系統は、二種に分かれ、その一つの系統の梅沢本は鎌倉中期を下らぬ写本とみられる。これは欠点はあるにしても最もよく古体を保存しているものと考えられる。新訂増補国史大系本もこれを底本としており、旧国史大系が古活字本を底本にしたのに反し、本書の梅沢本を底本としたのは、当を得ている。これを底本として最近刊行の『栄花物語』の刊本は、本書のみにとどまらず、先述の『日本古典全書』（朝日新聞社）および昭和三十九・四十年に刊行した『日本古典文学大系』（岩波書店）などである。この底本系統の転写本は割合に少なく、中央大学本（九条家旧蔵本、

笹野堅氏蔵）のみである。また、第二種本は陽明文庫本をはじめとして宮内庁書陵部蔵甲本・乙本（桂宮本）・天理図書館本等である。この内、代表的なものとされる陽明文庫本は江戸前期の書写であったことがその箱書により明らかである。大体、古本系統に属し、部分的には流布本系の特色が顕著にみられる混合本であるが、巻名は全般的に古本系統に従っている。また巻二十御賀の終りに「つくしにはおはせぬ人の御そうのおはしてあしかりけるとそきゝはべりし」云々という第一種本にない本文がみられるのが特徴である。

②の流布本系統の第一種本は、西本願寺本を最善本とする。その同系統本の飛鳥井雅章本（吉田幸一氏所蔵）がある。この系統の第二種本としては古活字本と明暦二年刊本とがあり、後者は前者を元として、整板に改板したものである。宮内庁書陵部・内閣文庫・静嘉堂文庫・神宮文庫に、これら刊本と同種の写本が相当多く蔵せられている。第二種本は誤脱なども あり、善本とはいい得ない。

③の異本系については富岡家旧蔵甲本（竹本省三氏現蔵）・同乙本（吉田幸一氏所蔵『古典文庫』の底本）があり、前者は室町時代以前、後者は室町時代頃の書写であり、前者は東大史料編纂所にレクチグラフがある。他に校合として伝えられているものに為親卿真蹟本があり、これは神宮文庫蔵新見正路旧蔵本・宮内庁書陵部蔵本多忠憲旧蔵本・国立国会図書館蔵屋代弘賢校合本等の古活字本に校合されたものである。

異本系統本は平安末期頃の改修本とみられ第一類本に比べて異同が甚だしく、此等の異同はおそらく異本系統本の成立の際、他の史料を検討することによって生じたものと考え得る。そして、その改修時期は頼通時代ともいわれている。

次に以上の三系統本の他に何れの系統本とも異る本文を持つと推定される一群の写本がある。これに属するものとしては兼好法師真蹟本・金沢文庫栄花物語断簡・小林正直氏旧蔵本等であるが、[12] いずれも完全なものとしてはのこっていない。というのは、兼好本は本多本・新見本・屋代本等に校合されている巻二十五みねの月のみであって、為親本と同系統本とも見なすことが出来る。また金沢文庫栄花物語断簡は、巻二十八若水のごく一部分のみ。金沢文庫旧蔵本で北条貞顕時代の金沢文庫の印が巻末にあるが、僅か十七行の断簡（昭和二十四年、ふたたび、金沢文庫の所蔵となる。拙稿「金沢文庫本栄花物語断簡について」『彙報金沢文庫』昭和三十一年三月号参照）。そして小林正直本は鎌倉中期以前の書写ともいわれているが、昭和十五年以後、所在不明になっている。

次に東寺本[13]について一言せねばならない。東寺本は、東寺宝菩提院所蔵の古写本断簡であって裏面が釈摩訶衍論の講義の筆録料紙である。巻十二玉の村菊の一葉と巻十五うたがひの十二葉であるが、いわゆる別本系統に属するものとせねばならない。意味不通の箇所がかなり多く、信用度のとぼしい粗本のように思われる。つまり、書写上の誤脱よりは改修の際に生じたとみられるものが多く、東寺本は改修本とみるべきとおもう。だが、その改修は富岡本の改修などとも異り、いわゆる異本系の改修がなされた後に行なわれたもののように思われる。東寺本をはじめ、これら断簡については系統を定めることは難事である。[14]

六　本書の性格と内容の概略

『栄花物語』は、先ず村上天皇時代の皇室と藤原氏の発展の描写からはじまる。先ず第一主題としては、形式の上からみて六国史につづく仮名文の史書を完成しようとする意図が認められる。また、第二主題としては、物語としての性格を認める。すなわち、人間味の深い歴史物語を書こうとする意図、例えば、河北騰氏の説かれる「あわれにかなしい物語」(『栄花物語研究』)とも考えられると同時にめでたく美しい物語でもあり、これをこの時代独特の人間味の深い歴史叙述とすることも出来よう(新しい歴史叙述の意味は後述)。また、巻十五うたがひ以後のいわゆる出家後の道長の生活をえがいた各巻などにも、その傾向は強い。が、そのような物語風な歴史叙述の形は全巻に全面的に完成した形となって現われてはおらない。この第二主題が完全に完成してこそ、はじめて立派な歴史物語の完成ということになるのであるが、『栄花物語』に於ては、まだ残念ながら、その完成を認めることは出来ず、やはり、それは『大鏡』の成立を待たねばならない(このことについては後述する)。

(一) 『栄花物語』に現われた藤原氏の発展と栄華の概略

では、『栄花物語』の内容は、どのように書かれているか、本書に現われた藤原氏の発展を少し具体的にみてみよう。

先ず始めの叙述は、皇室と藤原氏の系譜的な事項から始まる。そして、時の推移を軸として、時の順序に従って藤原氏の発展を主題としながら断片的な事項や説話が配列されてゆく。

すなわち、天皇は宇多、藤原氏は基経より始まる。そしてまもなく醍醐天皇より村上天皇に移り、村上天皇の心ばえのすぐれていること、聖帝と云われる所以、忠平の太政大臣としての業績、忠平薨去と叙述はすすみ、忠平の子、実頼・師輔へと移ってゆく。師輔女安子が村上天皇の中宮となり、大夫には源高明が任ぜられた。そして師輔の一族、九条流の繁栄をえがいてゆく。この頃天皇は、また安子の妹登子（重明親王の北の方）に心を引かれる。やがて師輔の薨去、中宮安子の崩御ののち、登子は尚侍になった。康保三年八月十五夜には月の宴が行なわれた。村上天皇崩御の後、冷泉天皇が即位、東宮には守平親王が立った。太政大臣に実頼、左大臣に高明、右大臣に師尹、大納言に伊尹が任ぜられた。伊尹女懐子入内、安和元年皇子（後の花山帝）誕生、翌安和二年、源高明は女を為平親王の妃としていることから、為平親王を帝位につけ源氏の勢力を張ろうとくわだてているといううわさが立ち、その結果、大宰権帥に左遷され、そのあと師尹が左大臣となった。円融天皇（守平親王）が即位すると、実頼は摂政となった。為平親王と血縁関係の深い源高明は、すでに、無実の罪で大宰府に配流となった（これが、いわゆる安和の変である）。以後、摂政・関白常置の藤原氏全盛時代に入る。師尹薨去、実頼は摂政となったが、まもなく薨去し、伊尹が摂政となった。円融天皇の元服、兼通女媓子が女御となり、兼家・兼通の不和に移ってゆく。この間、月の宴、追儺をはじめ、いくつかの年中行事の詳しい記事もおりこまれ、『古今集』『後撰集』の撰集のことや人物系図等に於ても主題と関係のない事件が書かれてゆく。この中に、また、醍醐・村上両天皇の人となりをえがき、

今《いま》の上《うへ》（村上）の御心《こゝろ》ばへあらまほしくあるべきかぎりおはしましけり。醍醐の聖帝世にめでたくおはしましけるに、又この御門《みかど》、堯の子の堯ならむやうに、大《おほ》かたの御心《こゝろ》ばへのをゝしう、けだかくかしこうおはしますものから、御ざえもかぎりなし。和歌のかたにもいみじうしませ給へり。万《よろづ》になさけあり、物のはえおはしまし（後略）

と書き、また師輔・実頼についても、先ず師輔は、

九条のおとゞは、おいらかにしるしらぬわかず、心ひろくなどして、月ごろありてまいりたる人をも、たゞいまありつるやうに、けにくゝもゝてなさせたまはずなどして、いと心やすげにおぼしおきてためれば、おほとの（忠平）の、

人々、おほくは此九条殿にぞあつまりける。

とあって、ほめたたえている箇所などもみられる。また、安子の立后の部分の描写など、先ず父親の師輔の賞讃からはじまり、

東宮（冷泉）やう〳〵およすげさせ給けるまゝに、いみじくうつくしうおはしますにつけても、九条殿のおほんおぼえいみじうめでたし。又四五のみやさへおはしますぞめでたきや。かゝるほどに天徳二年七月廿七日にぞ、九条殿の女御、后《きさき》にたゝせ給ふ。藤原安子《ヤスイコ》と申て、今《いま》は中宮と聞《きこ》えさす、中宮大夫には、みかどの御はらからの高明の親王と聞《きこ》えさせし、今《いま》は源氏にて、例人になりておはするぞ、なりたまひにける。つぎ〳〵のみやづかさども、心ことにえらびなさせ給。九条殿の御けしき、世にあるかひありてめでたし。

と父親の人がらのすぐれていることなどを説きながら、九条流の発展を述べている。（以上、巻一、月の宴）

つづいて兼通・兼家の不和の描写へ入ってゆく。兼通と兼家の争いは、先ず兼家が弟であるにも拘らず、兼通より官職の上で上位にあった（天禄三年伊尹薨去後、兼通が摂政になるのが当然であった）。しかし、冷泉天皇御在位中を通して兼通は信任が薄く、兼家が上にあったのであるから、兼家としては、伊尹薨去後は、自分が関白になれるものと考えていた。また、これより先、兼通は円融天皇にその女媓子を（天禄四年）、また兼家は冷泉天皇に超子を、円融天皇に詮子をそれぞれ女御として入内させた。これに関し、月の宴の巻には、

兼家の中納言ときこゆる。いみじうかしづきたてゝ、ひめぎみ（超子・詮子）ふたところおはす。たゞいまの東宮（花山）はちごにおはします。内にはほりかはの女御（媓子）さぶらひたまふ。きほひたるやうなりとて冷泉院にこのひめぎみ（超子）をまいらせたてまつり給。をしたがへたることに世《よ》の人申おもへり。

と「きほひたるやうなり」「したがへたる」などと兼家に批判がましいことを言っている。こうして伊尹薨去までは兼通は弟の兼家に圧倒され勝ちであったが、伊尹薨去後摂政は兼通がなった。これについては『大鏡』に、兼通が村上天皇の中宮安子より円融天皇に宛てた「関白は兄弟の順にする」というかきものをみせたため孝道心の厚い天皇は遺詔を守らねばならぬと思い、即座にこれを実現したという記事がみえるが、『栄花物語』にはない。女御媓子は中宮となり、「中宮の御有様いみじうめでたう世はかうぞあらまほしきとみえさせ給ふ」（巻二、花山）と、ここでも『栄花物語』は兼通に同情している。しかし、また一方『栄花物語』は、その敵側である兼家に対しても、

　九条殿の三郎君（兼家）は、このごろ、東三条の右大将大納言などきこゆ。冷泉院の女御（超子）、いとときめかせ給を、うれしき事におぼしめさるべし。

と述べ、つづいて兼通に対しては、

　関白殿、太政大臣にならせ給ぬ。ならぶ人なき御ありさまにつけても、たゞ九条殿の御事をのみ、よにきこえさす。

と、大へんなほめぶりである。そして二人の殺伐たる争いも、いかにもさりげなく流し、烈しい藤原氏兄弟同志の争いの有様など、意識的に避けていることが知られる。そして兼通についても、兼家についても、その人柄の良いところをほめたたえている。勿論、その争いの経過については、簡単にそのいきさつを示しているのだが、殊更に誇張したりしていない。もう少し、その経過をみて行こう。

　やがて兼家の女超子（冷泉天皇の女御）より居貞親王の誕生となると兼通はひどく兼家をうらむのだが、本書はむしろ兼家に同情的な様子を示している。兼通は兼家が円融院を廃して居貞親王を即位させようと陰謀を企てていると作

り言をして、兼家の左大将兼任をやめさせて、治部卿にしている。本書は、これについて、

無官の定になしきこえまほしけれど、さすがにその事とさしたる事のなければ、おほしあまりて、かくまでもなし聞《きこ》え給へるなりけり。

と、やはり同情の筆で一貫している。そして兼通は薨去、そのあとの関白は頼忠へと移った。しかし兼家についても、「なおいと行末たのもしげに見えさせ給ふ」と彼の発展もうたっており、長い目で藤原氏九条流の発展の歴史を書こうとする心がまえがみえている。そして兼家の女詮子の円融天皇入内について兼通の女の中宮媓子に遠慮しない兼家の大胆な心がまえを讃美している。まもなく、詮子の懐妊、「只今世にめでたきことのためしなりぬべし」と、これをほめたたえている。そして兼家の地盤の固まったことを、

御はらからの君達《だち》(道兼・道隆・道長)、年頃《としごろ》の御心地むづかしうむすぼゝれたまへりけるひもとき、いみじき御心地どもさせ給。

と書き、兼家一家の道の開けてきたことを示しているところは、全くその事実と真実をよく伝えているといい得よう。

つづいて頼忠の女遵子の入内と立后。遵子が中宮になることを憤慨した兼家は暫く参内も避けたという記事もみえるが、結局、天元五年三月十一日、遵子は立后。これに対し、本書は、

これにつけても、右のおとゞ(兼家)あさましうのみ、よろづきこしめさるゝ程に、きさきたゝせ給ぬ。いへばおろかにめでたし。太政《おほき》大臣《おとゞ》(頼忠)のし給《たま》ふもことはりなり。みかどの御心をきてを世人もめもあやにあさましきことに申おもへり。一のみこおはする女御(詮子)を措《お》きながら、かくみこもおはせぬ女御(遵子)の后《きさき》に居《ゐ》給《たま》ひぬる事、やすからぬ事に、世の人なやみ申て、すばらの后《きさき》とぞ、つけ奉《たてまつ》りたりける。されどかくて居《ゐ》させ給ひぬるのみこそめでたけれ。

と遵子の立后に際し、兼家の歎きは頗る大きかったことが明らかになると同時にやはり、作者は兼家に同情的である。

東三条のおとゞ（兼家）、命《いのち》あらばとはおぼしながら、なを、あかずあさましき事におぼしめす。院（冷泉）の女御（超子）の御事をおぼしなげくに、又この御事を世人もみおもふらん事と、なべての世さへめづらかにおぼしめして、かの堀《ほり》河のおとゞ（兼通）の御しわざは、なにゝかはありける。こたみのみかどの御心おきてはゆゝしう心うくおもひきこえさせ給ふもをろかなり、かばかりの人笑《わら》はれにて世《よ》にあらでもあらばやとおぼしながら、

と、残酷非道と思える兼通のしわざもそれ程ではない。この度の御門の叡慮の程はいまいましく心憂きかぎりと恨めしく思えると書かれている。しかし兼家は、詮子より誕生の懐仁親王の即位を期待していた。円融天皇御譲位後、花山天皇が即位。やがて懐仁親王が東宮となると兼家は将来の外戚の第一歩を築くこととなり、「大臣《おとゞ》（兼家）の御心の中《うち》、はればれしうて交《まじ》らせ給ふ」とある。そして花山天皇の譲位ののち、懐仁親王が一条天皇となって即位。東宮には冷泉院の二宮（居貞）がなった。兼家は一条天皇を早く即位させたいため、子道兼と謀って花山天皇に出家を勧めた。むしろその主謀者は道兼より兼家にあったとも言い得る位である。この辺の事情は、『小右記』その他に詳しいが、『栄花物語』では、兼家とは書いていない。松村博司氏も『栄花物語の研究』に於て、「この間の経過の叙述は兼家に政権の移る一聯の物語として重要であるが、甚だ明確を欠き、やはり大鏡の援けを借りなければならない」と言われているが、まさしくこのとおりである。この記事の簡単なのは、事件の流れをただ編年史風に書こうとすることに第一の目的が置かれていたためである。従って先述した如く兼家・兼通についても、家と家とのみにくい争いなどは、つとめて避けようとするところに、その著作の意図が存したと同時に、そのような面を書くことを避けるというだけではなく、兼家・兼通両人のよい面を書くことに特に心をかけていたことが分り、これが本書の善人の歴史であると云われる所以である。

この間、本筋とあまり大して関係のない庚申の夜の超子の頓死のこと(天元五年)、花山天皇の後宮には数人の女御が次々と入内し、即ち、太政大臣頼忠女諟子、為平親王女婉子、権大納言朝光女姫子、大納言為光女忯子など、それらに対する花山天皇の寵愛の様子が、細かに記されている。又、この女御達の入内の順序の年代が事実とは異なっている所が少なくなく、このあたりの編年的な叙述はかなり入りみだれていることに気付くのである。(以上、巻二、花山)

つづいて一条天皇の時代、道隆・道兼・伊周を経て道長が政権を掌握するまでの事実が前述の如き方法で書かれてゆく。

兼家が摂政となり、梅壺女御詮子は立后、同腹の兄弟、道隆・道兼・道長等の官位の昇進、兼家女綏子が尚侍に任ぜられ東宮(居貞)元服の際の副臥《そいぶし》に定まった。寛和三年皇太后詮子の東三条院に朝覲行幸が行なわれた。道長と源雅信女倫子の結婚、花山院の熊野御修行、永延二年正月、円融院へ朝覲行幸、まもなく道長の長女彰子(母倫子)が生まれた。又、道長と源高明女の明子との結婚、この間、兼家の六十賀、五節、賀茂臨時祭、御仏名、追儺等の行事に関する記事も詳しく、永祚元年六月頼忠の薨去、兼家太政大臣となるなど多くの事件が年を追って順次書かれてゆく。正暦元年天皇御元服、摂政兼家の二条第の大饗、道隆女定子入内、兼家は妻時姫の没後、召人《めしうど》大輔を愛していたが、その後、保子内親王を妻に迎えた。しかし、この愛も、まもなく失せてしまい、兼家は病のため出家、道隆が代って摂政となった。二条院は法興院となった。道隆女定子女御、中宮大夫に道長が任ぜられた。兼家死後つづいて円融院崩御、御領・宝物等は一条天皇に送られた。兼家の死後、道隆は関白となり、入内していた定子は、まもなく中宮となり、最も平和な中関白家の全盛期がつづく。それに関し、

摂政殿の御まつりごと、只今《たゞいま》はことなる御そしられもなく、大かたの御心ざまなども、いとあてによくぞおはし

ますに、

とほめたたえ、道隆は子伊周の昇進に懸命になる。（以上、巻三、さま〲の悦）だがまもなく道隆の病のために伊周に内覧宣旨が下り、道隆薨去となってゆく。この間、主題と関係のない事実が編年的に数多く織込まれてゆく。円融院の御葬送、花山院の熊野御参詣、右大臣藤原為光が太政大臣に、大納言源重信が右大臣に任ぜられたこと、つづいて藤原済時女娍子が東宮御息所に、法興院の積善寺供養のこと、為光薨去、花山院が中務とその女を愛され親子共に懐妊したこと、御病気中の皇太后詮子の始めて女院号を以て東三条院と称されたこと、同じく長谷詣のこと、伊周・道兼の昇進、道隆女の中姫君が東宮妃に、三の君は帥宮敦道親王と結婚、四の君は御匣殿となった。又、道長の男頼通・頼宗の誕生、伊周の任内大臣、倫子の父源雅信の薨去、宣耀殿女御娍子の第一皇子（敦明）の誕生、村上天皇皇子の昭平・致平両親王の出家、致平親王の男成信は道長の養子となり、他の一人永円は法師になったことなど、この様な多くの事項が編年的に記され、やがて主題の道隆の病悩から出家へとつづき伊周の内覧宣旨、道隆の薨去、内大臣伊周の失政と人望のないこと、とつづき道兼に関白の宣旨が下る。そして、伊周は期待むなしく内覧を止められた。これに対し、本書は、

内大臣殿（伊周）には、万《よろづ》うちさましたるやうにて、あさましう人笑《わら》はれなる御ありさまを、ひと殿《との》の内《うち》、思《おも》ひなげき、かいひざとかいふさまにて「あないみじのわざや、唯本《たゞもと》の内大臣にておはせまし、いかにめでたからまし、何《なに》のしばしの摂政、あな手《て》づつ関白の人笑《わら》はれなる事《こと》を、いづれのちごかはおぼし知らざらん」とことわりにいみじうなん

とあまり同情的な言葉は書いておらない。即ち、世評をそのまま伝えており、作者の主観は、ここでは避けている。

まもなく道兼は、悪疫流行のために薨去、七日関白と言われ、伊周の期待もむなしく、道長に内覧宣旨は下った。山井大納言道頼の薨去。藤原顕光女元子、同公季の女義子の入内とすすむ。(巻四、みはてぬ夢)

道長は、やがて長女彰子入内の準備へと進む。ここに伊周とその弟隆家が花山院をおどし射ちするという不祥事件がおこった。その結果、伊周・隆家は配流ということになり、中宮定子は出家。その次の浦々の別の巻は一巻を殆ど全部、この悲しい別れの描写に宛てている(長徳二年〜同四年)。この一巻は、伊周一家のあわれにはかない状態を的確に描写することに意図があったことが明らかであり、先述した河北氏、および岩野祐吉氏の「かなしうあわれな物語」(『日本古典全書』栄花物語三附録、昭和三十三年四月)といわれる一巻とすることが出来よう。また真鍋煕子氏は「私は正篇(卅巻)を一度の成立と見ず、道長盛時に書かれたとみられる中の関白家盛衰の物語と道長薨後に書かれたとみられる道長物語とに分けて考えたいのである」(「栄花物語作者についての試論」東京女子大学『日本文学』一二号)と言われるように、中関白家一家の盛衰をえがいた部分は、一つの独立した物語とも考えることが出来るし、執筆開始も道長生前中とみるべきである。

さて、それはともあれ、巻一から巻五浦々の別に至る描写は、藤原氏発展の史実の中に、各藤原氏の家々の盛衰が書かれ、藤原氏発展の歴史を如実に説いたものであるということが出来る。と同時に、巻五など「あわれな物語」であることはもちろん認め得るが、いわゆる形式の上では六国史風な編年史の中に多くの事実を盛沢山に書きこんでいる典型的な仮名書きの史書の中に部分的に物語風な説話のようなものを挿入したとみるべきであろう。

翌三年伊周・隆家は帰京を許され(巻五、浦々の別)、やがて彰子が入内(巻六、かがやく藤壺)。まもなく中宮となり、これより先、定子は皇后となって完全に道長一家に政権は奪われたということになる。巻六は、彰子入内の華やかな有様を作者は恰もその傍らにいたような書きぶりであり、華やかなめでたい物語としての描写も十分に認め得ると同時に、巻五と同様、その華やかな描写が、編年史の中におさめられている。やがて定子は第二皇女媄子を生むとまもなく崩御、鳥辺野に葬送、しばらく主題とはあまり関係のない記事が、編纂過程の中に書かれてゆく。麗景殿尚侍（綏子）は源頼定と密通、まもなく没し、道長の妻源倫子の妹は右大将道綱の室であったが、この頃、男子を出産して没した。女院詮子の石山詣、法華八講、四十賀とつづき、女院の崩御、雪の日に鳥辺野で葬送が行なわれた。つづいて原子の死と不幸ばかりつづく。（巻七、とりべの）次に巻八、初花では、先ず頼通の元服式、つづいて長保六年二月には頼通が春日祭の使をつとめた。敦康親王は二人の内親王（定子の御子、脩子・媄子内親王）とともに中宮彰子が世話をした。寛弘二年、頼通は賀茂祭の使に立ち（これは誤）、道長は倫子とともに見物したが、帥宮敦道親王が和泉式部を車の後にのせてきたことが特に気にかかったという。伊周は准大臣に隆家は中納言で兵部卿を兼ねた。寛弘三年には土御門第において法華三十講、競馬が行なわれ花山院の御幸があった。同四年には道長は大和の金峯山に詣で、その結果、彰子が懐妊、やがて皇子御誕生となる。その間、花山院の崩御、媄子内親王の薨去など、あわれな話が見えるに反し、土御門第（道長第）は、皇子誕生が近づき目出度い限りであった。次に彰子より第二皇子敦成親王が誕生。先に生まれた第一皇子敦康親王（一条天皇と定子の間に生まれた皇子。巻五、浦々の別にその誕生の記事がみえる）との対抗になるが、結局は敦康親王は不運であって、敦成親王が後一条天皇となって御即位となることは衆知の事実である。この間、敦康親王の気の毒であったこと、また定子の崩御後は、道隆の四の君御匣殿が母代となって、よく世話をされたこと、その死後は、また中宮彰子が、いわば敵側でありながら非常に親切に心を用いて世話されたことなどが、大へん詳しく書かれている。そして敦康親王がチャンスに恵まれながらも東宮に立つことが出来なかったことは、その正当な理由によるものであるとし、即ち、「はか〴〵しき御後見もなければ（後略）」とあって（これが本当に正当な理由であるかどうかは問題だが、『栄花物語』にはこれが正当なる理由と認め得るという一貫した見解がある）、決して道長の横暴というようなものではなかったということなどをこと細かに述べている。そして彰子は特に敦康親王が東宮になり得なかったことに心を悩まされたことなど、本書のみによって明らかになり得る所である。若宮敦成の産養、五十日、行幸とつづき、五節・賀茂臨時祭もすぎて、寛弘六年となる。具平親王の女隆姫は頼通と結婚、道長の二女妍子は東宮に入内、寛弘七年になると伊周の薨去、具平親王・敦道親王の薨去とつづく。

このように本書のみに明らかになり得る部分の描写については、特に作者が気をくばって書いており、例えば、敦康親王に対する同情心、また、彰子の誠に善良なる人であったことなどの部分は、特にすぐれた描写であり、しかも、それが決して誇張ではなく、彰子・道長の人となりが、ほのぼのとした描写の中に浮び上ってくる。すなわち、少し先になるが、一条天皇御譲位、新東宮に若宮（敦成）が決定したとき、「道理《だうり》のまゝならば、帥《そち》（敦康）の宮をこそはと思《おも》ひ侍《はべ》れど、はか〴〵しき後見《うしろみ》なども侍《はべ》らねばならん」（巻九、岩蔭）とあって、ここでも後見役というものが東宮となる場合も特に重要なものであるということから、敦成親王を東宮とした理由を作者の主観として説いている。その際彰子は、敦康親王をと思いながら遂に道長の志によって敦成になったことを歎いている。これが道長の意志によって進められたことは、『小右記』その他によっても明らかな事情であるが、道長の態度を『栄花物語』では、大へんひかえ目に書いている。一条天皇は、やがて譲位、その翌日から俄に重態になり、院源僧都を召して落飾された。つづいて崩御、岩蔭で葬送が行なわれ、引きつづき御法事が営まれ、追憶の和歌の数々が詠まれた。脩子内親王・敦康親王は三条院別納に移御、道長の二女妍子は居貞親王の東宮尚侍として入内、娍子の第一皇女当子内親王は斎宮に卜定、野の宮に

入った。（巻九、岩蔭）

三条天皇御即位、まもなく冷泉上皇が御病気というので世間では大騒ぎ、御狂気の様子もみられ、まもなく院は崩御となった。

妍子は中宮となり、その儀が厳かに行なわれた。これより先、娍子が天皇の東宮時代から女御となっていた。そこで道長は妍子の入内にも気をつかい、人に迷惑をかけて二女妍子を入内させるなどということはしないとし、「何《なに》事もあさましきまで人の心のうちをくませ給ふ」人であったと本書は書いているが、果してそうであったであろうか。そして、東宮が天皇になると、妍子・娍子は、ともに女御となっている。まもなく妍子は娍子をさしおいて立后。それにともない娍子は皇后となった。ここにまた二后並列ということになったのであるが、『小右記』長和元年二月二十七日の条などによると、妍子が立后の日と娍子が内裏に入る日とが同日になったため、道長は娍子の立后をかなり妨害している様子が感ぜられる（詳しくは拙著『歴史物語成立序説』所収「藤原道長の生涯」参照）。この事実に関し『小右記』の記事を全面的に信用して道長の態度をより強く批判することも問題はあろうが、しかし、本書に書かれている様に道長の三条天皇や娍子に対する態度が全く善良であったとのみは言い切れない何ものかがあるように思われる。このように本書は道長の心理にまで立ち入り、その道長の美しい心がけが書かれているが、これは本書が材料とした史料にそのような記事が存したか、或は作者独特の作り物語的手法によったものか明らかでないが（巻十、ひかげのかづら）、とにかく道長をはじめとして本書の人物像は、善人をえがくことに主眼点があったことは見逃せないところである。

つづいて大嘗会、御禊が行なわれ、女御代には道長の三女威子が立った。又、道長の明子腹の息子顕信は出家、皮聖《かわひじり》の許で僧になった。道長は驚いて叡山に登り、顕信を訪れて出家の理由を尋ねたりしたが、真相は明らかにすることが出来なかった。教通は公任女を娶り、婚儀が四条宮の西の対で行なわれた。（巻十、ひかげのかづら）

巻十一つぼみ花は、承香殿女御元子に頼定が通い、女御の父顕光は立腹し女御の髪の毛を切って尼にしてしまったことにはじまり、やがて初花の彰子に対して二女妍子の女禎子内親王の誕生に関する記事が詳しい。

されど東宮のむまれたまへりしを、殿のおまへの御はつむまごにて、栄花のはつ花ときこえたるに、この御ことをばつぼみ花《はな》とぞ聞えさすべかめる。それはたゞいまこそ心《こゝろ》もとなけれと、時至《いた》りて開《ひら》けさせ給はん程めでたし。

とある他、

この土御門殿《つちみかどとの》にいくそたび行幸ありて、数多《あまた》の后出《きさきい》でいらせ給ぬらんと、世《よ》のあえ物にきこえつべき殿なり。これを勝地といふなりけり。これを栄花とはいふにこそあめれと、あやしのものどもの、しもをかぎれるしなどもゝ、喜《よろこ》び笑《ゑ》み栄《さか》えたり。げにこそ、よき事を見聞くはわがみの事ならねど、うれしうめでたう、あしき事を見聞くはせん方なくいとをしきわざなれば、この殿ばら宮ゝの御ありさまをいづれのたみもめでよろこびきこえたり。

と、着々と固まりゆく道長の外戚ぶりを、いとも美しく説いているところに、この書の執筆態度の本質がうかがわれる。これらの巻にも、しかし、本筋とは関係のない石清水臨時祭の如き年中行事等の有様が、年時に正しく書かれている。

やがて道長のその後の発展は、子頼通・教通の描写へと移ってゆく。隆家眼疾、大宰権帥に任ぜらる。つづいて頼通と娍子腹の禔子内親王の降嫁の問題（実現はしなかった）が詳しく語られてゆく。（巻十二、玉の村菊）そして、三条天皇は在位五年で、御眼病と再度の内裏焼亡のため御譲位を決意。三条天皇の御眼病は、『小右記』長和四年四月・五月の記事に詳しく、また、道長は、それを理由に恰も天皇に譲位をすすめるような態度がうかがわれる。しかし、『栄花物語』には道長のそのような態度は全然みられず、また、三条天皇の御眼病のことも書かれていない。ただ、内裏焼亡のさまは詳しく、その結果、天皇の譲位を決意されたさまが、かなしい物語のかたちで書かれている。道長は摂政を頼通にゆずり、道長・倫子夫妻は准三宮となった。（巻十二、玉の村菊）

そして遂に長和五年正月、三条天皇は御譲位、ここに道長にとって待望の敦成親王、すなわち、後一条天皇の即位となった。

大殿《との》は世《よ》は変《かは》らせ給《たま》へど、御身はいとど栄《さか》へさせ給ふやうにて、「河《かは》ぞひ柳《やなぎ》 風吹《かぜふ》けば動《うご》くとすれど根《ね》はしづかなり」といふふる歌《うた》のやうに動《うご》きなくておはしますも、えもいはずめでたき御有様《ありさま》なるに、なを又《また》この度《たび》は、今《いま》ひとしほの色《いろ》も心ことに見えさせ給ふぞ、いとどいみじうおはしますめる。

と道長の全盛期をほめたたえている。そしてこのときの東宮には敦明親王（娍子の御子）が立った。敦康親王は式部卿となり、頼通の妻の妹と結婚、三条院造営、法興院御八講、一条尼上穆子の入滅、そして後一条天皇の大嘗会御禊となる。しかし、東宮が敦明親王であることはなお道長にとって一つの障碍ともいうべきものであったであろう。道長にとっては第三皇子敦良親王（後朱雀天皇。一条天皇と彰子に生まれた第二皇子）を早く東宮につけたいことはいうまでもない。『栄花物語』には敦明親王が皇太子についた翌年、自分から東宮を辞退したいと申し出たところ、娍子はもののけのしわざであると心配し、道長に相談したところ、道長は仕方なく敦明親王の言われるようにし、「世にめでたきものは太上天皇にこそおはしますめれ」（巻十三、木綿四手）などと敦明親王に答えたと書かれているが、これも本書独特の道長を美化するための脚色であろう。

この事を道長は、上東門院に報告すると、女院は敦康親王を新東宮にといわれたが、後見のない理由で道長は承知しなかった。そして新東宮には敦良親王が立ち、敦明親王は上皇に准じて小一条院となった。そして道長の娘寛子（母明子）が小一条院と結婚した。摂政頼通の大饗が行なわれ、道長の子供達は、ますます繁栄の一路をたどった（巻十三、木綿四手）。寛仁二年二月威子の後一条天皇への入内の儀が行なわれた。又、道長の末の男子長家は倫子の養子となり、藤原行成女と結婚した。六月、一昨年焼失した京極殿（土御門第）が落成、道長と尚侍威子が移った。そして十月十六日には威子立后の儀、また四女嬉子の尚侍（後朱雀天皇の）としての入内の記事は割合に簡単に書かれている。そして、威子立后の記事は

　かくて后《きさき》三人おはします事を、世《よ》にめづらしき事にて殿の御さいはひ、この世《よ》はことに見《み》えさせ給。

と、そのめでたさをほめたたえているが、威子立后の際、道長の詠んだあの有名な歌、

　この世をばわが世とぞ思ふ望月の　かけたる事も無しと思へば（『小右記』寛仁二年十月十六日の条）

などは書かれていない。敦康親王の薨去、あわれな中関白家のその後の有様とつづき寛仁二年になる。

こうして巻十五うたがひ以後、出家後の道長の生活となるのであるが、一応、ここで藤原氏の発展および道長の栄華にいたるまでの歴史叙述は終りを遂げたのである。松村氏（『栄花物語の研究』）の言葉を借りれば、

　事ここに至つて道長は、すべての競争者とあらゆる障碍とを克服して栄花の全盛を極めることができるやうになり、正篇前半の根幹となつている連続的物語の展開、即ち権力の争奪が終末を告げるのである。しかし、その間の叙法は、上来見来つたやうに道長栄花の由来を採り、これを明らかにしてゆくといふ目的的なものではなく、

現象的作り物語的に叙述する所に特色があつた。

とあり、氏の言われる如く、道長栄花の由来を探るのではなく、藤原氏発展の歴史を語り、自ずと道長に到達するのであった。と同時に、そこには、藤原氏および道長の発展に関すること以外の多くの事実も編年の中にくり入れられ、ここまでの巻は形の上では、明確に仮名文の史書であるということが、はっきり言い得ることを、私は特に強く認識したい。松村氏は、「作者の意図としては、栄花生活を中心とする道長物語のみを描かうとしたものではなく、編年体式一般史と特に道長の栄花生活を共に眼前見るが如く描かうとしたものに相違なく、栄花と死・敗者の悲劇も、そのような二元性に由来するものであり、却つてこの物語の性格をよく理解することができるであらう」と言われているように、この書の二元性（編年的一般史と道長の栄花の物語）の顕著な現われは、道長物語を強調しようとも、また、その部分が新しい歴史叙述であることを認めても、否定し難い。と同時に、先述したつぼみ花の巻の「よき事を見聞くはわがみの事ならねど、うれしうめでたう、あしき事を見聞くはせん方なくいとをしきわざなれば」というこの考え方が、『栄花物語』の作者の人生観であることは疑ない。であるから、道長に限らず、先述した如く、天皇は醍醐・村上をはじめ、藤原氏のそれぞれの人物も、師輔・兼家・兼通・伊周等、すべてに、この態度で作者は、のぞんでいる。これが『栄花物語』の善人の歴史であると云われる所以である。

要するに『栄花物語』には、人生の裏面が書かれていない。これは材料の集め方が狭いためということもあるかもしれぬがむしろ著者が始めから、そのように心がけた結果である。そして編年史と道長物語という二つの主題が大きく全巻を包んでいる。従って、『栄花物語』の中には、その中の人物の行動に心打たれ文学的感動を受ける場面と、同時に事実そのもの（歴史）から受ける感動とがある。そして、その文学的感動を受ける場面、および善人の歴史をえがく中に新しい歴史叙述の形式と意義が発見出来るのである。そこで、つづけて、巻十五以後の内容を概観しよう。

巻十五は道長の宗教生活のすべてを概略する。この巻は編年的ではなく、宗教人としての道長の偉大さを語るための様な巻である。巻十六は再び編年風な巻にもどり寛仁三年から治安二年迄の多くの事実が並列的に書かれる。顕光の女延子（小一条院の堀川女御）の急逝、葬送、隆家に代り行成が大宰権帥になる。道長の法成寺阿弥陀堂の建立、九体の阿弥陀如来の供養のこと、頼定の出家、小野宮実資の北の方のこと、頼定の死、道綱の薨去、治安元年二月尚侍嬉子の東宮参りのこと、母倫子の出家、源経房の筑紫（大宰権帥）への下向、長家北の方の逝去、顕光の薨去、臨時除目で左大臣に頼通、右大臣に実資、内大臣に教通、太政大臣に公季が任ぜられた。皇太后妍子の女房達が書写した法華経供養、春日社行幸、斉信女と長家の結婚、法成寺の倫子の念仏堂西北院供養、公任夫妻の天王寺参詣、皇太后妍子の新造枇杷第に遷御のこと、法成寺御堂供養の準備等、多くの事実が羅列されている。

巻十七は治安二年法成寺供養の日の華やかな有様のみ。巻十八は法成寺阿弥陀堂の様子を尼達の語りを元として書いたもの、年が明けて治安三年朝覲行幸、司召、斉信の邸の焼亡、公任の初瀬詣など。巻十九は禎子内親王の御裳着と法成寺万燈会（四月十日）、土御門第附近の田の田植えの様子（五月）、道長、宇治の別業で法華八講会（六月）、土御門第の歌会（八月）の描写となる。巻二十は倫子の六十賀のこと。巻二十一は治安三年十二月から万寿元年三月迄の四か月のことで教通の北の方の急死、法成寺の僧房の出火のこと、道長の末娘尊子（母明子）と源師房の結婚、脩子内親王の出家など、割に多くの事実が挙げられているが、教通の北の方の死が、この巻の主なる話で、あとは、ごくつけたりに過ぎない。巻二十二は法成寺薬師堂に仏像遷座のこと、祇陀林寺の舎利会のこと、薬師堂供養のことなど。巻二十三は頼通の高陽院の駒競べの行幸、中宮威子の多宝塔供養、道長の長谷寺に参詣など。巻二十四は頼通の妾対の君の男子出産、枇杷殿大饗、尚侍嬉子の懐妊。巻二十五は娍子崩御、関寺の牛仏のこと、寛子の死、葬送、嬉子の産気を催したことなど。巻二十六は嬉子の出産と死。巻二十七は長家の妻の死、小式部内侍の死、母和泉式部の悲しみの歌、顕基の北の方の逝去、公任の出家、大宮彰子の出家、公信の北の方の逝去、禔子内親王と教通の婚儀、公信の薨去、枇杷殿の御八講、後一条天皇の御悩など一年二か月の事柄が盛沢山に書かれている。巻二十八は威子の出産、御湯殿の若宮のこと、枇杷第の臨時客、法興院の焼亡、禎子内親王の東宮入内のことが詳しい。そして巻二十九は東宮と禎子内親王の美しい様子、顕信の死、源俊賢の出家、道長の百体釈迦仏の完成、皇太后妍子の崩御。そして巻三十は、いよいよ道長の死となる。

こうして巻十五以後の巻を見ると、巻十五・十七・十八・二十二・三十は、いずれも法成寺に関する記事が中心である。その他、一巻に一つの事件を美しく誇張してえがいている巻が多く巻十九禎子内親王の御裳着、巻二十は倫子の御賀、巻二十一は教通の北の方の薨去、巻二十三は高陽院の競馬の行事など、それぞれ一巻がその主題で物語風に書いており、一応、編年の中にはめこまれてはいるが、はじめの方の巻が概して一巻に多くの年期にわたる事件を盛沢山に編年風に並べているのと、かなり体裁が異る。もちろん、十八と二十四から二十九までの巻は、細かな事件を沢山並べているが、前々の巻に見られた官位の昇進や除目のことなどは、殆ど書かれておらず、一つの事件が中心に書かれている。ここに至れば編年的であるということ以外には史書としての価値は殆ど見られなくなってきており、道長を中心とした物語の性格がつよい。正篇巻三十の中も更にいくつかのグループに分れる様に考えることが出来よう。少なくとも、巻十五以後の法成寺関係のグループのみは、別に考えてもよさそうである。(15)

なお、続篇についても概観せねばならぬのであるが、続篇は、正篇と作者も異り、成立年代・内容などについても多くの問題がのこることから、別の機会にゆずることにしたい。

七　『栄花物語』の内容と特徴

次に『栄花物語』の特徴を具体的にみて行こう。

『栄花物語』は、一名、物語風史書とも言い（西岡虎之助氏は物語風史学、坂本太郎氏は物語風歴史とよぶ）、文学史の上からは芳賀矢一氏以来、歴史物語という形態上の分類の中に入れられていることは先述した。これを文学史の中にみて、題材を史実にとった物語とみてもよし、またこれを世継とよぶ所以を重視し、六国史・新国史以後の仮名で書かれた史書と見て、物語風史書ともよんでもよい。川崎庸之氏は、「日本の歴史叙述は、はじめから一種の教訓的・実用的な歴史として出発したこと、そしていわばその実用的な歴史叙述の行詰りの上に、新らしく一種の物語的な歴史叙述への道が開かれてきた」（『日本歴史講座』第八巻、東大出版会）と説かれている。歴史叙述の歴史から言えば、詩的歴史ともよばれるものの中に入るであろう。『栄花物語』は歴史と文学の両面の性格を持っているのである。従って作者も統轄者・編纂者を認めるべきであろうし、形式の上からは、先述の如く六国史につづくものと言ってよかろう。

だが、その間にも作り物語の手法によって、その中のある場面を目の前に見る様に書いており、また、藤原道長が、他の藤原氏のすべての競争者を克服して行き、全盛を極めるにいたるまでの権力の争のさまが、ありありとみられ、そこには、明るい一面、また、人生の暗の面も十分にみることが出来るといえよう。

そこで、次に史書としてのこの書の特徴をみよう。

㈠ 史書としての特徴

松村博司氏は「栄花物語そのものは、外面的にせよ、三代実録についだものであり、内容的には物語と結びつくことによって新境地を開いたのであるが、常に実録性というものは濃厚に意識しているのである」（『栄花物語の研究』）と説かれているが、この実録性こそ『栄花物語』の本質として最も重視すべきものである。

さて、この書の史書としての特徴は、次の様に三つに分け得る。先ず一つの特徴は、事件の配列の方法と史料の選択の仕方に史書らしい編者の主体性をうかがい得ることである。すなわち、それは、先述の如く編年性にみられる。巻一、月の宴は天慶九年から天禄三年のはじめまで、巻二、花山は天禄三年九月から寛和二年六月までという具合に、各巻の事件の配列の順序が年月日によって進められている。そして、その書きぶりも、

かゝる程に天延二年になりぬ。

はかなく年もかはりぬ。貞元元年丙子の年といふ。

年号かはりて天元ゝ年といふ。

かゝる程に天元二年になりぬ。

はかなくて天元三年庚辰の年になりぬ。

というように、この形は六国史と同じ書き方で、ただ仮名文にやわらげたにすぎない。これは明らかに編年意識の強さを見るのである。更に、巻一、月の宴が村上天皇の治世から始まっていること、「今の上《(村上)》の御心ばへ」と村上天皇を

今の上とよんでいることなどによって、村上天皇から筆をとり始めていることが察せられるが、同じ巻一、月の宴の始めの方に「世の中に宇多のみかどと申すみかどおはしましけり」とあることによって、宇多の治世も、ごく少部分ではあるがふれていることが明らかである。こうして、六国史の終った光孝天皇、新国史の未完成で終った朱雀天皇までを考えて、宇多・村上より筆が始まっていることは、この書が明らかに六国史・新国史に継いで書こうとしたところに意図があったことを示すものである。この編年的な書き方は、正篇三十巻を通しての特徴であるが、特に、はじめの方の巻ほど、各年毎に「かくて……年になりぬ」とするこの書き方が多く見られる。『栄花物語』の一番大きな特徴は、この編年性という国史風な書き方をしていることである。『栄花物語』には編年性と道長物語といういわゆる二つの要素がからみ合って入っているとはいうものの、道長を中心に文学的情緒をたっぷり含めて書くいわゆる道長物語のような部分にも、なお編年性はみられ、また一面、その部分こそ新しい歴史叙述のかたちと言い得る（後述）。そしてこの編年性に於て注意すべきことは、一つの事柄に関する主題の一貫性、あるいは、主題が、はっきり現れないことである。例えば、六国史などの編年体記録に於ての特徴は、時間的順序の中に無関係なる事柄が相継いで記録されるのが大きな特徴である。勿論物語にも時は重要な要素ではあるが、物語に於ては、先ず主題がはっきりすると同時に物語に一貫性を保とうとする要素が表面に強くあらわれているべきである。しかし本書は、例えば、花山の巻を例に挙げると、摂政伊尹の薨去、兼通の摂政、女御媓子の立后、中宮昌子皇太后、兼通・兼家の不和、兼通の任太政大臣、兼通・頼忠の仲の睦まじきこと、女御超子御懐妊、三条院御誕生、内裏焼亡、等々とあって、特にこの巻の主題というものは、それ程、はっきりしておらず、ただ編年の中にこれらの事実が次々と並べられてゆくのが特徴である。

強いてもとめれば、先程述べた如く、藤原氏の発展ということを中心に、兼家・兼通のあらそいから道長の薨去にいたるまでを述べているということになる。勿論、『栄花物語』に史観とも称すべきものを求めれば、先述した如く、藤原氏の北家の皇室と結びついての発展を、後見の重大さを中心に外戚との結びつきの状態をえがくところにあったとみるべきである。しかし、藤原氏の発展を述べることに、『栄花物語』の第一主題があったことは、否定出来ないけれど、それと無関係な事件、例えば、花山の巻で言えば、天延元年と改元、もがさの流行、左大臣兼明を二品親王に復すること、雅信を右大臣に任ずること、為尊親王降誕、敦道親王降誕、天変地異とか、言わば、兼家・兼通のあらそいから兼家政権が確立するまでの主題とは関係のない事件が、次々と年時にそって書かれてくる。こうして時の推移を軸として、時の順序にしたがって断片的な史実が、次々と書かれて行くのは、六国史の編纂の場合と同様の書きぶりである。この部分は、むしろ物語の特徴というよりは、編年的史書としての特徴の方が強いとも言い得る。時枝誠記氏は、「栄花物語における歴史性ということは、編年的記録体の記述様式についていはれなければならない」と言われ、「一貫した物語が寸断されるのは、この作品の基盤に編年的記録性という性質が強く作用しているためではないかと考えられる」(「栄花物語を読む」『国語と国文学』昭和三十九年十月号)と言われるのは、この書の史書としての最大の価値とも云うべき編年性と一貫性の主題のない特徴を明確にとらえられている。

つづいて、その実録性ということから発展して、もう一つ、この書の史書らしい特徴を述べよう。それは、事件の年代の配置の順序が割合に正確であって、内容に書かれている人物の官位の昇進状態等が比較的正確であるということである。すなわち、事件の順序が、年月日を追って、比較的正確に配列されていること、また、それぞれの巻の主要部分となっている事件が、大体、その他の史料(即ち、『日本紀略』『扶桑略記』『公卿補任』をはじめ、当時の公卿の日記、『御堂関白記』『小右記』『権記』など)と合致する。このことは、これらの巻々が確実な記録を材料として記述を進めていることを物語るとともに、事実を正確に伝えようとする意志の強かった人によって叙述が進められていることを意味するのである。

もちろん、その中にも事実の誤りや年月日が前後して書かれていることも少なくない。また年月日を記さずに事実をより誇張して文学的効果をおさめようとしている態度が、ありありとみられる箇所も多いにも拘らず、骨格には、事件の年月日を出来るだけ正しく書こうとした意図がうかがい得る。また、その中にある多少の誤は不用意の類のほか、物語的効果をねらって故意に事実をまげているとみられる場面も少なくないのが特徴である。

次に、官撰風な国史のような書き方を示す第三の根拠としては、用いた材料の扱い方が、私的な面をつとめて採りあげていないということである。それは、初花の巻の原史料である『紫式部日記』の採りあげ方によって明瞭に伺い得る。『紫式部日記』は、寛弘五年七月より同七年正月までの記述で、主として一条天皇の皇子御誕生に関して記しているのであるが、『栄花物語』初花の巻の著者は、その間の記事の公に関する部分のみを採用し、その部分は特に詳しく文章までほとんどそのまま採用しているのであるが、私的な部分は、全部省略している。この日記の誤を訂正するなど日記の材料としての採り方は明らかに、官撰型の国史の編纂に準ずるものといえよう。

以上は『栄花物語』の外見上の歴史性を述べたのであるが、次に内面的な、言わば史観というべきものを中心に、その歴史性をみることにしよう。

すなわち三十巻の構成は、皇室と藤原氏の系譜的な事項から書きはじめて宮廷貴族社会に於ける雑多な生活史の展開となってゆく。そこには生活史の実態や人物の容貌・性質等が概括的に述べられており、先述したように一貫性のない事件が述べられてはいるが、その中に、自ずと藤原氏の発展という一つの主題が認められる。その主題が、後見の重大さということを中心に外戚との結びつきの必要性を語ってゆく。これは作者の意図の中に自ずとにじみ出てきた作者の史観ともいうべきものであろう。この叙述が明暗二面を交互にくり返しながら進められており、その明暗二面のえがき方の中には、文学的手法のするどさも見出し得る部分がある。

結局、『栄花物語』は編年的記録体の事実を軸にして、その間に物語的叙述をはめこみながら、筆を進めている。従って非常に歴史的な一面が強いと同時に、また、文学的な面も強く見られ、性質の異った二つの場面が、それぞれの性格を発揮しつつ、合体して一つの作品を成立させているのである。従って、或る巻では歴史的な面が特に強く現われ、また或る巻では文学的な面が特に強く現われたりするのであるが、[16]各巻毎に両面が、からみ合っているとみるのが妥当であろう。『新訂増補国史大系』の凡例（黒板勝美氏）にも「栄花物語は、一に世継または世継物語といひ、全四十巻宇多天皇より堀河天皇に至る国文にて書きたる編年体の歴史の始めとも謂ふべきものにして、道長を中心として藤原氏の栄華を叙述し当時の禁中の有様、公家の風俗等をよく描写せり」とある。

以上は、本書の歴史性について強調したが、私は、もちろん、『栄花物語』の文学性を否定しているのではない。本書は、『源氏物語』以後に生まれた藤原氏の発展と道長の栄花について語る文学であることはいうまでもないが、本書を史書としてみた場合には、いかなる結果に達するかについて検討を加えた結果として、もちろん本書は物語であると同時に史書的な性格も濃厚であることを述べたまでで、本書は歴史であって文学でないなどと言っているのではない。

要するに『栄花物語』には、文学としての感動と歴史の事実から受ける感動があるという事を私は特に強調したいのである。

㈡ 文学としての特徴と新しい歴史叙述

さて巻十五うたがひ以下の巻々は出家後の道長のありさまを書いている。巻十六もとのしづく、巻十七音楽、巻十八たまのうてな、巻十九御裳ぎ、巻二十二鳥のまひ、巻二十九玉のかざり、などの巻々は、すべて法成寺に関する記事で満たされているし、その他、巻二十御賀には道長の七大寺めぐり、巻二十一後悔大将には法成寺の僧坊が焼亡するなどいずれも道長の仏事信仰と関連が深い。これらの巻々の中、巻十五には法成寺の造営のありさまを道長のよろこびとともに文学風に述べ、道長を弘法大師・聖徳太子の生れ変りであるといい、法華経信仰の深さはたぐいもなく、経文の学問的な研究をおこしたのも道長であるとする。巻十七では、法成寺金堂供養のありさまを描き、その供養を実際に見た尼たちがそれぞれ語って聞かせたことを作者が尼の口を借りて語るという形で書かれている。この部分は、実在の尼の語り、または日記によっているのかもしれないが、『大鏡』が雲林院の菩提講の日に虚構の立脚点を設定し、四人の座談の形式によって歴史を復原する、その筆者が作者であるというその形に似ている。『栄花物語』の尼に仮託する手法は、まだ幼稚な段階ではあるが、『大鏡』の「虚構による真実への肉迫」の先駆となるものといえよう。巻十八では法成寺内の諸堂をはじめ九体の阿弥陀仏、その他の説明を尼達の語りによって極めて美しく叙述し、以下巻三十まで、道長を中心とした道長物語的な記事で満たされている。この部分の描写は、虚構即真実という、虚構のなかにこそ人間性の真実がみられるという物語文学の特質が、明確にみられる。宗教人としての道長の人間像、ここには虚構や誇張があったとしても『栄花物語』による真実の道長の姿が現われているといえよう。

また、宗教人としての道長に限らず、『栄花物語』正篇三十巻の道長の人間像のうち、道長の人の心をよく見ぬく才能、こまかい神経の心づかい、あらゆるものをとり入れる度量ある人柄、人々を喜ばせる心づかい、また政治家道長としての理想の政治と勇気、それらの実態は、平安貴族として最も尊ばれ、理想とされる人間像であったのである。『栄花物語』は、藤原氏の発展とその絶頂期にある摂関貴族道長の美しき心の人間像を見事にとらえたということが出来よう。このような貴族の心の姿を如実に書いたものを当時の人々が最も求めており、それが、また当時の人々のもとめる歴史物語であったのである。即ち、一見、六国史風な書き方の部分、また物語風ないわゆる道長物語とみられる部分、そのいずれにもこの当時の藤原氏貴族のそして道長という一個人をとおしての人間味の深い当時の歴史が語られているといい得る。と同時に、天皇・貴族を中心とした外戚によって形づくられた宮廷貴族の生活の真の姿が道長を中心に現われているともいえよう。また、巻一、月の宴に「こちよりてのことをぞ記すべき」とある言葉を信ずれば、『栄花物語』は、道長周辺の歴史を中心に近代史を書くことが、その第一目的であったともいえよう。『栄花物語』には摂関期の人間の姿が宮廷に仕える女房の目をとおして、一つの映像となって現われ、その当時の人間性の真実を現わした歴史物語の特徴が浮び上っているものといってよかろう。今井源衛氏は『栄花物語』を先行文学の流れの中にとらえ、先行する女流日記『蜻蛉日記』の影響を認めている。『栄花物語』の中に頻々と現われる「はかなさ」と「むなしさ」は、この女流日記の影響であると認めると同時に、ここには女性的肉体的な感情を認め得ると説く（『新訂増補国史大系月報』五）。このことは、『栄花物語』の作者が赤染衛門であることを更に強める傍証ともなろうが、『栄花物語』が女房文学の流れをくんでいるという一つの証明ともなろう。これと同様な見解は佐藤謙三氏が『平安時代文学の研究』にも述べられ、また、最近、河北騰氏も「栄花物語の説話について」（『栄花物語研究』に収録）に於て、その立場を強調している。

そこで、『栄花物語』に女房文学の影響を認めるなら、先ず、『源氏物語』との関係を検討せねばならない。それによってこの『栄花物語』の新しい歴史叙述の意味がより明確になるであろう。

(三) 『源氏物語』の影響

『栄花物語』に於ける『源氏物語』の影響は、かなり明瞭である。すなわち、『源氏物語』の持つ文学としての虚構性を、そのまま『栄花物語』は受けついでいる。部分的には、その虚構性のために実録の事実をまげている場面も少なくないのである。例えば、浦々の別の巻を例にとってみると、この巻は、『源氏物語』の須磨・明石の巻の影響を強く受けている。浦々の別は、藤原伊周・隆家が罪を受けて、それぞれ大宰府・但馬等に流されるのであるが、『源氏物語』も、光源氏が須磨に流される場面である。このうち、『栄花物語』の歴史的事実として他の史料によって明らかにし得ない部分は、おそらく『源氏物語』の影響によるところ大であったとみて差支えなかろう（拙著『歴史物語成立序説』）。

例えば、伊周・隆家配流の直接原因についてみると、恋愛事件により、伊周・隆家が花山院に弓矢を放ったことから罪を得て配流となるのであるが、伊周・隆家が花山院に弓矢を放った事実、および、その事実によって配流となることなどは、『日本紀略』『小右記』等に詳しいが、その原因が恋愛事件によるものであったかどうかは、他の史料に見えない。これは『源氏物語』の光源氏が朧月夜内侍と恋愛関係の結果、右大臣側の怒にふれ、弘徽殿女御の意志によって須磨・明石に流されるということからヒントを得て模倣したようにも考えられる。更に、伊周・隆家召還の原因について、『栄花物語』では、一条天皇と定子との間に敦康親王が生まれ、それを動機に東三条院詮子・一条天皇・道長の合議の上で召還されることになったと書かれているが、これは誤である。すなわち、『小右記』『日本紀略』『百練抄』等によって伊周・隆家召還の理由は、東三条院詮子の御悩によるものであることが確実で、敦康親王の御誕生は、それらの文献によって、伊周・隆家召還から二年後の事実である。召還の原因を皇子御誕生としたのは、『栄花物語』のみであって、これは、『源氏物語』の影響とみるべきであろう。すなわち、『源氏物語』の光源氏の須磨・明石よりの召還の直接原因は、皇子御誕生である。皇子御誕生が動機に朱雀帝は春宮に譲位を思いつき、それには是非源氏を許し召還すべきだと決心し、弘徽殿の反対を押し切って、これを実行したのである。この事実を『栄花』の作者は意識的に模倣し、事実をまげてまでも文学的効果を高くしたのであろう。(17)

以上の他、『源氏物語』の影響とみられる部分は『栄花物語』の各巻に数多くみられる。二、三の例を挙げれば、月の宴の巻の村上天皇の中宮安子と女御芳子との関係と、桐壺帝と桐壺更衣、および弘徽殿女御との関係、かがやく藤壺の巻の彰子入内と桐壺の巻の藤壺入内との関係、はつ花・つぼみ花の皇子御誕生祝の夜の船楽と紅葉賀の巻の紅葉賀の船楽、御賀の巻の倫子六十賀と若菜巻の朱雀院四十賀、鳥のまひの法成寺薬師堂供養の鳥舞の童舞と秋好中宮季の御読経の鳥舞の童舞など、枚挙に遑がない。これらの部分は、いずれも事実よりすぐれた虚構に個性を見出し得る。

かように『栄花物語』は、その内容の上からみても『源氏物語』の影響を非常に強く受けていることは確実であるが、それにもまして重要なことは、『栄花物語』の著者は、『源氏物語』を新しい歴史叙述としてとらえたことである。すなわち、『源氏物語』の中に現われるあり得べき事実、人間の真実を書くという面、その精神のあらわれを『栄花物語』の著者は感じとったのである。すなわち、『源氏物語』螢の巻の、

神代より世にあることを記し置きけるななり。日本紀などは、たゞかたそばぞかし。これらにこそ道々しく委し

きことはあらめ。

と光源氏の言葉として書かれている部分である。この意味は、日本紀すなわち六国史より物語の方が人間のためになるようなことが詳しく書かれているという意で、物語の方が人間性を追求してあり、国史の記事というものは、それだけで表面的なもののみしか書かれていないという意味のことを言っている。ここには式部の歴史意識がみられる。紫式部が『源氏物語』を国史に勝るものとして書いたという意図が明らかになる。これは、『源氏物語』が日本紀、すなわち、いままでの漢文で書かれた国史のように事実の羅列のみでは書くことの出来ない人間の真の姿を書こうとする態度を示すものであって、虚構即真実ともいうべき点を主張している。また、物語は、いずれも「この世の外の事」を語っているわけではない。従ってそらごとといい果ててしまっては物語の真意と違ってくる。即ち螢の巻に、

その人の上とてありのまゝに言ひ出づることこそなけれ、よきもあしきも世にふる人の有様の見るにも飽かず、聞くにあまることを後の世にも云い伝へさせまほしき節々を心にこめ難くて云ひ置きはじめたるなり。よきさまに云ふとては、よきことのかぎりえり出で、人に従はむとては、またあしきさまのめづらしきことを取り集めたる皆方々につけたる、この世のほかの事ならずかし。(中略)深きこと浅きことのけじめこそあらめ、ひたぶるにそらごとと言ひはてむもことの心たがひてなむありける。

と事実に裏付けられた真実が語られていることを意味し、ここに物語の真実性と同時に、六国史から歴史物語へむかう歴史意識の転換がみられ、『栄花物語』を生む母胎が『源氏物語』にあったことが明らかにされている。

『栄花物語』の著者は、この新しい歴史意識をとらえ、この思想にもとづいて『栄花物語』の叙述を企てたのである。だが、『源氏物語』の光源氏の姿は虚構の中に見事に「道々しきくわしき事」を現わし、その当時の貴族の人間

像が実よりも一層、真にせまってとらえられていたが、『栄花物語』は、事実の正確さに重きをおいた結果、道隆や道長の姿をとらえても、事実以上に真実もとらえられているかというと、そうでもなかった(18)。もちろん部分的には事実や記録では発見し得ぬ道長の心のやさしさ、勇気などもとらえてはいるが、歴史物語としては、それ程、すぐれたものとは言えないであろう。しかし、『栄花物語』のとらえた新しい歴史意識は、道長物語の部分に少なからず見られると言えよう。そこで、川崎庸之氏は、「この道長物語の部分が、それなりにやはり一篇の歴史叙述としての体をそなえている。（中略）ただ、それを歴史叙述そのものの必然性に促されたものとみるか、あるいはより文学的な動機に導かれたものとみるかによって、また議論が分れてくることになると思う」（『日本古典文学大系』栄花物語月報上）と言われているが、それは、文学的動機に導かれたとしても、より大きくやはり歴史叙述そのものの内面の必然性に促されたものとみなすべきであろう。

要するに六国史風の部分と道長物語的な部分、すなわち文学的な動機、あるいは歴史叙述そのものの内面的必然性に促されて出発したにせよ、そのいわゆる二元性（歴史的な部と文芸的な部）は、『栄花物語』の特徴として否定出来ない。だが、その二元性が、あるいは完全に全三十巻の中でとけ合っていなくとも『栄花物語』は、やはり藤原氏の歴史と道長の発展と栄華を語るものとして或る程度成功した歴史物語であることは認めなければならない。そして、その二元性がマッチしないようにみえるものの、やはり『栄花物語』の基本精神はそれが当時の紫式部の精神である「日本紀などは、たゞかたそばぞかし（後略）」という物語の形で日本紀以上のものを書くことが出来るというその精神に本質がある。それは道長物語の部分に特に明確にうかがい得る。この頃、実際のところ物語と歴史の明確なけじめの定義は、つけ難いのが当然であった。従って或る部分には文学としての要素が非常に強く現われ、また或る部分には、六国史風な歴史の要素が強く現われるところに『栄花物語』の特徴が存するといえよう。

『栄花物語』には藤原氏の発展過程と道長の栄華を書く中に平安貴族生活の喜びや悲しみが、人間味たっぷりに歴史の時の流れの中に書かれており、深い感性をもった歴史物語が作りあげられているといえよう。従って、『栄花物語』の作者および編者は歴史の推移の中に生まれ死んで行った藤原氏公卿のそれぞれの姿をえがいて行くにあたって形式の上で或る程度、六国史・新国史につづく様な書き方をするとともに、それ以上に『源氏物語』から学んだ知識と精神をその中に十分に生かした歴史物語を作り上げたのである。従って『栄花物語』は、六国史・新国史・『源氏物語』ののちに当然現われるべくして現われた作品であるといえよう。

六国史という公の史書が編纂出来なくなり勅撰歌集の『古今和歌集』が新たに生まれたこと、『西宮記』『北山抄』など儀式書が源高明・藤原公任など個人の手によって作られ、一方、公卿の日記が次々と生まれてゆくというその時代（即ち、個人の家の尊重、政治が儀式化してゆく傾向にある時）、加うるに藤原氏の各家々が摂関をかちとろうと争い、一応、その争いが道長という成功者によって終った時、その時世に『栄花物語』は作られた。また、その家々の争いの中には、美しき精神の持ち主が、かならずその家の代表者となってその家が栄えてゆく、という当時の貴族の心の中にある時代の共通精神、これらの律令制衰退期から摂関制勃興期への過渡期にうごめく貴族達の考え方、このような社会性が『栄花物語』を生ましめたのである。

そこで、そのような時代に生きる女房、赤染衛門が貴族の姿を基経から如実にとらえ、形式的には事実に正確に六国史・新国史の後をうけつぐ様な形で書こうと試みて筆をとったのである（もちろん、それは形の上のみであって、決して六国史編纂の精神をそのまま受けついでいるというのではない。六国史は律令国家の中の勅撰国史であり、歴史物語は、あくまで物語である)。従ってこれを道長の栄華のみに重点をおいて考えてはならない。また公卿社会の無力化の必然的な結果として失われた過去に対する憧れの感情の所産とみる見方も私はとらない。もちろん、巻十五より巻三十にいたる間の或る部分の巻、道長の法成寺供養に関する部分などは、道長の栄華の回顧と哀愁とみることも出来よう。しかし、この書のいわんとするところは、藤原氏の発展と道長の栄華のさまを眼前に伝えようとする現実讃美に発しているとみるのが妥当であろう。

要するに『栄花物語』は、史学史上よりみれば宇多天皇より堀河天皇まで十五代、百四十余年間の事実を記した編年体の仮名文の歴史である。従って書かれている内容は、皇室・藤原氏を中心とするいわゆる上流社会に限られており、源氏は満仲・頼光の子孫、平氏は貞盛の子維衡・維叙等があるのみで下層社会については殆ど記していない。従って地方に関する記事も少ない。刀伊の賊の侵入なども全然書いていない。

以上のような状態であるから、藤原氏の周辺のごく限られた世界の歴史について記したもので、六国史のように大きい視野に立ったものでないことはいうまでもない。これは、この時代の歴史が藤原氏の発展を述べれば、この時代の歴史を述べたことにもなるという必然的な時代環境にもよるのであろうが、材料の集め方、および作者の意図が狭い範囲にあったため、このような視野のせまい、いわば私的な歴史書というようなものになってしまったのであろう。しかし、そこには『源氏物語』ののちに新しく生まれた歴史叙述である歴史物語というジャンルの先駆を行くものとして『栄花物語』は、偉大なる作品と考え得る。『源氏物語』の理想としていた歴史ならざる歴史、六国史以上の人間味たっぷりな物語の形で歴史を書こうとする『栄花物語』は、『源氏物語』の後に生まれた作品として高く評価されるべきである。そこに歴史物語の本質が存するといえよう。この稿を書くにあたって、松村博司氏より多くの御教示をいただいた。ここにお礼と感謝を申し述べたい。

註

（1）金沢文庫本『栄花物語』断簡（巻廿八、若水の巻の一部分のみ）には、傍註があり、これは、金沢文庫に於て、北条貞顕・兼好法師のころに附されたものとみる（拙稿「金沢文庫と歴史物語」『金沢文庫研究』八七号参照）。

（2）異本系は、富岡本を代表的なものとする（諸本の項参照）。

（3）和田英松博士の『栄華物語詳解』の解題に、此等国学者の研究をはじめ古註釈書類を一つ一つ挙げて、詳しい説明がある。

（4）『新訂増補国史大系』の底本とする梅沢本。旧三条西家本。古写本。『栄花物語』写本中の最古のもの。四十巻、十七帖よりなり、はじめの十帖（巻一―二十）は大形本で大和綴、表紙に栄花物語の外題と帖の順序とがあり、各巻毎に内題などを書く。傍書・勘物等がある。のちの七帖（二十一以下）は桝形の小形・大和綴で大形本のような表紙はなく本文とは別筆で表に世継一二のように書き、扉見返しに栄花物語と題し、更に所収の巻の題と順序とを併記する。なお、大形・小形二種類の写本のとり合わせについては、その成立など、なお明確でない。

（5）栄火大隅守時持女、赤染右衛門作

（6）正続ともに一人の作とする説。藤岡作太郎『国文学全史平安朝篇』、岡一男「歴史物語」（『日本文学講座』）。

（7）和田英松博士『栄華物語詳解』の別冊、解題を参照のこと。

（8）『栄花物語の研究』（刀江書院、昭和三十一年）二六〇頁参照。

（9）『日本の修史と史学』（至文堂、昭和三十六年）

（10）松村氏は『栄花物語の研究』（二六〇頁）に本書の編纂物的性格を挙げ、全部に筆を入れ、総括した人の存在を考え、その有力者が赤染衛門であるとしている。

（11）野村一三氏「栄花物語続篇と周防内侍」（『苫小牧駒沢短大紀要』第一号）

（12）兼好法師本以下、いわゆる異本系統本については、松村博司氏の『栄花物語の研究』『続栄花物語の研究』に詳しい。このうち、金沢文庫本『栄花物語』断簡については、私も『彙報金沢文庫』（昭和三十一年三月号）に述べた。

(13) 松村博司氏『栄花物語の研究第三』（昭和四十三年、桜楓社）に東寺本について諸本との校合も詳しく書かれており、その特徴を挙げておられる。その他、東寺本については、櫛田良洪氏「栄花物語うたがひの巻の古残簡について」（『日本歴史』二〇八号）、山田昭全氏「東寺宝菩提院三密蔵所蔵栄花物語の古断簡について」（『平安文学研究』三六号）、太田晶二郎氏「東寺宝菩提院本栄花物語について」（『日本歴史』二三一号）などあるが、松村氏の説とともに太田氏の説が貴重な論考である。

(14) 松村博司氏『栄花物語の研究第三』

(15) 先に、私は巻十五を区切りとして、即ち巻一より十四までと十五より三十までを、二つのグループに分けた（『歴史物語成立序説』参照）。巻十五以後も、また法成寺グループとその他の巻との二つのグループに更に分けられるように考え得る。なお、巻十五以後は、光源氏を中心に書かれた『源氏物語』のように、道長を中心とした道長物語といっても過言ではない程、物語的な色彩が濃厚である。だが先の十四巻にも部分的には物語的な色彩は濃厚であるが、単なる文学ではなく史書としての体裁が濃厚であることは、本文に述べるとおりである。

(16) ある巻では、その編年の中に年月を変えて書いている部分があり、これは無意識の誤ではない。そこには物語的な価値を高くするため、作者が作りあげたものである。そして年・月・日の入ってない部分に物語的な興味を引かれるところが多い。

(17) 東三条院の御悩と本当の事実を、そのまま書けば、いわば、道長側の敗北である。従って道長を讃美せんとするためには、わざわざ事実をまげて敦康親王誕生としたのかもしれない。だが、そこまで創作意図が『栄花物語』に徹底していたかどうか疑問で、これはやはり『源氏物語』の影響とみる方がよいとおもう。

(18) 阿部秋生氏「源氏物語から栄花物語へ」（『古典日本文学全集』栄花物語、筑摩書房）参照。

〔補記〕（第二刷）

『栄花物語』の研究は、本書第一刷刊行後、著しく進んでいる。最近では『栄花物語』（『新編　日本古典文学全集』、三冊、小学館、平成七〜十年）をはじめとして、『歴史物語講座』（全七巻、風間書房、平成九〜十年）があり、また優秀な論文も数多く出版されているので参照されたい。なお、三〇四頁の『栄花物語全注釈』（全七巻）は完結し、松村氏はその他、『栄花物語の研究　校異篇』（風間書房）なども刊行している。

（平成十三年七月）

類聚三代格

吉田孝

一 三代の格

『類聚三代格』は、三代の格（即ち『弘仁格』『貞観格』『延喜格』）を類聚（即ち三代の格が官司ごとに配列されていたのを、内容により神社事・国分寺事などの類に聚めて再編成）したものである。まず最初に三代の格の篇目等を表示すれば次頁の表のようになる。

『弘仁格』『貞観格』『延喜格』はいずれも今に伝わらないので、その詳細は知り難いが、幸い『弘仁格抄』によって『弘仁格』の配列の仕方が知られる（詳しくは、『弘仁格抄』の項参照）。個々の格については『政事要略』などにも「弘民格」「貞神格」等として逸文が引かれているが、『類聚三代格』の編纂の際には原則として三代の格の総てが類聚されたと推定されるので（『弘仁格抄』と『類聚三代格』との比較からの推定。但し『類聚三代格』に欠失部分のあることは後述する）、『類聚三代格』の鼇頭に「貞京」「延臨」などとあるのを手懸りとして三代の格の個々の条文を知ることが出来る。[1]

	弘仁格	貞観格	延喜格
巻数	十巻	十二巻	十二巻
編目 巻一	神祇・中務	神祇・中務	神祇・中務
二	式部上	式部上	式部上
三	式部下	式部中	式部下
四	治部	式部下	治部上
五	民部上	治部上	治部下
六	民部中	治部下	民部上
七	民部下	民部上	民部下
八	兵部	民部下	兵部
九	刑部大蔵宮内弾正京職	兵部刑部大蔵宮内弾正京職	刑部大蔵宮内弾正京職
十	雑	雑	雑
十一		臨時上	臨時上
十二		臨時下	臨時下
対象とする期間	大宝元年～弘仁十年 百十九年間	弘仁十一年～貞観十年 四十九年間	貞観十一年～延喜七年 三十九年間
撰進年月日	弘仁十一年四月二十一日(2)	貞観十一年四月十三日	延喜七年十一月十五日(3)
施行年月日	天長七年十一月十七日(2)	貞観十一年九月七日	延喜八年十二月二十七日

以下単に頁数を記したものは新訂増補国史大系『類聚三代格』の頁数を示し、「民上20」などと記すのは同じく新訂増補国史大系『弘仁格抄』の民部上の第20番目の格を指す事とする。また弘仁・貞観・延喜の三代の格を指すときには「三代

の格」、それらが類聚されたものを指すときには『三代格』と略称することにする。

ところで三代の格の類聚は単に機械的に配置を変えただけではなかった。例えば三代の格は執務の便宜上同一の格を二つの官司の項に収めることがあるが、類聚する際にはその一方だけを採っている場合が多い(4)。また逆に、一つの格が二つの類に関係する場合には重複して両方に収めたり、一つの格に二項以上あるとき、関係のない項を除いてそれぞれ関係する類に収めている場合も多い(5)。さらに重要なことは、三代の格を類聚する際に若干書き替えを行なった形跡もある。例えば『弘仁格抄』兵24には大同四年五月九日付の「応レ補ニ任所管諸司史生一事」という格を収めているが、この格は明らかに『類聚三代格』(一七〇頁)所収の同年月日の「応レ補ニ任兵部省所管諸司史生一事」に当るものと考えられる。ところで両者の事書の相違は一見しただけでは『弘仁格抄』の誤写(脱落)ともとれるが、実はそうではない。というのは、『弘仁格』に収録する前の官符には「太政官符　兵部省」と充所があったはずだから、次の事書の中に「兵部省」などと入れる必要はなかったであろう。またこの官符を『弘仁格』に収録する際には充所はとられたが、兵部格に収められている以上、事書の意味するところは明白である。ところがこの格を『三代格』の「加ニ減諸司官員一并廃置事」の類にそのまま収めてしまうと意味が不明確となってしまう。そこで「兵部省」の三字を事書の中に書き加えたのであろう。三代の格を類聚する際の書き替えは大部分は形式的なものであるが(6)、十分留意すべきことである。

二 『類聚三代格』の構成

『類聚三代格』は前述のように三代の格を併せ内容によって再分類したものだが、国史大系本の巻の編成には多くの疑点がある。それは『類聚三代格』の完全な写本が現存せず、巻の編成を異にする異系統の写本が数巻ずつ部分的に残存することに起因するもので、国史大系本がその巻の編成を採用した前田家本も、いくつかの異系統の写本の取り合せ本である[(7)]。そこでまず『類聚三代格』の巻の編成の原形を復原する作業からはじめねばならないが、復原の結果をあらかじめ表示すれば次のようになる。

12巻本	20巻本	本系家本 大前田	類目
1	1 2	1	序事　神社事　神封幷租地子事　祭幷幣事　神叙位幷託宣事 斎王事　神宮司神主禰宜事　科祓事　神郡雑務事　神社公文事
2	3 4	2	造仏々名事　経論幷法会請僧事　修法灌頂事 年分度者事
3	5	3	国分寺事　定額寺事　僧綱員位階幷僧位階事　諸国講読師事　僧尼禁忌事　家人事
4	6	10 4	釈奠事　国忌事　供御事 廃置諸司事　加減諸司官員幷廃置事

5	7	5	分置諸国事　加減諸国官員幷廃置事　*定官員幷官位事
5	8	5	定内外五位等級事　定秩限事　交替幷解由事
6	9	6	
6	10	6	位⑥禄季禄時服馬粁事　要⑦劇月粁事　公⑧廨事　事⑨力幷交替丁事　公⑩粮事　賻⑪物事
7	11	7	公卿意見事　牧宰事　郡司事
7	12	12	諸使幷公文事　隠首括出浪人事　正倉官舎事
8	13	8 (13)	農桑事　調庸事　封戸事　不動々用事
8	14	14	出挙事　借貸事　雑米事　義倉事　塡納事　鋳銭事
9	15	15	校班田事　損②田幷租地子事　易③田幷公営田事　墾④田幷佃事　寺⑤田事　諸⑥司田事　職⑦田位田公廨田事
9	16	16	閑廃地事　道⑨橋事　船⑩瀬幷浮橋布施屋事　山⑪野藪沢江河池沼事　堤⑫堰溝渠事
10	17	17	（⑥諸王事カ）　国⑦諱追号幷改姓名事　蠲⑧免事　赦⑨除事　募⑩賞事　文書幷印事
11	18	18	軍毅兵士鎮兵事　統領選士衛卒衛士仕丁事　健児事　器仗事　関幷烽候事 夷俘幷外蕃人事　相撲事　国飼幷牧馬牛事　駅伝事　材木事
12	19	19	禁制事
12	20	20	断罪贖銅事

＊12巻本巻5の「定官員幷官位事」の類が20巻本の巻7・8のいずれに属するかは不明。いま仮りに東山御文庫本巻5の上下二軸の分け方に従う。

さて右表の復原の過程を大筋だけ簡単に説明しておこう。『類聚三代格』の最初の版本である植松蔵版の所謂「印本」は、弘化年間に尾張藩の官庫所蔵本を底本として[8]巻一・三・五・七・八・十二の計六巻が刊行され、のち嘉永年間に斎部親成の入手した古本、巻四・十四・十五・十六・二十の都合五巻のうち、巻四・十五・十六の計三巻を追刻したものである。古本のうち巻十四・二十の二巻を追刻しなかったのは、古本の巻十四は既刊の巻八の後半に、巻二十は既刊の巻十二の後半に既に含まれていたからである。即ちこの間の事情を表示すれば、

弘化刻本	1		3	5	7	8			12
嘉永追刻本		4				(14)—	15	16	(20)—

となる。弘化刻の尾張藩本は明らかに金沢文庫本の系統に属するもので、そのうち巻五・十二の二巻は金沢文庫本そのものも残存している（東山御文庫蔵）。ところで金沢文庫本『類聚三代格』は本来は何巻から成っていたのであろうか。『本朝書籍目録』には「類聚三代格　三十巻」とあるが、『弘仁格抄』と『類聚三代格』の残存部分とを比較してみると、『弘仁格抄』所収格の約四割四分[9]の格が弘化刻本（金沢文庫本の系統）六巻の中に含まれているので、金沢文庫本が三十巻本であったとはとても考えられず、もし十二巻を越えていたとしても数巻であろう。『本朝書籍目録』の「類聚三代格　三十巻」は弘仁・貞観・延喜の三代の格の合計巻数（臨時格を除く）をそのまま記した架空の数字かも知れない[10]。『本朝法家文書目録』にみえる『官曹事類』や『天長格抄』等の編目を参照して残存する三代の格（『弘仁格抄』所収格を含む）の類聚された配列を想定してみると、金沢文庫本は十二巻から成っていた可能性が濃厚である[11]。ところで、嘉永追刻本の現存する最終巻である巻二十は、金沢文庫本の最後の部分即ち巻十二の後半にあたるので、金沢文庫本が十二巻本であったとすれば、嘉永追刻本は二十巻本であったことになる。そこで若干循環論法のきらいはあるが、以下金沢文庫本十二巻説に立って、金沢文庫本（弘化刻本）と巻の編成を同じくするものを十二巻本、嘉永追刻本と巻の編成を同じくするものを二十巻本と呼ぶことにしよう。

『類聚三代格』の現存する写本としては、文永三年北条実時の奥書[12]のある金沢文庫本（東山御文庫蔵）が最も古いが、それに次ぐものは貞応三年の写本を中原職宗が文永五年に書写した東寺観智院所蔵本である。東寺本は金沢文庫本と直接の関係はないが、東寺本の残存する唯一の巻である巻三が弘化刻本の巻三と一致することから、同じく十二巻本であったと推定される。十二巻本は既に平安中期に存在していたらしいが、そのことについては**五**で再説しよう。

嘉永追刻の二十巻本の系譜についてはよく判らないが、『本朝法家文書目録』にみえる『類聚三代格』の目録を示せば次の如くである。

『類聚三代格目録』（『本朝法家文書目録』所載）

第一　神事上　序事　神社事　神封并租地子事　祭并幣帛事　神叙位并託宣事

第二　神事下　斎王事　神主禰宜事　科祓事　神郡雑務事　神社公文事（在諸国四度使事　勘畢数事）

第三　仏事上　造仏名事　経論并法会請僧事　修法灌頂事

第四　度者事

第五　仏事下　国分寺事　定額寺事　僧綱員位階并僧位階事　諸国講師事　僧尼禁忌事　家人事

第六　国忌事　供御事　廃置諸司事　加減諸司官員

（以下欠）

これを嘉永追刻の二十巻本と比較すると、嘉永追刻本の巻四「度者事」が目録の巻四と一致することが注目される。ただ残念なことにこの目録は巻六までで、それ以下が欠除しているので、果して何巻まであったか確認できない。しかしこの目録の巻四が二十巻本と一致することと、目録の巻一と巻二の内容を併せたものが十二巻本の巻一と一致し、目録の巻五の内容が十二巻本の巻三と一致することから、この目録は二十巻本の目録であった可能性が濃厚である。即ちその間の関係を表示すれば次のようになる。

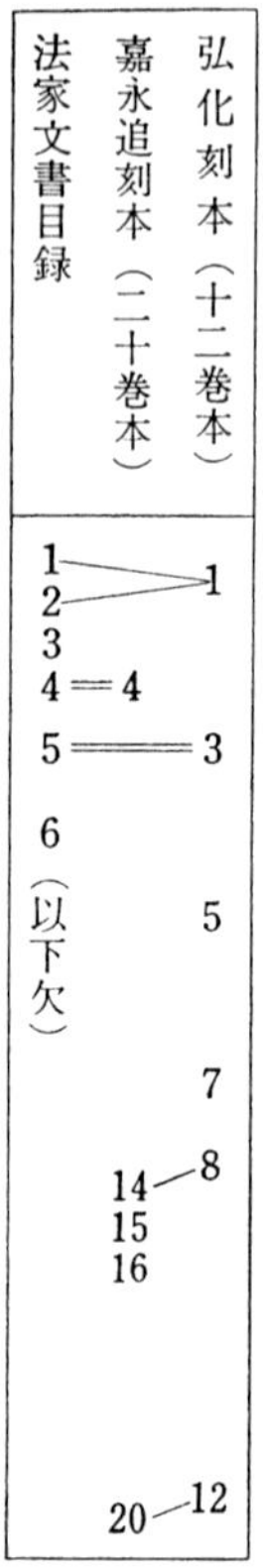

＝は両方の内容が一致するもの、―は一方が他方の半分に一致するもの

ところで『類聚三代格』にはもう一つの重要な写本がある。即ち巻一（二軸）・二（二軸）・三・四・五（二軸）・六・七・八（十三とあるのを傍書により八とす。追記参照）・十・十二・十四・十五・十六・十七・十八・十九・二十の十七巻（二十軸）〔及び残簡一巻〕からなる前田家本（巻数は国史大系本の採用したものによる）で、そのうち巻一の後半、四・七・十の四巻は大永年間の具注暦の裏を反して享禄年間に三条西公条が伏見宮蔵本を書写したものなので「享禄本」とも呼ばれている。前田家本のうち巻二の前半・四・六・十・十七・十八の計六巻は印本にない部分なので、明治十七年に前田侯爵家から『享禄本類聚三代格』[13]として刊行された。前田家本は前述したように異系統の写本の取り合せ本だが残存する『類聚三代格』の総ての部分を含んでいるので、国史大系本もその巻の編成にほぼそのまま従っている。ところが前田家本には十二巻本と二十巻本の少なくとも二つの系統の写本が混存していることが十二巻本・二十巻本との比較から明らかとなる。即ち、巻一・三・五の三巻は十二巻本と一致し、巻二も二十巻本の巻三・四の二巻を合せたものと一致するので十二巻本と推定される。次に巻十四・十五・十六・二十の計四巻は二十巻本と一致し、巻十二は十二巻本の巻七の後半と一致し、巻十九は十二巻本の巻十二の前半と一致することから、いずれも二十巻本

と推定される。巻十五の六つの類目には②〜⑦の頭朱書が（①にあたる部分は欠）、巻十六の四つの類目には⑨〜⑫の頭朱書があるので（⑧にあたる「閑廃地事」には頭朱書なし）、両者は連続し（前掲復原表参照）、巻十五・十六の二巻で十二巻本の巻九に相当すると推定される（追記参照）。巻十七の奥題に（内題は欠）巻十と傍朱書のあるのは恐らく十二巻本との対応関係を示したものであろうから、巻十七は十二巻本の巻十に対応し、従って巻十八は十二巻本の巻十一に対応する二十巻本と推定される。以上の結果を表示すると次のようになる。

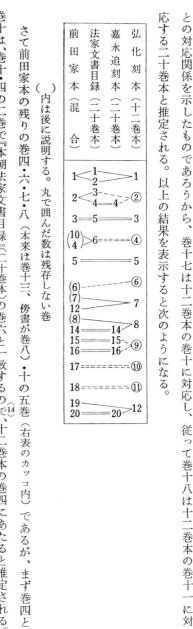

弘化刻本（十二巻本）
嘉永追刻本（二十巻本）
法家文書目録（二十巻本）
前田家本（混合）

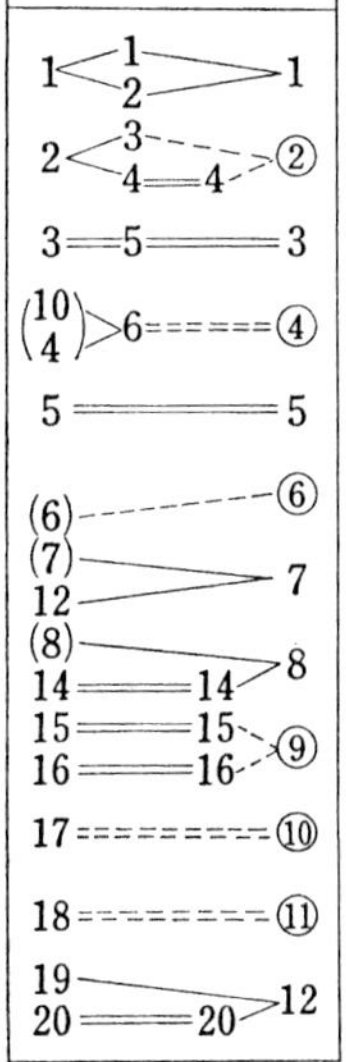

（　）内は後に説明する。丸で囲んだ数は残存しない巻

さて前田家本の残りの巻四・六・七・八（本来は巻十三、傍書が巻八）・十の五巻（右表のカッコ内）であるが、まず巻四と巻十は、巻十・四の二巻で『本朝法家文書目録』（二十巻本）の巻六と一致するので、[14]十二巻本の巻四にあたると推定される。巻十と巻四は享禄元年に三条西公条が具注暦の裏を反して書写した本来の「享禄本」であるが、彼が書写した伏見宮本は既に著しく虫損しており、「件本以外虫損、仍如形摸之、蠹食之分闕如之、以他本可書加之」と巻十の奥書にも記しているほどである。[15]ところで巻十には内題はあるが奥題はなく、逆に巻四には内題はなく奥題があるが、これは両巻が本来は同じ巻であった傍証となり、恐らく内題の「巻第十」は虫損のために「巻第四」を読み違えたのであろう。[16]前田家本の巻十と巻四は本来巻四であったものが誤って二つの巻にされたのである。[17]『本朝法家文書目録』所収の『官曹事

類』や『天長格抄』の目録では、「仏寺部」「斎会部」（十二巻本『類聚三代格』の巻二・三にほぼあたる）の次に「釈奠部」「国忌部」「供御部」（前田家本巻十にあたる）などが置かれているのも、前田家本巻十は十二巻本巻四の前半にあたるとする本稿の推定の傍証となるだろう。

次に巻六であるが、内題には「巻十」奥題には「巻六」とある、いずれが正しいのであろうか。各類の題目をみると、最初の「六《（朱書）》　位禄季禄時服馬料事」以下最後の「十一《（朱書）》　賻物事」まで六〜十一の番号が朱でふってあり、しかも最初の「六　位禄季禄時服馬料事」には「当廿巻之格第十」との注記がある。即ちこの巻は全部で十一の類からなっていたが、そのうち六〜十一の類は二十巻本の巻十に当るというのであるから、一〜五の類は二十巻本の巻九に当ることになる。即ち十二巻本の巻六は二十巻本の巻九・十の二巻に当ることになる。恐らく十二巻本の巻六は上下二軸に分かれており(18)、下の部分だけが残ったのであろう。これを二十巻本で数えると巻十に当るので、本来なかった内題を巻十とつけたのであろう。なお十二巻本の巻六の前半（即ち二十巻本の巻九）は、前田家本残簡のなかに「類聚三代格巻第六九」という内題の破片が残っているが（国史大系本は未収）、本文の失われたことが、非常に惜しまれる。この十二巻本の巻六の前半（即ち二十巻本の巻九）には、五つの類が含まれていたことは確かだが、その内容はどの写本にも残存しない（追記―その二―参照）。

次に巻七は十二巻本の巻七の前半と一致する。恐らく十二巻本の巻七も上下二軸に分かれていて、上のみが残ったのであろう。この巻には内題のみあって奥題のないのもその傍証となる(19)。十二巻本の巻七の後半は二十巻本の巻十二として残存しているので、この部分は二十巻本の巻十一に当ることになる。

次に巻八は本来の内題は巻十三であるが（奥題はなし）、前田家本の整理者及び国史大系本の校訂者が「巻十二」と誤読したために（追記参照）、巻十二は別に存在するので内題の傍書をとって巻八としたものであろう。この巻の内容は十二巻本の巻八の前半と一致するので二十巻本と推定されるが、十二巻本巻八の後半は二十巻本巻十四と一致するので、内題の巻十三は二十巻本の巻数を示すものであろう。

さて以上の繁雑な考証によって前田家本が十二巻本と二十巻本との取り合せ本であることはほぼ諒解いただけたことと思う。考証の結果を総合して十二巻本と二十巻本の巻の編成を復原すれば前掲の表のようになる。

この結果、二十巻本の巻九（五つの類が含まれている）は現在に伝わらず、二十巻本の巻十七（十二巻本の巻十）は前の方の五つ半の類が欠失していることが明らかになった。なお十二巻本の巻四は伏見宮本と享禄本との二重の虫損のために欠失部分が多く、国史大系本の断簡の配列にも誤りが多い。(20) そこで次には失われた部分の内容の推定とその復原について考察してみよう。

三　欠失部分の復原

『類聚三代格』の欠失部分にどのような類が含まれていたかは、『弘仁格抄』と『類聚三代格』の現存部分との比較からある程度は推測できる（この問題については既に滝川政次郎「九条家弘仁格抄の研究」〈『法制史論叢』第一冊所収〉にも詳説されているが、若干私見と異なる点もあるので、以下に私見の要点を略述する）。即ち『弘仁格抄』に収録されているが『類聚三代格』の残存部分に収められていない格八十三条は、(イ)廃置諸司に関するもの、(ロ)学制に関するもの、(ハ)選叙考課に関するもの、(ニ)勘籍に関するもの、(ホ)帳内資人事業等に関するもの、(ヘ)儀制衣服等に関するもの、にほぼ分類される。[21] このうち(イ)の格が十二巻本巻四の廃置諸司事の欠損部分に入ることはほぼ確実であるが、残る(ロ)〜(ヘ)の格が欠失部分のどこに当るかは確定できない。ところが、最近飯田瑞穂氏は、前田育徳会の蔵弃の中に「巻子本類聚三代格調書」と書かれた包紙に入った十六点の新史料を発見され、その中にいまは失われた巻に関する記載が含まれていることを論証された（追記参照。飯田瑞穂「『類聚三代格』の欠佚巻に関する一史料について」『日本歴史』二七〇）。その結果(ロ)(ハ)が同一巻に属することはほぼ確実となり、また(ロ)(ハ)(ヘ)については、個々の格の配列もある程度確定または推測できるようになった。この飯田氏の新研究と『類聚三代格』の全体の構成とを考え併せると、(ロ)(ハ)は二十巻本の巻九に当り、(ニ)(ホ)(ヘ)は二十巻本の巻十七（十二巻本の巻十）の前半の欠失部分に当る可能性が強い（ただ(ロ)〜(ヘ)の格がどのような名称の類に分けられていたかは解らない）。なお『弘仁格抄』との比較は『弘仁格』のうち『類聚三代格』の残存部分に収められていないものを知ることができるに止まり、『貞観格』『延喜格』については問題が残るが、『類聚三代格』の欠失部分の内容は、上記の推定と大差はないであろう。[22]

次に個々の格文については、『政事要略』に「弘雑格云」などとして引用されているものが三代の格の確実な逸文であり、また『令集解』のなかで多分編者によって引用されたと推定される格文は『弘仁格』の中から該当令文に関係する格を引用したものなので、『弘仁格』の重要な逸文である。[23]『政事要略』『令集解』に引かれた三代の格文のなかには、残存する『類聚三代格』に欠失したものも多く、また『類聚三代格』の残存部分の校正にも重要な役割を果している。[24] なお『政事要略』『令集解』以外の諸書にも大宝〜延喜の間の詔勅官符等が数多く引用されているが（塙保己一『格逸』、黒川春村『格逸々』〈共に『続々群書類従』法制部所収〉参照）、それらが三代の格（又は『類聚三代格』）の逸文であるかどうかは慎重な吟味が必要である。

次に六国史（及び『類聚国史』『日本紀略』）も『類聚三代格』の欠文の補充や校正に重要な役割を果してきた。しかし六国史所載の格は、弘仁・貞観・延喜の三代の格から引用したものではなく、三代の格に編纂される前の詔勅官符やその材料となった史料を図書寮の日録などから引用したものなので、三代の格とは史料の系譜としては兄弟・従兄弟などの関係に当り、しかも詔勅・官符等を六国史に載せる際に極めて不正確な省略や書き替えを行なっている例が多いので（坂本太郎「史料としての六国史」『日本古代史の基礎的研究』所収）、『三代格』の欠文の補充や校正に利用する際には細心の注意が必要である。それでは六国史が正確に格文を引用している場合には問題はないかというと、実はその場合にも大きな問題が残っている。復原作業の一例をあげて具体的にその問題を検討してみよう。

十二巻本の巻四に収録する大同三年正月二十日詔（一五七頁）は官司の大規模な統合廃止等に関する重要な格だが、享禄本の虫損のため欠失部分が多いので国史大系本は『令集解』や『類聚国史』を利用して次のように復原している。

Ⓐ詔、観レ時改レ制、論レ代立レ規、往古相沿、来今莫レ革、故虞夏分レ職、損益非レ同、求二之変通一、何常準之有也、思下欲省レ司合レ吏、Ⓑ少レ牧多レ羊、致二人務於清閑一、期中官僚於簡要上、①其画工②漆部二司併二内匠寮一、③喪儀司併二鼓吹司一、④内礼司併二弾正台一、⑤縫部⑥采女二司併二縫殿寮一、⑦鍛冶司併二木工寮一、⑧官奴司併二主殿寮一、⑨贓贖司併二刑部省一、⑩莒陶司併二大膳職一、⑪其内兵庫併二左右兵庫一、減二⑫内舎人一定二四十員一、⑬主醤主菓餅及刑⑭部解部宜レ従二省廃一、主者施行、

大同三年正月廿日　（□欠損の空白のあるもの、‖欠損の空白のないもの）

さて右の復原の方法を検討する前に、まず復原の材料となった『令集解』所引の格について説明しておこう。この弘仁式部格は、②漆部司（新訂増補国史大系『令集解』一一六頁、以下同じ）、③喪儀司（九二頁）、④内礼司（七六頁）、⑤縫部司（一一六頁）、⑦鍛冶司（一三二頁）、⑧官奴司（一三二頁）、⑨贓贖司（一〇八頁）、⑩莒陶司（一三六頁）、⑭刑部解部（一〇

四頁)、〔⑪内兵庫(一四八頁)については後述〕関係条に、それぞれ関係のない部分を除いて収載されている。さて欠失部分の復原であるが、まず格の主旨を述べた部分(Ⓐ Ⓑ)はどの条に引用された格文にもあり、国史大系本の復原には全く問題がない。次に②漆部司⑭刑部解部の部分も『令集解』所引格によって問題はない。①画工司の部分は『令集解』には引用されていないが、[25]『類聚国史』一〇七(五九頁)に「大同三年正月壬寅(廿)、詔曰云々、其画工漆部二司、併ニ内匠寮ニ云々」とあるのによればその復原に特に問題はない。ところで以上に列挙した復原箇所は写本をみるとそれぞれほぼ欠失字数に相応した欠失のスペース(□の部分)があるが、「采女二」「部」「其内兵庫併ニ左右兵庫ニ」の三か所(‖の部分)は明らかに欠失のスペースがない(例えば「采女二」の上の「縫部」と下の「司」とは写本では明らかに連続している)。この巻は先述したように享禄本しか残存せず、三条西公条が書写した伏見宮本には既に著しい虫損があったのだから、転写の際に生じた脱落も十分予想され、[26]事実「刑省」の如きは明らかに「刑部省」の誤写である。

では「采女二」「其内兵庫併ニ左右兵庫ニ」の二か所は、『三代格』の原文に本来なかったのか、それとも転写の際に脱落したのか、どちらであろうか、叙述の便宜上まず内兵庫の方から検討してみよう。国史大系の校訂者が「其内兵庫併ニ左右兵庫ニ」を補ったのは、『令集解』の職員令内兵庫条(一四八頁)にこの格が引用されているからだが、他の条に引用された格文と比較すると、ただ一か所日付が「大同三年正月廿五日」となっている点だけが異なる。当然『令集解』の誤写と考えたいところだが(国史大系本も誤写説)、『弘仁格抄』の兵21には「詔　大同三年正月廿五日」とあり、『弘仁格抄』の配列順からみるとこの格が『令集解』内兵庫条所引格を指すことはまず間違いない。とすると『令集解』の編纂者の見た『弘仁格』には、大同三年正月二十五日詔として「其内兵庫併ニ左右兵庫ニ」の格が兵部に収載されていたことは疑なく、[27]『類聚三代格』にも正月二十日詔とは別の格として巻四に収録されていたのが、虫損のために欠失したのであろう。従って正月二十日詔の中に「其内兵庫併二左右兵庫一」に相当する欠失のスペースがないのは当然である。

次に「采女二」の三字であるが、国史大系本が「采女二」を補ったのは『類聚国史』一〇七（五八頁・七四頁）に「大同三年正月壬寅（廿）、詔曰云々、縫部采女二司、併二縫殿寮一」とあるのによったもので、大同三年正月二十日に発布された詔の原文に采女司を縫殿寮に併合する旨が記載されていたことは疑いない。そして采女司の縫殿寮への併合は、当然式部格に記されていたであろうから、内兵庫の例のように、正月二十日詔と別条をなしていたとはとても考えられない。それなのに何故享禄本の正月二十日詔には、「采女二」の記載がないばかりか欠失のスペースさえもないのだろうか。伏見宮本で既に虫損していたのを享禄本に書写する際に虫損部分を詰めてしまった、という可能性もなくはないが、果してそうであろうか。私の結論を先に言えば、正月二十日詔の原文には「采女二」の三字は勿論存在したが、『弘仁格』の編纂者が、この三字を不要のものとして意識的に削除したのである（従って享禄本に「采女二」の三字がなくその欠失のスペースもないのは当然である(28)）。では何故『弘仁格』の編纂者は「采女二」の三字を削除したのであろうか、その理由を次節で説明しよう。

四　三代の格の性格

弘仁・貞観・延喜の三代の格の編纂に際しては、個々の詔勅・官符・官奏等の署名部分をまず一括して削り、官符の場合には充所も削り、また格の主旨に直接関係のない部分を削って格文を簡潔にすることもあったが（例、寛平二年九月十五日官符、『政事要略』二五五頁と『三代格』三四三頁とを比較されたい)、格の骨子に関係のある部分は原則としてその格が出された時のままであろう、というのが従来一般に漠然と考えられている三代の格の編纂方針である。しかし編纂の際に、果して格の骨子には全く変更が加えられなかったのだろうか。格の編纂は過去の歴史を明らかにするのが目的ではなく、編纂時における有効法を明示するのが目的であることは申すまでもなく、「弘仁格式序」に「若屢有二改張一向背各異者、略レ前存レ後以省二重出一」とあるのも、そのような格の編纂の基本的な性格の一端をはっきり示している。その点で、過去の歴史を明らかにするという使命をもった六国史とは、基本的性格を異にするのである。従って格の編纂時に既に無効となっている詔勅官符等を収録しないのは当然であるが、一つの格のなかでも、格の編纂時に有効法として存続している部分と既に無効となっている部分が併存しているような場合には、既に無効となっている部分を削除することがあったのではなかろうか。例えば、養老六年八月二十九日官奏(五七九頁)は国司が公事によって京に向かうとき駅馬の乗用を許可する国の範囲を改定したものだが、『三代格』所収の格では「唯伊賀・近江・丹波等三国、不レ在二給レ駅之例一」としている。ところが『続日本紀』の同日条(九四頁)では「但伊賀・近江・丹波・紀伊等四国、不レ在二茲限一」と紀伊を含めた四か国を駅馬の乗用を許さない国としており、また延暦年間前半に成立したと推定される令釈もこの格を引いて「伊賀・近江・丹波・紀伊等四国、不レ在二給レ駅之例一」(『令集解』八六七頁)と『続日本紀』と同じなので、少なくとも延暦年間前半頃までは、紀伊の国司には駅馬の乗用が許されなかったと推測される。ところが『三代格』所収の『弘仁格』では駅馬の乗用を許さない四か国から紀伊を削除し(従って「四国」を「三国」と書き替え)ているのは何故だろうか。大同二年九月十六日官符(『三代格』五八四頁)は紀伊国の正税帳・大帳・朝集帳等の三使に駅馬の乗用を許したものだが、その理由を「此国(紀伊)去二奈良京一三日行程、今平安京更去二一日半一、惣四日半程」と述べている。奈良から平安への遷都によって、紀伊国は都から遠くなったので駅馬の乗用を許すことになったのである。そこで『弘仁格』の編纂者は、養老六年官奏のなかの駅馬の乗用を許さない四か国から紀伊を削って三か国に改め『弘仁格』に収録したのであろう。格の編纂者が編纂時の有効法という立場から格の一部分を改正削除した例としては、この養老六年官奏の外にも和銅元年三月二十二日勅（二一八頁）、天平元年八月五日勅（五〇九頁）、天平十五年五月二十七日勅（四四一頁）、天平宝字四年八月七日勅（二六五頁）、元慶六年四月十一日官符（四五五頁）、などがあげられるが（詳しくは拙稿「墾田永世私財法の変質」『日本社会経済史研究』古代・中世篇所収参照）、話を本題に戻せば、先の大同三年正月二十日詔もその一例と考えられる。即ち大同三年正月二十日詔で縫殿寮に併合された采女司は、弘仁三年二月庚戌に復置され（『日本後紀』『類聚国史』）、『弘仁格』編纂時にもそのまま存続していたのである。従って『弘仁格』の編纂者は、大同三年正月二十日詔のうち既に無効となっている采女司併合の記事を削除して『弘仁格』に収録したのであろう。(29)このように格の編纂者は、編纂時の有効法という立場から格の内容にも改正削除の手を加えたが、格の編纂が編纂時における有効法という立場で厳密に一貫していたとは言いきれない。しかし撰格式所の起請によって多くの格がつくられていることからもうかがわれるように、三代の格の編纂は、つきつめて言えば、一種の立法作業であった。(30)三代の格の類聚は、編纂時点と切り離して読むことを許さないという三代の格の基本的性格を見失わせてしまう危険がある。

ところで三代の格は――それぞれの時点における有効法を編纂したものではあるが――先行の格に収録されているものは現行法でも再録しなかったらしい。例えば『貞観格』(31)は、『弘仁格』に収録されているものは現行法として生きているものも再録せず、原則として『弘仁格』編纂以後の格を貞観十年における現行法という立場で編纂したものであるから、『貞観格』は『弘仁格』を併用しなければ完結しない。『延喜格』も同様に弘仁・貞観の両格を前提として編纂されている。なお貞観・延喜の両格には、『弘仁格』にはなかった臨時格が上下二巻加えられている。格の一般的な性格についてはここでは詳説する余裕がないので、滝川政次郎「九条家弘仁格抄の研究」（前掲）、岩橋小弥太「格式考」（『上代史籍の研究』第二集所収）、坂本太郎「律令の変質過程」（『日本古代史の基礎的研究』所収）、石母田正「古代法（『岩波講座日本歴史』4所収）等を参照されたい。

五　『類聚三代格』の伝来

『類聚三代格』の編纂された時期・編纂者はいずれも明確でない。『西宮記』における官吏必携書目に『類聚三代格』の名がみえていないこと、『政事要略』における多数の格の引用が『類聚三代格』からの引用ではなく、類聚される以前の「三代の格」からの引用であることから、その成立の上限は『政事要略』の部類が一応終了した長保四年以後と推測され、その下限は『後二条師通記』の寛治三年四月五日条の裏書に「類聚三代格第二云」として貞観十一年五月七日官符（七六頁）の一部を引用していることから寛治三年以前と推測される（追記参照。渡辺寛「類聚三代格の成立年代」『皇学館論叢』二ノ三）。三代の格が官司別であるのを内容によって類聚したのは、政務の分掌が律令の二官八省制に従わなくなった政情を反映したものであろうか。『台記』の筆者藤原頼長は旅行の船中でメモを取りながら『類聚三代格』を読み（『台記』久安四年四月十六日条）、藤原俊憲の『貫首秘抄』には「予案、為二職事一之者、必可レ持之文」と推奨されている。『類聚三代格』の普及につれて弘仁・貞観・延喜の三代の格はしだいに読まれなくなり、その写本も僅かに『弘仁格抄』しか伝わらない。『弘仁格』の事書と日付を抜き書きして『弘仁格抄』が作られたのは、個々の格の内容は『類聚三代格』を見ればよいと考えたからであろう。[32]

『類聚三代格』には巻数を異にする種々の写本があったことは**二**で説明したが、流布したのは何巻本であろうか。先述した『後二条師通記』の裏書に「類聚三代格第二云」として引用された貞観十一年格は、十二巻本の巻二、二十巻本の巻四に収められているので、この裏書に引用されたのは十二巻本であったと推定される。**二**で説明した金沢文庫本（東山御文庫蔵）、東寺観智院本はともに十二巻本で、三条西公条が書写した伏見宮本も十二巻本であった可能性が強く、十二巻本が最も古くから流布していたらしい。慶長十九年、徳川家康は仙洞から借り出した『類聚三代格』六巻の書写を命じたが（『駿府政事録』『国師日記』）、それは巻一・三・五・七・八・十二の金沢文庫本（十二巻本）で、この六巻の写本が江戸時代に最もよく流布し、のちに弘化年間に尾張藩から版行された。『本朝書籍目録』には「類聚三代格　三十巻」と記すが、三十巻本の写本の存在した証拠はみつからない。『本朝法家文書目録』に載せる『類聚三代格』の目録は二十巻本の目録と推定されるが、この二十巻本の写本が江戸時代に端本として世に出、十二巻本の欠を補うものとして流布し、嘉永年間に尾張藩から刊行された。加賀松雲公前田綱紀は、三条西家から入手した写本（組み合せ本）を基に（註7参照）、処々から『類聚三代格』の端本を集めて残存部分を網羅したが、[33] 尾張藩の版本に見えない部分が明治十七年に『享禄本類聚三代格』として前田侯爵家から刊行されたことは前述したところである。旧輯国史大系本は、前記の尾張藩版本と『享禄本類聚三代格』とを併せて底本とし、新訂増補国史大系本は、旧輯を基礎としたが金沢文庫本（東山御文庫蔵）・東寺観智院本の残存巻は尾張藩版本に換えて底本としている。

なお『類聚三代格』には『延喜式』を主な材料として作られた偽書があるが、荷田春満によってその偽作過程が明確に考証されている。(34) このような偽書が作られたのは、『類聚三代格』の写本が早く散逸して完本が伝来しなかったことと関係があるかも知れない。

註

（1） なお国史大系本『類聚三代格』のなかには、転写の間に追筆されたものも含まれている。例えば、貞観十二年十二月二十五日官符（二四九・二七二・二七二・三三二・三四四頁）は前田家本にのみ見えるが、形式が他の格と異なること、このうちの一つが『政事要略』（四五九頁）に「格後」と註記されていることなどから、本来の『類聚三代格』にはなく追筆されたものと推定される。

（2） 『貞観格』序に「弘仁十一年四月廿一日、施行格十巻」とあるが、『弘仁格抄』の末尾に「弘仁十一年四月廿一日」とあるので弘仁十一年四月二十一日は施行の日ではなく撰進の日と推定される。施行時期については、虎尾俊哉『延喜式』（吉川弘文館刊）のように、格は撰進後間もなく施行されたとも考えられるが（同書三八頁以下）、天長七年十一月十七日に格式頒行の官符が出ていること（『三代格』『類聚国史』）や、天長七年暮から翌八年初にかけて格式の編纂関係者の叙位が行われていること（『類聚国史』）などから、天長七年施行と考えた方が自然である。なお『弘仁格式』は施行直後の天長七年閏十二月七日に「修撰之後、改張諸事」や「紕繆遺漏等」を上申するよう諸司に命じ、その結果承和七年四月二十三日に「改正遺漏紕繆格式」を頒行している（『三代格』五三三頁）。現存の『弘仁格抄』や『類聚三代格』所収の『弘仁格』はこの「改正遺漏紕繆格式」であろうと推測されるが確証はない。

（3） 坂本太郎「延喜格撰進施行の年時について」（『日本古代史の基礎的研究』所収）参照。

（4） 例、延暦二十一年十月二十二日官符「応下弾正台所二弾移一諸司官人准レ犯貶降上事」（六二九頁）は『弘仁格抄』によると式部格（式上33）と刑部格（刑3）とに収録されているが、類聚する際には式部格だけを収録している。なお『弘仁格』の式下70と民上14は同一の格なのにどちらも『三代格』に収録されているが（三六九頁・三七三頁）、これは事書が異なっているために内容も異なると誤解して二つとも採ったのであろう。

(5)『弘仁格』雑20は「一聴レ運ニ九箇使粁米一事／一聴レ運ニ位禄季禄粁米一事」の二項からなるが、前者は「公粮事」の類に(二七六頁)、後者は「位禄季禄時服馬粁事」「公粮事」の二つの類に重複して(二五四頁・二七八頁)収録されている。

(6)例、註5に引用した『三代格』二五四頁の大同四年正月二十六日官符(一聴レ運ニ位禄季禄粁米一事)の中の「大宰府解」「太政官去延暦十二年八月十四日符旨」は『弘仁格』に収録されていたときには「同前解」「同前符旨」とあったことが、二七八頁の格文との比較によって知られる。

(7)前田家本(享禄本と通称される巻子本、前田家にはこの他に冊子本も数種所蔵されているが、以下単に前田家本というときにはこの巻子本を指す)が異系統の写本の取り合せ本であることは、写本を見れば、筆跡・紙質の多様なこと、巻によって分量が著しく不均衡なことから明白である。なお飯田瑞穂氏の御教示によれば、巻七・十七・十八(及びこの他に数巻)は元禄十六年頃、三条西家の蔵であったことが尊経閣所蔵の『書札類稿』によって知られるので、前田家本の取り合せは、既に三条西家で行われ、取り合せ本として前田家に買い取られたものかも知れない。

(8)宮内庁書陵部には徳川義直の蔵書印のある尾張徳川家旧蔵本が収蔵されている。弘化刻本とこの尾張徳川家旧蔵本との関係を明示する史料はないが、延暦十九年十一月三日官符(二四頁)について、書陵部蔵の尾張徳川家旧蔵本と弘化刻本とが共に「太政官符」の四字を落しているのに、金沢文庫本の忠実な転写本と考えられる鷹司本(宮内庁書陵部蔵)には「弘神太政官符」とあるのが注目される。

(9)『弘仁格抄』の神祇格の大部分が欠失しており(しかも十二巻本巻一は殆ど神祇格)、また前記のように一つの格が分割して類聚されたりしているので、正確な計算は難しいが、四割三分〜四割五分の間であることは動かない。なお『弘仁格』の収録数が『三代格』の巻によって非常に差のあることは後述する。

(10)「類聚三代格　三十巻」という『書籍目録』の記載は、或は『西宮記』巻十、殿上人事の「奉行之輩、可設備文書」のなかの「三代格各十巻、今案或有十二巻」と関係があるかも知れない(飯田瑞穂氏の御教示による)。

(11)巻十二「禁制事、断罪贖銅事」の後に、三代の格の雑格や臨時格などを収めた巻があったのではないか、という疑問は当然起ってくるが、『弘仁格抄』巻十雑格の殆どが『三代格』の残存部分に収められており、残るものも巻十二迄の欠失部分に収録されていたと推定されること(後述)、貞観臨時格・延喜臨時格が巻十二迄に多数収録されていること、などからその可能性は非常に小さい。

(12) 宮内庁書陵部蔵の鷹司本は金沢文庫本の忠実な転写本と推定され、巻一・三・五・七・八の五巻には金沢文庫本の本奥書を収めている(巻十二は金沢文庫本自体に奥書なし)。このうち巻一・七・八の本奥書は流布本には全く見えず、巻三の本奥書は流布本の誤脱を補訂するもので、極めて貴重な史料である(宮内庁書陵部編『図書寮典籍解題』続歴史篇参照)。流布本が慶長年間に徳川家康が書き写させたものの系統であるのに対して、鷹司本はそれとは別の系統のもので、流布本の誤りを直しうる箇所も多い。

(13) 但し刊行された計六巻のうち享禄年間の書写は巻四・十の二巻のみで、他は江戸時代の写本らしい。

(14) 『法家文書目録』は「釈奠事」を欠いているが、これは『法家文書目録』の伝写の間の脱落であろう。

(15) 国史大系本では伏見宮本の時の虫損と享禄本に書写した後の虫損とを区別していないが、享禄本には伏見宮本の虫損部分をその字数分だけ空白としているところが非常に多い。例えば天平三年九月十二日格(三五七頁)の欠字部分は既に伏見宮本になかったものである。

(16) 巻初の方は外側となるため最も欠損し易い部分である。なお伏見宮本の巻四が上下の二軸に分れていたかどうかは確認できないが、たとえ一軸であったとしても虫損のためにいくつかの断簡に分かれていたのであろう。

(17) 巻四に目次があること、「加二減諸司官員一并廃置事」の上に「二」と朱書のあることは、本文の推定の妨げとなるが、本来の伏見宮本にはなかったのを、巻四として独立させたために後から加えた(目次は本文から作った)と考えれば説明がつく。なお三条西公条が伏見宮本を書写する際、巻十・四の順で続けて書写したことが奥書及び裏面の具注暦によって知られる。

(18) 前田家本の巻一・二・五は各々上下二軸に分かれており、また金沢文庫本(十二巻本)の現存巻である巻五・十二も本来は一軸であったらしいが、後に上下二軸に分けられている(橋本義彦氏の御教示による)。

(19) 目次が上巻分だけであることに若干問題が残るが、これも伏見宮本で既に目次部分が虫損していたので本文の各類の題目から目次をつくったと考えれば一応説明はつく。

(20) 享禄本の巻四は虫損が著しく、多くの断簡に分断されているが、幸いこの巻は大永二年八月〜十二月、大永五年正月〜二月の具注暦の裏を利用して書かれているので、具注暦の日付を手懸りとして多数の断簡を整理・配列することが出来る。この結果、巻四のなかでも前半の「廃置諸司事」が特に欠損が著しく約半分が失われていることがわかり（但し『令集解』などによって補える部分もあり）、また前田家本（及びそれに従った国史大系本）の配列に混乱のあることも確認される（国史大系本の配列の修正箇所を列挙すれば、(イ)「一四九頁五行目（「右……」以下）～一二行目」は一五八頁の二行目と三行目の間に移す。(ロ)「一五五頁一五行目～一五六頁一五行目」と「一五七頁一〇・一一行目」は一五〇頁の六行目と七行目の間に移す。(ハ)「一五七頁一四行目～一五八頁二行目」と「一五七頁一行目～八行目」は場所は確定できないが「廃置諸司事」の欠損部分に入るらしい）。特に異なった二つの格文が誤って一つの格にされている場合のあることは十分注意しなければならない（天長元年□月十日格〈一四九頁〉は中間の欠失部分を境として前後別々の格である〈前掲(イ)参照〉。また間違いの原因が既に伏見宮本の虫損にもあった例としては笹山晴生「中衛府設置に関する類聚三代格所載勅について」『続日本紀研究』二ノ九参照）。

（21） (イ)兵10 21（前田家本残簡〈六四九頁〉に兵10の一部分あり。兵21については本文で後述する）。(ロ)式上8式下43 44 45 46 47 48 49 50 51。(ハ)式上62 63 64 67 70 71 72 73 77 78 81 82 85 86 88 89 90式下54 55 56 57 58 59 60 61 62 64 66 67兵30 32 33 34 35 36 37 38 39 40 42（式上64は(ヘ)にも、式上78は(ロ)にも入ったかも知れない。兵40は四項目のうち最初の一項は『三代格』残存部分にあり）。(ニ)式上23 24 25 26式下23民下25（式下23は(ホ)に入ったかも知れない）。(ホ)式下17 18 19 (20) (21) 22 24 25 26（式下17は(ハ)に入ったかも知れない）。(ヘ)式上35 36 83兵8 9 11 12 13 27弾4 5雑1 2 3 4 5。

（22） なお『弘仁格抄』の全格数とそのうち『三代格』の残存部分に収められている格数との比率約八割四分（註9でも説明したように正確な計算は難しいが誤差は一分程度）が欠失部分から推定される比率約九割より若干低いことから十二巻本にも巻十三以下（二十巻本ならば巻二十一以下）があったのではないかとの疑いも一応は可能だが、(A)現存『三代格』にない格が欠失部分にうまく入りそうなこと、(B)『弘仁格』の収録率が巻によって著しく異なること（例、『弘仁格抄』の治部に脱落があるらしいことを考慮しても、十二巻本巻二は非常に少ない）、(C)特に数の多い選叙考課関係の格は、同一の格が式部格と兵部格に重複して収録されているものが多いらしいが（例、式下57と兵35、式上88と兵38、式上90と兵34）、類聚する際には一方だけが収録される可能性が強いこと等から、私はやはり十二巻（二十巻）で完結していたと考える。

（23） 『令集解』に引用された格は、(イ)令釈・古記などの諸説に引用されたもの、(ロ)諸説を編集したあとで（おそらく編者が）『弘仁格』から引載したもの、(ハ)『令集解』の成立後に追加されたもの、の三つに分かれるが、(ロ)は『弘仁格』の格文を――該当令文に関係のない部分だけを除いて——忠実に引用している。従って一つの格がその都度関係のない部分だけを除いて数か条に重複して引用されている場合も多い（なお『令集解』と『弘仁格抄』との関係については、東大大学院の『令集解』演習における鬼頭清明氏の報告から貴重な示唆を得た）。拙稿「墾田永世私財法の変質」（『日本社会経済史研究』古代中世篇所収）参照。（なお鬼頭氏の御見解は「令集解所引格と弘仁格について」『大和文化研究』一三ノ三に発表されたので参照されたい。校正時追記）。

(24)『政事要略』や『令集解』に引用された格文は、厳密にいえば三代の格の逸文であって『類聚三代格』の逸文ではないが、その差異は形式的なものと推定されるので（一参照）、本文では問題にしなかった。

(25)⑫内舎人の人員に関する部分が『令集解』の該当条（六三頁）に引用されていないことからも知られるように、『集解』の『弘仁格』の引用の仕方はそれほど画一的・規則的なものではないから、『集解』画工司条（七四頁）にこの格が引用されていないことは、この部分の復原を否定する根拠にはならない。

(26)享禄本書写の際に伏見宮本の虫損部分を空白として示したところも多いが（註15参照）、誤って虫損部分をつめて書写した場合もあるので（笹山氏前掲論文〈註20所引〉参照）、欠失のスペースがないことだけでは『三代格』の原文になかったとは言えない。

(27)「其内兵庫併二左右兵庫一」という内容も、式部格（正月二十日詔）よりは兵部格（正月二十五日詔）にふさわしい。

(28)明治十七年刊の『享禄本類聚三代格』は采女司と内兵庫に関する部分は傍に注記するにとどめている。写本への忠実度において国史大系本が『享禄本類聚三代格』より後退している例が他にもあるのは残念なことである。

(29)なお『類聚国史』によれば、大同三年正月二十日詔には「隼人司併二衛門府一」という項もあったことが知られる。内容は兵部省関係なので、弘仁格に収録するとすれば「内兵庫併二左右兵庫一」と並んで兵21のなかに記すことになったであろうが、隼人司は大同三年八月庚戌に復置されたので（『日本後紀』）、『弘仁格』編纂の際には采女司と同様に削除されたと推定される。ただ残念なことに兵21の大同三年正月二十五日詔は現存の『類聚三代格』では欠失しているので確認出来ない。

(30)三代の格に収録されるかどうかがその詔勅・官符等の現実的な効力に影響したことは元慶三年七月九日官符（五〇五頁）参照。

(31)『貞観格』の序文では、『貞観格』は『弘仁格』編纂以後の弘仁十一年〜貞観十年の格を収録したことになっているが、『類聚三代格』の弘仁五年五月八日詔（五一一頁）の鼇頭には「貞臨」とある。この詔は有名な嵯峨源氏の賜姓に関するもので、『日本紀略』や、『河海抄』に引かれた『日本後紀』の逸文にもみえ、年月日に間違いはない。とすると鼇頭の誤写でやはり『弘仁格』であろうか。ところがこの格は『弘仁格抄』にもみえない。『弘仁格抄』には巻首の欠失のほかにも処々に脱落があった可能性があるので、『弘仁格抄』にみえないことが『弘仁格』になかった確証とはならないが、この格の場合には『弘仁格』になかった可能性が濃い。恐らく『弘仁格』の編纂者は臨時的なものとして『弘仁格』には収めなかったのであろう。しかし『貞観格』編纂の際には、正規の格とするには弱いが先例としては大切なものなので、弘仁十年以前の詔ではあるが、敢えて臨時格として編入したのであろう。

(32)『弘仁格抄』には「可レ校二合類聚格一、委細之旨、不レ能二註載一、篇目許註之」という注記もみえる。滝川氏前掲論文参照。

(33)『右文故事』には温古堂（和学講談所）に第二巻一冊が収貯されているとの記述があるが、恐らくは前田家本巻二と同系統の十二巻本であろう。

(34)荷田春満『偽類聚三代格考』。なお布施弥平治「類聚三代格の一異本について」（『法制史研究』4）も同じ問題を扱っているが、春満の労作を参照されていないのは遺憾である。

（附記）

東山御文庫本と尊経閣文庫本の調査については橋本義彦氏と飯田瑞穂氏の御助力を得た。ここに記して感謝の微意を表したい。

索引

日本史研究会史料部会　『類聚三代格索引』　昭和三四年

参考文献　（＊印は論文集の刊行年）

和田英松　『本朝書籍目録考証』　昭和一一年　明治書院
笹山晴生　「中衛府設置に関する類聚三代格所載勅について」　昭和三〇年　『続日本紀研究』二ノ九
岩橋小弥太　「格式考」（『上代史籍の研究』第二集所収）　＊昭和三三年　吉川弘文館
石母田正　「古代法」（『岩波講座日本歴史』4所収）　昭和三七年　岩波書店
坂本太郎　「延喜格撰進の年時について」（『日本古代史の基礎的研究』所収）　＊昭和三九年　東京大学出版会
同　「律令の変質過程」（同右）　同　同
同　「史料としての六国史」（同右）　同　同
滝川政次郎　「九条家弘仁格抄の研究」（『法制史論叢』第一冊所収）　＊昭和四二年　角川書店
吉田孝　「墾田永世私財法の変質」（『日本社会経済史研究』古代・中世篇）　昭和四二年　吉川弘文館
渡辺寛　「類聚三代格の基礎的研究」　昭和四四年　『芸林』二〇ノ三
渡辺寛　「類聚三代格の成立年代」　昭和四四年　『皇学館論叢』二ノ三
飯田瑞穂　「『類聚三代格』の欠佚巻に関する一史料について」　昭和四五年　『日本歴史』二七〇

（追記）

本稿成稿後、渡辺寛氏の「類聚三代格の基礎的研究」「類聚三代格の成立年代」と題する優れた論考に接し、本稿の不備な次の諸点を修正又は加筆した。㈠前田家本巻十六の類目に附された頭朱書の数字を私が見落していたため、この巻が十二巻本の巻九・十のいずれにあたるか確定できなかったが、渡辺氏の綿密な調査によって十二巻本の巻九に相当することが明らかになったので、その成果をそのまま利用させていただいた。㈡また前田家本の「巻第十三」は従来は「十二」と誤読されてきたが、これも渡辺氏の調査結果を利用させていただいた。ただ残念なことに、前田家本巻十の処理については渡辺氏と意見を異にするので、本来ならば拙稿第二節を総て削除し渡辺氏の結論だけを引用させていただけばよかったのだが、結論の相違の由来を明らかにするために、拙稿の推論の過程もそのまま残し、諸賢の御批判を仰ぐことにしたい。㈢『類聚三代格』の成立年代についての渡辺氏の御研究の成果もほぼそのまま引用させていただいたが、ただ『本朝法家文書目録』所収の「類聚三代格目録」が「延長のころ編纂に着手されるも全き形には完成せず未完のまゝになつてゐた『類聚三代格』の目録ではなからうか」（前掲論文三七頁）との御推論には理解できない点がある。三代の格を類聚するという作業を具体的に想定してみると、未完の目録が現存の『類聚三代格』の類目に酷似するということは殆どありえないのではなかろうか。第七以下が欠失しているのはやはり伝写の間の脱落と考えた方が自然だと思う。実はこの目録の史料的性格の理解の相違が、先述の『類聚三代格』の復原結果の違いともなっているので、『本朝法家文書目録』の史料学的研究が問題解決の鍵となるかも知れない。なお渡辺氏は『類聚三代格』について包括的な研究を行われたと伺っているので、今後の氏の研究成果の御発表によって、拙稿の誤りや不備な点が明らかになると思われる。渡辺氏の今後の御発表論文もぜひ参照されたい。

（昭和四十四年十月記）

（追記―その二―）

飯田瑞穂氏の最新の御研究「『類聚三代格』の欠佚巻に関する一史料について」によって、二十巻本の巻九と巻十七の前半の欠失部分の内容を推定する貴重な新事実が発見されたので、拙稿の「三　欠失部分の復原」の該当箇所を校正の際に訂正・加筆した。詳しくは飯田氏の御論考をぜひ参照されたい。

（昭和四十五年八月記）

〔補記〕（第二刷）

『国史大辞典』14巻（吉川弘文館、平成五年四月）の「類聚三代格」（熊田亮介執筆）には、『国史大系書目解題』上巻刊行後の研究成果をふくめて、簡にして要を得たすぐれた解題が記されているので、ぜひ参照されたい。なお、その後に刊行された『神道大系、古典編十、類聚三代格』（関晃・熊谷公男校注、神道大系編纂会、平成五年十月）は、巻一〜三と、巻四以降の宗教関係の格を収録し、的確な校注が付されている。また三代の格の研究も、鎌田元一「弘仁格式の撰進と施行について」（『古代国家の形成と展開』、吉川弘文館、昭和五十一年)、川尻秋生「平安時代における格の特質」(『史学雑誌』103編1号)をはじめ、すぐれた研究がたくさん発表されている。

(平成十三年七月)

延暦交替式・貞観交替式・延喜交替式

早川庄八

はじめに

交替式については、本稿の末尾に参考文献として掲記してあるように、これまでにも既に多くの論考が発表されている。中でも最も早く、明治三十九年に発表された植木直一郎氏の紹介は、三代の交替式の大要を知る上に、最も要領を得たものであって、これに附言すべきことは殆どないように思われる。そこで本稿は、これら先学の業績を祖述して交替式の概略を紹介するという形式をとりながら、私のきわめて狭い知見での、交替式に関するいくつかの問題点を指摘することで、課せられた責をふさぐことにしたいと思う。

一　勘解由使の設置と『延暦交替式』

周知のように、三代の交替式のうち延暦・延喜度のそれは、時の勘解由使によって撰定され奏上されたという形式をとっている。上巻を欠くためその形式が伝えられていない貞観度のそれも、『類聚三代格』に載せる施行を令した官符に「右勘解由使撰定所二上奏一也」とあることによって、同様の手続きをふんだものであったことが知られる。そしてそれらの奏上された日付は、延暦度のものが「延暦廿二年二月廿五日」、延喜度のものが「延喜廿一年正月廿五日」であった。貞観度の奏上の時期は不明であるが、『類聚三代格』『三代実録』の記事によって、これが天下に頒行されたのは貞観十年閏十二月二十日であったことが知られる。このように、これら三代の交替式はいずれも、その編纂の中心となった機関および成立の時期は明らかであるのだが、編纂の経過等に関して多少とも直接的な史料が残されているのは、最後の『延喜交替式』のみであって、延暦・貞観両度のものについては、殆ど詳しいことはわからない。そこで三代の交替式それぞれについて、私なりの推測を加えながら、編纂にいたる経緯を述べてみたいと思う。

『延暦交替式』が撰上されるにいたった経緯は、後に述べるように同書巻末の奏文に詳しい。その撰上された時期は延暦二十二年二月二十五日。撰者としては、同じく巻末に、勘解由長官菅野真道・次官和気広世・次官讃岐千継、「検校」として中納言藤原雄友・中納言藤原内麻呂の名が連ねられている。それではこの五名のうち、『延暦交替式』編纂事業の実質的な推進者は誰であったのであろうか。これに関する私見を述べるためには、まず勘解由使という令外官の設置の時期について触れておかなければならない。

天平三年に解由の語が初見して以後、奈良時代中期より次第にその制が強化され、延暦期にいたって解由制がほぼ整ったということは、既に先学の説くところである。そしてその時期にあっては、解由に関する事務上の処理は、左弁官に於て行われていたのであろうことも、その職掌に徴して容易に推察し得る。しかし、解由制の強化に伴い、その事務処理ないし監督を専当する目的をもって設置された勘解由使が、いつ創設されたかという問題については、これまでのところ諸説必ずしも一致していない。その個々の説をいちいち検討する余裕は今はないが、(1)要するに、『公卿補任』にみえる勘解由使の初出記事を、単に史料上の初見にすぎないものと考えるか、あるいは同使の創設を示すものと看做すかということが、見解の分れるところであると思われる。その『公卿補任』の記事とは次のようなものである。

〔延暦十六年条〕

参議正四位下藤内麿三月十一日兼㆓近衛大将㆒、但馬守如㆑元、九月四日兼㆓勘解由長官㆒、守如㆑元、

この記事だけに拠るならば、これは単なる史料上の初出記事にすぎないと考えるのが、あるいは妥当と言うべきかも知れない。だがこの問題を更に複雑にしているのは、同じ『公卿補任』にいま一つ左のような記事が存するからである。

〔延暦二十四年条〕　菅野真道尻付

(延暦)十六年正月伊与(世カ)守、二月己巳従四上(正四下)、三月丁酉左大弁兼官如㆑元、(七月廿三日伊世守、衍カ)九月丙戌勘解由長官兼官如㆑元、

ここで言う「九月丙戌」とは、ほかならぬ藤原内麻呂が勘解由長官に任ぜられたという「九月四日」に当る。それゆえこれらの『公卿補任』の記事は、勘解由使創設の時期の問題と並んで、延暦十六年九月四日に行われた勘解由長官の補任は、内麻呂と真道のいずれに対して行われたのかという問題をも提出することになるのである。

はじめの、『公卿補任』の記事を、勘解由使の史料上の初出とみるか、あるいはその創設を示すものと考えるか、という問題に関しては、私は多少の不安を残しながらも、その後者、つまり延暦十六年九月四日を以て勘解由使創設の時としてよいと考えている。その根拠の第一として挙げるべきものは、同じく『公卿補任』にみえる左の記事であ

る。

〔大同四年条〕　紀広浜尻付
（延暦）十六年少判事、同年六月六日式部大丞、九月四日勘解由判官、

この記事によって知られるように、延暦十六年九月四日には、勘解由使の長官の補任と同時に、その判官の補任も行われている。勿論、六国史等をひもとけば既存官司の長官・次官等の同時更迭も少なからず散見するところであるから、この長官と判官の任官日の一致のみを以て、勘解由使設置の時期を断定することはできないが、後に定められた相当位では従五位の官の長官と正七位の官の判官が、同日に任命されているということは、その時の補任に何かの特別な事情が介在したことを推測させるのに足るのではなかろうか。しかも現存の『公卿補任』の尻付その他に拠る限りでは、その日に他官の補任が行われた形跡は全くなく、そのこともまた、当日の補任が勘解由使のみのものではなかったかと思わせるのである。

理由の第二は、翌十七年七月二十日に勘解由使の官位相当が決定されていることである。このことの行われた直接の目的は、同使に支給する季禄の基準を明確にすることにあったのではあるが、一つの官司についてこのように重要な事柄の決定が、その官司の創設以後長期にわたって放置されていたと考えることは、困難なのではなかろうか。理由の第三は、勘解由使の活動を示す記事が、あたかもこの時期を境にして現れはじめる点にある。『公卿補任』以外では、『延暦交替式』の延暦十七年四月七日官符にみえる「勘解由使奏」が、同使についての確実な史料の最も古いものである。ついで同年七月二十日に前記のように官位相当が定められた。このことも、勘解由使の創設がこの時期をさほど遡る時期のものではなかったことを示唆している。

以上述べた三つの理由はいずれも、いわば間接的な根拠にすぎないが、これらを綜合して私は、勘解由使の創設は延暦十六・十七年前後であったと推定して差支えないものと考え、更に進んで、第一の理由に基づいて、その時期を延暦十六年九月四日と断定してよいと考えている。

それでは、延暦十六年九月四日に任命された初代の勘解由長官は、藤原内麻呂と菅野真道のいずれであったのか。この問題に関しても、さしあたり二つの解釈が可能である。その一つは、『公卿補任』の二つの任官記事をともに正しいものとして、長官二人が並任されたと考えることであり、いま一つは、この所伝のいずれか一つを誤りと考えることである。

長官二人の並任を認めることは、たしかに異例のことではある。しかしその先例がないわけではない。周知のように令内官においては内膳司がそうであった。令外官においても造宮省に一時造宮卿二人並任の時期があった。またこれは長官ではないが、後の蔵人所において、別当の下に頭二人が並任されたことも著名な事実である。しかもこれが勘解由使の創設に際してのことであったとすれば、特例として長官二人が並任されたと推測することは、寧ろ容易であるとも言い得よう。そのうえ勘解由使みずからが撰進した『延暦交替式』には、ここで問題としている藤原内麻呂・菅野真道の両人とも、位署を加えているのである。

だが一方では、『公卿補任』の二つの任官記事のいずれか一方を誤伝とする解釈を、全く否定してしまうこともできないであろう。そしてこの誤伝説についても、当面二つの場合が考えられる。即ち、一方の所伝を全くの誤りとして、いずれか一方のみが勘解由長官に任じたのであって、他方は勘解由使の補任とは関係がなかったとするのがその一つであり、いま一つは、いずれか一方を次官任官の誤りとすることである。しかしいずれかを次官の誤りとすることは、恐らく無理であろう。何故ならば、後に述べるような内麻呂と真道の出身と官歴によれば、延暦十六年当時はたしかに内麻呂の方が上席者ではあったが、両者ともに位は正四位下であり、内麻呂は参議兼近衛大将、真道は参議にはなっていないが左大弁という要職に任じていたからである。それではこの二つの所伝のいずれか一方を全くの誤伝とする解釈を前提とした場合には、内麻呂・真道のどちらが初代の勘解由長官であったと考えるべきであろうか。この設問に対しては、私は躊躇なく、それは真道であったろうと答えたい。勿論これは、この二人の官歴を検討したうえで生ずる答えである。

藤原内麻呂の名が最初に現れるのは、天応元年十月の叙爵の記事である。以後彼が延暦十六年までに経た官は、甲斐守・右衛士佐・中衛少将・越前介・同守・右衛士督・内蔵頭・刑部卿・参議・陰陽頭・但馬守・造東大寺長官・近衛大将等であり、延暦十六年当時は参議兼近衛大将但馬守であった。これらの中には解由制に直接関係のある官職は殆どないと言ってよく、僅かに地方官と刑部卿が間接的に関係を有するにすぎない。もっとも、造東大寺長官、あるいは後に造宮大夫に任じていることより推せば、経営の才は認められていたとは考えられるが。

これに対して菅野真道の官歴は、まさに勘解由長官に任ずるにふさわしいものであったと言わねばならない。宝亀九年に少内記に任じて以後、彼の経た官は地方官・文官・武官にわたって多彩であるが、彼の学才とともに特に注目すべきことは、延暦十一年六月から同十六年まで民部大輔に任じ、さらに左大弁に転じていることであろう。その左大弁への転任は、勘解由使の創設に先だつ半年前、延暦十六年三月丁酉のことである。左大弁という、律令国家の中枢を占める官、それ故にまた繁劇このうえもない官に任じて、部内において審理される国司交替事務の輻輳ぶりを実見した彼が、そのことのみを専当する令外の官司の新設を提案し、実現に際してその初代の長官に任じたと想定するとしても、あながちに附会とばかりは言えないように思われる。

こうした二つの解釈のどちらを採るべきかを判定することは、実のところ私には困難である。関係史料が『公卿補任』のみに限られていることが、ますます判定を困難にしている。だがいずれかを採らなければならないとすれば、結果的には『公卿補任』の関係記事のすべてに信を置くことになるのだが、私としては、はじめに述べた長官二人並任の解釈の方が、より蓋然性が高いように思われる。勘解由使新設の主唱者は菅野真道であったが、初代の長官としては実務に練達した左大弁真道とともに、参議の中から藤原内麻呂が並任され、内麻呂はその後まもなく、恐らくは中納言に任じた十七年八月に、遅くとも造宮大夫に任じた十八年四月に兼任を解かれた、と考えた方が、勘解由使創設の時期の事柄としては、よりふさわしいのではないだろうか。

しかし、こうした解釈のいずれに左祖するとしても、両説に共通して言えることは、『延暦交替式』撰進時の勘解由長官菅野真道は、勘解由使の創設のはじめより、同使に深い関係を有したということであろう。そのゆえに私は、『延暦交替式』の編纂を企画し唱導した人物もまた、菅野真道その人であったと考えるのである。真道が交替式の撰上成ったその直後の延暦二十二年五月にその任を去り、代って秋篠安人が長官に任命されたことを知るとき、私はいよいよその感を深くする。

『延暦交替式』はこのように勘解由長官菅野真道の主唱のもとに編纂に着手された。着手された時期は勿論不明だが、その推敲は奏上の直前まで続けられた。『延暦交替式』に収める最も新しい官符は、奏上の行われた僅か五日前の延暦二十二年二月二十日のものである。編纂が真道のほかどれほどの陣容のもとに行われたかも明らかではない。巻末には前記のように勘解由次官和気広世・同讃岐千継の位署があるが、この両名が真道の如く終始この事業に参加していたかどうかは想像すべくもない。これ以外の勘解由使官人としては、前に述べた判官紀広浜と主典賀茂立長が知られるのみである。和気広世は清麻呂の長子。文章生より起して、少判事・式部少輔・大学別当・大学頭を歴任した。交替式撰上時の兼官は大学頭兼式部少輔であった。讃岐千継はこの頃より多くの明法家を輩出した讃岐国寒川郡の人。本姓凡直。『法曹類林』に選叙令に関する解釈三つが残されており、その一つは『令義解』に採用された。これ以前の官歴としては、延暦二十一年に既に大判事に任じていたことが知られるのみであるが、交替式撰上時の兼官は大判事兼造宮大進越前大掾であった。紀広浜は延暦十四年長門介に任じ、少判事・式部少丞を経て勘解由判官となる。交替式撰上時の官は不明。これら三名はいずれも式部省あるいは刑部省判事の経歴を有し、明法道に通暁する者であった点で共通している。賀茂立長が主典であったことは『官曹事類』奏上の文にみえる。

巻末の奏文によれば、これ以前、国司交替に関する古来の勅書・官符・省例・問答等を抄録した「交替式」と名づける書が存したという。しかしその書の撰者も明らかではなく、内容に不統一があり、中には当時既に効力を失っていた法令も含まれていた。そのため国司交替の評定に公平を欠く場合もあり、勘解由使としての責務を全うすることも困難な状態にあった。そこで、法令格式のうち交替に関するものを改めて撰進して、披閲の便に供することにした。但し中には、承前の格と法とで指帰未明のもの、官・省の処分でいまだ奏画を経ていないにも拘らず相承して例となしているものなどが含まれている。そこで所論あるものについては「今案」を附して古今の疑滞を決することにし、すべて一軸として「撰定交替式」と名付け、畿内七道の朝集使に仰せて一本を書写せしめたい、と述べられている。

この奏文が述べているように、現在伝えられている『延暦交替式』に載せる格勅の類はすべて四一条。内訳は、令条一二、勅二、官符一五、官宣二、官奏二、省符一、省例一、明法曹司解二、諸国朝集使起請一、問答一、他に検税使算計法二。付された「今案」は八条である。但しこの「今案」については、現行の『延暦交替式』には一、二不備なものがあり、『貞観交替式』との対比によって、少なくとも第二九条天平三年四月二十七日官奏に付されていた「今案」は現行本では全文脱落しており、第三六条天平勝宝七歳七月九日諸国朝集使起請の初条に付されている「今案」にも脱文があることが知られる。

『延暦交替式』の特色として第一に挙げるべきことは、先学が一致して指摘しているように、「式」とは称しながら、令文・勅・官符等をそのままの形で引載していることであろう。この形式は『貞観交替式』にも踏襲された。従ってたとえば、これは『貞観交替式』の場合ではあるが、その第二二条のように、格の題意とその「終条」とが内容的に異なるにも拘らず、その全文を掲載するということが生ずることも予測された。特色の第二は、巻首に「撰定諸国司交替式事」と題しているように、その内容とするものはすべて国司の交替に関する格勅類である。このことは、京官解由の制が行われたのは、本交替式撰進後の大同四年であったことを考えれば、寧ろ当然のことと言うべきであるが、後の『貞観交替式』が「新定内外官交替式」であり、『延喜交替式』が「内外官交替式」であるのに比較した場合、一つの特色として数え得ると思われる。第三の特色は、これも本交替式のみのものではないが、『延暦交替式』に収められている格勅類は、一つとして『弘仁格』に重載されていない、ということである。『弘仁格』序によれば「交替式者、延暦年中、勘解由使撰定奏聞、遵行已久、仍㆑旧而存、不㆑加㆓取捨㆒」と言われている。「旧ニ仍テ存シ、取捨ヲ加ヘズ」とは、『弘仁格』の編纂に際しては、『延暦交替式』所収の格勅類は同書にゆだね、『弘仁格』には収録しなかった、ということである。このこともまた後述のように、多少異なった意味合いを持ちながら、『貞観交替式』と『貞観格』との関係に踏襲されている。

二　『貞観交替式』の編纂

『貞観交替式』の編纂の事情あるいは編纂の過程を示す史料は殆ど無いと言ってよい。僅かに『延喜交替式』の巻頭の奏文に「至二于貞観九年一、続亦抄二内〔外カ〕後事一、往々加レ案、解二釈疑義一、改号二新定内外官交替式一」とあり、『三代実録』貞観十年閏十二月二十日己酉条に「新定内外〔官脱〕交替式二巻、撰修甫就、勅頒二天下一、並〔普カ〕令二遵行一」とあることによって、これまでのところ、この交替式の編纂は貞観九年に着手され、同十年に完成した、と説かれている。しかしこの通説的見解に対しても、実は疑問がないわけではない。というのは、『三代実録』の前掲の条文は、たしかに「甫メテ就ル」とは述べているが、『延喜交替式』の奏文の文章を素直に読めば、貞観九年を以て『貞観交替式』完成の期と解さざるを得ないと思われるうえに、『類聚三代格』に収める『三代実録』と同日の官符は

太政官符
頒二行新定内外官交替式一事
右勘解由使撰定所二上奏一也、中納言兼左近衛大将従三位藤原朝臣基経宣偁、奉レ勅、宜下付二之内外一、普令中遵行上、
貞観十年閏十二月廿日

とあって、単にこの時施行したことを述べているにすぎないからである。そしてこのことを裏づける傍証が二つ存する。その一つは、『延暦交替式』について考えた場合と同じように、『貞観交替式』の編纂者に考をめぐらした際に生ずる推測である。

上巻を欠失している『貞観交替式』の場合は、その編纂者の名は一人として伝えられていない。しかし前記の『類聚三代格』に収める格文で明らかなように、これの編纂も時の勘解由使が行なったということを一つの手がかりとして、その何人かを推測することは可能である。まずその長官からみることにしよう。

『貞観交替式』撰進の時期の前後に現れる勘解由長官には、南淵年名・藤原冬緒・大江音人の三名がある。この三名の長官任官時については、『三代実録』そのものの記事の中に、あるいは『公卿補任』の記事との関係において、それぞれに多少の不一致があって、その正確を期することは困難なのだが、少なくとも、

南淵年名　貞観元年二月十三日ないしは貞観二年初めに任官
　　　　　貞観十年五月二十六日離任

藤原冬緒　貞観十年五月二十六日任官
　　　　　貞観十二年正月二十五日離任

大江音人　貞観十二年正月二十五日任官

ということは動かないところであろう(2)。南淵年名は九年ないし十年のながきにわたって長官の任にあり、貞観十年閏十二月の交替式施行の半年前にその任を藤原冬緒に譲ったわけである。従って、交替式施行時の長官は藤原冬緒であったのではあるが、この冬緒が、長官就任後僅か半年の間に、交替式の編纂を企図し且つそれを完成し得たか否か、きわめて疑問とせねばなるまい。勿論前任者からの引継事業を完成したという想定も可能であるが、その場合でも、交替式編纂事業の実質的な推進者は南淵年名であった、ということは最少限言えることになろう。しかしこの長官の動きとともに、さらに強く、『貞観交替式』は年名の長官在任中に完成されていたことを推測させるものは、次官の

補任である。

勘解由次官二人の定員のうち、一員は貞観初年以降めまぐるしい更迭があった。二年九月に御輔永道が現職のまま卒して以来、清原惟岳・安倍清行・安倍宗行・斎部木上・大春日沢主と続き、沢主が九年正月に丹後守に出て後、同年二月より十一年正月までは伴興門がその任にあった。しかしいま一つの定員は、元年三月二十二日に任じて以降、十年二月十七日にその席を大神全雄に譲るまで、一貫して家原氏主がこれを占めていたのであった。即ち氏主は、長官南淵年名とあい前後して次官に任じ、同じく長官年名とあい前後してその任を去っているのである。これは単なる偶然の一致とすべきであろうか。この両名が異例の長期にわたって長官および次官に任じ、貞観十年にいたってともに任を辞しているということは、そこに何か特別の事情が存したことを暗示するものではないだろうか。

傍証の第二は、貞観十年五月の藤原冬緒の任官以後には、交替式編纂の手が加えられていないことを示す根拠が、ほかならぬ『貞観交替式』そのものの中に存することである。

『延喜交替式』第一七七条に「凡諸国定額寺資財帳、四年一進、以適二勘会一」という条文がある。これに対応する『貞観交替式』の条文は第五一条の天長二年五月二十七日官符であるが、この官符は、これ以前の定額寺資財帳毎年進上の制を六年一申に改めたものである。これが六年一申から四年一進に再度改められたのは、冬緒の任官直後の貞観十年六月二十六日のことであった。そしてこの改訂は『貞観交替式』には採用されていない。『貞観交替式』はその施行の令せられる以前、遅くも貞観十年六月二十六日以前に完成されていたことは、これによって疑いないものと言えよう。

以上のような理由のもとに、私は『貞観交替式』の完成は、南淵年名の勘解由長官在任中、恐らくは『延喜交替式』

の奏文の言うように、貞観九年のことであった、と断定したいと思う。

『貞観交替式』に収録された格勅類の中で、現在われわれが知り得る最も新しいものは、上巻の逸文として伝えられている貞観四年十一月十一日付のものである（次節参照）。交替式編纂の議の起されたのがこの時以後であることは間違いないが、その時期を確認することは、今はできない。私としては、この交替式の完成は貞観九年、施行は同十年、編纂は勘解由長官南淵年名を中心として行われ、主として次官家原氏主がこれを補佐した、ということを確認し得たことで満足しなければならない。因に南淵年名は、この後貞観十七年四月二十七日にいたって「左右検非違使式」一巻を撰進している。

『貞観交替式』の編纂方針等に関する詳細は、巻首の奏文を欠くため、不明である。知り得る限りを、先学の指摘に従って列挙すれば、次の如くであろう。

(イ) 本書の編纂には、『延暦交替式』を土台として、これに追加・加筆するという方法が採用された。このことは、下巻の巻末に『延暦交替式』の奏文のみならず奏上年月日・位署までも引載していることによってたしかめられる。従って、『延暦交替式』に掲載されていた条文は、一条漏らさず『貞観交替式』に収録されたと考えてよい。

(ロ) 『延暦交替式』撰進以後の制度上の改訂を示すためには、次の二つの方法が採用された。一つは新たに「新案」を付して、これによって改廃・訂正の所以を明らかにすること。一つは、延暦以降に始まる制度でもその淵源が延暦以前に存し、且つそれに関して『延暦交替式』が言及しなかったものについては、改めてその淵源を示す官符類を延暦以前に遡って採録したこと。たとえば第九条（＝『延暦交替式』第一九条）の天平三年四月二十七日官奏が弘仁五年七月二十日格を根拠とした「新案」によって廃止されたのは前者の例であり、『延暦交替式』にはなかった第一九条の天平十年三月九日符が第二〇条の沿革を示すために新たに加えられたのは後者の例である。

(ハ) 大同四年に始められた京官解由制の採用によって、内容的には京官関係の諸条が新たに採録された。このことは書名にも反映して「新定内外官交替式」となり、(イ)・(ロ)に述べた編纂方針とあいまって、紙幅を大幅に増加させることになった。『本朝法家文書目録』『本朝書籍目録』ともに、『延暦交替式』一巻、『貞観交替式』一巻とするが、これの誤りであることは既に指摘されている通りである。現存する下巻に収める格勅類は全部で五七、うち『延暦交替式』と一致するもの一七条、他はすべて新たに加えられたものである。付せられた「新案」は九。上巻については次節で述べよう。

(ニ) 『貞観格』序に「勘解由使所レ奏新定内外官交替式所レ載数事、亦復准二之前例一不レ煩二取捨一」と述べられているように、『貞観格』もまたいちおう『貞観交替式』とは別個のものとして編纂された。従って『貞観交替式』に収められている格勅は、この後に編纂された『貞観格』には収録されなかったとみてよい。但し誤解のないように附言すると、「前例ニ准ヒテ取捨ヲ煩ハサズ」というのは、『弘仁格』編纂の際に『延暦交替式』所収の格勅は同格に収録しなかったという故事に倣って、『貞観格』にも『貞観交替式』所載のものは載せない、ということであって、『弘仁格』と『貞観交替式』の間ではこのような関係は成立しない。つまり『弘仁格』と『貞観交替式』に重載するものは存しても、『貞観格』と『貞観交替式』に重載するものは存しない、という意味のものである。

三　『貞観交替式』の上巻

『貞観交替式』として現在伝えられているものは、その下巻のみであって、上巻は散逸して今に伝わらない。上巻がどのような内容のものであったかを推定するための作業の一つとして、私は延暦・貞観・延喜三代の現存の『交替式』に載せる諸条を比較し、『延喜交替式』の条文に関しては各条の成立の時点を可能な限り遡及して、別表のような対照略表を作製してみた。[3] 労のみ多くして得るところは以下に述べるように貧弱なものでしかなかったが、この作業を通じて知り得たところを、報告したいと思う。

まず、『貞観交替式』上巻の逸文として知り得たもの、あるいは『貞観交替式』に確実に存したと考え得るものは、次の七条にすぎなかった。それに相当する『延喜交替式』の条文の配列に従って順次掲記すれば、次の通りである。

(1)『延喜交替式』第二八条相当

『政事要略』五十一、交替雑事、調庸未進

私記云、（中略）今案、史生以上作レ差弁備、所レ疑、貞観四年十一月廿一日交替式云、『博士医師等、准二史生一責二解由一』者、由レ是同預二差分一哉、答、不レ可レ預レ差、何者、式云『所レ有博士医師、正員之外、権任多数、是皆非二練道之輩受業之人一、徒費二俸料一、無レ益二生徒一、望請、件人一准二史生一、差二充綱領一、運二進雑物一、還レ国之日、若無二返抄一、責二其解由一、令レ塡二欠負一、凡非業之輩、皆責二解由一、但拘二解由一者、只責二身犯一、不レ預二他怠一者、右大臣宣、奉レ勅、云（衍）自今以後、件二色人、若預二雑事一、有二身犯一、一准二史生一』者、然則雖レ差二雑役一、非レ有二身犯一、不レ可レ預二差分一、

右の引用のうち『　』内の文は、『貞観交替式』上巻所収貞観四年十一月二十一日官符の逸文である。

(2)『延喜交替式』第五七条相当

『貞観交替式』下巻第五条の「新案」に次のように言う。

新案、不動物丈尺積高相錯有レ欠、則令ニ当時人填レ之状、具在ニ上拠帳分付之条一、所以不ニ更重労一、

新訂増補国史大系本はこの文を「……之状具在レ上、拠レ帳分付之条、所以不ニ更重労一」と訓んでいるが、これは右のように訓むのが正しく、「不動物ノ丈尺ト積高ガ相錯シテ欠ガアル場合ハ、当時ノ人ヲシテ填納セシメルトイフコトニツイテハ、具サニ上ノ拠帳分付ノ条ニ於テ述ベタ、ユヱニココデハ再述シナイ」の意に解すべきである。これによって「拠帳分付之条」なる条文が下巻第五条の前に配列されていたことが知られるが、この「拠帳分付之条」とは、『延暦交替式』第二三条に相当する問答を指している。

(3) 『延喜交替式』第六五条相当

『類聚三代格』八、不動々用事寛平九年五月十三日官符所引

検ニ案内一、太政官去寛平七年七月十日下ニ五畿内七道諸国一符偁、交替式云、国司交替之時、依ニ不動物一多レ煩、自今以後、彼鈎進レ官、但応レ修ニ理其倉一、及疑レ有ニ雨損一、臨レ時請レ鈎、新案云、不動之物、理合ニ竿勘一、自レ非ニ開見一、何知ニ積高一、須下毎レ当ニ交替一、請中其鈎匙上者、

右の「交替式云」は『延暦交替式』第二六条天平宝字七年三月二十四日官符に相当する『貞観交替式』上巻の逸文である。そしてこれには「新案」が付せられていたことがこの格文によって知られる。

(4) 『延喜交替式』第九〇条相当

『政事要略』五十九、交替雑事、禁断犯用官物

交替式云（中略）

又云、太政官符、百姓負二官稲一身死不レ須二免除一事

右准レ令、百姓負二官物稲一身死者、理不レ可レ徴、又免死之法、十分而免二一分一、今諸国百姓、出挙之日、多受二正税一、収納之時、競申二死亡一、已非レ有二悛革一、何絶二姧源一、自今以後、不レ得二免除一、

　　延暦十四年閏七月廿一日

『政事要略』に「交替式云」として引く格勅類はすべて『貞観交替式』のそれである（補説参照）。従って右の官符も『貞観交替式』上巻の逸文と看做される。但し身死百姓負稲の処分規定は、出挙利率との関係で、延暦二十五年に一旦旧に復され、弘仁元年以後再び延暦十四年制が復活した。従ってこれには、その経緯を述べた「新案」が付されていたかも知れない。

(5)　『延喜交替式』第一二一条相当

『類聚符宣抄』八、勘出　康保四年十二月一日符所引

又案二貞観新定交替式一、天長九年十二月十七日官符、率二公廨本穎一、可レ塡二旧年未納欠物一、

これが『貞観交替式』上巻の逸文であることについては、多言を要しまい。

(6)　『延喜交替式』第一二三条相当

『政事要略』五十三、交替雑事、雑田

交替式云、田令、凡在外諸司職分田、交替以前種者、入二前人一、若前人自耕未レ種、後人酬二其功直一、闕官田用二公力一営種、所レ有当年苗子、新人至日、依レ数給附、

これは『延暦交替式』第三九条に相当する。

(7)　『延喜交替式』第一二四条相当

『政事要略』五十三、交替雑事、雑田

交替式云、太政官符、立㆘在外官人給㆓職田及粮㆒限㆖事

右新任外官、五月一日以後至㆑任者、職分田入㆓前人㆒、其新人給㆑粮、限㆓来年八月三十日㆒、若四月卅日已前者、田入㆓後人㆒、功酬㆓前人㆒、即粮料限㆓当年八月卅日㆒

右は発令年月日を欠くが、田令在外諸司条集解令釈が引くものによれば、養老八年正月二十二日の発令である。而してこれは、『延暦交替式』では第四〇条に「民部省例」として引載されているものである。

以上のように、『貞観交替式』上巻に存したことが史料的に確認できるものは、僅か七条にすぎないが、前節で述べた『貞観交替式』の編纂方針(イ)に従えば、『延暦交替式』に存しながら現存の『貞観交替式』下巻には収録されていない二四に及ぶ条文（そのうち『延暦交替式』第一三・二六・三九・四〇条は右に挙げた(2)・(3)・(6)・(7)に当る）のすべてがその上巻に存したと考えられる。

次に内容別にみた場合に、上巻に含まれていた条文はどのようなものであったのだろうか。対照略表を一見して諒解されるように、延暦・貞観・延喜の三交替式の条文の配列は、それぞれにかなりの独自性を持っている。しかし概して言えば、『貞観交替式』の条文の配列は『延喜交替式』のそれに近かったと言えるようである。これを『延喜交替式』の配列に従ってごくおおまかに分類すれば、『貞観交替式』上巻に収められていたものは、およそ次のような内容のものであったと考えることができよう。

任符に関する条文　外官の秩限に関する条文　外官の交替に関する条文　内外官の交替程期に関する条文　内外官

の解由に関する条文　内外官の不与解由に関する条文　内外官の覚挙に関する条文　不動倉の管理に関する条文

正税算計に関する条文　正税出挙に関する条文　公廨稲出挙に関する条文　国司公廨田ならびに新任国司料に関する条文　戸籍・田籍・田図に関する条文

但しこれらの内容のものがすべて網羅されていたかどうかは、依然として不明と言わねばならない。

四　『延喜交替式』の編纂

『延喜交替式』の編纂に関しては、勘解由使から外記局に対して提出された申請文書が、『類聚符宣抄』に二通残されていることによって、多少の経過を知ることができる。それによれば、この度の編纂は延喜十一年五月四日に出された太政官符によって開始され、勘解由使局では使局に存する前二代の交替式に依拠することを不備として、対校に備えるため翌十二年六月九日外記局の蔵する『天長格抄』一部三十巻を借用し、ついで十四年九月にこれを返却するとともに、新たに『官曹事類』一部三十巻、『大同抄』一部十六巻を借用したのであった。このように諸書を参考として撰定の功成って奏上したのが延喜二十一年正月二十五日、時に勘解由長官は橘澄清、次官は藤原久貞と藤原諸蔭であった。他に大納言民部卿藤原清貫が共に位署を加えている。

このような経過を概観して興味をひくのは、勘解由長官橘澄清である。というのは、澄清は、『公卿補任』によれば、『延喜交替式』撰修を命ずる官符の発令された直前の延喜十一年二月十五日に勘解由長官に任命され、以後十年のながきにわたってその任にあり、同交替式奏上直後の二十一年三月十三日に離任している。これは『延暦交替式』

における勘解由長官菅野真道、『貞観交替式』における勘解由長官南淵年名の場合ときわめて類似するものである。恐らくこの交替式撰修の事業を終始主催した者が澄清であったことは疑いないところであろうし、その終了とともに彼は長官の任を離れたのであった。

右のように、『延喜交替式』は十年の歳月を費して撰修された。費された期間は三代の交替式の中でも最も長期のものと思われる。そしてこの交替式の最大の特色というべきものは、巻首の奏文に「伏見二先後所一レ撰、抄二略数書一、混二成一部一、名雖レ称レ式、実是似レ格」との理由で「准二之諸司式一、毎条立二凡例一、約成二一軸一、名曰二内外官交替式一」と述べているように、前二代のものとは異なって、すべての条文を凡条とし、その形式を一新したことであった。そのためには、一つの格勅類を数条に分割するという操作も、当然のこととして行われた（附表参照）。

こうした操作に伴う困難さも与っていることとは思うが、『延喜交替式』には、その撰修に多くの日月を費した割には、いくつかの疎漏な点が目につく。私の気付いた限りでも、次のような例が挙げられる。

第四四条の「凡京官不与解由状、依二理不尽一返却、十箇日内即令二弁申一、若過二此限一者、不レ論二上下一、奪二其季禄一」という条文は、貞観九年十一月十一日に発令された官符に由来するものであるが、「若……」以下の後半の規定は、『類聚三代格』所収の貞観九年十一月十一日官符と元慶四年十月七日官符によれば、貞観九年の官符発令の時には「若過二此限一者、責二同外国一、但六位奪二其季禄一」となっていて、五位以上については外国の場合と同じく解官するという厳しい内容のものであった。ところがこの格文に対して『貞観格』の編纂の際に改作の手が加えられ、「若過二此限一者、不レ論二上下一、奪二其季禄一」と改め、これを『貞観格』に収録したのである。而してこの改作のことは元慶四年にいたって発見されるところとなり、同年十月七日の官符によって、この規定を貞観九年の原官符のものに復すべきことが令せられたのであった。然るに『延喜交替式』の式文は、上記のように『貞観格』所収の官符をそのまま踏襲し、元慶四年の改正を採用していない。

第九一条の舂米運京国については、『延喜交替式』は『弘仁式』文をそのまま引き写し、『弘仁式』の編纂以後に成立した加賀国をこれに加えていない。これは単なる伝写の間の誤脱ではないであろう。

第九五条の雑米未進の処置に関する規定は、『延暦交替式』第二四条の延暦十四年七月二十七日官符を引き写したものであるが、延暦十四年格の規定は貞観四年九月二十二日官符によって改訂され、『延喜交替式』の編纂当時には死文となっていたものである。ところが本交替式では、貞観四年格の規定を第九一条として採用し、しかも延暦十四年格の規定を第九五条として掲げるという、二重の誤りを犯している。

第一八六条に規定されている雑徭日数三十日というのは、承和五年八月二十九日官符に基づくものであるが、雑徭日数は貞観六年にいたってさらに逓減されて、『延喜交替式』編纂当時は二十日となっていた。このことは『政事要略』に引く寛平三年十一月十九日官符によって確認されるところである。然るに本交替式においてはこのことが無視されている。

以上、『延喜交替式』の杜撰と思われる例をいくつか挙げてみたが、あるいはこれは毛を吹いて疵を求めるの所業であったかも知れない。僅かな瑕瑾をとらえて、一つの法典の信を云々することは無謀でもあるだろう。しかしわれわれは、この時期に編纂された法典一般に対して、漠然としたものではあるが、潜在的な一つの大きな疑念を抱いていることも否めない。その疑念とは、『延喜式』にしろこの『延喜交替式』にしろ、そこに収められている厖大な数の条文に、はたしてどれほどの実効性があったのか、この時期におけるこうした法典の編纂にどれほどの意義があり、編纂された法典にどれほどの権威が附与されたのであろうか、ということである。これはまた、法令と現実が乖離してしまったこの時代に、いまだ残影をとどめている律令制度、ひいては律令国家そのものに対する、われわれの評価の問題でもある。もし法典の編纂にそそがれる努力の中にその実効性の度合が反映しているものであるならば、このような疑念をより鮮明なものとするためにも、上に挙げた諸例は無視できないものを持っていると言わなければならないであろう。そもそも『延喜交替式』が施行されたという確証はついに見出すことができないのである。

五　交替式の諸本と参考文献

『延暦交替式』の唯一の古写本は、石山寺の蔵する一本である。巻子本一巻。料紙には楮紙を用い、墨付二六紙。『新訂増補 国史大系』の凡例によれば、その書写は貞観前後を降らないものとされている。その紙背を利用して南天竺般若悉曇第十八章が書写され、現在ではこれをオモテとして成巻されている。昭和二十八年に国宝に指定された。同本は江戸時代にいたってその存在が知られ、伴信友校本・岸本由豆流校本・塙忠実校本その他、多数の新写本を生んだ。板本には岸本由豆流校訂の天保九年版のものがある。

『貞観交替式』と『延喜交替式』についても古写本と称すべきものは、現在前田家尊経閣に蔵する旧三条西家本が一本存するにすぎない。同本は外題に「交替式全」として、『貞観交替式』と『延喜交替式』とをあわせて冊子本袋綴じ一冊をなす。料紙は同じく楮紙。『新訂増補国史大系』の凡例によれば、旧三条西家本の他の多くの書と同じく、室町時代後期の書写といわれる。箱書として左の識語がある。

此本者、西三条家伝之旧籍也、有レ故余感得焉、可レ謂レ幸矣、

貞享二載乙丑之歳冬十一月十一日

左近衛権中将菅綱紀

墨附肆拾捌葉

現在内閣文庫その他に蔵する諸本は、すべてこれの新写本である。

なお石山寺本『延暦交替式』の調査については、奈良国立博物館に勤務する畏友栗原治夫氏より多大の御教示を得た。記して感謝の微意を表したい。

次に、交替式そのものを扱った論考としては次のようなものがあり、本稿の作成に当っては、随時これらを参照させていただいた。

植木直一郎　「延暦・貞観・延喜の交替式」　明治三九年　『国学院雑誌』一二ノ一二
和田英松　『本朝書籍目録考証』　昭和一一年　明治書院
宮城栄昌　『延喜式の研究史料篇』　昭和三〇年　大修館書店
宮城栄昌　『延喜式の研究論述篇』　昭和三二年　大修館書店
福井俊彦　「延喜交替式の基礎的研究」　昭和三六年　『早稲田大学大学院文学研究科紀要』七
福井俊彦　「勘解由使の設置と延暦交替式」　昭和三八年　『日本歴史』一七八
福井俊彦　「貞観交替式の研究」　昭和四〇年　『史観』七二

また交替式の史料的価値の一つとして、倉庫令との関係を論じたものに、植木直一郎「交替式と倉庫令」(『国学院雑

誌』一三ノ一)、滝川政次郎「倉庫令考」(『法学論叢』一六ノ二・四)がある。その他交替式を史料として論を国司制度・解由制度に及ぼした論考は、古く大森金五郎・喜田貞吉氏等の業績をはじめとして、現在にいたるまで枚挙に遑がない。

註

(1) 勘解由使設置時期の問題に関する従来の説については、阿部猛氏が「桓武朝における地方行政の監察」(古代学協会編『桓武朝の諸問題』所収)において整理しておられるので、それを参照されたい。但しその中で、吉村茂樹氏の説を「延暦十四年説」としておられるが、これは川上多助氏説の「延暦十四〜十六年説」に含めるべきであろう。

(2) 南淵年名の長官任官については、『三代実録』貞観元年二月十三日己亥条にその記事がある。ところが同年十二月二十一日条の前任者藤原良縄の備前守任官に際し、同じ『三代実録』は「勘解由長官如レ故」と注し、『公卿補任』では貞観二年条でも良縄に「勘解由長官」と注している。しかし『三代実録』貞観十年二月十八日壬午条の良縄の卒伝では「貞観元年上表、辞二勘解由長官一許レ之」とされているので、『公卿補任』貞観二年条の注記はいちおう誤伝と考えられるが、『三代実録』の元年二月条と同年十二月条のいずれを誤りとすべきか決し難いので、年名の任官については幅をもたせた。三年正月十三日戊子条の年名右大弁任官の記事には「勘解由長官如レ故」とあるから、それ以前の補任であることは間違いない。次にその離任については年名自身に関する史料はないが、『公卿補任』では藤原冬緒と大江音人の両名について十年五月二十六日に長官に任じたことを注記している。これは音人の方を誤りとすべきであろう。何故ならば、冬緒については『三代実録』十一年十二月八日辛卯条に長官に任じていたことがみえるし、音人についても十二年正月二十五日戊寅条に長官任官のことがみえるからである。『公卿補任』には勘解由長官の任官のみでなく、十年九月の美乃権守任官についても冬緒・音人の双方に重載があるから、恐らく冬緒の伝が音人の項にまぎれて記載されたものと推測される。

(3) 本稿末尾に掲記した対照略表の素材は、さきに「交替式の基礎的研究」(『日本歴史』二三九・二四〇)と題して報告した。あわせて参照されたい。

〔補説〕「交替式私記」について

『政事要略』には数多くの逸書が引載されているが、「交替式私記」も同書のみにみられる逸書の一つである。正確に言えば、現行の『法曹類林』巻第一九二にも三条の「私記云」が存するのであるが、これは『政事要略』の写本の断簡が『法曹類林』に混入したものと推定される。

この「交替式私記」は、逸文ながらも現在われわれが知り得る唯一の交替式についての注釈書であるということで、きわめて貴重なものと言うべきであるが、後に述べるように、それが上巻を欠失している『貞観交替式』の私記である点で、その持つ意味はさらに大きいと言える。そこで、交替式についての愚考を述べたのを機会に、この「私記」に関する私見を略述して、大方の御批正を仰ぐことにしたいと思う。

現行の『政事要略』に「交替式云」として引載されているものは、すべて三八条である。この中には一つの条文を二か所に重載するものが一条含まれているから、実質は三七条の「交替式」が引載されていることになる。そこではじめに、『政事要略』が引く「交替式」は、延暦・貞観・延喜の三交替式のいずれであるかが第一の問題となるが、この三七条は悉く格文そのまま、あるいは令条そのままに引載されているから、惟宗允亮が典拠とした「交替式」が、全条凡条で統一された『延喜交替式』ではなかったことが、まずたしかめられる。次に、この三七条と『延暦交替式』『貞観交替式』下巻の条文と一致するものを比較すると、次のような結果を得る。

『延暦交替式』と一致するもの　一二　一致しないもの　二五
『貞観交替式』下巻と一致するもの　三四　一致しないもの　三
（右の両者それぞれに『延暦交替式』『貞観交替式』下巻ともに一致しないもの一を含む）

ところでここで『貞観交替式』下巻と一致しないものとした(イ)田令在外諸司条（新訂増補国史大系本『政事要略』二八六頁、以下の頁数はすべてこれに従う）、(ロ)養老八年正月二十二日格（二八六頁）、(ハ)延暦十四年閏七月二十一日官符（四七二頁）の三条のうち、(イ)・(ロ)の二条はそれに相当するものが『延暦交替式』の中にあり、従ってこれらは『貞観交替式』の上巻にそのまま収録されていたと考えられるものである。残る一つ(ハ)は、『延暦交替式』の編纂以前に出された官符であるが、『延暦交替式』に収録されなかったものであるにも拘らず、ここに「交替式云」として引載されていることは、この官符もまた『貞観交替式』の上巻に収められていたことを強く推測せしめる。従って先の数字の『貞観交替式』に関する部分は、

『貞観交替式』下巻と一致するもの　三四
同交替式の上巻に収録されていたと推測されるもの　三

と修正しなければならない。

このことだけからも、惟宗允亮が『政事要略』を編纂するに際して参照した交替式は『貞観交替式』であったと考えて差支えないと思うのだが、ここでかりに、允亮の手許に延暦・貞観の二つの交替式が存したと仮定しよう。彼はこれを同一の書名によって無差別に引用したであろうか。『弘仁格』『貞観格』『延喜格』、あるいは『弘仁式』『貞観式』『延喜式』については、神経質なほどにその旨を明記している允亮が、そのようなことを行うとは考えられない

ことではないだろうか。しかも『延喜交替式』以外では、『貞観交替式』が允亮の時代に最も近く編纂されたものなのである。そこで以上述べたような事柄を、次のように確認しておきたい。

(I) 『政事要略』に引載されている交替式は、すべて『貞観交替式』である。

『政事要略』に引く全三七条の交替式のうち、その大部分を占める三四条には「私記云」なるものが付せられている。残る三条は、(イ)延暦十九年九月十六日官符(三五八頁)、(ロ)国司遷代条(四五九頁)、(ハ)倉庫令欠失官物条(四七二頁)であるが、このうち(ロ)には長文の問答が付せられており、文中にみられる「案下文」「案下条」等の文言よりすれば、この問答もまた「私記」そのものであったと考えられる。

『政事要略』に引く交替式が『貞観交替式』であるからには、それに付記されている「私記」もまた『貞観交替式』の私記であると結論することは当然の帰結と言わなければならないが、さらに進んで、惟宗允亮が参照した交替式は『貞観交替式』そのものではなく、「私記」に引載されていた交替式ではなかったか、と私は考えている。何故ならば、「私記」の付記されていないものが二条存するとはいえ、そう考えない限り、どのような理由で允亮は『延喜交替式』を用いずに、『貞観交替式』を『政事要略』に引用したのかという理由が、理解できないと思うからである。そしてこのことは次のような事例によってもたしかめられることである。

『政事要略』巻五一の巻頭に「交替式云」として延暦十四年七月二十七日官符が引載されているが(二五一頁)、これに続けて「私記云」として大同二年十二月二十九日官符が引かれ、さらに「又条云」として斉衡二年五月十日官符と貞観二年九月十七日官符が引用され、最後に問答が付せられている。この問答までが「私記」からの引用であることは明らかであるが、そうであるならば、「又条云」とする二つの官符もまた「私記」に引載された官符であらねばならない。そしてこれら二つの官符も含めて、「私記」が引用している三つの官符は、いずれも『貞観交替式』下巻に収録されており、『政事要略』は後文に改めてこの三つの官符を「交替式云」として引載しているのである（二五八・二六二・二六四頁）。

思うに「交替式私記」とは、『貞観交替式』の全部の条文を掲記し、条文と条文との間に注釈を施したものではなかったろうか。それゆえ疑義の存しない条文については、注釈が付記されないものもあったであろうことは、当然予想される。あるいはその表題も「交替式私記」ではなく、単に「交替式」とされていたのかも知れない。右の三つの官符の引用の仕方についても、明らかに「私記」を承ける「又条云」という言葉を用いながらも、その実はその語が交替式そのものを指しているということは、このように想定することによって理解されるのではなかろうか。

以上の推測の結果をまとめて、私は次の二項を加えたいと思う。

（Ⅱ）「交替式私記」は『貞観交替式』の私記である。

（Ⅲ）『政事要略』に引く「交替式」は、「交替式私記」に引載されていた『貞観交替式』からの引用と推定される。

さて次に、その「交替式私記」がいつごろの編纂であり、その編纂が誰によって為されたものであるかを考えなければならないが、そのために残された史料はきわめて乏しい。

まずその成立の時期については、この「私記」が『貞観交替式』の私記であることから、その編纂は『貞観交替式』の施行期間中に行われたと考えて、まず誤りなかろうと思われる。従って成立の下限は『延喜交替式』撰進の延喜二一十一年とすることができ、また明らかに「私記」の引用する官符の中で最も新しいものは寛平八年十一月二十日官符であるから（四〇六頁）、これを以て成立の上限と看做し得る。しかし成立の時期を推定せしめるに足る資料は、管見の限りではわずかにこれだけが存するにすぎない。そこで編者について考えてみよう。

本書の編者を考える場合に最も参考となるのは、『政事要略』における本書の引用態度である。それを具体例によって示そう。

『貞観交替式』の推定上巻及びその下巻に収録されている令の条文で、『政事要略』に引載されているものは次の五条である。

(イ) 田令、在外諸司条（二八六・二八九頁）
(ロ) 軍防令、在庫器仗条（三三四・三三四頁）
(ハ) 厩牧令、在牧失官馬牛条（三六四頁）
(ニ) 倉庫令、倉出給条（四六二頁）
(ホ) 倉庫令、欠失官物条（四七二頁）

『政事要略』が引用する令文は、その大多数が『令義解』あるいは『令集解』からの引用と考えられるが、右の五条のうち『令義解』を典拠としたと思われるものは(ニ)の一条のみであって、他の四条はすべて「交替式云、田令……」「交替式云、軍防令……」というように、「交替式云」を冠して引用されており、しかも(イ)・(ロ)の二条はこのようにして引用するとともに、その前後に同一の条文を「田令云」「軍防令云」として重ねて引用しているのである。つまり惟宗允亮が典拠とした「交替式」あるいは「交替式私記」に引載されている令の条文については、『令』あるいは

『令義解』『令集解』等よりも、「交替式」あるいは「交替式私記」所収のものの方が優先されたか、あるいは少なくとも「交替式」又は「交替式私記」所収のものは他の引用書と拘りなく独自に掲記されたと考えることができる。

同様のことは、格文の引用についてもみることができる。『貞観交替式』に収録されている官符で『弘仁格』に重載するもの十三条のうち、(イ)延暦四年七月二十四日官符（四六六・四七二頁）、(ロ)延暦十七年十月十九日官符（四六五頁）、(ハ)延暦二十四年十二月二十五日官符（三六八頁）、(ニ)大同二年十二月二十九日官符（二五八頁）、(ホ)大同五年三月二十八日官符（四〇五頁）、(ヘ)弘仁二年九月二十三日官符（三三七頁）、(ト)弘仁三年三月二十日官符（三七九頁）、(チ)弘仁三年五月四日（『要略』三日に作る）官符（三三八頁）、(リ)弘仁四年三月二十日官符（四七三頁）の九官符が『政事要略』に引載されているが、その悉くが「交替式云」としての引用である。ここでも、『弘仁格』と「交替式」あるいは「交替式私記」に重載されている官符については、『政事要略』の編纂に際して前者より後者が優先して参照されたと言うことができる。

これらの事例だけからも、惟宗允亮にとって、「交替式」あるいは「交替式私記」が如何に尊重すべき書であったかが推察されるが、さらにわれわれは允亮による次のような二つの注目すべき注記を見るのである。

大同五年三月二十八日官符を引いた『政事要略』は、これに続けて「私記云」として寛平六年十月十四日官符と寛平八年十一月二十日官符を引用しているが（四〇五頁以下）、寛平八年官符について允亮は、

件格在ㇾ上、然後而（衍）依ㇾ載二私記一、不ㇾ除二棄之一、

と、重複して掲載した旨をわざわざ注記している。この注記が述べる通り、その官符はこの交替式文の直前（四〇四頁）に「延雑格云」として全文引用されているのである。

同じく延暦四年七月二十四日官符を引いた後に、「私記云」として貞観十四年七月二十九日官符を引用しているが

(四六六頁以下)、これにも允亮は、

件符在レ下、然而依レ載ニ私記一不レ除レ之、

と注し、同一の官符がその直後(四六九頁)に「延刑格云」として全文重載されている。

このような引用態度は、いずれも「私記」と惟宗允亮がきわめて密接な関係にあったことを示すものにほかならない。允亮がその当時存在していた『延喜交替式』を用いずに敢えて『貞観交替式』を引載したという事実も、同様のことを示唆している。かくして私は、この「私記」の成立に関して、次のような想像をめぐらすのである。

「交替式私記」は惟宗允亮にとってきわめて尊重すべき書であった。恐らく惟宗家に由緒のある書であったと思われる。それゆえに允亮はこの書に引載されている令条・格文・注釈は、『政事要略』の編纂に際し、ほとんどそのまま祖述したのであった。而してその惟宗家との由緒とは、この書の編者が允亮の祖であったことに由来するものではなかったか。もし然りとすれば、允亮の祖としてわれわれが知り得るものは、允亮の父と推定されている致明、祖父の公方、曾祖父の直本、あるいは致明の兄弟公平、直本の兄直宗、直宗の子と考えられている善経がそのすべてである。このうちで公方以下の世代のものは、この書が『貞観交替式』の私記であるということから編者としての候補から除かれるが、残る直宗・直本・善経の三名の中では直本が最もこの書の編者としての可能性が大きい。何故ならば、この三名のうち勘解由次官に任じたことが判明するのは直宗・直本の二人であり、さらに直宗の次官任官は元慶八年三月であって、寛平年中に卒したと推定されているのに対して、直本の任官時は不明だが、延喜二年にはその任にあったことが知られているからである。善経については、彼が勘解由使に関係を有したことを示す史料は残されていない。

惟宗直本といえば、周知のように、『令集解』『律集解』『検非違使私記』等の編者として知られている。この中で私

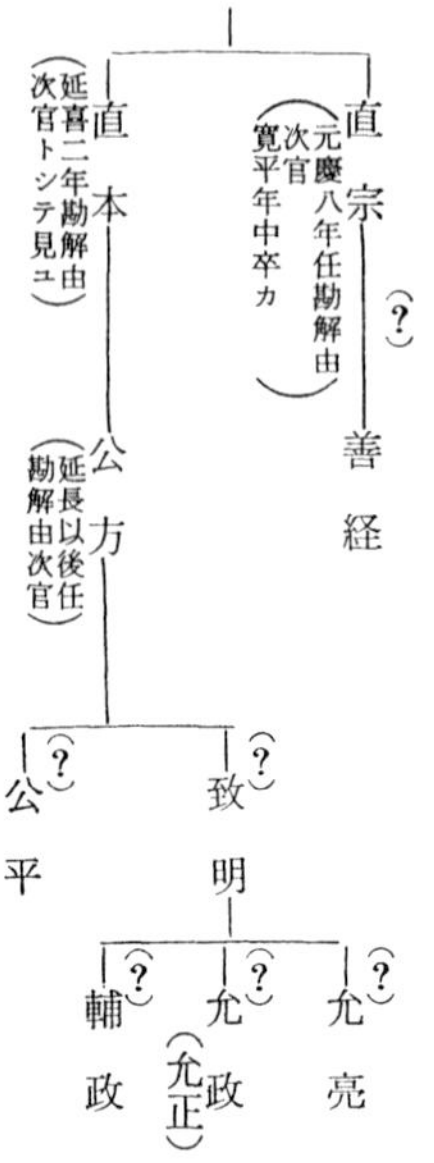

和田英松「惟宗氏と律令」（『国史説苑』所収）による

が注目するのは『検非違使私記』である。『政事要略』によれば、この『私記』は直本が右衛門尉在任中の寛平四〜五年の撰述であったという。この時彼が検非違使を兼ねていたことは「贈太政大臣諱時平為二別当一之時、曾祖父為二右衛門尉一、応二彼教一所レ撰也」という文に徴して疑いあるまい。そうであるならば、検非違使に任じてその『私記』を著わした彼が、さらに勘解由次官に任じた際に交替式の「私記」を撰したと推定することも不可能ではないように思われる。

推測に推測を重ねる結果となったが、最後に次のようにまとめておこう。

(Ⅳ)「交替式私記」の編者としては惟宗直本が最もふさわしい。その編述の時期は延喜初年であったと考えられる。

以上「交替式私記」についての私の臆測を述べてみた。推測の根拠とするに足る史料はきわめて乏しく、殊に(Ⅳ)は全く臆測の域を出ないものである。大方の御批判を仰ぐことができれば、これ以上の幸はない。

〔附表〕　延暦・貞観・延喜三交替式対照略表

○　この表は、『延喜交替式』の条文を基礎として、延暦・貞観・延喜の三交替式相互の関係を明らかにし、さらに『延喜交替式』の各条文について、その条文の成立した年次を尋ねるために作製した。なお詳しくは拙稿「交替式の基礎的研究」（『日本歴史』二三九・二四〇）を参照されたい。

○『延暦交替式』・『貞観交替式』下巻・『延喜交替式』の条文に、便宜通し番号を付した。

○『延喜交替式』には適宜条文の内容を示す条名を付した。

○「典拠」の項のうち＊印を付したものは、その条文のすべての字句を遡及できなかったものである。

○同じく「典拠」の項で、参考資料あるいは私案には〔　〕を付した。また略号の「延」は『延暦交替式』を、「貞」は『貞観交替式』を意味する。

○貞観・延暦の二交替式の項で棒線を施したものは、その条文がこれら両交替式に存しなかったことの明白なものである。

分類	延喜交替式 条番号	延喜交替式 条名	典拠	貞観交替式条番号	延暦交替式条番号
任符	1	官人至任条	＊選叙令（延）		1
秩限	2	国司歴限条	承和二年七月三日官奏（三代格）		―
	3	博士医師任限条	＊宝亀十年閏五月丙申（続紀）・貞観十二年十二月二十五日（三実）		―
	4	検非違使秩限条	寛平六年九月十八日官符（三代格）	―	―
	5	弩師秩限条	元慶二年二月三日官符（三代格）	―	―
	6	鎮守府任限条	大同三年七月丙申（後紀）・貞観八年十二月五日官符（三代格）		―
	7	鋳銭司秩限条	＊承和二年三月十五日官符（三代格）・貞観十年六月二十八日官符（三代格）		―
交替	8	権任国司条	貞観九年十一月十一日官符（三代格）		―
	9	鎮守府権官条	〔貞観九年以降〕		―
	10	給仮装束条	＊仮寧令・天平宝字二年九月八日解（延）・天応二年二月五日宣（三代格）・延暦元年十二月四日勅（延）・天長三年十月七日官符（三代格）〔一部大同四年以降ヵ〕		3

交替程期	11	任用人勘知程条	〔不明、寛平九年以降ヵ〕		｜
	12	国司分付程条	天平宝字二年九月八日解（延）・延暦十七年四月七日官符（延）・承和元年八月丙子（続後紀）		3
	13	内外官交替程条	寛平七年七月十一日官符（三代格）	｜	｜
	14	交替延期条	*延喜二年三月十三日官符（三代格）	｜	｜
	15	被管交替延期状条	〔不明〕		｜
解由	16	解由申官条	天平五年四月五日省符（延）		2
	17	解由与不条	〔不明、天応二年以降ヵ〕		｜
	18	京官解由条	大同四年十一月十三日官符（三代格）		｜
	19	公文官舎等申官条	〔不明、寛平元年以降ヵ、又ハ大同四年以降ヵ〕		｜
	20	解由状条	〔不明〕		｜
	21	解由状不返却条	弘仁三年十一月戊辰（後紀）		｜
	22	解由状可署条	〔不明ナルモ、大同四年以前ト思ハレル〕		｜
	23	太政官解由条	〔不明、大同四年以後〕		｜
	24	史生解由条	〔大同四年ヵ〕		｜
	25	被管史生解由条	〔不明〕		｜
	26	博士解由条	〔不明〕		｜
	27	施薬院司解由条	天長二年十一月二日官符（三代格）		｜
	28	博士医師解由条	貞観四年十一月十一日交替式（要略）	上巻ノ逸文アリ	｜
	29	監牧秩限解由条	天長元年八月二十日符（貞）	41	｜
	30	薬園師乳師解由条	弘仁十一年二月二十七日官符（三代格）・貞観十一年七月十九日（三実）		｜
	31	侍従女官厨別当解由条	天長八年十二月九日官符（三代格）・承和九年三月丁酉（続後紀）・貞観十二年四月二十八日（三実）		｜
	32	大輪田泊使解由条	天長八年四月二十一日官符（三代格）		｜

	33	続命院相替解由条	承和二年十二月三日官符（三代格）		|
	34	被管解由与不状条	〔不明〕		|
	35	諸国任用吏解由条	寛平九年四月十九日官符（三代格）	|	|
	36	大学博士解由条	*天長二年五月庚午（類史）		|
	37	遙任国司解由条	〔不明、天応二年以後〕		|
	38	施薬院別当条	〔天長二年以後〕		|
	39	薨卒五位已上条	天長二年五月庚午（類史）		|
不与解由	40	言上不与解由状条	仁和四年七月二十三日官符（三代格）	|	|
	41	甄録所執条	大同二年四月六日官符（三代格）・弘仁六年十月四日官符（三代格）		|
	42	解任年月日条	〔不明〕		|
	43	依理不尽返却程条	承和九年八月二十二日官符（三代格）		|
	44	京官依理不尽返却程条	貞観元年十一月十一日官符（三代格）		|
	45	遁避不署条	貞観十二年十二月二十五日官符（三代格）	|	|
	46	借貸犯用条	天長二年五月二十七日官符（貞）	12	|
	47	不顕欠失細由条	*天長二年五月二十七日官符（貞）	12	|
	48	未得解由条	延暦十七年四月七日官符（延）		3
	49	前司入京条	承和九年八月丙子（続後紀）		|
	50	不給位禄等条	〔不明〕		|
	51	不与解由状返却条	〔不明〕		|
	52	検交替使帳条	〔不明〕		|
覚挙	53	覚挙遺漏条	延暦十九年九月十二日官符（延）		4
	54	覚挙遺漏程限条	〔貞観十二年以前〕		|
	55	不可覚挙条	大同四年二月二日官符（三代格）		|
	56	定不動倉条	和銅元年閏八月十日官符（延）		22

倉蔵	57	倉蔵文案孔目条	倉庫令(延)・問答(延)・天平勝宝七年七月五日官宣(延・貞)	延23相当 6ノ問答ハ上巻ニアリ	21・23・35
	58	倉貯積条	倉庫令(延)		13
算計	59	算計法条	*宝亀七年算計法(延)		(24)・25
	60	量収糒穀条	延暦十七年十月乙未(類史)		｜
	61	不得除耗条	〔弘仁主税式ニアリ〕		｜
	62	官塩耗条	宝亀四年正月二十三日解(延)		14
不動穀	63	倉蔵貯積雑物条	倉庫令(延・貞)	1	18
	64	不動穀遺条	寛平三年八月三日官符(三代格)	｜	｜
	65	不動倉鈎匙条	天平宝字七年三月二十四日官符(延)・交替式新案(三代格)	上巻ノ逸文・新案アリ	26
	66	不動穀開用条	貞観八年十二月八日官符(三代格)		｜
欠負 欠損	67	倉出給条	倉庫令(延)・交替式今案(延)		15
	68	官物収納通計条	交替式今案(延)・弘仁五年九月二十二日官符(三代格)		15
	69	倉蔵受納条	倉庫令(延・貞)・交替式今案(延)・交替式新案(貞)・承和十二年十月二十二日符(貞)	2・14	19
	70	不動倉算勘欠条	〔貞観以後〕	(5)	(35)
	71	不動物欠負条	天平勝宝七年七月五日官宣(延・貞)・交替式今案(延)・天平勝宝七年七月九日起請(延・貞)	5・6	35・36
	72	動物欠負条	天平勝宝七年七月五日官宣(延・貞)	5	35
	73	欠失官物条	倉庫令(延・貞)	3	20
	74	欠負官倉条	倉庫令(延・貞)・弘仁十年四月十五日官奏(三代格)	4	16
	75	交替雑官物欠条	承和十二年十月二十二日符(貞)	14	｜
	76	規避欠負条	延暦十九年九月十二日官符(延)		4

犯用官物	77	焼亡官物条	*延暦五年八月七日符（貞）・弘仁三年八月十六日符（貞）	16・17	｜
	78	監臨主守自貸条	*天平八年十一月十一日官符（延・貞）	18	17
	79	犯用官物条	延暦四年七月二十四日符（貞）・貞観十四年七月二十九日官符（三代格）	7	｜
	80	虚納欠損条	貞観十五年九月二十三日官符（三代格）	｜	｜
	81	前司犯用官物条	弘仁十三年八月二十五日符（貞）	11	｜
出挙正税	82	以稲粟出挙条	雑令（延）		27
	83	出挙息利条	弘仁元年九月二十三日官符（三代格）		｜
	84	出挙収納雑穀条	*賦役令・天平六年格（集解）・〔弘仁主税式ニアリ〕		｜
	85	正税本利条	延暦十八年五月十七日官符（延）・大同元年八月二十五日官符（三代格）・〔延暦十一年十一月二十八日官符（延）〕		(30)・31・(32)
	86	減省補塡条	延喜五年十二月二十五日官符（三代格）	｜	｜
	87	官稲収納条	天平二年四月十日官符（延）		28
	88	虫食焼遺穀条	〔弘仁主税式ニアリ〕		｜
	89	疫死百姓口分条	〔貞観式ニアリ〕		｜
	90	身死百姓負稲条	延暦十四年閏七月二十一日交替式（要略）、但シ弘仁元年以降	上巻ノ逸文アリ	｜
雑米	91	春米運京条	*弘仁民部式（三代格）・貞観四年九月二十二日官符（三代格）・貞観七年八月一日官符（三代格）		｜
	92	租春米未進条	〔不明、寛平以後カ〕		｜
	93	春功条	〔弘仁主税式ニアリ〕		｜
	94	年料春米条	天長三年九月十六日符（貞）	23	｜
	95	雑米未進条	延暦十四年七月二十七日官符（延・貞）	24	41
	96	雑米返抄条	〔延喜十二年カ〕		｜
	97	出羽狄禄条	貞観十七年五月十五日官符（三代格）	｜	｜

公廨	98	大宰蓄客儲米条	〔不明〕		|
	99	公廨稲条	天平十七年十一月二十七日官奏（延）		33
	100	公廨処分条	天平宝字元年十月十一日官宣（延）・延暦十四年七月二十七日官符（延）・弘仁十年十二月二十五日官符（三代格）・承和八年十月己巳（続後紀）・貞観八年三月七日官符（三代格）・〔弘仁主税式〕	24	34・41
	101	新任国司公廨条	弘仁十年十二月二十五日官符（三代格）・承和八年十月己巳（続後紀）		|
	102	没不塡欠倉国司公廨条	弘仁五年七月二十日符（貞）	10	|
	103	対馬島司公廨条	天平宝字四年八月甲子（続紀・三代格）・〔弘仁主税式〕		|
国儲借貸	104	新任国司借貸条	延暦二十五年三月二十四日符（貞）	20	|
	105	鋳銭司借貸条	〔不明、弘仁以後〕		|
	106	量賜借貸条	天長元年八月二十日符（貞）	22	|
	107	置国儲条	延暦二十二年二月二十日官符（延）		38
	108	国儲過用条	〔不明〕		|
	109	本授業師料条	貞観十二年十二月二十五日官符（三代格）	|	|
	110	書生借貸条	大同二年四月十五日符（貞）	21	|
	111	駅戸借貸条	弘仁十三年正月五日官符（三代格）		|
雑稲交易	112	官公易条	延暦十七年十月十九日官符（貞）	8	|
	113	修理溝池料稲条	天長三年七月十五日官符（貞）	43	|
	114	雑交易未進条	貞観十二年十二月二十五日（三実）	|	|
	115	救急料稲条	〔不明、弘仁以後ヵ〕		|
	116	修理池溝料等帳条	*天長三年七月十五日官符（貞）	43	|
	117	糶糴稲条	〔不明〕		|
	118	出挙未納塡納条	天平勝宝七年七月五日官宣（延・貞）・天平勝宝七年七月九日起請（延・貞）	5・6	35・36

未納	119	未納申官条	天平勝宝七年七月九日起請（延・貞）・交替式今案（延）	6	36
	120	未納雑官稲条	弘仁三年三月二十三日符（貞）・貞観二年九月二十五日符（貞）	13・15	｜
	121	旧年未納率分条	天長九年十二月十七日官符（符宣抄）	上巻ノ逸文アリ	｜
租・地子	122	剰徴田租地子条	延暦十七年十月十九日官符（貞）	8	｜
公廨田	123	在外諸司職分田条	田令（延・要略）	上巻ノ逸文アリ	39
	124	新任外官条	民部省例（延）・養老八年正月二十二日交替式（要略）・田令（延）	上巻ノ逸文アリ	39・40
	125	遙授国司公廨田条	*貞観十二年十二月二十五日官符（三代格）		｜
調庸雑物	126	貢調使条	大同二年十二月二十九日符（貞）	25	｜
	127	調庸麁悪違期未進条	大同二年十二月二十九日符（貞）	25	｜
	128	大宰府貢物麁悪違期条	承和十四年十月十四日官符（三代格）		｜
	129	大宰府貢物麁悪条	貞観十三年八月十日官符（三代格）	｜	｜
	130	調庸未進条	延暦十四年七月二十七日官符（延・貞）・斉衡二年五月十日符（貞）・貞観二年九月十七日宣（貞）・貞観六年十二月十四日官符（三代格）	24・27・28	41
	131	不受調庸惣返抄条	寛平二年九月十五日官符（三代格）・寛平八年六月二十八日官符（三代格）	｜	｜
	132	調庸未進率分条	寛平五年五月十七日官符（三代格）・〔承和十三年八月十七日格（三代格）〕	｜	｜
	133	雑薬未進条	承和五年六月八日符（貞）	29	｜
諸使	134	諸国調使条	仁寿二年四月二日官符（貞）	27	｜
	135	貢調使公文条	斉衡二年五月十日符（貞）	27	｜
	136	使等無故不上条	大同五年三月二十八日符（貞）	26	｜

	137	調使勘租帳条	貞観二年九月十七日宣（貞）	28	｜
	138	受使入京条	宝亀十年八月二十五日符（貞）	30	｜
田籍 戸籍	139	四証図条	〔弘仁十一年以前〕		｜
	140	内外田図条	弘仁十一年十二月二十六日官符（三代格）		｜
	141	文案条	公式令・〔弘仁十一年十二月二十六日官符（三代格）〕		｜
	142	畿内田籍条	弘仁十一年十二月二十六日官符（三代格）		｜
	143	戸籍条	戸令・〔弘仁十一年五月四日官符（三代格）〕		｜
	144	庚午年籍条	弘仁十一年五月四日官符（三代格）		｜
	145	年終帳条	貞観十三年十二月五日（三実）	｜	｜
官舎	146	正倉官舎修理条	延暦十九年九月二日官符（延・貞）・弘仁四年九月二十三日官符（三代格）・天長二年五月二十七日官符（貞）・承和八年二月二十二日符（貞）・承和八年十月十九日符（貞）・交替式新案（貞）	34・35・36・37	12
	147	諸国正倉条	天平勝宝元年八月四日勅（延・貞）	31	9
	148	具録修理官舎申官条	天平神護二年九月五日勅（延・貞）	32	10
	149	修理官舎料条	弘仁十一年閏正月二十日符（貞）	33	｜
	150	定官舎破損大小条	交替式新案（貞）	34	｜
	151	渡船買替条	天長元年六月二十九日格（三実貞観十五年条）		｜
池溝	152	諸国溝池堰堤条	延暦十九年九月十六日官符（延・貞）	42	11
	153	溝池堰堤条	延暦十九年九月十六日官符（延・貞）	42	11
	154	国郡司修固池堰条	仁寿二年三月十三日官符（三代格）		｜
器仗	155	在庫器仗条	軍防令（延・貞）	38	6
	156	軍器在庫条	軍防令・寛平七年七月二十六日官符（三代格）	｜	｜
	157	大宰府器仗条	貞観十二年五月二日官符（三代格）	｜	｜
	158	兵士備糒条	宝亀四年正月二十三日解（延・貞）	39	7

官馬牛	159	在牧失官馬牛条	厩牧令（延・貞）	40	8
	160	牧馬牛欠失条	寛平五年三月十六日官符（三代格）	｜	｜
	161	検校牧格条	貞観十八年正月二十八日官符（三代格）	｜	｜
	162	徴欠駒直条	天長元年八月二十日符（貞）	41	｜
神社	163	神宮司及神主解由条	大同四年閏二月丁酉（後紀）・弘仁三年十月戊子（後紀）・弘仁八年十二月二十五日官符（三代格）		｜
	164	香取楽人装束条	[不明]		｜
	165	神三郡神社等破損条	弘仁八年十二月二十五日官符（三代格）・寛平九年九月十一日官符（三代格）		｜
	166	神宮破損修理料条	大同四年四月辛卯（後紀）・弘仁三年六月辛卯（後紀）		｜
	167	神戸百姓修理神社条	弘仁二年九月二十三日官符（貞）	44	｜
	168	無封神社修理条	弘仁三年五月四日官符（貞）	45	｜
	169	神社封物条	天長元年八月二十日官符（貞）	46	｜
	170	修理無封苗裔小社条	貞観十年六月二十八日官符（三代格）		｜
寺院	171	講読師検按条	弘仁三年三月二十日官符（貞）・天長二年五月三日官符（貞）	49・50	｜
	172	国分二寺度縁戒牒条	承和十一年十一月十五日官符（三代格）		｜
	173	部内諸寺条	延暦二十四年十二月二十五日官符（貞）・天長二年五月三日官符（貞）	47・50	｜
	174	定額寺堂塔雑舎条	弘仁十三年三月二十六日符（貞）・天長二年五月三日官符（貞）	52・50	｜
	175	諸国定額寺修理条	嘉祥二年閏十二月五日官符（貞）	52	｜
	176	定額寺燈分稲条	大同三年七月四日官符（貞）	48	｜
	177	定額寺資財帳条	天長二年五月二十七日官符（貞）・貞観十年六月二十八日官符（三代格）	51	｜
	178	講読師秩限条	延暦二十四年十二月二十五日官符（貞）・天長二年五月三日官符（貞）	47・50	｜
	179	講読師解由与不条	[不明]		｜

	180	講読師供養料条	天長二年五月三日官符（貞）	50	｜
	181	別当為長官条	貞観十二年十二月二十五日（三実）	｜	｜
	182	別当秩限条	貞観十二年十二月二十五日（三実）	｜	｜
新任国司	183	新任国司給鋪設条	*天平十五年五月丙寅（続紀）		｜
	184	国司遷代給夫馬条	*和銅五年五月十六日格（集解）・天平八年四月七日官符（延・貞）・大同二年十二月一日官符（貞）・式云（貞）	53・54・55	5
	185	不給交替丁条	貞観八年十月八日官符（三代格）		｜
雑徭	186	雑徭均使条	承和五年八月二十九日官符（貞）	57	｜
会赦	187	雑犯会赦可免条	弘仁四年三月二十日官奏（貞）	56	｜
	188	赦後在任条	延喜十三年二月二十五日官符（要略）	｜	｜
	189	赦後在任之吏条	延喜十一年奏状（要略）	｜	｜
	190	造進会赦帳程期条	承和九年八月二十七日詔（三代格）・貞観四年七月十五日官符（三代格）		｜
度量衡	191	度量権衡平校条	延暦十七年十月乙未（類史）		｜
	192	度量権衡用大条	〔和銅六年ヵ〕		｜

弘仁式

虎尾俊哉

一　編纂の事情

本書編纂の事情については、「弘仁格式序」（『類聚三代格』所収）によって、その大要を知ることが出来る。以下、必要な限りの原文を引いて説明を加えてみよう。

（前略）先帝（中略）以為、律令是為二従レ政之本一、格式乃為二守レ職之要一、方今雖三律令頻経二刊脩一、而格式未レ加二編緝一、稽二之政道一尚有レ所レ闕、乃詔二贈従一位行左大臣藤原朝臣内麻呂・故参議従三位行常陸守菅野朝臣真道等一、始令二撰定一、草創未レ成遭二時遏密一、寝而不レ為、

この「先帝」は、後述の天長七年十月七日の藤原三守の奏言にも「先朝延暦年中」とあり、桓武天皇の詔によって格式編纂の命が下ったが、その後、未完成のうちに天皇の崩御によって中止となったというのである。ここに受命者として名前の見える二人の中、藤原内麻呂は当時の政府の首班として名を連ねているにすぎないらしいから、実質的には菅野真道を編纂主任としての詔命と見て差支えないであろう。というより、桓武朝における真道の特殊な位置[1]か

ら判断すると、一歩進んで、彼真道の献策に基づくものと解してもよいようである。

そして、「草創未レ成遭二時遏密一」というのであるから、その詔命の時期は桓武天皇崩御の延暦二十五年三月から、それほど遡らない時期であることは疑いない。諸般の事情から察して、私は延暦二十二年の半ばぐらいではなかったかと推定している。(2) そして、彼はこの年の後半には本格的な資料蒐集の段階に入っていったのではあるまいか。延暦二十三年三月に『止由気神宮儀式帳』が、また同年八月に『伊勢太神宮儀式帳』が、それぞれの神宮の神官から神祇官あてに提出されており、かつ神祇官がこれらの儀式帳に検判を加えているが、これら二つの儀式帳の内容と『延喜式』伊勢太神宮式の内容との親近性から判断して、これらは『弘仁式』編纂の資料として提出を求められたものと解されるのである。(3)

こうして始まった格式編纂事業も、しかし間もなく二十五年二月桓武天皇の崩御によって中止の止むなきに至った。つまり、次の平城天皇はこの事業を継続しなかったのである。ただし、その理由については、確かなことは分らない。

天朝(中略)爰降二綸言一尋令二脩撰一、申詔二大納言正三位兼行左近衛大将陸奥出羽按察使臣藤原朝臣冬嗣・故正三位行中納言臣藤原朝臣葛野麻呂・参議従三位行近江守臣秋篠朝臣安人・参議従四位上行春宮大夫兼左兵衛督式部大輔臣藤原朝臣三守・従五位下守左近衛少将臣橘朝臣常主・従五位下守大判事兼行播磨大掾臣物部中原宿祢敏久等一、

格式編纂事業が再開されたのは、次の嵯峨天皇の時のことである。その受命者六名の中、藤原葛野麻呂は弘仁九年十一月一日に死亡しているから、それ以前のことであったことは分るが、それがどこまで遡り得るかという点は決め手となる材料がないので分らない。(4)

編纂の具体的な様子もほとんど分らない。ただ、弘仁十年の暮から十一年のはじめにかけての太政官符に「造式所

起請」なるものが五例ほど見えていることから、[5]「造式所」という専門の機関の設置されていたことが分るだけである。「造格所」というものが別個に設置されていたかどうかは不明であるが、格と式との編纂の資料は重複するものであり、かつ両者の編纂は同一の委員によって一連の事業として行なわれたのであるから、その編纂機関は一つであったと考えた方がよいであろう。『類聚国史』巻百四十七によると、奏進後の改訂の期間のことであるが、天長八年二月二日条の記事に「造格式所」なるものが見えている。正式の名称は「造格式所」であっても、事と次第によって「造式所」と簡略化した名称が使用されていたのであろうと思う。

二　奏進・施行・修訂

本書の奏進と施行とに関しては、まず『本朝法家文書目録』に、

　弘仁十一年四月廿二日与レ格奏進、

と見え、その『弘仁格』については、同じく『本朝法家文書目録』に、

　弘仁十一年四月十一日大納言藤原冬嗣等奏進、

また「貞観格序」（『類聚三代格』所収）に、

　弘仁十一年四月廿一日施二行格十巻一、

と見えていて、或は同時に奏進された格と式との日付を異にし、或はほぼ同じ日付で奏進と言い施行と言うなど、多少の混乱がある。

この中、日付の相違については、「貞観格序」によって、おそらく四月二十一日に統一してよいと思うが、(6)この日が奏進の日であったのか施行の日であったのか、この点についてはそう簡単には決められない。しかし、前後の事情から判断して、次のように推定するのが穏当であろう。すなわち、弘仁十一年四月二十一日に格と式とは同時に奏進された、そして少なくとも格だけは時を経ずして直ちに施行された、と。しかし、式の方には、この頃施行されたことを示す史料は全く存しない。おそらく式の編纂はなお不十分であって、そのために施行を保留して修訂が継続されたと見るべきであろう。この点については、天長七年十月七日の藤原三守の奏言(『類聚国史』巻百四十七)に、

至二於弘仁一乃以絶レ筆、於レ是分二置群官一更令二摘続一、欲レ成二之不日一、

と見えていることが参考となる。宮地直一博士は「弘仁に至りて乃ち以て筆を絶つ」とあって、その結果に言及していないことを考え合わせて「察するに本書は一旦功成って奏進せられたに止まり、直ちに施行の運に至らなかったのである」と推定されたが、(7)これは従うべき意見であろう。

その後、この三守らが中心となって修訂が続けられ、結局、十年後の天長七年十月七日に改めて奏進し、同年十一月十七日に施行された。(8)かくて『弘仁式』は漸く施行されたが、それと同時に、

若有下与二格式一相紕繆及遺漏上者亦宜二具録申一、

ということがつけ加えられ、同年閏十二月七日、諸司に下した太政官符によって来年二月までに改正意見を提出すべきことが命ぜられた。その結果、更に十年後の承和七年四月二十二日に至って、この改正格式が施行されたのである(『続日本後紀』同日条)。

ただし、これらの二度にわたる改正には、弘仁十一年以降の制度改正の結果は盛り込まれなかったようである。宮

内省の内掃部司が大蔵省の掃部司を吸収して掃部寮に昇格したのは弘仁十一年閏正月五日のことであるが、『弘仁式』には依然として第卅巻に「掃部」、第卅六巻に「内掃」の篇目が見えているし、また『続日本後紀』承和九年十月二十日条に見える東西市司の間の争論も、結局はこの『弘仁式』修訂の態度に端を発しているのである。

三　内容と編輯方針

本書はすべて四十巻から成る。その篇目は『本朝法家文書目録』に伝えられているが、便宜上、本書『延喜式』の項に掲げることにする。また、個々の条文の体裁や全体の組織の大綱は『延喜式』と大差ない訳であるから、これまた『延喜式』の項を参照されたい。

ただ、この『弘仁式』は後に続く『貞観式』『延喜式』のモデルとなったものであるだけに、「弘仁格式序」に見える編輯方針には注目する必要があろう。その大綱を要約すると次の通りである。

⑴　官司の古事旧例をことごとく集め、取捨選択し、官司毎に分類する。ただし、どの官司にも分類しにくいものは雑格・雑式として巻末に一括する。

⑵　従来個々に発令されて来た単行法の中で、奉勅を経ているもの、および奉勅を経ていないものでも「事の旨のやや大なるもの」は今改めて奉勅を加え、これらをその原文のまま採録し類別編纂して格とする。ただし、しばしば改訂された法令については古いものを省略し、新しいものを載せる。

⑶　これ以外に各官司が常に必要とする法令・規則で律令施行のたすけとなるもの、または将来にわたって永久的な

規定とするに足るものを、適宜補訂整理してすべて式に入れる。

(4) 諸官司の現行法の中、官司によって異同のあるものや、古くから行なわれていても不便なもので、しかも取捨選択の困難なものは勅裁を仰いで決定するが、種々の数量的事項について問題があるときは、編者の協議と責任とによって適当な数量を決定する。

(5) 儀式に関するものは先例が詳しく記録されているのでこれは式から省略し、国司の交替に関するものは、延暦二十二年に『交替式』が施行されているので、これをそのまま生かし、再録しない。

四　断簡と逸文

本書は現在ほとんど散逸してしまい、僅かに九条家本『延喜式』紙背文書の巻第十九式部下と巻第廿五主税上との断簡、および諸書に引用された逸文がのこされているに過ぎない。この断簡は大正十二年に発見されたものであるが、(9)昭和三年および四年に東京帝国大学史料編纂所からその写真版が『古簡集影』に収めて出版され、また昭和十二年、『新訂増補 国史大系』第二十六巻で活字化された。また逸文の方は、明治二十八年頃、『貞観式』の逸文とともに和田英松博士によって蒐輯され、後『式逸』と題して明治三十九年刊の『続々群書類従』第六、法制部に収めて刊行されたが、その後宮城栄昌博士や私もこれを増補し、(10)現在のところ、それらを集大成した宮城博士の「弘仁・貞観式逸」(『横浜国立大学人文紀要』一ノ七)が最も備わっている。念のためにつけ加えておくと、「前式」「今案」という標語を含む『貞観式』逸文の「今案」の部分を除いた他の部分は、同時に『弘仁式』の逸文でもあるから、『弘仁式』逸文を見るためには『貞観式』逸文も併せ見るべきである。

なお、『弘仁式』と題する三十巻の写本が伝えられているが、日下部勝皐の『弘仁式考』に言う通り、これは偽書である。

註

(1) 彼の官歴を見ると、延暦期の政治の大きな課題の一つであった仏教界の統制については治部少輔ついで大輔としてその任にあたり、平安京の造営に当ってはその初期に造宮亮に任ぜられて造宮職の官制を整備し、勘解由使の設置せらるるや直ちにその次官となりやがて長官となって地方行政の刷新に努力した。また従来難航を続けた『続日本紀』の編纂を命ぜられてこれを完成している。延暦二十四年十二月、蝦夷征討と平安京造営の停止を強く主張した藤原緒嗣と争論し、あくまで事業の継続を主張したことは、彼の立場をよく示すものである。

(2) 例えば、真道が延暦二十二年五月に勘解由使の長官を秋篠安人にゆずった後に、格別これといった官職を帯びていないらしいことも、彼が格式の編纂に専念するための措置だったのではあるまいか。

(3) 拙著『延喜式』(日本歴史叢書) 三二ページ以下参照。

(4) この受命者の中に前述の菅野真道の名の見えないことを手掛りとすることが出来るのであれば、彼の死亡した弘仁五年六月二十九日(『日本紀略』)を以て詔命の日の上限となし得るが、彼は弘仁二年正月に致仕しているので、たとえ彼の存命中に編纂再開の詔命があっても、彼がその受命者の中に入るとは限らない。従って、彼の名の見えないことは、この際手掛りとはなり得ない。

(5) 『類聚三代格』所収弘仁十年十二月二十一日太政官符(二通)、同二十五日太政官符(二通)および『政事要略』所収同十一年二月二十三日民部省符所引同年閏正月三日太政官符。

(6) 九条家本『弘仁格抄』下巻の末尾に「弘仁十一年四月廿一日」と記されていることも参考されよう。

(7) 「延喜式について」(『本邦史学史論叢』上巻所収)。

（8）承和七年四月二十三日太政官符。なお、この施行を命じた太政官符の文言では格式を施行すると記されているので、前に格は弘仁十一年四月の奏進後直ちに施行されたのであろうと推定したことと矛盾するようであるが、この太政官符は形式を整えたにすぎないものと見てよい。少なくとも三守らが力をつくして修訂にあたったのが式の方であって、格には特に手をふれていないと考えてよいことは、右の太政官符の中で、

至₂於体履相須₁事猶闕如、

として、従来、根本法典たる律令に対する従属法典の具備していなかったことを述べた部分が、三守の奏言の中の、

至₂於体履相須₁式条猶欠、

という、明らかに式の不備を述べている部分をそのまま採ったものであることによって明らかであろう。

（9）この断簡が『弘仁式』の断簡と見做される理由については、和田英松博士『本朝書籍目録考証』二六一ページ以下に掲げられている。

（10）拙論「貞観式の体裁—附『式逸々』」（『史学雑誌』六〇ノ一二）、宮城栄昌博士「式逸々補遺」（『日本歴史』六三）、同『延喜式の研究史料篇』

参考文献

佐伯有義　「弘仁式及延喜式に就きて」　大正一二年　『国学院雑誌』二九ノ一〇・一一

滝川政次郎　「弘仁主税式註解」　大正一五〜昭和二年　『法学新報』三六ノ七〜一二、三七ノ二・四・一〇・一一・一二

梅本寛一　「三代式撰修に就いての私見」　昭和三年　『国学院雑誌』三四ノ五・六

和田英松　『本朝書籍目録考証』　昭和一一年　明治書院

宮地直一　「延喜式について」（『本邦史学史論叢』上巻所収）　昭和一四年　冨山房

宮城栄昌『延喜式の研究論述篇』 昭和三二年 大修館書店
同 「弘仁・貞観式逸」 昭和三七年 『横浜国大人文紀要』一ノ七
虎尾俊哉『延喜式』 昭和三九年 吉川弘文館（日本歴史叢書）

延喜式

虎尾俊哉

一　編纂の事情

本書編纂の事情の大凡については、「延喜式序」によって、一応のことは明らかである。まずその目的については、

（前略）貞観十二年以来、炎涼已久、文案差積、加以、前後之式章条既同巻軸斯異、諸司触ㇾ事検閲多ㇾ岐、

とあるが、この中、多少説明を要するのは「前後之式……」という点であろう。これは『貞観式』が先行の『弘仁式』を訂正増補して、全く新たにこれに代るべきものを作るというのではなく、『弘仁式』は『弘仁式』として廃止することなく、これに対する訂正増補の部分だけを集めて編纂し、両者すなわち「前後之式」を併用するような形に編纂されたことに由来する。「貞観式序」（『三代実録』貞観十三年八月二十五日条）および「延喜式序」（前掲引用文の前略の部分）に「新旧両存、本枝相待」とあるのがそれである。[1] そして、これによってみると、『貞観式』撰進以後の単行法を追加したいという当然の要請もさることながら、それ以上に、ここではむしろ『弘仁式』『貞観式』併用の不便を解消し、唐に負けない完備した格式を持ちたいという願望の方が濃厚に感じられる。本書の編纂が立法事業であるという

より、文化事業の性格が強いと批評されるのもその為であり、律令政治の形式面の整備に心を用いた延喜という時代の特色がよく現われていると見られる。

ついで、編纂の過程についての記述に入り、まず、

因レ玆、延喜五年秋八月、詔二左大臣従二位兼行左近衛大将藤原朝臣時平一、遣下従三位守大納言兼行右近衛大将春宮大夫陸奥出羽按察使藤原朝臣定国・中納言従三位兼行民部卿藤原朝臣有穂・参議大蔵卿正四位下兼行播磨権守平朝臣惟範・参議左大弁従四位上兼行讃岐権守紀朝臣長谷雄・従四位下行式部大輔兼春宮亮備前守藤原朝臣菅根・従四位下行文章博士兼備中権守三善朝臣清行・民部大輔正五位下兼行勘解由次官但馬守大蔵朝臣善行・権左少弁正五位下兼行勘解由次官藤原朝臣道明・従五位上行神祇大副臣大中臣朝臣安則・従五位下行大内記兼周防介三統宿禰理平・外従五位下行明法博士惟宗朝臣善経等、准二拠開元永徽式例一、併二省両式一削中成一部上、

と、延喜五年八月の編纂開始のことを記している。編纂委員は、『弘仁式』の時は六名、『貞観式』の時は八名であったから、今回は大分大仕掛になったことが分る。しかし、この後、本書の編纂はあまり順調には進まなかったらしい。それは一つには『延喜格』の編纂の方にまず力が注がれたからであろう。格は七年十一月には完成し、八年十二月二十七日には施行されている。[2] つまり、この頃までは式の方の編纂はあまり進行していなかったと考えてよいであろう。その外にもなお原因があった。すなわち、

撰定未レ畢間、公卿大夫頻年薨卒、

という事情がそれである。具体的に言うと、延喜六年に藤原定国、七年に藤原有穂、九年に平惟範と藤原時平が死亡している。ことに時平を失ったことは、式の編纂に一頓挫を来たし、事実上、中絶の形となっていたのではあるまい

か。そこで、

仍同十二年春二月、勅㆓従三位守大納言兼右近衛大将行春宮大夫臣藤原朝臣忠平・従四位下守右大弁兼勘解由長官橘朝臣澄清等㆒共随㆓先業㆒促㆓其裁成㆒、

ということになったが、式の本格的な編纂開始はこの時のことからと考えてよいであろう。兄時平に代って編纂委員長になった忠平の日記『貞信公記』には、延喜十二年十一月二十七日条にはじめて、

職曹司定式事、

という記事が見える。この「定式」は一般に理解されている通り、『延喜式』の編纂または論定のための公式の会合のことであろう。現存の『貞信公記』は抄本であるから、この日の「定式」が忠平としてはじめての経験であったかどうか、この点は決めにくい事情があるが、しかし、この後『貞信公記』には「定式」という記事が頻出するにもかかわらず、「職曹司」とその場所を示した例がこの条だけである点から判断すれば、おそらくこの延喜十二年十一月二十七日の「定式」が忠平の関与した最初の「定式」であったと思われる。そして『貞信公記』には、この後「定式」の記事は延長二年八月頃まで十二年間全く見えず、その後、延長二年九月十日・十二日・十六日・二十五日、十月六日・十二日、十一月六日・十三日・十四日・十五日と延長二年秋冬の頃に集中的に十回、更にやや間をおいて同三年三月二十五日・二十六日の両日という風に現われている。

おそらく、延喜十二年から忠平の主宰の下に本格的な編纂体制が整えられ、編纂が開始されたのであろう。その後十二年間の実際の様子は分らないが、その進捗はあまり順調であったとは思われない。今のところ、「撰式所」が設けられていたこと、および延喜十四年に少外記小野美実、同十八年には少外記葛井清明などの実務家がこの撰式所勤

務を命ぜられたこと、などが史料にのこされているだけである。(3) なお、この間に紀長谷雄・三善清行・藤原道明らの委員が次々に死亡している。

それでもこの草案の作製は延長二年仲秋ごろに漸く終り、その後冬にかけて忠平以下の幹部達の論定にゆだねられたのであろう。前掲の「定式」の記事の集中はその現われであろうが、ことに十一月の十三・十四・十五の三日は連続して「定式」が行なわれ、漸く大詰に来た感じを抱かせる。『貞信公記』の十五日条には、「定式」の後に続けて、

新作式今日定了、但有下可二相定一事一両上、

という記事があり、論定が一応終了したと同時に、なお一、二未決定のまま残された問題のあったことが分る。そこでそれらの問題点の研究、および論定の結果に基づく第二次草案の作製が命ぜられ、その結果を待って翌延長三年三月二十五、六の両日、第二次草案に対する論定が行なわれたのであろう。ただし、この作業は何らかの事情によって中絶したような形となったのではあるまいか。そこで、

至二延長三年穐八月一重遣下大納言正三位兼行民部卿 臣藤原朝臣清貫与二前奉レ詔者 大中臣朝臣安則及従五位上行勘解由次官兼大外記臣伴宿禰久永・外従五位下行左大史臣阿刀宿禰忠行等一、同催中撰緝上責二其成功一、

ということになったが、『貞信公記』によると、この八月三十日条に、

新式、付二久永宿禰一送二民部卿(清貫)許一、

とあり、また、その後九月十日・十一日・十八日、十月八日・十一日・十二日、十一月二十三日の七回の「定式」の記事が見える。おそらく新委員を加えた論定であろう。そして、同記同年閏十二月一日の条には、

戸部(清貫)奏二定式事一、

とある。さる八月に特命を受けた藤原清貫が式の論定の一応終了したことを奏上報告したのであろう。

以上が延長三年末までの事情である。その後、本書は延長五年十二月二十六日に奏進された（「上延喜格式表」）。とすれば、その間の二年間いかなる作業が行なわれたのか。奏進の準備のためだけにしてはやや長きに過ぎる。おそらくこの段階で、奏上された第三次草案に対する醍醐天皇からの意見の提示、更に忠平らによるその取扱いの検討といった、より上級の論定が行なわれたのではあるまいか。東山御文庫蔵の『延喜式覆奏短尺草第三度』と題する写本[4]については、なお不明な点が少なくないが、この中に第三次草案に対する意見を記した「御短尺」なるものがしばしば引用されており、その「御短尺」の筆者は醍醐天皇と考うべき可能性が強い。そしてその執筆の時期としては延長四、五年の頃こそ最もあり得べき時期として推定されるのである。

なお、この写本の内容を検することによって、本書が奏進までに三回以上草案を練り直していること、或は文案の決定にあたって、それぞれの官司から勘申を提出させていること、また殊に編纂委員の一人伴久永の勘文がしばしば問題とされていること、などの諸点が知られるのである。

二　修訂と施行

延長五年の末に奏進された本書は、その後直ちには施行されず、四十年後の康保四年に至って漸く施行された。奏進後直ちに施行されなかったのは、おそらくその編纂がまだ十分ではなく、『弘仁式』の場合と同じように補訂事業が継続されたからであろう。撰式所もそのまま存続している。更に言うと、本書が直ちに施行を必要とする性質のものでないということも考え合わす必要がある。すなわち、本書の内容は現行法である『弘仁式』『貞観式』からそのまま受けつがれた部分が最も多く、その外に新たに増補改訂された部分とても、すでにこれ以前に詔勅・官符・宣旨などの形で個別に施行されているものであって、本書の施行によってはじめて実効力を発する規定は、殆どないと見てよい。従って、その施行を急がねばならないという差迫った現実的な要求は、法源という面では存在しなかったのである。前述のように、この式の編纂には文化事業という色彩が濃厚であり、この観点に立てば、施行の遅速は殆ど問題にならないということになり兼ねないのである。

それでは、四十年もの長期間を修訂事業のために要したのであろうか。おそらくこれは中間に相当長期にわたる断絶の期間があったと見て差支えないと思う。そしてその中絶の時期は、醍醐天皇崩御の延長八年、或は修訂事業の中心人物と目される伴久永の死没年たる承平二、三年（推定）と考えて差支えないであろう。そして、この後は国史編纂という新しい事業に主たる努力が傾注されたので、(5)本書の方は中絶のままにしておかれたのではあるまいか。撰式所も依然として存在したが、いわば開店休業の如きもので、その活動を停止していたと思うのである。

ところで、修訂事業はいつ再開されたか。或はついに再開されることなく終ったのか。史料的に沈黙の中にあった撰式所に漸く活動の気配の見られるのは、康保二年村上天皇の治世の終り頃のことである。すなわち、この年の六月二十六日に史生日置郷明を撰式所に勤務させているが、その仕事の内容は「書写之役」であった。(6)従って、本書が間もなく康保四年十月に施行されたこと、およびそのための書写に余程の日数を要するであろうこと、などの点を考えると、康保二年六月の日置郷明の人事は、施行のための準備的な動きと見るべきで、この事実だけからは、修訂事業が再開されたかどうかは分らない。前後の事情から考えると、おそらく修訂事業が再開の運びに至らないままに、とりあえず施行だけは終らせたいということになったのであろうと思われる。とすると、修訂不完全のままに施行を急がねばならなかった理由は一体何であろうか。

この点については臆測をめぐらす外に方法がないが、少なくとも村上天皇が本書の施行に深い関心を持っていたことは疑いないと思う。その村上天皇の時代、天徳四年九月二十三日の内裏焼亡こそ本書の施行を促した直接の契機となったものではあるまいか。この火災の被害の状況については、『扶桑略記』所引の『村上天皇御記』によれば、まず内裏全焼と考えてよく、累代の宝物・神鏡その他の重要物品・重要書類もみな灰燼に帰してしまったのである。この火災は平安宮になってから始めてのことであっただけに、村上天皇にとっては大変な心痛事であった。『御記』には、

天下之災无レ過二於斯一、後代之譏不レ知レ所レ謝、

と見えている。従って、まず何よりも内裏の造営こそ先決問題であって、当時天皇の最も信任していた藤原在衡を造宮別当に任じて、早速内裏の再建に着手した。そして一年三ヵ月後の応和元年十一月二十日に遷宮の事が行なわれている。内裏の造営はこの後も引き続き行なわれたものと思われ、その完全な終了の日は分らないが、おそらく大体一段落したところで、ついで本書の施行ということが日程に上って来たのではないかと思う。

康保年間に於ける撰式所関係の文書を調べてみると、内裏の造営に活躍した藤原在衡こそ、本書の施行をも主宰した人物であったことが知られる。[7] 修訂の不完全な『延喜式』でも、とにかく施行だけはした方が良いというのも、或は彼の献策によるものであったかも知れない。内裏焼亡によって、累代の宝物什器を数多く失ったことは大きな教訓として受けとられたに違いない。村上天皇にとって、敬慕する醍醐天皇の業績である『延喜式』が世に布かれないで湮滅する危険性は、考えるだけでも恐しいことではないか。今は修訂の不完全を問題とする時ではなく、一刻も早く多

く書写して天下に頒布することが緊要ではないか。こういう考えから修訂事業の再開を断念して、施行を急ぐに至ったのではあるまいか。そして、それが史料上に現われて来るのが康保二年以降のことではあるまいか。私はこのように推測している。

かくて、村上天皇崩御後間もなく、康保四年十月九日本書は施行された。(8) このことを命じた太政官符の文章は、延喜八年に『延喜格』の施行を命じた太政官符と全く同一の、頗る淡白な事務的な文章であって、奏進後四十年もの年月を経ていることについては、何一つ触れることなく、全く度外視する態度をとっている。このあたりにも却って前述のような本書施行の事情がにじみ出ているように思えるのである。

三　組織・体裁

本書はすべて五十巻より成り、その篇目はほぼ『弘仁式』以来のものを踏襲している。いま『本朝法家文書目録』所収の『弘仁式』『貞観式』の篇目と対照して掲げると、次の如くである。

弘仁式	貞観式	延喜式
1神祇一　四時祭	1神祇一	1神祇一　四時祭上
2神祇二　臨時祭	2神祇二	2神祇二　四時祭下
3神祇三　大神宮		3神祇三　臨時祭
		4神祇四　伊勢太神宮

4神祇四　斎宮
5神祇五　践祚大嘗会
6神祇六　祝詞
7神祇七　神名一
8神祇八　神名二
9神祇九　神名三
10神祇十　神名四
11太政官
12中務　内記　監物　主鈴　主鑰
13中宮　大舎人　図書
14縫殿
15内蔵
16陰陽
17内匠　内薬
18式部上

3神祇三　神名上
4神祇四　神名中
5神祇五　神名下
6太政官
7中務　内記　監物　主鈴　中宮
大舎人　図書　縫殿
8内蔵　陰陽　内匠　内*薬
9式部　大学

5神祇五　斎宮寮
6神祇六　斎院司
7神祇七　践祚大嘗会
8神祇八　祝詞
9神祇九　神名上
10神祇十　神名下
11太政官
12中務省　内記　監物　主鈴
主鑰
13中宮職　大舎人寮　図書寮
14縫殿寮
15内蔵寮
16陰陽寮
17内匠寮
18式部省上

19 式部下
20 大学　散位
21 治部　雅楽　玄蕃　諸陵
22 民部
23 主計上
24 主計下
25 主税上
26 主税下
27 兵部
28 造兵　鼓吹　隼人
29 刑部　判事　囚獄
30 大蔵　掃部　織部
31 宮内
32 大膳

---

10 治部　雅楽　玄蕃　諸陵
11 民部
12 主計
13 主税
14 兵部　造兵　鼓吹　隼人　刑部
大蔵　織部**
15 宮内　大膳　木工　大炊　主殿

---

19 式部省下
20 大学寮
21 治部省　雅楽寮　玄蕃寮　諸陵寮
22 民部省上
23 民部省下
24 主計寮上
25 主計寮下
26 主税寮上
27 主税寮下
28 兵部省　隼人司
29 刑部省　判事　囚獄司
30 大蔵省　織部司
31 宮内省
32 大膳職上

33 木工　大炊　主殿
34 典薬
35 正親　内膳　造酒　園池
36 釆女　主水　主油　内掃
37 弾正　左右京　東西市
38 春宮***　勘解由
39 左右近衛　左右衛門　左右兵衛
40 左右馬　左右兵庫　雑

---

16 典薬　掃部
17 正親　内膳　造酒　園池　釆女
主水
18 弾正　左右京　東西市　春宮
勘解由
19 左右近衛　左右衛門　左右兵衛
左右馬　左右兵庫
20 雑

---

33 大膳職下
34 木工寮
35 大炊寮
36 主殿寮
37 典薬寮
38 掃部寮
39 正親司　内膳司
40 造酒司　釆女司　主水司
41 弾正台
42 左右京職　東西市司
43 春宮坊
44 勘解由使
45 左右近衛府
46 左右衛門府
47 左右兵衛府
48 左右馬寮

49 兵庫寮
50 雑

備考

* 「内薬」は、もと「典薬」とあって巻十六と重複する。巻八は中務省被官の官司に充当される巻であるから、「内薬」と訂正。

** 「織部」は、もと「縫部」とあるが、これを「縫殿」の誤りと見れば巻七と重複し、かつ、ここは大蔵省被官の官司を充当すべき箇所であるから、「織部」と訂正。

*** 「春宮　勘解由」は、もと「六衛府」とあって巻三十九と重複する。『弘仁式』に春宮式および勘解由式のあったことは、『類聚国史』巻第百三十七、律令格式の項の天長七年十一月[十七]丁亥条に明証があるので、『貞観式』『延喜式』の篇目を参照して「春宮　勘解由」と訂正。

その配列は見られる通り、神祇官関係の式（巻一～巻十）、太政官八省関係の式（巻十一～巻四十）、それ以外の諸司の式（巻四十一～巻四十九）、雑式（巻五十）となっており、諸司式としての特徴をよく現わしている。

ただし、所謂令外官として代表的な蔵人や検非違使に関する式はない。本書が令外官を全く無視しようとしたのではないこと、遡っては『弘仁式』もまた同様であることは、これらに内匠式や勘解由式の存在することによって明らかであるから、蔵人や検非違使に関する式のないことは別の点から説明されなければならない。

それはおそらく『弘仁式』編纂当時、これら二つの官がまだ臨時の官という色彩が強かった為ではあるまいか。[9] そして『貞観式』の当時においても事情は大差なかった。本書はこの両式を一部に合体するという点に編纂の主目的があったから、『弘仁式』『貞観式』に存在しない式を新たに立てることには余り積極的ではなかったのではあるまいか。

貞観十七年に『左右検非違使式』一巻が南淵年名によって撰進され、また寛平二年に『蔵人式』一巻が橘広相によって撰進されているから、本書では蔵人と検非違使に関する式をこれらの特定の式にゆずったということも併せ考うべきであろう。

さて、この五十巻の中で、神祇官関係の部分は、それ以外の部分と多少異なった編成をとっている。第一、「神祇官」という標題そのものがない。巻十一に「太政官」とあり、以下各巻とも省寮司の名称をもって標題を立てているのとは異なっている。そしてこの神祇式の十巻だけで、全体のおよそ三分の一弱の分量を占めている。従って、この部分を以て一つのグループとして取扱うことが出来よう。その外は、雑式を別とすれば、特別にグループをなす部分はない。その中で、分量としては中務省関係の式（巻十二～巻十七）・民部省関係の式（巻二十二～巻二十七）・宮内省関係の式（巻三十一～巻四十）が特に多く、大分差はあるが、式部省関係の式（巻十八～巻二十）がこれにつぎ、その他の官司の式はこれらに比較すると遥かに少ない。

個々の条文は原則として「凡」字を冠した体裁をとり、その点は律や令と同じである。ただ、儀式や年中行事に関する規定、数量的規定、一覧表的規定および公文書の書式などは、これに捉われない自由な体裁をとっている。

四　内容と価値

本書は律令格の施行細則集であるから、その含む内容はまことに多岐にわたり、かつ微細なことに及んでいる。従って、その内容を要約したり概括したりすることは、ほとんど意味がない。そこで、その内容に関係の深いことで若干注意すべき点を、具体例によって掲げておくことにしたい。

まず第一に、令の施行細則たることを示す例であるが、『養老賦役令』には、

凡調庸物、毎年八月中旬起輸、近国十月卅日、中国十一月卅日、遠国十二月卅日以前納訖、（下略）

という規定がある。この規定を実施するためには、すべての国をその京との距離によって近国・中国・遠国の三種に分類しておく細則が必要であろう。民部式の冒頭に掲げられた国郡一覧表は、その機能の一部として、この近・中・遠の分類をも示していて、まさに前記賦役令規定の施行細則に外ならない。

次に、式は『弘仁式』以来しばしば「諸司式」と表現されるように、官司別にその必要規定を集めて各官司の庶務執行をたすけるように配慮されているが、このことをよく示す例としては、弾正式に、

凡神泉苑廻地十町内、令二京職栽レ柳、町別七株（新訂増補国史大系本『延喜式』九一三ページ、以下のページ数すべてこれに倣う）

とあり、また一方左右京式にもこれと全く同文の規定がある（九二一ページ）。こういう重複は法令集としては余り整理の行きとどいていない姿を示すものとして賞めたものではないが、しかし、それぞれの官司としてはこの方が便利であり、そういう諸司式としての特徴を生かそうという配慮から敢えて重複を意としなかったのであろう。

第三には、「両式（弘仁式と貞観式）を併省して一部に削成する」という本書編纂の主要な目的が、どういう形で達成されているかということである。その例を示すと、

弘仁中務式逸文　　凡相撲司六月九日任二堪レ事者一、其儀式如二除目一、可二任用一人色、見二太政官式一、(10)

貞観中務式逸文　　前式、凡相撲司六月九日任二堪レ事者一云々、今案、前レ節一月任之、(11)

延喜中務式　　凡相撲司前レ節一月任二堪レ事者一、（下略）（三四八ページ）

の如くであって、この三者を通覧することによって明らかであろう。

第四に、これは早く喜田貞吉博士によって指摘されたことであるが、(12)本書の中には必ずしも延喜乃至延長当時の最新の要素が盛り込まれていない部分の存することである。それは特に神名式の所在地の表記法に著しい。例えば阿波国の名方郡は寛平八年に名東・名西の二郡に分割されているのに、神名式では依然として元のままの名方郡になっている。こういう類いの疎漏は確かにこの神名式には数多く指摘出来るのである。そして、その他、諸陵式の山陵一覧表の註記原則に一貫性のない点などもやはりその例として追加し得るが、(13)これらは何れも書き継がれる性質の一覧表で、先行の『弘仁式』『貞観式』や、更には追加記入の時点での表記をそのまま採った為のものと解される。しかし、本書の全体について「杜撰」とまできめつける必要はない。

第五に、本書の法源としての非現実性というべき点について、一つだけ例をあげよう。それは大蔵式に見える次の給禄規定である。

入唐大使絁六十疋、綿一百五十屯、布一百五十端、副使絁卌疋、綿一百屯、布一百端、(下略)(七三七ページ)

本書の撰上当時すでに唐は滅亡していたのであるから、これは全くの記念碑的規定である。

次に転じて本書の価値について述べると、まず第一に、この厖大な法典がほとんど完全な形で遺っているということである。(14)律令格などの遺存の状態と比較して、それが厖大なものであるだけに、一つの驚異と言ってよい。しかも、式というものの性質上、法典とは言いながらまさに百科便覧的な趣きを備えている本書は、それだけに日本古代史の研究においては勿論、より広く日本文化史の研究に欠くことの出来ない無限の宝庫であると言わなければならない。

ただ、本書を研究上に利用するに際して注意すべき点は、本書を以て直ちに延喜・延長頃の現行法と認識し、従ってその内容を以て延喜・延長頃の実情に即したものと速断することは慎まなければならないということである。先に示した遣唐使の給法の如き記念碑的規定の存在はその極端な場合であるが、もっと一般的な場合でもこの要心は肝要である。例えば式部式上に、

凡親王知二太政官事一者、其季禄准二右大臣一、(下略)(四九二ページ)

という規定の存することによって、延喜当時、知太政官事が置かれていた、乃至置かれる可能性があったと考える人はほとんどないであろうが、こういう配慮は、一応どの条文についても払われなければならないということである。またその逆に、本書の規定を律令時代の全期を掩うものとして理解することも勿論危険である。要するに、本書の内容は延喜以前の或る時点において成立し、その後或る期間効力を持ったものを、ほとんど網羅的に集成したものであるから、そのことを常に念頭に置く必要があるということである。宮城栄昌博士の『延喜式の研究 史料篇』は、そういう観点から、各条文について必要な史料を集めたものであって、なお十全は保し難いにしても、本書を史料として利用する際には是非一応は参考すべき労作である。

五　利用と研究の歴史

施行以後における本書の実効力は、ことに民政経済に関する点ではほとんど期待し得ないものであったが、しかし公事や年中行事、それに伴う儀式という点では、本書はその規範としての価値を十分に保っていた。従って、この後、年中行事や儀式の方面で利用されることが多かったのである。

本書を利用した古代貴族の公事・年中行事研究の最も早いものとしては、源高明の『西宮記』、藤原公任の『北山抄』をあげなければならない。これらについては小野宮実資の『小野宮年中行事』が多く利用しており、その後、年中行事や公事儀式に関する著作における利用は枚挙に遑がない。

とは言っても、彼らの本書利用が単に年中行事類の著作のためにだけ行なわれたと決めてしまう訳にはゆかない。国学院大学図書館蔵明暦本『延喜式』の表紙裏には、

三長記建久七年十一月癸未、晴、参二殿下一次参内大殿、和漢御談移レ時、二条関白殿御出仕之時、延喜式一部被レ入二御車一云々、是御談也、

とあって、[15] 後三条天皇の時代には「二条関白殿」すなわち教通のように日常の宮廷生活に活用しようという意図を持った関白もいたのである。もっとも院政時代に入ると、こういう態度もやはり変化して来たらしい。『台記』によると、藤原頼長は久安二年の冬頃から本書を読みはじめて一年余を費し、同四年正月六日に読了し、その旨を所持の『延喜式』のはじめに標書したというが、その読み方について「漢家学隙及在二旅所一之時可レ見之」と述べている。彼のような読み方はやはり本書に対する第一義的な関心が薄くなって来ていることを示すと言わざるを得ない。

一方、古代の明法学方面での利用状況はさすがに勝れたものがある。その第一にあぐべきは令宗(惟宗)允亮の『政事要略』である。この書には本書の引用が多いばかりでなく、また条文の個別研究的な性格も併せ持っている。ついでは藤原通憲の『法曹類林』である。この書には明法勘文を多く集めているが、その勘文には本書が相当利用されていることが知られる。従って、主に儀礼的な面においてではあるが、いわば本書の生きた利用法を見ることが出来て貴重である。

ついで中世になっても、本書の利用が主として公家の年中行事の研究や明法学の面でなされたことは古代と大差なかった。鎌倉時代で言えば、順徳上皇の『禁秘抄』や著者不明の『年中行事秘抄』、坂上明基の『裁判至要抄』や中原章任の『金玉掌中抄』はその例であり、室町時代においては一条兼良の『公事根源』『令抄』をその例としてあげることが出来よう。

しかし、政権を失った公家には王朝時代を憧憬する気持が強く、ことに延喜聖代観の故もあって、本書に対しては古代においてよりも一層研究的な態度がとられたようである。前掲の国学院大学明暦本の書きこみには、

仁部記文永十二年二月五日丙午、参院云々、或人云、昨日延喜式被二披講一之、殿下・前右府・内府・二条大納言入道・治部卿・別当左衛門督殿・左大弁・宮内卿等也、大丞読申之、職事弁官、随二御遇一可レ加二聴衆一云々、

とあり、更に文永十年二月十四日の日付を持つ卜部兼文の『古事記裏書』において、文字の出典や事実の異同を示すのに神祇式・神名式を典拠として用いていることは、[16]この時代の雰囲気をよく示していると見てよい。そしてこの傾向は室町時代には唯一神道の興隆と結びついて神名式に対する研究を起させるようになった。卜部兼倶が文亀三年に著わした『延喜式神名帳頭註』はその代表的なものであるが、これは同時に本書を直接に研究の対象とした恐らく始めての著作である点でも意義の深いものである。

しかし、以上述べたところはあくまで公家の世界のことであって、武士の世界においては事情が異なる。『太平記』巻三十五には、

あら見られずの延喜式や、あら気詰の色代や、

という嘲笑の辞があり、また近世はじめのものではあるが『可笑記』巻一にも、永禄十二年以後世の中が功利的にな

って、「真なる事をば、あらいやの孔子風や、やれ気づまりの延喜式やときらい嘲」るようになって来たと嘆いている。こういう「延喜式」という言葉の特殊な用法が成立して来たのは、本書が一般には儀式の書として理解されて来たことに起因するとともに、また古い儀式典礼に執着する公家への反撥感情が働いていると見てよい。そして本書の写本も、ことに応仁の乱以後の公家階級の没落とともに数多く失われていったらしい。

近世に入ると、賀茂真淵の頃から、主として国学者の間で祝詞・神名・諸陵の各式に対する個別研究が本格的に始められるようになる。まず祝詞式については、真淵の『延喜式祝詞考』(後に補訂して『祝詞考』)にはじまり、鈴木重胤の『祝詞講義』に至って最高潮に達した。また神名式については、前述のように既に室町時代から研究の手がのびていたこともあって、一層さかんに研究された。その論著は枚挙に遑がないが、中でも伴信友の『延喜式神名帳考証』はその雄である。更に諸陵式については、蒲生君平の『山陵志』や谷森善臣の『諸陵徴』や『山陵考』が出た。なお、平田篤胤の『古史徴開題記』には、式そのものに対する一般的研究が見られるが、これも見逃すことの出来ないものである。

近代になって、明治の新政府は欧米の近代国家の制度を範とするとともに、一方律令政治への復古という理念を強く持っていた。従って、本書も律令とならんで重んぜられ、明治三年二月発布の学則六条の中には、大学南校の法科の必読書の一つとして、また同十四年の東京大学一覧の学生自読書十書の一つとして、本書が挙げられているくらいである。(17)

しかし、明治以後において重要なことはヨーロッパから近代歴史学がもたらされたことであって、この歴史学の発達に伴って、本書の史料としての利用や、本書に対する研究も本格的に発達して来た。その代表的な論著の一端は参考文献の項に述べる通りである。

六　写本・刊本

本書の古写本としては、大治二年の奥書を有する金剛寺本（五十巻中四巻）が年代の明記されたものとしては現存最古のものであるが、その外に、平安時代末か鎌倉時代初期に位する古写本として、九条家本（五十巻中二十七巻）・一条家本（五十巻中五巻）があり、鎌倉時代のものとして、三条西家本（五十巻中一巻）・一条家別本（五十巻、ただし巻十三・二十四の両巻は後世の補写）がある。この中、一条家本については阿刀忠行ら五人の名乗の部分が行書体の自署を忠実に模写したと認められるので、原本もしくはその模写から転写されたものと推定されている。その外、神名式だけの古写本としては、中院家本（武田本）・卜部兼永本二種・卜部兼右本などがあり、これは前述のように唯一神道の興隆と関係が深いと思われる。

近世初頭、数多くの古書を湮滅の運命から救ったのは徳川家康であるが、本書についても、慶長十九年十月三日に巻十三と巻二十四との二巻を欠くだけという大揃の一組が御所から贈られ、南禅寺金地院で書写された。

中原職忠はこれをもとにしてなお欠本を求め、五十巻中四十九巻の校訂を完成して正保四年七月に没したが、残された一巻はおそらく巻十七であったと思われる。彼の没後、林道春が尾張の徳川義直の許にあった九条家本の写本を借りて漸くこの穴を埋め、翌慶安元年に刊行した。これが慶安本である。その後明暦三年にこの慶安本の覆刻が公刊され、更に享保八年にはこの明暦本の版木を用い、部分的に埋め木をしたものが公刊された。この享保本は松下見林の神名式校訂の結果が採り入れられた外は、それほど校訂が進歩した訳ではなかったが、その後もっとも流布した刊本である。

約一世紀の後、松江藩主松平斉恒・斉貴父子の努力によって、文政十一年いわゆる雲州本が刊行された。この校訂の担当者ははじめ塙保己一、その没後は藍川慎であった。本文五十巻の外に考異七巻・考異附録三巻・考異別録一巻を附したものである。

近代に入っては、明治三十三年に最初の活字本として国史大系本が出され、昭和の初年まで活字本の唯一のテキストとして学界を益したが、昭和初年になると、まず二年に新註皇学叢書本、二〜四年に日本古典全集本、四〜七年に『校訂延喜式』（皇典講究所版）などが相ついで出版された。これは昭和二年が本書撰上一千年記念の年であることとも関係がある。その後やや経て、昭和十二年に新訂増補国史大系本として出されたものが、校訂もゆきとどいており、今日最も行なわれているテキストである。

七　参考文献

近世以前の個別的な研究については、それぞれに学説史的な意義があって取捨が困難であるので省略するが、それらを網羅的に集めたものとして「延喜式撰上一千年記念展覧会陳列目録」（『国学院雑誌』三三ノ三、昭和二年）、またはこれをそのまま転載した新註皇学叢書本『延喜式』の解題の六がある。なお、近代以降のものでも、本書に関説したものは枚挙に遑がないので、主要なもののみを年代順に掲げる。

佐藤誠実　「上延喜格式表約解」　明治三六年　『国学院雑誌』九ノ一〇・一一
同　「延喜式序約解」　明治三六年　『国学院雑誌』九ノ一二
同　「延喜式序約解余論」　明治三七年　『国学院雑誌』一〇ノ四
喜田貞吉　「延喜式の杜撰」　大正八年　『歴史地理』三三ノ三
佐伯有義　「弘仁式及延喜式に就きて」　大正一二年　『国学院雑誌』二九ノ一〇・一一
植木直一郎　「延喜式と古典研究」　昭和二年　『国学院雑誌』三三ノ三
梅本寛一　「三代式撰修に就いての私見」　昭和三年　『国学院雑誌』三四ノ五・六
和田軍一　「諸陵式に関する二、三の考察」　昭和三年　『歴史地理』五二ノ一・三・四
同　「諸陵寮式の研究」　昭和四年　『歴史地理』五三ノ二・三・四
和田英松　『本朝書籍目録考証』　昭和一一年　明治書院
宮地直一　「延喜式について」（『本邦史学史論叢』上巻所収）　昭和一四年　冨山房
虎尾俊哉　「延喜式の施行について」　昭和二七年　『芸林』三ノ二
青木紀元　「祝詞式の研究」　昭和二七年　『芸林』三ノ四
阿部武彦　「延喜式神名帳の人格神」　昭和三〇年　『北大文学部紀要』四
宮城栄昌　『延喜式の研究史料篇』　昭和三〇年　大修館書店
同　『同論述篇』　昭和三二年　大修館書店
虎尾俊哉　「延喜主税式勘税帳条の研究」　昭和三三年　『弘前大学国史研究』一二
同　「延喜主税式諸国出挙本稲条の研究」　昭和三四年　『弘前大学国史研究』一九・二〇
末永雅雄　「延喜式記載の土器」（魚澄先生古稀記念『国史学論叢』所収）　昭和三四年　魚澄先生古稀記念会

時野谷　滋　「神武天皇紀と諸陵式」（中山久四郎編『神武天皇と日本の歴史』所収）　昭和三六年　小川書店
虎尾俊哉　『延喜式』　昭和三九年　吉川弘文館（日本歴史叢書）

註

（1）こういう編纂の事情のために生じた『貞観式』の特殊な体裁については、拙稿「貞観式の体裁」（『史学雑誌』六〇ノ一二）および拙著『延喜式』四八ページ以下を参照されたい。なお、その一部については註11において言及する。

（2）『日本紀略』には、①延喜元年八月某日にかけて、

左大臣等上二延喜格十巻一

とあり、また②同五年十一月某日にかけて、

施二行延喜格一

とあって、『延喜格』が再度撰進施行されたかの如く受けとられないでもない。しかし、これについては坂本太郎博士が「延喜格撰進施行の年時について」（『日本古代史の基礎的研究』下、制度篇所収）なる論文において、『日本紀略』醍醐紀の衍文錯簡の実例をかかげ、①については式の撰修を命じた延喜五年八月、或は、『三代実録』撰進の延喜元年八月との混同、②については、『日本紀略』における『延喜式』撰進の日たる延長五年十一月二十六日との混同と考えられるので、再度の撰進施行を想定する必要なし、とされた考定に従うべきであろう。尤も、その混同の仕方の解釈については、私は、①については、延喜五年八月に式と同時に詔命の下ったことを誤ったものであり、②については、延喜七年十一月十五日の奏進を誤ったものと解している。

（3）『類聚符宣抄』第六、文譜および第十、可レ賜二上日一人々。

（4）この写本についての概要は、拙著『延喜式』六八ページ以下を参照されたい。

（5）『類聚符宣抄』第十によれば、承平六年十一月二十九日に藤原恒佐・平伊望が撰国史所別当に任命され、その後、承平・

天慶・天暦・天徳・応和と絶えず人員の補充がなされている。

(6) 『類聚符宣抄』第十、康保二年六月二十六日ならびに同四年八月二十七日の宣旨。なお、同四年十月二十八日の宣旨には、「撰式所書手」として勤務成績不良な大石清廉・村主宗正・五百木部利生などの名も見えている。

(7) 康保年間における『延喜式』または撰式所に関する符・宣の知られるものは、康保二年六月二十六日宣旨・同四年八月二十七日宣旨・同年十月九日太政官符・同年同月二十八日宣旨の四例だけであるが、その何れもが彼の宣に出ずるものである。これが偶然でないことは、撰国史所関係の宣旨についての調査においても、同じように特定の人物に集中するという結果を得ることによって知られる。

(8) この日づけについて、『日本紀略』は同年七月九日に係けているが、しばらく『別聚符宣抄』による。

(9) 蔵人のはじめは弘仁元年三月、検非違使のはじめは弘仁七年以前(正確な年月は不詳)であって、『弘仁式』編纂当時にはすでに存在していたが、これらが恒久的なしかも有力な官として成長し、その事務局が官司として整備されるのはやや後世のことである。

(10) 「一」字は『延喜式』によって補う。

(11) この『貞観式』逸文中、冒頭の「前式」は『弘仁式』にその規定のすでに存することを示し、次の「凡……云々」は『貞観式』で改訂の対象となる条文およびその部分を示し、末尾の「今案……」によってその改訂の内容を示している。詳しくは註1所掲の拙文を参照されたい。

(12) 「延喜式の杜撰」(『歴史地理』三三ノ三)。

(13) 拙文「延喜式は杜撰か」(『新訂増補国史大系月報』一八)。

(14) 中宮式の第一条だけが伝本の虫喰によって完全には伝わらず、断続した文章を残すにとどまっている。

(15) 梅本寛一氏「三代式撰修に就いての私見」(『国学院雑誌』三四ノ五・六)。ただし、梅本氏が二条関白殿を兼実と解したのは誤解であろう。

(16) 前註梅本氏論文。

(17) 榊原芳野氏『日本教育史略』。

新抄格勅符抄

飯田瑞穂

『新抄格勅符抄』（以下、本書と称する）は、主として諸社寺の有する神戸・寺封の戸数や所在を社寺ごとに示し、また封戸に関する太政官符等を収めた書物である。いま、その内容・成立・伝本などの諸点を中心に検討してみたい。（なお文中、本書の記事を引用する際には、新訂増補国史大系本により、その位置は例えば一五・3のごとく示し、これを十五ページ第三行の意とする。この場合、空行も行数に算する。）

一　内容

内題（大系本では本文第一行の体になっている）には、

新抄格勅符第十巻抄　神事諸家封戸　大同元年牒（一・4）

とあり、本書の書名・内容を考える場合の重要な手掛りとなるが、この点については後に取りあげることにしよう。

本書は、内容の上からみて、中間の、

康保三年十一月二日写了（一四・6）

という奥書様の文字を境にして、大きく前後二つの部分に分けることができる。いま仮に前の部分を第一部、後の部分を第二部と呼ぶことにすれば、第一部は総括して神寺諸家封戸に関する記載ということができ、その内容は、神封に関する部分（一・5〜一一・2）、寺封に関する部分（一一・4〜一三・7）、諸家封に関する部分（一三・9〜一四・5）の三つに分かれる。さらに神封に関する部分は、構成の上から、諸社の神戸を列記した部分（一・7〜八・3）、四篇の官符を収録した部分（八・4〜一〇・2）、「諸神新封」と題する諸社の神封列記（一〇・3〜一一・2）の三つに分かれ、寺封に関する部分は、諸寺の封戸を列記した部分（一一・5〜一三・1）と、東大寺封に関する二篇の符を収めた部分とより成り、諸家封戸に関する部分は、内容上、湯沐邑・諸王諸臣の職封（一三・9〜一三・14）、親王品封（一三・15〜一四・1）、諸臣位封（一四・2〜一四・5）の戸数をそれぞれ示した三つの部分に分かれる。

第二部は、(イ)長保元年七月廿七日の官符（一四・8〜一九・1）と、(ロ)長保三年閏十二月八日の官符（一九・2〜二三・2）とを収めた部分で、その内容は、(イ)の官符の第二条に、神社修理について神戸と関係する点があるが、中心は風俗に関する禁令で、第一部と必ずしも内容的に一貫しない。以上を表示すれば、次頁の表のごとくである。

次に各部分の記載について検討すれば、まず神封部第一段（一・5〜八・3）は、はじめに「合四千八百七十六戸」（一・6）と神戸の総数を示したものとみられる戸数が掲げられている。[(1)] ついで個々の社名をあげて、例えば、

伊勢大神　一千百卅戸　大和百一戸(国)伊賀廿戸　伊勢九百卌四戸　志摩六十五戸　尾張卌戸　参河廿戸　遠江卌戸（一・8）

のように、神戸の戸数とその所在国を示し、或は、

桜嶋神　廿四戸　大和十四戸　因幡十戸　天平神護元年奉レ充（一・9）

のごとく、戸数・所在のほかに奉充年紀を示したものもある。このようにして、率河神より益救神に至る百七十社の

神戸を列挙してある。中で、大宰府管内については、「大宰神封」（七・11）として一括して末に掲げられている。

- 第一部
  - 神封部
    - 第一段
      - (イ)諸社神封列記（一・5～七・10）
      - (ロ)大宰管内諸社神封列記（七・11～八・3）
    - 第二段
      - (イ)
        - 延暦十七年十二月廿一日官符（八・4～八・10）
        - 延暦十八年十一月五日官符（八・11～九・3）
      - (ロ)
        - 延暦二十年九月十三日官符（九・4～九・8）
        - 延暦二十年九月廿二日官符（九・9～一〇・2）
    - 第三段　諸社新神封列記（一〇・3～一一・2）
  - 寺封部
    - 第一段　諸寺寺封列記（一一・4～一三・1）
    - 第二段
      - 宝亀十一年十二月十日騰勅符（一三・2～一三・5）
      - 延暦三年十一月廿三日符（一三・6～一三・7）
  - 諸家封部
    - (イ)湯沐邑・職封数規定（一三・9～一三・14）
    - (ロ)品封数規定（一三・15～一四・1）
    - (ハ)位封数規定（一四・2～一四・5）
- 第二部
  - (イ)長保元年七月廿七日官符（一四・8～一九・1）
  - (ロ)長保三年閏十二月八日官符（一九・2～二一・2）

神社の記載順序は整っておらず、同国の社がまとまって出てくる傾向はあるが（一・11～13に越前、一・14～二・1に伊予、二・11〜14に紀伊、四・11〜15に大和、六・15〜七・2に陸奥のごとく)、それも国ごとにすべての社をまとめてあるわけではない。また社格や神戸数によって配列したとも考えられず、奉充の年代で分類してあるわけでもない。延喜式神名帳の配列との関連も認めがたく、配列の基準を見いだすことはやや困難である。

本書のように、全国の神戸を列記した史料は、他に現存しないので、本書の記載を検討するためには、諸種の史料に散見する神戸に関する断片的な記載を蒐めて一つずつ比較してみなければならない。そのようにして、他の史料によって本書の記載を裏づけることのできる例は必ずしも多くはないが、以下に、それらの例をあげて、本書の内容を検討してみよう。

(イ) 伊勢大神(一・8)と礒部神(七・9)

延喜大神宮式の記載と比較すると、神戸の所在が一致し、戸数も伊勢を除いてほぼ一致する。伊勢大神神戸は年代による変動があり、『続紀』宝亀十一年五月壬辰条、弘仁八年八月二十二日官符(『類聚三代格』所収)などによって、奈良末期・平安初期の神戸数が知られるが、本書の記載も不審な数ではない。

(ロ) 釼御子神(一・12)

『続紀』宝亀二年十月戊辰条および『気比宮社伝旧記』の記事とほぼ一致する。『続紀』に宝亀三年の奉充が伝えられ、本書がそれを三年のこととするのは、本書の誤りか、或は奉充の手続が両年にまたがり、そのいずれかをとったための喰違いと思われるが、この類の、註記と国史の記事との齟齬は他にも散見する。

(ハ) 伊曾乃神・大山積神・伊与野間神・伊与津比古神(一・14〜二・1)

『続紀』天平神護二年四月甲辰条に、この四社への神戸奉充が伝えられており、本書の記載の一部が裏づけられる。

本書には奉充年紀の註が脱落しているのかもしれない。

(ニ) 鹿嶋神（二・7）

『常陸国風土記』、『続紀』天平宝字二年九月丁丑条・神護景雲元年四月庚子条・宝亀四年六月丙午条・宝亀十一年十二月壬子条に、それぞれ同社の神戸や神賤のことが見えるが、本書の記事との関係は明らかでない。

(ホ) 住吉神（二・10）

『住吉大社神代記』に見える同社の封戸の所在や戸数と少異はあるが、一致する点も認められる。

(ヘ) 大鳥神（三・9）・中臣大鳥神（七・5）

『大鳥神社流記帳』（『平安遺文』二一八号）の記載と、戸数・所在が一致する。

(ト) 若雷神（四・2）・鴨御祖神（五・9）

『小右記』寛仁二年十一月二十五日条に両社の当初の神戸数が十四戸・十戸であったことが示されているが、本書にもそれに当たるとみられる神戸があげられている。

(チ) 石上神（五・6）

『続紀』神護景雲二年十月甲子条に同社への五十戸の奉充が見え、明証はないが、本書の「信乃五十戸」がそれに当たり、奉充年紀を示す註を脱したとみることができよう。

(リ) 気多神（五・10）

『続紀』神護景雲二年十月甲子条・『気比宮社伝旧記』の記事と戸数が一致する。ここにも奉充年紀の註が脱落しているらしい。

(ヌ) 小野神(六・8)

『続紀』宝亀三年四月己卯条の記事と戸数・所在が一致し、奉充年紀に一年の出入がある。

(ル) 粟鹿神(六・14)

『粟鹿大神元記』の記載と戸数が一致する。

(ヲ) 鹿嶋神(六・15)

『続紀』延暦元年五月壬寅条の記事によって裏書きされる。

(ワ) 丹生川上神(七・7)

『続紀』宝亀四年五月丙子条の記事と戸数・奉充年紀が符合する。

(カ) 八幡神(七・14〜八・1)

『続紀』天平勝宝二年二月戊子条の記事と同文の部分がある。

(ヨ) 神亀六年『志摩国輸庸帳』から、伊勢神宮神戸・粟嶋神戸・伊雑神戸が志摩国に存したこと、天平二年『大倭国正税帳』によって添御県神戸等二十八神戸が大倭国に存したこと、天平九年『但馬国正税帳』によって押坂・粟鹿・養父・出石の四神戸が但馬国に在ったこと、天平九年『和泉監正税帳』によって穴師神戸が和泉監に在ったこと、天平十年『周防国正税帳』によって玉祖神戸が周防国に存したことなどが知られるが、これらは本書の記事とすべて符合する。

(タ) 保安元年『摂津国正税帳案』(『平安遺文』補四五号)によって当時同国に存した住吉神戸はじめ十三神戸の名と戸数が知られるが、その十三神戸は本書に於て摂津に神戸を有すると註されている社と過不足なく一致し、やや時代が異るとみられるにもかかわらず、その戸数の一致するものも多い。

以上、他の史料との比較・検討によって、次のように結論することができよう。

㈠　本書の神戸に関する記載は、戸数と所在については、かなり信頼することができる。

㈡　註記に関しては不完全な点や混乱が認められ、殊に奉充年紀の註を脱したと考えられる例が散見する。

前述のごとく神社の配列に一定の基準を見いだしがたいが、他にも全般的に統一を欠く点が多く、例えば淡路国・伊豆国・越前国のごとく国字を加えたところと、淡路・伊豆・越前のようにそれがないところがあり、摂津と津国が混在し、国名表記も播万・美乃が播磨・美濃と混用されている。奉充年紀の表わし方は、年のみ、年月を示すもの、年月日まで示すものの三種があり、奉充年紀の下に「符」とした例、「奉充」とした例、何も書かない例などがある。また「宝字二年十月二日九戸」（一三・12）のごとく、奉充年月の下に戸数を示したものと、「津国二戸宝字三年十二月廿九日符」（五・8）のように、戸数の次に年月を註したものとがある。年号の表記については、天平勝宝と勝宝、天平宝字と宝字、天平神護と神護、神護景雲と景雲が混用されており、年紀の順序は年代順になっているところと、そうなっていないところとがある。これらの不統一は、すべて伝写の間に生じたとみるには、やや甚だしすぎる感があり、おそらく本書の原形に於ても既に或る程度は存したものと考えるべきであろう。それが抄出・伝写の過程でさらに甚だしくなったもので、伝写の誤りもかなり多いとみなければなるまい。

神封部の第二段（八・4〜一〇・2）は、第一段の神封列記と形式を異にし、四篇の太政官符を収録した部分である。四篇の官符は、㈠延暦十七年十二月廿一日官符、㈡延暦十八年十一月五日官符、㈢延暦二十年九月十三日官符、㈣延暦二十年九月廿二日官符である。㈠・㈡の官符が八幡大菩薩封戸に関するもの、㈢は伊勢大神封の調庸に関する官符、

㈣は春日祭料、同神封に関する官符である。㈠・㈡の官符は、その一部分が他の官符に引用されて『類聚三代格』に見えているが、㈢・㈣は本書によってのみ伝えられた官符である。

次に第三段（一〇・3〜一一・2）は、「諸神新封」として、二十三神二百六十四戸の神封を列挙した部分で、形式は第一段と類似し、神名・戸数・所在等が示されている。第一段の諸社との関係は、社名の重出するものと、ここだけに見えるものとがあるが、中に平安時代に入って崇敬を集める神社が多く含まれており、おそらく第一段記載以後奉充された神戸を示したものであろう。ただ国史の記事と比較すると、新加の神戸を網羅したものではないらしく、余り明確ではないが、天慶三年、将門の乱平定の報賽として諸社に奉充された神戸がその主体をなしていると考えられる。(2)

寺封部第一段（一一・4〜一三・1）は、二十四か寺の封戸を列記した部分で、例えば、

川原寺　五百戸 癸酉年施 常陸百戸 上野百五十戸 武蔵百五十戸 紀伊百戸　（一二・8）

のごとく、寺名・戸数・施入年月・所在国を示してある。記載の形式は神封部第一段の神戸を列記した部分と類似する。神戸の場合と同じように、他の史料によって本書の記事を検討してみると、

(イ)　大宰観音寺（一一・5）

延喜五年の『観世音寺資財帳』（『平安遺文』一九四号）によって戸数と所在が裏書きされる。

(ロ)　西大寺（一一・6）

『続紀』神護景雲二年閏六月己酉条に百五十戸の施入が伝えられるが、本書には二百戸とあって、五十戸の出入がある。

(ハ)　知識寺（一一・9）

『続紀』天平神護元年閏十月己丑条の記事と一致する。

(ニ)　岡本寺（一一・12）・小治田寺（一一・13）

『扶桑略記』逸文（『伊呂波字類抄』所引）の記載と、戸数が一致する。

(ホ)　角院寺（一一・15）

『続紀』天平十年三月丙申条・『海竜王寺縁起』の記事と施入年時・戸数が一致する。

(ヘ)　妙見寺（一一・16）

『続紀』宝亀八年八月癸巳条に、上野・美作の各五十戸を本寺に施入したことが見えるが、本書は施入年紀の註を脱したのであろうか。また本書に「百戸返納依二大同三年九月十六日勅符一」の註があるが、これは『後紀』大同三年九月乙未条の記事と符合する。ただ本書に示されている「二百卅戸」の戸数は百戸返納以前の数とみられ、この註記は追記とみるべきであろう。

(ト)　招提寺（一二・1）

『続紀』宝亀七年六月癸亥条に播磨の五十戸施入のことが見えるが、本書はそれに触れていない。本寺も大同三年九月五十戸を返納するので、それに当ると考えられないこともないが、明らかでない。

(チ)　神通寺（一二・2）

『後紀』大同三年九月乙未条に、本寺の寺封二十戸返納の記事があるが、本書に示されている戸数「二十戸」が全額返納されたのであろう。妙見寺・招提寺の例によれば、大同三年九月寺封返納の註が存すべきであるが漏れている。

(リ) 大安寺(一二・5)

天平十九年の『大安寺資財帳』、天平七年の『相摸国封戸租交易帳』の記載によって、本書の戸数・所在の記事が裏書きされる。施入年代については資財帳とは喰違うが、『書紀』朱鳥元年五月癸丑条の記事とは合う。

(ヌ) 飛鳥寺(一二・7)

醍醐寺本『諸寺縁起集』の『元興寺縁起』の記事と比較すると、両者とも記載に混乱はあるが、戸数や分布について一致する点が多い。

(ル) 薬師寺(一二・9)

『薬師寺旧流記資財帳』(醍醐寺本『諸寺縁起集』西大寺縁起所引)の記載とほぼ一致する。

(ヲ) 荒陵寺(一二・10)

『四天王寺御手印縁起』の寺封の記載と比べると、その分布に一致する点が多い。この縁起は聖徳太子に仮託されたものであるが、寺封の戸数や所在は実情を反映しているとみてよいであろう。本寺も大同三年九月に寺封五十戸を返納するが、註記が漏れている。

(ワ) 山階寺(一二・11)

『続紀』天平十年三月丙申条に、本寺への寺封施入のことが見えるが、施入の月と戸数に本書の記載と少異がある。

(カ) 法隆寺(一二・12)

天平十九年の同寺資財帳の記載と比較すると、施入月日の少異を除き、戸数・所在については符合する。

(ヨ)　東大寺（一二・14）

東大寺の封戸に関してはやや豊富な史料が残っているが、本書の記載はそれらと符合する点が多い。以上のごとくで、寺封に関しては、やや他の史料との齟齬が目につくが、全般的にみて、神封部の場合と同様、その記載はかなり信頼し得るといってよいであろう。なお神封と異り、『続紀』などに施封が伝えられながら、本書に記載されていない例が散見するが、これは一つには寺封が一定の期限を過ぎれば収公される建前になっていたために、本書の記載の成立以前に返納されたものとみるべきであろう。なお神封部第一段と同じく、この部分でも寺院配列の基準を見いだすことは困難であり、また表記の不統一も多い。

寺封部第二段（一三・2〜一三・7）は、㈠宝亀十一年十二月十日騰勅符、㈡延暦三年十一月廿三日符を引用した部分で、㈠も㈡も東大寺封に関するものである。㈠はその内容が大同三年三月廿六日の官符（『類聚三代格』）に引用されているが、㈡は本書によってのみ伝えられたものである。

次に諸家封部（一三・9〜一四・5）は、内容の上では、(イ)湯沐邑・職封の戸数、(ロ)品封の戸数、(ハ)位封の戸数、を示した三つの部分に分かれる。神封部・寺封部が、個々の社寺について具体的に戸数や所在を示してあるのに対して、この部分は、

一諸臣位封

正一位三百戸　従一位二百七十戸

正二位二百戸　従二位百七十戸

正三位百卅戸　従三位百戸（一四・2〜一四・5）

のごとく、令や式の規定数を示すのみである。示された戸数は大体に於て令や式と一致するが、それに合わない例もある(3)。

最後に、第二部（一四・8〜二二・2）は、二篇の官符を収めた部分である。(イ)長保元年七月廿七日の官符は十一か条より成り、内容は風俗に関する禁令が主体になっている。その第七条と第九条が『政事要略』に引用されているが、全文は本書によって伝えられるのみである。(ロ)長保三年閏十二月八日の官符は検非違使に宛てたもので、五か条より成り、その内容はやはり風俗に関する禁令で、いわゆる公家新制の一つである。第一条より第四条に至る各条が『政事要略』に引用されているが、官符の全文を伝えるのは本書のみである。

二　成立

すでに見たように本書の内容は必ずしも単純ではなく、各部分ごとに体裁も異り、その性格もまちまちであるらしい。そこで全体の成立の検討に先だって、各部分の成立について考えてみることにしよう。

神封部第一段（一・5〜八・3）　ここに見える最も新しい年紀は、鹿嶋神条の「延暦五年」（二・7）であるが、これは本文の戸数との関係が明らかでなく、或は後世の追記であるおそれもあるので、大事をとってこれを除けば、陸奥の鹿嶋神条の「延暦元年五月廿四日」（六・15）が最後の年紀ということになる。また国名表記の点では、山城とのみあって、山背と書かれた例がないが、これを本来の姿とすれば山背国が山城国と改められ延暦十三年十一月以後の成立となろう。ただこれは転写の手を経ているので余り確かとはいえない。下限は「益救神　一戸多禰嶋」（八・3）

の記載によって、多禰島が大隅国に併せられた天長元年九月以前である蓋然性があり、またこの部分の「春日神廿戸」（七・5）は、延暦二十年九月二十二日の官符（本書）によって停止されたものに当たるとみられるので、本書はその停止以前の姿を示していることになり、この部分の成立は延暦二十年九月以前といえよう。更に率河神条の註の「左京」（一・7）は平城京の左京を指すとみられるが、厳密にいえば、延暦三年の長岡京遷都以後であれば、「大和国」とか「平城左京」とあるべきで、これを下限として設定できるかもしれない。

神封部第二段（八・4〜一〇・2）　仮に一括して扱えば、収録された官符の年代から上限として延暦二十年九月二十二日以後、下限は㈠の官符の末に追記とみられる「大同三年七月十六日騰勅符」云々（八・9）とあることでも知られるように、この部分と密接な関連をもち、当然引用されて然るべき大同三年七月十六日の騰勅符が引かれていないことから、この部分の成立はその騰勅符の発せられた時より前といえるかもしれない。

神封部第三段（一〇・3〜一一・2）　明確ではないが、その大部分が将門の乱平定の報賽として天慶三年に充てられた神戸と考えられるところから、この部分の成立の上限は天慶三年八月、下限は伊勢大神条に於て応和二年二月奉寄の三重郡、天禄四年九月に寄せられた安濃郡に触れていないこと、また石清水社に天暦六年二月に充てられた二十五戸の見えぬことなどによって、一応、天暦六年以前と考えてよいであろう。

次に寺封部第一段（一一・4〜一三・1）　ここで見える最も新しい年紀は、妙見寺条・招提寺条の「大同三年九月十六日」（一一・16〜一二・1）であるが、これは追記とみられるので除外すれば、陳城寺条の「延暦二年」（一二・3）が最も新しい年紀となる。従って上限は延暦二年に置くことができよう。下限は、本書の妙見寺・招提寺・神通寺・荒陵寺の封戸数が、大同三年九月に収公される以前の数を示していると考えられるので、大同三年九月以前、更に東大寺条で、延暦十二年三月に新薬師寺の修理料に充てられた百戸に触れていないので、或は延暦十二年以前とすることができるかもしれない。なお寺封の所在を示す註記の、国名の配列を見ると、武蔵が東山道に属した時期の順序になっており、(4) この点では同国が東海道に転属する宝亀二年十月以前の状態にふさわしいが、これはこの部分の資料が宝亀二年以前のもの、もしくは宝亀二年以前の書き方を踏襲していたものであることを示すにとどまるであろう。

寺封部第二段（一三・2〜一三・7）　仮に一括して扱えば、「延暦三年十一月廿三日符」が引かれていることから、それ以降、下限は余り明確ではないが、東大寺封についての、延暦十四年六月、同年閏七月、大同三年三月の措置に触れていないことを重視すれば、一応延暦十四年六月以前といえよう。

諸家封部（一三・9〜一四・5）　この部分が、単に令や式の規定を写しただけのものではなく、当時の現行の制度を示したものとすれば、諸臣位封の数が令制に復した大同三年十月以降。また本書の記載では無品内親王封も減半されたと解せられることから、大同四年六月以降。参議封の見えることから、観察使を停めて参議を再置した弘仁元年六月以降と考えられる。下限は明らかでなく、わずかに『拾芥抄』に示された制度よりは古いらしいことが知られるのみである。

第二部（一四・8〜二一・2）　収められた二篇の官符を一括して考えれば、成立は長保三年閏十二月八日以降となる。

次に全体的に本書の成立の問題を考えてみると、まず手がかりになるのは、内題の、

神事諸家封戸　大同元年牒

の文字である。ここに見える「大同元年牒」が何を意味するかが問題であるが、普通に解すれば、大同元年の牒の内

容が、すなわち本書の主体をなす部分に当たると考えるべきであろう。それで、本書の各部分が、果してすべて大同元年牒の内容と考えられるかどうか検討してみると、

神封部第一段（一・5〜八・3）　内題にすぐ続く部分であることから、大同元年牒の文字がこの部分に係ることは、ほぼ確実とみられる。また内容の上でも大同元年以降の記事は認められないので、この部分は大同元年牒の一部であると考えてよいであろう。

神封部第二段（八・4〜一〇・2）　ここには四篇の官符が収められているが、牒の中に別の文書が原形のまま収録されることは考えられないので、この部分は大同元年牒には含まれないであろう。

神封部第三段（一〇・3〜一一・2）　天慶三年八月奉充の神戸が中心になっているらしいことから、大同元年牒に含まれないことは年代的にも明らかである。はじめに「私注付」とあることからも、後人の追加と考えるべきであろう。

寺封部第一段（一一・4〜一三・1）　寺封を列記した部分であるが、記載の形式や内容の成立年代が、神封部第一段に類似するところから、この部分も大同元年牒の一部であったとみることができよう。

寺封部第二段（一三・2〜一三・7）　これも神封部第二段の官符を収めた部分と同じ性格の部分で、大同元年牒には含まれぬと考えられる。

諸家封部（一三・9〜一四・5）　神封部第三段と同じような部分で、はじめに「私注付」とあることや、弘仁以降とみられる記載が存することから考えて、大同元年牒には含まれず、後人の追加と思われる。

第二部（一四・8〜二一・2）　ここで見落せないのは、この部分の前、第一部の終りに「康保三年十一月二日写

了」(一四・6)という書写の奥書とみるべき文字が存することである。普通の場合、写了の識語がこのように本の途中に加えられることは考えがたく、写本の成立後その後尾に追補が行なわれた場合にこのような形になることが多い。ここでも、第二部に収められた官符の年代は長保元年と同三年で、写了と記された康保三年より三十年ほどのちに当り、その内容も風俗に関する禁令で、第一部とは異質であるので、やはりこれは写本成立後の追加とみるべきであろう。従ってこの部分は、おそらくは「新抄格勅符第十巻抄」の一部でもないと考えられる。

次に内題の「神事諸家封戸」の文字であるが、これは文字通りに解すれば、大同元年牒が神事と諸家封戸に関するものであったことを示すと考えなければなるまい。しかし神事と諸家封戸では取合せがやや奇異であり、本文の神戸・寺封は神事にも諸家封戸にも含めにくいことなどから考えると、ここに神事とあるのは神寺の誤りで、『延喜式』などにも用例のある「神寺諸家封戸」とするのが正しいのではなかろうか。本書の内容は、神封・寺封・諸家封戸に関するもので、これを「神寺諸家封戸」と総括できるからである。

ところで、本書の記載は、一応、神封・寺封・諸家封戸の三者にわたっている。しかしこの中で諸家封戸に関する部分は、令や式の規定の戸数が示されているだけで、神封部・寺封部が個々の社寺について具体的に封戸の戸数や所在を記してあるのに比して、いちじるしく均衡を失っているように思われる。そこで一つの臆測であるが、元来は大同元年牒の内容として神封部・寺封部の次に諸家封部と呼ばれる部分があり、そこには具体的に人名を挙げて、封戸の数や所在を示した記載があったが、それが伝写の過程で削りさられ(人封には生存中とか在職中という期限があるので、変動がはげしく、時日の経過によって実態を示さなくなりやすいことなどがその原因であろう)、一般的な令や式の規定を示した「私注付」という追補の部分が残って、現在の形になったと考えることができるのではなかろうか。

もしこのように推測することが許されるとすれば、はじめ神封部第一段（一・5〜八・3）と寺封部第一段（一一・4〜一三・1）と、それに今は失われた諸家封部との三つの部分を含む完全な形の大同元年牒があり、それが社寺人名・封戸数・所在などを主体とする骨組みだけの形に抄出され、ついで神封部第一段の次に補足追加として四篇の官符が引かれ（八・4〜一〇・2）、更に天慶三年八月以後に「私注付」の部分（一〇・3〜一一・2）が追加された。また寺封部第一段の次に東大寺封の説明として二篇の符（一三・2〜一三・7）が、また諸家封部に「私注付」の部分（一三・9〜一四・5）が付け加えられた。その後、大同元年牒の一部であった諸家封部が削られ、追加の「私注付」の部分が残った。このような形の写本が「康保三年十一月二日」に成立したのであろう（ただ諸家封部の削除がこれ以前のことであるかどうかは確かではない）。そして最後に第二部の二篇の官符（一四・8〜二二・2）が加えられて、今本の形が成立したのであろう。

大同元年牒については、それがどこからどこに宛てられたものか、またどのような趣旨の牒であったか等は明らかでないが、大同年間には封戸に関するいろいろな措置があいついでとられているので、この時期に何らかの封戸に関する文書が出されたことは、時期的には不審はない。推測を加えれば、大同年間の一連の封戸をめぐる措置にさきだって、封戸の数・所在・由来などを調査・確認したものであろうか。なおそこに示されている神寺封の状態は、大同元年よりはややさかのぼって、延暦年間のものとみられることは、すでに述べたごとくである。

次に「新抄格勅符第十巻抄」という書名について考えてみると、おそらくこれは『新抄格勅符』という十巻以上より成る書物があり、それの第十巻よりの抄出の意で、抄出者もしくは転写本の筆者によって付けられた名であろう。ところで『通憲入道蔵書目録』に「格勅符抄八弓」（第八十櫃）という書物がみえていて、本書はこれの残欠であろうと推定する説がある。しかし「格勅符抄」という書名は、同名異書の生じやすい名称であるから、この書名のみによって同書と決めてかかることは危険であろう。なお『新抄格勅符』の全体の巻数や成立の時期については明らかでなく、わずかに、十巻以上で、大同元年以降、康保三年以前のものといえるにとどまる。また『新抄格勅符第十巻抄』の本来の内容は、結局大同元年牒に含まれた神封部第一段と寺封部第一段のみで、他は後人の追補とみるべきであろう。江戸時代の写本には「新抄格勅符」と題したものがあり、『新訂増補国史大系』に収められる際に、『新抄格勅符抄』と名づけられた。本来の名称と少しく意味の異るきらいはあるが、追加の部分をも含めて、今本の形になったものを、あらためて便宜『新抄格勅符抄』と名づけたと考えて扱えばよいであろう。

三　伝　本

本書の伝本として管見に入ったものは、左の十八本である。写本としては、

(イ)　彰考館文庫所蔵本（甲）（架号、寅―一）　表題「新抄格勅符第十巻抄」。本文三十二丁、毎半丁八行、毎行約十六字。奥書はないが、元禄前後の書写か。

(ロ)　彰考館文庫所蔵本（乙）　戦災で焼失したが、大系本（初版）に首尾各一葉の写真が図版として掲げられており、(ハ)史料編纂所本はその写真と較べてみると焼失前のこの本の形を忠実に写していると思われる。これらによって復原推定すれば、表題「新抄格勅府（ママ）大同元年　副」。本文二十七丁、毎半丁九行、毎行約十八字。奥には、

以醍醐報恩院所蔵古本写之

とある。

(ハ) 史料編纂所所蔵本（架号、二〇五〇—五）　昭和六年四月、同所が、(ロ)彰考館本（乙）を写したもの。

(ニ) 宮内庁書陵部所蔵本（甲）（架号、一七一—二六一）　万延元年十二月、栗田寛博士が、(イ)彰考館本（甲）を写した本の転写本。大橋長喜旧蔵。

(ホ) 早稲田大学附属図書館所蔵本（架号、り—四—二七四一）　『徴古雑抄』のうち。明治九年三月、小杉榲邨博士が栗田博士の本を写したものの転写本。内容は(イ)彰考館本（甲）の系統。

(ヘ) 神宮文庫所蔵本（甲）（架号、七—ろ—二一五五）　文久元年四月、久米幹文が栗田寛博士の本を写したもの。ただ栗田本には同文の奥書をもちながら内容の異る両種の本があったらしく、内容は(ロ)彰考館本（乙）と一致する。

(ト) 神宮文庫所蔵本（乙）（架号、七—ろ—二一五四）　明治九年三月、御巫清生が(ヘ)の久米本を写したもの。

(チ) 神宮文庫所蔵本（丙）（架号、七—ろ—二七二）　明治年間、(ヘ)の久米本を写したもの。

(リ) 神宮文庫所蔵本（丁）（架号、七—ろ—二七三）　(ヘ)久米本の転写本。

(ヌ) 東京大学附属図書館所蔵本（架号、L二一—一九七）　文久元年九月、小中村清矩博士が(ヘ)の久米本を写したもの。南葵文庫旧蔵。

(ル) 大東急記念文庫所蔵本（架号、五—六—一七八二）　文久元年十月、木村正辞博士が(ヌ)の小中村本を写したもの。

(ヲ) 静嘉堂文庫所蔵本（架号、七八—五〇—一二八）　文久三年三月、歴道人春枝が栗田寛の本を借りて写した旨の奥書がある。内容は(ロ)彰考館本（乙）の系統。

(ワ) 大和文華館鈴鹿文庫所蔵本（架号、一—一一七五）　(ヲ)静嘉堂本と同文の奥書がある。

(カ)　無窮会神習文庫所蔵本（架号、二|丙|五|三七六一）　明治元年十一月、井上頼圀博士が、歴道人春枝の奥書をもつ本を写させたもの。

(ヨ)　宮内庁書陵部所蔵本（乙）（架号、一七三|一〇三）　明治七年十一月、勢多章甫が歴道人春枝の奥書をもつ本を写したもの。

(タ)　東京国立博物館所蔵本（架号、〇一八|と|八一九八）　(ヲ)静嘉堂本と同文の奥書がある。或はその転写か。

刊本としては、

(レ)　『存採叢書』所収本　第七冊に「新抄格勅符第十巻抄」として収められ、明治九年三月の小杉博士の本（栗田本の転写）を底本としたもの。内容は(イ)彰考館本（甲）の系統。明治十八年十月刊行。

(ソ)　『新訂増補国史大系』所収本　第二十七巻に「新抄格勅符抄」として収められたもの。(ロ)彰考館本（乙）を底本とし、諸書によって校訂をくわえてある。昭和八年五月刊行。(5)

いずれも近世以降のもので、本文の異同によって分けると、(イ)彰考館本（甲）から出た本と、(ロ)彰考館本（乙）を祖本とする諸本とに大別することができる。前者に属するのは、(ニ)・(ホ)・(レ)、後者に入るのが(ハ)・(ヘ)・(ト)・(チ)・(リ)・(ヌ)・(ル)・(ヲ)・(ワ)・(カ)・(ヨ)・(タ)・(ソ)の諸本である。

彰考館文庫の（甲）本と（乙）本とは、ともに水戸の史臣によって大日本史編纂の史料として採訪・書写されたものであるが、両者を詳しく比較すると小さな異同がかなり目につく。いまその主なものを示せば、次頁の表の如くである。

大系本頁・行	彰考館本（甲）	彰考館本（乙）
（表題）	新抄格勅符第十巻抄	新抄格勅府大同元年副
（体裁）	三十二丁、一面八行、一行十六字	二十七丁、一面九行、一行十八字
一・11	従三位○断	従三従○断
一・14 15 16 二・1	伊予○	伊与○
四・14	十市御縣○	十市御縣○
八・14	十戸云○封	十戸之○封
九・4 9	大○政官	太○政官
九・5	大中臣○等	大中臣朝○臣○等
九・6	宣○自今以後	宣○自今以後
九・16	畢○宜承知	畢官○宜承知
一〇・5	八幡大菩○薩○	八幡大井○
一〇・7	同別雷○神	同別當○神
一〇・16	伊佐那○支命神	伊佐郡○支命神
一一・11	宝亀二年五十○	宝亀二年五十戸○
一二・9 11 16	信濃○	信乃○
一二・9	伊予○	伊与○
一二・10	施○五十戸	拖○五十戸

大系本頁・行	彰考館本（甲）	彰考館本（乙）
一二・11	加○五十戸	如○五十戸
一二・12	播磨○五十戸	播万○五十戸
一二・14	施入云○云○	施入之○ゝ○
一二・16	近江百五十○戸	近江百五○戸
一四・11	莫先祭礼○	莫先祭祀○
一四・14	専当官人之○	専當官人之事○
一四・15	祭礼○之礼	祭祀○之礼
一五・1	忌○跡	忘○跡
一五・9	令修理○之時	令修理修○理○之時
一五・12	侮蔑之祟○	侮蔑之祟○
一五・15	如忌○旧風	如忘○旧風
一六・10	諍或○	諍或○
一六・15	焉○合	烏○合
一七・4	蜉蝣○之羽	蜉蝣○之羽
一八・6	世之○害	世之蠹○害
一八・9 10	有○不計損益	有方○者○不計損益
一八・15	宜○知	宜承○知
一八・16	左大史○米朝臣	左大史多○米朝臣
一九・10	彼狭○少之時	彼俠○少之時
二一・2	忌○下馬之礼	忘○下馬之礼
（奥書）	（なし）	以醍醐報恩院所蔵古本写之

いずれも枝葉の異同にとどまるので、両者は極めて近い関係にあることが確かで、おそらく同一の本を別々に写したか、或は一方が他方の転写であるかのいずれかであろう。(乙)本が焼失してしまっているために判断はやや困難であり、また不確実であるが、おそらくこの書写は出張先で行なわれたことであろうから同一の本を別々に写すことはしなかったであろう。どちらかが原本を写し、他はそれを更に転写した副本である可能性がつよい(彰考館本にはしばしばこのような例がある)。そこで(甲)本、(乙)本いずれが藍本であるかが問題になるが、(甲)本にはもとの本の欠脱をそのまま空けてあるとみられる個所があるが(一八・6、一八・15)、(乙)本ではそれが意補されていること、(甲)本に古い字体のおもかげらしいものが残っていること(忘を忌とするごとき)、(乙)本には表紙に「副」とあったらしいが、これは副本であることを示したものとみられること、などにより、断定ははばかられるが、(甲)本がもとになった写本で、(乙)本はそれを写した副本であったとみるのが妥当であろう(6)。

彰考館本の藍本については、(乙)本の奥に、

以醍醐報恩院所蔵古本写之(二二一・5)

とあることによって、醍醐寺報恩院の所蔵本を写したことが知られるが、同院は後世退転して蔵書も他に転じた。この本については、現在までのところその所在がつまびらかでないが、醍醐寺の文書聖教類の整理がすすめば、或は再び出現の可能性もあろうか。彰考館史臣の採訪の年代は明らかでないが、(乙)本の奥書の筆跡を佐佐宗淳のものとする栗田博士の見解に従えば、宗淳の没した元禄十一年六月以前の書写、更に推測を加えれば、天和元年の佐佐宗淳・吉弘元常らの醍醐寺史料採訪の際のことであったかもしれない。

なお、本書に関する従来の研究・調査としては、

水野柳太郎氏「大安寺の食封と出挙稲（一）―施入年代―」（『続日本紀研究』二ノ二、昭和三十年三月）
拙稿「新抄格勅符抄の写本と校訂（上）（下）」（『日本上古史研究』一ノ一・二、昭和三十二年一月・二月）
拙稿「新抄格勅符抄に関する考察」（『芸林』十ノ六、昭和三十四年十二月）
拙稿「新訂増補国史大系本『新抄格勅符抄』索引」（『日本上古史研究』六ノ十二、昭和三十七年十二月）
拙稿「新訂増補国史大系本『新抄格勅符抄』の校訂」（『新訂増補国史大系月報』十三、昭和四十年一月）
などがある。

四 結び

以上の考察に大過なしとすれば、本書は神寺諸家封戸に関する大同元年牒（抄出）を主体とし、それに、参考すべき官符等の記載を付加して成立したものである。その内容は平安初期の神戸・寺封に関する独特の史料であって、本書によってのみ知られる事実も、決して少なくはない。ただ抄出の不手際や伝写の間の誤脱・省略によって、原形の失われたことは惜しいことであるが、それにもかかわらずなお本書の価値はきわめて高いということができるであろう。

註

（1）この数は、大宰神封を含めて神封部の戸数を合計すると五千八百八十四戸（戸数不明の目原神と葛木御県神は除く）となり、大宰神封を含まぬとすれば四千二十四戸となり、いずれにしても大きく喰違うが、これは本書で「一千六百六十戸」（七・14）とある大宰府の八幡神の戸数を、『続紀』天平宝字八年九月癸亥条と天平神護二年四月丙申条により、一旦返納ののちあらためて充てられた六百二十五戸として計算しなおすと、大宰神封を含めて四千八百五十二戸となり近似した数が得られる。

（2） 天慶年間、兵乱のことによりしばしば奉幣使の発遣された社は、伊勢・石清水・賀茂上下・松尾・稲荷・平野・大原野・春日・大神・石上・大和・住吉・広田などであるが（『大日本史料』天慶三年正月十三日条、同年四月十日条、同年八月二十日条、同年九月十七日条、同年十月二十八日条など参照）、本書のこの部分にあげられている神名ときわめてよく合う。

（3） たとえば、位封の中で従一位について、本書は「二百七十戸」（一四・3）としているが、養老禄令では、「二百六十戸」とあるなど。ただこれは本書の誤りであろう。

（4） たとえば西大寺条（一一・7）、法花寺条（一一・8）、大安寺条（一二・6）、飛鳥寺条（一二・7）、川原寺条（一二・8）、薬師寺条（一二・9）、山階寺条（一二・11）、東大寺条（一二・16）など、いずれも、信濃・上野・武蔵・下野の順序に従っている。

（5） 岩波書店刊『国書総目録』の「新抄格勅符」の項によれば、他に写本として多和文庫所蔵のものと、成簣堂文庫本とがある由であるが、調査できなかった。

（6） 一応このように推定したが、（乙）本に「有方者不計損益」（一八・9）とあるものを、（甲）本には「有不計損益」とする点は、内容上（乙）本の方がすぐれており、かつ「方者」の二字は意補とみるのは困難な文字であるので、この点を重視すれば（乙）本の方が親本、または（甲）本・（乙）本別々に写されたものとみる余地も残っている。

類聚符宣抄

橋本義彦

一 書名

本書の最古の写本である保安二〜三年（一一二一〜二）書写の壬生官務家旧蔵本（現在宮内庁書陵部所蔵）は、各冊の表紙に「左丞抄第一」の如く外題し、本文の首に「類聚符宣抄第一」の如き内題を載せている。すなわち『類聚符宣抄』なる書名は、本書の内題に由来するものであるが、この内題が本書の書名として、外題よりも広く一般に行われるに至ったのは、恐らく江戸末文政三年塙保己一が本書を上梓するに当り、この内題を書名としたためであろう。これより先、元禄年間壬生季連は保安古写本の保存のため、新写本を作成したが、その元禄本は、当然ながら、外題・内題とも保安本と同じであった。ところが、その後元禄本が転写される間に、もとの外題に代えて、内題の「類聚符宣抄」を表紙に題する写本が現われ、例えば宮内庁書陵部に架蔵されている文化十二年山田以文書写の鷹司本外一本はこの書名をもっている。保己一が上梓に当って直接拠った写本も「類聚符宣抄」と表題していたらしいが、斯様にもとの外題をさしおいて、内題を表紙に載せた理由は明確でない。或は当時の識者の間では、外題よりも内題のほうが、本書の書名としてふさわしいと判断されたのであろうか。なお後に述べる如く、保安本の外題は、内題及び本文等よりかなりのちの筆写にかかるとみられ、本書の本来の表題であったかどうか疑わしい点があり、強いて推測すれば、保安本の「左丞抄」なる外題は、鎌倉中期ないし末期の壬生官務家において新たにつけたものかと思われる。

『類聚符宣抄』とは、その字義があらわす如く、官符・宣旨を類別編集した抄物という意味であろうが、「左丞抄」という書名については少し考えてみる必要があるであろう。左丞は言う迄もなく左弁官の意である。一体、令制の太政官の事務局は、少納言局と左・右弁官局の三局より成り、左・右弁官局の間でも一応分掌の差別は存したのであるが、実際にはその境目は曖昧なものであったらしい。そして平安中頃から、左・右弁官局の所掌の区分は益々不明確になる一方、小槻氏が筆頭の左大史を世襲して大夫史（五位史）ないし官務といわれる地位を独占し、左右の別なく弁官の庶務を掌握・支配するようになった。『職原鈔』に「近代左大史兼二左右一、此云二官務一」という状態がそれで、ほぼ平安末葉にはこの体制が確立したものとみられる。従ってこの体制では、弁官局は左弁官局によって代表されたと言ってよく、「左丞抄」とはとりもなおさず弁官局の官人の執務参考書であり、更に限定すれば、筆頭の左大史すなわち官務のための抄物と解することも出来るであろう。平安末以来本書を筐底深く伝蔵して来た官務家に於て、実際の効用の面から、これに「左丞抄」と名づけたとしても不思議はないであろう。

二　成立と伝来

本書については、その撰者も、成立の由来も詳らかでない。ただ手掛りとなるのは、本書の最古の写本が、平安末期の保安二、三年に小槻官務家に於て書写されたと考えられること、その後同写本が小槻氏より出た壬生官務家に秘蔵され、江戸末期に塙保己一の文政版本が世に出るまで、殆ど本書の存在が世に知られなかった事実などである。

小槻氏は、奈良時代には近江国栗太郡の郡司級の豪族であったが、平安時代に入ると、相継いで算道出身の中央官人を輩出し、更に本貫を京都に移して、永く算道を家学とし、算博士を世襲する家柄となった。そうしてこれらの算道出身者は、その特殊技能をもって主計・主税寮或は木工寮や修理職等の官人として活躍するほか、左・右弁官の史となるものも現われ、殊に平安中頃摂関期に奉親が左大史、就中史の筆頭として官中の諸事を掌握する大夫史（のちに官務という）になってからは、貞行・孝信・祐俊と父子相継いでこの地位を占め、祐俊の世代には、すでに「普代大夫史也」と世人が認める如く、ほぼ官務家の基礎は固められたとみられる。左大史ないし官務という地位と、本書の書名・内容が密接な関係をもつことは上述のとおりであるが、平安末期に官務家としての性格形成をなし遂げていた小槻氏と、本書の成立との間に緊密な関係を想定するのは極めて当然で、更に上述の本書伝来の事情を考え併せると、本書を小槻官務家に於て編纂されたものとする通説は、一応穏当な推論と言ってよいであろう。

ところで、本書に収める最も年次の新しい文書は、寛治七年（一〇九三）正月十九日の宣旨であり、現存最古の写本の書写年次が保安二、三年であるから、一応形式的には、本書の成立を寛治七年から保安二年に至る二十九年間におくことが出来る。そしてこの時期が小槻氏に於て、丁度祐俊及びその男盛仲の世代に当ることは、上記の推論に或る程度の真実性を与えるように思われる。それは次の如き祐俊の事績が知られるからである。祐俊は承保三、四年頃父孝信のあとを承けて大夫史となり、康和五年（一一〇三）二月、その職を盛仲に譲るまで、三十年近くも大夫史の地位を占め、その後も主税頭として、また算道の長老として重きをなし、位階も従四位上まで昇って、永久二年（一一一四）二月八十に近い高齢で卒した。この間、のちに近江の法光寺と共に小槻氏の氏長者の進止すべきところとして重んぜられた常林寺を京都西郊に建立し、また近江の氏寺法光寺及び氏社雄琴社の管領についても置文を遺しており、同氏の繁栄と保全に力をつくして、同氏の歴史に一時期を劃した人物である。また『玉葉』治承三年六月一日条に見える祐俊撰の「諸国申請雑事二帖」は、諸国より太政官に申請した諸事に関する公文を集成したものかと想像されるが、諸国に対する中央政府の窓口である弁官局の官人、就中大夫史の執務参考書として撰集されたものであろう。〔補記〕こうした祐俊の事績をみると、太政官の官人、殊に左大史の執務の便に供することを重要な目的としたらしい本書の撰者を強いて小槻官務家の歴代に求めるとすれば、祐俊が最も有力な候補者となるであろう。

祐俊のあとも、小槻氏に於ては、盛仲・政重・師経と父子相継いで大夫史の地位を占めたが、師経が脳を病んでその任に堪えなかったので、その弟永業が大夫史となり、更にそのあとは弟隆職がこの職をついだ。隆職は前後を通じてほぼ三十年もの間、「官中執権」として史以下の官人を支配し、また廟堂の重鎮九条兼実に近侍してその地位の向上を図るとともに、所領の増殖にも努めて官務家領の基礎をきずいたのであるが、かかる目覚しい活躍ぶりが却って災いをもたらし、一時源頼朝の申入れによって大夫史を罷免され、永業の男広房がそのあとを襲った。隆職はその後再び大夫史に復職したが、こののち小槻氏は隆職・広房二流に分かれ、夫々の居処によって壬生及び大宮を称し、永く小槻氏の氏長者と官務の地位を争った。しかし大宮官務家は室町末期に断絶し、壬生家が官務家として江戸末まで存続したが、上記の保安古写本は、小槻氏が大宮・壬生両流に分裂したあとは、壬生官務家に伝えられたのである。同本の巻第一の表紙見返しには、「八帖（花押）」の記が載せられており、その花押は隆職の曾孫有家のものと考えられるが、有家も同家伝来の文書の管理・保存に意を用い、家領の復興に努めた事績を残している。それはともかく、保安本は外題及び内題によって、もとは少なくとも十帖あったことが確かめられるから、有家の時、すなわち鎌倉中頃にはすでに二帖の欠を生じていたのである。そして同本はその後殆ど世人の眼に触れることなく、永く壬生家の官務文庫に秘蔵されたらしいが、江戸時代に入って、壬生季連が同本の新写本を作成したため、はからずも本書が世に現われる端緒をひらくこととなった。季連は延宝・元禄年間の官務であるが、特に同家に伝来した文書・記録の整理・保存に力を尽し、或は室町時代の官務壬生晴富の自筆日記などを書写し、また『続左丞抄』を編集しているが、この保安古写本を新写して副本を作成した意図は、その新写本巻第十の巻末に収める次の識語に明瞭に看取することが出来る。

左丞抄八冊　十冊之内、第二・第五欠、

右代々雖レ令二伝領一、依レ歴二年序一、毎二披見一弥恐二古本之破損一、新写レ之、文字不審等只如レ形令レ似レ之、或以レ朱加二愚意一、蓋此記者、為二禰家之秘本一、於二他家一所持之輩一切不レ聞之由、厳君之命也、因レ玆秘而猶不レ出二窓外一、後葉之外者輙不二披見一、若後生雖レ有二懇望人一、深蔵二笥底一莫レ免二他借一、于レ時元禄第四辛未閏八月廿七日起筆、翌年正月廿二日書写比校畢、

左大史小槻宿禰（花押）

（同筆朱書）
「保安年中書写之由見二奥書一、本之躰頗経二彼年代一之条無レ疑者也」

かくして新写の副本が作成されると、保安の古写本はともかく、新写本はおのずから世人の眼にふれる機会も生まれ、遂に文政三年（一八二〇）塙保己一は、この元禄本の転写本によって本書を上梓し、『類聚符宣抄』と題して世に出したので、ここに殆ど九百年にも及ぶ永い間、壬生官務家に秘蔵されて来た本書の内容が、始めて広く世に知られるこ

ととなったのである。

三　構成と内容

本書は『類聚符宣抄』という書名が端的に示す如く、太政官符・宣旨・官宣旨（弁官下文）等の公文書を類別編集した一種の法令集である。その文書の数量は、概算によると、宣旨が約四百七十通で全体の三分の二近くを占め、官符が百四十通足らず（外に太政官牒一通）、官宣旨が二十通余を数える。以上のほか、解状・占文・卜文・勘文等が九十通程収められているが、その大部分は官符や宣旨などに附属した文書である。巻第一の安和元年九月三日附神祇官解文が同月十日附の宣旨に附属する文書であるのを初め、類例は多く指摘できるし、また巻第八に収める天元四年六月三日附の播磨国司の解状及び長保五年九月三日附の備後国司の解状は、太政官の官裁を申請したものであるに拘らず、共に官裁の官符或は宣旨が見当らないので、「可ㇾ尋二官符一」とか「可ㇾ尋二宣旨一」と注記されている。すなわち解状や占文・勘文等の文書は、官符や宣旨と同じ独立の文書として編集の対象になったのではないことに留意する必要がある。次に巻毎に官符・宣旨・官宣旨の数量の割合に大きな偏差のあることも注意を惹く。例えば、神事関係を収めた巻第一では、宣旨が二十通余に止まるのに対し、官符は六十通にものぼり、巻第三の災異・疫疾関係では、綱所や仏寺などに宛てられた官宣旨が十八通で最も多く、また外記局を中心とする太政官内の庶務に関する事項を収めた巻第六には、百通近くの宣旨を数える外は、官符二通を含む五、六通の文書を載せるにすぎない。これらの現象は、文書の取扱う案件によって巻別類聚した本書の性質に由来するもので、特に異とするには当らないが、本書の構成が具体的に文書形式の差として現われている点、一応興味ある事実である。

次に所収文書の年次を見ると、天平九年(七三七)より寛治七年(一〇九三)に及んでいる。しかし天平九年の文書は、同年流行した疱瘡に関係のある官符と詔書で、これについで古い延暦九年(七九〇)五月十四日の内侍宣との間に五十年以上の空白があるので、実質的には、延暦以降の文書を収めているとみなしてよいであろう。そしてそれらの官符・宣旨等は、主として弁官或は外記の文殿に納める長案などの案記から抄出したものと推測される。その根拠は、本書に収める個々の文書の端や尾に附された注記にある。それらの注記を調べてみると、第一に巻第七所収長和四年四月七日附官符につけられた「一人漏二此符案一」の注記の如く、原拠の「符案」なることを窺わせるものが散見すること、第二に注記の多くは、その内容からみて、各文書の作成された時点で、後鑑のため案文に附されたものと判断されること、第三にそれらの注記は、内容・形式に極めて共通性が強いことの三点が指摘できる。従ってかかる注記をもつ案文は、もとは文殿の長案などに収められていたものと考えるのが最も合理的であろう。そのうえ小槻氏が大夫史を世襲するようになると、弁官局の文殿の別当をも兼帯するに至り、更に文殿の文書・記録類が漸次小槻氏の文庫に移って保管される傾きも生じ、例えば安元三年四月の大火の際、小槻隆職の所蔵文書が焼失したことを伝え聞いた九条兼実は、「官中文書払底歟」と歎いた程である(『玉葉』)。斯様に平安末期には、既に文殿の長案なども官務小槻氏の身近にあったと考えられるし、個々の公文の案文も多くその手許に保管されていたらしいから、小槻氏がそれらを資料として本書を編纂したことは容易に想像される。

さて本書の類別構成を現行流布本によって列記してみると、

第一　神事　第三　災異・疾疫　第四　帝皇・后宮・皇親　第六　外記雑事　第七　弁官雑事　第八

と整理することが出来る。しかし保安古写本を調べてみると、流布本の巻次を本書の本来の巻次と断定し得ない面がある。先ず保安本に於て、本文と同筆の内題により確定し得る巻次は、第一・四・七・十の四巻だけで、現在巻第三とされているものは、首部一葉ないし数葉が欠脱しており、本来の巻次は不明である。いまの巻第三という巻次は、「左丞抄第三」という外題によったものであろうが、この外題が内題・本文等よりかなり後の筆写と考えられることは後述の通りである。また現在第六・八・九としているものの内題は、保安本ではすべて「類聚符宣抄第　」として巻次の記入がなく、いまの巻次は、それぞれの巻末に「六巻歟」「八歟」「九巻歟」とある注記及び外題に由るものと思われる。そしてこれらの注記は、後にも述べる如く、本文よりかなりのちの追記とみなされるから、この注記に全面的に依拠するわけにはいかない。殊に神事・帝皇等を先に篇次する類別法は、『類聚国史』などにも通ずるもので諒解し易いが、災異・疾疫の関係事項を巻第三とするのには疑問がもたれる。或は同巻の前半に社寺に於ける祈禱に関するものが多いため、同巻を仏事関係とみて、神事につづくものと考えたのであろうか。ともかく上記の事実は、現在の巻次が示す構成が、必ずしも本書の本来の構成であると断定し難いことを示すばかりでなく、本来の巻数が全十巻であったかどうかも疑わしくなるし、更に内題に巻次が記入されていないもののあるのは、本書が未だ編纂途上にあって、巻次も全面的には決定していない未完成のものであるという想定を導き出す可能性もある。

以上の見かたはやや懐疑的に過ぎる嫌いはあるかも知れないが、しかしそれによっても、現存八巻に収める本書の内容は、少しもその価値を減ぜられることはない。そこに類集されている官符・宣旨類は、殆ど本書によってのみ今日に伝えられた貴重なもので、平安時代史の研究に欠くことの出来ない資料を提供していることは、今更喋々するまでもない。殊に所収文書の三分の二近くを占める宣旨には、政務の細部に亙って具体的な知見を我々に与えるものが少なくなく、例えば『類聚三代格』に収める官符類などには現われない面の解明に重要な手がかりを供している。また官符・宣旨等の本文のみならず、それらの公文作成時の案文に附記されたとみられる注記も、極めて貴重な資料である。それらの注記を内容から分類すれば、ほぼ次の三種にわけることが出来るであろう。第一は、その公文の不備或は不審な点を指摘したものである。例えば巻第一に「太政官符近江・伊勢両国司、応レ忌二挙哀・改葬一事」という長暦二年の官符を収めているが、それには「件符不レ載二京職一、仍遣二問史許一、申云、依二天暦三年符案一所レ給也者、已違二式意一、若彼符書二落京職一歟」と注記を加えており、また巻第七の権大納言藤原行成を賀茂斎院別当に補した治安元年の宣旨には、「件宣旨尋二先例一不レ見、只可レ行二禊祭事一之由、以二口宣一可レ仰二其人一歟」と注している類である。これらの注記によって、官符・宣旨などの作成の経過や、事務処理の細部を知り得る場合がある。第二は、文書の内容を敷衍或は補足するもので、巻第六に収める貞観十四年二月十五日附の宣旨（右中弁藤原良近を判少納言となすもの）に、「少納言正岑王依レ病不レ上、和気朝臣彝範触レ穢請レ仮、藤原朝臣高範遭レ喪、仍択二比司一権置二此官一」と注して、この宣旨を発した理由を説明し、また同巻の延喜十二年八月二十三日附宣旨（外記曹司にある『天長格抄』三十巻を勘解由使に貸出すこと）に、「同十四年九月十日、且返二奉廿五巻一、史生物部吉門、十六日、依レ数返奉了、勘解由主典秦貞興」と返却の状を注して、『天長格抄』の貸借の始末を明らかにしているものなどはこの類に入るであろう。第三は文書執行の手続を注したもので、この類の注記が最も多い。巻第一に収める仁和三年九月十一日附の奉迎斎内親王使任命の宣旨に、「即日告二春大史一了」と注するのを始め、同巻の伊勢太神宮権大宮司補任の万寿二年三月五日附官符には、「件官符捺二外印一賜二式部一、々々作二補任一捺二省印一進レ官、々作二任符一捺二内印一賜了」と注し、巻第四の郁芳門院院号宣下に関する一連の寛治七年正月十九日附宣旨には、「件宣旨等、今度奉行外記・史自被レ持ニ参本院一、大夫判官代俊兼請ニ取之一云々、先例殊不レ然歟」と注記している。また巻第十に収める延暦十一年十月二十七日附宣旨（五位以上の上日は、朝座上日に内裏上日を通計すべきこと）には、宣旨奉行の外記の署名がないが、その理由は、「即日面召ニ式部大丞藤原友人一宣告了」という注記によって明らかとなる。これを要するに、これらの注記は、或は政務の細部を具体的に物語り、或は文書の取扱いやその執行の実際など、文書の表面ではとらえ難い点を知ることの出来る貴重な資料である。

四　諸本

既に述べた如く、本書は江戸末期に至るまで殆ど世にその存在を知られなかったので、ここに採りあげる壬生官務家旧蔵の保安古写本と元禄新写本のほか、特に説くべき写本は見当らないようである。そして上記二本はともに現在宮内庁書陵部に架蔵されている。

先ず保安本八冊は、縦二十三・二糎、横十三・九糎の冊子本であるが、もと粘葉装のものを大和綴に改装したらしい。表紙は厚手の楮紙で、第一冊のおもて表紙のみ渋を引いているが、他は白紙のままである。その理由は明らかでないが、或は白紙の表紙は、第一冊のおもて表紙（見返しに壬生有家の注記あり）よりのちの補修にかかるものかも知れぬ。各冊表紙の左上に「左丞抄第一」の如く外題しているが、第六冊（巻第八）及び七冊（巻第九）の外題には、それぞれ「左丞抄第八歟」「左丞抄第九歟」と「歟」の字を附して巻次の断定を避けている。第二冊（巻第三）の表紙に「仏事諸国宣旨」と所収内容を注した押紙があるのを始め、第五冊（巻第七）に「□（御）五躰御卜」、第六冊に「諸国受領陸奥出羽鎮守府将軍秋田城介宣」、第七冊に「四道幷諸道宣」、第八冊（巻第十）に「諸国史別当事見朱引」と注した押紙が夫々の表紙の中央に貼られている。これらの押紙は江戸時代に入ってからのものとみられ、しかも第五・第八冊の押紙の如く、内容と一致しないものもある。また第一冊の表紙見返しの右下に、「八帖（花押）」という壬生有家の記のあることは既に触れた通りである。

本文用紙は硬楮紙（斐紙・楮紙交漉）で、毎葉押界あり、欄高十九・五糎、但し行間の界線はなく、上下と左右の欄界のみを押す。各冊の首には「類聚符宣抄第一」の如く内題し、次に所収内容の項目を二段（巻第四のみ一段）に列記した目録を載せる。一面の行数は、目録は七行、本文は概ね八行であるが、まま九行のものもある。かく行数が整一でないのは、行間に界線を押さなかったためであろうか。本文一行の字数は十四、五字から十八、九字の間、異同が多い。各冊の末尾に次の如き奥書及び注記がある。

第一冊（巻第一）

保安二年十一月九日午時書了、

同月十二日未時見合了、

第二冊（巻第三）

保安三年八月四日巳時書写了、

同日申時見合了、

第三冊（巻第四）

保安二年五月廿七日辰時書写了、

（同筆朱書）「即見合了」

第四冊（巻第六）

保安二年五月廿四日未時書写了、

同日申時見合了、

（異筆追記）「六巻歟」

第五冊（巻第七）

保安二年閏五月十日酉時終書写了、

同十一日卯時見合了、

第六冊（巻第八）

保安二年十一月廿六日午時書写了、

即見合了、

（異筆追記）「八歟」

第七冊（巻第九）

保安二年七月十四日酉時書了、于時終日雨降、

同十五日卯時見合了、

（異筆追記）「九巻歟」

第八冊（巻第十）

保安二年十月廿六日中時書之、

即見合了、

以上の奥書の筆蹟は、追記を除いて、みな内題・目録・本文と同一であり、同本は保安二年五月より翌三年八月までの間に書写されたものと考えられる。また高橋隆三氏の御教示によれば、上掲の「六巻歟」「八歟」「九巻歟」という追記は、第一冊表紙見返しの有家の筆蹟に近く、表紙の外題は、この追記よりも更にのちの筆写にかかるものかと推測される。因みに保安二年ないし三年の大夫史は小槻盛仲及び政重である。しかし家譜・系図類によれば、盛仲の卒去は保安三年四月五日とされており、同本には保安三年八月の書写奥書もあるから、盛仲の筆写と考え得る余地はない。勿論政重の書写にかかるとし得る根拠もないが、政重は保安三年十二月には既に大夫史として記録に見え、天養元年三月卒するまで二十年以上その地位にあって活躍する一方、官務家に所持する「官文書」の進退について置文を残し、文書の保管に意を用いたことが知られている。なお保安本には、江戸中期の官務壬生忠利の手により、白楮紙の包紙が添えられている。(補註)

元禄新写本八冊は、上記の忠利の男季連の書写にかかり、その目的が保安古写本の保存のためであったことは、先に引載した同本第八冊の巻末識語に明らかな処である。同本は美濃判袋綴の冊子本で、茶表紙左端に「左丞抄第一共八　外第一第五欠」の如く外題する。但し保安本の巻第八及び第九の外題に附されている「歟」の字は、元禄本では省かれて、ただ「左丞抄第八」及び「第九」と記されている。各冊の扉にも「左丞抄第一」の如く題するが、ほかは内題以下目録・本文・奥書等すべて保安本を忠実に書写したものである。第八冊の巻末に収める季連の識語のほか、各冊表紙の見返し紙のうち側にも注記があり、書写の経過をよく示しているので左に掲記する。

第一冊（巻第一）

元禄四年閏八月廿七日起筆、同九月六日書写、同七日校考了、朱書本乔無レ之、文字不審虫損等有レ之故、季連加二朱書二了、連と可二切磋一矣、

第二冊（巻第三）

元禄四年九月八日起筆、同月廿五日写了、（朱書）「同廿六日校考了、」

第三冊（巻第四）

元禄四年九月廿六日起筆、同十月六日写レ之、同日校考了、

第四冊（巻第六）

元禄四年十月七日起筆、同月廿五日写レ之、翌日校考了、

第五冊（巻第七）

元禄四年十月廿九日起筆、同十一月七日書写、同十六日校考焉、

第六冊（巻第八）

元禄四年十一月十六日起筆、同十二月四日写了、同七日校□

第七冊（巻第九）

元禄四年十二月七日起筆、翌年正月十八日写了、同廿日校合了、

第八冊（巻第十）

元禄五年正月廿日起筆、同廿二日写了、同日校考了、

これによると同本は、元禄四年閏八月二十七日に筆を起し、巻第一から巻次を逐って順次書写し、翌五年正月二十二日全八冊の書写校合を終えたのである。その間難読の文字や虫損の箇処には、朱筆をもって私見を注したのであるが、そのうちにはまま誤謬もみえるようである。

かくして新写本が作成されると、おのずから本書の存在も世に知られるようになり、この元禄本を書写する機会に恵まれたものもあった。宮内庁書陵部所蔵の鷹司本七冊もその一例で、「類聚符宣抄合七冊」と外題し、第七冊には、巻第九と第十を合綴しているが、その巻末に壬生季連の識語につづけて、次の如き山田以文の奥書がある。

右以二官務家本一書、尤以二保安二年之本一、於二広橋家一陪二儀同公一、校正対読訖、

文化十二年六月　　阿波介藤原以文

すなわち考証家として名のある山田以文が、壬生官務家の元禄本をもって書写し、更に准大臣広橋伊光の許で保安本と対校したことが知られて興味深い。内容上は特記すべきことも見当らないが、表紙にもとの外題をさしおいて、「類聚符宣抄」と表題しているのが注目される。以文の創見によるものか、或は他に理由があるのか、いまとなっては明らかに出来ないのが残念である。

刊本には、先ず文政三年十二月塙保己一が上梓した版本八冊がある。第八冊の奥に壬生季連の識語を載せたあと、

右符宣抄八巻於二京師一得レ之、雖レ有二闕巻一尤可二珍重一者也、仍校合之次聊加二傍注一了、

文政三年十二月　日　　検校保己一

と記し、元禄本（直接の拠本は恐らく「類聚符宣抄」と外題した転写本か）をもととし、返点や傍注を附して上梓したことが知られる。全冊表紙に「類聚符宣抄　一(―十)」と表題した題簽を押し、こののち本書が「左丞抄」としてよりも、

「類聚符宣抄」の書名をもって世に流布したことは既述の通りである。

旧輯の『国史大系』には、保己一の文政版本に拠ってその第十二巻に収めたが、昭和五年宮内省図書寮（現在の書陵部）に於て、始めて保安古写本をもって印行され、更にその後『新訂増補国史大系』第二十七巻にも、同古写本を底本として収められた。なお同大系第二十七巻の巻末には、同巻所載の本書及び『続左丞抄』『別聚符宣抄』に収める文書類を併せて編した編年索引を附載しているが、文書の検索に甚だ便利である。

（補註）

この包紙には、壬生忠利の筆で、「左丞抄第一」の如くうわ書きし、保安本の表紙におす押紙の注記（「仏事諸国宣旨」など）と同じものを注し、「忠利」の名を載せている。ところが包紙は全部で十枚あり、現存保安本に対応する八枚の外、「左丞抄　忠利」と「左丞抄　諸社 廿七枚 十六枚 四枚　忠利」のうわ書をもつもの各一枚が存する。これを機械的に考えると、忠利のときは十冊あったことになる。しかし保安本巻第一の表紙見返しには少なくとも鎌倉時代を下らぬ筆蹟で「八帖」と注していること、元禄本の季連（忠利男）の識語にも最近まで十冊存したらしい徴候が全くみえないことなどを考えると、上記の推測は成り立たぬように思われる。ただ現存の八冊のうち巻第三（第二冊）だけは巻首を欠いているため本来の内容の全体は不明であり、「諸社」云々と注する包紙はそれと関連あるようにも思われるが、さらに「廿七枚・十六枚・四枚」の注記の意味するところも明らかでない。ともかくこの包紙については色々な憶測は浮かぶが、いまだ成案を得ないので、その存在を紹介するにとどめたい。

〔参考文献〕

宮内庁書陵部　『図書寮典籍解題』続歴史篇所載「類聚符宣抄」の項　昭和二六年
橋本義彦　「官務家小槻氏の成立とその性格」（『書陵部紀要』一一所収）　昭和三四年

〔補記〕（第二刷）　四八二頁四行目の「祐俊撰」は「孝信撰」と訂正し、前後の行文も改訂すべきであるが、いまは旧稿のままとする。

（平成十三年七月）

政事要略

虎尾俊哉

一　著者

本書の著者については、『中右記』寛治八年十一月二日条裏書に、

明法博士允亮所レ抄政事要略百卅局云々、中詳見也、為二一本書一不レ在二他家一、

また『本朝書籍目録』四、政要に、

政事要略　百三十巻　記二公務交替国文紀弾雑事至要臨時雑事等一、惟宗允亮撰、

さらに『源語秘決』やうめいのすけなる人の項に、

政事要略惟宗允亮撰、巻六十七云、問、（下略）

などと見えていて、これらは特に疑うべき理由はない。ことに、本書巻第廿二に、

余寛弘四年出為二河内守一、五年九月五日往二大県郡普光寺一、（新訂増補国史大系本、六ページ）

とあるのが、『勘仲記』正応元年正月五日条の

寛弘三年左佐従四位下允亮、同年正月□日任二河内守一、

という記事と――同年を同四年の脱字または四年の誤字と見れば――よく合致するので、本書の著者は令宗《よしむね》（惟宗《これむね》）允亮《ただすけ》と断定してよい。

彼の曾祖父は、『律集解』『令集解』の編纂者として著名な惟宗直本であり、祖父は、『本朝月令』の著者惟宗公方である。[1] 父については、あるいは早世でもしたのか、その名が聞えないが、とにかく歴代の明法の名門の出身である。大江以言の詩に、

累二一家之風葉一、宣二五代之雲英一、

とあるように、[2] その家学を承けて大成し、多士済々の一条朝において、令宗允正――允亮の弟ではないかと想像されている――と共に明法学界を代表する「天下之一物」であった。[3]

ただ、これだけ著名な人物であるにもかかわらず、その生没年は明らかでない。彼の名が史上に現われるのは、永観から寛弘にかけての四半世紀で、要するに一条天皇の時代をその活躍の時と見てよい。明法得業生から出身して、明法博士・勘解由次官・検非違使・左衛門権佐・大判事などを歴任し（その間、備中権介・加賀権介などを兼任）、最後は従四位下に昇り河内守で終ったのではあるまいか。その死没はおそらく寛弘五、六年のことと思われる。

彼はおそらく長保元年頃、惟宗から令宗と改姓することを許されている。[4] 惟宗允正の改姓も同じ時のことであったろうと想像されるが、これは惟宗氏の全員についてではなく、この両名だけに限られたものであったろう。「令宗」とは「律令の宗師」の意を寓し、まことに明法家にとって誉たかき氏の名であった。

なお、彼の日記は『宗河記』と言われ、[5]『清獬眼抄』や『西宮記』に、長徳・長保頃の記事が数条引用されている。[6]

二 編纂の事情と成立年代

允亮が本書を編纂した事情については、詳しいことは分らないが、太田晶二郎氏の言われる如く、(7)小野宮実資が何程かの関係与力を持ったと見てよいであろう。このことについて、氏の挙げられた資料は次の通りである。

(1) 実資の日記『小右記』の目録たる『小記目録』(東山御文庫本)第十八、臨時八、雑部に「長保四年十一月五日、世事要略部類畢事」とあること。

(2) 実資の著『小野宮年中行事』に「允亮記」として引用しているものが『政事要略』らしいこと。

(3) 『後二条師通記』寛治五年八月十一日条や『中右記』寛治八年十一月二日条裏書によれば、実資の曾孫顕実の家に『政事要略』を相伝し、しかも「為二一本書一、不レ在二他家一」とさえ言われていること。

(4) 『香要抄』末(石山寺本)白膠香の項の裏書に「小野宮殿政事要略」と称していること。

これらによって、小野宮家と『政事要略』との間にある特殊な関係の存することは疑いない。太田氏は慎重に「少クトモ、要略ノ多数ノ引用書ノ中ニハ実資ノ蔵書モ有ツタコトデアラウ」と言うにとどめられたが、しかし、天下の孤本として小野宮家に相伝され、「小野宮殿政事要略」とさえ言われ、しかも『小右記』にわざわざその編纂終了の日を記載しているところから見ると、この際、一歩をすすめて、小野宮実資の命により、あるいは依頼によって、この書の編纂が企てられたと見て、おそらく誤たないであろう。遡っては、彼の曾祖父直本が時平の嘱によって『検非違使私記』を撰び、(8)やや降っては、後二条師通が大江匡房に委嘱して『江次第』を撰ばしめたことがある(9)が、これらと同じような事情を想定する訳である。

ところで、允亮が本書を編纂した年代はいつかというと、本書巻第廿五に、

今上正暦四年十一月一日朔旦冬至、（一一二ページ）

とあり、また第廿九に、

長保三年閏十二月廿二日東三条院崩、（詮子、一条母）今上母（一三〇ページ）

とあることから、一条天皇の時代であることは疑ない。そして前掲の『小記目録』の記事によって、長保四年十一月五日にその編纂を一応了したと見るべきことは、太田氏の言われる通りであろう。

とすると、現存の『政事要略』に、この時以後の記事の存するのは、すべて追記ということになるが、その追記は一部を除いて允亮自身の手になる追記と見てよい。すなわち本書巻第七十には、

爰奉レ呪二咀皇后一之事、寛弘六年二月発覚、拷二訊陰陽師一断二定罪名等一、遠祖先公之行、当時相府不レ欽歟、但呪咀之起、事依二皇后一、結断之文、可レ謂二難義一、為レ示二後学一載二注于左一、（六〇一〜二ページ）

とあって、このあとに罪名勘文、宣旨、道長の願文・呪願を載せ、更に、

停二帥朝参一宣旨以下、為レ見二事情一載レ之、但願文呪願不レ可二必加一、然而明述二厭魅之興一不レ秘二怨敵之詞一、仍為レ示二後学一亦載レ之、（六〇八ページ）

と記しつけているが、ここに言う遠祖先公が令宗允正であることは、罪名勘文の署名（六〇四ページ）によってほぼ間違いないであろうから、右の部分は允正を遠祖先公と呼ぶにふさわしいほど時代の降った彼の子孫による追記と見ざるを得ない。

しかし、これ以外の追記は、現存本および逸文によって知られる限り、すべて寛弘五年以前のことである。そして、その最も年代の降るのが、寛弘五年九月五日「余」が河内国大県郡普光寺に往ったという前掲の記事であるから、要するに、すべて彼の生存中のことに関する追記であり、おそらく彼自身の手による追記と見て誤たないであろう。

三　巻数および部立て

本書の巻数は、一で引用した『中右記』および『本朝書籍目録』の記載通り、百三十巻と見て差支えない。この中、現存するのは二十五巻で、その部立ては次の通りである。

第廿二	年中行事廿二	八月上	
第廿三	同	廿三	八月下
第廿四	同	廿四	九月
第廿五	同	廿五	十月　十一月一
第廿六	同	廿六	十一月二
第廿七	同	廿七	十一月三
第廿八	同	廿八	十一月四　十二月上
第廿九	同	廿九	十二月下
第卅	同	卅	御画事

第五十一　交替雑事十一　調庸未進事
第五十三　同　十三　雑田事
第五十四　同　十四　器仗戎具事　修理神社事　修理官舎事　溝池堰堤事
第五十五　同　十五　馬牛事　講読師事　国分二寺事
第五十六　同　十六　定額寺事　四度使事
第五十七　同　十七　雑公文事上
第五十九　同　十九　雑徭事　蠲除事　事力事　遷替送丁事　官物事　禁断犯用官物事　赦書事　賻物事
第六十　同　廿　損不堪佃田事　例損戸率事　損戸交易事　定戸等第事　雑事
第六十一　糺弾雑事一　検非違使雑事上
第六十七　同　七　男女衣服幷資用雑物等事
第六十九　同　九　致敬拝礼下馬事
第七十　同　十　従者員数事　馬鞍装束部　蠱毒厭魅及巫覡等事　出弃病人及小児事　鷹鷂事　馬牛及雑
畜事　闌遺亡失物事
第八十一　同　廿一　断罪下
第八十二　同　廿二　罪名幷贖銅八虐六議事　議請減贖事　用蔭事　等親事
第八十四　同　廿四　自首覚挙事　告言三審誣告等事
第九十五下至要雑事五下　学校事下

『本朝書籍目録』には、

記二公務交替国文糺弾雑事至要臨時雑事等一

とあり、ここには右掲の現存本に見える「年中行事」はないが、「交替雑事」「糺弾雑事」「至要雑事」などの編目の見えることから察して、右の『本朝書籍目録』の記載は、主要な編目の名をとって並べたものと考えることができる。

すなわち、現存本の編目に見えない「公務」については、巻第廿五に「公務要事二」、巻第廿七に「公務要事位禄王禄衣服充国事」、巻第五十五に「公務給復部」、巻第五十七に「公務要事五」、巻第六十に「公務不堪佃田幷損田坪付帳部」などと見えていて、「公務要事」なる名称の下に五巻以上の分量を占めていたことがわかる。

また「臨事雑事」についても、巻第五十六に「臨時仏事部」、巻第六十七に「臨時雑事」などと見えている。

ただし、「国文」については全く徴すべきものがないが、これはおそらく「国郡」の誤写で、正式には「国郡雑事」の如き編目名であったと思われる。巻第五十三に、

諸国纖在二国郡各部一(10)（二八一ページ。「国郡各部」の用例は二八五ページにもある）

とあり、「国郡各部」と言う以上、いくつかの小部目を持った「国郡雑事」の如き編目の存したことは疑いないので、「国文」は「国郡」の誤写と見るべき可能性は大きいと思う。

以上のように、現在ほぼ確実に知られる編目の名称としては七つを数えることができるが、その中の五つについては、およそ次のような配列が推定できる。(11)

年中行事　巻一〜巻三十

公務要事　巻三十一〜巻三十五〜?

交替雑事　巻四十一～巻六十
糺弾雑事　巻六十一～巻九十（?）
至要雑事　巻九十一[12]～巻九十九～?

ただし、国郡雑事・臨時雑事[13]については、その配列も巻数も確かなことは分らない。

次に、本書の欠佚部分の小部目の名称で知られるものを掲げて置こう（数字は新訂増補国史大系本のページ数を示す）。

(1)　年中行事に属すると思われるもの、

列見（二四）　四月朔日告朔（五八）　神今食（七〇・一三三、原題は六月十一日神今食祭事か）　国忌（七八・九一）　朔日宴会（一二七）　祈年祭（一二九）　二月廿二日於大蔵省給春夏季禄（一五五）　賀茂祭（一八一）　正月朔日式兵両省進補任帳（一八一）　六月晦日大祓（一九〇・二一〇・五四〇）　拝四方（二二〇）　受領吏功課（三六三・三七七・三八六）　京中賑給（五〇八、年中行事と明記[14]）

(2)　公務要事に属すると思われるもの、

位禄王禄衣服充国（一五五～六、公務要事と明記）　給復（三六三、公務と明記）　不堪佃田幷損田坪付帳（四八三、公務と明記）　文書印（六二七・六七一）

(3)　交替雑事に属すると思われるもの、

雑交易（一五八）　調庸（一八一、交替と明記）　封戸租調（一八一・五〇一・五〇五）　公文（一八五）　田地（三二五）　後司弁済（三六〇）　諸寺交替幷解由（三六三・三六八）　出挙収納（四七二）　義倉（五〇五）

(4)　糺弾雑事に属すると思われるもの、

盗詐（二二八）　赦降（四四三・四七三）　追捕（五一七・六三四）　看督使（五二八）　雑（五三一・五九三・六一八）　饗宴（五四六）　訴訟（六二七）　闘乱（六二七）　禁法（六二七・六九六）　拷掠（六二九）　闘入（六八三）

(5)　至要雑事に属すると思われるもの、

軍団（三三三・三五二）　兵士（三三四・三三五、至要と明記）　雑（六七三・六七五[15]・七一九）　将帥（『左大史小槻季継記』）

(6)　臨時雑事に属すると思われるもの、

臨時祭（三五・四五）　仏事（三九九）　神事（五四八）　僧尼行事（五七一）

(7)　所属の編目の不明なもの、

天皇次第（一九〇）　第五皇（二二三）　金銀（五九三・五九八）　諸門（六一〇）　駅馬（六一七・六一八[16]）

四　内容・特色および価値

前項で述べた部立てによって知られるように、本書は政務に関するあらゆる制度事例を掲げたものであって、各部目ごとに、それに関係のある律令格式の条文や国史・日記などの記事、さらに広く参考とすべき和漢の典籍を引用し、また著者自身や父祖先輩の勘文・勘答などを掲げ、要所には著者の私案を附するとともに、父祖や古老からの談話までも収録したものである。『法曹類林』とともに、平安時代の法制に関する書物の双璧をなすと言えよう。従って、もしこの両書が完全な姿で今日に伝えられていたとすれば、平安時代史の研究にはかり知れない寄与をなしたと思われるが、いずれも残闕となってしまったのは惜しみても余りあることである。

ところで、本書の特色としてあげなければならないのは、まず第一にその編纂の用意の周到なことである。著者允亮は数多くの材料をいかに機能的に分類し構成するかということについて、相当の苦心を払ったものと思われる。例えば、

国分二寺事応三諸国毎任修二造国分二寺諸定額寺一事在二受領功課部一、（三六三ページ）

というように、ある部目に関係の深い事項が他の部目の下に記されている場合は、これを註記によって示し、また、

等親事付出僧尼師弟準二等親一幷相盗事、堂兄親兄事、（六四三ページ）

というように、一部目を立てるまでもない事項を関係の深い部目に合併附載するという工夫をするとともに、その旨を註記し、更にまた、

雑事賑給在二此中一、（四八三ページ）

というように、特に必要な項目の名は抜き出して註記し、見付け易くする工夫を怠っていないのであって、以上のような例は枚挙に遑がないというより、ほとんどすべての部目について言えることなのである。

また、同一の資料を重複して記載する場合には、一々その旨を註記している。例えば、巻第五十三交替雑事十三の雑田事には延喜主税式の文を引き、その後に、

為レ見二田色目一載二件式一、又在二公文部一、其由見二彼部一、（二八五ページ）

と記しているのがそれである。

こういう編纂の用意は、謂わば著者允亮の学者的な潔癖さを物語るものと言ってよいであろう。それは、律令格式などの引用が正確なことにも現われている（後世伝写の間に生じた誤写による不正確さは勿論いくらも見られる）。従って、本書は明法学者允亮の一つの学問的達成としても高い評価を与えることができるのであって、例えば、延喜式部式の

凡非執政二位者列㆓中納言之下三位参議之上㆒、三位者列㆓四位参議之上㆒

という規定について、

此条不㆑見㆓弘仁式㆒、初載㆓貞観式㆒、今件非執政可㆑謂㆓非参議㆒、大略注㆑左、

と述べ、このあと「非参議二位之人宜㆑列㆓中納言之下三位参議之上㆒」という天長十年の宣旨を掲げた上で、

式文所㆑称之非執政者、宣旨所㆑注之非参議也、何者、天長宣旨初立㆓此法㆒、撰㆓貞観式㆒之日已入㆓件文㆒、綴㆓延喜式㆒之時続無㆓相改㆒、即知㆓参議執政文異議同㆒矣、

と、その理由を説明している箇所（五八〇ページ）などは、允亮の法制史的な研究の面目をよく示した部分と言えよう。また例えば、

已上二箇条宣旨、載在㆓看督使式㆒、為㆑見㆓旧法㆒又載㆓此書㆒、（五四八ページ）

亥日之餅本縁、如㆑此愛敬之詞、未㆑詳㆓其説㆒、（五八ページ）

などの文言も、また同様の趣を備えていると見るべきものであろう。

次に、本書の価値として第一にあぐべきことは、その根本史料としての価値であろう。六国史より後の時代の記事、三代格より後の詔勅・官符などは言うまでもないが、さらに、三代格の伝存が不完全である以上、本書によってのみ知られる官符類もすくなくない訳である。ことに阿衡事件に関する史料を網羅していることは著名である。

その価値の第二は、本書が数多くの和漢の典籍を引用しているために、これによって多くの逸文を拾うことができ、或はまた他に名の知られない典籍名を明らかにし得ることにある。ことに律令の逸文を含んでいる点では、現存書の中では曾祖父直本撰の『令集解』につぐものであって、それだけでも法制史研究上多大の価値を有していると言ってよい。

五　流布および写本・刊本

編纂の事情のところでふれたように、本書は小野宮家に相伝の「一本書」であった。『後二条師通記』によれば、寛治五年八月、師通は小野宮顕実の許に『政事要略』六・七帙の借用を請うており、また『左大史小槻季継記』には、「匡房卿通俊卿等偏以二政事要略一為二才学一」とあって、大江匡房が本書を賞揚したことが伝えられている。当時、匡房は師通の命によって『江次第』を撰述していたから、その方の必要によって借用せんとしたものに違いない。匡房ほどの学者も師通を通じてしか閲覧のチャンスがなかったとすれば、『中右記』寛治八年十一月二日条の「不レ在二他家一」というのは、あながち誇張の文辞ではないようである。

しかし、同じ『中右記』の康和四年九月十一日条には、

申時許参二鳥羽一召二御前一（白河法皇）、（中略）被二語仰一云、中宮大夫属正則許ニ政事要略ト云文候之由風聞、早可二召取一歟、我朝一本書也、

とあって、この間八年を経過しただけであるが、この頃にはそろそろ小野宮家以外にも書写秘蔵する家が出て来てい

ることを示している（ただし正則なる人物の姓氏は不詳）。ただし、「早く召し取るべきか」などと言われているところを見ると、依然として「我朝の一本書」であるべきだという意識は働いていたらしい。しかし、実際にはおそらくこの頃から次第に流布するようになっていったものと思われる。ただ、大分時代を降って北条執権泰時の頃、安貞二年正月においても「件書難ㇾ得ㇾ之」（『左大史小槻季継記』）などと言われているところを察すると、やはりそれほど広く書写され流布されることはなかったのであろうと思われる。

本書の中世までの写本としては、金沢文庫に存したものの外には知られないようである。この金沢文庫本については、新井白石の『退私録』中、「大神君金沢の文庫の蔵書を御取上之事」の部に関係の記事が見えており、それによると、江戸時代のはじめには、この金沢文庫本も「脱巻有て只十九巻」という状況となっており、これを「先生の家」すなわち木下順庵の家に売りに持って来た。「其後殊に勝たる筆者の有りし巻を三井（または三巻）抜出して、去る大名へうりて、残りし分は、醍醐殿へ求められしなり」という。「三井」か「三巻」か、いずれが正しいのかは分らないが、もし「三井」ならば順庵の弟子向井三省のことであろうというのが太田晶二郎氏の意見である。(17) 現に尊経閣にはこの金沢文庫本の巻第廿五・第六十・第六十九の三巻が蔵せられており、文中の「去る大名」を加賀の前田綱紀のこととする最もあり得べき想像に従えば、「三巻」を抜き出して売ったというのは、全く符節を合することになる。ただし、「三井」であっても、三省が抜き出して売った相手の大名が綱紀であり、前掲の三巻がその時の巻々に全く相当し、或はその中に含まれるものであることは、依然としてほぼ誤りのない想定である。

その後、江戸時代において、本書の残闕本を諸所に求めて、ほぼ現在の形に蒐輯したのは中原章純である。「天明丙午（六年）之冬」の年記を持つ章純本『政事要略』奥書には、

余捜扶累年、請借募致、僅得二二十六巻一、

とその苦心を述べ、

実経済之亀鑑、法家之至宝、

とその価値を賞揚し、最後に、

学者孜孜奉レ職、四方懇索、遂為二全書一以伝二永世一、

と希望を披瀝しているが、その希望は今日までのところ叶えられていないし、今後もおそらく望み薄であろう。しかし、それだけに彼の蒐輯の努力は価値の高いものと言わなければならない。

江戸時代以降における写本や校訂本については、改訂史籍集覧本の奥書や新訂増補国史大系本の凡例によって、大凡のことが知られる。刊本としては、明治三十六年三月刊の改訂史籍集覧本、昭和十年八月刊の新訂増補国史大系本を数えるのみである。特に後者は今日もっとも信頼に価するテキストである。尤も、なお若干の校訂の不備を指摘し得ないでもないが、(18)これはあらゆる校訂本にまぬかれ難き運命である。

六　逸　文

早く本書の逸文の蒐集に力をつくされたのは和田英松博士であって、『本朝書籍目録考証』にはその所在が指摘されており、またその中の一部は『国書逸文』に収録されている。(19)最近、利光三津夫博士も二ヵ条を指摘された。(20)今後なお若干の追加は期待されようが、今とりあえず両氏の指摘されたものに若干の私案を付して、その所在を掲記して

おこう（21）。

『明文抄』一、帝道部上……侍中式殿上非違糺弾の文。糺弾雑事の逸文か。

同　一、帝道部上……内侍所の神鏡に関するもの。

同　五、神道部……右府生竹田種理の夢物語。「于ㇾ時寛弘三年二月廿日」とあり。

同　五、雑物部……百度食に関するもの。年中行事釈奠部の逸文か。なお、『江次第』巻第五、釈奠の項の傍書および『江次第抄』第五、二月釈奠の部「百度座」の項にも大同小異の逸文が見える。『江次第抄』所引のものは「允亮云」として引用。

石山寺本『香要抄』末、白膠香の項裏書……「小野宮殿政事要略巻六十三云」として、聖徳太子に関する『日本書紀』の文を引用。なお、『香薬抄』裏書にも、ほぼ同文が引用されている。

『江次第』巻第五、位禄定の項……年中行事二月の部の逸文か。

『江次第抄』第三、正月国忌の部、「当時国忌」の項……国忌に関する天暦八年十二月二十五日および同九年十二月二十五日の太政官符二通。

『柱史抄』下……「政事要略百六云」として引用。宣命譜に関するもの。

『令抄』僧尼令の部、「詐称得聖道」の項……『文徳実録』所載の米糞聖人のこと。僧尼行事部の逸文か。ただし、この逸文が「文徳実録云」という引用の仕方をしているのは、『政事要略』における引用の仕方として異例である（『日本書紀』以外の五国史からの引用は「国史云」が通例)。従って多少の不安がなくもない。

『花鳥余情』第四、末摘花……衛門府風俗歌を引用。

『小野宮年中行事』神事の項……「允亮記云」として引用。禁色に関するもの。

『類聚』……「允亮説」として引用。触穢に関するもの。

『経俊卿記』正嘉元年閏三月一日条……養子財産譲与に関するもの。

註

(1)『江談抄』には「公方卒後、子允亮思二其父之恥一」とあって、允亮を公方の子とする伝えの存したことが分るが、『清獬眼抄』凶事所引の『宗河記』に「祖父公方御暦記云」とあり、この『宗河記』が允亮の日記であることは註5に述べる通りであるから、允亮が公方の孫であることは疑いない。

(2)『本朝麗藻』下、法令部、「七言、夏日於二左監門宗次将文亭一、聴レ講レ令詩一首并序」。

(3)『続本朝往生伝』

(4)『小野宮年中行事』雑穢事所引の長徳四年七月二十七日づけの勘文には「左衛門権佐惟宗允亮」と記名し、『北山抄』九裏書所引の長保元年四月二十（三）五日づけの勘答には「左衛門権佐令宗允亮」と記名しているのが、大凡の目安である。ただし、『日本紀略』長保元年六月某日条には「惟宗允亮」とあって『北山抄』と矛盾するが、いずれが是か断定しにくい。

(5)『宗河記』については、『大日本史料』第二編之九、四二ページに「令宗河内守允亮記ノ義ト解シテコヽニ掲グ」とある。これが、允亮の筆録したものであることは、『西宮記』臨時十一成勘文事所引の『宗河記』に、著鈦勘文について、

志忠信奉仕、余草レ之、

とあり、一方、同書の同一条に引かれた著鈦勘文の標題下の分注に、

右志伴忠信成レ之、実左惟宗允亮草レ之、

とあって、この両者を対照することによって明らかである。またこの記が日記であろうことは、『西宮記』臨時十一与奪事所引の分に、

宗河記云、長徳二年十二月十九日、晴、著鈦政、（下略）

と天候の注記の存することによって察せられる。

（6）その所在については『大日本史料』第二編之九、三三一・四二一・四三ページを参照されたい。

（7）太田晶二郎氏「『政事要略』補考」（『新訂増補国史大系月報』六）。

（8）本書巻六十一の巻頭に、

検非違使私記者、贈太政大臣諱時平為二別当一之時、曾祖父為二右衛門尉一、応二彼教一所レ撰也、（五一七ページ）

と見えている。

（9）このことについては、『江次第抄』発題、『中外抄』『古事談』などに史料がある。詳しくは和田英松博士『本朝書籍目録考証』（以下『考証』と略称する）一五三ページを参照されたい。

（10）「近京義見二彼雑（部）一」（五三一ページ）などという類例と比較すると、この「畿」字は「義」字の誤写ではないかと考えられる。

（11）和田博士の『考証』には、本書の部立てについて、

また巻五十四には、兵要雑事の名見えたれば、他にも知られざりし部目の名あるべし。また年中行事も、巻廿九にて、最末なるは十二月の追儺なるに、巻三十に載せたる御画事をも、年中行事としたるは如何ぞや。これはもと、公務第一なりしを、部目の欠損したるによりて、前巻が年中行事なれば、後人が誤りて年中行事としたるものか。江次第巻五に、巻三十三に別納租穀の章を記せるよし見えたるは、巻四十三の誤写なるべし。

とあるが（一九四ページ）、この考定には従い難い。

まず巻第五十四には「兵要雑事」なる編目は見えず、「至要雑事兵士部」なるものが見えている（三三四・五ページ）。兵士のことが至要雑事に属する小部目として不適当でないことは、『左大史小槻季継記』に「節刀事 見二政事要略九十七将帥巻一 契事 見二同書九十九下至要雑事巻一」と見えることと併せ考えれば、おのずからに知られる。

さらに、巻第三十に対する考定も一見妥当なる推定の如く見えて、実はいささか早計に過ぎるようである。というのは、例えば『小野宮年中行事』の末尾は、十二月の追儺事を以て一応月日順の記載を終った後に、なお、

神事・御服事・皇后御服事・皇太子御服事・御画事・免者事・廃朝事・雑穢事・致敬及下馬事、

などの項目を立てて、参考とすべき記事を掲げている。これは『九条年中行事』においても同様である。ことに、本書巻第卅のはじめの部分は、

御画事阿衡事在二此中一

一詔書、勅書、及勅符等、並用二画日一、

一詔書等覆二奏之一、並画可、

一論奏及諸衛擬舎人奏、並用二画聞一、復任者無レ用、

となっているが、これを『小野宮年中行事』の

御画事

詔書勅書及勅符並用二画日一、詔書勅書等覆奏文並画可、論奏及諸衛擬舎人奏並画聞復任者無レ用、(下略)

という部分と比較すると、「阿衡事在二此中一」というつけたりの語句を別とすれば、ほとんど大同小異である。つまり、巻第卅はこれを「年中行事卅」とする現行本のままでも、別に差支えはないのである。このことはまた次の点からも支持されるであろう。すなわち、交替雑事が巻第四十一からはじまり、糺弾雑事が巻第六十一からはじまり、さらに至要雑事が巻第九十一からはじまる(註12参照)、というように、本書は丁度きりの良い巻から篇目を改めるという構成をとっているらしいことである。従って、公務要事が、この年中行事に続く篇目であったとしても、それは巻第卅からはじまると見るより、巻第卅一からはじまると見る方が可能性が大きいのである。

最後に『江次第』所引の『政事要略』に関してであるが、同書巻第五の「位禄定」の項には(新訂増補故実叢書本、一八〇ページ)、

政事要略云、私案、奏二位禄一期十二月、今以二別納租穀二月中充レ之、

とあるのみであって、「巻三十三」の文字は見えない。和田博士の拠られた『江次第』が何本であるか明らかでないので断定

は憚られるが、おそらく何かの誤りではあるまいか。この逸文は、その内容から察すると、年中行事の中の二月の部に属するものと思われ、従って、巻第廿一より前、おそらく巻第十以前に収められていたものと見て差支えないであろう。

(12) 新訂増補国史大系本では(六九七ページ)、

政事要略巻第九十五下 至要雑事五下

の・印の「下」字を「或衍」と註しているが、これは衍字ではないであろう。『左大史小槻季継記』に「同書九十九下至要雑事巻」と見え(註11参照)、同じ至要雑事のなかで一巻を更に分冊していたことの類例が存するからである。従って、これはもともと巻第九十五が至要雑事五で、この巻をおそらく上下二分冊としたために、巻第九十五下、至要雑事五下ということになったのだと思う。こういう分冊をしたのは、前述のように各編目をきりの良い巻から始めるという構成をとったために、至要雑事のあたりでは、一巻あての分量が過大となってしまったためではあるまいか。とすれば、至要雑事は巻九十一からはじまると見得るのであって、和田博士の『考証』の如く、「巻八十五六より、巻八十八九あたりが、その始にして、……」と推定する必要はないと思う。

(13) 和田博士の『考証』には、「臨時雑事は、巻六十七に臨事雑事中とあれば、上中下に分ちたるものと見ゆ」とあるが、これは必ずしも従い難い。というのは、この部分は「禁色雑袍在二臨時雑事中一」(五三九ページ)という表現であるが、実はこれに類した表現として「御稲田事見二年中行事中一」というのがあり(三〇四ページ)、これは本書巻廿六、年中行事廿六、十一月二、「同日宮内省奏二御宅田数一事」を指すと考えられる。とすれば「年中行事の中《うち》に見ゆ」と訓む外はないであろう。とすれば、前掲の部分も「臨時雑事の中《うち》に在り」と訓むべき可能性が少なからず残されている訳で、必ずしも臨時雑事中巻の意に読みとるのが唯一の訓み方とはならないからである。

(14) 「年中分事京中賑給部」と見えるが、「分」字は「行」字の誤写であろう。こういう記し様は「年中行事八月二日駒牽部」(ただし二日は七日の誤りならん)という類例がある(六一八ページ)。

(15) 新訂増補国史大系本、六七三ページに「至要雑[事]部」として「事」字を意補し、六七五ページに「至要雑事雑部」として「雑」字を「恐衍」と註記しているのは、ともに誤りであろう。ここはいずれもそのまま至要雑事の雑部の意に解し得るからである。

(16) この外、巻第五十四、交替雑事十四に、

溝池堰堤事 詐二申堤坊損一事在二官舎部一、附出水車事、 （三三三ページ）

とあり、また

一器仗残具事 格文在二神社条一、（三三六ページ）

とあって、「官舎部」「神社部」の如き小部目の存する如くであるが、これらはともに、この同じ巻の直前・直後に配列された「修理官舎部」「修理神社部」をそれぞれ略称したものと見て差支えない。

(17) 太田晶二郎氏、註7論文。

(18) その一端はすでに校訂者黒板昌夫氏御自身が記述しておられ（『新訂増補国史大系月報』六所収「政事要略校訂述懐記」）、私も註10・12・14・15などにおいてすでに若干指摘したが、その外に現在までに気づいたものとして次の二点をあげておこう。

二二八ページ六行目割註……「一同二詔書一也」の五字は二十字繰上げて「施行之法」の次に移すべきであろう。

三六五ページ八行目……末尾の「交替式云々」の五字の中最後の「々」はおそらく衍であり、かつ、これを除いた「交替式云」の四字は次行の行頭に移すべきであろう。

(19) 利光三津夫博士は、『国書逸文』にかかげられた四ヵ条の逸文の中の二ヵ条が、逆に『考証』に挙げられていない、と言われるが（註20論文）、これは何かの誤解であろう。『逸文』所収の四ヵ条はすべて『考証』の一九四ページ一〇行目（一ヵ条）、一九五ページ五行目（三ヵ条）にその所在を指摘されている。

(20) 『新訂増補国史大系月報』六所収「政事要略――その逸文について――」

(21) 『考証』（九五ページ）には、

年中行事秘抄、花鳥余情、源語秘決、江次第抄等にも、処々に引用したるものあれど、年中行事の中なるもの多く、その他は、概ね既刊に収めたるところのものゝみなりき。

とあるが、この中、『年中行事秘抄』（二ヵ条）、『源語秘決』（一ヵ条）に引かれたものが、すべて「既刊に収めたるところのもの」であり、『花鳥余情』に引かれた一ヵ条と『江次第抄』に引かれた一ヵ条がともに逸文である。前掲の文章をこういう意味に読みとるのはすこしむずかしい。

参考文献

和田英松『本朝書籍目録考証』（一八九ページ以下） 昭和一一年 明治書院
東京大学史料編纂所『大日本史料』第二編之九（二九ページ以下） 昭和二九年 東京大学出版会
太田晶二郎「『政事要略』補考」 昭和三九年 『新訂増補国史大系月報』六
利光三津夫「政事要略――その逸文について――」 同 同

朝野群載

彌永貞三

序

現在二十一巻（もと三十巻）。平安末期、算博士三善為康の撰述にかかる。詩文・官符・宣旨・公文・書札などを分類編纂したもの。

成立年次・編次・撰述意図など諸種の問題については、のちに述べるであろうが、最初にその根拠を提供するのは左に掲げる為康の自序である。

予曾無二拾芥之智一、唯有二守株之愚一、多集二反故之体一、以為二知新之師一。部類成二三十巻一、号曰二朝野群載一。可(1)レ謂下不レ昇二青雲一、高見二紫宮之月一、不レ出二一室一、遙知中万邦之風上、但、慙下耄及拙二編次一、性慵疎中渉猟上、以〔次カ〕輯後昆、宜レ補二前闕一。于レ時永久之暦丙申之年、善家算儒為康抄レ之(2)。（一頁）

右によると、本書は為康が多くの「反故之体」を集め、部類して三十巻となし、「知新之師」としたもので、試験に合格して枢要な地位に昇らなくとも、朝廷の政務の実態を知り（不レ昇二青雲一、高見二紫宮之月一）、居ながらにしてすべての遠い国々の実情がわかるように（不レ出二一室一、遙知二万邦之風一）意図されたもの、成立は永久四年（一一一六）ということになる。

『本朝書籍目録』は本書を『秘府略』『本朝文粋』『本朝続文粋』などと共に「類聚」の部に収めているが、本書は詩文集であると同時に政務の参考書を兼ねるような、特種な類書だと考えられる。

一　編次・構成

本書の体裁をひとくちでいうなら、各巻ごとにまず部類の目録をあげ、本文にはこの目録と一致するように編目の表題をしるし、そのもとに詩文ないし文書の本文またはその様式、或は政務に必要な記事を掲げ、ところどころ撰者が地の文で説明を加える、という方式で一貫している、といえばよいであろう。それ故本書は単なる詩文や文書を類にしたがって編次した文書集・詩文集ではなく、撰者の個性や見識がかなり強くにじみ出た、政務の参考書という半面をもっている。

私は最初に編次・構成の面から、本書の性質をさぐって行きたいと思うが、その第一段階として、現在の状態（大系本）に即して、概要を記述しておくことにする。

〔巻一〕　文筆上　「賦」以下「啓」にいたる詩文、十七類（五十三篇）。撰者の地の文一か所（九頁）。

〔巻二〕　文筆中　「伝」以下「書」にいたる文、十二類（四十六篇）。

〔巻三〕　文筆下　「誓願」以下「記」にいたる文、六類（二十九篇）。地の文一か所（五三頁）。文書二通附載。

〔巻四〕　朝儀上　除目関係、および院・中宮・親王・斎宮など皇族関係の公文、およそ二十八類（六十八通）。撰者の地の文およそ十二か所（七二・八一・八二・八四・八五・八九・九〇・九一・九七・九九・一〇四・一〇五頁）。

〔巻五〕　朝儀下　蔵人所頭以下、蔵人所の職員の人事関係の文書、蔵人所で発給する文書、所の執掌上作成される文書・記録など、およそ二十類（三十一通）。地の文三か所（一〇九・一二〇・一二九頁）。内侍所の月奏（一一九頁）が一通交っている。

〔巻六〕　神祇官　太政官

(イ)神祇官　中臣祭文・亀卜などの卜奏、官人の申文、官使の派遣、諸国の神社、大神宮・石清水などに関する文書、およそ二十一類（二十八通）。地の文二か所（一四八・一五〇頁）。伊勢神宮使禄法（一五四頁）は地の文に准ずべきものか。

(ロ)太政官外記・官史　論奏・官宣旨など、官史に関係ある太政官文書、外記局に関係ある挙奏・補任の類、文殿勘文・官庁申詞勘注記など、およそ九類（十六通）。このほか、外記局の政務に関連して官中政申詞（一六六頁）諸司訓詞（一六九頁）もある。

〔巻七〕　摂籙家　公卿家

(イ)摂籙家　内覧宣旨、関白詔以下、摂関の任命・辞退に関する文書、封戸・年官に関する文書、興福寺・勧学院・鹿島社・政所その他藤原氏の氏神・氏寺・氏政家政機関に関する文書、家司の補任・挙達に関する文書など、およそ二十六類（三十八通）。地の文八か所（一七五・一七六・一八一・一八四・一八五・一八九・一九三頁）。

(ロ)公卿家　年給申文以下除目申文の類、御斎会・維摩会など仏教儀式関係、家令の補任、所領・封戸関係、所帯職辞状など、およそ十一類（十七通）。地の文二か所（一九五・一九六頁）。

〔巻八〕　別奏　請奏

(イ)別奏　中務・式部・治部・民部四省の日月蝕奏や官人挙達の請奏、主税・主計二寮の請奏、大学寮・主水司の解文、施薬院・筑摩御厨・雑所などに関する文書、およそ十六類（二十八通）。地の文二か所（二一八・二二三頁）。

(ロ)請奏　式部省・勘解由使・主税寮・大炊寮・大蔵省・主殿寮・市司・木工寮などの官人以下の挙達請奏の類、およそ四類（十一通）。地の文一か所（二三一頁）。

〔巻九〕　功労　功労による、参議以下の官、或は位の請奏、官位譲与の請奏など、およそ二十七類（三十三通）。

〔巻十〕　闕。

〔巻十一〕　廷尉　別当補任宣旨、転任請奏など、検非違使の人事に関する文書、賑給文以下、使の執掌に関するものなど、およそ二十七類（四十七通）。地の文四か所（二五六・二八〇・二八一・二九一頁）。

〔巻十二〕　内記　詔・勅以下、内記の起草執筆する公文、及び内記の執掌に関する公文、内記局の挙達請奏など、およそ十一類（六十三通）、地の文二十九か所（二九四・二九八〜三〇二・三一一・三二一・三二三〜三二七頁）。このほか廿二社奉幣次第（三一五頁）もある。

〔巻十三〕　紀伝上　書詩体以下（式部）省試に関するもの、中学問料以下、文章生・文章得業生に関するもの、申策試以下対策に関するもの、勧学会に関するものなど、およそ十九類（三十四通）。地の文およそ二十か所（三三〇〜三三四・三三七・三五六・三五七頁）。平出・欠字（三三二頁）なども地の文に准じて考えてよかろう。

〔巻十四〕　闕。

〔巻十五〕　陰陽道　暦道　天文道　医道

(イ)陰陽道　陰陽得業生・陰陽寮官人の人事に関する公文、陰陽寮関係の勘文・占文・都状・呪文など、およそ十三類（二十通）。地の文八か所（三六七〜三七一・三七三・三七八頁）。

(ロ)暦道　加階請奏、任得業生申文など、暦道の人事関係の公文二類（三通）。

(ハ)天文道　天文博士挙奏、月蝕奏の二類（二通）。

(ニ)医道　得業生官符（一通）。

〔巻十六〕　仏事上　東大寺・興福寺・僧綱其の他に関する縁起・官牒・戒牒ならびにその関連文書、およそ二十六類（三十三通）。このほか空海の略伝（三九八頁）が類収されている。地の文一か所（四一二頁）。

〔巻十七〕　仏事下付法僧　僧侶の奏状・補任関係文書・請状・辞状・諡号下賜関係文書ならびに寺院に対する施入、寺院の修補改築その他経済関係文書など、およそ二十一類（四十二通）。地の文一か所（四三八頁）。

〔巻十八〕　闕。

〔巻十九〕　闕。

〔巻二十〕　大宰府付管国　異国

(イ)大宰府付管国　帥・大弐最初府宣以下、大宰府の執掌に関連する文書、及び大宰管内諸国の国司交替に関する文書など、およそ十二類（十五通）。地の文二か所（四四三・四四八頁）。

(ロ)異国　長治二年博多に来た宋船に関連した文書。存問記・公憑等もこれに含まれる。承暦三年の高麗国礼賓省牒、異国関係者の位記、刀伊入寇の際の大宰府解、成尋・奝然等の入唐関係文書、日本人と宋人との交渉を示す書状など、およそ十五類（十四通）。地の文一か所（四五九頁）。

〔巻二十一〕　雑文上　凶事

(イ)雑文上　京職の保刀禰補任、売券、紛失状、大学寮の釈奠関係、陰陽寮・牧司などに関する文書。このほか仮文や召諸国風土記官符などもある。およそ十三類（十八通）。地の文一か所（四七九頁）。なお踏歌楽章（四七五頁）、東舞歌章（四七七頁）は文書のうちにははいらぬが、政務の一端として類収されたものか。

(ロ)凶事　疱瘡疫疾などの勘文、薨奏、挙哀などに関する文書、およそ十二類（十八通）。地の文七か所（四八九・四九〇頁）。

〔巻二十二〕　諸国雑事上　受領申文以下、国司の補任、任国における前司との交替に関するもの、国司帯劔・押領使・追捕使などに関するもの、国符・移・牒・過所などの公文、郡司の補任、国衙の釈奠以下宗教儀式に関する文書など、およそ二十八類（四十一通）。地の文二か所（五〇七・五〇八頁）。このほか新任国司の心得四十二条を列記した国務条々事（五一七頁）がある。

〔巻二十三〕　闕。

〔巻二十四〕　闕。

〔巻二十五〕　闕。

〔巻二十六〕　諸国公文中　解由・減省官符・班符続文など、国司交替に関する公文、およそ二十類（三十一通）。地の文四か所（五三〇〜五三二・五三五頁）。

〔巻二十七〕　諸国公文下　二寮済事造帳解文以下、主計・主税二寮と諸国との交渉にかかわる公文類、およそ十三類（二十三通）。地の文二か所（五五六・五七一頁）。

〔巻二十八〕　諸国功過　受領功過申文以下、受領の功過に関する公文、およそ八類（十三通）。地の文五か所（五八五〜五八九頁）。

〔巻二十九〕　闕。

〔巻三十〕　闕。

註　右のうち、撰者の「地の文」と記したのは、例えば、巻四（八四頁）に、

今案、於二童爵一者、止二正四位上四字一、可レ書二無位二字一、但於二凡人者一、不レ挙二童爵一云々、（下略）

とある如く、例文として掲げた文書について撰者みずから説明を付した私注である。撰者の文章であっても、例文としてあげたもの（例えば巻二「沉春引」二八頁、巻二十一「釈奠祝文」四七八頁）はこのうちに含めない。各巻の目録及び本文中の編目表題も一応除外した。但し、本文中の編目表題に注意すべき注記が附随している場合は、地の文何か所というなかに数えた。表題に附載された注記のうちでも、単に文章の作者を示したにすぎぬもの（例えば巻十六「伝法灌頂歎徳文阿闍梨斉朝作」四〇六頁の如き）、或は文書の形式や取扱にかかわらぬ程度の簡単な記載（例えば巻八「主水司氷解文付御氷無庫事」二二〇頁、巻二十「管国吏越度上道時、被二追下一宣旨被問子細也」四四七頁の如き）は数えなかった。

さて、編次の問題を考えるにあたって、最初に望まれることは、現在闕巻になっている部分がどのようなものであったかを明らかにし、全体の構成を復原することであると思う。もとよりそれは言うべくして容易に行われ難いことで、無理な臆測はさけなくてはならないが、巻十四が紀伝下でそれに明法道・明経道などが加わるかも知れないであろうこと、巻二十三が諸国雑事の中、巻二十四は諸国雑事の下、巻二十五が諸国公文上ではないかといった程度のことは、前後の編次から想像がつく。このほか、巻九功労と巻十一廷尉との間にはさまった巻十、巻十六・十七仏事と

巻二十大宰府との間にはさまった巻十八・十九、及び最末尾の二巻合計五巻は不明というよりほかない。ただ全体としてみると、刑法・糺弾・諸衛など、とりわけ諸衛関係のことが現存の『朝野群載』にはかけているようであり、また諸司のうちでも、図書寮・内蔵寮・内匠寮など、かなり重要な官司関係の記事が闕けていることも気になる。これらの記事が闕巻となっているもののうちのどこかに収められていたのではないか。

なお附言すると、巻二十一は雑文上と凶事との二つから成っていて、雑文下が見当らない。山岸徳平博士は巻二十二が雑文下で、現在の二十二巻（諸国雑事上）は、或は二十三巻かも知れず、そうだとすれば、巻二十四は諸国雑事下、巻二十五は諸国公文上となると考えている（『日本文学大辞典』）。上に記した通り、私は諸国雑事中の存在を仮定して、巻二十三・二十四・二十五をうめ合わせたのであるが、果して如何であろうか。和田英松博士が「但し巻二十一は、雑文上なるを、二十二は諸国雑事として、雑文の下なきは、いかなる故か。この外にも、欠けたるところありしものの如し」（『本朝書籍目録考証』）と云われた如く、『朝野群載』はいろいろな意味で不完全な形でしか残っていないのである。とりわけ二十一巻は、私のみるところ、『朝野群載』の中でも、最も不完全で、混乱のある巻の一つであるように思う。まず巻頭の目録をみると、表題に「雑文上」とあって、その下に直ちに「補京職保刀禰」以下の小編目をかかげ、ついで「凶事」という中編目をあげ、その下に怪異勘文以下の小編目があげられている（目録には怪異勘文が最初にあるが、本文ではそれは三番目に置かれ、疱瘡勘文が最初である。このように、目録と本文のくいちがう例は多い）。一巻の構成としては、少なくとも目録の形式からいえば「雑文上」と「凶事」とは対等同列の分類項目である。それに、本文には「凶事」という中項目の分類すら脱落している（四八二頁参照）。どうかすると「凶事」の二字或は「雑文上」の「上」の字は後人が目録に書き込んだのかも知れぬ。凶事の編目に収められている仮文四通（目録には二通とある）のうち、三通までは凶事とは何の関係もない、普通の仮文である。後章で述べるように、これらを凶事の項に収めたことには理由があるのだが、それならすぐ前の雑文上に収められた給身仮官符（四七三〜四頁）も一か所に集めておいた方がいいのではないか。いずれにしても分類方法としての不手際が目立つのである。

雑文上についてもう一つ書き添えておきたいことがある。それは、雑文上が、巻二十大宰府・異国と巻二十二諸国雑事上との間にはさまっていることである。多くの法制書、類書の場合、「雑」という項目は最後に置かれるのが普通である。『朝野群載』はなぜこのような場所に「雑」を置いたか。内容を検するに、この巻に収められた公文類は、京職以下中央の官衙・官人に関するものばかりである。大宰府や諸国はいうまでもなく外官である。こういった意味から考えても、大宰府の後に「雑」をおくのは異様であるが、強いていえば大宰府は外官のうちでも、特別な地位を占めているから、内官に准ずるものと考えたとすれば、一応、巻二十一に内官関係の「雑」を置いたと理解することはできよう。しからば、外国関係の雑文がどこかに置かれていなくてはならない筈である。それを最後の二巻又は一巻にあてるとすれば、巻二十九が雑文中、巻三十が雑文下、または、巻二十九は別もので巻三十が雑文下ということになる。雑文上のみあって、雑文下のないことに対する疑問をこのように解決することはできないであろうか。

二　重出・追補・脱落

次に編集方法ないし編集経過の問題に関連して注意しなくてはならないこととして、まず、少数ではあるが、重複記事が存在することを指摘しておきたい。即ち、左の四か所である。

(一) 永承五年十月十八日、後冷泉天皇都状 (巻三、五九頁(A)、巻十五、三七六頁(B)に重出)
(二) 永久二年十一月二十三日、藤原為隆都状 (巻三、六〇頁(A)、巻十五、三七七頁(B)に重出)
(三) 承徳二年正月二十五日、藤原師通名替申文 (巻七に二か所、一七七頁(A)、一九六頁(B)に重出)
(四) 天永三年三月二日、大炊寮(陰陽寮とすべきか)補任請奏 (巻八に二か所、二二八頁(A)、二三〇頁(B)に重出)

右のうち(三)は(A)・(B)全く同文であるが、(一)・(二)・(四)は(A)と(B)とで多少出入がある。

(一) イ 二行目以下冥道諸神に献上する品物を列記した部分の行くばりが異る。文章の内容は全く同じ。
ロ 御署のところ(A)は「天子謹状」とあるだけだが、(B)には「天子親仁御筆謹状」とあって、四字多い。

総じて(A)・(B)いずれが原本に近いか。いろいろ考えてみるに、(B)の方が案外原本によっているのではないか。

献上以下を改行しないのは差出者が天子だから、平出とまがうような体裁(改行)をさけたのではないか。

(二) イ 一行目、(B)には泰山府君の下に「都状」の二字があるが、(A)にはない。都状の一般的形式からみて、(B)の方を正しいとすべきである(参照(一)及び『続文粋』巻十一)。
ロ 二行目、(A)は「藤原朝臣顕隆」とし、(B)は単に「藤原朝臣」とする。『中右記』『公卿補任』『弁官補任』などによれば、これは為隆(顕隆の同母兄)の誤りで、(B)の傍注にしたがうべきである。
ハ (A)は五行目から九行目を脱している。
ニ 最終行署名の部分、(A)は「謹状」の二字を脱している。
総じて(二)のテキストは、(B)の方が(A)より正しいと判断される。

(三) 文章は全く一致する。同一巻内で、摂籙家の部と、公卿の部との両方に収載されている。差出者は関白だから、摂籙家の部に入れるのが正しいとすべく、公卿家に入れたのはあくまで便宜的な参考文書という意味でしかあり得ない。或は、一たん編集が終ってから、公卿家の部分に適当な例がないので、重出させたかとも疑われる。

(四) 署名の部分、(B)の方が(A)より三人多くの連署者を記し、最終行に署名した賀茂光平の肩書は、(A)は「丹波権介」の四字を脱している。形式的にみて、(四)のテキストは、(A)より(B)の方が原形に近いと推定される。

(A)・(B)共に「官人代申寮官」(二三八頁)なる編目のもとに集められた五通の文書のうちであるが、この編目の構成は次の通りである。

官人代申寮官
(1)……(A)
(2)
(3)
(4)……(B)
(5)
(6) 今案

同一の巻の同一編目中の第一番目と第四番目と、極めて接近したところに、同じ文書が重出しているのは、それが錯簡でないとしたら、編者が故意に重出させたとしか考えられない。錯簡であるか、故意の重出かを考える手がかりは、(6)の「今案」である。そこには、「今案、此両通之中、以レ之可レ為レ是歟」とある。文字通り解釈すれば、(4)・(5)両通のうち(5)の方が体に叶っているということであろう。いま両者を比べてみると、(4)は大炊寮請奏、(5)は西市司請奏(二三〇頁)で、多少の相異はあるが、それはむしろ差出者の性格に由来すると考えられ、文書の形式として根本的なちがいがあるとは思えない。要するに、こう解したのでは「今案」全体の意味が理解し難くなる。そこで想像をめぐらしてみるに、(1)〜(3)が一たん編集されたのちに、別の資料によって(4)・(5)を補い、(1)と(4)との重複することを発見したのだとすれば、「今案」の意味は、〃この場所に挿入する文書としては、(4)・(5)のうち(5)の方がよろしい〃ということになって、どうやら意味が通ずるように思う。また、錯簡を想定して、もと(1)-(4)-(6)-(2)-(3)-(5)と並んでいたと仮定すれば、(6)(今案)は(1)・(4)の両通を比べて、(4)の方が体に叶っているといったので、甚だ合理的である。(4)・(5)の後補を想定した方がよいか、錯簡を想定した方がよいか、判断しかねるが、錯簡説をとるとすれば、合理的ではあるが、かなりひどい錯乱を予想しなくてはならないので、私は一応後補説をとりたいと思う。

以上、重出関係の問題を総合してみると、次のようなことになると思う。

(一) まず、巻三(文筆部)と巻十五に重複して見出される二通の都状は、巻十五に収められたものの方が、原形に近く、関連文書も収載されていて、(3) 内容的に見ても豊かである。これに反し、文筆部所収のものは強いて体裁を改めたり、間違う筈のない同時代人の人名を書き誤ったりした形跡がある。(4)

(二) 巻七の重出は、おそらく編纂上の不手際、または、公卿家の編目に収むべき適例がないので、かりに収めたものにすぎないであろう。

(三) 巻八の重出は、前稿につぎ足した後補部分と、前稿との重複であると想像される。『朝野群載』が稿本のままで、最後まで未定稿であったことを示す一つの論拠となるであろう。

いずれにせよ、『朝野群載』全体としてみれば、重出はわずかに四例にすぎない。撰者が原則として重出をさけ、整斉たる分類・配列を行うよりも、原資料に余り手を加えずに、適宜整理して行く――内容的に関係あるものの類収――傾向をもっていると判断される。(5) この点、重出をさけず、相互の対照すら配慮し、体系的な分類のもとに整然と史料を配置した『類聚国史』(6) などと大いに趣を異にしているといわなくてはならない。

以上重出の問題を考える間にも、追補・錯簡のことに触れなくてはならなかったけれども、最も原撰本にちかいといわれる猪熊本を底本とした第一巻にも、やはり問題の多いことを指摘し得るのである。私の気のついたところを記してみよう。

㈠　十頁「倭哥序」は八頁「倭哥序」と重複する。内容的にみて、この項目に収めらるべきものは、八頁紀貫之の「新撰倭哥序」から十一頁藤原実範の「殿上花見和哥序」までの五篇である。十頁「倭哥序」は右五篇のうち第四・第五両篇の前に位置するが、この二篇は『続文粋』（巻十）和歌序にも収められた文章である。十頁「倭哥序」の重出は、あるいは、後人が『続文粋』によって追補した際に起ったことかもしれない。いずれにせよ、この部分がのちの追補にかかるという疑を拭うことはできない。

㈡　十六頁、紀納言作「書紳辞」と次の「髪落詞」との間には脱落があるのではないか。大系本頭注によると「髪落詞」三字は『文粋』によって補ったもので、原本にはない。作者注記も頭注にあるように『文粋』によって前中書王と改めた方がよかろう。要するに、十六頁九・十行目には問題があると思う。巻頭の目録によると、髪落詞は「辞」のなかに分類されている。なるほど、髪落詞はその序に「云々其辞曰」と書き出しているが、それなら、次にあらわれる「愁鬢詞」はどう分類するのか。『本朝文粋』は髪落詞を「詞」に分類している。後章に述べるであろうが、一般的にいって、『群載』は『文粋』の分類を成るべくそのまま採用し、その上にさらに篇目を設け、全体としては『文粋』よりも詳しい編目をもっている。こういう傾向からみても『文粋』にあった「詞」を『群載』が削ったとは考え難い。こう思って『古簡集影』を熟視すると、果たして十六頁、八行目と九行目との間に当る部分（書紳辞と髪落詞との間）の原本は紙継目に当っていることを見出す。けれど、この間に一紙または一紙以上の脱落を予想してよいかどうか、紙継目に墨がのっているように見うけられるので、早急には断定できない。少なくとも、転写の間、ちょうど紙継目のところで起こった事故に原因があると考えざるを得ないのである。若し一紙の脱落を予想するとすれば事は比較的簡単であるが、継目に墨がのっているとすれば、同時に原本（猪熊本が転写される際の底本）と猪熊本との紙幅、行くばりの一致を想定しなくてはならない。この想定が無理だとすれば、次のような経路が考えられてくる。原撰本の最初の稿本には「辞」の下に書紳辞を収載し、その次に辞の部類に編入された源順の作品を載せ、ついで「詞」という部類をたて、髪落詞と愁鬢詞を採録した。その後、源順の作品を削ったが、その際源順という作者名を消し忘れ、誤って「詞」という題目の文字を削ってしまった。かくて転写される間に髪落詞の作者がいつの間にか源順といれかわってしまった。目録はそれからのち、不用意に作られたのではないか。

(三) 目録には「誄」という編目があるが、本文にはない。目録には、吟・歎・誄・讃・曲の順に並記されているが、本文は讃（一七頁）・吟（一九頁）・歎（二〇頁）・曲（二〇頁）の順で、順序も目録といれかわっている（目録に「誄一首空山聖人」とあるのは『古簡集影』と対校してみるに空山は空也の誤りで、おそらく源為憲の「空也誄」のことであろう）。原撰本にあった空也聖人誄が、いつしか脱落してしまったのではなかろうか。[7] ここにもかなりの混乱のあとがみとめられると思う。

以上、第一巻のテキストについて問題があると思われる点について、二、三指摘してみたのであるが、[8] 鎌倉時代の写本を底本とした最も原撰本にちかいと考えられている第一巻にも、このように追補・脱落その他の混乱のあとがあることは、否定すべくもない。『朝野群載』はかような意味で未定稿のまま終っていると私は考えるのである。

三　『本朝文粋』『本朝続文粋』との関係

撰者が本書をどのような方針で編集したかを理解するための手がかりとなるのは、本書の編次・編目が、どのような特色をもっているかを知ることであろう。そのために、ここでは本書が最も多く参照したと思われるものの一つである『本朝文粋』、及び参照はしなかったが『本朝文粋』と同系列に属し、かつ成立時点が本書と略々同時期である（多少本書よりのちの成立）『本朝続文粋』と対比してみることにしたい。

『朝野群載』（とくに文筆部）が『本朝文粋』から多くの影響をうけているということについては、もはや説く必要がないと思う。ここでは一歩すすんで、まず具体的にどのくらい影響をうけているかをたしかめておくことにしたい。

現存『朝野群載』所収の詩文で、『本朝文粋』と一致するもの総計四十六、『続文粋』と一致するもの十二、正続合計五十八篇である。各巻の分布状態は次表の通りである。

巻数	文筆部			その他							
	一	二	三	六	七	九	十二	十三	十七	二十	合計
本朝文粋	20	9	5	1	3	2	4	2	0	0	46
本朝続文粋	5	0	2	0	0	1	0	2	1	1	12
計	25	9	7	1	3	3	4	4	1	1	58

第一巻が圧倒的に多いということの理由は、つとに『古簡集影』所収、猪熊本『朝野群載』（第一巻）の解題が明らかにしている。それによると、流布本のテキストに『本朝文粋』『続文粋』と重複する詩文が、少ないのは、多くが転写の間に略されたためであり、それ故、原撰本『朝野群載』は、流布本よりもはるかに多く、『本朝文粋』『続文粋』と一致するものが収載さ

れていた筈である、というのである。現存の『朝野群載』の第二巻以下は、流布本が底本となっているのだから、原撰本では、第二巻以下でももっと多くの重複がみられたにちがいない。また第一巻から第三巻にいたる文筆部に、半ば以上が集中していることが注目されるが、それは当然のこととして、それよりも大切なのは文筆部以外にも分布がみられるという事実である。何となれば、それは、本書の編集方針とかかわりが深いことがらだからであり、また撰者が文筆部をどのように考えていたかを考えさせるいとぐちとなるからである。

では、文筆部に集められたのはどういう種類のものであるか、文筆部以外に集められたのはどういう種類か、その配列法と『本朝文粋』ないし『続文粋』の配列法とはどのような対応関係を示すか。これらを通覧するために作成したのが次表である。

（表の見方、右肩に附した数字の順序に従う）

	本朝文粋	朝野群載 文筆部 上（巻一）	朝野群載 文筆部 中（巻二）	朝野群載 文筆部 下（巻三）	朝野群載 その他の諸巻	本朝続文粋
1	賦（細目略ス）	賦				賦
	雑詩	詩				雑詩（細目ナシ）
	古調	古調				
	越調	越調				
	字訓	字訓				
	離合	離合				
	廻文	廻文				
2	雑言					
	三言					
		奉試				
		走脚				
		吟				
	江南曲	曲				
	歌	歌				
		歎				
	詔				十二・二十一ソノ他ニ分散	詔
	勅書				十二	
	勅答				七	勅答
	位記				十二・二十・二十一等	位記

3

勅符　官符　意見封事　対策　論奏　表上…摂政関白辞表…表中（細目略ス）…表下……辞封戸…辞状　奏状上…仏事…奏状中　申官爵　申譲爵　申学問料	
十二 六・十六・二十一・二十二等　（諸道ニ分散）　十三　六　七　七　七　十七　七　四・六・八・九等　九・二十一等　九・十七等　十三	
勘文　策　表上…辞関白摂政…（細目略ス）…表下…状　辞封戸　辞大将　辞検非違使別当　僧綱辞状　奏状　申京官　申受領　申学問料	

4

奏状下…省試論　書状　序甲…詩序一（細目略ス）…序乙・丙（略ス）…序丁　詩序四…和歌序　詞　行　文　讃　論　銘　記　伝　牒　祝	
序　詩序　和歌序　（詞）　行　文　讃　銘　碑文	
書　消息　伝　祝（言）	
記	
十三　十七　四・五・七・十三・十六・二十・二十一・二十二・二十三等	
書状　施入状　序上中下…詩序（細目略ス）…　詞　和歌序　讃　論　銘　記（含縁記）　牒	

	本朝文粋	朝野群載 文筆部 上(巻一)	朝野群載 文筆部 中(巻二)	朝野群載 文筆部 下(巻三)	朝野群載 その他の諸巻	本朝続文粋
5	起請 奉行 禁制 怠状 落書	箴 辞 誄(本文ナシ) 啓	奉行 引	起請 都状	十一 十五	都状
6	祭文 呪願 表白 発願 知識 廻文 願文上・下(細目略ス) 諷誦文 同請文	(祭文→献物)	縁起 式 献物 呪願 表白 願文(細目略ス) (諷誦文)	祭文 告文 誓願	六 二十二 二十二 十七 十三 十七	(縁記→記) 定文 祭文 呪願 表白 願文上下(細目略ス) 諷誦文

上表でわかるように、詩・文の主題に関わる細分編目(たとえば、賦を天象・水石・樹木・音楽その他に分かつ類)を度外視すれば、『文粋』にあって『群載』にない編目は、意見封事・論・禁制・落書の四つぐらいなものである。これに対して、『群載』にあって、『文粋』にないもの——『群載』があらたに設けた編目——としては、詩(奉試詩・走脚詩)、吟、歎、碑文、箴、辞、誄、啓、引、縁起、式、都状、(勘文、施入状)など、少なくとも十三類(四巻以下を問題にすればこれより遙かに多い)を数えることができる。右のうち都状・勘文・施入状は『続文粋』に設けられ、「縁起」は『続文粋』では「記」のなかに分類し、「縁記」という文字を使っている。これらが設けられたのは、『群載』『続文粋』の

時代の文章の時代色の一端をあらわしているものと思う。しかし、碑文・箴・辞・誄・啓などは『文選』にもあらわれる古い編目であり、吟・引は『唐文粋』の「詩」の編目に収載されて居り、(9) 引は古楽府にもあらわれる韻文である。(10)

このほか、編目上の対応関係は示すが、名称や取扱いが一致しないものがある。『文粋』の「雑詩」が『群載』の「詩」になり、「発願」が「誓願」になった類はさして問題とならないが、雑詩のなかの一類として扱われていた「曲」「歌」を独立させて、詩と対等の編目として扱ったことなどは、やはり漢詩に対する為康の考え方のあらわれと解することができよう。また、『文粋』の「書状」に対応するものが『群載』では「書」と「消息」との二つに分化し、「祭文」に対応するものが、「祭文」「告文」「献物」の三つに分化しているのも、為康の詩文の分類方法が、『文粋』のそれよりも、或る意味で詳細なものであったことを示すと思う。

これを要するに、編目に関するかぎり、『朝野群載』の方が『本朝文粋』よりはるかに豊富なのである。結果としての出来ばえはともかくとして、為康は『本朝文粋』をしのぐような、そして時代の作風にも即応した、堂々たる詩文集を編もうとする意図を持って、編集にとりかかったと考えてさしつかえない。少なくも、為康は『本朝文粋』の構成を或る種の批判の目を以て見ていたと考えられるのである。この点、『本朝文粋』の亜流を以て満足した『続文粋』の編者と、為康の態度との間には、根本的な相違が横たわっている。かれの考えをさらによく示すのは、第四巻以下の編集方針であろう。

最初に注目したいのは、『文粋』所収の編目のなかで、『群載』の文筆部から除外し、第四巻以下に収めたもののことである。それらは、為康が「文筆」の範疇に入るとは考えなかったもの、少なくも、「文筆部」に収載するよりも、他の部へ収載する方がよいと考えたものにちがいない。上掲の表によって、それは次の如きものであったことが明らかとなる。

詔、勅書、勅答、位記、勅符、官符、対策、論奏、表（摂関辞表・辞封戸・辞状）、奏状（申官爵・申譲爵・申学問料・省試論）、牒、怠状、知識、廻文、諷誦文、（都状重出）。

これらが一つ一つ、『群載』のどの部に収められているかについては、上表に詳しく記した。概言すれば、公文の類は各々の文書を発給する官司または関係の深い官司、或は官人の所属する官司のところに収められている。詔・勅・表・奏・策・牒・符の類は、『文選』以下、古来の漢詩文集には必ず収載されるのが例で、中国古典文学の典型的な文章と考えられてきたのである。為康とてそれを知らぬ筈はなく、またかような文学観自体に対して疑問を持ったのかどうかわからないけれども、『朝野群載』では、これらを文筆部から切り離しているところに特色がある。けれど、考えてみると、上掲の文書は、二、三の例外を除くと、大部分が政治的・行政的効力を期待する法律文書である。たとえば、詔・勅・官符の類は、宣命体、或は官府体の文章を用い、文章を飾るよりも、確実に発行者の意図が実現し効力をあげることに努力をそそぐべきものである。都良香や兼明親王の勅符の如き、名家の作だけに文章も立派ではあるけれども、本質は軍機急速の際の軍事命令で、一般の公文とかわりはない。官爵の請奏の類は文章を立派に造ってムードに訴えるよりも、的確な先例を列挙し、官爵を与えらるべき根拠を説得できなくてはならなかった。川口久雄博士が指摘されたところだが、「はかせの申文」は『白氏文集』や『文選』とならんで平安貴族の鑑賞の対象とされていたのであるが[11]、本書にも数多く収められている請奏の類には、もちろん鑑賞の対象ともなり得るものが含まれているけれども、それよりも、実務的な内容に編者の関心が集中していることはあらそえない。大江匡房作の大宰府送高麗国牒状は『続文粋』十一にも収められ、そのなかに「雙魚難レ達鳳池之波、扁鵲豈入二鶴林之雲一」（「豈」は『群載』

『続文粋』ともに「何得」に作る）という秀句があったので、「世の人ほめののしりけり」と『古今著聞集』四が伝えている。それ程著名な文章であったのであるが、本書はこれを巻二十（異国の部、四五七頁）に、この事件に関連する高麗国礼賓省牒、大宰府解に並べて類収する。あきらかに外国関係文書という意識のもとに分類されたものである。総じて言えば、詔・勅以下上掲の諸文書は本質的には芸術的関心よりも政務・実務的関心を以て作成されたものである。為康はこの類の文章を文筆部から切り離したのである。さりとて『類聚三代格』や『政事要略』の如くすべてを実務的規準によって割り切り、文筆的立場をそのなかに埋没させてしまいはしない。この意味で、あらゆる文章を包含し得る立場に立ちながら、実務的立場に重心を置いているところに、百科辞書家としての為康の面目があるということになろう(12)。

文筆部を巻頭におき、実務的な文書との分離を試みたのは、わが国では前例のないことであると思う。文章道が即ち政治学であるという考え方は、平安貴族の意識のなかに早くから根をおろした思想で、中国文化の伝統に根ざしたものであった。『文選』も『唐文粋』も、そして『本朝文粋』も、その編纂者の根底にあるイデーはこうしたところにある。しかし、政治学からの独立を意識し、諷諭の世界から解き放たれた国文学の隆盛を体験した平安末期の文学観は、いつしか漢文学の世界にも投影するようになり、中国的なものから離れていったのであろう。文学と政務や実務などが雑居する文章道の世界から、芸術的な文章と実務的な文書とが分離して意識される時代が到来したと考えられるのである。『朝野群載』の構成はこういう方向をめざしていると考えてよいのである。そして、そこに為康の見識があったと考えられるのである。

ついでながら、『本朝文粋』『本朝続文粋』と『朝野群載』のテキストとの関係について一言触れておこう。両書との字句の異同については、大系本の頭注に詳しく注記されているから再説を要しないが、問題は重複する部分の原資料はなにかということである。『続文粋』の方は成立が『群載』よりおくれるから、後人の『続文粋』による書込を予想しないかぎり、重複するものはそれぞれ別系統の原資料によっていると考えてさしつかえない。けれども、『群載』の方はどうも『文粋』を直接参照し、原典までさかのぼってはいない場合が多いらしいのである。なぜかというに、第一、『朝野群載』は『本朝文粋』の誤りをそのまま継承している場合があるからである。その好例としてあげることができるのは、巻六に収める天長元年九月三日の太政官論奏（一五七頁）である。この論奏は、『本朝文粋』の巻四に収められているものと殆ど全く同文であるが、『群載』は事書の下に割注で「作者都良香」と記し、『文粋』にも同様「都良香作」と記す。けれども都良香は承和元年生れで、天長元年はそれより十年前である。この論奏は『類聚三代格』五にも収められているし、本文中にみえる小野岑守の官位から考えても、天長元年のものであることはまちがいない。都良香作というのは、どうみても『本朝文粋』の編者の誤解から出たもので、或は都腹赤の誤りかとも思われるが、いずれにしても誤りである。『群載』の割注は後人が『文粋』によって記入したものでないとすれば、『文粋』の誤謬を継承したものにちがいない。もう一つ例をあげよう。巻一、清原真友の字訓詩（四頁）の題の下に「于レ時嘉祥九年秋」という注がついているが、『文粋』の注もこれと同じである。しかるに、嘉祥は三年までで、四年十一月に仁寿と改元される。大系本の『文粋』は「九」を「元」に意改しているが、たしかにもっともらしい（或は「三」であったかもしれないが）。ともかく、これも『文粋』の誤りを継承した一例である。第二には、二通連続の文書が、『文粋』と全く同じ順位で抄出挿入された例の見出されることである。上記巻一には、真友の作品につづいて源順の字訓詩をあげているが、この順位は『文粋』の配列と全く一致する。また巻十二に位記の様式を列記したところに、藤原時平と忠平の位記を挿入しているが（三三一頁）、これも『文粋』の文の一部を節略して、もとの順序のまま他の例文に割り込んで記入したもの。同じく巻十二に都良香と前中書王の勅符とを連続して掲げているのも（二九七・二九八頁）、『文粋』に両者が連続収載されているのをそのまま抄出したものと解される。

『文粋』を抄出するに当って、撰者は間々節略している。作者の名前を書きおとしたり、日付を省略してしまった例も見出される。たとえば、巻十二位記の諸様式を列記したなかに時平・忠平の位記を挿入したのはよいが、挿入の場所は、大系本の頭注が注意している通り、如何にも無理な位置におかれている。のみならず、忠平の位記の作者や、日付を書きおとしている。

これはしかし、為康がみた『文粋』のテキストのせいかもしれない。彼がみた『文粋』が必ずしも善本ではなかったらしいことを疑わせる一例は、巻三所収の亭子院賜酒記（六一頁）である。「賜酒記」は現行の『文粋』には「賜飲記」とあり、『群載』との間にかなり多くの本文の異同が見出されるが、伏見宮家所蔵、大江朝綱自筆本『紀家集』（『古簡集影』所収）と対比してみると、やはり「賜飲記」が正しく、その他の本文の異同も『文粋』の方がはるかに原作に近いことが明らかとなる。つぎに巻二、「書」の部（四一頁）には、(a)「今上奉ニ答法皇辞尊号一御書」、(b)「辞ニ法皇尊号一書」、(c)「法皇辞ニ封戸一書」の三通が収められ、いずれも「紀家作」と注したものがある。このうち(a)・(c)の二つは、『本朝文粋』に「紀納言作」として収められているが、(b)は『文粋』のなかには見出すことができない。『群載』が『文粋』所収の紀長谷雄の詩文を収載する際は、『文粋』の体裁にならって「紀納言」と記すのが普通であるが、この部分に限って「紀家作」と記している。体裁の相違から考えるに、或はこの三篇は『紀家集』から直接に採られたので、『文粋』から抄出したのではないと考えられるかもしれないが、現存『紀家集』断簡にはこの部分が残っていないからたしかめることはできない。それはともかく(b)は『菅家文章』七に収められていて、菅原道真の作であることは明瞭である。(b)に「紀家作」と注したのは誤りである。これも、『文粋』抄出の杜撰のためか、それとも参照した『文粋』のテキストの責めに帰せらるべきか、或はまた、為康が参照した詩文集のなかに、『文粋』以外の、かなり杜撰なものがあったためか、それとも転写の間におこったことか。

けれども、なかには『群載』のテキストの方が原形に近いのではないかと疑われるものもある。その一例は、巻三に収められた前中書王の「誓願書」である（四三頁）。『文粋』には「発願文」とあり、日付のところにはただ「年月日」と注し、差出者も省略されているが、『群載』には「天徳二年八月日　白衣弟子」と明記している。これなどは兼明親王の文集、或は現行の『文粋』と異る系統のものによっているのであろう。

四　『類聚三代格』その他の類書との関係

『朝野群載』と共通性のある当時の類書としては、『類聚三代格』『政事要略』『類聚符宣抄』などをあげることができる。このほか、『延喜式』から抄出されたものはかなりの量に達して居るが、ここでは『三代格』『要略』『符宣抄』三書との関係がどうなっているかについて簡単に記しておきたい。

『類聚三代格』はいうまでもなく官撰の三代の格を神社仏寺以下関連のある政務内容にしたがって便宜分類したもので、本書とは根本的に性格を異にしているものであるが、政務の内容が分類の基準となっている点では、或る意味で本書の前駆をなすということもできる。それはともかく、『三代格』に収載された格はいずれも延喜七年以前のもので、本書と重複するものは、天長元年九月の太政官論奏一通だけである。上にも記したように、この論奏は『本朝文粋』から採られたので、『三代格』とは全く無関係である。分類基準に共通性があるとはいえ、また為康が『三代格』を知らなかった筈はないとはいえ、『朝野群載』の編纂に『三代格』を参照したことを確認することはできない。(13)

『政事要略』は法家の参考書として編集された百三十巻の大著で、年中行事という大綱目がたてられたのが注目されるが、そのほか政務に関する書籍・法令・文書記録などを抄出して政務・交替雑事・糺弾雑事・兵要雑事・臨時雑事などに分類し、随処に問答や案文を附記して、著者の見解をのべたものである。政務の内容によって分類したり、私案を挿入したりしているところには、本書との類似点がみとめられる。たとえば『要略』の〝交替雑事〟と『群載』の〝諸国公文〟〝諸国功過〟は共通の問題を扱っているし、『要略』の〝至要雑事〟中の〝学校〟と『群載』の〝紀伝〟とも共通性がある。しかしながら『政事要略』はさすがに碩学のほまれ高い明法家惟宗允亮の著作だけあって、書籍・法令・公文の蒐集は体系的でよく行きとどき、案文に示された著者の見解も『群載』のそれに比べれば、はるかに内容豊富である。『要略』は成立当初から、学者・貴族の間に名声を博し、大江匡房の『江家次第』の編集などにも影響を与えたといわれるが、(14)『朝野群載』の著者がこの書を参照したかどうか、確かな証拠はあがらないのである。また『要略』に収められた文書は寛弘六年までであって、『群載』が主として収載している文書より一時代前に属し、両者に共通して収載されている文書は、昌泰元年十一月二十一日の朔旦冬至詔一通（『群載』巻十二、二九四頁、『要略』巻二十五、一〇八頁）にすぎない。このほか、『要略』の至要雑事に収められた三善清行の詰眼文（『群載』巻一、二二頁、『要略』巻九十五、七一七頁）と菅原文時の老閑行（『群載』巻一、二二頁、『要略』巻九十五、七一八頁）の二編は『群載』の文筆部にも収められている。『要略』の詰眼文は『善家集』(15)から採られ、老閑行は文時の『文芥集』から採られたものではなかろうか。既述の如く、『群載』のものは両編共に『本朝文粋』から出たものと想像され、『要略』と『群載』の母子関係をこれによって推定することはできない。なお、『群載』が文筆部を設けてこの二編を収めたところは、至要雑事に収めた『要略』に比べて、文章の分類法としては『群載』の方がたしかに合理的で、法家と百科辞書家との視界の相違を感じさせると思う。

『類聚符宣抄』は天平九年から寛治七年にいたる宣旨・官符・解状等の公文を神祇関係、天皇以下宮廷関係、公卿以下官人関係、補任関係、文章道関係その他に分類し、処々に掲載文書に関連する記録や作成手続に関する事項などを簡単に注したものである。著者ははっきりわからないが、壬生官家の人であることだけは疑いない。『朝野群載』より早く成立したと考えられるが、ほぼ同時代のものということができよう。成立時期が近いためか、その構成にもかなりの親近性がある。たとえば第一巻から第三巻にみえる神祇関係の諸公文は、『群載』の第六巻あたりに似ているし、第七巻の「依二着座恪勤一預二官爵一事」は『群載』の巻八に全く同じ編目がある。第八巻の「任符事」「解由事」「越勘事」「受領功過事」などは『群載』の巻二十六・二十七の諸国公文、巻二十八諸国功過などと対照すべく、第九巻の「文章得業生試」以下は『群載』の巻十三紀伝とよく対応すると思う。内容的にも同類の文書が多く見出される。では『朝野群載』は『類聚符宣抄』を参照しているかというに、やはりたしかな証拠をあげることはできないのである。両書所収の文書の年代的な範囲は極めて近似し、構成にも似たところがあるにもかかわらず、両者に共通してみられるものは、次の三通にすぎない。

(a) 延長三年十二月十四日　召諸国風土記官符(『群載』巻二十一、四七五頁、『符宣抄』巻六、一四九頁)

(b) 応和元年六月十日　式部省請奏(『群載』巻八、二〇九頁、『符宣抄』巻七、一六〇頁)

(c)　応和元年八月五日　村上天皇宣旨(『群載』同右、『符宣抄』同右、一六一頁)

両本を対比してみると(a)・(c)は署名している人名・官名に小異がある程度で、大差はないが、(b)は本文にかなりの出入があり、署名者は『群載』が一人だけしかあげていないのに、『符宣抄』は四人を列記している。明らかに『群載』は三人の署名者を省略したのである。そして本文の異同を追って行くと、難解な『群載』の文章が『符宣抄』によって本文を訂正すれば直ちに意味の通るところが随処に見出される。保延三年に写された『符宣抄』のテキストは、魯魚の誤りの多い『群載』のそれに比べてさすがにすぐれたものであることを知らされるのである。

以上の如く、『符宣抄』と『群載』とに共通した文書を対比してみた結果、『群載』の本文が『符宣抄』から出ていると結論づけなくてはならぬ理由はどうしても発見できないのである。(b)にみられるかなり顕著な対比は、両書の抄出態度の相違と、転写の間におこった問題に帰せらるべきであろう。両書の擁する文書が年代的に重なり合う範囲は大きく、また編目構成の面でかなり重なり合う部分があるけれども、僅か三通の文書しか共通していないのは、かえって『群載』の編者が『符宣抄』を見ていた証左になるかもしれないが、積極的にそれを立証することはできない。ただ両書に含まれている文書は、『符宣抄』が重点を置いている時期と、『群載』のそれとは、明らかにずれていて、『群載』の重心は『符宣抄』以後の時期におかれているといってよい(後述)。

五　古文書の書としての『朝野群載』

『朝野群載』に関してもうひとつ触れておかなくてはならないのは、本書にかなり多く収録されている書様のことである。上来記述して来た通り、『朝野群載』には多数の文書が抄出分類されているが、書様とは文書の様式のみを写したもので、文書それ自体ではない。

その先駆を尋ねれば、公式令をあげることができるであろうし、『延喜式』のなかにもいくつかの公文の型が収められている。そして平安期に数多く出来た儀式書や日記の類にも文書の書式を挙げている場合は少なくない。けれども、性格の類似性から本書と対比するためにひき合いに出した『本朝文粋』や『本朝続文粋』はもちろんのこと、『類聚三代格』以下の類書も、書様とは無関係である。

さて書様とは典型的な文書を節略して、その骨幹の部分のみを残し、それに肉付けさえすれば、法に叶った文書ができるように工夫されたものであるが、『朝野群載』所載の書様には、右のような純然たる抽象的な型を示したものと、現実に存在した典型的な文書を節略して、骨幹のみを残そうとしながらわずかに肉の残った、まだ完全に抽象化し切れない〝準書様〟とでも称すべきものの、二種類を識別することができる。準書様の一例をあげれば、

蔵人所滝口

内舎人｜｜｜｜有延　上日　夜仮廿九

｜｜｜｜

｜｜｜｜

右｜｜｜｜如レ件、

長徳元年八月一日　蔵人蔭子｜｜｜

｜｜｜｜

蔵人頭｜｜｜｜　　｜｜｜｜
別　当｜｜｜｜　　｜｜｜｜（一一八頁）

の如きものである。ここに準書様を例示したのは、一つには、それらが転写の間におこった省略に起因するのではないかという問題があるからである。けれども左の如き例があるのに注意したい。

正六位上姓朝臣名
　望二某国介一若内同人
右当年臨時内給、以二件某一可レ任レ之、
　康平　年　月　日　書レ位、（七六頁）

ここには、実在した文書を節略して、様式化しようとしたあとが歴然と観取し得る。それが撰者自らの意図した様式化であることを疑う必要もないであろう。かくの如く為康が書様を案出しようという意図を持っていたことは覆い難い事実であって、上掲長徳元年の蔵人所月奏の準書様もやはり撰者みずからの節略によると考えることにさして無理があるとは思われない。転写の間に誤脱の多い現行本のことだから、原撰本に完全な形で収載されていたものが準書様化した場合も絶無であったとはいい切れないが、撰者自身に類型化の意図があったことまで否定するわけには行かない。ということは、文書の様式さえ明らかにすればよいと撰者が考えた場合には、かれは決して文書の全文を忠実に抄写しようとはしなかったということになる。上述の如く、われわれは『群載』のテキストが他の諸書に比べて必ずしも原典に忠実ではなく、しばしば原文書の一部を節略している場合があることを知ったのであるが、『群載』の編者にとって正確な様式さえ明らかにすればよいと考えた場合、節略はむしろ当然であった。それは抄出態度の杜撰というよりも、意識的な省略だったと思われるのである。それほど、『朝野群載』は文書の書式に強い関心を示した書物である。一つの例をあげてみよう。

巻四（八一頁）には、最初に「諸宮請奏」という編目が立てられ、まず「某宮職」云々なる書様一通を掲げているが、それについで、康和二年正月二十六日の皇太后宮職請奏を挙げている。この書様と、請奏の実例とを対比してみると、ぴったりと書様の書式に嵌っていることに気付く。そしてこの実例のあとに、左の如き案が記されている。

件等宮官、大夫弁亮、以二御消息一、被レ任レ之、云々、進以下、請奏所レ被レ任也、当年給者、封レ之、封上大夫若亮、加二名一字一、或年月奥書二判所侍先生等名簿一、

請奏は如何なる階層に属する人を任命する場合に出す文書であるか、請奏にはどういう封を加うべきか、或は日附の奥に書き加うべき署判のことなどについて解説しているのである。書様と実例とそれに関する細部の注意事項の三つが揃っている。『朝野群載』全体が、一貫してこのような体裁をつらぬいているわけではないが、ここに例証した部分などは、正に文書の様式の解説としては理想的な姿であろう。前にも触れた通り、これに類した記述は儀式書のなかにも見出すことができる。たとえば、『北山抄』巻三、除目の部には院宮御給の請奏以下の書様を列記し、詳しい説明を加えた部分がある。けれど、『朝野群載』はこれに実例が加わっているだけ（すべての場合にそうだというのではないが）、一段と豊かな内容となっている。この意味で、『朝野群載』は、文書の様式の書であり文書集であるという二面をそなえていることを強調しておかなくてはならない。古文書学の立場から本書が重んじられる理由の一つはここにある。文書の様式に関する『群載』の関心は、同時に詩文の書式にも及んでいる。ここではもう一つ、詩を書く場合について記した部分を例示しよう。巻十三の最初に出てくる書詩体（三三〇～三三二頁）がそれである。はじめの部分を引用し

てみる。

書詩体

帝王

七言九日侍レ宴、同賦寒菊戴レ霜、応レ製詩一首、以レ某為レ韻幷序、

官位臣姓朝臣名上帯二蔵人一者、官位上書二蔵人字一、他所者不レ書レ之、

今案、公宴之時、必書二侍宴字一也、臨時密宴、不レ書レ之、又七言四韻詩者、三行、余二三字一、為二常例一、若有二字闕一、非二此例一、

以下この項は二頁余にわたって続くのであるが、重陽節の公宴の席上で作詩する場合の、題の書き方、作者の官位名の書き方、詩の字くばりに至るまで、細かい注意が記されている。詩は文書ではないが、公宴の席上で詩を書く作法は、文書におとらずやかましい形式があったことがわかる。『朝野群載』が文書のみならず書式一般に強い関心を示している好例ということができよう。ついでながら、既に川口博士が指摘して居られるように(16)この一連の記載と一致する記事が『二中歴』二、「書詩歴」のなかにあり、『群載』の書詩体の次にかかげられた編目「平出闕字」は「書体歴」にあらわれる。しかし後者は公式令平出条にほかならないから、独自性のあるものではない。『二中歴』と重出するのは、その原資料となった『掌中歴』『懐中歴』の著者が『群載』の著者と一致または極めて近い関係にあったからで、不思議ではない(17)。（上掲書詩体の文章のうち、●、▲▲は『二中歴』と異同がある。●は『二中歴』は「陪」に作り▲▲は「書六」につくる。●は「侍」につくるのは古い様式で、この当時は「陪」が普通であったろう。▲▲は『群載』に従った方がよい。少なくとも下の字は「三」であろう。××は「闕字」の転倒ではなかろうか。藤原佐理の詩懐紙、『古事類苑』文学部など参照）。

上述の通り、『群載』には準書様をかなり多く含むから、為康が独自にそれを単純化して仕上げた書様もあったであろう。けれど類書としての一般的性格から考えて、これらの書様も多くの場合は拠るべき文献から抜粋されたと思われる。書様には公式令以来の伝統があり、当時盛んにつくられた儀式書の類には書様が収載されることは極く普通だったからである。一例としてあげることのできるのは、上節でも触れた巻二十一(四八九頁)の四通の仮文である。まず最初に注意しなくてはならないのは、この四通が『西宮記』巻十二「服仮類」、及び『二中歴』十二「書体歴」などに出るものと殆ど全く同文だということである。全く同じだといっても少異はある。記述を進めるため必要な範囲に限って記しておくと、

(一) 『西宮記』『朝野群載』には四通あるが、『二中歴』には第二番目の書様がなくて、三通だけである。
(二) 第三番目の書様の次に出る案(地の文)は、『西宮記』のそれと、『朝野群載』及び『二中歴』のそれと、後半に顕著なちがいがある。

仮文の部分のテキストについて概言すれば、『朝野群載』(大系本)、『二中歴』(改訂史籍集覧本)のテキストは『西宮記』(故実叢書本—前田本を底本とせる部分)のそれに比べてかなり劣る。『朝野群載』は『西宮記』によって訂正しなくてはならないところが多いといえるようである。けれど(二)に記述したように、顕著な対比を示す部分は、『朝野群載』の編者、または『朝野群載』が直接依拠した原資料が、『西宮記』またはその系統の原資料の文を独自の立場で書きかえたものと推定できる。

以上、『西宮記』及び『二中歴』との対比によって知られることは、『朝野群載』の編者は『西宮記』をおそらく直接に参照したであろう、ということである。直接に参照しなかったとしても、『西宮記』の系統をひく儀式書の類を

みていたことは疑いない。為康はそれを『群載』に転載するにあたって、原資料の案文をも同時に写し込んだのである。多少文字を置きかえたり、一部を書きかえてしまったらしいところ（上掲(二)はあるけれども、大部分は、案文も、原資料のままである。[18] 私はいままでいたるところで為康の「地の文」という言葉を使って来たわけではあるが、この「地の文」のうち、ほんとうに為康が独自に考え出した見解がどの部分であるかということは別問題である（この場合はさしあたり(二)に記した書きかえ部分だけにその可能性がある）。

この仮文書様について書き添えておきたいのは、『北山抄』の記事との関係である。上述のように、『朝野群載』の仮文書様はその案にいたるまで、『西宮記』と一致するのであるが、『西宮記』を範としたといわれる儀式書、『北山抄』の巻四「請仮事」も類似した構成をもっていて、仮文の書様とそれに附随する注記がある。両者を対比してみると、『北山抄』には六つの書様をあげているが、『西宮記』には四つ。内容的にみると、『西宮記』の第一・第二形式が『北山抄』の第二形式と、『西宮記』の第三形式が『北山抄』の第一形式と、ほぼ対応関係を示すが、『北山抄』の第三形式以下は『西宮記』と対応関係を示さない。各々の書様の下につけられた案の内容は『西宮記』（『群載』『二中歴』）のそれとかなり大きくくいちがったところがみとめられる。『北山抄』の「請仮事」は一時代前の『西宮記』の「服仮類」を参照しながら、著者藤原公任の時代に即応するように内容をあらためていったと想像されるのである。『朝野群載』の編者は、『西宮記』も『北山抄』も共に参照することができる時代に生れた。そして共に参照しなかったとは考えられぬ程博覧の人である。『群載』が採用したのは時代的に近い『北山抄』ではなくて、より古い『西宮記』であったらしいという点にこそ、『群載』の立場を考えさせるものがあると思う。[19]

なお必ずしも凶事と関係のない仮文が『群載』では凶事の部に収められているのも、主として『西宮記』の影響ではないかと思う。『西宮記』には仮文の書様をすべて「服仮類」にまとめているのであるが、服仮の服は言うまでもなく喪に服する意味の服である。『西宮記』の書様は、儀制令等親条、仮寧令職事官遭父母喪解官条などの説明に附帯してあらわれるので、明らかに凶事との関連に於てとらえられている。『北山抄』でも「請仮事」の置かれた位置は、廃朝事・雑穢事・上皇々后崩事の次にあって、凶事との関係は断ち切れていない。内容的にみれば、治病・触穢・親喪・御喪の順になっていて凶事としからざるものとの区別は考えられはじめているようであるし、名称も服仮から請仮にあらためられているけれども、凶事との関係は中国思想に深く根ざしたもので、やはり伝統的なものがあったと思われるのである。

『朝野群載』の文書に対する関心は、単にその形式だけにとどまるものではなかった。文書の発給手続や効力などについても注意をおこたっていない。これは上述してきた儀式書とも共通した、むしろ公式令以来の伝統的な関心の方向だといってもよいだろう。一つの例をあげておこう。寛治五年十二月十七日、太政官諷誦文（巻七、一八八頁）は、太政官が関白の五十を賀するために作ったもので、本文は「弟子匡房等敬白」と結ばれ、日附の下には「参議正三位行左大弁兼勘解由長官式部大輔大江朝臣匡房」と記し、その次に「美作守行家草之、左大史大江良貞書之、」の二行が書き加えられている。終りの二行が原本に書かれていたものか、或はのちの注記であるのか、はっきりしないが、諷誦文のように文章を飾らねばならないものを、署名者の筆頭であり、文章家を以て自他共にゆるした大江匡房がなぜ作らなかったか、卒然とみれば不思議に思えてくる。けれど、次に記された案文がその理由を説明してくれるのである。

今案、先例藤氏博士作レ草、左大弁加レ署云々、故今如レ此、

と。この文書の特殊な発給手続が明瞭に説明されている。『中右記』には「法性寺、太政官、弁、少納言、外記、史、

修諷誦」とみえているが、「修諷誦」の内容、作成手続が明らかにされるのは本書の関心が文書の作成に重点をおいていたからであろう。もう一つ例をあげる。

已上進官帳、須㆓国司合期造進㆒也、而誂㆓二寮済事㆒、下㆓給書料物料紙㆒、所㆑令㆑書也、其後一度所㆓集造㆒雑掌解文、付㆓官文殿㆒也、官外題後請返、又以㆓国解文㆒、付㆓民部省㆒、々外題後請返、如㆑元分㆓付二寮㆒也、（五五六頁）

これは天永元年十二月十七日付の主税寮案主所解文に付けられた案（地の文）である。この解文は美濃国から中央の太政官に提出すべき、正税帳・租帳・出挙帳など、いわゆる四度公文の類を、主税寮の案主所が、国司に代って造進する旨を記したものである。この案文によると、中央に進むべき四度公文の類は、国司が毎年定められた期限内に造進すべきであるが、実際は、主計・主税二寮の済事に依頼して造らせ、書写に要する費用や料紙は下給する（国衙の負担であろう）。公文類が出来上ると、国衙雑掌（おそらく名前だけの架空の人物）の解文（その実例が続いて掲載されている。五五七頁）を造って之に副え、太政官の文殿にとどける。官ではこれに外題を加えて返す。また国司の解文は民部省にとどける。民部省でも同様に外題を加えて返す。そしてこれらの書類は元通り主計・主税の二寮に分付する、という手続が明記されている。要するにこの頃になると、地方行政の実体を中央に報告するために最も重要な書類であった四度公文も、実際はそれを監査する立場にあった二寮の書記官が造り、形式的に官・省の外題をとった上で、その書類を作成したもとの官司に置いたのに過ぎないことがわかる。当時の国司制度運営の実体に関する非常に重要な事実が明らかになるのであるが、『朝野群載』の撰者の文書の作製手続に対する関心の深さがその史料としての価値を高めた一例であるといえる。

文書の形式や発給手続などに関する記述はやはり儀式書の類にも見出される。われわれは『朝野群載』が儀式書の類と意外に深いかかわりあいをもっていることを知ったのであるが、しかし、両者は根本的にちがった立場に立っていることを忘れてはならない。儀式・作法の面からみた政務の書が儀式書であるとすれば、『朝野群載』は文書の面からみた政務の書である。除目の際、大臣が笏をどういう風に持ち、大間書の入った筥をいつ開くかとか、申文が大臣・参議の間にどのように回覧され、それにどのような記号が記入され、そして奏進され、大間書に書き込まれて行くか、などということについて、『朝野群載』は何の関心も示さない。『群載』の関心は申文の内容にある。儀式書の関心は申文の内容でなくて、その取扱いにある。ここに文書からみた政務参考書としての『朝野群載』の立場がある。政務が円滑に行なわれるためには、政治家・行政官といった人々の政治的・行政的行為が必要であろう。がそれと同時に、国家行政・法制といった高度の次元のものでなくても、慣習にしたがい、先例にしたがって処理してゆかなくてはならない日常の業務がたえず続けられたはずである。この日常の業務の中心になるのが書類の作成である。こうした書類――文書――は、したがって、中・下級の書記官によって造られるのが普通であったろう。『朝野群載』はどうやらこういった書記官の参考となるように意図されたところがあるように思う。いわば無名の作家のための文範、文書作製のための手引であり、同時に政務の参考とするために官中のことば遣い（巻六、一六六頁）や、踏歌節の楽章（巻二十一、四七六頁）にいたるまで集めたのではなかろうか。もちろん、『朝野群載』のなかには、重要な政治的文書、たとえば刀伊入冦関係の大宰府解とか、前九年役のことのみえる源義家の申文とか日常政務とはいえぬものも含んでいるし、文筆部には著名な作家の名篇ばかりならべられている。けれども、全体としてみれば、高級官人の扱う政務や政治の参考というより、日常的な文書作成事務の参考とすることに主眼がおかれていたことは疑えない。卿宣・月奏・宣旨書下・官切下文・賑給文・解由状など、今日古文書学で極めて珍しい形式と考えられている文書も（竹内理三「古文書学からみた『朝野群載』」『新訂増補国史大系月報』九参照）、当時としては官人の日常生活にかくことのできぬ、ありふれた文書であったに相違ない。罪人過状・着駄勘文なども同様である。国司の心得を四十二か条にわたって列記した国務条々事（巻二十二、五一七頁）など、今日からみれば極めて貴重な史料で、多くの研究に引用されるけれども、やはり日常の業務に対する関心があったからこそ採録されたものと考えなくてはならない。

『朝野群載』所収の文書についてもう一つ注意しておかなくてはならないことは、それらが官人の吏務を中心としたものに限定されているということである。ということは、荘園関係文書、農村関係文書の類が極めて少ないということである。著者の視界が官界・都市のなかにかぎられ、農民や農村の生活に及ぶところが少ないといってもよいであろう。もちろん、この類の文書が絶無であるというのではないが、全体で数点に過ぎないのである。この点、『東大寺文書』や『高野山文書』など荘園領主のもとに残った文書と比べて顕著な対比を示している。古代末期の国家体制の側の文書集としてユニークな特色を持つのもこの点にある。

もう一つ記しておきたいことは、為康は珍しい文書を集めておこうという、一種の好奇心ないし知識欲のようなものが強かったらしいという事実である。たとえば、天平九年の典薬寮疱瘡治方勘文（巻二十一、四八二頁）の如きはその一例である。『類聚符宣抄』に載せられた（『拾芥抄』下〈養生部三十九〉にも所収）、天平九年の太政官符は、この勘文などを参照した上で発布されたものであろうが、官符と勘文とは両々相まって天平九年度の疱瘡のことを考えるに好史料である。為康は太政官符が『符宣抄』に載っていることを知って、それを補うべきものとして、典薬寮の勘文を尋ね出し採録したのかもしれない。前にもちょっと触れたが、『群載』にはつとめて他の類書との重複をさけていると思われるふしがあるから。森克己博士の紹介[20]によって有名になった異国の公憑、また「件正本、在二内記局一、而近代納二南所一、当日本大同元年丙戌右〔ナリカ〕」（四五九頁）という私注のある元和元年の「異国賜二本朝人一位記」など、当時としても珍しい文書であったろう。たまたま少内記として仕官したために寓目の機会を得て抄写したものらしく、注記の文字のなかにも為康の好奇心があふれているのを感じるのである。

本書が古文書の書として珍重されるのは、凡そ右にのべたところにあると思う。

六　所収史料の年代と『朝野群載』の成立

次に『朝野群載』収載の詩文の類がどの時代のものを含み、どの時代を中心としたものであるかについて、一瞥を加えることにする。

『朝野群載』に収める詩文で年次の判明するもののうち、最も早いものは、天平九年六月の典薬寮疱瘡治方勘文（巻二十一、四八二頁）で、最も時代の降るのは、長承元年十二月二十日の中納言藤原顕雅消息（巻二、四〇頁）である。前後三百九十五年にわたる詩文を包含するわけである。そして、『群載』収載の詩文で、日付の明記されたもの、明記していなくても、他の史料によって成立年次が推定できるもの（もっとも、この推定は私が短時日のうちに行なったことで、後日になればさらに増加するであろうが）、合計して五百四十八点を数える。このなかには、上節に記した四通の重出文書も、各々一点として数え、他の文書に引用された文書、たとえば申文などに引用された宣旨の類も数えてある。

五百四十八点の詩文が、三百九十五年の期間のうち、どこに最も多く分布し、またどの辺には、どのくらい分布しているかを知ることができれば、本書を史料として利用する際には便利であろう。次頁の表はそのような目的を以て

年代（西暦）＼巻数	1	2	3	4	5	6	7	8	9	11	12	13	15	16	17	20	21	22	26	27	28	計
737—746																		1				1
747—756														1	2							3
757—766																						0
767—776																						0
777—786							1															1
787—796																						0
797—806																1						1
807—816															1							1
817—826						1																1
827—836														1								1
837—846		1																				1
847—856	1													1								2
857—866														3	2							5
867—876										1												1
877—886	2										2											4
887—896										1	1				1			1				4
897—906		4									1											5
907—916	2		1	1						1								2				7
917—926								1		1						1	1					4
927—936										3	1			1	1							6
937—946	1	2					2				1							1				7
947—956	1	3							1	1	1		1	2	3			7	1		1	22
957—966		1	2		1		1	2			2		1	1			1	1	1			14
967—976	1	1	1						1		1		3		3		1	1				13
977—986	1	1					4							2		1						9
987—996					3		3		1					4	1							12
997—1006		1	1			2	1	1	2	6		2			1	2		1	3		2	25
1007—1016		1	1	3	2		2									1	1	3	1		3	18
1017—1026				1			2			3	1		2		1	1		1	3			15
1027—1036	2		1					1			1								4		2	11
1037—1046		1			1					1		1		1		2	5	1	1			14
1047—1056			2		2		2	1		2		2	1	2	1							15
1057—1066				1	3	2		1		1		5	2	1	2		1	2				21
1067—1076		1	2	1	3	2	2	4	6	2		6			1	1			2	5	2	40
1077—1086		2	2	7	7	7	3	2	1	6	1			1	2	6	2	1	5	4	1	60
1087—1096	1		1	2	5	4	5	4	3	3	1	1	3		3		2	4	1	1	1	45
1097—1106	1		4	23	8	12	14	9	14	2	1		5	4	7	3	1	4	1	3	5	121
1107—1116	1	1	4	13	1	2	11	9	3	5	7	10	4	7	7	6	6	1	1	5	6	110
1117—1126	1		2	2		3	1	2	3	2		8	3	1		1	1	4	4	4		42
〔1127—1132〕		1	1				2	2	1	8		2					1	2		1		21

小文を参照されるかも知れない読者の便宜をも考えて作成したものである。三百九十五年を十年間隔で区切り、その十年間に含まれる詩文・文書の類の点数を示し、併せて各巻ごとの分布状態をも明らかにした。

表をみて最初に気付くのは、一〇六七（治暦三）年から一〇九七（永長二）年から一一一六（永久四）年の二十年間の密度が最も高いことである。そして、一〇六七（治暦三）年から一〇九六（永長元）年にいたる三十年間、及び一一一七（永久五）年から一一三二（長承元）年にいたる十五年間の密度がほぼその1/3ないし1/2程度で、これに次ぐということであろう。さらに、治暦三年から長承元年にいたる間の総計は四百三十九点で、全体の八十％以上が、この六十五年間に集中しているのである。すなわち、後三条・白河・堀河・鳥羽・崇徳五朝の時代であり、後三条の即位から白河院政期の全体をカバーする時期にあたり、為康が十九才で上洛してから以降のものに属する。

密度の高いところをもう少し詳しく言うと、一年間の分布密度の最も高いのは康和二年（二十五点）であり、ついで嘉承二年（二十三点）である。さらに一年間に十五点以上の密度を示す年次を列挙すると、康和三年（十六点）・永久四年（十七点）、十点以上は、応徳二年（十四点）・同三年（十四点）・承徳三＝康和元年（十四点）・康和五年（十三点）・長治二年（十四点）・天仁三＝天永元年（十二点）・永久二年（十三点）・永久五年（十一点）といったところである。

さて考えておかなくてはならないのは、本書の自序に永久四年に成った由を記していることと、この分布状態との関係である。まず、永久四年を起点としてさかのぼると、その最初の二十年間の分布密度が本書のうち図抜けて高いこと、永久四年一年間の分布密度も最も高いものの一つであることに注意しなくてはならないであろう。そして永久四年を境として、それ以前の十年間と、それ以後の十年間とでは、1/3程度まで減少しているのである。もう少し詳しくみて行けば、左の通りである。

永久2	13点
永久3	3
永久4	17
永久5	11
元永1	8
元永2	5
保安1	4
保安2	2
保安3	6
保安4	1
天治1	4
天治2	1
大治1	0
大治2	3
大治3	3
大治4	3
大治5	2
天承1	5
長承1	5

即ち、自序の成った翌年、永久五年の密度はかなり高い方に属するが、それ以後漸減の傾向をみせ、大治元年度のものはついに一点も確認できない。そして翌二年以降、長承元年まで、毎年、三〜五点が確認され、長承元年十二月を以て終っているのである。

おそらくこれは本書の編集経過と何かの関係がある数字だと思う。闕巻の部分があるので、この数字だけから、何らかの結論にむすびつけることは避けなくてはならないとしても、永久四年が本書編集過程の上で一区切りとなると考えることは誤まっていないと思う。この年は為康の信心生活の上でも区切りをつけることのできる年に当っているし[21]、官歴の上からいっても、少内記から算博士に転任したことの確認できる最初の年に当っている[22]。そして、翌年にも盛んに補充が行なわれ、少なくとも長承元年の年末までは補筆が続けられていったことは確かである。本書の最終的成立時期は長承二年正月以降、著者が九十一歳で没した保延五年の間に置けば間違いはないであろうが、長承二年正月には八十五歳の春をむかえた為康の年齢を考え、長承元年の末以降の八年間が、少なくとも現存『朝野群載』のなかでは全く空白で、一点も確認できるものがないこと、為康の文筆的活動の最後をかざる『続千字文』が成ったのが長承元年で、それ以後の著述活動としては往生伝しかみとめられないことなどを考えれば、その成立が長承二年を降ること遠くない時点にあると思われるのである。もとより強靱な肉体と精神の持主であった為康は、少なくとも保延三年まで（八十九才）、おそらくは死の直前まで『後拾遺往生伝』を書き続けているのだから[23]、『朝野群載』補筆の意志は最後まで放棄しなかったかもしれないが、事実上その筆を絶ったのはこの頃ではなかったかと思うのである。

では『朝野群載』の編集に着手した時期はいつか、どういう経過をたどって進められたかという問題になると、不明と答えるよりほかはない。けれども、彼が十九歳で上洛した治暦三年以後に着手されたと考えることはさしつかえないであろうし、第四巻以降は、彼が少内記に任ぜられた康和二年以降である可能性が高いと考えることもさして無理な想像ではあるまい。この年の文書の密度が、『朝野群載』中最も高いということも上記の通りである。第三巻以前(文筆部)は或はそれ以前に着手されているかもしれないと、私は考えるのである。

むすび

『朝野群載』は三善為康が、ながい生涯をかけて編集をつづけ、その最晩年(長承二年頃)にようやく一応擱筆したものと思われる。『本朝文粋』以下の詩文集、律令格式の類、類書、儀式書など多くの書籍を抜粋し、そのなかから撰択し、府庫に所蔵される文書を尋ね出し、抄出し、これらを集めて一部の書としたものである。一部の書とするに際し、為康の基本的な方針となったのは、政務の参考となる文範集をつくること、なるべく時代に即応した材料を集めておくこと、にあったと考えてよかろう。文学的な作品と実務的な文書とを分離し、政務の内容を部類だての基準とし、しかも全体を一書にまとめあげたところに本書の構成としての特色がある。本書は今日でも、日本漢文学史の研究者と、一般日本史の研究者と、古文書学の研究者など、各方面の人々に重視され、いわば読者層の範囲が広いのである。これは幅の広い視野を持った為康の学問の性格に由来するところであろう。入木道に、(24)算道に、易筮に、(25)紀伝道に、その他あらゆる方面に通ずるすぐれた才能をもちながら、その出自ゆえに、官界に志をのばすことができず、五十歳をすぎてからようやく仕官し、生涯を中・下級の事務官として過ごし、著述と信仰の一生を送った為康は、老学生としての感懐を菅才子の沉春引を和した一首に托して、文筆部に収めている（巻二、一一八頁）。私は『朝野群載』全体が為康自身の生活と切り離せないように感じるのである。仏教史の上でも為康の名は逸することのできない一人であるが、源信が『往生要集』を宋に送ったときの書状やその返報などを採録していることにも、著者の関心の程がうかがわれよう。

集録された詩文は年代の判明するものに限っていえば、天平九年から長承元年におよぶ約四世紀のものを包含するが、八十％は、後三条天皇から白河院政期に集中している。このころの中央・地方制度、その運営の実態を考えるにはユニークな史料集というべきであり、類似した構成をもつ『符宣抄』などと重複する部分は極めて少なく、内容もはるかに豊かである。

現存本は第一巻のほかは、かなり後世の作為が加わっていると考えられ、また写本にも善本が少ないといわれる。しかし原撰本にちかい鎌倉期の古写本のある第一巻をも含めて、現行本には、重複・追補・断簡・錯簡と疑われる部分が随処に見出され、はじめから未完成の稿本であったという感じを拭うことができない。校訂については、伴信友以来、幾多の先人の努力が積み上げられてきたとはいうものの、未だ魯魚の誤りと疑われるものが少なからず残されている。今後の課題は大きい。

諸本・写本・著者の伝など、解題の原稿として記述しなくてはならぬことが沢山残っているけれども、与えられた紙幅をはるかに超過してしまったので、擱筆することにする。

註

（1）「可」は大系本は「所」に意改している。文の続き具合から、ここでは底本通りに改めた。返り点は一部あらためた。

（2）以下新訂増補国史大系本所収のものはすべて頁数を示すことにする。

（3）巻十五には、この泰山府君都状と同日付の閻羅天子都状がつづいて収載され（三七七頁）、十二通の都状が同日付で書かれたことが案文にみえる（三七八頁）。なお、この日、為隆は賀茂行幸の行事弁をつとめ、その行賞によって正四位に昇叙された（『中右記』）。

（4）為隆は『後拾遺往生伝』下中の人で、為康みずからその伝を書いているほどであるし、顕隆の名も同書（中巻序）に見える。この時（永久二年十一月）顕隆は左大弁、為隆は右大弁で混同しやすかったかもしれないが、この兄弟のことは為康がよく知っていたはずである。

（5）『朝野群載』の編集方針は、材料を得るに随って適宜抄出分類していったもので、綿密な計画のもとに遂行されたものとはいい難い面があると思う。この傾向は為康の往生伝の編集方針にもあらわれているようである。為康が範とした『日本往生極楽記』『続日本往生伝』が、整然とした分類のもとに体系的に編集されているのに対し、『拾遺往生伝』『後拾遺往生伝』は、巻を追って、次々と書きついでいったものらしい。内容も分量も前二者に比べれば、はるかに豊富であるが、往生人の記載順位には一貫した基準が見出し難く、著書としての体系は不明確だと思う。為康は保延三年九月の体験を『後拾遺往生伝』下の中頃に記入している。下巻の終りに書き到ったのは、それよりおくれることは確実であろう。保延三年といえば、かれが実に八十九才のときである。為康の往生伝には、各巻ごとに自序を付けているが、『後拾遺往生伝』の下巻にかぎってそれがない。おそらくそれは、為康自身、あらためて下巻の筆を起こす気持もなく、かれの生涯の終りにいたるまで、執筆をつづけたからであろう（したがって、中・下巻を区切ったのは為康自身ではなかろう。しかし、彼の死後間もなく成立した『新修本朝往生伝』には『後拾遺往生伝』三巻とある）。かれにとって往生伝の執筆は〝結縁のため〟という信心にささえられた一種の行のようなもので、体系的な往生伝を著わすということははじめから意図していなかったのかもしれない。それはともかくとして、形式的な完結性を求めるよりも、少しでも実質的内容を充実させようとするところは為康の持味のように感じられ、『朝野群載』のなかにも共通した長所と短所が見出されると、私には思える。

(6) 坂本太郎「類聚国史について」(『日本古代史の基礎的研究』上、所収)

(7) 空也聖人誄の本文が脱落したのはなぜか。転写の間の脱落か。それとも目録は後人がさかしらに付加したので、はじめから載せてなかったのか。空也のような立派な往生人を為康が知らなかったとは考えられないが、為康の往生伝にも空也の伝がのせられていないのをみると、何か理由があったのか。少なくとも為康が空也誄をみていたことは、『拾遺往生伝』中所収、浄蔵伝の文章と空也誄の文章との間に一致する部分が見出されることによって立証できると思う。源為憲と為康の関係は、『掌中歴』の序からもうかがえる。

(8) 越調詩の部、紀納言作の山家秋哥(四頁)は、『文粋』所収八首のうちの最初の二首である。第三首以下の六首は省略されている。『文粋』には「八首」と注記されているが、『群載』には何の注記もないので、一首ではないかとの錯覚におちいる。けれども、これは撰者の杜撰ではなく、大系本の校訂の誤りである。底本には二首が各々改行して記されているのだから。「一身……残生」が第一首、「幽栖……秋声」が第二首で、「幽栖……」から改行しなくてはならない。

(9) たとえば、『唐文粋』巻十二(詩丙)、王昌齢の箜篌引、張説の鄴都引など。

(10) 沈徳潜『古詩源』三楽府歌辞のなかに箜篌引をあげている。

(11) 『枕草子』百七十三段、川口久雄『平安朝日本漢文学史の研究』第十八章第四節及び第十九章第七節参照。

(12) 『朝野群載』の編集方針の範となった類書が中国にあったのではないかという疑問は誰しも思いつくことだと思う。川口博士は唐、張鷟の『朝野僉載』をその命名上の先例とし、内容からいうと同人の『竜筋鳳髄判』や、宋、趙昇の『朝野類要』の方が近いと記して居られる。しかし、『竜筋鳳髄判』(二巻)は判文を「臚二比官曹一、条三分件二」して組織に繋けたもので(『四庫全書総目提要』)、張鷟自身の文集である。『朝野群載』の内容とは殆ど関わりがないように思える。また『朝野類要』(五巻)は吏務必携といった程度の小冊子で、いってみれば『二中歴』の一部を抜粋したようなものである。文書の形式・実例などには全く触れるところがない。これも『朝野群載』と関連づけることは無理なように思われる。『朝野僉載』は零本だし、現存部分だけでは川口博士の言われる通り、名称以外関係はつけ難いであろう。以上私は川口博士の記されたところを吟味してみただけで、自ら中国の書籍を博捜して先例を求める余力を持たないが、『朝野群載』の構成は中国にも先例を求め難く、極めて独自性のあるものだということは、今のところ、認めてよいと思う。

（13）『類聚三代格』の成立は、寛治二年以前と考えられ（『本朝書籍目録考証』）、『朝野群載』の編集に先んじていることはたしかであるが、『二中歴』（第十一、倭書歴）には、『弘仁格式』以下、三代の格式が列記されているだけで、『類聚三代格』の名はみえない。

（14）『本朝書籍目録考証』

（15）『政事要略』巻二十二（三頁）には、「家集第七巻」の文字がみえる。同書には「善家」とだけ記して引用されたものが、このほかにも幾つかあらわれるが、それはただ清行の作というだけの意味と解すべきか、それとも『善家集』の略称と解すべきか。若し後者だとすれば詰眼文（『文粋』巻十二に所収）も『善家集』から直接採られたことになろう。

（16）『平安朝日本漢文学史の研究』第二十二章第四節。

（17）『懐中歴』を為康の著とすることを疑い、彼の猶子行康の撰とする見解もある。しかし同書が成立したとき（大治二年頃）、為康はまだ健在で、『朝野群載』の補筆を続けていたのである。その撰述過程に為康が関与し得る外的条件は充分にあったので、『懐中歴』が為康と全く無関係に撰ばれたと考える必要はない（『本朝書籍目録考証』『古辞書の研究』参照）。

（18）『掌中歴』が『口遊』の私注をそのまま今案として採用し、『掌中歴』にはじめて加えられた為康の私注と形式上区別し難いことは、既に『古辞書の研究』が指摘したところである。『朝野群載』の地の文についても同様のことがいえると思う。

（19）『西宮記』の仮文の書様は、その後も強い影響力を持ったようである。『朝野群載』が『北山抄』よりも『西宮記』に依拠したことは、やはり為康の見識だといわなくてはならない。故実にやかましかった藤原頼長が『西宮記』の書様による仮文を提出したことが、『台記』久安三年十月十八日の条に、藤原師通の仮文が『西宮記』によっていることが、同書久寿二年十二月二十二日条に見える（『古事類苑』政治部、相田二郎『日本の古文書』参照）。

（20）『日宋交通の研究』（第一編第二章）

（21）永久四年以後、読二心経三百巻一、臨終之時、為レ攘二魔降一也、（『本朝新修往生伝』）

（22）為康の官歴略表を掲げる。

治暦三年　16歳　〔上京〕〔1〕

一?

一?

年月日	年齢	官職	国司	位階
康和二年正月廿一日	52歳	学生〔2〕		正六位上〔2〕
（康和二年？）	52歳	少内記〔2〕		
天治二年二月	61歳	〔3〕		
永久四年	68歳	算博士〔4〕		
元永二年十二月	71歳		尾張介〔5〕	従五位下〔5〕
天治二年十二月	77歳	兼諸陵頭〔6〕	越後介	
大治五年二月廿六日	82歳		越前権介〔7〕	正五位下〔7〕
天承元年三月廿三日	83歳〔8〕			正五位上〔8〕
保延五年八月四日	91歳	〔没〕〔9〕		

〔1〕『本朝新修往生伝』に十八歳とあるは誤り。

〔2〕『朝野群載』十二、三二六頁。

〔3〕『童蒙頌韻』序

〔4〕『朝野群載』自序（一頁）。算博士となったのは、養父為長の実子三善雅仲死闕の替であろう。当時算博士の定員は二人。一人は小槻祐俊と推定される（『地下家伝』）。『本朝新修往生伝』に堀河院御宇とあるのは誤りであろう。

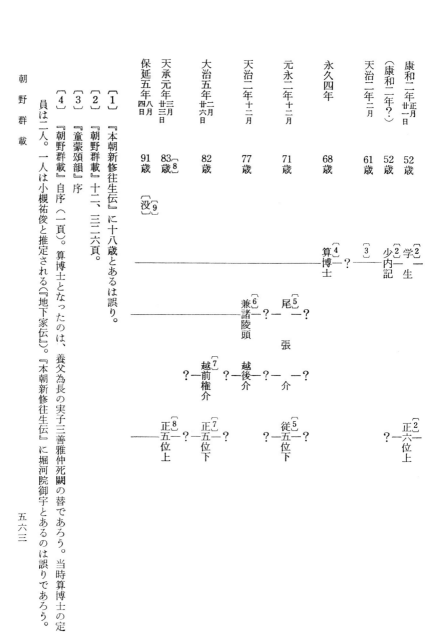

〔5〕『朝野群載』二十六（五四四頁）
〔6〕『朝野群載』二十一（四九二頁）
〔7〕『朝野群載』二十二（五〇一頁）
〔8〕『長秋記』『続千字文』『古今著聞集』四
〔9〕『本朝新修往生伝』

(23) 註5参照

(24) 康和二年正月十一日内記局請奏（『朝野群載』十二、三三六頁）に「新学㆓入木之跡㆒」という文字が見える。「入木」は或は「竿」の誤写かと疑われるが、「竿之跡」では文章としての調子が整わないように感じられるし、内記に任ぜられる人には、能筆の人が多かったという一般の傾向から考えて、ここでは一応為康が入木道にも達していたと推定しておく。

(25)『二中歴』

附録『朝野群載』作者索引

凡例

(1) ここに収めたのは、作者（文書の差出者がわかって作者がわからない場合は差出者。但し、公文書の差出者及び署名者は省く）のわかるものだけである。仏家のものは分ってのちに掲げた。
(2) （　）のなかは筆者の推定を含むもの。
(3) 備考欄には『本朝文粋』『本朝続文粋』との対照を示した。文は『本朝文粋』、続は『本朝続文粋』、その下の数字はそれぞれ収載された巻数をあらわす。
(4) 肩に◎を附したのは『本朝文粋』中の作家、○は『本朝続文粋』中の作家。

ア行

〔作家〕	〔日付〕	〔文書名〕	〔巻〕	〔頁〕	〔備考〕
六太愛親	長保三年三月四日	交替政申文	二〇	四四六	
安倍親宗	嘉保二年正月二十二日	天文博士申文	一五	三八六	
安倍時信	延久四年正月二十六日	転任三分申文	九	二四四	
宇佐兼持	康和二年正月二十六日	諸国権守申文	二二	五〇〇	
江沼成安	長治二年三月―	四度公文進上解	二七	五五七	
	天仁二年八月―	同右	二七	五五七	
◎大江以言	寛弘四年正月一日	請修餝美福門額字告文	三	五一	文一三
	？	視雲知隠賦	一	二	文一
◎大江維時	天慶元年八月十三日	貞信公辞摂政表〇文粋ニハ朝綱ノ作トス、	七	一八七	文四
	(天慶九年四月)	日観集序	一	七	
大江遠兼	永久二年三月十九日	左右馬允申文	九	二四六	
◎大江匡衡	(天延三年)	奉試詩	一	一三	
	正暦五年二月十七日	関白御願寺申文	七	一八〇	文五
	(長徳三年三月～四月)	弁官申文	九	二三六	
	長徳四年十二月九日	熱田宮祈請祭文	三	五六	
	長保四年五月二十七日	穀倉院学問料申文	一三	三三九	文六
	寛弘九年六月二十五日	北野廟献物願文	二	三三	文一三
〇大江匡房	承暦二年三月十九日	歌合祭文	三	五七	
	承暦四年―	送高麗牒	二〇	四五七	続一一

	永保三年（?）十月一日	法勝寺塔供養呪願文	三　三三
	（応徳元～寛治八年）八月二十九日	召物院宣（奉者）	四　九五
	嘉保元（永長トアリ）年夏	洛陽田楽記	三　六八
	嘉承元年八月十三日	依病祈平癒祭文	三　五八
	寛治八年六月～天承二年七月	祭慈恵大師尊霊祭文	三　五六
	?	続座左銘	一　一四　続　一一
	?	暮年詩記	三　六三　続　一一
	（?	詩境記	三　六四）
	（?	対馬貢銀記	三　六五）
	?	遊女記	三　六六
	?	傀儡記	三　六七
	?	筥崎宮記	三　六七
	?	評倭哥対策文	一三　三五五　続　三
大○江佐国	承保四年三月―	源隆国贈宋国石蔵阿闍梨書状	二〇　四六四
	永保二年二月二十五日	加茂社桜会縁起	二　三八
大江政時	?	走脚詩	一　五
大○江時棟	永承三年十二月十日	御教書請文	七　一八一
大◎江朝綱	（天慶元年八月十三日	貞信公辞摂政表○維時ノ作トス、文粋ニヨル、	七　一八七　文　四）
	天慶六年四月二十二日	在原氏諷誦文	一　二九　文　一四
	天暦六年四月二十七日	加茂保憲譲爵申文	九　二五三　文　六
大江通国	長治元年六月二十日	晩夏同詠白氏文集楽府廿句和歌一首幷序	一　九
大江通貞	保安三年正月二十日	受領申文	二三　四九八

大田国武丸	寛弘三年七月―	盗人過状	一一 二九〇	
大中臣信房	康和二年七月十一日	栄爵申文	九 二五一	

カ行

◎花山法皇	長保四年三月六日	書写山上人伝	二 二五	
◎兼明親王	天暦九年正月四日	御筆法華経講問者表白	二 三五	文一三
	天徳二年八月―	誓願書（二通）	三 四三	文一三
	天延三年八月十三日	祭亀山神文	三 五四	文一三
	貞元元年九月十九日	供養自筆法華経願文	二 三〇	文一三
	寛和二年正月二十五日	請罷中務卿状	七 二〇三	文五
	？	座左銘幷序	一 一四	文一二
	？	山亭起請	三 四四	文一二
	？	討新羅賊勅符	一二 二九八	文一二
	？	髪落詞○源順ノ作トナスハ誤ナラン、文粋ニヨル、	一 一六	文一二
上野義定	寛治三年正月二十三日	検非違使申文	九 二四〇	
賀茂家栄	天仁三年六月七日	国司下向任国雑事勘文	一五 三六八	
賀茂忠行	天徳三年二月七日	奉勅占文	一五 三八二	
賀茂道言	康和三年十一月二十八日	方角勘文	一五 三六七	
賀茂保憲	天禄四年五月二十六日	方角禁忌勘文	一五 三六七	
	天延二年九月七日	犯土禁忌勘文	一五 三六六	
◎紀貫之	？	新撰倭歌序	一 八	文一一
紀久俊	康和二年七月二十三日	靫負尉申文	九 二四三	

紀◎	斉名	長徳三年八月十五日	擬文章生詩瑕瑾申文	一三	三三七	文七
紀	定遠	康和二年正月十八日	検非違使申文	九	二四一	
紀◎	長谷雄	(寛平七年八月十一日)	藤原忠平位記	一二	三二一	文二
		(昌泰元年十一月二十一日)	第三皇子御元服祝文	二	三四	文一二
		(昌泰二年)十月二十四日	今上奉答法皇御書	二	四一	文七
		(昌泰二年十月	辞法皇尊号御書○菅原道真ノ作ナラン、紀家作トナスハ誤リ、	二	四一	)
		延喜五年七月二十一日	法皇辞封戸御書	二	四二	文七
		延喜十一年六月十六日	亭子院賜酒記	三	六一	文一二
		?	春雪賦	一	三	文一
		?	山家秋哥(二首)	一	四	文一
		?	春風歌応製	一	一一	
		?	書紳辞	一	一六	
		?	葉落吟	一	一九	
		?	貧女吟	一	一九	文一
		?	落花歎	一	二〇	
		?	歎白髪兮	一	二〇	
		?	慣啄木曲	一	二〇	
清原	国助	康和二年正月二十三日	諸国掾申文	四	九五	
清◎原	真友	嘉祥元年(?)秋	字訓詩	一	四	文一
清原	定康	天永三年四月二日	兼任大輔・受領申文	二二	四九六	
清原	定俊	応徳二年九月十四日	阿蘇宮怪異勘文	二一	四八五	
葛原	季忠	?	所帯職譲与申文	九	二四九	

惟宗基重	？	掃部頭申文	九 二三八
(惟宗?・)孝親	永承二年二月十四日	春日社告文	三 五〇
○惟宗孝言	延久三年暮秋九日	納和歌集於平等院経蔵記	三 六一 続一一
	嘉保二年二月十二日	十二不動尊銘	一 一五
惟宗孝仲	？	沉春引	二 二七
サ行			
周文徳(宋人)	(寛和頃)二月十一日	贈恵心僧都返報	二〇 四六三
○菅野則元	嘉保二年正月二十六日	受領申文	二二 四九九
菅原在良	嘉承二年正月―	策試申文	一三 三四五
○菅原時登	天仁三年正月十六日	問頭博士申文	一三 三四九
○菅原是綱	康和二年七月二十三日	大学頭申文	九 二三七
○(菅原)忠貞	(治安二年)	仏師定朝位記	一二 三三五
◎菅原道真	(元慶六年九月)	右大臣劔銘	一 一二 文一二
	(仁和元年正月二十一日)	早春内宴侍仁寿殿同賦春娃無気力応製一首幷序	一 七 文九
	(仁和四年五月六日)	祭城山神文	二三 五二六
	(昌泰二年十月)	辞法皇尊号御書○紀家作トナスハ誤リ、菅家文草ニヨル、	二 四一 ）
◎菅原輔正	応和二年三月二十五日	仁王会呪願文	二 三一
◎菅原文時	(貞元二年秋)	老閑行	一 二一 文一三
	？	金鼓銘幷序	一 一三 文一二
菅原有隣	永久二年正月十三日	検非違使申文	九 二四〇
(菅原某)	？	沉春引	二 二八

タ行

平兼材	?	審薦挙箴	一	六
平兼倫	応徳二年二月四日	争論過状	二一	二七九
平清房	康和三年二月九日	靱負尉申文	九	二四三
平扶範	承保三年八月二十七日	近江国雉所預職申文	八	二二四
高階成章	長久五年二月二十八日	給鑯符赴任国申文	二三	五〇七
◎橘広相	仁和二年正月二日	藤原時平位記	二二	三三一 文二
◎橘在列	?	離合詩（時和年豊詩）	一	五 文一
	?	廻文詩	一	五 文一
	?	天台智者大師讃	一	一八
橘時舒	天禄二年四月五日	改路次赴任国申文	二三	五〇九
丹波泰親	長保三年四月二日	交替政陳状	二〇	四四六
致清王	永久二年正月四日	加階申文	九	二五〇
津成安	寛治八年十一月二十四日	文書紕繆後状解文	二七	五六〇
◎具平親王	?	西方極楽讃	一	一七 文一二
伴延武	延久四年正月五日	叙爵申文	九	二五二
伴信	永久四年正月九日	産子雑事勘文	二一	四七九

ナ行

中臣近時	寛治三年八月二十三日	禁野御鷹飼申文	八	二二五
中原広宗	康和三年四月二日	停所帯職以男広忠任直講申文	九	二四八

著者	年月日	文書名	巻	頁
中原師遠	永久元年十二月七日	吉田社怪異勘文	二一	四八六
	（天永四年）三月十四日	祭天皇大帝星例注申状	三一	五三三
	（天永四年）二月	消息	三三	五四
中原師元	天承二年閏四月八日	天下疾疫間勘文	二一	四八三
中原師平	延久四年正月—	受領功過申文	二八	五七三
中原師平	寛治三年十月四日	御傍親薨准行例勘文	二一	四八八
中原資行	延久二年正月二十六日	二寮允申文	九	二四六
中原章貞	康和二年七月二十一日	遷任内匠頭申文	九	二三八
中原範光	保安五年正月十二日	明法博士・検非違使申文	九	二四一
中原範政	応徳二年正月二十七日	争論過状	一一	二七九
中原奉貞	？	院宣請文	四	九五

八行

著者	年月日	文書名	巻	頁
花園赤垣	？	対策文	一三	三五六
藤原為兼	嘉承二年正月廿八日	穀倉院学問料申文	一三	三四〇
藤原為定	延久元年四月十八日	問頭博士申文	一三	三四八
藤原為隆	永久二年十一月二十三日	泰山府君都状	一五	三七七
	（永久二年十一月二十三日）	泰山府君都状〇顕隆トセル、誤ナラン、	一三	（六〇）
藤原尹兼	永久二年十一月二十三日	閻羅天子都状	一五	三七七
藤原尹経	永久五年十一月二十一日	班方玉詩	一三	三三三
藤原通	元永元年十一月二十七日	同諸儒評判状	一三	三五二
藤原惟房	延久四年正月二十九日	治部大蔵少輔・諸司長官申文	九	二四四

藤原永実　天永元年十二月―　法務僧正職幷東寺長者・興福寺権別当等辞状　一七　四二三
藤原永守　延久三年正月二十日　左右兵衛申文　九　二四五
○藤原家業　治安四年七月九日　依下名誤請依本位賜任符申文　二二　五〇九
藤原家経　永承三年八月十三日　天台座主明尊辞状　一七　四二一　続　五
(藤原菅根)　寛平二年八月五日　荘園施入状　一七　四三〇
○藤原季綱　承徳三年十一月二十日　藤原行家請被聴輿往反山上申文　一七　四三八
藤原基実　康和二年七月二十三日　加階申文　九　二五〇
藤原憲光　永久五年十一月二十一日　班方玉詩　一三　三三五
藤原顕雅　長承元年十二月二十日　請拝任大納言消息　二　四〇
(藤原顕隆)　永久二年十一月二十三日　泰山府君都状○為隆ノ誤ナラン、　三　六〇　)
○藤原行家　寛治五年十二月十七日　太政官関白五十賀諷誦文　七　一八八
藤原公教　(永久四年)九月二十三日　白河法皇新制頒下院宣（奉者）　一一　二六二
藤原公章　？　廻文詩　一　五
藤原公明　？　走脚詩　一　五
？　閑中吟　一　二〇
○藤原国成　(長元五年)十月二日　初冬大井河翫紅葉和歌一首幷序　一　一〇　続　一〇
藤原在衡　安和二年十月二十八日　職封施入諷誦文　一七　四三一
○藤原在国　長保元年六月二十四日　参議申文　九　二三四
藤原資光　永久元年九月二十一日　僧綱申文　一六　四〇五
藤原実兼　？　憶禁中曲　一　二一
○藤原実光　(永久五年)十一月二十三日　同式部試詩評判書状　一三　三三七
藤原実範　長元二年閏二月―　殿上花見和哥序　一　一一　続　一〇

人名	年月日	文書名	巻・頁
藤原重基	永久三年十二月九日	鐘一口返送状	一七 四三四
藤原周衡	嘉承三年八月二日	止雨二社奉幣宣命	二二 三一四
藤原俊信	康和四年正月二十五日	兼任受領申文	四九六
○藤原親賢	大治三年八月二十八日	流人源明国移配申文	一一 二八三
藤原正家	延久三年三月—	法眼広算広学竪義探題職辞状	一七 四二三
	康和二年十月十一日	尊星王供御告文	三 四七
	康和五年五月四日	尊星王供御告文	三 四八
	長治元年三月二十九日	安鎮法御告文	三 四九
藤原成季	応徳二年十月—	太政大臣造九条堂告文	四九
	寛治二年三月十五日	勧学会経供養願文	一三 三五八
藤原仲実	承保二年八月三十日	徳配天地詩	一三 三三三
藤原朝元	長元二年八月二日	為勤交替政請遣前司申文	一七 四二一
	承暦二年正月—	僧隆明法勝寺金堂供僧職辞状	二二 三二八
藤原敦基	嘉承二年二月十七日	下姓者叙内階例勘文	二二 三三〇
	嘉承三年三月二十三日	告立后於一社宣命	二六 五五〇
○藤原敦光	天仁元年十月九日	右大臣上表勅答	一六 四〇六
	永久元年五月二十九日	置僧綱賀表	二二 二九七
	永久四年五月十一日	十二時漏刻銘幷序	三二 三〇七
	元永元年六月—	柿本人麿画讃一首幷序	一四 四四 統一一
	天承元年二月十三日	延暦寺起請	一 一八 統一一
	天承二年正月二十日	参議申文	九 二三五
朝野群載	（永久二年正月十二日）	式部省策試評判	一三 三五三

（元永元年十一月二十七日　式部省策試評判　一三　三五二）

藤原敦隆　？　走脚詩　一　五

？　愁鬢詩幷序　一　一七

？　和歌類林序　一　一〇

◯藤原範綱　延久三年三月十五日　勧学会之記　三　六二

藤原明衡　長暦三年十一月一日　二諦義表白添菩薩義　二　三六

天喜二年十一月―　請罷大宰大弐職状　七　二〇四

（康平六年正月―　藤原有信策試申文　一三　三四五）

康平六年十月二十六日　策問（二題）　一三　三四四

（康平六年十一月八日　式部省策試評判　一三　三五九）

藤原有家　長治三年閏二月二十六日　請罷右近衛少将職状　七　二〇三

（?）　三月九日　女房扇請文　四　九七

藤原有行　天暦四年二月二十日　兼押領使幷給随兵申文　一二　五一一

藤原有信　康平六年十月二十六日　対策文（二題）　一三　三五〇

藤原有親　大治三年正月二十一日　少内記申文　一二　三二七

藤原頼滋［合カ］　寛治三年十一月二日　諸司三分功譲状　九　二四八

（藤原）令明　永久五年八月十二日　地神供祭文　三　五五

マ　行

◎源英明　？　見二毛詩　一　四　文一

源家重　康和二年七月二十三日　叙負尉申文　九　二四二

源基通　延久三年正月二十六日　左右馬允申文　九　二四六

源　経信	延久二年十二月二十六日	円明寺供養式	二　三九
源　顕雅	長承元年十二月二十日	請拝任大納言闕消息	二　四〇
源　義家	康平七年―	受領申文	一二　四九七
源　時俊	康和二年七月二十三日	少納言申文	九　二三六
源　重資	応徳四年四月二日	退出怠状	一一　二八〇
◎源　順	天暦元年七月八日	源高明正嫡乳母諷誦文	二　三〇
	天暦五年十月―	謙徳公和謌所別当御筆宣旨奉行文	二　三五　文　一二
	天延四年正月一日	藤原明子以爵譲子申文	九　二五三　文　六
	?	字訓詩	一　四　文　一
	?	高鳳刺貴賤之同交哥	一　一一　文　一
	(?	髪落詩〇文粋ニヨルニ、兼明親王ノ誤ナラン、	一　一六　文　一二)
源　敦経	長治元年四月二十九日	遷任式部丞申文	九　二三九
都　在高	?	審薦挙箴	一　六
◎都　良香	元慶二年四月二十八日	出羽国討賊勅符	一二　二九七　文　二
	?	銚子銘	一　一三　文　一二
	(天長元年九月三日	太政官論奏〇良香ノ作ニハアラザルベシ、	六　一五七　文　四)
三善　為康	永久二年十二月―	江安子故国亭釈奠祝文	二一　四七八
	?	沉春引	二　二八
三善　為長	寛治二年十二月二十五日	国替申文	一三　五〇二
三善　雅仲	康和二年三月二十六日	諸国権介申文	一三　五〇〇
◎三善　清行	延喜十三年冬	詰眼文	一　一三一　文　一二
三善　文江	延長六年五月三日	天台座主尊意端午日供奉辞状	一七　四二一

ヤ行

◎慶滋保胤　寛和二年七月二十日　賽菅丞相廟願文　二　二九　文一三

ラ行

李侁（宋人）　天仁三年四月二十六日　書状　二〇　四六五

ワ行

和気相秀　康平四年四月二十四日　蛭滾勘文　二一　四八一

〔仏家〕

ア行

永円　治安元年三月二十九日　内供奉十禅師職辞状　一七　四二〇

延覚　嘉保三年七月十四日　御読経僧辞状　一七　四一九

円澄　天長八年九月二十五日　請受法於空海状　一六　三九七

カ行

寛信　？　歎徳返答　一六　四〇七

空海　弘仁七年六月十九日　請入定処於高野峯表　一七　四二三

経範　康和五年八月二十二日　愛宕山五台峯清涼寺阿闍梨申文　一六　四〇九

源信　？　贈往生要集於宋国書　二〇　四六二

行教	貞観五年正月十一日	石清水八幡宮護国寺略縁起	一六	三九二
行賢	康和三年五月四日	権律師職辞状	一七	四二〇

サ行

勝仁	天永元年十二月十二日	御導師申文	一六	四一三
仁暹	治暦二年九月二十日	法性寺等所司辞状	一七	四二三
成尋	延久二年正月十一日	渡宋申文	二〇	四六一
斉朝	？	伝法灌頂歎徳文	一六	四〇六
相覚	康和元年十月四日	御読経僧辞状	一七	四一九
増誉	長治三年正月二十二日	御修法巻数奏	一七	四一八
	(?・)十二月二十二日	歳末御修法請僧請文	一七	四一八
尊敬(上人)	天慶九年二月二十日	延暦寺仁王会呪願文	二	三三一

タ行

長誉	嘉保三年六月十一日	大般若御読経請僧請文	一七	四一七
定賢	応徳二年九月十三日	醍醐寺円光院阿闍梨申文	一六	四〇八
貞尋	康和元年十二月二十日	金剛夜叉法請僧請文	一七	四一八

本朝文集

飯田瑞穂

『本朝文集』は、水戸徳川光圀の命により、彰考館の史臣によって編集された本朝君臣の文集（漢文）である。内容は、神武天皇の「郊祀詔」より、大江典（丹後宮津藩主永井尚長）の「答二林整宇一書」に至る、六百余人の三千余篇[1]の文を、作者別に集めたものである。巻数は、はじめ五十巻であったが、のち増補されて八十巻になった。

ところで、編集の経過を検討してみると、本書は元来『〔本朝〕詩集』（彰考館文庫に原本が現存）と併せて、『本朝詩文集』として編集されたものであり、文集のみでは、完具の書とは云えないのである。また彰考館文庫に蔵せられる本書の原本を検すると、清書も終っておらず、採録の可否[2]、題名の改訂[3]、本文の校異等[4]に関する多数の附箋や書入れが、処理されぬままに残っており[5]、その上、題名の不統一[6]、文の重複[7]、作者の係出の誤り[8]など、編集の手落ちとみなければならない点がきわめて多く残っていて、彰考館の編纂にかかる完成した書物としての体裁・内容を欠くのである[9]。この二つの点、つまり「詩集」とあいまって完全な形をなすこと、および未定の稿本であって編集を完了していないこと、は本書を考える上で、まず留意しなければならぬ点であろう。

以下、本書の性格より、特に問題になると思われる点、すなわち、編集の経緯、体裁と内容等を中心に見ていくことにしよう。

一　編集の経緯

現在、本書には自らの成立を物語るべき序文も跋文も附いていないが、これに代わるものとして「上二文集詩集一疏」という文章が伝わっている。この文章は、貞享三年八月、本書が一応完成したとして光圀に提出された時、本書に副えて差し出されたものであるが、現在は本書と切り離されて『旧本文集目録』（彰考館文庫所蔵）の冊尾に附収されている。これは本書の成立を考える上で、きわめて重要な文章であると思うので、つぎにその全文を掲げることにしたい。

上二文集詩集一疏

小臣恵迪頓首稽首上言、臣聞太上立レ徳、其次立レ功、其次立レ言、謂二之三不朽一、垂二于千載一、昭昭無レ熄、而世有二隆汚一、運有二通塞一、是以其昭昭者、有レ時而晦没、竊惟本朝古昔、風淳俗美、其有レ徳有レ功者、比比輩出、不レ乏二于人一、中世遭二喪乱一、史籍残滅、使二人不レ得下聞二其名一仰中其風上、是有レ志者所二慨歎一也、我大君生二千載之下一、負二不世之才一、文雅禀レ性、弘毅成レ器、欲下発二古人之幽輝一、垂中後世之明法上、治邦之暇、命二諸儒臣一、新二撰本朝史一、於レ是前之晦者明、没者著、使四地下之人、得三軒眉吐気再二生今日一、其志其功、実有レ大二裨于世一矣、而又傷二夫有レ言者、委棄不レ収、湮没不レ伝、丙辰之歳、命二臣等一、輯二本朝文人諸作一、以為二一編一臣等受レ命以来、不二自揆一レ分、庶欲下協二上之志一、補中于万分上、切切孜孜、夙夜匪レ懈、摭二諸実録一、採二諸家集一、隻字短篇、悉載無レ漏、凡経二四年一、始克成レ編、大君嘉二其勤労一、辱下二恩言一、継命復輯二本朝詩一、続二文編後一、二年而成、謹以奉呈、爾来大君常慮二遺漏一、捜二名山之蔵一、索二諸家之乗一、官庫之書、多二多于旧一、文章詩賦、雑二出其間一者、不レ為レ不レ多、又悉点検校閲、附二各作者之下一、新表二姓名一者、間亦有焉、作者通レ前九百六十九人、文一千八百四十七篇、詩六千七百五十四首[10]、勅為二九十巻一、固得下摭二藝林之餘芳一、還中詞海之遺珠上、古今人文、於レ是昭昭、至レ若下苅二其蕪穢一、攬中其精英上、非三臣所二敢当一、伏惟臣寒野蒭品、明世樗材、犬馬歯邁、終無二片善可レ称、黔驢技窮、実乏二一藝之名一、常自愧惶、無二地自容一、今奉二明教一、得レ与二盛事一、攀レ竜附レ驥、由レ斯達レ遠、仰翼二功徳一、縁飾二正史一、豈不二人世之大幸一哉、鄙情既足、死而無レ憾、臣謹疏攄レ誠、臣恵迪無レ任二屏営戦慄之至一、頓首稽首上言、

貞享丙寅八月[11]

末尾の「貞享丙寅」は三年。本書の編集に主としてたずさわり、この文の提出者でもある「恵迪」は中村紋四郎恵迪。文中「大君」と呼ばれているのは徳川光圀である。

この文章によって明らかにされる主な点は、

(イ) 本書の編集は徳川光圀によって、『大日本史』では不充分な一面を補うために、遺文の表章・保存を目的として、企てられたこと。

(ロ) はじめ本書の編集を命ぜられて担当したのは、中村紋四郎恵迪等であったこと。

(ハ) 編集は「丙辰之歳」すなわち延宝四年に命ぜられ、はじめ文集が編まれたが、四年を経てそれが完成したのち、さらに詩集の編集が命ぜられ、これも二年で完成したこと（これは延宝末年ないし天和初年のことになろう）。

(ニ) その後、光圀は遺漏を補うことに意を注ぎ、新たに見出される詩文も多かったので、中村紋四郎等はこれを補入して、貞享三年八月、完成報告の疏とともに光圀に進呈したこと。

㈭　貞享三年八月完成の時には、文集詩集を合せて九十巻。作者の数は九百六十九人、収める文は千八百四十七篇、詩は六千七百五十四首であったこと。

などである。

編集下命の延宝四年は、光圀四十九歳、『大日本史』の編修もようやく軌道に乗り、附帯事業としての諸種の編集事業も少しずつ始められた時期に当たる。(12)

編者中村恵迪は、紋四郎と称し、のち淑民と改名。号を閏翁、また金剛翁といった。延宝三年八月水戸に仕え、小十人組に属し、史館に勤めた。元禄四年正月、新料理間番に転じ、世子吉孚に附属することになった。享保六年三月、八十二歳で没した(13)というから、貞享三年当時四十七歳。学問の系統については明らかでないが、『文苑雑纂』(14)に散見するその漢詩から、漢学系統の学問を修めた人とみてよいであろう。恵迪のほかにも何人かの編集担当者があったことは確かであるが、小宅清兵衛重治(15)もその一人であったことが、『御意覚書』(16)や『大日本史編纂記録』(17)（以下『記録』と略称する）二三四所収の佐佐宗淳等の書状(18)などによって知られる。また中村恵迪以前に、山本春正が本書の編集にたずさわったとする説があるが、これは正しくないであろう。(19)なお、恵迪や重治はあくまでも編集の責任者であったにすぎず、その収める文や詩は、いずれも史臣の採集した史料に基づくものであり、出張の史臣に本書の編集について、「一文一詩にても」見出したならば報告するよう指示され、(20)それが実行されていることよりすれば、実質的には彰考館の編集とみなさなければならぬであろう。

前述のごとく、貞享三年八月には、本書は一応の増補を終って光圀に進呈された。しかし『扶桑拾葉集』について完成献上後の追加さえ行なった光圀である。(21)本書についても、その後、既収の詩文の校訂整理、新発見の詩文の追加補入、或は未発見の詩文の捜索が依然としてつづけられたことは、むしろ当然といわなければなるまい。このことは史料採訪に出張の史臣と彰考館との往復の書状の中に、しばしば『本朝詩文集』への詩文補入について触れたものがみられることや(22)、そのようにして補われたと思われる文が散見することによっても知られる。

その後、本書の編集担当者に交替があって、元禄四年正月、中村紋四郎恵迪が役替えになったため、同年三月より、編集は石井弥五兵衛収に引き継がれた(23)。石井弥五兵衛は、三朶花と号し、安房の人。延宝二年十二月水戸に仕え、のち『大日本史』の立稿にもたずさわった人物である(24)。ついで元禄七年閏五月には「本朝詩文」編纂が終って提出されたについて、石井弥五兵衛に対して、褒賞として白銀五枚が与えられた(25)。しかし、この時にも編集事業は終止符を打たれたわけではなく、その後も依然として増補修訂の仕事が石井弥五兵衛を中心に進められている(26)。

さらに元禄九年六月に至って、これまでの担当者石井弥五兵衛は、『大日本史』の編纂に主力を注ぐことになり、本書の編集は加藤宗博の手に委ねられることになった(27)。加藤宗博は、字を約父といい、九皐子・春風洞と号した。武蔵の人。表医師、史館編修を勤めた人物である(28)。宗博が、その後鋭意本書の完成のために努力したことは、原本に存するやや多くの附箋や書入れによっても察することができる(29)。この段階の仕事としては、既収の詩文の校訂や、誤って重複して収められた詩文の発見訂正などが中心になり、その一方で未収の詩文の補入にも力が注がれたのであろう。なお関係の年次は明らかでないが、「久助」と署名のある附箋もあり、或は石川久助も編集にたずさわったかとみられる(30)。また原本の状態からみると、『詩集』よりは『文集』の方に増補の程度が著しく、増訂の仕事は『文集』を中心に進められたといってよいであろう。

結局、詩文をほとんど網羅するという方針に立ち、完全に近いものを期するとすれば、仕事の性質からも、いつまでたっても完成というわけにはいかず、その後も依然として編集はつづけられたと考えられるが、[31] 光圀の薨じた元禄十三年十二月、「紀伝之外、年来被㆓仰付㆒候御書物、編集皆〻出来有㆑之候」として掲げられた書名の中に、

本朝詩文集　　百五十九冊

と見えており、[32] 本書も一応編集を終ったといえばいえる程度になっていたのであろう。[33] しかし、すでに述べたように、原本は未定の草稿本としかいいえない状態で、もとより浄書も行なわれておらず、到底、編集を完了した書物とみなすことはできない。序・跋もなく、正式の書名さえ決定していないのである。思うに、編集を発意して下命した光圀の薨去、史料採訪事業の一段落、人物の凋落などによって、仕事も進まなくなり、いつのまにか編集は放棄されてしまったのであろう。

二　書　名

本書は『本朝文集』の名で『新訂増補国史大系』に収められて流布したために、一般に『本朝文集』の書名で通用するに至ったが、実はこれは必ずしも編集者のつけた正式の書名ではないようである。すなわち、鉛印の『彰考館図書目録』三四〇頁には、

文集外補遺姓氏書目付　彰考館撰　八三(冊)　二(辰)　写
詩集　同　上　四一欠本　二　写

と著録され、『彰考館和書目録』[34] の末に、「本館新撰」として、彰考館の撰した書物の名を列挙した部分には、

新撰文集　目録附　　　　扒拾弐本
同　詩集　目録附　　　　肆拾弐本

と掲げられており、本書は『文集』、或は『新撰文集』と呼ばれているのである。(35)原本の題簽や内題には、単に「文集」「詩集」とあるのみで、『本朝文集』という書名は正式に定められたものとはみられない。

もともと彰考館の編纂物について、書名の決定は決して軽々しくなされることではなく、『大日本史』『礼儀類典』『扶桑拾葉集』のごとく、書名の下賜を奏請して定めた例もあるほどである。本書ももし編集が完了したならば、しかるべき書名が正式に定められたであろうが、前述のごとく編集未了に終ったために、そのことに及ばなかったのであろう。

編集の進められていた当時、本書は何と呼ばれていたかをみると、詩集も含めて「本朝詩文集」「新撰詩文集」「詩文集」、文集の部分は「本朝新撰文集」「新撰文集」「新編文集」「文集」などと呼ばれている。(36)国史大系本が採用し、今日流布するに至った『本朝文集』の名は、その凡例によって、史料編纂所本の表題に従って定められたものであることが知られるが、この表題の名がどうしてつけられたかは明らかでない。ただ、加藤宗博が本書の増補の部分の追加目録に、『本朝文集補遺姓氏』と名づけていることから、これを『本朝文集』と呼ぶのも、全く拠りどころのないことではない。『扶桑拾葉集』などに較べれば、いささか雅ならざるを覚えるが、内容をよく表わした名として、『本朝文集』の名は、一応無難で妥当なものといってよいであろう。

三　体裁と内容

現在、水戸の彰考館文庫に『〔本朝〕文集』と『〔本朝〕詩集』の原本が架蔵されている。架号は辰―一二。『〔本朝〕文集』は、袋綴八十三冊。内三冊が目録で、目録の二冊は、『文集目録』上・下。一冊は『本朝文集補遺姓氏』と題する本書増補分の作者名・同略伝と引用書目とである。本文八十冊。題簽にはそれぞれ「文集」とあって、その下に巻数が示してある。内題は「文集巻第一（～八十）」のごとく記されている。各冊本文第一面に、瓢形の「彰考館」の朱印一顆を踏する。『〔本朝〕詩集』は四十一冊。[37]内一冊は『詩集目録』。本文四十冊の題簽は、それぞれ「詩集」と記されている。体裁その他『文集』と全く同じで、引用書目も、文集・詩集を通じてのものが『詩集目録』の末に収められており、元来『〔本朝〕詩文集』と呼ばるべき書の、文集の部であり、詩集の部なのであろう。[38]なおこのほかに、現在本書と切り離されて、亥―九に排架されている『旧本文集目録』二冊と『旧本詩集目録』一冊も、元来の本書の目録が、増補によって不要となり、本書と切り離されたもので、もともとは本書に附属した目録である。[39]

巻の分け方は、適当な分量を目安として分けたらしい。貞享三年八月に編集を一応終って提出された時には、『文集』五十巻、『詩集』四十巻の合計九十巻であったが、その後の増補で、現在では『文集』が八十巻になっている（『詩集』は四十巻のまま）。このような巻の編成替えは、いつ行なわれたのか明らかでないが、旧目録や原本の状況に[40]よって推定すると、もとの巻の分け方と増補後の巻の分け方の対照は次表のごとくである。はじめに近い部分で、ことに多く増加しているのは、初め六国史などに収められた詔勅等は採らない方針であったのを変更して、それを各天皇の項に収めることにしたために、その部分に巻数の増加が著しいのである。

旧	新
1巻	一巻
	二
	三
	四
	五
	六
2	七
	八
	九
	一〇
	一一
	一二
	一三
3	一四
	一五
	一六
	一七
	一八
4	一九
	二〇

旧	新
5	二一
	二二
	二三
6	二四
7	二五
8	二六
9	二七
10	二八
11	二九
12	三〇
13	三一
14	三二
	三三
15	三四
16	三五
	三六
17	三七
18	三八
	三九
19	四〇

旧	新
20	四一
21	四二
22	四三
23	四四
	四五
24	四六
	四七
25	四八
26	四九
	五〇
27	五一
28	五二
29	五三
30	五四
31	五五
32	五六
33	五七
34	五八
	五九
	六〇

旧	新
35	六一
36	六二
37	六三
	六四
38	六五
39	六六
40	六七
41	六八
42	六九
	七〇
43	七一
	七二
44	七三
45	七四
46	七五
47	七六
48	七七
	七八
49	七九
50	八〇

はじめ中村恵迪等が本書の編集に当たって採った方針を示す文章として、「凡例」が伝えられている。この文章は「上二文集詩集一疏」と同様に、途中で廃棄されたが、たまたま『旧本文集目録』の末尾に綴じこまれて残ったものである。全文を示せば、次の通りである。

凡例

一凡作者、不レ論二尊卑一、唯以二時世先後一為レ次、

一凡文体次序、一效二本朝文粋編目一、

一凡天子公卿之作、或使二人代作一、亦不レ可レ知、然今拠二書籍所一レ載、而書二其名一、不二深窮詰一、

一凡作者、年代不レ詳者、考二其作中年号一、或推二同時会集之作一、以倫二次之一、
一凡作者、姓闕而不レ可二考證一者、唯載二其名一、而俟二後考一、
一凡詩体、絶律短長及雑詩等、不レ暇二彙別一、随二点閲之次一載レ之、
一凡詩題繁多、故不レ作レ目、而於二作者下一、各書曰二凡若干首一、
一凡作者譜系、附二于目録一、然詩集作者、既出二文集一者、略二之詩集一、
一凡詩文、不レ載二于本朝史籍一、而間二出于異邦書中一者、亦悉取レ之、
一凡諸作、各於二其末一、書曰レ出二于某書一、以證二考拠一、
一凡参考書目、別見二于後一、

本書は一旦この「凡例」のもとに編集され、その後、多くの人の手によって、長い期間にわたって増補されていったために、細部においては多少の方針の不統一、混乱を生じてはいるが、この「凡例」は、やはり本書の編集に際しての基本方針であり、従って本書の内容を説明する文章として注目すべきである。この「凡例」および本書の現状によって知られる編集の際の方針は、つぎのごとく要約できよう。

(イ) 文章は、すべて作者別にまとめて収める。(なお作者とされているものの中に、実の作者でないものが含まれることもあり得る[41])。

(ロ) 作者の配列は、原則として年代順(死没の年代の先後)による。[42] 作者の年代の明らかでないものは、文の内容等より判断して適宜配列する。

(ハ) 同一作者の文は、文の種類によって次序し、『本朝文粋』に準拠して、賦・詔・勅・官符・封事・対策・論奏・

表・奏状・書状・序・詞・讃・論・銘・記・伝・牒・祭文・願文・諷誦文等のごとき順に並べる。

(ニ) 文は故人の作をほぼ網羅的に収録することを目標とし、文章の優劣によって厳密な取捨選択を加えることはしない(43)(ただし、僧侶の作は原則として採らず、作者に係けがたいものも採らない)(44)。

(ホ) 文によっては、日付の下の署名を削るなど、多少形を改めたものもある(45)。

(ヘ) 文には篇ごとに題名をつけ、末尾にその出典を示す(46)。

(ト) 作者の略伝を目録に掲げ(47)、引用書目を別に附ける。

(チ) 文章は、他の伝本や別の書物を求めて校合し、誤脱を訂すことに努める。

いま仮にわれわれが、このような詩文集の編集を行なうとして、まず当面する問題は、詩文をどのように配列するかということであろう。その場合に実現性のある案としては、やはり、詩文の種類によって類聚するか、詩文の作者ごとに輯録するかの二つであろう。前者の体をとるものは、『文選』『文苑英華』をはじめ、わが国では『本朝文粋』などがあり、後者の例では、『漢魏六朝文』や時代が下っては『全唐詩』『全唐文』、わが国では本書より遅れるが『日本詩紀』などをあげることができる。而して、本書は後者の体、すなわち作者によって輯録する体をとったのである。この体裁は、すでにみた「上二文集詩集一疏」で、本書編集の動機について、『左伝』にいわゆる三不朽(立徳・立功・立言)の中、有徳・有功の二者の顕彰は、『大日本史』の編纂によって果たされるが、残る有言者の「委棄」「湮没」を傷んで、本書の編集はその表章のために行なわれたことであると述べられているごとき、人を中心に考える立場と関連するのであろうか。また、和文を集成した『扶桑拾葉集』も、本書と同じく人ごとにその作を集める形をとっているが、それとの関連を考えるべきかもしれない。

作者ごとに輯録し、作者はその身分にかかわらず年代順に並べたことは、当時としては名分上の異論も予想されたかもしれないが、[48] 一つの方法ではあった。『扶桑拾葉集』もこれと同じ形をとっている。

作者別に輯録、の方針をとるとして、予想される困難は、代作の取扱いである。或る人の名で公けにされた文が、実は別の人によって作られたものであるような例はきわめて多く、実の作者の決定は困難なことが多いのである。編集者は、このことについて「凡例」に、「今書籍ノ載スル所ニ拠リテ其ノ名ヲ書シ、深クハ窮詰セズ」とあるように、一応公けにされたときの名儀人の項に収め（その際に「作者亡名」のごとく註して、実の作者の別に存することを示した例も多い）、たまたま実作者の判明したものはそちらに移すという方針をとっている。[49] ただ、代作であると判断する手がかりもなく、或る人に係けられているが、実は別人の作であるという類のことは、往々にしてありがちのことであろう。[50] また、たとえば上古の詔勅や、聖徳太子の項に収められている「奉㆑答㆓推古天皇㆒表」（一頁上）や「四天王寺手印縁起」（二頁上）のように、今日の目からみれば、後世の擬作としなければならぬものが採られていることも、これを難ずるのは酷であろう。

文は作者ごとに集められるので、作品の多く伝わる人物では、二巻以上にわたるものもある。たとえば菅原道真の文は巻廿七より巻卅までの四巻、藤原敦光が巻五十六より巻五十八までの三巻、菅原秀長が巻七十三より巻七十五までの三巻を占めるごときである。なお、国史大系本の目次では、同一人物の作が二か所、三か所に分出しているかのように見える例があるが、[51] これは原本では別人に係けるなどしてあったものを、中途半端に人名だけ改めたために、一人の人物の作が一か所にまとまらぬ形になったのであって、原本では例外なく作者ごとに輯録されており、[52] 同一人物の作が二か所以上に分出するようなことはない。

収録の文はきわめて広い範囲にわたって群書を渉猟し、また名山巨室の蔵について捜索の結果集められたものであり、[53]その後、世に出た書物や文書も多く、落穂拾いの余地はまだ多いとはいえ、当時としてはまず一応の成果として高く評価してよいであろう。出典・典拠については、旧目録で題の下に示し、また本文では各文の末などに書入れまたは附箋して示してある。[54]さらに文集・詩集を通じての引用書目が、『詩集目録』の末に掲げられている。「標出書目」と名づけられたその引用書目に示された書物の数は、はじめ『旧事紀』より『小右記』に至る二百二十五部、その後『本朝文集補遺姓氏』の末の「補遺標出書目」で、『類聚三代格』より『南行雑録』に至る四十三部が追加されている。中には史料採訪の折に見出された単行の文も含まれており、「真翰」「真跡」と註されたものも多く、「金森帯刀所蔵」（一八六頁下）、「以二油小路亜相隆貞卿所蔵一写レ之、大串善伝レ之」（三八九頁下）、「後伏見帝真翰、桜木勘十郎所蔵」（四二三頁下）、「右願文元禄辛酉（ママ）夏以二関卯之介家蔵本一写焉」（四二八頁下）、「以二真蹟一写レ之、一松又之進伝レ之」（六一一頁下）などのごとく所蔵者や採訪者の示されているものもある。これらの中には、今日ではもとのものを見ることのできなくなっている例もあるようである。著名なものでは、元寇に際して菅原長成に起草せしめられた返牒、「贈二蒙古国中書省一牒」（三九九頁下）と「贈二高麗国一牒」（四〇〇頁上）は、「以二一乗院御門主本一写レ之」とあるように、もと伝本が南都興福寺の一乗院に蔵せられたらしいが、それは今日では所在を失い、この貴重な文書は、本書のみによって辛うじて現在に伝えられたもののごとくである。[55]なおこのような史臣採訪の史料を集めたものに、『南行雑録』『西行雑録』『続南行雑録』などの書のあったことはよく知られているが、これと同類の書で、『文纂』と名づけられたものがあったらしい。本書も多くの貴重な文を『文纂』から採っているが、惜しいことに、この書は今日内閣文庫に一部の抄出本をとどめるのみで、彰考館文庫にも伝わらず、[56]『文纂』を通じて本書に引用された文の中にも、本書でしか見ることのできなくなってしまったものが含まれているようである。

四　伝　本

本書は、文集の部分八十巻、詩集も含めれば百二十巻にも達する大部の書であるから、簡単に全部を写すというわけにもいかず、彰考館文庫に所蔵の原本以外には、史料編纂所に文集の写本壱部が存するだけで、他に伝写本のあることを聞かない(57)。文集の目録の部分のみの写本は、静嘉堂文庫に壱部架蔵されている（架号、五〇七—六—二〇五二。袋綴二冊）。

史料編纂所架蔵の写本は、表題『本朝文集』。目録を含めて全部で八十三冊。架号、二〇七〇—六。明治十九年九月、水戸彰考館の本を写したもの(58)。写は正確である。

本書の唯一の刊本である『新訂増補国史大系』（第30巻）所収本は、その凡例によれば、史料編纂所の写本を底本とし、それに諸種の典籍・文書で校訂をくわえたものである。その際、おそらく本書の分量と、収録することの意義を考慮した結果であろうが、『国史大系』の他の篇に収められた書物の中に、同じ文が見えるものは削除するという方針をとっている。目次には削除以前の全体の題名を示し(59)、またどの書物に収められているために省かれたのかが分かるように、その書名を註してある。ただ、これについては、区別すべき二つの場合があろう。その一つは、本書が原拠とした書物自体が『国史大系』に収められている場合で、本書が『日本書紀』から引用し、『日本書紀』自体がすでに『国史大系』に収められている場合で、これはそれほど問題ではない。あと一つは、本書の文は全く別の典拠をもつが、たまたま同文が大系所収書にも見えているために削られた場合である。たとえば、巻七十一の源直義の「奉二納高野山金剛三昧院一短冊跋」（目七六頁上）は、大系本では『後鑑』にも見えるとして省いているが、いうまでもなく、本書はこの文を『後鑑』から採ったわけではなく、当時三昧院に蔵せられた原物から写しとった『文纂』より引用しているのである。[60] また『菅家文草』より採られた文についても、これと同様のことが多い。本書が何に拠って採ったかは判ることであるから、大系所収書以外の出典をもち、その方がより原形に近いようなものについては、残してもらいたかったと思う。

ほかに、大系本では、本書が未定の稿本であることを考慮してか、編集上の手落ちとみるべき点は、原本の附箋などを参考にして訂正してある。たとえば重複する文の削除[61]や題名の不統一の訂正などである。また底本では省略されていた作者名を補ったり、まちまちであった出典の示し方を、題の次行に移したりして、体裁をととのえた点も多い。ただそれが校訂者の立場で行なわれ、編集者として勝手に作り変えていくところまでは踏みこめなかったために、不徹底におわり、なお不統一が残ったり、また手をくわえたことで、かえって同一人の作が分出したり、出典の係け方を誤ったりする問題点を生み出した面もある。誤植や校訂上の疑問も散見するが、本書の校訂および流布の面で大系本の果たした役割はきわめて大きいといわなければなるまい。ただ編集未了の書物が、しかも詩集を除[62]いた不完全な形で世に流布したことは、光圀はじめ水戸の史臣たちの意に沿うことであったかどうかは問題であろう。

なお、本書に関する参考文献としては、

三　浦　周　行　「大日本史旧稿本の立稿者につきて」（『史学雑誌』四〇ノ八、昭和四年八月）

久　保　田　収　「水戸義公の学問的業績」（『大日本史の研究』所収、昭和三十二年十一月刊）

吉田一徳『大日本史紀伝志表撰者考』（昭和四十年三月刊）
飯田瑞穂「本朝文集の編集について」（『新訂増補国史大系月報』四六、昭和四十一年五月）
等が管見に入った。

註

（1） 作者数と文の数については、大系本の目次で数えると、作者数六百八人（註51に示す同一人の分出するものは、合せて一人と数える。巻六の張上福は長屋王とは別と算する）。文の数三千三十五篇（註7に示す巻廿六の在原元方と巻卅三の三善文江の項に重複する「醍醐天皇贈二釈空海大師号一勅」は合せて一篇と数える。また本文に存して目次に誤り脱する巻五十三、大江匡房の「三周義表白」〈二二五頁下──大系本の頁数と上段・下段の別。以下同じ〉は補って算する）。

また、原本で大系本と別の作者名の掲げてあるものや（註52参照）、大系本で削除された作者や文を（註61参照）復活して、原本の現状に則して、重複の文もそれぞれ一篇として数えなおすと、作者数六百十二人、文の数三千五十八篇となる。ところで、文の数については目録の示し方に不統一があって、たとえば同じ時の諷誦文と願文をそれぞれ別個に二篇と数える場合（たとえば四〇一頁下「亀山天皇逆修功徳願文」と四〇三頁上「同諷誦文」のごとき）と、諷誦文と願文を合せて一篇と数える場合（たとえば六〇八頁下「奉三為後柏原帝一修二追福一諷誦文并願文」のごとき）とがあり、また錯簡があって数篇の文が一篇の中に含まれているらしい例（五二九頁）もあるので、あまり厳密に篇数を数えることはさほど意味のあることではない。

（2） たとえば、巻九「和歌作式序」（三六頁下）に「喜撰元より僧也、此文全躰セス、又文章悪相見え候、とかく除申歟」、巻十「歌経標式序」（四〇頁下）に「此文一篇ノ文ト見ヘ不レ申候、申サハ跋トヤ云ン、取申ましきかと奉レ存候」、巻七十一「献二叡山日吉神一願文」（四六一頁下）に「此文不レ可レ取乎」というごとき、採録の可否について述べた附箋が存する。また「重復（ママ）可レ除」「重復（ママ）可レ刪」の類の附箋や書入れも多く見られる。

（3） たとえば、巻二「天智天皇崇福寺願文」（七頁上）は、最初「崇福寺願文」とあり、附箋して「天智天皇崇福寺造立願文ト仕候歟」といい、また巻廿七「宇多天皇賣減二服御一省二年新一勅」（八五頁上）は、はじめ「宇多天皇」の四字がなく、附箋で補ってある（この類は多い）。巻七十三「後光厳天皇贈二官位源尊氏一詔」（四九一頁下）の題について、「後光厳天皇贈二故正二位源尊氏左大臣従一位一詔ト仕度候」と附箋したような例もある。

（4） 大系本にもその一部は示されている。たとえば巻八十（六五八頁以下）の鼇頭など参照。

（5） 巻卅七「為二平兼盛一上二村上天皇一請レ任二勘解由次官幷図書頭等闕一状（天徳四・七・廿六）」（目四四頁上―大系本目次四十四頁上段の意。以下同じ）は、現状では菅原文時の項に出ているが、はじめ巻卅五（旧巻十六）の平兼盛のところに係けてあったらしく（旧目録）、現状の文の上にも「考二文粋一代二兼盛一菅三品作と有、文時ノ下へ可レ入」の附箋が残っている。これなどは附箋の指摘に従って文を移す措置を終った例であるが、原本では「重復（ママ）可レ除」と附箋がありながら、文そのものは依然として重複のまま存するごとき例が多い（大系本ではそれを削ってあるので、目立たなくなっているが）。

（6） たとえば、巻五の中で、「大赦詔」「天平七年大赦詔」「天平七年閏十一月大赦詔」「赦二天下一詔」「神馬大赦詔」などのさまざまな題名は、統一的な方針にもとづく命名とはいえないし、巻十五等「秋可哀兮賦」（五一頁上・五二頁下・五八頁下・六〇頁上・六四頁上）と巻十八「重陽節神泉苑賦二秋可レ哀応レ制」（五六頁下）も本来ならば統一すべきところであろう。また、大系本で「例補」「今意補」として題名に手をくわえてある所が散見するが、それらはいずれも原本の題名が統一のとれていなかったものである。

（7） 大系本は校訂の過程で、重複する文の一方を本文からも目次からも削除してしまったので、もとの形がうかがえなくなっているが、たとえば、巻廿六、在原元方の「醍醐天皇贈二釈空海大師号一勅（延喜廿一・十・廿七）」（目三四頁下）と、巻卅三、三善文江の「醍醐天皇贈二釈空海大師号一勅（延喜廿一・十・廿七）」（目四〇頁上）は、たまたま残った同文重複の例である。これについては、巻廿六の文の附箋に「文纂引弘法廣伝為二在原元方作一、案南行雑録曰二在原元方作一、或曰二三善文江作一、自息軒所蔵亦為二三善文江所一レ作、両説未レ詳」とあり、巻卅三の文の附箋に「此文可レ除、説在二在原元方下一」とある。本書編集者も作者を決しがたく、大系本校訂者もどちらを削るべきか決しかねたために残ったものであろうか。他にも原本には、やや多くの重複して収められた文があり、そこに「重復（ママ）可レ除」「此文可レ除」のごとき附箋や書入れが存する。いま一例を示せば、巻七十六、後花園天皇の「花園法皇鏡御影賛」（五七六頁上）の次に、原本には宝徳二年八月廿七日の「謚二仏統国師一勅」が収められている。これは「蔵在二円覚寺黄梅院一以二真筆一写レ之、諸寺文書纂」とあって、黄梅院に伝わる宸翰に拠ったものであった。ところが、別に『康富記』の同日条の記事によって、この文が菅原益長の起草したものであることが知られ、巻七十七の菅原益長の項にも収められていたために（五七八頁上）、同文が重出することになった。原本には、巻七十六の方に「此勅出二菅益長下一、重復可レ除」の貼紙があり、大系本はこれによって前者を全く刪除したのである（ちなみに、この勅はその原本が円覚寺に現存し、それによれば、大系本が『諸宗勅号記』に拠って補った「者」字は、もともと存しなかったようである）。他の重複する文については註61参照。

（8） 註52参照。

（9） このことは、大系本の凡例にも前掲の諸点をあげて、「本書の或は未定稿なるを思はしむ」と指摘されている。

（10） 作者の数は、のち「九百八十九」と改められ、さらに貼紙して「一千二」人に改められている。文の数は「一千九百二十六」に、さらに「一千九百二十三」に改められ、詩については「六千七百七十九」に、また「六千七百八十三」、さらに「六千七百九十二」と、加除に従って数字を改めた跡がある。最終的には「作者通前千二人、文千九百二十三篇、詩六千七百九十二首」になっているが、この数字も現状とは大きくずれている。

（11） 原文は「本朝」「大君」「上之志」「明教」「貞享」等の文字を二字擡頭、「文雅」「弘毅」「命」「其志」「恩言」等を一字擡頭の式で書いてあるが、いま改めた。

（12） のちに『釈万葉集』として結実する『万葉集』の研究は、寛文四、五年頃から始められている。和文を集成した『扶桑拾葉集』は、寛文六年頃から板垣宗憺のもとで編集がすすめられ、延宝六年には一応編集を終って、後西院より書名を賜わり、勅撰に準ずる旨の御沙汰を得るまでに至っている（本書と同じような趣旨で和文を集成した『扶桑拾葉集』の編集が、本書より一歩先んじていたことは留意すべきことであろう）。『神道集成』の編纂は、寛文七、八年頃始められ、寛文十二年には一応脱稿、その後も増補修訂がつづけられた。その他『新編鎌倉志』『花押藪』の編集も延宝年間に始まり、諸書校刻の業は寛文七年に『校刻東国通鑑』が刊行され、参考本の校訂も延宝頃には一部着手されていたという。なお『礼儀類典』は少し遅れて天和三年に編纂が始められ、修訂はかなりのちまでつづくが、貞享五年には凡例と草稿の一部とを添えて編纂の趣旨を奏上し、これも書名を後西院より賜わった。これらの編集・校訂事業は、一応『大日本史』編纂の附帯事業といわれているが、全く

『大日本史』に附属するものと見做すのは妥当でなく、それぞれが或る程度独立した編集事業なのである。

(13) 水戸藩の藩士の系譜を集めた『水府系纂』五十六下（彰考館文庫所蔵）に、

中村紋四郎淑民、初恵迪ト云、濃州ノ産也、（中略、父宗大夫重政のことなどあり）、淑民延宝三年乙卯八月二十六日義公ニ奉仕、切符ヲ賜テ小十人組トナリ史館ヲ勤ム、元禄四年辛未正月十一日新料理間番トナリ恭伯世子ニ附属ス、十年丁丑閏二月二十三日小納戸役、十六年癸未八月二十七日老衰ニ依テ寄合組トナル、享保六年辛丑三月二十日死ス、八十二歳、

とある。また『史館事跡』（彰考館文庫所蔵、架号、丑―四六）には、

中村紋四郎

名恵迪、号閭翁、又金剛翁、濃州人、切符金二十両五人月俸、小納戸役、入ニ小普請組一

とある。

(14) 水戸藩の上下の詩歌・文章等を輯めたもの。彰考館文庫所蔵。六十六冊。架号、辰―七。

(15) 『水府系纂』二十二によれば、小宅重長の子で、生順の弟。五郎吉、清衛門とも称した。享保五年十月二十四日、八十七歳で没した。

(16) 徳川光圀の折にふれての言行を記したもので、その天和三年十二月朔日の項に、

小宅清兵衛方へ被ニ仰付一候詩文集之儀、当分仕かゝり候方々より聚り申候詩文共ハ少之事ニ可レ有レ之候間、其分ハ新役以後も其まゝ取付、書入共仕舞候而詩文集江戸へ上せ可レ申由、被ニ仰出一候、則清兵衛方へ申遣候、　人見又左衛門奉、

とあり（慶応義塾図書館本による）、ここにいう「詩文集」はおそらく本書に当たるものとみてよいであろう。『水府系纂』によれば、重治は天和三年十一月二十五日に寺社役に兼任されているので、それに伴う措置として光圀の指示したことであろう。

(17) 京都大学文学部国史研究室所蔵。現存二百四十九冊（目録によれば元来は七百冊ほど存したらしい）。その主体は『往復書案』と名づけられたもので、『大日本史』の編纂その他に関して水戸史臣の間にとりかわされた書状の控などが中心になっている。『往復書案』はもと六百三十六冊あり、彰考館の蔵するところであったというが、いつの頃にか流出して、その一部分が京都大学に入ったのである（講談社版『大日本史』後付の『修史始末』四九頁、徳川慶光『大日本史編纂事業に就いて』一一五頁参照）。

（18）貞享四（カ）年五月朔日付、佐佐宗淳等より史館衆中に宛てたもので、中に、

本朝詩文集之事ハ於二水戸一清兵衛一人ニ可レ被二仰付一候間、紋四郎ハ国史之方へ加り可レ申候、詩文作者之次第相考へ候て、詩文集幷ニ方々よりあつまり申候詩文等不レ残清兵衛方へ指越申候様ニと被二仰出一候、

とあり、中村紋四郎よりは小宅清兵衛の方が編集の中心であった時期もあったようにみえる。

（19）久保田収博士「水戸義公の学問的業績」（『大日本史の研究』五四頁）によれば、当初山本春正が本書の編集に当たり、本書は「春正編纂之地下撰集」「春正撰集之文集」などとよばれており、春正の死後中村紋四郎が担当したという（『水戸市史』中巻〈一〉七八五頁もこの説を踏襲する）。これについては、その根拠となった『記録』二二六所収、延宝八年五月二十三日付、中村顧言等より板垣宗憺等に宛てた書状を検すると、

露の身のきえぬこそあれみたれ髪のわけてハひとりなにのこさめや　　松平主計頭照直

右ハ松平主計頭殿、公方様御他界ニ付、落髪之時被レ詠候、意趣あわれに被二思召一候間、内々春正編纂之地下ノ撰集ニ被レ為レ入度思食候間、春正へ其段被二仰談一、編入被レ致候様ニと御意ニ御座候、

とあり、同じく延宝八年六月二日の書状（『記録』二二六所収）でも秋田城介安倍実季の歌を同集に入れることが述べられていて、春正の担当した書物は、内容的にみて、漢詩文を集める本書とは別書と見做さなければなるまい。

（20）『記録』三所収、延宝八年十二月十三日付、板垣宗憺等より鵜飼錬斎宛の書状に、「本朝之詩文御集被レ成候付、此方にて□申候分、目録仕遣申候、此外諸家之内、若一文一詩にても御聞出被レ成候者□御上可レ有由、被二仰出一候」とある。

（21）延宝八年四月、後西上皇への献上ののち、九月には、宗良親王の「新葉和歌集序」を第一巻に追加したという（久保田収博士、前掲論文）。またその続編も編集の終了提出後、増補がつづけられているし、『神道集成』もくりかえし補訂がくわえられている。担当者の考えよりは、光圀の要求水準が高く、編集を終ったとして提出されたものが、往々にしてその意に満たず差し戻される場合があったようである。本書などもその一例に数えることができよう。

（22）『記録』八所収、元禄二年七月十五日付、在京の佐佐宗淳等より森尚謙宛書状に「詩集第廿三巻壱冊、千五百番歌合夏秋部一冊御上セ請取申候、中村紋四郎方へ相渡し、藤良経ノ詩ヲ新撰詩文集ニ補入可レ仕之由奉レ畏候」、同じく、元禄二年七月

十九日付、佐佐宗淳等より森尚謙宛書状に「大串平五郎よりも状来候、佐々木道誉自讃之写シ壱枚来候、建仁寺大統院ニ有レ之、直ニ見申候故、写し下し候、新撰文集ニ入可レ申哉と之儀ニ御座候、則此度進レ之申候」などある。他に註18・26・31参照。

（23）『記録』二四〇（『江戸史館雑事記』）の元禄四年の項に、

未三月

先年中村紋四郎へ被ニ仰付一候本朝詩文集、成就不レ仕之内、当正月十一日ニ紋四郎御役替被ニ仰出一、史館出勤不レ仕候ニ付、紋四郎仕かけ候詩文編纂、石井弥五兵衛ニ被ニ仰付一候由、佐々介三郎奉にて水戸より申来候ニ付、其旨弥五兵衛ニ新八（中村）申渡し候、但黄門君水戸ニ被レ成ニ御座一、介三郎も水戸ニ相詰罷在候節也、

とある。

（24）『水府系纂』五十六下に、

（延宝二年）興津勘左衛門重長カ汲引ヲ以テ十二月二十三日義公ニ奉仕ス、切符ヲ賜テ右筆トナリ、日次記廿余巻、年代記増補幷ニ御発明書ヲ撰呈ス、後史館ノ編修ヲ勤ム、元禄十年丁丑十一月進物番トナル、史館元ノ如シ、宝永元年甲申正月九日病気ニ依テ小普請組トナル、享保九年甲辰九月廿五日死ス、七十六歳、男子ナシ、故ニ甥弥五兵衛武治ヲ養子トス、

とあり、『史館事跡』に、

石井弥五兵衛

名収、号三朶花、房州人、切符米二十石五人月俸、元禄六年癸酉十一月十五日進物番、後為ニ小普請一、

とある。ちなみに往年、附箋の筆者が光圀であるか否かについて三浦周行博士・菊池謙二郎翁の間で論争のかわされた「曾我兄弟伝」は、石井弥五兵衛の立稿したものであった（『史学雑誌』第四〇編参照）。

（25）『記録』二四〇（『江戸史館雑事記』）の元禄七年の項に、

戌閏五月六日

石井弥五兵衛へ被ニ仰渡一之趣、

先年被ニ仰付一候本朝詩文編纂成功了、此度指上候ニ付為ニ御褒美一白銀五枚被レ下之段、藤井紋太夫被ニ申渡一之、此節御進物番頭幷中村新八其座ニ列ス、

とある。

(26) たとえば、『記録』三〇所収、元禄八年二月十四日付、安積澹泊等より井上玄桐に宛てた書状に、

願文は新撰文集ニ補入可レ仕由、且又素実ハ誰人にて候哉考候て可二申上一由、委細奉レ畏候、則相考申候処、素実は後深草院御法名にて御座候、此旨可レ被二仰上一候、願文落掌、弥五兵衛へ相渡し申候、

とあって、元禄八年二月に至っても、なお『新撰文集』増補の業がつづけられており、また依然として石井弥五兵衛がそれに関係していたことが知られる。なおこの時補入されたのは、巻六十七の「後深草天皇奉二為大宮院中陰忌一修二法会一願文」(二八九頁下)であったとみられる。

(27) 『記録』二四〇(『江戸史館雑事記』)元禄九年の条に、

子六月十四日

石井弥五兵衛儀、内々新撰文集編集被二仰付一候処、文集も大方相集り、追々補入計之事ニ候間、只今紀伝之方御急ニ付、弥五兵衛へも文集之方ヲ宗伯へとくと申含置、紀伝草稿之方相勤可レ申候、自分之高ふり申候念慮を相止、他之筆削をも虚心受申、草稿精出し相勤可レ申由、大殿様御意ニ付、申渡也、

とある。文中の「宗伯」は、本書原本の書入れ等より、加藤宗博とみて誤りないであろう。なお巻卅九「供二養書写山講堂一願文」(一七一頁上)の末に「子正月、石井弥五兵衛、宗伯校合済」の貼紙が存するところから、石井と加藤が相並んで編集に当たった時期もあったことが判る。

(28) 『水府系纂』五十八下に、

加藤宗博、祖父ヲ飯塚左門重勝ト云、下総国ニ住シ、里見安房守忠義ニ仕フ、忠義配流ノ後浪人トナリテ終ル、父ヲ木工左衛門重則ト云、不仕シテ江戸ニ住ス、宗博初加藤意徹カ養子トナリ、加藤ヲ称ス、実子出生ニ依テ本家ニ還ル、然レトモ氏ヲ改メス、元禄九年丙子十月粛公ニ奉仕、十人扶持ヲ賜テ医師トナリ、史館編修ヲ勤ム、宝永三年丙戌十二月五人扶持ヲ増賜フ、享保七年壬寅十二月廿一日五人扶持ヲ賜フ、前ニ通シテ廿人扶持トナル、十三年戊申五月二日死ス、六十五歳、(下略)

とあり、『史館事跡』には、

加藤宗博

名博、字約父、号九皐子、又春風洞、武州人、元禄九年丙子十二月廿五日表医師、十人月俸、宝永三年丙戌十二月八日五人月俸加増、享保七年壬寅十二月廿一日為二十人月俸一、十三年戊申五月二日没、年六十五、

とある。

(29) 巻五十六「夏日於二三品将作大匠水閣一同詠水風晩来和歌序」(目六四頁下)の末の附箋に「著聞集五/八月十二日　再校了宗博」、巻五十七「柿本人麻呂畫讃并序」(目六四頁上)の末の書入れに「八月十二日以二著聞集一校了宗博」、巻五十八「観音院灌頂乞戒導師表白」(二五二頁下)の末の貼紙に「以二北院表白集一校レ之/附二異同一了第二ノ五ゥ/申五月朔日　宗博」、巻六十三「厳二禁放火群盗一議」(三四〇頁上)の末の書入れに「以二玉海一再校了八月六日宗博」とあるなど。また本書の目録の一冊『本朝文集補遺姓氏』の扉には「加藤宗博編」とある。

(30) 巻卅六「補多楽寺修二法会一願文」(一六三頁下)の附箋に「以二本書一比校了　久助」とある。ここに見える久助は、『史館事跡』にいう「石川久介　名直方、宗兵衛子、写字役、切符金五両三人月俸、元禄十七年甲申正月八日没」に当たるか、或は『水府系纂』七十二に見える「石川久助清基　元禄十二年七月十六日町方口書、延享元年十二月十八日死ス、七十六歳」に当たるか、詳らかでない(久助の比定については彰考館文庫福田耕二郎氏の示教を受けた)。

(31) たとえば、『記録』九七所収、元禄十二年十二月二日付、安積澹泊等より酒泉竹軒に宛てた書状に「和州道澄寺之鐘銘一松又進(之脱カ)被レ致二才覚一候由にて被二指下一、扨々古雅成物、珍奇ニ御座候、為二御慰一湊へ指越申候、勿論新編文集ニものセ可レ申候」云々、同冊、元禄十二年十二月三日付の同じ指出人・名宛の書状に「先日被レ遣候道澄寺鐘銘御旅館へ指上、入二高覧一候処、珍奇之古物、別而御喜色被二思召一、文集等ニ載置候様ニと被二仰出一候」とあり、「道澄寺鐘銘」(現在栄山寺にある)を、『文集』に採録するよう光圀の指示のあったことが知られ、その頃にも補入がつづけられていたことを確認できる。ところで、同鐘銘は実作者はともかく、一応作者に係けるとすれば、藤原道明なり橘澄清なりに擬し得たはずであるが、光圀の指示どおりにはならなかったらしく、現在本書には収められていない。このような点にも当時の担当者の気持のゆるみを読みとれるのかもしれない。

また巻八十「台嶺楞厳院鐘銘」(六六七頁上)は東坊城知長の文であるが、知長(のち恒長)は元禄十三年十月十二日に没

するので、もし本書が故人の文を集めるという方針をここでも貫いているとすれば、この文の補入は元禄十三年十月以降とみなければなるまい。ただ、この鐘銘、本書に「寛永六年十月廿九日」とあるのは、岡崎廬門『扶桑鐘銘集』（この書は彰考館の編集する『鐘銘集』と関係がある）にもこの通りであるが、その末に示されている知長の官銜からみて、寛文六年の誤りと思われる。これを寛永と誤ったため、実際より古い人と誤解してのことかとも思われる。

(32)『記録』二〇五所収、元禄十三年十二月の覚。同じ内容の記載は、『記録』一八六所収、「史館編集之書書出し控」にも存する。ただ、ここに見える「百五十九冊」という冊数は、現存本が完具して、文集・詩集を合せて百二十四冊、詩集附録と旧本目録を含めても百二十八冊であることより、何らかの誤りがあると思われる。

(33)『記録』二四三（『館本写贈品目』）は、彰考館の書物を転写して他へ贈ったものについての記録であるが、その元禄七年八月十七日の項に、

本朝新撰文集之内書抜壱冊　　釈迦院前大僧正

右は被レ遣候由にて書抜出来、宗詹（板垣）より京都へ被二差上一候、改角兵衛（安積）、筆者林内、

とある。書抜きながら、本書の一部分を写して他へ贈っていることは、未完成とはいえ、内容的には純然たる草案・草稿というほどではなく、一応外部に出し得る程度には整っている、という当事者の判断なり評価なりがあったのであろう。

(34)彰考館文庫所蔵。袋綴二冊。架号、亥—九。元禄四年六月十五日の大串元善の序がある。

(35)他に清水正健著『改訂水戸文籍考』には、義公（光圀）の著作として、本書を『新撰文集』『新撰詩集』の名で掲出する。なお後者について「凡三十八巻ありて目録一巻を加ふ。引用する所の書二百二十五部に達す」とあるのは正確でなく、詩集の巻数は四十巻、目録一巻。引用書の数は文集・詩集を通計しての数である。

(36)註18・22・23・25・26・27・31・33等に引用の史料参照。

(37)前掲の鈴印『彰考館図書目録』には、冊数四十一冊とし、「欠本」と註してあるが、原本を検すると、四十一冊で完具するごとくで、欠巻があるとは思えない。なお同目録には他に『詩集附録』一冊が著録されているが（三四〇頁）、これは昭和二十年八月、戦災で焼失した由である。

(38)「上二文集詩集一疏」「凡例」「標出書目」などは、いずれも文集と詩集とを通ずる内容をもっている。ただ、巻数は文集と詩

集を通じて一連の番号がついているわけではなく、『文集』が一より八十まで、『詩集』が一より四十までと、それぞれ別の巻序になっている。なお文集と詩集の並べ方は、「本朝詩文集」とはいうものの、詩集が前にくるわけではなく、上疏に「文集詩集」と次第してあることからみても、文集・詩集の順であったとみるべきであろう。

(39) 鉛印『彰考館図書目録』一一〇六頁、亥の部に、

旧本文集目録　二(冊)　七(号)　写
旧本詩集目録　一　七　写

とあるもの。題簽には「旧文(詩)集目録」とあって、「旧」字はのちに加筆されたものである。内容は、収録の文の目録で、作者名・同略伝・題名(詩集については首数のみ)・出典が示してある。たとえば、文集の方は、

厩戸太子　用明帝第一子也、一名豊聡、又曰耳聡、又曰聖徳、受儒学於博士覚哿、習仏教於高麗僧慧慈、悉通暁之、推古帝元年立為皇太子、摂政、二十九年薨、年四十九、
推古天皇復隋煬帝書　日本紀
十七条憲法　日本紀　瑪瑙記　太子伝
奉答推古天皇表　聖徳太子伝
四天王寺手印縁起　東大寺雑録
平氏　名闕、世譜時世共不詳、不知所次第、姑附太子下、
聖徳太子伝跋　太子伝

詩集については

卜部兼魚　兼右男、叙正四位下、為神祇大副、号猪熊、貞享二年卒、
一首

のごとくである。文集の目録の末に「上文集詩集疏」と「凡例」を、詩集の目録の末に「標出書目」と題する引用書目を収めてある。

(40) たとえば、巻八十の巻頭についてみると、もと「文集第五十」とあった上に貼紙して、そこに「文集巻第八十」と書いてある。これによって、現在の巻八十は、かつて「第五十」であったことが知られる。また、巻七十七の「修後二条左府尽七々日

忌法会二諷誦文一」（五八九頁下）の前に「文集第四十八」の文字を、貼紙して抹消してあり、もとその文が第四十八の巻頭にあったことが知られる。なお巻次の変更は何次かにわたって行なわれたらしく、もとの「第卅四」を示す文字は、現在の巻五十九の巻頭（二五五頁上）と、同巻「賀二藤原忠実七十算一願文」（二六一頁上）の前との二か所にあり、旧巻四十六についても同様のことが認められる。

（41） 天皇の作とされているものについては、「作者亡名」と註してある例が多く、必ずしも天皇をその文の作者とは扱っていないことが判る。

（42） 一例として、巻八十について検してみると、藤原光広（寛永十五・七・十三没）、藤原実条（寛永十七・十・九没、この文追補）、源義直（慶安三・五・七没）、藤原為景（承応元・三・十五没）、後光明天皇（承応三・九・廿崩）、菅原長維（万治二・三・十三没）、中原職忠（万治三・六・十六没）、菅原知長（元禄十三・十・十二没、追補、註31参照）、後西天皇（貞享二・五・廿二崩、追補）、清原賢忠（寛文六・九・六没）、藤原資慶（寛文九・十一・廿八没）、菅原為庸（延宝五・十一・二没）、藤原雅章（延宝七・十一・十二没）、藤原資行（延宝七・八・十二没、追補）、大江典（延宝八・六・廿六没）のごとくで、追補のところに順序を乱した個所があるが、ほぼ死没の年の前後によって次序したとみてよいであろう。ただ、全体として、聖武天皇が長屋王（追補）の前に出る類のことは現状では多い。なお、天皇は御代数に順い、また父に先だって没した子は、父より前に出すことをしない方針であったらしい（菅原長清は、父益長に先だって没したが、巻七十七では、益長—長清の順に出る）。

（43） 前掲の中村恵迪の上疏に、「撫二諸実録一、採二諸家集一、隻字短篇、悉載無レ漏」といい、「至レ若下苅二其蕪穢一、攬中其精英上、非三臣所二敢当一」という。実際に、『経国集』『本朝麗藻』『都氏文集』『菅家文草』などはすべての文が本書に採られているし、『本朝文粋』も大部分が採られている（内容的に或る程度の取捨は行なっており、風教上捨てられたと思われるものもある）。

なお採録の範囲は、故人の作であることを基準にしたらしく、『記録』ニ所収、延宝八年十二月十三日付、板垣宗憺等より鵜飼錬斎宛の書状に、本書に関して、「近代之詩文□卒去ノ分はミな〱御載被レ成候、在世之衆は御急用ニ無レ之候」とある。

（44） このことは、本書の現状や出典との対照で、本書に採られていない文の、採られなかった理由を考えてみることによって判る。なお僧侶でその作の採られているのは、巻九の喜撰（二二六頁下）、巻七十の匹壇妙玄（目七四頁下）・玄慧（四四九頁下）

のみで、しかも喜撰の「和歌作式序」には「喜撰元より僧也」云々として「とかく除申歟」とあり、僧侶の作は採らぬことを原則としているとみてよいであろう。

(45) 原本を検すると、巻五十の藤原宗季「上二白河天皇一請レ拝二任右京権大夫闕一状」(二一二頁下)の末、「応徳二年十二月十六日」の下に「散位従四位下藤原朝臣宗季」の文字があり、その上に貼紙して抹消してある(なおこの文書は『平安遺文』四六四七号文書と同じもので、首部にも削られた部分のあることが判る)。この類のこと、二一四頁下「応徳三年十月十三日」の下に「関白従一位藤原朝臣《師実》敬白」、三三二頁上「治承五年二月五日」の下に「大炊頭兼大外記主計権助備後権介中原朝臣師尚勘申」、四五〇頁下「貞和七年六月一日」の下に「正五位下行右兵衛佐源朝臣直冬判」、五七八頁下「文安三年十月廿一日」の下に「従三位行左大弁兼山城権守菅原朝臣益長」、六〇〇頁下「文明八年二月十三日」の下に「正六位上菅原朝臣和長」とあり、それが抹消されている例を指摘できる。他にこれと同じように編集者は抹消するつもりで抹消符をつけたが、大系本ではもとのまま残ったものもある(たとえば一九〇頁下の「弟子従四位下行宮内大輔橘朝臣孝親敬白」、二一三頁下「正二位行大納言兼民部大夫源朝臣俊明奉」、二八〇頁下の「弟子禅定法皇」、四二四頁上の「太上天皇胤仁敬白」など、この類は他にも多い)。また原本に載せる時に始めから省いてしまってある例も多い。ただ文末の署名はすべて削る方針かといえば、そうでもないらしく、一七四頁下の「座主僧正法印大和尚位」、二四五頁下の「弟子正六位上藤原朝臣清衡敬白」などには、消そうとした跡はない。また巻九「懐風藻序」の末尾の日付(三八頁上)、巻十三「宗廟禘祫対策」の末尾の「延暦廿年二月廿五日監試」の文字(四六頁上)、巻十九「経国集序」の末の日付(六一頁下)、巻七十七「修二普廣院三十三回忌法会一願文」の末の「征夷大将軍　敬白」の文字(五八〇頁下)などは、大系本では復活してあるが、編集者は削除するつもりであったかと思われる。

(46) 出典の同じ文がつづく場合には、一々出典を註しないで一括して示す例もある。たとえば巻卅七、菅原文時の「奉三為村上天皇一修二法会一諷誦文」(目四四頁下)の末に「右十四篇文粋」とあり、それの前の十三篇については出典が個々には示されていない(なお大系本で、「為三藤原師輔一贈二大唐呉越公一書」〈目四四頁下〉の出典を「(同上七)」として、直上の『扶桑略記』を承けるようになっているのは誤りで、『本朝文粋』よりの収録である)。

(47) 略伝は、たとえば、

藤朝隆　堀川朝人、
大江通国　佐国子、
菅原為長　宣忠孫、大学頭長守子、為㆓参議正二位㆒、寛元四年卒、年八十九、其家号㆓高辻㆒、十訓鈔、文鳳鈔其所㆑著也、
大江典　字尚長、永井右京大夫尚征子、為㆓従五位下信濃守㆒、居㆓丹後宮津城㆒、号㆓静軒㆒、又号㆓雲谷主人㆒、延宝八年卒、

のごとくである。

(48)　『日本詩紀』にしても、『全唐詩』『全唐文』にしても、天皇・皇帝・皇族の詩文は、はじめに掲げ、臣下の作と混ぜしめていない。

(49)　たとえば巻四十一、具平親王「書写山上人伝」(目四八頁上)は、『旧目録』では花山天皇に係けてあるが、原本の現状は具平親王の項に係け、上に「抛㆓性空上人伝記㆒、非㆓花山法皇之撰㆒、文中曰㆓花山法皇云々㆒、以可㆑證、此具平之作」と書入れがある。また巻五十一、藤原敦基「授㆓無品師明親王二品㆒位記」は、原本に「此一篇旧編藤長光下、按㆓台記㆒白河帝朝藤敦基作之、故今移㆓于此㆒」と書入れがあり、いずれも移されたことが判る。註5にあげた例も参照。

(50)　たとえば太田晶二郎教授は「韻鏡三話」(『田山方南華甲記念論文集』所収)に於て、巻七十八、清原宣賢の「韻鏡跋」(六一一頁上)が、思いがけなくも禅僧常庵竜崇の代作であることを指摘しておられる。なおこの文、大系本では作者名の下に「以㆓真跡㆒写㆑之、一松又之進伝㆑之」とあるが、原本を検すると、この註記は「伊勢物語抄序」(六一一頁下)の末にあり、同序にのみ係る註記で、「韻鏡跋」の出典は、『旧本文集目録』に「韻鏡」とあることから、刊本から採ったとみてよいであろう。

(51)　孝謙天皇が巻七(目九頁上・目一一頁下)と巻八(目一二頁下)に、淳仁天皇が巻八の二か所(目一一頁上・目一二頁下)に、光仁天皇が巻七(目一一頁下)と巻十(目一四頁上・目一五頁上)に、桓武天皇が巻十(目一五頁上)と巻十一以下(目一五頁上)に、藤原基経が巻廿六で二か所(目三三頁上・目三四頁上)に、大江朝綱が巻卅四(目四一頁上)と巻卅六(目四三頁下)に、菅原文時が巻卅六(目四三頁下)と巻卅七(目四三頁上)に、菅原輔正が巻四十一(目四八頁上)と巻四十三(目五〇頁下)に、後朱雀天皇が巻四十五(目五一頁上)と巻四十六(目五三頁上)に、藤原明衡が巻四十六(目五三頁下)と巻四十八(目五四頁上)に、藤原敦光が巻五十四(目六一頁上)と巻五十六以下(目六三頁上)に、藤原親隆が巻六十三(目六九頁下)と巻六十四(目六九頁下)に分出するごとき。

(52) 巻七、大系本の、光仁天皇の「宝亀元年九月下令旨」(目一一頁下)は原本では孝謙天皇に、巻八、孝謙天皇の勅二篇(目一二頁下)は原本は「廃帝」すなわち淳仁天皇に、巻十、桓武天皇「班田匡ニ奸詐ー勅」(目一五頁上)は、原本では光仁天皇に、巻廿六、藤原基経の「上ニ清和天皇ー重辞ニ大臣ー表」(目三四頁上)は原本では源融に、巻卅六の大江朝綱の賀朔旦冬至表(目四三頁下)は原本では藤原実頼に、同巻の菅原文時の賀朔旦冬至表(目四三頁下)は原本では藤原兼通に、巻四十三の菅原輔正の呪願文(目五〇頁下)は原本では大江匡衡に、巻四十五の後朱雀天皇の「贈ニ藤原義忠ー位記」(目五一頁下)は、原本では年号長久を長元と誤った結果、後一条天皇に、巻四十六、藤原明衡の「上ニ後冷泉天皇ー請レ罷ニ大宰大弐ー状」(目五三頁下)は原本では源資通に、巻五十四の藤原敦光起草の勅(目六一頁上)は原本では鳥羽天皇に、巻六十三の藤原親経の願文(目六九頁下)は原本では藤原兼実に、それぞれ係けてある。大系本は代作等の事情の判明したものや、原本の誤りについて作者名を改めたのであるが、文の位置はもとのまま動かさなかったために、同一人の文が分出する形になったのである。

(53) 凡例に「間ニ出于異邦書中ー者、亦悉取レ之」とある点については、文集には当てはまらず、外国の書物から採録されたものは見当らない。

(54) 大系本では、これを題の次行に移してある。

(55) 相田二郎著『蒙古襲来の研究』二二頁。

(56) 鉛印の『彰考館図書目録』には見当らないが、『壬午改正彰考館函次目録』(彰考館文庫所蔵。架号、亥—九)には、その辰二上に、「文纂　五本」「詩纂　三本」とあり、江戸時代の末までは存したことが知られる。内閣文庫の本は袋綴一冊。架号、二〇五—一五四。彰考館本を抄出したものであろうか。内容は『南行雑録』などにも見えるものもあるが、それと似た形の史料の雑纂である。

(57) 註33に示したごとく、一部分の抄出本は存するかもしれない。

(58) 第一冊に、

明治十九年九月水戸彰考館本ヲ写ス　　一級写字生/小川長和/川上広樹㊞校

とある。

(59) もっとも同文の重出するものの一方を削除した場合には、その文は目次からも削ってある。

(60) 原本を見ると、末尾に「真翰在二高野山三昧院一」とあって、三昧院に蔵せられた原物から写しとったもののごとくである。ちなみに、この「宝積経短冊」は元禄五年三月、同院より加賀前田家の所有に転じ、今も尊経閣文庫に伝わる。なおこの文の次に収められている「献二叡山日吉神一願文」（四六一頁下）の出典は、大系本に「文纂近州巻」とあるが、旧目録によれば同願文は『含英集』より採られたものであり、「文纂」云々は、この短冊跋の出典を示したものらしい（内閣文庫本の『文纂』にも、この短冊跋は入っている）。

(61) 大系本の凡例に「重複の篇を省き」とあるが、原本に存して大系本に見えぬ文は、左の二十二篇である（もちろん大系所収の別書に見えるとして省かれたものを除き）。

(イ) 巻六、聖武天皇「頒二下三十二条法令諸国一勅（天平十六・九・丙戌）」（目八頁上）の次に、

又（天平十六・九・丙戌）

が、『続日本紀』より採られている。

(ロ) 巻十二、桓武天皇「祀天神祭文（延暦六・十一・甲寅）」（目一七頁下）の次に、

又（延暦六・十一・甲寅）

の一篇が、『続日本紀』から採ってある。

(ハ) 巻十四、嵯峨天皇の「地震賑恤詔（弘仁九・九・辛卯）」（目一九頁上）の前に、

地震賑恤詔（弘仁九・八・庚午）

が入る。『日本後紀纂』に拠っているが、『類聚国史』巻百七十一（大系本一五九頁）が原拠である。

(ニ) 巻十五、淳和天皇「賜物詔（弘仁十四・五・癸酉）」（目二〇頁下）の次に、

求レ言詔（弘仁十四・十二・甲申）

廃二端午節一詔（天長元・三・丁巳）

聴三群臣請二釈線一詔（天長元・七・乙亥）

詔報下群臣請二朝賀一奏上（天長元・十二・辛巳）

の四篇が、『類聚国史』や『後紀纂』から採られている。

(ホ) 巻十七、仁明天皇の「定心院記」（目二三頁下）の次に、

講㆓仁王経㆒呪願文（承和十四・閏三・庚辰）

が、『続日本後紀』より引かれている。

(ヘ) 巻廿、清和天皇「為㆓藤原良房病㆒大㆓赦天下㆒詔（貞観十四・三・九）」（目二六頁上）の次に、

封禄復旧詔（貞観十五・十一・六）

講経詔（貞観十七・三・廿八）

の二篇が、『三代実録』より採ってある。

(ト) 巻廿三、陽成天皇「上㆓清和天皇㆒第三表（元慶元・四・廿五）」（目二九頁下）の次に、

上㆓清和天皇㆒〔請㆑不㆑減㆓〕封戸㆒表（元慶三・二・十七）

が、『三代実録』より採ってある。この文は、巻廿七に菅原道真の文として重出する（目三五頁上）。

(チ) 巻廿三、陽成天皇「再上㆓清和天皇㆒表（元慶三・二・廿九）」（目二九頁下）の次に、

請㆑納㆓太上天皇御封㆒表（元慶元・閏二・廿七）

重抗表（元慶元・三・廿九）

が、『三代実録』より採ってある。この二篇は、巻廿四、都良香の項に重出する（目三〇頁下）。

(リ) 巻廿五、藤原山蔭「上㆓陽成天皇㆒重辞㆓中将㆒表（元慶元・正・五）」（目三二頁上）の次に、

辞㆓右大弁㆒表（貞観十九・閏二・三）

を『三代実録』より採ってある。これは巻廿八に菅原道真の作として重出する（目三六頁下）。

(ヌ) 巻廿五、光孝天皇「賜㆓朝臣姓諸皇子㆒勅（元慶八・四・十三）」（目三二頁下）の次に、

僧尼死後還俗収㆓入度縁戒牒㆒勅（元慶九・二・八）

が、『類聚国史』から採られている。

(ル) 巻廿六、藤原基経「報㆓僧円珍㆒書（仁和四・正・）」（目三三頁下）の次に、

辞二右大臣一表（貞観十四・十・十三）
辞二摂政一表（貞観十八・十二・甲辰朔）

源　多

請レ解二按察使一表（元慶二・六・八）

を『三代実録』によって収める。前の二篇は巻廿七の菅原道真の条（目三五頁下）、後の一篇は巻廿四の都良香の条（目三〇頁下）に重出する。

(ヲ)　巻廿六、在原行平「上二光孝天皇一請二致仕一表（仁和三・正・十四）」（目三二頁下）の前に、

辞二民部卿一表（元慶八・三・廿一）

が、『三代実録』より採ってある。この文も巻廿八の菅原道真の作と重複する（目三六頁下）。

(ワ)　巻廿七、藤原良世「興福寺縁起（昌泰三・六・廿八）」（目三四頁下）の次に、

藤原高藤

請レ罷二参議一表（寛平八・）

が入っている。この文も巻廿八に菅原道真の文として重出する（一〇九頁上）。

(カ)　巻六十一、藤原永範「鳥羽天皇千日御講御願文（仁平三・七・）」（三〇一頁下）の次に、

奉二為堀川院一御八講御願文（仁平四・三・廿）

があるが、これと同文が巻六十にも収められている（二八五頁下）。

(ヨ)　巻七十六、後花園天皇「花園法皇鏡御影賛」（五七六頁上）の次に、

後花園天皇諡二仏統国師一勅（宝徳二・八・廿七）

があるが、この文は巻七十七に菅原益長の作として重出する（五七八頁上）。

重複するために削除されたとみられるものが多いが、中には大系本の目次作成の際に誤り脱したと思われるものも散見する。

(62)　『〔本朝〕詩集』については、刊行されることがなかったために、その存在すら世に知られること稀であるが、彰考館文庫の原本について、その作者数・詩数を算すると、大略、作者七百五十人、詩七千百六十五首にのぼる（現状を比較的正確に

反映している『旧本詩集目録』によって数えた)。加除が複雑で余り確かな数ではないが、大体の規模を祭するに足るであろう。なお詩の集成については、周知のごとく、江戸時代の末、市河寛斎に『日本詩紀』の編著があり、そこには平治まで、作者四百二十八人、詩三千二百四首、句五百二十七句が集められている。それとの比較、更にはその刊行など、今後の課題であると思う。

(附記)
本稿の執筆に当たって彰考館文庫福田耕二郎氏に負うところが大きかった。記して感謝の意を表する。

元亨釈書

――その成立と原本及び貞治槧本をめぐって――

今枝愛真

一　はしがき

周知のように『元亨釈書』三十巻は、東福寺の学僧虎関師錬（一二七八～一三四六）が、仏教伝来から元亨二年までの約七百余年間にわたる各宗僧侶の伝記・評論、及び仏教関係の諸事蹟などを漢文体で記した仏教略史である。その全体は伝・表・志の三部からなっているが、このような構成は、『仏祖統記』や『史記』『漢書』などの体裁にならったものであろうといわれている。このうち第一巻から第十九巻までが伝の部で、ここには推古朝の達磨渡来説を筆頭に、高僧・仏教信者・尼僧・神仙など四百余名の伝記が、伝智・慧解・浄禅・感進・忍行・明戒・檀興・方応・力遊・願雑の十科に分類されて収められている。この分類については、序説志のなかで、虎関自ら施・戒・忍・進・定・慧・方便・願・力・智の十波羅蜜によったものであると述べているが、おそらく『梁高僧伝』や、唐代の『続高僧伝』、及び『宋高僧伝』に用いられている十科の分類法などを参照したものであろう。

つぎに、第二十巻から第二十六巻までの七巻は資治表で、ここには欽明天皇の元年から順徳天皇の承久三年にいたるまでの、皇室に関する仏教記事が年代順に配列されている。

さらに、最後の第二十七巻から第三十巻までが志である。ここでは、仏教関係の諸制度、諸大刹の寺史、仏教音楽、仏教教団における抗争などを、学修・度受・諸宗・会儀・封職・寺像・音芸・拾異・黜争・序説の十志にわけて論述し、巻尾には略例と智通論とが附せられている。

このように、『釈書』は鎌倉末期の五山学芸界を代表する虎関の畢生の大作で、そのすぐれた内容はひとり仏教史学の分野ばかりでなく、日本思想史の上からもきわめて重要な研究対象としてつとに注目されてきた。したがって、これまでにも『釈書』に関する研究は決して少なくないが、本稿では、とくにその成立過程、及び原本・貞治槧本の相関関係などを中心に考察を加えてみたいと思うのである。

二 『元亨釈書』の成立をめぐって

まず、『釈書』の成立に関しては、虎関の法嗣である竜泉令淬が著わした『海蔵和尚紀年録』の徳治二年の条に、

> 山(一山)因問二師(虎関)于国朝高僧之遺事一、師或泥レ焉、山期期靳レ之曰、公之辨博渉二外方事一、皆章々可レ悦、而至二此本邦一、頗似レ渋二于応対一何哉、師有二慚色一、縁レ此深慨念、異日必当下博二考国史幷雑記等一、以作中皇朝釈氏之一経上、

とあるように、このとき建長寺の住持である一山一寧の門下に学んでいた虎関は、たまたま一山に本朝の高僧の事蹟についてきかれ、その応答に難渋したので、このことを深く恥じ、以後発奮して本書を著わした、というのが一般に

行われている説である。

ところが、『碧山日録』の長禄三年二月二十七日及び同四年九月一日の条に、『元亨釈書』は東大寺の凝然の作であるという異説がみえている。それによると、元亨のはじめ、凝然は名僧の事蹟をあつめて、和文で大部の書を著わして、これを固山一鞏のもとに送った。そこで固山は、これを剽竊して、その漢訳をつくり、それを参学の師である虎関に呈した。やがて虎関がこれに修補を加え、さらに資治表・志・賛などを附けてつくったのが『釈書』である、というのである。しかも、この説は『日録』の記主太極蔵主が南禅寺東禅院塔主の景南英文から直接聞いたものであると記されている。(1)

ところで、この説については、かつて大屋徳城氏も指摘されたように、(2)凝然の師である宗性の『日本高僧伝要文抄』と『釈書』とを比較してみると、もし『釈書』の伝部が凝然の編であるならば、『要文抄』と『釈書』との間には当然共通した要素が多くみられる筈であろうのに、実際には、『要文抄』にありながら『釈書』にないもの、また、『要文抄』には詳しくて『釈書』には簡略なものがあり、両者の間には出入異同がきわめて多い。してみると、虎関は『要文抄』などをあまり参照していなかったのではなかろうか。しかも、凝然が和文で書いたというが、現存する多くの凝然の著作類はすべて漢文体ばかりである。したがって、『日録』の凝然編述説はどうも疑わしいようにおもわれる。

しからば、虎関にとって不名誉となるこのような説を、なぜ太極は『日録』に二度までも記し、しかも「因恐レ逸レ之重書也」と記したのであろうか。さらにはまた、岐陽方秀も、虎関の『釈書』著述には凝然が『三国仏法伝通縁起集』を著わしたことが大きな刺激となっているとして、凝然の影響を高く評価している。(3)このように、おなじ聖一派の人々のなかから『釈書』について異なった評価が出てくるのは一体何故であろうか。

そこで、まず考えられるのは、これらの人々と虎関との関係であるが、その法系を図示すると、次のとおりである。

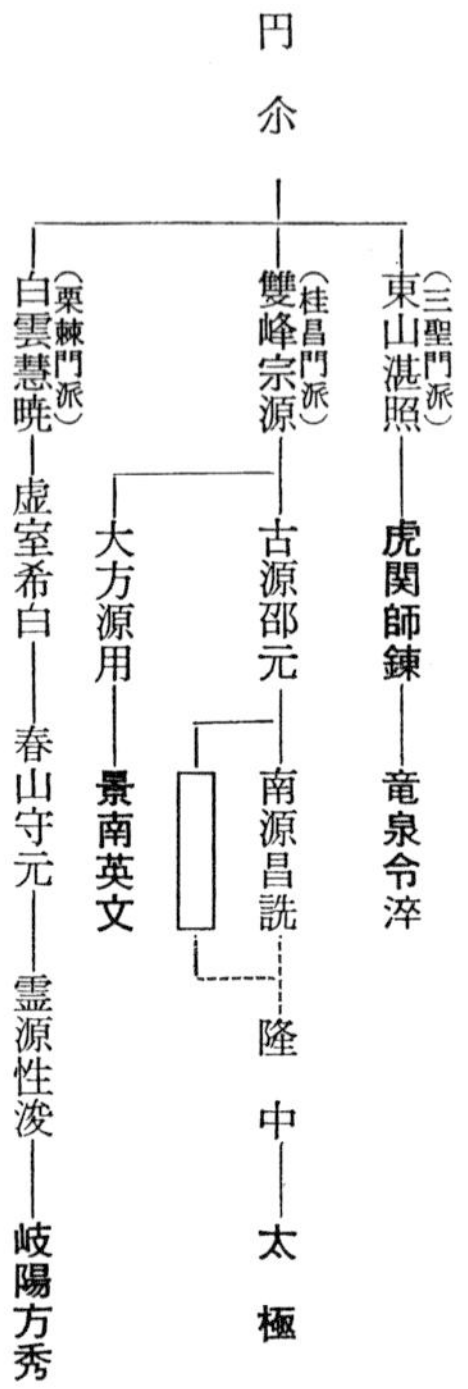

すなわち、虎関・竜泉は三聖門派に属しているのに対して、景南と太極はともに桂昌門派の人であり、(4) 岐陽また栗棘門派である。してみると、上述のように、景南・太極及び岐陽らが『釈書』に対してとかくの疑義をさしはさんでいるのは、各門派間における軋轢や対立感情からきているのではあるまいかということが、まず推測されるであろう。しかも、『釈書』には三聖門派の派祖東山湛照はもとより、栗棘門派の派祖白雲慧暁の伝記は収められているが、景南や太極の属する桂昌門派の派祖雙峰宗源の伝は掲載されていないので（実は『釈書』成立の元亨二年には、雙峰はいまだ在生中であったという理由によって収められなかったのではあるが）、このようなところから、桂昌門派には以前から『釈書』に対する批判的感情があったのではなかろうかと推察されるのである。

このように、『釈書』の成立について疑義をいだいているのは、いずれも虎関とは別系統の人々であり、しかも、それらの説は『釈書』成立よりかなり後の室町中期の人々によって説かれているのである。したがって、いずれも各門派間の党派的対立による中傷、もしくは、そうした説をそのまま信じていた他派の人々によって伝承されていたにすぎないものと思われる。ただ、岐陽のいうように、凝然の著書が『釈書』の撰述になんらかの刺激をあたえたというようなことはあったかもしれない。

ともあれ、元亨二年七月、伊勢の本覚寺から上洛した虎関は、翌八月になって、多年にわたる推敲の末、ついに『釈書』の第三稿を東福寺海蔵院において脱稿した。

ついで同月十六日、虎関は入蔵の上表文を附して、これを禁裡に献呈している。さっそくこれを嘉納した後醍醐天皇は、天下の学者を集めて内容に検討を加えたうえで、大蔵経に入れるようにしたいとされたが、なぜかこのときは入蔵の勅許は得られなかった。そこで、正慶元年五月、虎関は再び『釈書』入蔵の上表文を光厳天皇に奉っている。天皇は再三これを周覧して、こんどこそは入蔵して天下に流布しようとされたが、折しも天下は麻のごとくに乱れ、政事に追われて評議の暇もないまま、ついにまたもや入蔵の目的を果すことができなかった。(5)

このようにして、虎関はその生前中に入蔵の目的を達成することはできなかったが、寂後十二年目の延文三年十二月八日、門弟の無比単況の薦めによって、(6)後醍醐天皇の皇子である同門の竜泉令淬が入蔵の上表文を奉った。(7)そこで後光厳上皇はこのことを近衛道嗣・洞院公賢らに諮詢した結果、(8)同五年六月七日、ついに『釈書』入蔵の勅許が実現されたのである。(9)ときに、『釈書』脱稿後三十八年目のことである。

ついで、この入蔵を賀して、竜泉令淬などの門弟はもとより、此山妙在・大道一以・天境霊致・定山祖禅・竜湫周沢・春屋妙葩・太清宗渭・鉄舟徳済・青山慈永など、当代五山各派の名流五十三名が慶讃の偈頌をおくった。虎関の直弟の一人である無比単況は、のちにこれを『獅子絃』と名づけた一巻の軸物とし、さらにその求めによって、永和四年七月二十三日、一峰通玄の跋文がつけられている。後述のように、その前年に『釈書』の出版を終えた無比は、つぎに『獅子絃』をまとめ、いずれはこれをも出版しようと考えていたのかもしれない。ともあれ、従来、その内容については、その一部が『延宝伝燈録』の中に散見することが知られていただけで、その全貌についてはほとんど周知されていないので、ここにその全文を掲げておこう。(10)

嘉永己酉七月借専光寺摸写

元亨釈典慶讃偈五十三首一峯通玄禅師跋

大蔵真詮本五千、新添二釈典一勅文鮮、元亨題目流通了、苦海渡頭般若船、　前三聖師頊(五峰)九拜
元亨釈典延文勅、大蔵共行天下知、将謂先師無二此語一、高僧五百眼如レ眉、　前円通勝洸(虎渓)九拜
五格十科精筆削、賞音忽至属二延文一、勘二過大蔵聖賢集一、僧史重修補二闕分一、　前勢州安国契涪(大亀)九拜
海蔵師翁為伝説、彬々文質達二朝廷一、只将二天子先皇勅一、五百高僧入二大経一、　前長保大備拜書
三袟書成上二紫宸一、竜顔喜気忽回レ春、高僧五百閑名字、也是如来蔵裡珍、　前広厳得芳(草堂)再拜
疇昔元亨製二釈書一、恰如レ連二卞璧驪珠一、如来蔵裡親収得、千古光輝照二帝都一、　前岳林得哲(愚渓)拜手
本朝僧伝古猶無、久没二泥沙一万斛珠、海蔵深探拈二史筆一、摩尼燦爛照二昏衢一、　前広厳以倫(無等)稽首
曾将二接物利生蹤一、収在二元亨釈典中一、五百箇人驚吐レ舌、老師親為説二家風一、　前丹州安国至彭九拜
元亨僧史列二宗師一、軌跡事縁無二孑遺一、勅下伝聞帰二大蔵一、毘盧法宝転光輝、　前成道長齢(寶中)拜書
虎踞竜蟠諸老尊、楞伽筆下各開レ門、皇朝有レ勅延文日、大蔵収来不レ借レ翻、　前長興芝玉(振岩)九拜
稽首元亨大導師、点開五百宝摩尼、延文聖主収帰レ蔵、添得光明照二四維一、　前興聖清瑜(温中)九拜
聖明勅下収二僧史一、咳唾綴二三十顆珠一、了二仏語心一報二仏徳一、開二竜宮蔵一祝二竜図一、　普門祖旭(日東)九拜
只箇釈書三十巻、皇天勅在二大経中一、迦文古仏不二宣布一、説破還二他海蔵翁一、　前崇寿景僧九拜

勅自二延文天子一承、元亨釈史有二規繩一、瞿曇不レ説二此経巻一、留二与扶桑五百僧一、　国清存円(天鑑)九拝

在則人兮亡則書、此方釈伝見二権輿一、十科高士帰二三蔵一、仰謝太平天子除、　前実相玄三(則川)九拝

書著二元亨一見二大功一、斕斑文彩絶二雷同一、当今天子延文勅、収入二琅函五百中一、　前建長元圭(方崖)拝上

毘盧性海蔵中珍、収拾将来在二一塵一、今日為レ人開示了、吾皇恩渥万年春、　前天竜妙葩(春屋)拝呈

元亨釈典乾坤秘、五百高僧日月明、多謝聖恩収入レ蔵、賛寧去後振二嘉声一、　円覚契充(太虚)主臣

釈書撰在二元亨年一、皆謂僧中有二史遷一、大蔵新添三十巻、動レ宸非二是小因縁一、　前寿福法穎(中山)拝書

卞和三献荊山璧、不レ遇二知音一也是閑、大宝親従二海蔵一出、流二伝万世一照二人間一、　前東福邵元(古源)頓首

四海清平一事無、討二論文籍一万機余、喜聞勅下二竜宮底一、秘在元亨釈氏書、　前東福士昭(鑑翁)頓拝

昔日世尊無説説、黐成二黄巻五千余一、延文天子添二新訳一、即是竜宮海蔵書、　前東福心凉(檀渓)九拝

此大経王帰二海蔵一、一微塵出二五千余一、欲レ知二上祖西来意一、莫レ読二皇朝東土書一、　前東福景師(西源)拝呈

尽駆二諸祖一入二毫芒一、褒貶無レ私厳似レ霜、海蔵発レ光出二奇宝一、重逢三舜日照二扶桑一、　前東福芝丘(高菴)端拝

榑桑五百摩尼宝、十種光明照二刹塵一、海蔵竜宮収不レ尽、我皇万世国家鎮、　東福利渉(日田)頓首

虎師曾把二董狐筆一、淘二汰諸方一上二史編一、大蔵重添新璧玉、聖明会遇豈徒然、　前浄智慶芳(少室)端拝

元亨釈典達二宸聡一、勅入二毘盧海蔵中一、五百高僧重出現、榑桑夜半日輪紅、　前浄智永蘭(春谷)合十

大蔵曾無二如是経一、元亨題目甚分明、扶桑五百善知識、共沐二皇恩一楽二太平一、　前浄智宗渭(太清)頓拝

日本高僧無二史記一、不レ知何処見二全功一、関翁呼得董生筆、新謝皇恩入二蔵中一、　寿万寿徳済(鉄舟)端粛

嘉祐年来無二此挙一、風流何啻永安崧、若非二天上修楼手一、争識僧中太史公、　前万寿令淬(竜泉)九拝

元亨書奏好流通、振耀円明海蔵中、欽遇延文聖天子、山林泉壌釈門融、
𦱳万寿正訥(大辯)九拝

三朝僧史旧威光、何似二釈書文藻昌一、非三啻聖君寵収レ蔵、寂音山谷可二称揚一、
𦱳浄妙妙積(大岳)再拝

僧史功成三十巻、吾皇詔勅万機余、従レ玆天下咸煕也、匹婦匹夫知二釈書一、
前禅興性忠(義空)九拝

公道無レ私編史成、時当二季運一法門栄、秘二収海蔵一也徒爾、詔許流通天下行、
前相陽万寿慶円(月心)九拝

海蔵有レ珠三十顆、十分高価絶二商量一、収帰二梵篋五千裡一、我仏金言増発レ光、
前相州万寿堅万頓拝

金僊去後無二文仏一、遠継二芳塵一僧一尊、添得竜宮海蔵裡、釈書数百万余言、
前真如師振(起山)九拝

教海禅林衆比丘、知他幾箇是狐裘、寧師奉レ詔今猶在、姓字還同二日月一流、
前真如海寿(椿庭)再拝

僧史源流自二大梁一、釈書新撰出二榑桑一、延文有レ旨許二帰蔵一、慧日高懸若木光、
𦱳等持周諭(黙菴)頓首

五百箇僧毫末上、勅黄許在二蔵中一、収如来教意祖師意、此土西天一舌頭、
前普門通玄(一峰)頓首

君王昔奉二如来勅一、護法于レ今慶有レ余、五百高僧斉入レ蔵、榑桑国裡更無レ書、
前三聖與(興)淳(霞峰)九拝

皇朝僧史定二竜蛇一、教義禅心都作家、不レ著二一毫元字脚一、経帰二海蔵一総河沙、
前如意輪景東頓首

僧史編成賤二賛寧一、古今天下独雷霆、竺墳唐典七千巻、又合扶桑聖者経、
前三聖処薫(南堂)九拝

日域間生太史才、吾皇勅製二釈書一来、怱二佗遷固手中笔一、列祖眼睛横点開、
前崇聖聖珠(南海)九拝

釈書出格太奇哉、誰合二多羅葉葉一来、王令稍厳逃不レ得、従他天網自恢恢、
前南禅至孝(無徳)頓首

元亨年内集成殊、海蔵収来五百余、喜動二天顔一春万国、譬如二明教正宗書一、
𦱳南禅妙在(此山)合掌

一書全備十波羅、纂二輯諸宗一融二自他一、勅下伝聞流布遍、也勝二四聖序分多一、
前南禅一以(大道)悚惶

元亨釈典契二王公一、有レ詔収帰二大蔵中一、雙樹少林遷化後、諸賢聖出二海門東一、
前南禅霊致(天境)稽首

僧宝人々滄海珠、神光燦爛駐二徽猷一、延文聖主合二明徳一、勅向二如来蔵裡一収、

前南禅祖(定山)禅拝呈

三帙釈書無二一字一、本朝列祖発二光明一、五千余巻拭瘡紙、不レ識収帰二那箇経一、

前南禅良(無惑)欽九拝

明君不レ忘霊山嘱、詔使三釈書帰二大経一、蔵裡摩尼本無レ価、又添二光彩一照二幽冥一、

前南禅周(竜湫)沢頓首

元亨著出釈書成、賜与二蔵経一倶並行、寵煒仏擎非二小補一、仰毘二皇化一益二清明一、

前南禅通(清渓)徹拝呈

扶桑五百個高僧、悪語重々爛葛藤、勅許収将帰二大蔵一、如今四海幸清澄、

南禅良(道林)遁端粛

竜翔虎踞釈門士、一串穿来献二上皇一、点二活眼睛一帰二海蔵一、中原至宝照二扶桑一、

前建長慈(青山)永稽顙

仏法自レ入二中華一以降、梁魏唐宋有二史筆者一、仮レ文以明二釈氏之宗一、故支那之釈伝続々、而其姓名道徳至レ今顕二於世一者多矣、吾日域未レ有下修二僧史一者上、然天下車書同、安無レ之乎、三蔵十二部諸子百家書咸有レ之、又東方之人極愛二読書一、嚢蛍窓雪勤々然而究備焉、但寄二情於風雲月露之間一、五字七言口吻声鳴而已、固有下長二於文字一而短二於史一者上、非レ不レ好也、不レ習而不レ作耳、虎関禅師神智秀傑、声馳二寰中一、提唱外妙達二性理一而筆端有二無礙辯才一矣、探下賾海国中名山大刹或破衣壊衲而居二巌間樹下一与二艸木一同腐有道者禅教律之伝録私記上、纂著二釈書三十巻一、簡而足、繁而整、明二行解感応之分科一而無二阿私偏僻之謬誤一、噫俾下同レ伝而載レ之者耀中于声名於百千歳下上、惟慈善根力之所レ致也、大哉雄辯也、能論二司馬・欧陽之国史一而議二潜子・覚範之篇書一、将下独二歩翰墨場中一而点中胸賢聖叢裡上者也、書成二元亨一、自表而奏レ闕、請下入二大蔵一並行上、睿照不レ明、便不レ許レ入レ蔵、悲哉、粟散之国君王猶以如レ此、矧乎下至二百官一而浅識不レ足レ掛レ歯矣、其徒令淬起二弓冶之思一、上表以償二先志一、延文天子勅入二蔵中一、一朝栄遇、万世徽猷也、諸禅翁各賦二一偈一慶賛、其盛烈休光与二日月一争レ之、高弟単況攜二此軸一求レ余以跋、甫亦其瓜葛也、且乍入叢林之時、親聞二伝燈之釈義一、於レ余一字師也、牢辞至レ再不レ獲レ已而書二其後一焉、時永和四年戊午七月二十

三日、雲州安国一峯通玄跋、□（印文、巣雲子）□（印文、通玄）□（印文、弌峯）

三　大道手沢原本の成立

このようにして成立した『釈書』の原本とつたえられる古写本三十冊（昭和十六年七月三日国宝指定）が、現在京都の東福寺に架蔵されている。そこで寺伝のように、果して同書が『釈書』の原本であるか否か、さらに又、その成立年代や筆者などについて、いささか検討を加えてみたいと思う。

まず、本書は一個の桐箱におさめられているが、その箱書をみると、

拾五番　五百六十七号（東福寺塔頭海蔵院）

元亨釈書

文五　東福寺

とある。したがって、本書はもと虎関師錬の塔頭である東福寺内海蔵院の所蔵本であったことがしられる。全体は、各帙十冊の三帙にわけられ、各帙はいずれも牡丹唐草緞子が用いられている。各冊の表紙はシブを塗った樺色の楮紙である。その題簽は虎関の高弟である大道一以の筆蹟で、いずれも「一以」の朱印一顆を踏している。さらに、各冊の第一紙、もしくは第二紙の表、あるいは裏側に、「大道」「一以」の朱印二顆を、縦列又は横列に踏してある。したがって、本書が大道一以の手沢本であったことは疑いないところであろう。

つぎに、しからば、寺伝にいうように、『釈書』の原本という点についてはどうであろうか。そこでまず、その筆

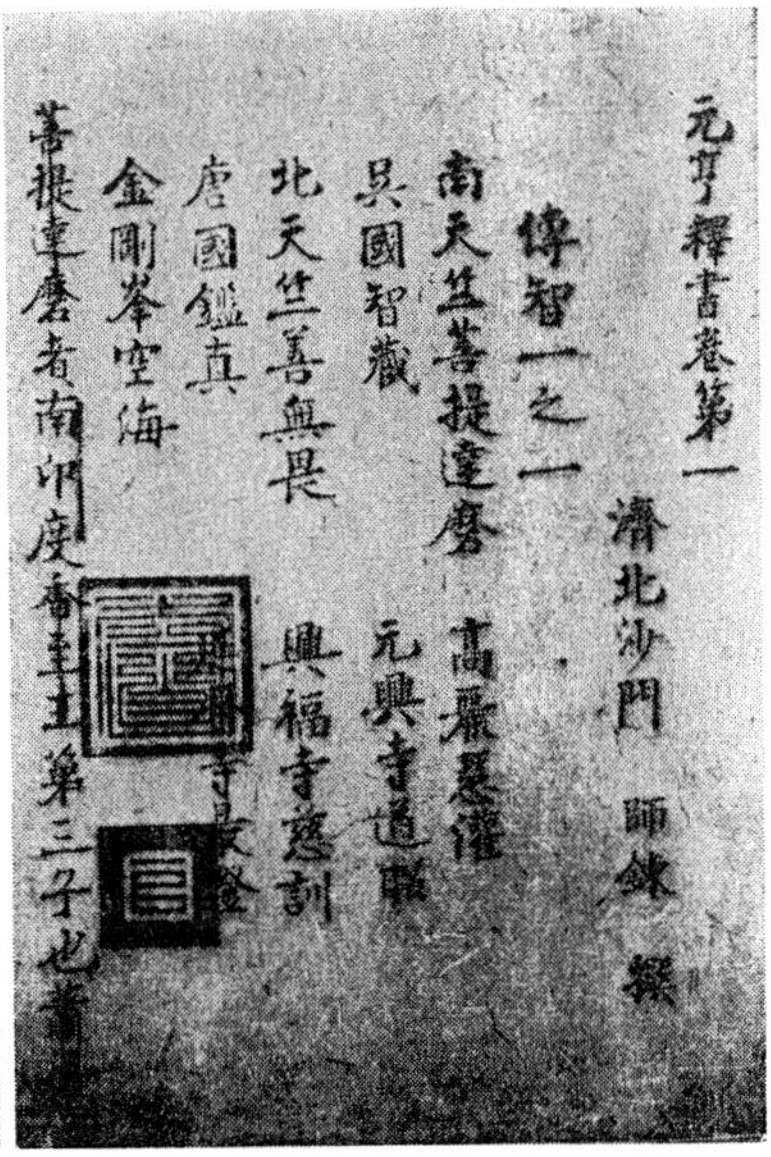
元亨釋書卷第一
濟北沙門　師錬　撰
傳智一之一
南天竺菩提達磨　高麗慧灌
呉國智藏　元興寺道昭
北天竺善無畏　興福寺慈訓
唐國鑑真
金剛峯空海
菩提達磨者南天竺國香至王第三子也

大道筆（第1巻）

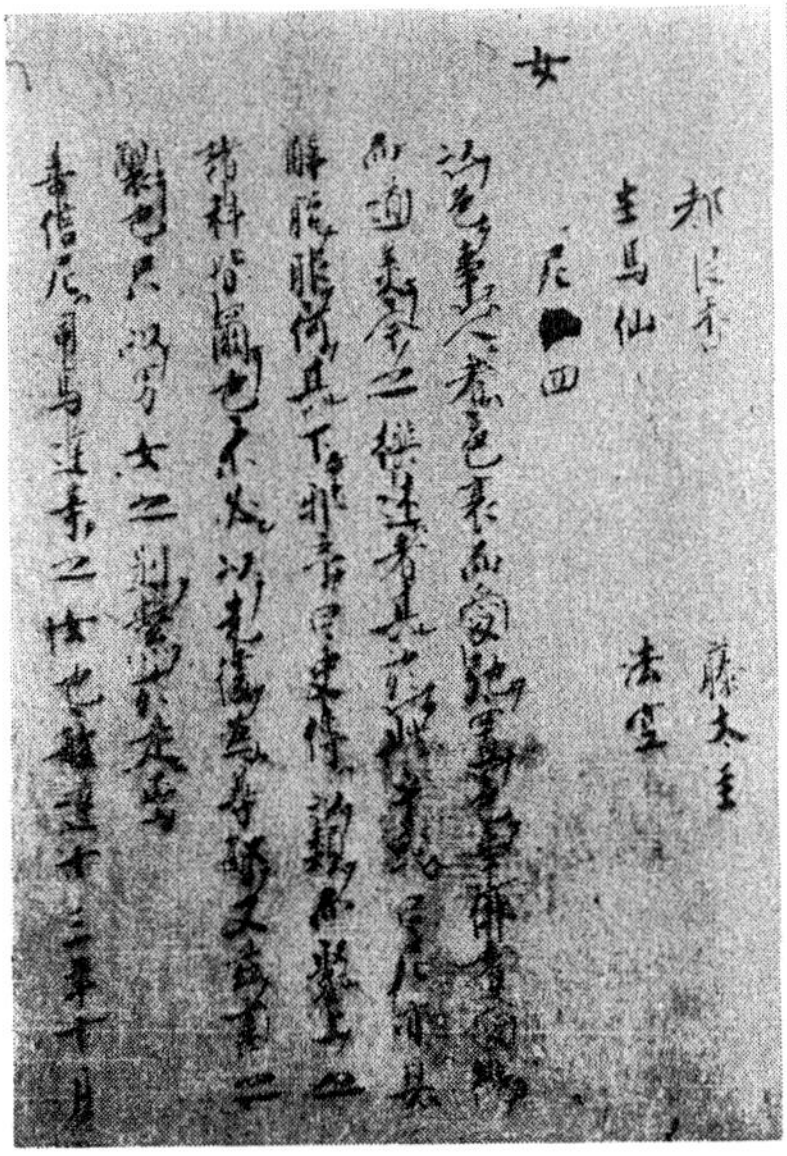
女

性海筆（第18巻）

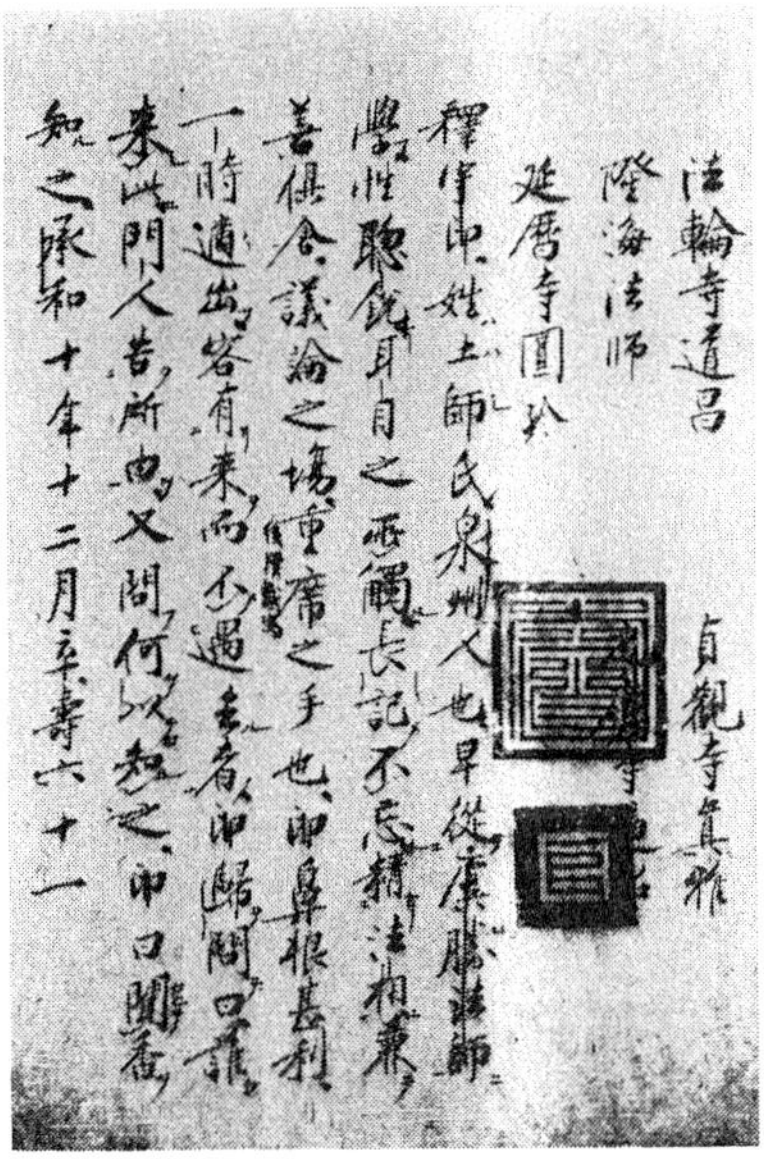
法輪寺道昌　貞觀寺眞雅
隆海法師
延暦寺圓仁

虎関筆（第3巻）

元亨釋書卷第八
濟北沙門　師錬　撰
淨禪三之三
宋國祖元　宋正念
宋子曇　宋一寧
三聖寺湛照　禪興寺道海
圓覺寺昭元　東福寺慧曉
東福寺順空　南禪寺祖圓
釋祖元宋國慶元府人姓許氏高曾皆

C　筆（第8巻）

蹟について考えてみよう。本書の本文は各冊とも横九行縦十七字を基準としているが、第一・五・六・十一・十二・十三・十四・十五・十六・二十一・二十三・二十五第八葉左以下・二十六・二十七・二十八・二十九・三十の各巻、計十六冊半余の部分はまぎれもなく大道の自筆であることがわかる。しかも、このほか全巻にわたって大道の校訂補注がなされている。

つぎに、第二・三・十・二十二巻の本文は同一人の筆蹟とみられ、これを東福寺所蔵の「進学解」（重文）、東京竹内善次氏の「梅竹詩」、常盤山文庫の「梅花詩」（重文）、大阪江口治郎氏の法語など[11]、虎関の筆蹟とくらべてみると、「年」「人」「之」などの書癖をはじめとして、まさしくそれらは虎関の自筆であることがわかる。ただし、第二巻巻末の書名のみは大道の筆蹟である。

また、第十八巻は虎関の高弟性海霊見の筆写であることも疑いない。

以上、虎関・大道・性海の三人の筆蹟があることはわかったが、そのほかについては、いまだ筆者を想定するまでにはいたっていない。しかし、そのうち、第八・二十巻は同一人の筆蹟（C筆）と推定される。その字体は大道の筆蹟によく似た点もあるが、より細く、また釋を釋、濟を濟とするなど、大道とは別筆とみられる。

また、第九・二十四・二十五巻第八葉右までも、同一筆者（D筆）によるものと思われる。その書風は釋・慧などの書癖がC筆と共通しており、字体も比較的似通ってはいるが、C筆が濟とあるのに、D筆は濟と書いているなど、やはりC筆とは別筆とみるべきものであろうと思う。

つぎに、第四巻（A筆）はC筆に類似してはいるが、さらに字体が細く、釋を釋、巻を巻、第を弟と書くなどの書癖があり、C筆とも異なっている。

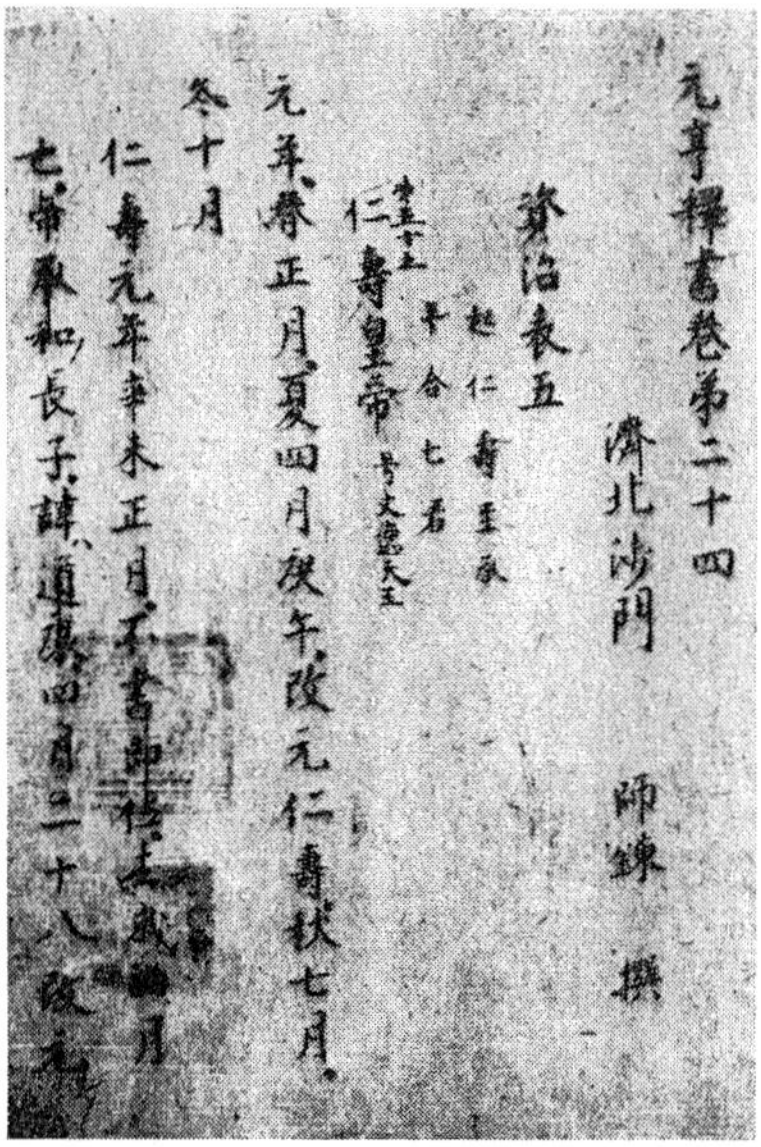

D　筆（第24巻）

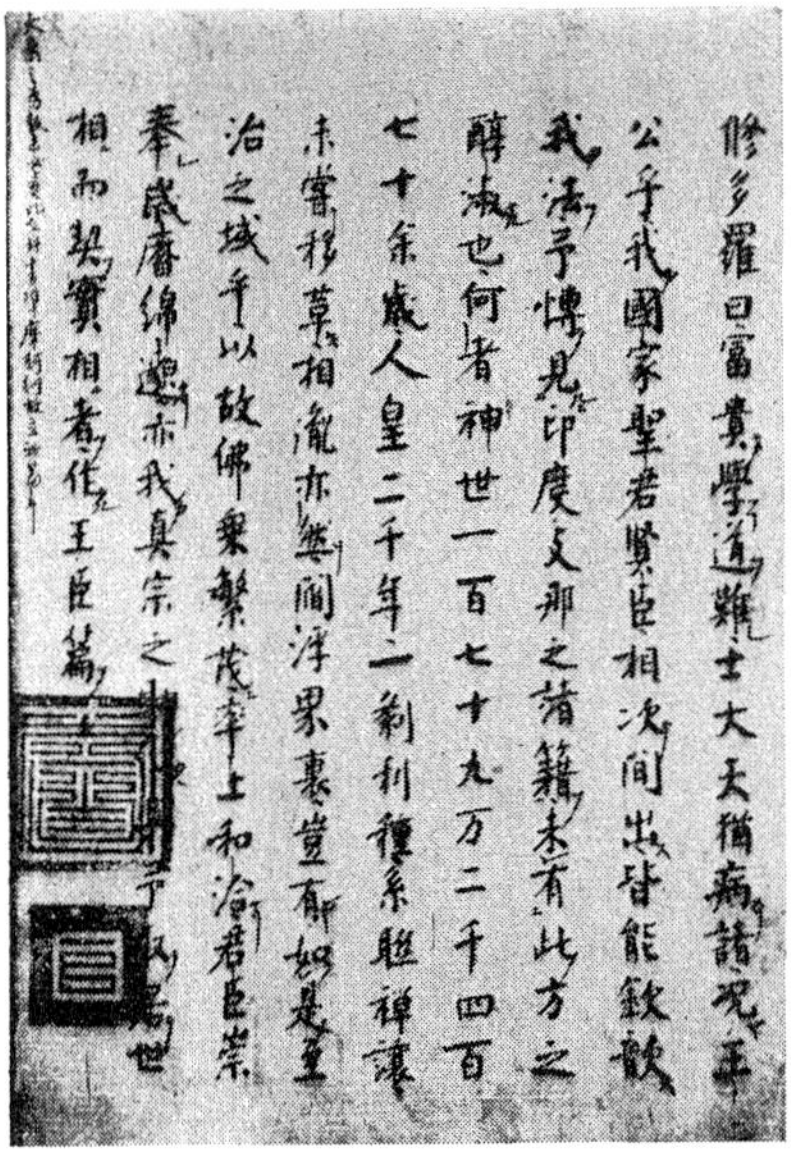

E　筆（第17巻）

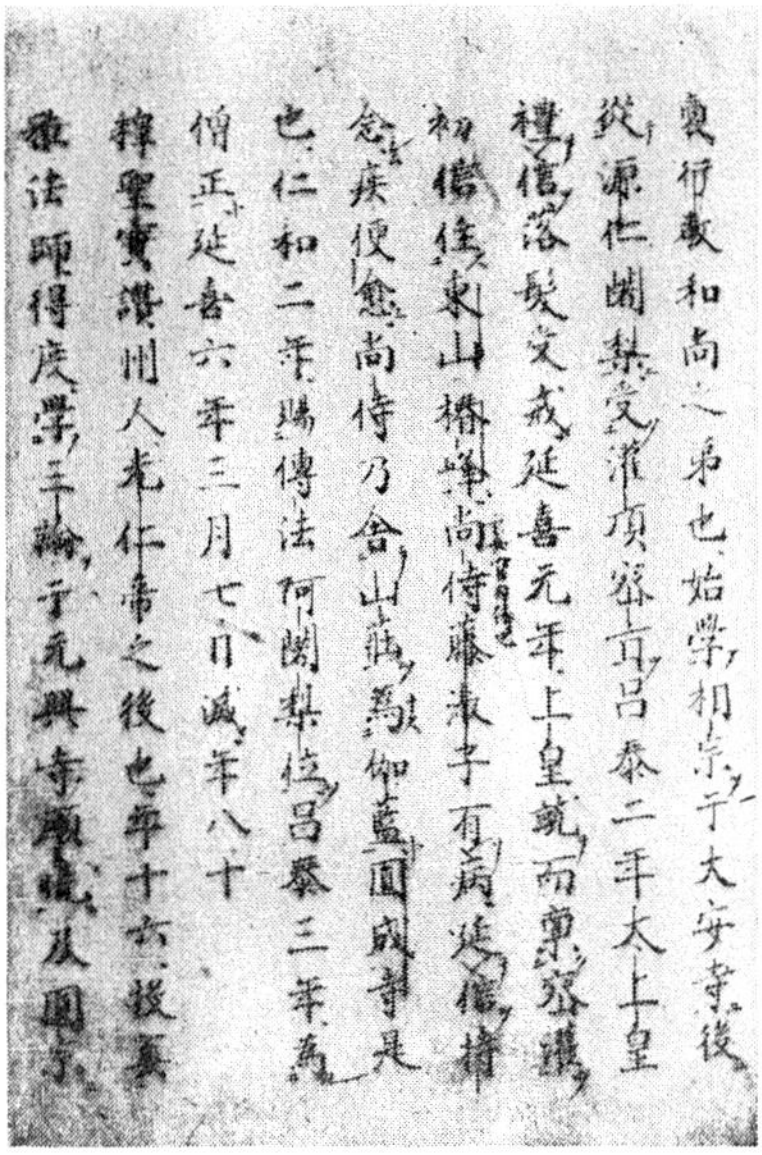

A　筆（第４巻）

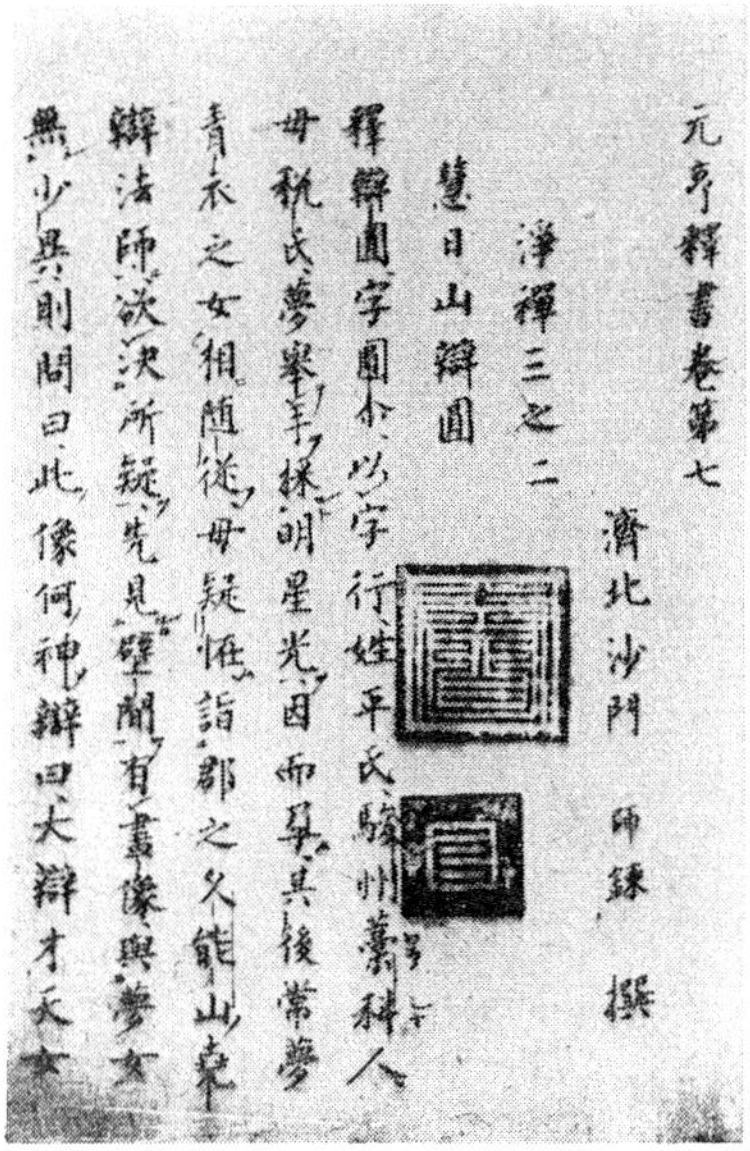

B　筆（第７巻）

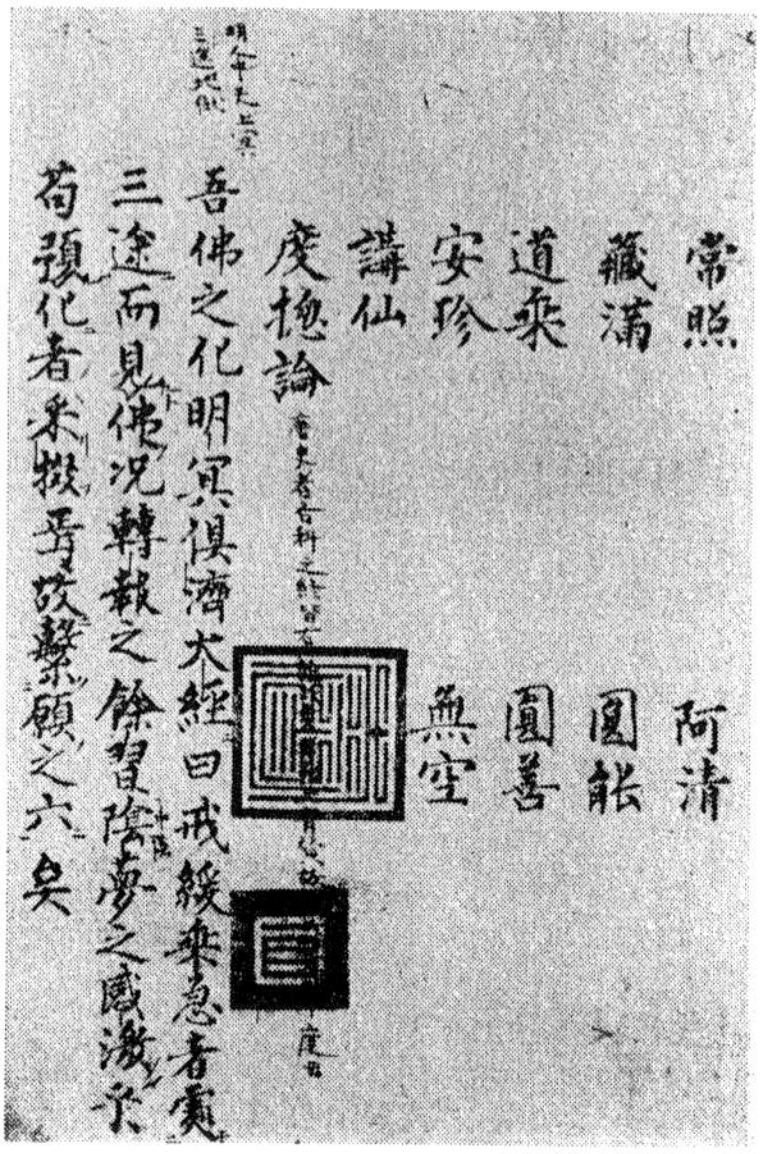

F　筆（第19巻）

なお、第十七巻（E筆）も大道の筆蹟に似通ってはいるが、筆力がやや劣っているので、にわかに大道筆とは断定できない。一応別筆とみておくべきであろう。

このほか、第七巻（B筆）および第十九巻（F筆）も、以上の諸筆とはあきらかに別筆である。

なお、第十五巻（本文大道筆）の巻頭は聖徳太子の伝であるが、第八葉の「良久曰、禅定易レ厭、濁世難レ離、今遭二素交一我意」以下第九葉にわたって、十六行分の空白があり、さらに同紙の折目に、大道とは別人である後人の筆蹟で、「又七有二落丁一、故有レ不レ接レ紙」と記されている。さらに又、第九葉の「足矣、子何更二数生一居二此山一、不レ移二余方一、惜哉化」の一行の前に紙継目があり、そこには大道の筆蹟の断片が残っていて、しかもそれは「足矣、子何更二数生一居二此山一、不レ移二余方一、惜哉化」の一行であったことがしられる。また、第九葉の「足矣」云々以下と、第八葉の「良久曰……我意」以前とでは、おなじ大道の筆蹟には相違ないが、その筆勢からみて、あきらかに別時の筆致であることが窺われる。しかも、第六葉以前と第九葉（折目には又七とある）以後とは同時の筆蹟であるとみられ、またそれとは別時ではあるが、第七葉と第八葉（これも折目には又七とある）も、同時の筆蹟であるとみられる。してみると、第六葉以前と第九葉以後はさきに書かれたものであって、のちに考えるところあって、第七葉と第八葉を切取り、あらたに大道自身で補筆したものであろう。おそらく、大道はこの巻を一筆繕書したが、のちにこれを校訂したとき、その書写の誤を発見し、標註だけでは修正できないと判断したので、この部分を改めて書きなおしたのではなかろうかと思われる。文章は続いているとみられるから、落丁ではない。それを後人が誤って落丁と早合点してしまったにすぎないのである。

以上、『釈書』三十冊のうち、大道筆は十六冊余、虎関筆は四冊、性海筆は一冊、A筆・B筆各一冊、C筆二冊、D筆二冊余、E筆・F筆は各一冊で、計九人の禅僧の筆蹟から成っていることがしられるが、A・B・C・D・E・Fの六筆については、ただちにその筆者を想定することはできない。

いま、各冊の本文の筆者などを一覧表にまとめてみると、左図のごとくである。

つぎに、しからば該写本は何時頃のものであるのか、その成立年代について検討を加えてみよう。まず、前述のように、この写本のなかには虎関自筆の部分が四冊も含まれていることがしられるから、少なくともこの部分は、第三稿成立の元亨二年七月以降、虎関示寂の貞和二年七月二十四日までの間に書かれたものであることは疑いないところである。(12)しかも、該写本全体が概ねこの年代頃のものであることは、大道の筆蹟のうえからも推定できる。すなわち、本書の大道の筆蹟と、東福寺永明院に伝わる大道自筆の詩軸とを比較すると、貞治二年の「明鹿頌軸」、貞治五年二月の

巻数	丁数	筆者
1	31	大道
2	30	虎関
3	31	虎関
4	28	A
5	28	大道
6	21	大道
7	25	B
8	24	C
9	32	D
10	31	虎関
11	30	大道
12	27	大道
13	19	大道
14	20	大道
15	29	大道
16	20	大道
17	26	E
18	35	性海
19	23	F
20	28	C
21	28	大道
22	28	虎関
23	32	大道
24	25	D
25	32	第八葉右迄D 以下大道
26	28	大道
27	28	大道
28	27	大道
29	25	大道
30	21	大道

「瑞雪頌軸」などにみられる大道晩年の筆勢とはあきらかに相違があるのに反して、貞和元年十二月二十四日の大道の自序がある「枇杷頌軸」の筆致と近似していることがわかる。(13) したがって、該写本の大道の筆蹟の部分は、おおよそ貞和元年頃、すなわち、大道五十四歳前後の壮年期のものとみられるのである。

つぎに、性海の筆蹟はいつ頃のものであろうか。性海は貞和元年より三年前の康永元年秋に入元し、在唐十年にして観応二年五月に帰国しているが、その後ただちに丹波に赴き、貞治二年冬、京都にかえって三聖寺に入寺している。しかも、その間ほとんど在京していない。(14) したがって、その間に『釈書』を京都で書写したということはまず考えられないであろう。してみると、性海が筆写したのは、入元の康永元年、性海三十二歳の秋以前でなければならないことになる。ところが、これよりさき、暦応四年六月には、大道も阿波の補陀寺の請をうけて同国に赴いているから、(15) 該写本ができたのはそれ以前とみるべきであろう。しからば、それ以前はどうであろうか。

そこで、虎関・大道・性海などの伝記についてみると、これよりさき、元弘二年九月二十日、虎関が東福寺に入寺しているが、このとき、大道はその首座を勤めていることがしられる。(16) してみると、本書の成立は虎関と大道が東福寺に一緒に住していたこの頃のことではあるまいかと一応想像される。しかし、筆者の一人である性海は、当時まだ二十二歳の弱輩であり、ようやく南都北嶺における勉学を終了したばかりであって、まだ虎関との師弟関係など全くなかったときのことであるから、(17) 本書の筆写は当然これ以後とみなければならないであろう。

ついで、建武四年九月一日、虎関が東福寺に再住したときにも、大道はその前堂首座を勤めているので、(18) このころ筆写されたということも考えられないではない。

ところで、その翌々年の暦応二年三月十四日、虎関が南禅寺に昇住したときには、大道の法兄である固山一鞏がまず前堂首座になっているが、やがて大道がこれと交替して首座を勤めている。のみならず、これよりさき、同年正月十七日、師の清拙の示寂にあった性海は、虎関の道風を慕って、このときはじめて南禅寺の虎関会下にうつり、六頭首の一員である知客の役をつとめている。(19) ここに、暦応四年正月十八日に虎関が南禅寺を退院するまでの約二年間(20)、南禅寺においては、住持虎関、前堂首座大道、知客性海と、少なくとも該写本の筆者のうち三人までが揃って在職していた時代があったことがしられる。したがって、大道が中心になって筆写の業を進めたのは、おそらく、虎関が南禅寺に入寺した暦応二年三月十四日から、大道が阿波補陀寺に赴いた同四年六月までの間、さらに推測を逞しくするならば、虎関・大道・性海らが一緒であった暦応二、三年から同四年正月にかけて、すなわち大道四十八、九歳から五十歳頃の壮年期に書写されたものではなかろうか。

このように、該写本は、虎関をはじめとして、学問上の高弟である大道を中心として、虎関の門弟となった性海など、この頃南禅寺の頭首などを勤めていた人々が虎関の指示をうけて草稿本を清書したのではなかろうかと推察される。そして、最初は虎関自らがより多くの冊を書写する予定であったが、暦応三年正月頃から左臂を病み、屈伸に不自由を感ずるようになったため(21)、能筆であった大道がそれを補うようになったのではあるまいか。このようにして、筆写の中心が大道となった関係で、のちに大道の手沢本となったのではなかろうかと思われる。なお、該写本と直接関係があったとは即断できないが、守屋孝蔵氏所蔵の虎関の書状によると、

今月十三日、東福寺退院、此間者済北菴寓居候也、就㆑其相構上洛之事不㆑可㆑有候、具足等他所預置候之間、釈書此便不㆑進候、併期㆓後便㆒候、行履事者明春追可㆑申候、恐々謹言、

（建武元年）十二月十九日　　師錬

師錬

涼蔵《（檀渓心涼）》主禅師

とあり、すでに建武元年頃から檀渓心涼などの門弟達によって『釈書』の清書が企劃されていたことが窺われる。

最後に、この清書本が『釈書』の原本であるかどうかという問題であるが、この点については、全三十冊のうち四冊までが撰者である虎関の自筆本であるから、一応『釈書』の原本の一種とみなしても差支えないであろう。

四　貞治槧本の成立

つぎに、『釈書』の最古の版本で、新訂増補国史大系本の底本となった宮内庁書陵部の貞治槧本についてみよう。同書はもと妙心寺六十七世功沢宗勲の手沢本であったことがその鑑蔵印でわかるが、全巻にわたって音訓点・頭註・傍註などの墨書があり、新訂増補国史大系本はこれらの追記をすべて採用し、さらに校勘者の註をも附加している。いまその刊記を列挙すると、次のごとくである。

〔目録巻首刊記〕

大日本国延文庚子《（五年）》六月、有レ旨入二毘盧大蔵一、海蔵禅院寓居比丘単況等、謹募二衆縁一、恭為二今上皇帝祝延聖寿、文武官僚資崇禄位、国泰民安一、命レ工鏤梓与二大蔵経一印板共行一部計三十巻、

旹貞治三年甲辰正月　日謹題

〔第十二巻巻尾刊記〕

開版幹縁比丘単況、命レ工刊行、

〔第十三・十四・十五巻各巻巻首刊記〕

目録巻首の刊記に同じ。

〔第十六巻巻首刊記〕

大日本国延文庚子六月、有レ旨入二毘盧大蔵一、済北禅庵住持比丘単況等、謹募二衆縁一、恭為二今上皇帝祝延聖寿、文武官僚資崇禄位、国泰民安一、命レ工鏤梓与二大蔵経一印板共行一部計三十巻、

旹応安元年戊申十二月　日謹題

〔第十七巻巻首刊記〕

大日本国延文庚子六月、有レ旨入二毘盧大蔵一、済北禅院寓居比丘単況、謹募二衆縁一刊行、

〔第二十二巻巻首刊記〕

大日本国延文庚子六月、有レ旨入二毘盧大蔵一、平安城南禅禅寺寓居比丘単況、謹募二衆縁一、恭為二今上皇帝祝延聖寿、文武官僚資崇禄位、国泰民安一、命レ工鏤梓与二大蔵経一印板共行一部計三十巻、

旹永和二年丙辰八月　日謹題

〔第二十八巻巻首刊記〕

大日本国延文庚子六月、有レ旨入二毘盧大蔵一、摂州報国禅寺住持比丘単況、謹募二衆縁一、恭為二今上皇帝祝延聖寿、文武官僚資崇禄位、国泰民安一、命レ工鏤梓与二大蔵経一印板共行一部計三十巻、

旹永和三年丁巳八月　日謹題

〔同巻末刊記〕

斯巻者平安城人上池軒主恵勇捐レ財繡梓、于レ時永和三祀丁巳九月也、

〔第二十九巻巻首刊記〕

第二十八巻巻首刊記に同じ。

以上の識語によってもしられるように、目録共三十一巻が同時に刊行されたわけではなかった。すなわち、目録・第十三・十四・十五の各巻に貞治三年正月の刊記があるから、これらの巻は、当時海蔵院に寓居していた無比単況によって最初に出版されたことがしられる。なお、第一巻から第十一巻までは刊記がなく、第十二巻も刊行の年記がないので、これらの巻の刊行年代についてただちに断定はできないが、その前後の巻である目録及び第十三・十四・十五の各巻の刊記からみて、おそらく、それらと同時に印刻されたものではなかろうか。

つぎに、第十六巻には応安元年十二月の南禅寺済北院住持無比単況の刊記があり、ついで第十七巻にも、年記はないが、おなじく済北院寓居の無比単況の刊記があるので、おそらく同巻も同年代頃に印刻されたものであろう。なお、第十八巻から第二十一巻までは、刊記がないので明らかではないが、第二十二巻には永和二年八月の南禅寺寓居無比単況の刊記がある。しかも、同年代の南禅寺住持は竜湫周沢であるから、(22)南禅寺寓居というのは済北院寓居を指すものとおもわれる。したがって、第十六巻以後第二十二巻までは、無比単況が済北院に住していた応安元年十二月から永和二年八月にかけて印刻されたものではなかろうかと推察される。

つぎに、第二十八・二十九巻には摂津国報国寺住持無比単況の刊記があり、いずれも永和三年八月とあるが、第二十八巻のみは、そのほかの巻のように、衆縁によったのではなく、京都の医者坂士仏法印、すなわち上池軒健叟恵勇居士一人の寄捨によって永和三年九月に印刻されたものであることがしられる。(23)なお、第二十三巻から第二十七巻ま

でと、第三十巻は刊記がないので、その刊行年代は明らかではないが、おそらく永和二年から同三年にかけて印刻されたものではなかろうか。

このように、『釈書』の出版は、入蔵勅許の延文三年から七年目の貞治三年にはじまり、前後十三年間も費されたことがしられるが、おそらく実際にはそれ以前の延文三年の入蔵直後から計画が進められていたものであろう。なお、各巻が印刻と同時にそれぞれ印刷されたか、あるいは永和三年九月以後に全巻を同時に上梓したものか否かは遽かには断定できないが、一応別時に各巻の印刷が進められたとみるべきであろう。

ともあれ、このようにして『釈書』三十巻は上梓されたのであったが、永徳二年二月十六日、海蔵院の書庫が焼失したため、『釈書』の版木も灰燼に帰してしまった。そこで、性海霊見は同院門徒の懇請をうけて住菴し、同院の復旧にあたるとともに、『釈書』の再刊を企て、至徳元年六月、等持寺住持義堂周信に依頼して化縁疏を作製し、ついに明徳二年十一月にいたって重刊を成し遂げている。(24)なお、このとき一筆繕書したのは、竜泉令淬の門弟の愚渓知至であったことがしられる。(25)その後も、慶長四年・同十年五月・元和三年・寛永元年三月・寛文元年など幾度か刊行され、近くは『新訂増補国史大系』のほか『大日本仏教全書』にも収められている。

五 むすび

しからば、以上のような貞治槧本と先述の東福寺所蔵の大道手沢原本との間にはどのような関係があるであろうか、また、これらと虎関の原本又は草稿本との関係はどうか、以下これらの点について考えてみたいと思う。

そこで貞治槧本と大道手沢の原本を比較してみると、まず最初に注目されるのは、貞治槧本には、原本になかった目録一冊が附属しているということである。しかし、内容的には各巻の巻首にある目次を集成したものにすぎない。また、大道手沢原本・貞治槧本ともに、各頁九行、一行十七字であるが、貞治槧本の第十二巻のみは、第一頁は九行であるが、以下は八行である。

さらに、貞治槧本では、大道手沢原本の誤字を訂正して、たとえば釋・釋を釋、辨鋒を辯鋒、濟北を濟北、聖徳大子を聖徳太子、預州を豫州などと改めている。また、圓尒を圓爾、精灵を精霊、圭堂を圭堂、銕面皮を鐵面皮、独を獨、法花寺を法華寺、献を獻、国を國、号を號、囙を因とするなど、原本における略字、もしくは異体字を貞治槧本で正字に改めている場合が多い。なお、原本の踊字は版本ではすべて正字になおされている。ただし、なかには鹽官を塩官、八萬を八万とするなど、版本の方が却って略字を使用している場合や、原本には栂尾寺とあるにもかかわらず、版本で梅尾寺としてしまっているような例も稀にはみられる。しかしながら、全体的にみた場合、版本では、刊記を加えたり、原本の書誤りを校訂しているため、配字の位置が多少移動しているところもあるが、各頁九行、一行十七字の体裁やその他の配字などは大体一致しているといえよう。

したがって、このような両者の類似性から推察すると、貞治槧本は、まさしく東福寺所蔵の大道手沢の原本を底本にして、これを一筆繕書して出版したものではなかろうかと誰しも一応考えるであろう。

ところが、版本巻一の元興寺道昭の伝をみると、「昭欣慨修習、早得二悟解一」につづいて、「業成辞レ蔵」との間に、

又指見二相州隆化寺慧満禅師一、満委曲開示、謂曰、先師僧那曰、昔達磨以二楞伽経一付二二祖一曰、吾観二震旦所有経一、唯此四巻、可二以印一レ心、

とあるが、大道手沢の原本には、この部分が見当らない。したがって、無比単況が貞治槧本の底本にしたのは、大道手沢の原本ではなく、これとは別の古写本を底本にしたとみなければならないであろう。してみると、無比単況は海蔵院所蔵の虎関の原本又は草稿本によって、貞治槧本の版下をつくったのではなかろうか。

さらに又、大道手沢の原本が海蔵院に架蔵されたのは、永徳二年の火災によって、これら原本又は草稿本などが焼失してしまったため、これにかわるものとして、大道手沢本の筆者の一人でもある海蔵院院主性海らの尽力によって、その後大道手沢の原本が海蔵院の所有に帰したのではなかろうかと推察されるのである。

註

（1）大屋徳城「元亨釈書の非難に就いて」（『日本仏教史の研究』所収）。大屋氏が東禅を東漸健易であるとして推論をすすめているが、これは明らかに景南英文の誤である。

（2）同右

（3）『不二遺稿』上

（4）大屋氏は上村観光氏の説によって、太極は栗棘門派であるとしているが、玉村竹二氏は「碧山日録記主考」（『歴史地理』八八ノ二所収）において、記主の太極は桂昌門派の隆中の門弟であることを明らかにしている。しかし、その相承系統は古源邵元―南源昌詵―隆中□□―太極であるか、或は古源邵元―□□□□―隆中□□―太極であるかは確定を差控えざるを得ないとされている。

（5）（6）『海蔵和尚紀年録』

（7）『園太暦』延文四年十月十九日条、『本朝高僧伝』三十六

（8）『愚管記』延文四年九月三日条、『園太暦』延文四年十月十九日条

（9）『愚管記』同日条

（10） 金沢市立図書館所蔵大島文庫本。本書の採訪は阿部善雄氏の好意によるものであるが、これと前後して、玉村竹二・古田紹欽・井上禅定の三氏の斡旋によって、松岡文庫架蔵の享保四年の刊本『獅子絃』一冊を見る機会を得た。同刊本によると、上掲の五十三首のほか、竜泉令淬の「塵外摩尼人不レ識、九天推出転玲瓏、君王之宝難レ酬レ価、収在二竜宮海蔵中一」と、無比単況の「日域新編釈史文、此非三梵語与二唐言一、紫泥時下入二竜蔵一、五百高僧朝二至尊一」との二首が新たに添加されており、さらに各作者の略註及び千巌師諄の刊記等が附せられている。なお、各作者の住寺名は偈頌の作製年代のものではなく、軸物にまとめた永和四年七月頃を基準に附したものである。

（11） 田山方南編『続禅林墨蹟』

（12） 『海蔵和尚紀年録』

（13） 『永明院文書』

（14） 『性海和尚行実』

（15） 『新修大正大蔵経』所収の『夢窓録』下によると、「送三以首座赴二阿波補陀一」とあるのみであるが、『東福寺誌』所引の同録には、「拙偈偺餞三大道座元禅師赴二補陀之請一、伏幾電采、暦応辛巳季夏、西山隠子踈石拝呈」とある。

（16） 『大道和尚行実』

（17） 『性海和尚行実』

（18） 『海蔵和尚紀年録』『大道和尚行状』

（19） 『大道和尚行状』『性海和尚行実』

（20）（21） 『海蔵和尚紀年録』

（22） 『竜湫和尚語録』

（23） 『幻雲文集』賛辞

（24） 書陵部所蔵明徳版『元亨釈書』

（25） 『延宝伝燈録』十三

後鑑

羽下德彦

はじめに

ひとつの権力は、爛熟期に至ると、己が足跡を歴史叙述の形で定着させようという欲求を、抱くもののようである。鎌倉・室町・江戸三代の幕府にあっても、各々編述の経緯や体裁を異にするとはいえ、鎌倉幕府は『吾妻鏡』を、江戸幕府は『徳川實紀』を、後代にのこしている。ただ、戦国の動乱のうちに埋没していった室町幕府のみは、自らの手で己が歴史を編むことを許されなかった。だが、その滅亡後二百数十年、江戸幕府によって編纂された『後鑑』が、十五代二百四十年の室町幕府歴世の事蹟を記す。

一

『後鑑』は、三百四十七巻、付録二十巻。江戸幕府の奥儒者成島良譲が幕命を奉じて編纂したものであり、天保八年に着手し、嘉永六年に完成した[1]。

良讓、号は筑山、『徳川實紀』の編者司直の養子[2]。『南山史』『列国譜』『紫史吟評』等の著がある。明治の文人成島柳北はその子である。他に、筒井萬輔等九名が、良讓を助けて編纂に従事した[3]。

本書の原本はもと内務省旧地理課の所蔵にかかり、旧輯『続国史大系』所収の『後鑑』はこれを底本として刊行されたが、大正十二年の関東大震災で烏有に帰したという[4]。写本としては、

（甲）内閣文庫蔵、二百六十六冊（稿本。内二百六十二～六の五冊は「後鑑稿」と題し、内容は尊氏将軍記）

（乙）東京大学史料編纂所蔵、百十七冊（稿本）

等が主なものである[5]。

『新訂増補国史大系』は旧輯『続国史大系』を底本とし、主に（甲）と対校し、巻百六十九以降は（乙）を参照し、校訂を加えて刊行された。ただ、本書については、諸本の性格を一々説明することにそれ程積極的な意義があるとは思われないので、本稿では、本書の編纂方針、記述の性格などについて若干の解説を加え、『新訂増補国史大系』所収の本書の利用価値について述べたい。

二

本書の編述の意図と方針は、編者自ら凡例に記すところであるが、その根本は、「今編輯する所は、東鑑の後を継いで、室町殿歴世の事を記す」ことであった。編者は、『吾妻鏡』を「当時の編纂」にかかる「日記」として理解し、

これを範として、その後を受けて、室町幕府歴代の事蹟を日録的に叙述しようとしたのである。書名もまたかかる編述の意図に由来する。

編述方針としては、

(イ) 将軍一代毎に事績をまとめて「某将軍記」とする。各将軍記の巻頭に足利系図・足利家官位記等を掲げて、将軍の出生・父母・官位昇進の次第を記し、次いで本記に入り、将軍の死又は次代将軍の将軍宣下に終る。

(ロ) 義量・義尚の死後、義持・義政の執政期は、義持将軍後記・義政将軍後記として独立させる。

(ハ) 義稙・義澄・義栄等、政争によって将軍職の転変した時期は、将軍宣下を受けて在京せる者を以て将軍と看做し、正閏の論を立てない。

(ニ) 中央のみならず、関東・九州等の地方の状勢をも記述する（なお、鎌倉府を「鎌倉幕府」「関東幕府」などと呼んでいることにも注意したい）。

(ホ) 管領・四職・奉行等の任免・動静には特に留意する。

(ヘ) 朝廷の行事は、幕府に関係ある事項のみを採録する。

(ト) 南朝についても前項と同様。

(チ) 対外関係は、明・朝鮮・琉球の別なく採録する。

(リ) 天変地異を記録する。

等の基準が立てられている。

このように、室町幕府を中心として叙述するという態度が明確に貫かれているのであるが、全体を「某将軍記」として区分した点は、『吾妻鏡』と共に、『徳川實紀』の影響をも認むべきであろう。又、対外関係を意図的に包摂したことに、編者の見識と、編纂当時の社会情勢の反映を読みとることが出来る。

本書の構成を左に表示する。

後鑑構成表

巻	将軍記	年月	新訂増補国史大系所収巻・頁
一—五四	尊氏	元弘一・九—延文三・四	三四—一〜三四—五八六
五五—七〇	義詮	延文三・五—貞治六・一二	三四—五八七〜三四—七四八
七一—一〇三	義満	貞治六・一二—応永一・一二	三五—一〜三五—三六六
一〇四—一三五	義持	応永二・一—応永三〇・三	三五—三六七〜三五—六九六
一三六—一三八	義量	応永三〇・四—応永三二・二	三五—六九七〜三五—七三〇
一三九—一四一	義持後記	応永三二・三—正長一・一	三五—七三一〜三五—七七四
一四二—一六八	義教	正長一・二—嘉吉一・六	三五—七七五〜三五—一、一四六
一六九—一七三	義勝	嘉吉一・六—嘉吉三・七	三六—一〜三六—五四
一七四—二二九	義政	嘉吉三・八—文明五・一二	三六—五五〜三六—五七八
二三〇—二四五	義尚	文明六・一—延徳一・三	三六—五七九〜三六—八九〇
二四六—二四八	義政後記	延徳一・四—延徳二・一	三六—八九一〜三六—九二六
二四九—二五六	義稙	延徳二・二—延徳二・四	三六—九二七〜三六—一、〇一〇
二五七—二七二	義澄	文明一二—永正五・四	三七—一〜三七—一五四
二七三—二八六	義稙後記	永正五・四—大永一・六	三七—一五五〜三七—二七二
二八七—三一六	義晴	大永一・七—天文一五・一二	三七—二七三〜三七—五九四
三一七—三三六	義輝	天文一六・一—永禄八・六	三七—五九五〜三七—七八二

三三七―三四〇	義　栄	永禄　八・　七―永禄一一・　九	三七―　七八三～三七―　八一四
三四一―三四七	義　昭	永禄一一・一〇―慶長　二・　八	三七―　八一五～三七―　八九二
三四八―三五〇	尊氏付録		三七―　八九三～三七―　九四四
三五一	義詮付録		三七―　九四五～三七―　九五六
三五二―三五三	義満付録		三七―　九五七～三七―　九七二
三五四	義持付録		三七―　九七三～三七―　九八二
三五五―三六四	義政付録		三七―　九八三～三七―一、一三二
三六五	義尚付録		三七―一、一三三～三七―一、一四〇
三六六	義稙付録		三七―一、一四一～三七―一、一四四
三六七	義澄付録		三七―一、一四五～三七―一、一四六

三

次に本文の叙述形式について考察する。先蹤として意識された『吾妻鏡』は、日録の体裁で編述されてはいるが、一々の記述の典拠を明示していない。これは、六国史を始めとする諸書の大部分に共通するもので、古代・中世の歴史叙述の正統的な型といえる。これに対して、江戸時代に編纂された歴史書には、叙述の根拠を提示するものがある。『大日本史』を代表とするそれは、江戸時代の歴史叙述の一つの典型であり、考証学の発展の成果を示すものでもある。『後鑑』は、この伝統を継いで、典拠を明示する。併し、本書を他と区別するものは、単に典拠を示すに止まらず、典拠たる史料自体を挙示する点である。即ち、事実を一々年月日に懸け、月の不詳なる場合は是月に、月の知れざるものは是歳に懸けて記し、次にその根拠とした史料を引載する。編者によれば、前者は「綱」、後者は「目」であるが、目の面を重視すれば、本書を史料集とする定義も生れる。

編者によれば、本書の素材は、①記録（公家の家記と僧徒の日録）、②武家の記録（戦記を含む）、③古文書、④詩文集、⑤法令集、⑥故実書、に大別される。「武家の記録、其体凡そ二様に過ず、保元平治物語・平家物語・盛衰記等は戦記なり、東鑑・花営三代記等は日記なり」というのが、編者の基本的な史料観であり、『東鑑』につぐ武家の「日記」として本書を位置付けようとするのであるが、武家の日記たるべき本書の全体としては、(1)公家の家記、(2)武家の記録、(3)戦記、(4)僧徒の記録、(5)古文書、(6)詩文集、(7)法令、(8)故実書、の順に、史料価値の優劣の判断がなされているものの如くである。その他、系図・家譜・歌集等も広汎に利用されている。本書に引用するところの文献およそ六百五十種、他に古文書百三十種二千三百余点、その一覧表を末尾に掲げ、各将軍記毎に引用の有無又は所収点数を表示しておく。

本書に引用された史料を一見して気付くことは、(イ)公家・社寺の記録は、現在内閣文庫に伝存している史料との関係が想定される、(ロ)『群書類従』『続群書類従』が広汎に利用されている、ことである。幕府の奥儒者たる成島良譲が、幕命を奉じて編纂するものである以上、史料蒐集に幕府の後援があったことは疑ないから、幕府の紅葉山文庫（楓山文庫）や昌平坂学問所の蔵書、又、塙保己一の和学講談所の蔵する史料等が、編者の利用するところとなったことも容易に推測される。従って、現在これらの諸所の典籍が収蔵せられる内閣文庫に、『後鑑』編纂に利用せられた史料の相当数が存在するのは当然であろう(6)。又、既に文政年間に完成した正続『群書類従』が利用されたのも、極めて自然である。なお、編者が古文書蒐集に格別の努力を払ったか否かは定かでないが、本書に引用された古文書の数は、当時としては、厖大な、というに足りるであろう。

『後鑑』が使用した史料についての調査や、史料利用の手法や程度についての研究は、極めて乏しいようである。近年、伊地知鉄男氏は、義政将軍記に引用する『御連歌集』が佚書なることを明らかにされ(7)、飯倉晴武氏は、『後鑑』の利用した『看聞御記』は抄出本であることを論ぜられた(8)。又、岩沢愿彦氏は、義栄将軍記及び義昭将軍記に引く『安土日記』が「原本信長記」の一異本であり、而も和学講談所本であることを指摘され、一般には小瀬甫庵の『信長記』が流布していた当時にあって、この『安土日記』を採用した編者の見識を称揚されている(9)。

四

次に綱文に於ける事実記載の方式を、若干の実例をあげて検討する。(『 』内は典拠)

Ⅰ　正平七年三月八日条

A　大樹相州進発『古証文』

B　山名伊豆守時氏勧二諏訪部三郎入道一効レ志『諏訪部文書』

C　新曾彦太郎光久捧二着到状一『足利家書法式』

これは、A将軍の行動、B中央から地方への働きかけ、C地方から中央への働きかけ、の順。

Ⅱ　文和元年九月十八日条

A　奉行人等申二定恩賞合給地以下事一『建武式目追加』

B　左羽林被レ令二直冬誅伐事於島津判官一『島津文書』

C　又被レ令二祇園社領及東寺領事一『諸家文書纂』『東寺文書』

これは、A幕府の政策決定、B中央から地方への働きかけ、C社寺関係、の順。

Ⅲ　永享元年是歳条

A　御拝塔御受衣『足利家官位記』

B　鎌倉幕府不レ用二永享年号一自レ此至二三年一『神明鏡』

C　重建二大和国片岡達磨寺一『東海瓊花集』

これは、A将軍の行動、B地方の動静、C地方の社寺関係、の順。

Ⅳ　享徳三年正月十日条

A　諸家参二賀歳首及去年拝任一『康富記』

B　御参内御院参如レ恒『康富記』

これは、A将軍が賀を受ける、B将軍が賀に赴く、の順。

Ⅴ　嘉吉二年十月十三日条

A　管領持国自二此日一出二雑訴賦一『康富記』

B　此日二条博陸参二謝御元服御加冠事一『康富記』

これは、A幕府の政務、B公家の行動、の順。

以上、任意に抽出した若干の事例から、綱文の記述に際して、

(一)　武家内部では、

(イ) 将軍の行動及び幕府の公的活動

(ロ) 中央から地方へ

(ハ) 地方から中央へ

(ニ) 地方の情勢

㈡ 公武関係では、

(イ) 武家を主にし、ついで、

(ロ) 公家の行動や社寺の動向

という順序が、凡そ定まっていることが推測される。もとより、この原則が終始厳密に一貫しているとは言い難いし、『新訂増補国史大系』の校訂者も指摘するように、本書には、綱文と引用史料の一致しない箇所も若干あり、史料の引用にしても『看聞御記』と『後崇光院御記』、『足利家官位記』と『足利官位記』、『興福寺略年代記』と『略年代記』の如く、同一書の呼称が統一されていない場合もあり、『若狭国守護職次第』と『若狭国税所今富名領主代々次第』を混同しているような例もあって、本書自体が最終的な整理を完了していないのではないかと思われる面もあるのであるが、大局的には、「室町殿歴世の事を記す」という立場は、十分一貫しているといってよかろう。

五

さて、本書の凡例には、「日記戦記の外、第一考拠とすべきは古文書なり」との一文があって、編者が、日記―戦記—古文書の順で史料の価値判断をなしたことが窺われる。その為に、『太平記』『保暦間記』『梅松論』『難太平記』等の史料価値を統一的に判断し得ず、引用に明確な順位を定めなかったり、『島津文書』に先立って『東寺王代記』『和漢合符』を掲げ（暦応二年八月十八日条）、『応仁記』を先にして『大乗院旧記』を後にする（応仁元年正月十七日条）等の結果を生じたのであるが、これらは、例えば、他に徴すべき史料のない場合に人物の生死を系図に拠らざるを得ないことなどと共に、史料利用の条件の成熟していない当時としては止むを得ないことであって、必ずしも編者の責任ではない。編者としては、例えば足利成氏の関東下向を、「案、成氏為二関東幕帥一、鎌倉大日記係二文安三年一、（喜連川）判鑑係二二年一、今従二（鎌倉）大草紙一」（宝徳元年十一月晦日条）とする如く、可能な限り、史料の検討に努力を払い、史実の確定に努力してはいるのである。もっとも、編者の利用し得た写本そのものに既に錯乱があるような場合、これをそのまま踏襲するという誤りは、避けられなかったようである。[10]

他に、利用者の注意すべき同様な事項として、綱文が引用史料を正確に理解しないままに記されている事例を指摘しておく。例えば、建武三年六月三日条「此日伝二御書於美作次郎泰光一催二国人参向一」の典拠は『本郷文書』であって、美作次郎泰光を本郷泰光とするのがより適当であろうが、これらは全体の理解にはさして支障を来さない。又、応安六年四月十七日条「依二山城国右京田地事一管領伝二書於土岐左馬助一」は、所引の『東寺文書』の内容を誤解しているのではないが、『東寺百合文書』ゐ16—31所収の一連の案文に拠るに応安二年のもの（原案文が年付の二を六と誤写）であるから、応安二年に移さねばならぬ（『大日本史料』第六編之三十、四一三頁以下参照）。併し、延文三年六月二十四日条「細川和義為二御使一参内、奉レ謝二故将軍官位一也」は、所引の『園太暦』に「宰相中将義詮代左衛門佐和義法師、贈官事畏二申内裏一云々」とあるから、細川和義を石橋和義と訂正すべきであろう。又、文明十八年六月二十六日条

「命二拝賀段銭事於多田院守護代一」の根拠となる『集古文書』所収の文書は、摂津国守護代宛の幕府奉行人奉書であるから、綱文に多田院守護代とするのは誤りである。従って、本書を室町時代の史料として利用するに際しては、綱文の記述を盲信することなく、所収史料の一々について、検討し理解しなくてはならない。(11)

六

併し、このようにいうことは、決して綱文のもつ史書としての意義を軽視することではない。江戸時代末期の歴史叙述としては、綱文それ自体が重要な史料であり、又、たとえ綱文に誤りがあっても、その誤りそのものが、当時の歴史研究の実情を反映するものとして、史料としての価値を有するのである。『新訂増補国史大系』の編者は、「太平記、園太暦を始め、東京帝国大学史料編纂掛の蒐集にかかる諸社寺旧家等の古文書影写本に拠りて校訂増補を加へ、間々原本もしくは写真版について異同を校勘」したという。その労苦はまことに大なりといわねばならない。例えば、応永十二年九月六日条には引用書目として「古文書」が指摘されているのみで、肝心の文書が欠落しているのを、『蠹簡集残篇』によって補足した如きがそれであり、この種の補足訂正箇所は枚挙に暇ないのであって、校訂者の努力には深く敬意を表さねばならない。(12)

ただ、校訂者が綱文の一部を間々改作したことは、若干の問題を残したもののようである。例えば応永三十四年十二月二十六日条に「長尾高景仰二下金沢称名寺禁制之事一」とあるのは、校訂者の改作を経たものであり、もとは「鎌倉管領仰二下金沢称名寺禁制之事一」とあったものである。その根拠となる史料は、『諸家文書纂』所収の左の文書である。

禁制

金沢称名寺造営関所事

右、甲乙人等不レ可レ有二濫妨狼藉一、若有二違犯之輩一者可レ有二其科一、仍執達如レ件、

応永三十四年十二月廿六日　沙弥判

校訂者は、この文書の「沙弥」を、『武州文書』によって長尾高景と判断し、この文書を「長尾高景の」禁制としたのである。しかし、『後鑑』の編者はこれを「鎌倉管領の」禁制と理解して綱文をなしたのであるから、刊行に当っては、校訂者はこれを改訂せずにおくべきだったのではなかろうか。この一通の文書の発給者を何人と解するかは、『後鑑』編纂者の問題であって、校訂者の問題ではない。また、『後鑑』の綱文に、引用史料の誤解に基づく誤りがあるならば、それを発見するのは利用者の責任である。この文書の発給者を「鎌倉管領」と理解したことに、『後鑑』編纂者の見識が表明され、当時の歴史研究の状況が表現されているのであって、それをどう受け止めるかは利用者の責任なのである。同様に、永禄十一年正月十一日条に「神祖任二左京大夫一給」とあるのに対し、「神祖恐当レ作二徳川家康一」と校訂者の頭註が付されたのも若干問題であろう。

七

『吾妻鏡』が、鎌倉殿頼朝の弟である範頼・義経の他、北条時政・義時等に「主」の一字を付して敬意を表してい

ることは、周知の事実である。『後鑑』の綱文にも「主」が使用されているが、それには次の三つの場合がある。第一は、尊氏の父貞氏、及び元弘三年六月以前の尊氏。第二は、京都退去後の義澄、及び入京以前の義栄。この二つの場合の内、前者は室町将軍の前身に対する敬称、後者は将軍に准ずる者に対する敬称とみて、自然に首肯し得る用法である。第三は、徳川将軍家の祖先たる松平氏に付せられたものであるが（例えば、天文五年十二月五日条に「松平清康主」）、徳川家康については、特に東照宮（天文十一年十二月二十六日条）、神祖（永禄九年十二月二十九日条等）の敬称が用いられている。家康に対するかかる呼称は、本書編纂当時としては当然の用法であろうが、その祖先に「主」の一字を以て敬意を表したところに、本書編纂の目的と意図が暗示されているのではあるまいか。

『吾妻鏡』が時政等に「主」の敬称を付したのが、鎌倉幕府の実権者への敬意であるのはいうまでもないが、その北条氏が源氏将軍を倒して権力を握ったのが歴史の必然であったように、当初に「主」の敬称を付せられた尊氏とその子孫が、室町将軍として武家の首長となり、我が国の支配者となったのも歴史の必然であった如くに、江戸幕府の命を奉じた歴史叙述にあっては、武家第三代の幕府の首長たる徳川氏の祖先もまた、その中で必然的に「主」という敬称を要求するものだったのではなかろうか。数多の史料を渉猟し、根拠を提示して、極めて客観的に編述されてはいるが、ここに、『吾妻鑑』の後を継ぐ「かがみ」としての、『後鑑』編纂の必然性があったといえよう。

むすび

以上、極めて簡略ではあるが、『後鑑』に二つの史料的価値、即ち、江戸幕府官撰の史書として、江戸時代末期の歴史叙述の一つとしての価値と、室町幕府関係史料集としての価値とがあることを述べた。前者は主に綱文に示されるものであって、『本朝通鑑』『大日本史』『徳川實紀』『日本外史』等と並んで、本書もまた、江戸時代の歴史叙述、歴史研究の成果としての価値を主張することが出来る。坂本太郎博士は、本書を以て幕府の修史事業は全時代にわたったとし、「幕末多事の際にこれを完成したことは、江戸幕府の修史への意欲が最後まで健在したこと」を示すものと説かれているが、(13)妥当な評価というべきであろう。

後者は、本書に引載された多数の史料が、自ら語るところである。室町幕府については、鎌倉幕府に於ける『吾妻鏡』の如き記録が存在しない為に、断片的な関係史料の集積と綜合が、研究の必須の前提であるが、その点で本書は何よりも先ず繙かるべき価値を有するものである。室町幕府関係の史料には、未刊のものが少なくない。それが、今日なお、田中義成博士・渡辺世祐博士等の業績を、古典的といいながらも、尊重せざるを得ない研究段階に止まっている一つの原因であるが、その意味でも、特に『大日本史料』の未刊年代については、本書の利用価値は極めて高いのである。本書は、『新訂増補国史大系』第三十四〜三十七巻に、四冊四千余頁の大部を占めたまま、顧みる人も比較的少ないようであるが、室町幕府及び室町時代に関心を持つ人々にとっては、特に史料閲読に困難な条件にある場合には、常に参照さるべきものなのである。

今、かかる蕪雑な一文を以て『国史大系』所収史籍解題の責を塞ごうとするのは、特に、史料閲読の困難な条件にある人々に対し、本書の利用を薦めんが為に他ならない。中世史を攷究する人々の、江戸時代の学者の業績に対する表敬は、必ずしも十分とはいい難いように思われるのであるが、それにも拘らず、先人は多大の遺産を我々の為に残しているのである。

『後鑑』の編者成島良譲は、謙譲にも、引用書目を列挙して史料の博捜を誇ることをしなかった。今、概略ながら「『後鑑』引用書目一覧」(表I)、「『後鑑』引用古文書一覧」(表II)を作成して、いささかその労を顕したいと思う。

註

(1) 坂本太郎博士『日本の修史と史学』(至文堂、日本歴史新書)一七八頁。

(2) 良譲は嘉永七年三月七日に没したと信ぜられていたが、最近山本武夫氏は、東京雑司谷霊園にある成島家の墓所を調査され、良譲の墓碑に「故侍講学士諱良譲字倹卿嘉永六年歳次癸丑十一月十一日卒寿五十有二」と銘記のあるのを発見されて、没年を訂正せられた。同氏「徳川幕府の修史・編纂事業十三—後鑑と成島良譲」(『新訂増補国史大系月報』五七)。

(3) 『温恭院殿御實紀』嘉永六年十二月二十六日条に、

賜二養物銀子于通航一覧取調者、于藩鑑取調者、于後鑑取調者一、

(中略)

御小姓組 松平伊予守組 佐藤重七郎
米倉能登守組 辻　龍之助
御書院番 池田甲斐守組 鳥居八五郎
大御番 大久保因幡守組 竹村九郎右衛門
室賀美作守組 前原　三蔵
堀田豊前守組 木村鐵四郎

銀十枚づゝ

銀十枚　小普請組 大島丹波守支配　高橋幸次郎
大御番 堀田豊前守組 藤右衛門惣領　筒井萬輔
同十五枚　御勘定 菅太郎養子　宮田文吉

右後鑑取調之儀、骨折候ニ付被レ下之

とあり、これらの人々の手によって、正式に撰述が完了したことが知られる。

又、山本武夫氏は、前掲論文で、右に編者良譲の名が見えないのは、既に前月に没している為であるとし、「旧幕府奥儒者成島氏世系略記」なる書物に、「命ヲ奉シテ後鑑ヲ編纂ス、脱稿ニ至ラスシテ卒ス」とあることを紹介している。

（4）『新訂増補国史大系』巻三十四『後鑑』第一篇凡例一頁。

（5）『国書総目録』（岩波書店刊）第六巻五〇六頁「後鑑」の項には、この他、

(イ) 国会図書館蔵、二十三冊（巻七十一～百二、義満将軍記）

(ロ) 内閣文庫蔵、百二十冊（明治写）・五十四冊（明治写）・五冊

(ハ) 東京国立博物館蔵、五十八冊（江戸末期写）

(ニ) 九州大学図書館蔵、一冊（萩野由之抄録）

(ホ) 東京大学史料編纂所蔵、百十冊

などがあげられている。

（6）内閣文庫蔵書の性質については、『内閣文庫国書分類目録』の解説を参照されたい。

（7）伊地知鉄男氏「『後鑑』所引の「御連歌集」について」（『新訂増補国史大系月報』四二）。

（8）飯倉晴武氏「『後鑑と看聞御記」（『新訂増補国史大系月報』一〇）。

（9）岩沢愿彦氏「安土日記・信長公記」（『新訂増補国史大系月報』三六）。

（10）例えば、永享元年七月朔日条に引く『建内記』は、浅草文庫本からの抄出と思われるが、その錯乱をそのまま踏襲している。

（11）筆者は先に永享三年六月朔日条の綱文「仍下御台所奉レ称二上様一公武参賀」の矛盾について論じたことがある。拙稿「義教とその室」（『新訂増補国史大系月報』四二）。

（12）『後鑑』校訂の経緯と関係者の苦心については、座談会「『新訂増補国史大系』校刊の沿革」上（『日本歴史』一九八）に、その一端が紹介されている。

（13）坂本博士前掲書一七八頁。

表Ⅰ 『後鑑』引用書目一覧

① 当該文献が当該将軍記に引載されていることを、〇印で示した。
② 『正続群書類従』所収の文献は、正・続の別及び部類を、書名の下に（ ）で注記した。
③ 『内閣文庫国書分類目録』により、その伝来の性質上、『後鑑』の編纂に利用せられた可能性のある写本がある場合には、書名の下に（ ）で伝本の略号を注した。略号は、楓―楓山文庫本、昌―昌平坂学問所本、和―和学講談所本、林―林家本、であり、閣―伝来の性質不明なれど参考に掲げたもの、である。
これらは、もとより一々検討したのではなく、今後調査する場合の手掛りとして、参考までに注記したにすぎない。

	尊氏	義詮	義満	義持	義量	義持	義教	義勝	義政	義尚	義政	義稙	義澄	義稙	義晴	義輝	義栄	義昭
皇年代略記（正・帝王）	〇	〇	〇	〇			〇	〇	〇	〇		〇	〇	〇	〇	〇		
年代記残篇（続・雑）			〇	〇	〇	〇												
大日本伝皇代記（正・帝王）				〇			〇		〇				〇		〇	〇		
天地根元歴代図				〇			〇		〇				〇					

	歴名土代（正・雑）	歴代皇記（閣）	歴代通覧	南朝編年紀略（昌）	和漢合運（昌）	和漢合符	公卿補任（昌・和）	公卿家伝（林）	摂関補任次第（正・補任）	在盛卿記（続・雑）	一乗故関白記（昌）	卜部兼敦記	園太暦（昌・和・楓）	御湯殿上日記	和長卿記（昌・楓）	兼房卿記（和）	兼治宿禰記	兼宣公記（和）	菅別記（昌・楓）	帥卿公秀記（和）	公広記	公藤記（閣）	公名公記
尊氏				○	○		○													○			
義詮		○			○		○						○										
義満						○	○				○	○					○						
義持	○	○				○	○			○								○					
義量																		○					
義持																		○					
義教					○	○	○																○
義勝								○															○
義政	○				○	○	○		○						○								○
義尚	○				○	○	○							○									
義政	○													○	○								
義稙															○								
義澄	○				○		○							○	○	○						○	
義稙	○						○															○	
義晴	○						○							○					○		○		
義輝	○		○		○		○							○									
義栄	○						○							○									
義昭	○						○							○									

建内記（和）			○	○		○	○	○	○									
迎陽記（楓・林）		○	○	○														
荒暦（和）			○															
後愚昧記（楓・昌）	○	○	○															
後深心院関白記（和）			○															
後崇光院御記（閣）				○	○		○	○	○									
惟房公記（和）															○	○		
太染金剛院関白記（和）										○								
薩戒記（楓・和・林）			○	○	○	○	○	○										
薩戒記目録（和）				○		○	○											
実遠卿記									○									
実夏公記															○			
実冬公記（和）			○															
松亜記（和）	○																	
成恩寺関白記（和）				○														
忠富王記（和）													○					
親長卿記（楓・林・和・昌）									○	○	○	○	○					
経嗣公記（和）				○														
経範日記			○															
言国記（和）										○		○	○					
二水記（楓・和）													○	○	○			
長興宿禰記（和）										○								
中山親正卿記									○									
教言卿記（和）				○														
宣胤記（和）										○	○	○	○	○	○			

	尊氏	義詮	義満	義持	義量	義持	義教	義勝	義政	義尚	義政	義稙	義澄	義稙	義晴	義輝	義栄	義昭
宣秀卿記（楓・和）															○			
通氏卿記（和）			○															
通秀記（和）										○								
元長記（楓）											○		○	○	○			
守光卿記（閣）														○				
師淳記													○					
大外記師夏記	○	○	○															
康隆記	○																	
康富記（楓・林）	○	○	○	○				○	○									
義視卿記									○									
良賢真人記（閣）			○															
延文四年記（続・雑）		○																
一位記目六	○																	
永徳御譲位記（正・公事）			○															
永享四年記							○											
永享九年行幸記（正・帝王）							○											
後小松院崩御記（正・雑）							○											
吉野御事書案（正・合戦）	○																	
官槐記			○															
狩衣至要抄（和）							○											
法体装束抄（正・装束）			○	○														
西三条装束抄	○		○	○			○		○									
女院記（正・雑）				○						○					○			

	女院小伝（正・伝）	女后名字抄（正・雑）	体源抄（閣）	関城書（正・合戦）	薬法抄	椿葉記（正・帝王）	神皇正統記（正・帝王）	続神皇正統記（正・帝王）	増鏡（昌・林）	南方紀伝（閣）	神明鏡（続・雑）	樵談治要（正・雑）	神功皇后絵詞	三倉開封勘例	長禄二年記（続・雑）	永正年代記	享禄以来年代記（続・雑）	永禄年代記（続・雑）	安土日記（和）	豊臣秀吉譜（楓）	足利家官位記（正・補任）	御評定著座次第（正・雑）	執事補任次第（続・補任）	若狭国守護職次第（正・補任）	若狭国税所今富名領主代々次第（正・補任）
	○			○			○	○	○	○	○										○	○	○	○	○
						○					○										○	○	○	○	
	○		○			○				○	○										○	○	○	○	○
			○		○	○				○	○										○	○	○		○
																					○				
						○															○				
						○				○	○		○			○					○		○		
										○											○		○		
								○		○				○	○						○		○		
		○										○									○		○		
																					○				
																		○			○				
			○															○			○		○		
		○																			○				
																	○	○			○				
																	○	○	○						
																			○	○	○				

	尊氏	義詮	義満	義持	義量	義持	義教	義勝	義政	義尚	義政	義稙	義澄	義稙	義晴	義輝	義栄	義昭
長門国守護職次第（続・補任）	○	○																
伊勢貞久武雑記（続・武家）														○	○			
伊勢貞助記（続・武家）							○	○		○	○		○	○	○	○		
伊勢貞満筆記（続・武家）			○															
松田貞秀家集（続・和歌）			○															
蜷川丹後入道筆記							○											
大曲覚書									○									
鳩拙抄（閣）													○		○	○		
御随身三上記（正・武家）														○				
山礼記（和）				○						○	○	○						
竹居清事（続・文筆）								○	○									
武家儀条々（閣）															○			
伊勢貞親以来伝書（続・武家）														○	○			
走衆故実（正・武家）							○									○		
伊勢家書（閣）		○							○	○			○	○	○			
足利家書札〔法〕式（昌）	○	○		○												○		
大館書状案															○			
伊勢家制札書様														○				
武〔家〕雑礼（続・武家）													○	○	○			
雑々書礼（閣）							○							○	○	○		
慈照院殿年中行事（続・武家）									○									
笠懸記（正・武家）	○																	
大的体拝記（続・武家）							○		○									

大的日記（続・武家）	○	○	○	○		○	○	○	○									
小笠原旧記									○									
小笠原貞宗目安（正・武家）	○																	
犬追物日記（続・武家）							○			○								
和泉堺御犬追物日記			○															
鹿苑院殿御犬始記			○															
大樹録																		○
曇花院殿装束抄（正・装束）															○			
宝篋院殿将軍宣下記（正・武家）		○																
延徳二年将軍宣下記（続・武家）												○						
永正五年将軍宣下次第（続・武家）														○				
大将拝賀記（正・武家）							○											
鹿苑院殿御直衣始記（正・武家）			○															
慈照院殿御袴着記							○											
若君様御祝記録									○									
鹿苑院殿御元服記（正・武家）			○															
光源院殿御元服記（正・武家）																○		
普広院殿御元服記（正・武家）							○											
御元服聞書（閑）													○					
御産所日記（正・武家）							○		○						○			
鹿苑院殿薨葬記（正・雑）				○														
正月以下御事始記（正・武家）														○				
常徳院殿御乗馬始記（正・武家）									○									
朝倉亭御成記（正・武家）																	○	
伊勢御参宮記（正・紀行）					○													

	尊氏	義詮	義満	義持	義量	義持	義教	義勝	義政	義尚	義政	義稙	義澄	義稙	義晴	義輝	義栄	義昭
鹿苑院殿厳島詣記（正・紀行）			○															
飯尾宅御成記（正・武家）									○									
御作事日記															○			
祇園会御見物御成記（正・武家）															○			
北山殿行幸記（正・帝王）			○	○														
大永四年細川亭御成記（続・武家）															○			
長禄二年以来申次記（正・武家）										○								
日吉社室町殿御社参記（続・神祇）			○															
三好亭御成記（続・武家）																○		
室町殿行幸記（正続・帝王）							○											
雑々聞検書（閣）																○		
雑日記	○																	
花営三代記（正・雑）			○	○	○	○												
大館常興記（閣）															○			
松田家記（和）			○						○			○						
蜷川家記																○		
尭孝日記									○									
親孝日記														○	○			
斎藤親基日記（正・武家）									○									
親元日記（楓・林）									○	○								
蜷川親俊記（昌）										○					○	○		
二階堂伯耆入道々本記	○			○														
政所内評定記録（楓）									○									

室町殿日記（閣）																○		○
室町殿物語（昌）															○			
元弘日記裏書（閣）	○																	
永享以来御番帳（正・雑）							○							○				
長享元年九月十二日常徳院殿江州御動座在陣衆着到（正・雑）										○		○						
光源院殿御代当参衆幷足軽以下衆覚（林）																○		
蜷川家蔵文明七年正月廿六日内談用意覚書										○								
上杉定正消息										○								
大友親繁申状							○											
筑波大夫潤朝申状							○		○									
慈照院殿諒闇摠簿											○	○						
蜷川家蔵延徳二年酒屋役条目												○						
蜷川家蔵文明十七年政所覚書										○								
建武式目（正・武家）	○																	
建武式目追加（林）	○		○	○		○	○		○	○								
式目追加（楓）	○		○										○	○				
侍所沙汰篇（正・武家）							○											
政所壁書（正・武家）							○		○									
武政軌範			○															
神宮年代記（閣）									○									
伊勢久志本年代記（閣）							○									○		
河崎氏神宮年代記（閣）														○	○	○		
伊勢松木氏年代記（閣）			○													○		

	尊氏	義詮	義満	義持	義量	義持	義教	義勝	義政	義尚	義政	義稙	義澄	義稙	義晴	義輝	義栄	義昭
荒木田氏経記（引付）（続・神祇）								○	○									
内宮引付（続・神祇）										○								
神馬引付（正・神祇）									○				○		○			
伊勢神宮引付														○				
伊勢鏑矢宮方記（和）									○									
天栗喧零記													○					
祐園記														○				
祐維記													○	○	○			
春日権神主師盛記（続・神祇）			○	○														
春日社記（正・神祇）				○			○											
春日社参記（正・神祇）									○									
春日若宮神殿守記（続・神祇）				○	○		○											
春日神木入洛記（正・神祇）			○															
石清水放生会記（続・神祇）							○											
鳩嶺雑事記（正・雑）			○															
祇園執行日記（閣）	○	○	○												○			
祇園社記（和）		○	○						○									
日吉神輿入洛記（正・神祇）			○															
住吉詣記（正・紀行）		○																
熱田社旧記				○														
鶴岡社務記（楓）	○																	
鶴岡社僧次第（正・補任）							○											
諏訪神長守矢氏旧記										○					○			

諸門跡譜（正・系譜）			○	○			○		○	○				○				○
永助法親王記（和）				○														
厳助往年記（続・雑）													○	○	○			
二条寺主家記									○	○			○		○	○		
房玄法印記（続・雑）	○																	
頼印行状記（続・伝）		○	○															
頼印僧正申状			○															
太秦広隆寺資財録（続・釈家）									○									
興福寺略年代記（続・雑）	○		○	○			○	○				○		○	○			
興福寺東院日記	○																	
大乗院年代記			○															
大乗院旧記	○		○						○	○	○	○	○					
多聞院日記													○		○		○	○
院家雑々跡文	○																	
細々要記	○																	
叡山旧記															○			
天台座主記（正続・補任）				○			○											
高野山過去帳															○			
高野山三人法師物語（続・雑）			○															
高野山史要目	○		○	○			○											
高野山蓮華三昧院年代記																	○	
勧修寺長吏次第（続・補任）							○		○									
東寺王代記（続・雑）	○	○	○	○			○											
異本（東寺）年代記	○		○													○		
東宝記								○										

	尊氏	義詮	義満	義持	義量	義持	義教	義勝	義政	義尚	義政	義稙	義澄	義稙	義晴	義輝	義栄	義昭
東寺見聞雑記									○	○								
東寺長者補任（正・補任）	○	○																
東寺廿一口方引付	○			○	○		○	○	○	○		○	○					
東寺御影堂内陣具足目録			○															
東寺光明講過去帳（続・雑）			○	○			○	○	○	○		○	○	○	○	○		
仁和寺記														○	○			
満済准后日記（和）			○			○	○											
三宝院列祖次第（続・補任）							○		○									
上醍醐御登山日記														○				
常楽記（正・雑）	○	○	○	○														
真如堂縁起（続・釈家）										○								
増井正宗寺伝記									○									
高代寺日記（和）													○	○	○	○		○
勝尾寺募縁疏			○															
桂川地蔵之記（続・雑）				○														
栂尾旧記															○			
立川寺年代記（続・雑）							○	○	○		○		○					
東寺執行日記（和）		○	○				○	○	○	○					○	○	○	○
如是院年代記（正・雑）				○			○		○									
蓮華寺過去帳（正・雑）	○																	
瑠璃山年表	○																	
光明寺蔵書残篇（正・雑）	○																	
道成寺縁起（続・釈家）																		○

播磨書写山旧記													○					
書写山十地坊過去帳（続・雑）															○			
会津八幡宮長帳（続・雑）							○		○					○				
薩州鹿児島大興寺来由記							○											
応永廿一年御八講記（続・釈家）				○														
康暦元年結縁灌頂記（続・釈家）			○															
追善記				○														
八講部類（続・釈家）			○															
流水集縁毛亀記				○														
曼荼羅供見聞略記（続・釈家）			○															
曼荼羅供雑記（続・釈家）							○		○									
御得度略記										○								
御百ヶ日願文	○																	
諷誦願文草案										○		○						
永正三年記													○					
永正十一年記														○				
永正十三年記														○				
永正十四年記														○				
永正十七年記（続・雑）														○				
大永三年不動護摩日記（続・釈家）															○			
蔭凉軒日録（和・林）	○	○	○	○	○	○	○	○	○	○	○	○	○					
臥雲日件録（和・林）		○		○					○									
空華日工集（和・林）		○	○															
愚中和尚年譜				○														
絶海中津年譜（続・伝）			○	○														

	尊氏	義詮	義満	義持	義量	義持	義教	義勝	義政	義尚	義政	義稙	義澄	義稙	義晴	義輝	義栄	義昭
夢窓年譜（続・伝）	○																	
京城万寿禅寺記（正・釈家）		○																
相国攷記			○	○	○	○	○	○	○	○		○	○	○	○	○		○
相国寺供養記（正・釈家）			○															
相国寺塔供養記（正・釈家）			○	○														
相国寺八講記				○														
大覚寺門跡略記（続・補任）			○				○											
天竜紀年考略（続・釈家）	○		○					○	○									
天竜寺供養記（正・釈家）	○																	
天竜寺臨幸私記（正・帝王）	○																	
等持院記	○		○	○														
南禅寺旧記（正・釈家）		○	○	○														
覚雄山大福田宝幢寺鹿王院記（正・釈家）			○	○			○		○	○								
弘宗定智禅師行状（続・伝）	○	○																
広智国師行状（続・伝）	○																	
虎関和尚行状	○																	
真源大照禅師行状（続・伝）		○																
普明国師行業実録	○	○																
無徳和尚行実（続・伝）	○																	
義堂和尚語録（和）	○																	
慶雲法師集（正・和歌）	○																	
雪村大和尚行道記（続・伝）	○																	
夢窓国師集	○																	

夢窓録	○																	
普明国師行状（続・伝）			○															
蘭州和尚行状			○															
竜湫和尚行状（続・伝）			○															
翰林葫蘆集（和）			○	○						○		○	○					
翰林五鳳集（和）							○		○	○				○	○	○		
義雲和尚抄（和）																		○
金渡墨蹟因縁									○									
宗門正燈録養源日峰舜禅師伝								○										
村庵藁（和）									○									
朝野藝花高名集										○								
東海瓊花集（和・林）			○	○			○	○										
梅庵古筆伝（続・雑）									○				○		○			
梅花無尽蔵（続・文筆）										○								
梅渓集（続・文筆）										○								
半陶藁（和）												○						
岷峨集	○																	
日本運上録				○														
高山照禅師塔銘（続・伝）	○																	
仏光禅師正脉塔定碑銘（続・伝）	○																	
大徳寺過去帳															○			
等持院位牌	○																	
等持院過去帳	○			○														
和漢禅刹次第（続・釈家）			○				○											
赤松記（正・合戦）									○				○		○			

	尊氏	義詮	義満	義持	義量	義持	義教	義勝	義政	義尚	義政	義稙	義澄	義稙	義晴	義輝	義栄	義昭
赤松再興記（正・合戦）									○						○			
朝倉記															○		○	
国主記																○		
足利季世記（閣）										○	○	○	○	○	○	○	○	○
阿州将裔記（正・合戦）																○	○	
穴太記（楓）																○		
安西軍策（続・合戦）													○		○	○	○	○
今川記（続・合戦）			○	○			○	○		○								
永享記（続・合戦）							○		○									
永禄記（正・合戦）																○		
大内記（昌）																○		
大内義隆記（正・合戦）															○			
桜雲記（閣）	○																	
大塔物語				○														
大友記（正・合戦）																○		
応永記（正・合戦）			○	○														
応仁記（正・合戦）									○									
応仁別記（正・合戦）									○									
応仁略記（正・合戦）							○		○									
重編応仁記													○					
嘉吉記（正・合戦）							○	○	○									
嘉吉軍記（昌）								○										
嘉吉物語（続・合戦）							○											

勝下合戦記（閣）										○								
春日山日記（閣）																○		○
鎌倉大草紙（正・合戦）	○		○	○	○	○	○	○	○	○								
鎌倉大日記（昌）	○	○	○	○	○		○		○				○					
鎌倉管領九代後記（林）	○	○	○	○	○	○	○											
関城書裏書（正・雑）	○																	
関東管領記									○	○	○	○	○	○	○	○		
関東兵乱記（正・合戦）							○			○						○		○
菊池伝記			○															
見聞軍抄（閣）				○														
上月記（正・合戦）									○									
江濃記（正・合戦）																○		
鴻台合戦前記（続・合戦）															○			
江北記（正・合戦）										○			○					
甲陽軍鑑（楓・和・林）															○	○		○
瓦林政頼記（続・合戦）													○	○				
勢州軍記（続・合戦）				○			○											○
勢州峯軍記（続・合戦）										○								
関岡家始末（続・合戦）			○															
総見記（昌）																○		○
宗氏国記				○														
太平記	○	○																
異本太平記	○	○																
天正本太平記	○																	
金勝院本太平記	○																	

	尊氏	義詮	義満	義持	義量	義持	義教	義勝	義政	義尚	義政	義稙	義澄	義稙	義晴	義輝	義栄	義昭
難太平記（正・合戦）	○	○	○	○														
長禄寛正記（正・合戦）									○									
長享年後畿内兵乱記（続・合戦）										○			○	○	○	○		
筒井家記（昌・和）										○				○	○	○		
東乱記（和）													○	○	○			
中国治乱記（正・合戦）				○											○	○		
土岐家聞書（正・武家）			○						○	○								
土岐累代記（続・合戦）			○															
土岐歴代記													○	○	○			
長倉追罰記（続・合戦）							○											
那須記（続・合戦）														○				
梅松論（正・合戦）	○																	
備前文明乱記（続・合戦）										○								
日向記	○																	
日向記略															○			
船田前記（正・合戦）													○					
船田後記（続・合戦）													○					
富麓記（続・合戦）			○															
三好家成立記（正・合戦）																○		
保暦間記（正・雑）	○																	
両細川分流記												○						
細川政元記													○					
細川頼之記（閣）		○	○															

細川両家記（正・合戦）	三好別記（正・合戦）	明徳記（正・合戦）	続明徳記	毛利記（続・合戦）	持氏物語	簗田家記	結城合戦絵詞（続・合戦）	結城戦場物語（正・合戦）	予章記（正・合戦）	竜造寺記（楓・昌）	若狭記	亜槐集（正・和歌）	言継卿集（正・和歌）	慈照院殿御集（続・和歌）	島津歴代歌（続・系譜）	新後拾遺集（和）	新拾遺集（和）	新千載集（和・林）	新葉集（楓・昌）	草庵集（楓）	為和集（正・和歌）	為重卿集（正・和歌）	為広卿詠草（続・和歌）	釈宣光西林和歌集
									○						○	○	○	○	○	○				
									○								○							
		○	○						○							○						○		
					○	○	○	○																
												○			○									
												○		○	○									
												○												
												○												○
○											○												○	
○																								
○											○										○			
○	○									○	○		○											
○																								
				○							○													

	尊氏	義詮	義満	義持	義量	義持	義教	義勝	義政	義尚	義政	義稙	義澄	義稙	義晴	義輝	義栄	義昭
風雅集（和）	○																	
李花集（正・和歌）	○																	
金剛三昧院所蔵和歌	○																	
永徳元年行幸詩歌（続・和歌）			○															
春日社頭七首和歌	○																	
寛正五年三島御会記									○									
康正元年内裏歌合（正・和歌）									○									
江州御陣卅首和歌										○								
三十六番歌合（正・和歌）													○					
慈照院殿百首和歌									○									
慈照院殿五百首和歌									○									
新玉津嶋社歌合（正・和歌）		○																
住吉社奉納百首	○																	
住吉奉納歌巻	○																	
内裏九十番歌合（正・和歌）				○														
殿中十五番御歌合（正・和歌）										○								
文明九年七月七日歌合（正・和歌）										○								
文明十五年将軍家詩歌合（正・和歌）										○								
宇都の山記（正・雑）														○				
雲井の春（正・蹴鞠）									○									
雲井の御法（正・釈家）			○															
小鳥の口占（正・紀行）			○															
さかゆく花（正・帝王）			○															

	1	2	3	4	5	6	7	8	9	10	11	12	13	14	15	16	17	18
松下集									○	○		○						
草案集		○																
続撰吟集（和・昌）									○	○								
東野州聞書（正・和歌）									○									
卑懐集										○								
夢逝記										○	○							
春夢草（続・連歌）														○				
春の夜の夢			○	○														
山の霞（正・雑）									○									
わくらはの御法（正・釈家）			○															
新撰百人一首（続・和歌）										○								
尭孝僧都伊勢紀行（正・紀行）							○											
藤原雅世卿富士紀行（正・紀行）							○											
宗長手記（正・日記）									○	○					○			
宗長駿河日記													○	○				
宗祇歌集										○								
宗祇法師集（正・和歌）												○						
古懐紙		○																
菟玖波集（林・和）	○								○	○	○							
新撰菟玖波集（林・和）													○					
御連歌集									○	○								
糺河原勅進猿楽記（正・遊戯）									○									
文安田楽能記（正・遊戯）									○									
申次条々													○					
猿唫集（続・文筆）			○															

	狂雲集（続・文筆）	昨非集（昌）	松蔭吟藁（続・文筆）	讃岐国大日記（和）	会津四家合考（昌）	豆州志稿	播陽万宝智恵袋	山城名勝志	和州旧跡幽考	近江国輿地誌略	播磨鑑	歴代鎮西要略	筑前国続風土記	豊府紀聞	年代記抄節（閣）	諸記纂（和）	南甫文集鉄炮記（昌・和）	烈祖聖績（昌・和）	官地論（続・合戦）	道家祖看記（続・合戦）	正統記	戴思記（昌）	睡余録
尊氏								○		○		○	○										
義詮								○		○		○											
義満				○		○		○			○												
義持					○			○	○			○		○									
義量				○																			
義持																							
義教				○	○							○		○									
義勝							○					○											
義政	○			○	○		○	○			○	○		○		○							
義尚		○	○					○				○		○					○				
義政																							
義稙																							
義澄				○	○						○	○		○									
義稙					○			○				○		○									
義晴				○							○	○		○			○						
義輝							○					○		○	○					○	○		○
義栄																							
義昭				○				○				○			○			○			○	○	

拾芥記（和）	拾芥抄	塵塚物語（閣）	続教訓抄	赤松則房雑談聞書	義残後覚（楓・和）	沢選阿覚書（閣）	老人雑話（昌）	磧礫集	草根集（楓・和）	文禄清談（和）	天聴集（和）	蕉堅稿（林）	本朝画史	応永十八年古暦裏書	南行雑録	明史日本伝	明政統宗	皇明資治通記	蒼霞草日本考	皇明実録	図書編日本考	閩書島夷志	東国通鑑	国朝献徴録日本志
	○			○																				
		○																						
	○		○									○											○	
										○				○			○	○	○		○	○		
	○						○	○	○															
		○		○	○	○			○				○											
		○																						
○																								
○				○																				
○																			○					
○						○					○								○		○	○		○
					○											○				○				
															○									

	尊氏	義詮	義満	義持	義量	義持	義教	義勝	義政	義尚	義政	義稙	義澄	義稙	義晴	義輝	義栄	義昭
善隣国宝記（続・雑）		○	○	○	○	○	○		○	○								
続善隣国宝記（昌）											○	○	○		○	○	○	
或記				○											○	○		
異称日本伝															○			
史稿													○					
武徳大成記（楓）															○	○	○	○
貞享書上（昌）																○		
皇胤紹運録（正・系譜）			○				○						○	○	○	○		
尊卑分脈			○				○		○									
将軍家譜（楓・昌）				○	○										○	○		
足利系図（続・系譜）	○	○	○	○	○		○	○	○	○		○	○		○		○	○
足利家譜				○														
喜連川判鑑（続・系譜）	○	○	○	○	○	○	○	○							○	○		
赤沢系図	○												○					
赤松系図（続・系譜）	○		○	○		○	○	○	○			○	○			○		
秋月系図（続・系譜）	○																	
朝倉系図（続・系譜）	○	○	○	○					○	○			○	○		○		
蘆名系図（閣）	○																	
飛騨国司姉小路系図（続・系譜）				○						○			○	○				
佐々木尼子系図																○		
井伊系図（続・系譜）		○														○		
伊勢系図（続・系譜）			○	○			○		○	○				○	○	○		○
今川系図（続・系譜）				○						○					○	○		

今川家譜（続・合戦）	○		○	○			○			○				○	○			
上杉系図（続・系譜）	○	○	○		○		○		○	○			○	○	○			
宇都宮系図（続・系譜）	○		○	○	○				○	○				○	○			
江戸系図（続・系譜）																○		
遠藤家譜（続・系譜）				○		○	○		○	○			○					
大内系図（続・系譜）	○						○	○					○	○	○	○		
多々良系図			○				○		○									
大内多々良氏譜牒（林）	○							○										
大須賀系図（続・系譜）	○		○															
大関系図								○							○			
大関家譜	○			○						○								
大友系図（続・系譜）	○		○	○		○			○	○			○	○	○	○		
大森葛山系図（続・系譜）													○					
小笠原系図（続・系譜）		○	○	○			○	○	○	○			○	○		○		
越智系図（続・系譜）			○															
小山系図（続・系譜）	○			○			○											
笠井系図（続・系譜）			○															
河合系図（閑）							○											
川那部系図（続・系譜）													○					
菊池系図（続・系譜）	○	○	○						○		○		○					
北酒出系図		○																
北畠系図（続・系譜）	○																	
吉川家譜	○		○				○	○	○									
君島系図（続・系譜）	○			○		○			○	○					○			
桐原系図（続・系譜）	○																	

	楠系図（続・系譜）	河野系図（続・系譜）	河野系図伝	古河系図	児玉系図	佐竹小場系図	佐々木系図（続・系譜）	佐竹系図（続・系譜）	里見系図（続・系譜）	宍戸系図（続・系譜）	渋川系図（続・系譜）	斯波系図（続・系譜）	斯波家譜	島津系図（続・系譜）	寛永島津系図	島津家譜（楓・昌）	下河辺系図（続・系譜）	少弐系図（続・系譜）	新庄系図	菅沼系図（昌）	宗系図	宗家譜	相馬系図（続・系譜）
尊氏	○						○	○			○			○			○				○		○
義詮			○				○	○					○										
義満		○					○				○		○	○				○					
義持					○			○			○	○	○	○		○						○	
義量															○	○							
義持												○											
義教		○		○			○		○		○	○	○			○				○			
義勝						○							○										
義政							○	○			○		○	○		○					○		
義尚								○	○		○			○									
義政									○														
義稙								○															
義澄									○					○		○							
義稙							○	○	○					○		○					○		
義晴				○					○	○				○									
義輝							○			○									○				
義栄																							
義昭															○								

高梨系図（続・系譜）				○		○			○				○			○		
宅間系図（続・系譜）				○														
武田系図（続・系譜）	○	○	○				○		○			○	○	○	○	○		○
田尻系図（続・系譜）																		○
多田系図（続・系譜）	○																	
千葉系図（続・系譜）	○	○				○	○		○			○	○		○			
洞院系図（楓）		○																
土岐系図（続・系譜）	○		○	○			○			○			○	○		○		
伴系図	○																	
長尾系図（続・系譜）	○																	
宇都宮社務中臣氏系譜	○																	
那波系図（続・系譜）	○																	
名和系図（続・系譜）	○																	
二階堂系図（続・系譜）	○																	
新田系図（和）	○	○																
寛永蜷川系図									○	○					○			
畠山系図（続・系譜）	○	○		○					○				○		○	○		
両畠山系図（続・系譜）		○													○			
八幡祠官系図			○															
東系図						○												
日野系図			○		○		○		○				○		○			
日野一流系図（続・系譜）													○					
舟木系図（続・系譜）							○											
戸次系図（続・系譜）													○					
北条系図（続・系譜）	○	○					○											○

	尊氏	義詮	義満	義持	義量	義持	義教	義勝	義政	義尚	義政	義稙	義澄	義稙	義晴	義輝	義栄	義昭
細川系図（続・系譜）			○	○			○	○	○	○			○	○	○	○		
本願寺系図（続・系譜）													○					
本間系図（続・系譜）	○																	
正木系図	○												○	○				
松尾系図	○																	
松平系図（閣）										○								
新田松平系図													○			○		
御神本系図（続・系譜）				○														
三好系図（続・系譜）																○		
阿州三好系図													○		○			
武藤系図（続・系譜）	○								○									
村上系図	○														○			
保田系図（続・系譜）	○			○														
山名系図（続・系譜）	○		○				○		○				○		○		○	○
山野辺系図（続・系譜）			○	○	○			○		○								
結城系図（続・系譜）	○		○	○					○					○	○	○		
渡辺系図（続・系譜）			○															
毛利家譜														○	○	○	○	○
和田系図（続・系譜）															○			

表II 『後鑑』引用古文書一覧（数字は、当該将軍記に引用されている当該文書の点数、数字なきものは引用なし）

	尊氏	義詮	義満	義持	義量	義持	義教	義勝	義政	義尚	義政	義稙	義澄	義稙	義晴	義輝	義栄	義昭	計
青木文書	二																		二
朝比奈文書			一																一
阿蘇文書	五	三	三	三			一												一五
天野文書	五	一	四	四					一										一五
安楽寺文書	一																		一
飯野社文書	二																		二
一乗院文書													一						一
伊勢家書	一		二	五			三		三	一五		一	一	四	一二	五			五二
伊勢家下知状	一								一										二
浦上文書			一																一
円覚寺文書	一三	九	二〇	一二			一												五五
続燈庵文書	一																		一
遠碧軒所蔵文書									二										二
相州大倉稲荷文書					一														一
黄梅院文書	二	一	三						一										七
小笠原文書	一〇																		一〇
小河文書	二																		二
小栗文書	一						四												五
小野崎文書		一																	一
園城寺文書	一																		一
鹿島社証文	三			二	一														六

	尊氏	義詮	義満	義持	義量	義持	義教	義勝	義政	義尚	義政	義稙	義澄	義稙	義晴	義輝	義栄	義昭	計
香取文書	一																		一
狩野文書	五	三	二	三			一		三				二		一				二〇
烟田文書	二	二																	四
河内国上太子文書													一						一
賀茂社家文書														一					一
烏森稲荷文書									一										一
観心寺文書				一															一
祇園社記	五		八	四	一		八		一六	二		三	一二	四	五				六八
祇園執行日記裏文書	一																		一
北野社文書	一																		一
木本文書		一																	一
清水寺文書										一			一						二
朽木文書	二二	二	六					一	九	二		二	一二	二	一一				六九
建仁寺文書	一																		一
河野文書	二七	二	二				五	一											三七
高野山文書	四			一												二			七
安養院文書			一																一
金剛三昧院文書		一																	一
粉河寺文書	二																		二
護正院文書	一												三	一					五
五条八幡宮文書										一									一
税所文書	一																		一
西大寺文書	五	一																	六

佐田文書		二																	二
佐伯文書	一																		一
三鈷寺文書			一																一
三宝院文書	一																		一
塩尻文書								一	一										二
志賀文書	六	二					一												九
四条道場文書	一																		一
武州芝神明文書	一																		一
島津文書	一〇八	五	五				三		一	三									一二五
奥州下河辺八幡文書	二																		二
小代文書	一		三																四
浄土寺文書	五	一																	六
称名寺文書	三				一														四
諏訪部文書	一九																		一九
古内清音寺文書	三																		三
相馬文書	一五	三																	一八
大山寺文書	一	一																	二
陸奥白川大尊院文書									一										一
大徳寺文書		一																	一
詫磨文書	八																		八
多田院文書	一						二		五	二		一			一	一	一	二	一六
立入文書	二																	一	三
尾張長母寺文書	四																		四
鶴岡八幡文書	一三	六	六	九			三		二										三九
天王寺文書			一																一

	尊氏	義詮	義満	義持	義量	義持	義教	義勝	義政	義尚	義政	義稙	義澄	義稙	義晴	義輝	義栄	義昭	計
天竜寺文書	二																		二
東寺文書	七六	一〇	三六	二一	三	一	三		二一	七		一	一一	三					一九三
東大寺文書	八	一		一															一〇
長沼文書				二															二
二尊院文書							一		七										八
蜷川家蔵文書													二	一					三
野上文書	九																		九
走湯山文書	一																		一
葉室文書	一																		一
鑁阿寺文書		一																	一
久松文書																一			一
日御崎文書	一																		一
藝州福王寺文書			一																一
藤巻氏文書			一																一
別符文書	一																		一
法金剛院文書			一																一
陸奥法用寺文書	一																		一
細川家臣所蔵文書	一																		一
本郷文書	一九	三		二										六	一				三一
本多文書	二																		二
本間文書	一		一																二
正木文書	六	八				二			一四										三〇
万沢文書	二	一																	三

三島神社文書	四	一		一															六
三刀屋文書	一八		三	三					一										二五
皆川文書	三	二																	五
鎌倉明王院文書			一				一												二
三輪文書	一																		一
常陸無量寿寺文書	一																		一
森本文書		一													四				五
山崎八幡文書									二										二
結城文書	一二		一																一三
白川結城文書	二																		二
鹿王院文書			五																五
和田文書	一																		一
応永以来御内書案									一										一
永享年中文書							一〇二												一〇二
御内書案				九	三		一五		一〇三	二〇		一	二〇	五七	七一				二九九
往古御内書案															一				一
御内書引付							一		二				一		三〇				三四
昔御内書符案					五		九			一				九					二四
大永六年御内書記録															五八				五八
伊長勅裁案																	二		二
武州文書	一二	四	二	八			一								三				三〇
相州文書	三七	一二	一〇	二一	二	一	二		四	一								三	九三
諸家文書纂	一七	二	六	五	一	一	四		一	一		一	二	二	一	三		三	五〇
諸寺文書纂	二五	一三	一	二五		二	七		三			一		一	一	一			八〇
集古文書	五一	一〇	一八		三	三	一五	八	一四	七	一	三	五	一	一	一四	三	二	一五九

	古文書	古証文	古簡雑纂	勢州文書	勢州社家文書	蠹簡集	水月古鑑	秘府所蔵文書	坐右集	広布録	福山志料	予州松山旧記	足利家書法式	大館書状案	南行雑録	計
尊氏	六	三八	二		一二	三	一		五	五	六	三				七一八
義詮		一					一		一	二			一			一三三
義満	四	二〇				一			一							一八二
義持	一三	一八							一	一						一七七
義量	一	三														二五
義持	一三	一					二		三							一九
義教	八	六														二〇七
義勝	四	一														一六
義政	二三	二二		一〇	二		一	一	五	二					二	二七五
義尚	五	五							一							七四
義政	一															二
義稙	一	一								一						一七
義澄	七	四							四							八九
義稙	一〇	二							三							一〇七
義晴	六	二	一						一					一七		三八
義輝	一三	一		二												四三
義栄	一								一							八
義昭	八	二							三						二	二六
計	一三三	一二六	三	一三	一三	四	五	一	二九	一二	六	三	一	一七	四	二、三三五

執筆者一覧（掲載順）

坂本太郎　元東京大学教授（昭和六十二年没）
黒板昌夫　元国士舘大学教授（昭和五十三年没）

井上薫　大阪大学名誉教授
川副武胤　元山形大学教授（平成五年没）
阿部武彦　元東海大学教授（平成七年没）
橋本義彦　前田育徳会尊敬閣文庫理事
武部敏夫　元大正大学教授
山田英雄　元新潟大学教授（平成十三年没）
多賀宗隼　元国士舘大学教授（平成六年没）
山中裕　元東京大学教授
吉田孝　青山学院大学教授
早川庄八　元名古屋大学教授（平成十年没）
虎尾俊哉　国立歴史民俗博物館名誉教授
飯田瑞穂　元中央大学教授（平成三年没）
彌永貞三　元東京大学教授（昭和五十八年没）
今枝愛真　東京大学名誉教授
羽下徳彦　東北大学名誉教授

国史大系書目解題 上巻

一九七一年（昭和四十六）三月五日 第一刷発行
二〇〇三年（平成十五）二月一日 第四刷発行

編者 坂本太郎《さかもとたろう》
黒板昌夫《くろいたまさお》

発行者 林英男

発行所 株式会社 吉川弘文館
郵便番号一一三—〇〇三三
東京都文京区本郷七丁目二番八号
電話〇三—三八一三—九一五一〈代〉
振替口座〇〇一〇〇—五—二四四

印刷＝平文社 製本＝誠製本

『国史大系書目解題』下巻 所収書目

国史大系書目解題　上巻（オンデマンド版）

Digital Publishing

2018年10月1日　発行

編　者　坂本太郎《さかもとたろう》・黒板昌夫《くろいたまさお》

発行者　吉川道郎

発行所　株式会社 吉川弘文館
〒113-0033　東京都文京区本郷7丁目2番8号
TEL　03(3813)9151(代表)
URL　http://www.yoshikawa-k.co.jp/

印刷・製本　株式会社 デジタルパブリッシングサービス
URL　http://www.d-pub.co.jp/

坂本太郎（1901～1987）
黒板昌夫（1906～1978）
ISBN978-4-642-70178-5